패턴으로서의 고난받는 종의 전형:
신약의 이사야 53장 해석과 사용

© 2011 by Samuel Chulho Kwak and VDM Verlag Müller GmbH & Co. KG
Originally published in English as *Persistent Image of the Suffering Servant: A Hermeneutical Analysis of the New Testament Use of Isaiah 53* by VDM Verlag Müller GmbH & Co. KG

All right reserved.

This Korean translation edition © 2017 by Bible Baptist Theological Seminary Press, I-cheon, Republic of Korea

이 한국어판의 저작권은 성서침례대학원대학교출판부에 있습니다.
신 저작권법에 따라 한국에서 보호받는 저작물이므로 무단 전재와 무단 복제를 금합니다.

패턴으로서의 고난받는 종의 전형:
신약의 이사야 53장 해석과 사용

곽철호 지음
김석근 옮김

성서침례대학원대학교출판부

패턴으로서의 고난받는 종의 전형:
신약의 이사야 53장 해석과 사용

초판발행 2017년 2월 28일
지 은 이 곽철호
옮 긴 이 김석근

펴 낸 이 김택수
펴 낸 곳 성서침례대학원대학교출판부
등록번호 제2015-4호
등 록 지 경기도 이천시 대월면 대평로 548-123
전화번호 031) 634-1258
누 리 집 bbts.ac.kr

ISBN 979-11-957552-3-3
판권 성서침례대학원대학교출판부, 2017

※ 파본은 교환해 드립니다.
※ 저작권법에 따라 보호받는 저작물이므로 무단 전재와 무단 복제를 금합니다.

목차

추천사   대럴 L. 박, 유진 H. 메릴   11

추천사   송영목, 윤철원   15

요약   19

약어표   21

감사의 말   29

1장 서론   31

연구 필요성

연구 공헌

연구 절차

2장 구약 문맥에서 이사야 52:13~53:12 석의   37

  이사야 53장의 더 넓은 문맥: 이사야 40~55장   37

  가까운 문맥   49

  구조   51

  장르   52

  석의   57

  보록 1: 이 노래들에서 주의 이 종은 누구인가?   106

  보록 2: 예언자와 왕으로서 종의 특성   128

  결론   132

3장 이사야 52:13~53:12의 해석에 있어 시학에 기초한 문학적-해석학적 접근   135

  역사와 시   137

  은유의 한 가지 특성   147

  전형화   148

  시와 예언의 지칭과 그 잠재력   153

  은유를 가진 모델-전형-패턴으로서 새로운 현실을 만들 수 있는 시의 능력   155

  시와 예언에 대한 문학적 그리고 역사-비평적 접근들   156

  영향사의 중요성   158

4장 네 번째 종의 노래의 해석적 영향사/수용사 163

 다니엘과 스가랴 163

 칠십인역 171

 외경과 위경 181

 사해사본 195

 탈굼 208

 결론 215

 보록 1: 제2성전기와 예수 당시 행해진 암시와 간본문 반향의 관례 220

 보록 2: 예수는 자신이 하나님의 메시아적인 종이라고 인식할 수 있었는가? 제2성전기 문헌에 근거한 대답 224

 보록 3: 네 번째 종의 노래에 대한 예수 당시와 그 후 시대의 유대인들의 해석 227

5장 신약의 이사야 53장 사용 분석 231

 종의 노래를 인용하는 구절 분석 232

  누가복음 22:37에서 예수의 이사야 53:12 사용 232

  신약의 다른 저자들의 이사야 53장 사용 236

   마태복음 8:17에서 마태의 이사야 53:4 사용 236

　　　　사도행전 8:32~33에서 누가의 이사야 53:7~8 사용　**241**

　　　　로마서 15:21에서 바울의 이사야 52:15 사용　**247**

　　　　로마서 10:16에서 바울의 이사야 53:1 사용　**249**

　　　　베드로전서 2:22~25에서 베드로의 이사야 53:4~6, 12 사용　**251**

　　　　요한복음 12:38에서 요한의 이사야 53:1 사용　**254**

　종의 노래의 암시적 사용 분석　**259**

　　예수의 이사야 53장 암시적 사용　**259**

　　　　마가복음 10:45에서 예수의 이사야 53:10, 12 사용　**260**

　　　　보록 1: 베드로전서 2:25에 암시의 시험적 사례　**277**

　　　　마가복음 9:12b에서 예수의 이사야 53:3 사용　**280**

　　　　마가복음 14:24, 마태복음 26:28, 누가복음 22:20에서
　　　　　예수의 이사야 53:12 사용　**283**

　신약의 다른 저자들의 이사야 53장 암시적 사용　**292**

　　　마태복음 27:38, 57~60에서 마태의 이사야 53:9 사용　**292**

　　　로마서 4:25에서 바울의 이사야 53:4, 5, 6, 11~12 사용　**295**

　　　고린도전서 15:3에서 바울의 이사야 53장 사용　**301**

　　　고린도전서 11:23~26에서 바울의 이사야 53:6, 12 사용　**307**

　　　고린도후서 5:21에서 바울의 이사야 53장 사용　**317**

　　　빌립보서 2:7~9에서 바울의 이사야 53장 사용　**326**

히브리서 9:28에서 이사야 53:4, 6, 11, 12 사용   335

요한복음 1:29에서 요한의 이사야 53:7(4, 12) 사용   341

요한계시록 5:6, 9, 12; 13:8에서 요한의 이사야 53:6, 7 사용   352

결론: 신약에서 이사야 53장 사용에 대한 분석 종합   360

보록 두 개 추가   365

　보록 2: 또 다른 탐색 질문   365

　보록 3: 예수는 자신이 하나님의 종이라는 것을 알았는가?
　　(혹은 그의 제자들은 어떠했는가?)   368

6장 결론   371

참고자료   375

패턴으로서의 고난받는 종의 전형

추천사

대럴 L. 박(Darrell L. Bock), PhD
미국 복음주의신학회 회장 역임
달라스신학대학원 신약학 연구교수

이사야 52:13~53:12는 히브리어 성경에서 대단히 중요한 부분이다. 그것은 또한 논란이 되어온 본문이기도 하다. 많은 그리스도인이 수 세기에 걸쳐 그 본문이 예수의 죽음과 고난을 예언한다고 주장했다. 대부분의 유대인은, 그것이 전혀 예수를 가리키지 않는다는 생각을 굽히지 않는다. 이러한 논쟁은 역사적(historic) 사건이며 역사적인(historical) 사실이기도 하다. 그것은 또한 해석학, 즉 이사야의 이 아주 시적인 부분에 대한 해석을 필요로 한다. 최근에 몇몇 학자는 이사야 53장이 우리가 믿는 것만큼 초대 그리스도인들에게 영향을 미치지 않았다고 주장했다. 오랜 논쟁과 최근의 이러한 논쟁 모두, 이 이사야 본문과 그것이 가진 역사적 영향—이른바 학자들이 말하는 그것의 영향사(*Wirkungsgeschichte*) —에 대한 충분한 연구를 요구한다.

따라서 나는 이사야 53장에 대한 곽철호 박사의 철저하고도 풍성한 연구의 결과인 본서를 기쁘게 추천한다. 『패턴으로서의 고난 받는 종의 전형: 신약의 이사야 53장 해석과 사용』이라는 제목은 본 연구서의 초점이 어디에 있는지 말해주지만, 그것은 본 연구서의 대부분이 신약성서에서 이 구절의 사용을 논할 것이라고 생각하게 할 소지가 있다. 사실은 그렇지 않다. 신약성서 논의에 대한 준비 과정으로서, 먼저 본문의 석의와 본문의 문학적 배경 모두와 관련하여 충분히 탐구가 이루어지고 있다. 덧붙여 다니엘과 스가랴, 칠십인역, 사해 사본과 같은 오래된 유대 문학에 속하는 저작들이 미친 영향도 다루고 있다. 이러한 배경을 면밀히 살핀 후에야 곽철호 박사는 신약성서에서 이사야의 사용을 검토하기 시작한다. 신약성서로 가는 그의 여행이 특별한 것은, 그가 인용과 암시의 경우들을 모두 검토함으로써, 그 예언이 미치는 영향이 단순히 인용들을 조사함으로써 알게 되는 것보다 더 광범위하다는 것을 보여주고 있기 때문이다. 그는 또한 왜 이 본문이 생각보다 그렇게 널리 퍼져있지 않은지에 대한 어려운 문제들과 씨름하고 있다.

이 연구는 원래의 문맥과 언어를 자세히 다루며 또한 이 본문을 둘러싼 논의와 논쟁을 면밀하게 추적한다. 그것은 이사야 52:13~53:12가 그 중요한 예언서에서 무엇을 의미했는지 뿐 아니라 초대 교회가 그 본문을 사용했던 다양한 방식들을 보여주는 확실한 안내서다. 진지한 성경 연구자들, 그리고 그리스도인과 유대인 사이의 역사적인 논쟁에 흥미를 가진 자들에게 있어서 본서는 많은 문을 열어주는 중요한 연구가 될 것이다.

추천사

유진 H. 메릴(Eugene H. Merrill), PhD
달라스신학대학원 구약 연구 특훈교수

유대교와 기독교 관계의 오랜 역사에서 이사야 40~55장이 말하는 종의 신원보다 더 통일성/분열성의 특성을 가진 신학적 이슈는 없다. 통일성은 종의 본문이 가진 메시아적인 특성에 대한 공통된 인식에 있으며, 분열성은 그(혹은 그들)의 정확한 신원을 확인하기 위해 취하는 해석학적 방법에 있다. 유대주의 주류-그리고 기독교 사상의 일부 요소-는 일반적으로 이스라엘 자신이 구속적인, 혹은 적어도 중재자로서의 임무를 맡은 종이라고 주장하는 집합적/공동체적 해석을 내세운다. 반면 역사적으로 기독교 석의는 종이 신원을 어떤 개인-아마도 이사야 자신, 아니면 무명의 인물-이거나 신약 자체가 분명히 증언하듯이 하나님의 아들 나사렛 예수로 생각해야 한다고 주장해왔다.

이 문제와 관련하여 오랜 기간 여러 중요한 연구가 있었지만, 어느 것도 곽철호 교수의 이 권위 있는 연구서만큼 철저하고 날카롭게 그 문제를 다루지 않았다. 놀라운 언어적, 문학적 기교를 가지고 정경 외의 고대 문학 자료뿐 아니라 히브리어와 헬라어 성경 본문들을 다루는 가운데, 그러한 본문들과 그에 대한 해석의 역사를 이해하려는 탐구 과정에서 곽철호 박사가 조사하지 않고 남겨둔 부분은 없다. 그 결과 우리는 그가 말한 목적 ― 이사야의 종의 이미지의 궤적을 추적하고 신약성서에서 그 성취를 발견하는 것 ― 을 확정하는, 정교하게 조직된 석의적, 신학적 진술의 집합체를 보고 있다.

관련된 증거에 대한 철저한 조사는 일차적 자료에 머물지 않는다. 참으로 곽철호 교수는 이 중요한 기독교 교리의 주제를 다루는 거의 모든 중요한 저서들을 알고 있는 것처럼 보이는데, 그것이 바로 그의 가장 유용한 공헌들 중 하나이다. 즉, 저자가 제기하고 답하였던 질문들을 계속해서 연구하기 원하는 다른 학자들을 위해 그가 귀중한 2차 문헌들을 축적했다는 사실이다. 이것은 쉬운 글이 아니다. 하지만 저자의 분명한 표현은 경험 많은 학자뿐 아니라 성경을 연구하는 초심자에게도 그 자료로 들어가는 길을 열어준다. 내가 가르친 학생이자 학문적 후배, 동시에 나의 동료 학자인 곽 박사가 쓴 이 저작을 추천하는 글을 본인이 쓸 수 있어서 영광스럽다.

추천사

송영목 교수
고신대학교 신학과, 신약학

　우리는 곽철호 교수님(이하 '저자')의 달라스신학대학원 2003년 박사학위 논문의 한글 번역 출판으로 '신약의 구약 사용'에 관한 중요한 자료를 확보하는 복을 누리게 됐다. 이 책은 구약의 메시아 예언의 절정이라 할 수 있는 이사야 52~33장의 종의 노래가 신약에서 어떻게 해석되어 활용되었는가를 포괄적으로 연구한다. 저자는 신약에 인용된 구약보다 더 연구하기 어려운 암시를 탐구하는데 주저하지 않는다. 저자는 구약의 문맥에서 석의를 시작하여, 영향사와 같은 통시적 연구와 문예적인 공시적 연구도 종합적으로 수행한다. 이사야서의 히브리어 본문, 70인역, 쿰란문서를 비롯한 유대문헌, 외경과 위경, 그리고 신약 본문 사이의 관련성을 밝히되, 표현의 변형의 이유를 적절히 밝힌다. 결론적으로 저자는 예수님과 주님의 제자들은 이사야서의 네 번째 고난 받는 종의 노래에 등장하는 메시아로서의 자기 정체성을 가지고 사역하셨음을 논증한다.

본서의 많은 기여 가운데 몇 가지만 적어보면 다음과 같다.
(1) 저자가 이사야 53장과 연관된 제2성전기 유대문헌을 상세히 연구한 점은 복음주의권의 취약한 연구 부분을 매운 공헌이 있다.
(2) 해석방법에 있어 통시와 공시적 접근의 균형과 조화를 통합적으로 이룬다. 더불어 신약 저자가 구약을 사용할 때 동원된 유대랍비들의 해석 방식도 검토한다.
(3) 히브리어 본문과 70인역 그리고 신약 헬라어 본문들의 상호관련성을 연구하는 작업은 에너지와 시간의 소모가 많은 연구이다. 무엇보다 신약 본문에 영향을 준 본문이 구약 히브리어 본문인지, 아니면 70인역인지 주요 학자들의 의견을 비평적으로 참고하면서 논리적으로 탐구한다. 엄청난 수고를 감내한 저자의 연구는 앞으로의 성경연구에서 간본문적 해석을 촉진시킬 촉매제가 될 것이다.
(4) 저자의 연구는 신학이 세부전공으로 분화되어 상호 단절을 겪는 현실에서, 구약과 신약의 연계 연구의 좋은 모델이 된다.

몇 가지 재고할 점은 다음과 같다.
(1) 저자는 시적 표현을 가진 이사야 52장의 전형적/예표론적 패턴의 중요성을 파악한다. 하지만 시적 특성에 담긴 전형화는 이사야 53장을 열린 본문으로 간주하여, 그 안에 의도된 구체적인 역사적 지시성을 간과하고, 지시대상을 지나치게 확대할 여지가 있다.
(2) '제2이사야'와 같은 표현을 사용할 때, 이사야서의 전체적 통일성을 훼손하지 않도록 추가 설명이 필요하다.

위 재고 사항에도 불구하고, 본 연구는 성경의 간본문적 해석을 통한 한국 신학계와 교회의 강단을 윤택하게 할 뿐 아니라 건강하게 세우는 역할을 할 것이기에 추천한다. 수고를 아끼지 않으신 곽철호 교수님의 노고에 박수를 보내며, 주님께서 이 책이 사용되고 읽히는 곳마다 간본문적 해석에 근거한 구원계시사적 성경 해석과 설교에 귀한 통찰력을 주시기 바란다.

추천사

윤철원 교수
한국신약학회 회장
서울신학대학교 신학대학원, 신약학

    구약성서와 신약성서의 관계를 고려할 때 연속성(continuity) 문제는 그냥 지나칠 수 없다. 구약성서의 예언이 예수 사건과 어떤 연관성을 가지고 성취되는지 결정하는 것은 신약 신학이 해명할 중대한 연구 과제이기 때문이다. 이와 같이 중차대한 문제를 해결하려고 저자는 포로기 유대교에서 신구약 중간시대를 거쳐 1세기까지의 해석학적 영향사를 추적한다. 이처럼 선행 연구를 총망라하면서 구약 성서의 예언 문학은 물론 70인역(LXX)과 사해사본(DSS)을 거쳐 외경, 위경, 탈굼 등을 탐구하여 후발 연구의 학문적 토대를 튼실하게 구축한다.

    메시아이자 구원자인 예수가 예언의 당사자라는 점을 해명하는 것은 기독교 신학의 영원한 과제이며 성서학자의 현안일 뿐 아니라 하나님의 구원을 선포하는 데 본질적 요소이다. 저자는 신약성서에 인용된 이사야 52:13~53:12의 철저한 간본문적 분석으로 예수를 통한 하나님의 언약이 함축한 역사적이고 문학적이며 신학적인 맥락을 낱낱이 파헤쳐 이 분야의 정통한 연구임을 유감없이 보여준다. 저자는 궁극적으로 성서가 지닌 본질적 속성인 신적 권위에 대한 도발과 혼잡성을 초래한 역사 비평의 실제 모습을 간파하여 이사야 52~53장에 나오는 야훼의 종의 시(詩)가 노래한 대상이 바로 예수라는 점을 차분하면서도 성공적으로 논증한다.

그러므로 설교자와 신학대학원생들은 성서연구의 심오한 세계를, 평신도들은 광야에서 구원과 은총의 오아시스를 발견하여 영적해갈을 누릴 수 있기에, 이 책을 허타도(L.W. Hurtado)와 보컴(R. Bauckham)의 저서와 나란히 필독할 저서로 기쁘게 추천하는 바이다.

요약

이 연구는 한 가지 필요에서 시작되었다. 그것은 지금까지 신약에 사용된 이사야의 고난 받는 종의 네 번째 노래에 대한 역사적이며 해석학적인 분석이 포괄적으로 연구되지 않았다는 사실이다. 관련된 대부분의 연구들은 짧거나, 부분적이거나, 깊이가 없거나, 폭넓게 다루어지거나(예를 들어 사 40~55장 전체를 다룸), 오래된 것들이다. 어느 것도 예수님과 신약의 저자들이 그 시를 암시적으로 사용하는 것에 대해 철저하고도 상대적으로 포괄적으로 분석하지 않는다.

본 연구는 이사야 52:13~53:12에 사용된 단어들의 의미 영역이 야웨의 종의 죄인을 위한 대속의 고난과 구속의 죽음을 포함한다는 것을 보여준다. 종은 무명의 역사적 인물에 근거한 이미지를 가진 미래의 어떤 특별한 하나님의 대리인, 어떤 알려지지 않은 동시대의 하나님의 종으로 생각되었을 것이다. 또한 이 구절의 시적 특성은 이어지는 시대에서 네 번째 종의 노래에 대해 전형적이거나 적용적인 전용에 대한 가능성을 열어놓은 것으로 보인다.

제2성전기 유대문학(예를 들어, 4Q491, 4Q540/541, 4Q521, 「에녹 1서」, 「마카비 2서」, 「마카비 4서」)에 대한 면밀한 연구를 통해 수집된 자료들에 비추어 볼 때, 본 연구의 판결은 다양한 유대 자료들의 증거들이 종을 메시아로 해석할 가능성이 높다는 것을 보여주며, 어떤 집단에서는 고난받는 종도 알려졌을 가능성을 말해준다. 이것은 모나 후커(Morna D. Hooker)의 결론과 대치된다.

신약에서 직접적으로 인용된 경우들(여덟 번 혹은 아홉 번)보다 암시된 경우들(약 14번)이 본 연구에서 더 많이 분석될 것이며, 암시의 많은 경우가 확정될 것이다. 이 연구는 구약의 많은 구절과 함께 이사야 53장이 역사적 예수의 생각에 있었다는 것과 그가 자신의 신학과 사역("구속"을 포함하여)을 위하여 네 번째 종 구절을 사용하였음이 분명하다는 것을 보여준다. 이러한 연구의 결과는 후커의 결론과 대치된다.

몇몇 경우에 신약 저자들은 그 이전에 이사야 53장의 영향을 받은 어떤 해석 전통(들) 또는 그 이전 전통을 앞서는 해석적 전통(들)을 활용했다.

여러 경우에 예수님과 신약의 저자들의 인용은 종의 시의 영향사(*Wirkungsgeschichte*)의 영향을 받았으며 그리하여 그것은 다시 확장되었다. 이사야 53장이 사용된 많은 경우는 고난의 문맥에 속한다. 많은 인용들과 암시들은 기독론을 확증하기 위해 사용되었다(신학적이며 교리적인 사용). 적지 않은 경우에 그것들은 실용적인 목적을 위해 사용됐다(선교, 윤리, 혹은 목회적). 많은 암시와 인용에서 해석학적인 구도들은 다양하다. 대부분 예언적, 혹은 전형적 예언이거나 미드라쉬이다. 모형론적인 경우가 몇 있으며, 문자적이거나 페셔 형태의 경우도 여럿 있다. 또 다른 점이 언급될 필요가 있는데 그것은 예수님이 이사야의 종의 구절을 사용하신 해석의 접근 방식을 그의 제자들과 초대 기독교 공동체가 따랐다는 것이다. 예수님과 그의 제자들은 종의 구절들을 사용하였으며 특별히 이사야 53장을 사용했는데, 자신들의 정체성과 사역과 관련하여 그 구절이 가진 신학적인 중요성을 알았기 때문이다. 제자들은 그 노래의 언어들의 취지가 "예수 사건"에서 충분히 성취된 것으로 보았으며, 그리하여 그것을 예수님의(그리고 자신들의) 삶과 사역에 적용했다.

약어표

AB	Anchor Bible
ABD	*Anchor Bible Dictionary.* Edited by David Noel Freedman. 6 vols. New York: Doubleday, 1992.
ABRL	Anchor Bible Reference Library
ATANT	Abhandlugnen zur Theologie des Alten und Neuen Testaments
AJBI	*Annual of the Japanese Biblical Institute*
BA	*Biblical Archaeologist*
BBR	*Bulletin of Biblical Research*
BDAG	Bauer, Walter. *A Greek-English Lexicon of the New Testament and Other Early Christian Literature.* Revised and edited by Frederick Wılliam Danker, 3d ed. Chicago and London: University of Chicago Press, 2000.
BDB	Brown, Francis, S. R. Driver, and Charles A. Briggs. *The Brown-Driver-Briggs Hebrew and English Lexicon with an Appendix Containing the Biblical Aramaic.* Boston: Houghton, Mifflin and Company,

	1906. Reprint, Peabody, MA: Hendrickson, 1997.
BECNT	Baker Exegetical Commentary of the New Testament
BETL	Bibliotheca ephemeridum theologicarum lovaniensium
BHS	*Biblia Hebraica Stuttgartensia*. Edited by K. Elliger and W. Rudolph. 4th rev. ed. Stuttgart, Germany: Deutsche Bibelgesellschaft, 1990.
Bib	*Biblica*
BJRL	*Bulletin of the John University Library of Manchester*
BNTC	Black's New Testament Commentaries
BSac	*Bibliotheca Sacra*
BT	*The Bible Translator*
BZ	*Biblische Zeitschrift*
BZAW	Beihefte zur Zeitschrift für die alttestamentliche Wissenschaft
CBQ	*Catholic Biblical Quarterly*
Chilton	Chilton, Bruce D. *The Isaiah Targum: Introduction, Translation, Apparatus and Notes*. The Aramaic Bible: The Targums, ed. Martin McNamara et al., vol. 11. Wilmington, DE: Michael Glazier, 1987.
ConBNT	Coniectanea neotestamentical or Coniectanea biblica: New Testament Series
CQR	*Church Quarterly Review*
CRINT	Compendia rerum iudaicarum ad Novum Testamentum
DJG	*Dictionary of Jesus and the Gospels*. Edited by Joel B. Green and Scot McKnight. Downers Grove, IL; Leicester, England: InterVarsity Press, 1992.
DLNT	*Dictionary of Later New Testament and Its*

	Developments. Edited by Ralph P. Martin and Peter H. Davies. Downers Grove, IL; Leicester, England: InterVarsity Press, 1997.
DNTB	*Dictionary of New Testament Background.* Edited by Craig A. Evans and Stanley E. Porter. Downers Grove, IL; Leicester, England: InterVarsity Press, 2000.
DPL	*Dictionary of Paul and His Letters.* Edited by Gerald F. Hawthorne and Ralph P. Martin. Downers Grove, IL; Leicester, England: InterVarsity Press, 1993.
DunRev	*Dunwoodie Review*
ET	English translation
EvQ	*Evangelical Quarterly*
ExpTim	*Expository Times*
FAT	Forschungen zum Alten Testament
FOTL	Forms of the Old Testament Literature
HALOT	Koehler, Ludwig, and Walter Baumgartner. *The Hebrew and Aramaic Lexicon of the Old Testament.* Translated and edited under the supervision of M. E. J. Richardson. 5 vols. Leiden: E. J. Brill, 1995; *The Hebrew and Aramaic Lexicon of the Old Testament.* Translated and edited under the supervision of M. E. Richardson, study edition. 2 vols. Leiden: Brill, 2001 (the same content and page number with the former).
HNTC	Harper's New Testament Commentaries
HTR	*Harvard Theological Review*
ICC	International Critical Commentary
IDB	*The Interpreter's Dictionary of the Bible*
IJT	*Indian Journal of Theology*

Int	*Interpretation*
ISBE	*The International Standard Bible Encyclopedia.* Edited by Geoffrey W. Bromiley. 4 vols. Grand Rapids: William B. Eerdmans Publishing Company, 1979~88.
JBL	*Journal of Biblical Literature*
JETS	*Journal of the Evangelical Theological Society*
JJS	*Journal of Jewish Studies*
JNES	*Journal of Near Eastern Studies*
JPS	The New JPS (Jewish Publication Society) Translation
JR	*Journal of Religion*
JSJ	*Journal for the Study of Judaism in the Persian, Hellenistic, and Roman Period*
JSOT	*Journal for the Study of the Old Testament*
JSOTSup	Journal for the Study of the Old Testament: Supplement Series
JSS	*Journal of Semitic Studies*
JTS	*Journal of Theological Studies*
LSJ	Liddell, Henry George, and Robert Scott, comps. *A Greek-English Lexicon.* Reviesed and augmented by Henry Stuart Jones. 9th ed. with a Revised Supplement 1968, ed. E. A. Barber. Oxford: Clarendon Press, 1940.
Lust	Lust, J., E. Eynikel, and K. Hauspie. *A Greek-English Lexicon of the Septuagint.* 2 vols. Stuttgart: Deutsche Bibelgesellschaft, 1992~96.
LXX	The Septuagint
MT	Masoretic Text

NAC	The New American Commentary
NASB	New American Standard Bible
NBD	*New Bible Dictionary*. Edited by I. Howard Marshall, A. R. Millard, J. I. Packer, and D. J. Wiseman. 3rd. ed. Leicester, England: Inter-Varsity Press; Downers Grove, IL: InterVarsity Press, 1996.
NCB	The New Century Bible Commentary
NET	*Net Bible: New English Translation*. First Beta ed. [Spokane, WA]: Biblical Studies Press, 2001.
NIB	*The New Interpreter's Bible*
NIBC	New International Biblical Commentary
NICNT	The New International Commentary of the New Testament
NICOT	The New International Commentary of the Old Testament
NIDNTT	*The New International Dictionary of New Testament Theology*. Edited by Colin Brown. 4 vols. Grand Rapids: Zondervan Publishing House, 1986.
NIDOTTE	*New International Dictionary of Old Testament Theology and Exegesis*. Edited by Willem A. VanGemeren. 5 vols. Grand Rapids: Zondervan Publishing House, 1997.
NIGTC	The New Interanational Greek Testament Commentary
NIV	New International Version
NRSV	New Revised Standard Version (without special notes, the biblical text is quoted from RSV)
NT	New Testament
NTS	*New Testament Studies*
NovT	Novum Testamentum

NovTSup	Novum Testamentum Supplements
OT	Old Testament
OTL	The Old Testament Library
Rahlfs	*Septuaginta: Id est Vetus Testamentum graece iuxta LXX interpretes.* Edited by Alfred Rahlfs. Stuttgart, Germany: Deutsche Biblegesellschaft Stuttgart, 1979.
RB	Revue Biblique
RevExp	*Review and Expositor*
RTR	*Reformed Theological Review*
SBLDS	Society of Biblical Literature Dissertation Series
SBT	Studies in Biblical Theology
SJT	*Scottish Journal of Theology*
SNTSMS	Society for New Testament Studies Monograph Series
ST	*Studia Theologica*
Stenning	*The Targum of Isaiah.* Edited by J. F. Stenning. Oxford: Clarendon Press, 1949.
SwJT	*Southwestern Journal of Theology*
TBC	Torch Bible Commentaries
TD	*Theology Digest*
TDNT	*Theological Dictionary of the New Testament.* Edited by Gerhard Kittel et al. Translated by Geoffrey W. Bromiley. 19 vols. Grand Rapids: William B. Eerdmans Publishing Co., 1946~76
TDOT	*Theological Dictionary of the Old Testament.* Edited by G. Johannes Botterweck et al. Translated by John T. Willis et al. 11 vols. Grand Rapids: William B. Eerdmans Publishing Co., 19974~2001.

TLOT	*Theological Lexicon of the Old Testament.* Edited by Ernst Jenni and Claus Westermann. 3 vols. Peabody, MA: Hendrickson Publishers, 1977.
TNTC	The Tyndale New Testament Commentaries
TOTC	The Tyndale Old Testament Commentaries
TWOT	*Theological Wordbook of the Old Testament.* Edited by R. Laird Harris, Gleason L. Archer Jr., and Bruce K. Waltke. 2 vols. Chicago: Moody Press, 1980.
TynBul	*Tyndale Bulletin*
VE	*Vox evangelica*
VT	*Vetus Testamentum*
VTSup	Vetus Testamentum Supplements
WBC	Word Biblical Commentary
WUNT	Wissenschaftliche Untersuchungen zum Neuen Testament

감사의 말

이 책은 필자의 박사학위 논문(달라스신학대학원, 2003년)을 한국어로 출간한 것이다. 영어로는 2011년에 출판되었지만, 한국어판은 이제야 빛을 보게 되었다. 교수 사역과 목회 사역을 겸하는 필자의 사정이 있어 미루고 미뤘지만 이제라도 한국어판을 내게 되어 기쁘고 감사하다.

이 연구는 오랫동안 고투와 노력의 결과였다. "고투"라 함은 주로 필자가 경험한 건강상의 어려움 때문이었다. 필자는 박사과정 학생들이 경험하는 "일반적인 고투"에 더해 이 논문을 시작하기 바로 전에 그러한 일을 겪었다. 물론 "노력"은 필수적이었다. 이 논문을 완성하게 하신 나의 친구이시며 후원자이신 그분께 감사를 드린다.

실제 도움을 주신 여러분께도 감사드린다. 베일리(Daniel P. Bailey)는 자신이 야노우스키와 스툴마허의 독일어책을 번역한 원고를 제공하여 필자가 내용을 더 빨리 이해하고 인용하는 데 도움을 주었다(그 원고는 *The Suffering Servant: Isaiah 53 in Jewish and Christian Sources*로 출간되었다). 최철광 목사는 "필요할 때 친구가 진정한 친구"라는 사실을 입증한 훌륭한 후배-친구다. 얼마 전에 주님 품에 안긴 친구 엘리스 리드(Ellis Reed, 일명 "할아버지")는 귀중한 시간을 들여 영어 초고를 읽고 고쳐 주었다. 그는 문법 및 문체와 항상 씨름하는 "방황하는 이방인"에게 소중한 조력자였다. 신은형 전도사는 필자가 한국에 체류하는 동안 달라스신학대학원 도서관의 참고자료를 점검해 줌으로써 도움을 주었다.

지도교수 세 분께 깊이 감사한다. 메릴(Merrill) 박사님은 필자에게 항상 뛰어난 학문적 모델이자 좋은 격려자이셨다. 무엇보다도 그는 내가 아는 한 논문을 가장 빨리 읽어주시는 분이셨다(감사!). 치솜(Chisholm) 박사님은 신중하고 세심한 지도교수셨다. 그분의 비평은 "자기점검"을 위한 좋은 자원이 되었다. 박(Bock) 박사님의 비평과 제안은 필자의 논문을 크게 향상시켰다. 그분은 내가 아는 가장 훌륭한 성경 연구가이시다. 그의 학식은 필자의 학문 여행의 많은 부분에 자극제가 되었다.

필자의 두 자녀 진영과 진주는 2년 동안 아버지가 건강을 잃지 않고 논문을 마칠 수 있도록 기도했다. 여러 해 동안 그들은 많은 경우에 아버지 없이 지내는 법을 배워야 했다. 그들의 인내와 믿음에 감사해야 할 것 같다. 그들은 이 모든 쉽지 않은 여정에서 "경이에 찬(wonder-ful)" 기쁨의 근원이었다. 나의 아내 경화는 7년 이상이나 박사과정 학생의 아내로서 사는 법을 배웠다(그리고 살아남았다)! 그녀는 이 잊지 못할 7년 동안 항상 함께하며 웃고, 대화하고, 울었다. 그녀의 후원이 없었다면 필자의 박사 논문이 빛을 보지 못했을 것이다.

학적 논문 번역이라는 엄청난 작업으로 수고해 주신 김석근 교수님과 수많은 원어와 원어대조표까지도 세심하게 편집해 주신 김광모 교수님에게 깊은 감사를 드린다. 산뜻하게 표지를 만들어 준 김효경 자매에게도 감사한다. 이 책을 출판하도록 후원해 주신 조성택 집사님(원주 백두산약국)과 정해근 목사님(영광성서침례교회)께 마음 깊이 감사드린다. 늘 기도로 후원해주시는 꿈사랑교회 귀한 성도님들에게 감사드리며, 격려를 아끼지 않은 동료 교수님들에게도 감사드린다.

구약과 신약을, 특히 성경의 예언과 약속들을, 연구하고 해석하며 오늘 우리 시대에 적용하는 데 본서가 학적인 자료로서 이바지할 수 있기를 기도하며, 모든 영광을 나의 주 하나님께 돌린다.

2017년 2월, 대명선지동산에서

지은이 곽철호

1장

서론

네 번째 종의 노래(사 52:13~53:12)는 오랜 역사에 걸쳐 그리스도인과 유대인 간 논쟁의 핵심이었다. 일찍이 1세기부터 그리스도인들은 이 구절이 예수 그리스도의 고난과 구속의 죽음에 대한 구약성서 증거의 중요한 자료의 하나로 생각했다. 1세기 초 유대인들은 이 시가 주로 메시아를 가리킨다고 생각했던 것으로 보이지만, 후에 그들은 이 구절에 대한 집합적인 해석을 선호했으며 종을 이스라엘 민족으로 간주했다. 이것은 지금도 유대인 가운데 지배적인 견해다. 그로 인해 유대인들은 이 구절에 근거한 기독교의 주장을 시종일관 받아들이지 않아 왔다.

연구 필요성

신약성서는 종에 대한 이 시가 신약성서 기독론의 확고한 기초가 되는 구약 구절의 하나라는 사실을 분명히 하고 있다. 그리하여 기독교회는 그것을 그들의 교리와 사역을 위한 핵심적인 구약성서 구절의 하나로 소중히 여겨왔다.

하지만 현대 역사비평의 시작과 함께 이 시에 대한 전통적인 해석은 많은 공격을 받았고, 지금은 많은 학자가 그 노래에 나타난 종이 어떤 역사적인 당대의 인물, 예를 들어 이사야, 소위 제2이사야, 혹은 이스라엘 민족(또는 이스라엘의 남은 자)으로 이해되어야 하며 신약이 그 구절을 "기독교화"하는 것은 후기 기독교 세대가 만들어 낸, 근거 없는 것이라고 생각한다.

모나 후커(Morna Hooker)같은, 성경의 권위를 높이 평가하는 일부 학자까지 메시아나 기독론과 관련된 예수 자신의 의식에 이사야 53장이 자리하지 않았으며[1] 전통적인 주장의 핵심적 구절의 하나인 마가복음 10:45는 이사야서 종의 노래에 근거하지 않는다고 주장한다. 게다가, 학자들 가운데에서 종의 신원과 이 시적 구절의 핵심 부분에 대한 해석에 있어서 의견 일치가 없는 것처럼 보인다.

이러한 도전에도 불구하고, 신약성서에서 이 중요한 구절의 사용에 대해 지금까지 파편적으로 혹은 부분적으로 다룬 소논문과 논문이 많았지만, 특별히 해석학에 초점을 맞춘 종합적인 연구는 지금까지 없었다.[2]

---

[1] 지금부터 이사야 52:13~53:12을 "이사야 53장"으로 칭한다.

[2] 많은 연구가 해석학적이기보다 역사적인 성격의 것이다(이 둘이 서로 연관되어 있기는 하지만). 예를 들어, 이 노래에 나오는 종의 역사적 기원, 배경, 정황, 신원과 관련된 문제들을 다루는 논문과 책이 많다. 예수가 "종"이라는 주제를 인식하고 있었는지에 대한 역사적 관심에 대해서는 Morna D. Hooker, *Jesus and the Servant: An Influence of the Servant Concept of Deutero-Isaiah in the New Testament* (London: S.P.C.K, 1959); Morna D. Hooker, "Did the Use of Isaiah 53 to Interpret His Mission Begin with Jesus? in *Jesus and the Suffering Servant: Isaiah 53 and Christian Origins*, ed. William H. Bellinger Jr. and William R. Farmer (Harrisburg, PA: Trinity Press International, 1998), 88~103 참조.

다른 많은 글이 신약성서에서 이사야서 혹은 특별히 이사야 53장 사용에 대한 해석학적 분석에 초점을 맞추지만, 너무 폭넓게 다루거나(이사야 53장만을 다루지 않음) 부분적으로나 혹은 좁게 다룬다. 예를 들어, Joel Marcus, "Mark and Isaiah," in *Fortunate the Eyes That See: Essays in Honor of David Noel Freedman in Celebration of His Seventieth Birthday*, ed. Astrid B. Beck et al (Grand Rapids: Eerdmans, 1995); David Seccombe, "Luke and

Isaiah," *NTS* 27 (January 1981): 252~59; Douglas A. Oss, "A Note on Paul's Use of Isaiah," *BBR* 2 (1992): 105~12; James Hardy Ropes, "The Influence of Second Isaiah on the Epistles," *JBL* 48 (1929): 37~39; Richard B. Hays, "'Who Has Believed Our Message?' Paul's Reading of Isaiah," in *Society of Biblical Literature 1998 Seminar Papers: Part One* (Atlanta: Scholars, 1998); Charles C. Torrey, "The Influence of Second Isaiah in the Gospels and Acts," *JBL* 48 (1929): 24~36; James Flamming, "The New Testament Use of Isaiah," *SwJT* 11 (fall 1968): 89~103 참조. 어떤 연구는 이사야 53장에 초점을 맞추지만 너무 짧고/짧거나 이 구약 본문이 암시되는 경우는 다루지 않는다(실제는 인용보다 암시가 더 많음). 예를 들어, Kenneth D. Litwak, "The Use of Quotations from Isaiah 52:13~53:12 in the New Testament," *JETS* 26 (December 1983): 385~94. Frank Collison, "The Use of Isaiah 53 by Jesus and the Early Church," *IJT* 20 (January~June 1971): 117~22(실제로 이것은 Hooker의 연구를 요약한 것이다).

볼프의 책(Hans Walter Wolff, *Jesaja 53 im Urchristentum*, 4th ed. [Giessen: Brunnen Verlag, 1984])은 본 논문의 관심사와 관련 있는 주제를 담고 있지만, 철저한 연구가 아니며 또한 오래되었다(이 책은 1952년에 발행되었으며, 4차 독일어 개정판은 스툴마허[Stuhlmacher]의 서문을 제외하고는 기본적으로 원래의 것과 같은 내용을 포함한다). 침멀리와 예레미아스(Walter Zimmerli and Joachim Jeremias, *The Servant of God*, rev. ed, trans. Harold Knight, Studies in Biblical Theology, ed. C. F. D. Moule et el., vol. 20 [London: SCM Press, 1965])는 이사야 53장과 관련된 해석 전통을 어느 정도 종합적으로 다루지만, 이사야 53장에 대한 석의를 제시하지 않으며 신약에서의 이 시의 사용에 대해 많은 것을 다루지 않는다(사실상 그것은 "παῖς θεοῦ"[야웨의 종]에 대한 "단어 연구"다). 이사야 53장과 초대 기독교에서 그것의 사용에 관한 최근 연구 개관은 William H. Bellinger Jr. and William R. Farmer, eds., *Jesus and the Suffering Servant: Isaiah 53 and Christian Origins* (Harrisburg, PA: Trinity Press International, 1998)과 Bernd Janowski and Peter Stuhlmacher, eds., *Der leidende Gottesknecht: Jesaja 53 und seine Wirkungsgeschichte*, Forschungen zum Alten Testament, ed. Bernd Janowski and Hermann Spieckermann, vol. 14 (Tübingen: J.C.B. Mohr[Paul Siebeck], 1996)를 참고하라. 첫 번째 것은 신약에서 이사야 53장이 사용된 경우의 몇몇 논란이 되는 것을 다루고 있지만 종합적이지는 않고 이사야 53장의 해석적 영향의 역사를 제공하지 않으며, 또한 구약 문맥에서의 이사야 53장의 석의나 분석을 제시하지 않는다. 두 번째 것은 본 논문과 같은 주제를 다루지만, 이사야서의 종의 노래에 대한 석의를 다루는 부분이 아주 짧으며 또한 신약에서 그 시의 사용

이 모든 요소는, 신약성서에서 이 중요한 구절의 사용에 대한 포괄적인 해석학적 분석이 필요함을 말해준다.

연구 공헌

첫째, 본 연구는 이 노래가 말하는 종의 신원(미래에 하나님의 중요한 "대리인"으로서, 그 이미지가 어떤 역사적인 인물에 근거한 것이면서도 여전히 야웨의 종인 이스라엘과 연결된 인물)을 밝히고 이사야의 종을 더 통합적으로 그리려고 노력할 것이다.

둘째, 또한 이 구절의 시적인 특성에 대한 거시적 분석에 기초하여 이 시의 특성적인 언어에 나타난 "종" 이미지의 전형성이나 지시적 능력을 인식하는 새로운 방식을 제안하고자 한다. 이러한 단계는 앞선 단계와 뒤따르는 단계 사이를 연결하는 다리의 역할을 할 것이다.

셋째, 본 연구는 이 구절과 밀접하게 연관된 신구약 중간기의 해석적 전통을 추적할 것이다. 이를 위해 역사적으로 이 시가 어떻게 받아들여졌고 어떤 영향을 미쳤는지를 살필 것이다. 또한 예수가 자신의 신원과 사역에 대해 가졌던 인식의 배경을 보여줄 것이다.

넷째로, 본 연구는 예수와 신약의 다른 저자들이 이 시를 어떻게 암시적으로 사용하였는지 분석하고(신약에서 이 노래를 사용한 것은 대부분 암시의 형태임), 또한 그러한 용법에 대한 문화적 배경과 문학적 배경을 보여주려고 시도할 것이다. 또한 이사야 53장에 대한 암시적 사용에 근거한 신학적 주장들을 분석할 것이다. 그 과정에서 후커의 주장을 반박하고, 예수가 고난 받는 종으로서 자신의 역할을 인식하고 있었다는 사실을 입증하고 변호할 것이다. 이것은 구약의 구절, 이미지, 표현, 주제에 대한 암시적 사용의 정당성과 예수가 이 노래를 사용한 것에 대한 역사적/해석적 배경(종의 시의 영향을 받은)에 근거한다.

에 대한 분석이 간단하고 충분하지 않다(특별히 복음서와 사도행전의 경우). 두 책 모두 이 시의 암시적 사용에 대한 면밀한 연구는 포함하지 않는다.

결론적으로, 본 연구는 신약성서 저자의 이사야 53장 사용에 대한 포괄적이며 종합적인 분석을 제시하고, 이 시가 예수와 초기 제자들의 기독론과 사역에 미친 영향에 대한 통합적인 묘사로 끝맺을 것이다.3

연구 절차

먼저, 필자는 이사야서의 네 번째 종의 노래를 구약성서의 문맥에서 석의할 것이며, 이어서 이 시에서 말하는 종의 신원을 밝히려고 할 것이다(제한된 지면으로 인해 충분한 내용을 다룰 수 없지만). 석의는 역사적-석의적 차원뿐 아니라 문학적-시적 특성(시적 언어, 그리고 단어와 구와 문장의 어의적 영역에서 가능한 어의적 지시적 능력)을 고려하여 이루어질 것이다. 후자의 측면은 뒤따르는 과정과 연결된다.

이어서 네 번째 종의 시의 해석에 대한 문학적인 접근이 뒤따른다. 이것은 이 노래가 가진 시적 특성에 근거하며, 그 결과 그 구절의 예언적/전형적 특성이 확실히 드러나며, 또한 그것이 가진 지시적 능력이 분명하게 드러날 것이다.

그 다음, 우리는 신약성서에서 이사야 53장 사용에 대한 역사적/전통적 배경을 조사할 것이다. 이것은 포로기부터 신구약 중간기를 거쳐 주후 1세기에 이르기까지 이 구절이 미친 해석적 영향의 역사를 추적함으로써 이루어질 것이다. 본 연구는 다른 예언 문학, 칠십인역, 사해사본, 외경, 구약 위경, 탈굼 및 다른 글에서 나타난, 종의 시와 밀접하게 연결된 해석적 전통을 고려할 것이다.

다음으로, 동시대의 유대 해석적 전통과 기술에 주목하는 가운데 우리는 신약성서에서 이사야 53장을 인용하고 암시하는 각각의 경우를 석의적으로, 해석학적으로 분석할 것이다. 모든 가능한 경우들을 폭넓게 다룰 것이다.4

---

3 다루어야 할 구절이 많은 관계로 이러한 분석은 가능한 한 간결하게 요점만을 제시할 것이다.

4 모든 경우를 철저히 다루는 것이 불가능한 것은, 어떤 구절이 이사야 53장에 대한 암시를 포함하는지 결정하는 데 있어서 학자들의 의견이 다르기 때

그리고 그러한 분석들 전체를 해석적/해석학적으로 종합 분석할 것이다.

결론 부분에서는, 본 연구를 요약하는 가운데, 예수와 그의 제자들이 복음을 전파하고 성경을 기록하는 과정에서, 자신들의 믿음과 사역에 그 구절이 미치는 신학적인 중요성을 인식하는 가운데 이 노래를 (유대 해석학 전통과 어느 정도 연속선상에서) 예언적으로, 전형적으로("패턴"에 따라), 그리고 신학적으로 사용했음을 보여줄 것이다. 그리하여 "예수 사건"을 경험했던 자의 관점에서, 그리고 하나님의 구원과 하나님의 왕국을 위하여 고난 받는 하나님의 "대행자"에 대한 해석적 전통의 배경에서, 그들이 그 노래를 예수의 삶과 사역에, 그리고 첫 번째 그리스도인 세대의 사역과 윤리적 삶에 적용하였다는 사실을 지적할 것이다. 마지막으로, 본 연구가 가지는 해석학적 함의를 제안할 것이다.

문이며, 또한 암시의 가능성이 있다고 제안되는 경우가 너무나 많기 때문이다.

2장

구약 문맥에서 이사야 52:13~53:12 석의

이사야 53장의 더 넓은 문맥: 이사야 40~55장[1]

둠(Duhm)이 1892년에 낸 주석에서[2] 네 개의 종의 노래(사 42:1~4; 49:1~6; 50:4~9; 52:13~53:12)를 각 문맥에서 구별한 이후로 이 노래들이 그 문맥과 어떤 연관이 있는지에 대해서 많은 논란이 있었다. 최근 대부분 학자들은 이 노래들이 그것이 속한 문맥과의 밀접한 연관성이 있다는 것, 즉 이사야 40~55장의 문맥에서 그것의 적절한 위치를 인정한다. 침멀리(Zimmerli)의 요약은 이것을 잘 보여준다. "면밀한 조사는 어법, 문체, 구조적 패턴과 관련하여 이 노래들이 얼마나 밀접하게 제2이사야와 연결되어 있는지 보여준다."[3] 하지만 여전히 이 노래들은

---

[1] 어떤 학자들은 이 섹션을 이사야 57장까지 연장하지만, 그것은 생각의 흐름에 큰 변화를 주지 않는다.

[2] D. Bernhard Duhm, *Das Buch Jesaia: übersetzt und erklärt*, Handkommentar zum Alten Testament in Verbindung mit anderen Fachgelehrten, ed. D. W. Nowack (Göttingen: Vandenhoeck & Ruprecht, 1892); 특히 284ff.

별개의 "종의 노래"로 인식된다. 그것들이 새로운 형식으로 야웨의 종에 대해 새로운 개념을 말하고 묘사한다는 점에서 어떤 의미에서 독특하며 주위의 구절보다 서로와 더 밀접하게 관계되기 때문이다.4 하지만 그것들은 이사야 40~55장 전체에서 생각이 발전되어가는 단서를 제공하는 가운데 그것들이 속한 문맥과 여전히 연관된다.5 즉, 이 네 노래에서 종의 역할과 기능을 통하여 이스라엘과 이방 나라를 구원하시는 야웨의 계획이 성취되는 것이다.

이사야의 이 부분(40~55장)은 이 책의 다른 부분과 다음과 같은 측면에서 구분된다. (1) 그것은 이사야 전체에서 가장 시적이며, (2) 가장 세련된 문체와 어조로 되어 있고, (3) 하나님의 신탁이 이 부분의 주류를 이루며, (4) 종은 다른 신과 우상에게 하나님의 위대하심을 보여주며 자기 백성을 구원하시는 하나님의 계획과 약속이 수행되고 성취되는 데 있어서 핵심적인 역할을 감당한다(종이 주로 영적인 역할을 담당하는 것과 대조적으로 고레스는 물리적이며 실제적인 부분을 담당한다). 이 부분은 앞부분(1~39장)에 이어지는데, 이 앞부분의 주제는 이스라엘의 죄와 실패에 대한 하나님의 심판, 즉 열방을 통해서 이스라엘과 유다가 멸망당할 것이라는 선포이다.6 이사야 40~55장의 구조에 대한 개략적인

---

3 Walther Zimmerli and Joachim Jeremias, *The Servant of God*, trans. Harold Knight, rev. ed., Studies in Biblical Theology, ed. C. F. D. Moule et al., vol. 20 (London: SCM Press, 1965), 26.

4 둠처럼 오스왈트도 이 종의 본문에서 문맥과 다른 "분위기의 변화"를 인식한다(존 오스왈트, 『이사야 II』, NICOT, 이용중 역 [서울: 부흥과개혁사, 2016], 125).

5 발처가 강조하듯이 "석의는 본문의 특별한 성격, **그리고** 문맥에서 그것의 위치를 고려해야 한다"(Klaus Baltzer, *Deutero-Isaiah: A Commentary on Isaiah 40~55*, trans. Margaret Kohl, ed. Peter Machinist, Hermeneia—A Critical and Historical Commentary on the Bible, ed. Frank Moore Cross et al. [Minneapolis, MN: Fortress, 2001], 124, 저자 강조). 그것은 선택보다 "둘 다"의 문제이다. 이런 의미에서 이사야 40~55장의 문맥과 구별되는 별개의 "종의 노래"가 없다고 하는 메팅거의 주장은 너무 멀리 나아간 것으로 보인다(Tryggve N. D. Mettinger, *A Farewell to the Servant Songs: A Critical Examination of an Exegetical Axiom*, Scripta minora Regiae Societatis Humaniorum Litterarum Lundensis, vol. 3 [Lund: C. W. K. Gleerup, 1983]).

분석은 다음과 같다.[7]

40:1~11 서언: "내 백성을 위로하라! 하나님께서 곧 행동하실 것이다!"(예언적인 위임의 이미지들)

40:12~31 논쟁: "창조자 야웨는 또한 구원자시다!"

41:1~29 신탁(Divine Oracle) – 하나님의 책망과 쌍을 이루는, 이스라엘을 위한 야웨의 도우심과 회복의 약속(법정 담화[1~7절], 구원의 신탁들[8~16절], 보호와 회복의 약속[7~20절], 법정 담화[21~29절])

42:1~9 첫 번째 종의 노래[8]

---

6 또한 이곳저곳에 약속/예언과 희망의 메시지가 있다.

7 이것은 이사야 40~55장에 대한 철저한 양식 비평적 분석이 아니다. 세 가지 주된 범주에 기초하여 단지 이 이사야서 섹션의 내용을 전체적으로 개관하려는 의도일 뿐이다. 세 범주는 종의 시, 신탁, 나머지 부분이다. 참고. Claus Westermann, *Isaiah 40~66: A Commentary*, trans. David M. G. Stalker, OTL, ed. Peter Ackroyd et al. (Philadelphia: The Westminster Press, 1969). 많은 학자(베스터만[Westermann]을 포함하여)의 글에서 볼 수 있듯이, 어떤 부분은 양식 비평으로 판정하고 분류하기가 어렵다. 이사야 40~55장에 대한 철저한 양식 비평적 분석의 예로 Roy F. Melugin, *The Formation of Isaiah 40~55*, BZAW, ed. Georg Fohrer, vol. 141 (Berlin & New York: Walter de Gruyter, 1976); Antoon Schoors, *I Am God Your Saviour: A Form-Critical Study of the Main Genres in Is. XL~LV*, VTSup, ed. G. W. Anderson et al., vol. 24 (Leiden: E. J. Brill, 1973)를 보라.

8 몇몇 학자가 생각하는 것처럼, 첫 번째 종의 노래는 42:9까지, 그리고 두 번째 종의 노래는 49:13까지 확장될 수 있다. 종의 노래 범위를 정하는 것에 대해서는 둠을 시작으로 지금까지 많은 논란이 있다. 첫 번째와 두 번째 종의 노래 범위가 논란의 중심이다. 42:5~9[또는 5~7], 49:7~13[또는 7~9], 50:10~11에 대해 "어떤 이들은 (종의 노래에) 그것들을 포함하며, 어떤 이들은 제외한다"(William B. Nelson Jr., "Servant of the Lord," in *Eerdmans Dictionary of the Bible*, ed. David Noel Freedman [Grand Rapids: William B. Eerdmans Publishing Co., 2000], 1189). 공간의 제약과 이 논문의 초점으로 인해 자세한 논의로 들어갈 수 없지만, 필자의 네 종의 노래 범위(42:1~9, 49:1~13; 50:4~9; 52:13~53:12)에 대해서는 차일즈와 오스왈트의 견해를 따른다

42:10~13 시편의 구절들을 상기시키는 찬양

42:14~20 (신탁) 소경 된 종 **이스라엘**을 책망하시지만, 하나님께서 행동을 취하려 하신다(구원의 선포).

42:21~25 죄와 그 결과(논쟁)

43:1~48:22 (신탁, 44:23; 48:20~31은 예외) 야웨는 새 일을 행하시는 유일하신 하나님, 구원자시다. 야웨는 유일무이한 하나님이시다(헛된 우상과 대조적으로). 그는 **자기 백성들의 죄**에도 불구하고 그들을 보호하시고 회복시키실 것이다. 바벨론은 멸망할 것이다. **이스라엘**은 영적인 문제가 있으며 도움이 필요하다. 야웨의 목자인 고레스를 통하여 구원의 손길이 올 것이다.

43:1~7 "두려워하지 말라!"(구원의 신탁들)

43:8~44:20 하나님의 유일성에 대한 증거(하나님의 유일성과 이스라엘의 실패에 대한 법정 담화[43:8~15, 22~28; 44:6~8], 구원의 선포 [43:16~21; 44:1~5, 9~20], 우상의 헛됨에 대한 풍자[44:9~20])

44:21~23 "기억하라!"(권고)

44:24~45:8 고레스를 통한 구원/회복의 신탁

45:9~13 토기장이와 진흙(논쟁 담화)

45:14~25 야웨는 유일한 구속자이시다(일종의 구원 언설[14~17], 법

(Brevard S. Childs, *Isaiah*, OTL, ed. James L. Mayes, Carol A. Newsom, and David L. Petersen [Louisville: KY: Westminster/John Knox Press, 2001], 323~27, 379~87, 391, 394~95, 407~420; 오스왈트, 『이사야 II』, 38~40, 125~27, 342~46, 385~87, 452~55). 자세한 논의를 위해 Samuel C. Kwak, "A Hermeneutical and Applicational Model in the Quotation of Isaiah 49:6 in Acts 13:47" (Th.M. thesis, Dallas Theological Seminary, 1995), 28~30을 참조하라. 헬라어 본문에 기초해서 종의 노래의 범위를 정하는 일에 있어서 또 다른 좋은 예는 엑블라드의 것이다: 42:1~8, 49:1~9a, 50:4~11; 52:13~53:12(Eugene Robert Ekblad Jr., *Isaiah's Servant Poems According to the Septuagint: An Exegetical and Theological Study*, Contributions to Biblical Exegesis and Theology, ed. Tj. Baarda et al., vol. 23 [Leuven, Belgium: Peeters, 1999]).

정 담화[18~21], 권고[22~25]의 형태).

46:1~47:15 바벨론이 무너질 것이다!(멸망의 선포[46:1~4], 논쟁 담화[46:5~11], 논쟁의 결론: "구원"[46:12~13]; 바벨론에 대한 조롱, "내려와서 티끌에 앉으라"[47:1~15])

48:1~21 야웨의 종 이스라엘의 실패와 다가오는 하나님의 구원(논쟁 담화: 은혜를 모르는 이스라엘, 하지만 야웨의 새로운 구원[옛 것과 새 것, 1~11], 법정 담화: "들으라!"[12~16c], 종의 말[16d], 하나님의 탄식: "네가 나의 명령에 주의하였더라면"[17~19], 구원을 선포하는 짧은 시[20~21], 심판 담화[22]).

49:1~13 두 번째 종의 노래

49:14~50:3 (신탁) (간헐적인 **책망들**이 삽입된) 시온의 회복에 대한 하나님의 메시지(논쟁과 뒤따르는 약속들[논쟁이 혼합된 구원의 언어] [49:14~26], 또 다른 논쟁[50:1~3]).

50:4~9(11) 세 번째 종의 노래

51:1~16 (신탁) 위로하시는 야웨(논쟁의 어조가 혼합된 구원의 약속[1~8], 동기를 주는 호소[9~11], 구원 신탁[12~16])

51:17~21/52:1~2 "깰지어다"(위로의 말)

51:22~23/52:3~6 (신탁) "내가 그들을 속량하리라!"(구원 담화/약속)

52:7~12 백성의 귀환이 약속되고 묘사됨(좋은 소식의 노래[7~10], "떠날지어다"[11~12]).

52:13~53:12 네 번째 종의 노래

54:1~17 (신탁) 예루살렘의 회복(약속이 있는 노래[1~3], 구원 신탁[4~6], 언약의 언어로 된 구속의 선언[7~10], 예루살렘의 구원에 대한 약속[11~17]).

55:1~13 (신탁. 6~7, 12~13은 예외) 야웨의 초청(구원의 선포[1~5], 초청의 에필로그[6~13]).

첫 번째 종의 노래 이후에, 생각의 전환과 분위기의 변화가 일정 부분 이루어지고 있다. 하나님의 종 이스라엘의 실패가 강조된다. 이스라엘의 실패에 대한 강조는 42:14~48:22에서 **수미쌍관**(*inclusio*) 구조를 형성한다.9 그리하여, "이스라엘의 정치적 필요(43:1~21)와 영적 필요(43:22~43:23)가 야웨 자신에 의해 충족될 것이다."10 그리고 48:16에 언급된 대로 그 해결 수단은 하나님이 준비하셔서 보내신다 – "주 여호와께서 **나와** 그의 영을 보내셨느니라"(고레스의 역할은 이 구절 바로 앞에 언급된다).11 이 "나"는 두 번째 종의 노래의 화자로 보인다. 덧붙여, 윌콕스(Wilcox)와 페이튼-윌리엄스(Paton-Williams)는 이사야 40~48장과 49~55장 사이의 중요한 차이를 지적한다. 그것은 초점의 변화(바벨론의 임박한 멸망에서 포로생활 자체로부터의 임박한 귀환으로), 핵심 용어의 변화(야곱/이스라엘에서 예루살렘/시온으로), 이사야 40~48장에서 "종"이라는 용어를 빈번히 이스라엘과 동일시하지만 이사야 49장 이후로는 나타나지 않는 것, 앞부분에서 우상의 헛됨이 강조되는 반면, 뒷부분에서는 그런 내용이 거의 없는 것, 앞부분에서 이스라엘에 대한 의인화가 많지만 뒷부분에서는 적은 것, 앞부분에서 종의 노래 밖에서 "종"이라는

---

9 모티어의 설명대로 "이스라엘은 보지 못하고, 듣지 못하며(42:18~19), 종이 되었고(22절), 죄로 인해 심판 아래 놓였으며(23~25a), 영적으로 무감각하다(25b)." 또한 "이사야 48장의 주된 관심은 이스라엘의 죄악이다(1, 4~5, 7~8, 18, 22절)"(J. Alec Motyer and R. T. France, "Messiah," in *NBD*, 757).

10 Motyer and France, "Messiah," 757.

11 이사야 40~55장, 특별히 48장과 49장 사이의 생각의 발전에 있어서 48:16의 중요성에 주목하는 학자들로 차일즈(Childs, *Isaiah*, 382과 곳곳에), 자이츠(Christopher R. Seitz, "The Book of Isaiah 40~66: Introduction, Commentary, and Reflections," in *The New Interpreter's Bible*, ed. Leander E. Keck et al., vol. 6 [Nashville, TN: Abingdon, 2001], 423과 곳곳에), 델리치(Franz Delitzsch, *Delitzsch on the Prophecies of Isaiah*, Clark's Foreign Theological Library: The Fourth Series, vol. 15 [Edinburgh: T. & T. Clark, 1877; reprint with the title *Biblical Commentary on the Prophecies of Isaiah*, trans. James Martin, vol. 2 (Grand Rapids: William B. Eerdmans Publishing Company, 1949)], 258[인용 페이지는 재판을 따름]) 등이 있다. 베스터만은 여기서 48:16c가 잘못된 위치에 있긴 하지만 49:1~6과 연관성이 있다고 주장한다(Westermann, *Isaiah 40~66*, 203).

단어가 사용되지만 뒷부분에서는 없는 것 등의 차이들이다.12 이 모든 것은 이사야 49장이 40~55장의 생각의 흐름에서 분수령의 역할을 하고 있음을 보여준다.13

이사야 49:1~52:12에서, 하나님의 역사에 대한 기대는 네 번째 종의 노래에 가까워질수록 계속해서 증가하다가 (자기 백성을 위로하시며 예루살렘을 속량하시는 역사의 주관자이신) 야웨의 구원을 한 메신저가 선포하는 부분(52:7~10)에서 절정에 이른다. 그의 종을 통한 구원의 사역은 두 번째 종의 노래에서 선포되며(49:1~13, 특별히 6, 8절), 그 결과는 시온의 회복이다(49:14~26).

---

12 Peter Wilcox and David Paton-Williams, "The Servant Songs in Deutero-Isaiah," *JSOT* 42 (October 1988): 79~85(여기서 저자는 '구원의 약속에 대한 완전한 양식들'을 인식하는 데 베스터만을 참조한다). 노스 또한 이사야 49~55장에서 "종에 대한 묘사에서 개인에 대한 강조"를 지적한다(Christopher R. North, *The Suffering Servant in Deutero-Isaiah: An Historical and Critical Study*, 2d ed. [London: Oxford University Press, 1956], 180). 오스왈트는 또한 이사야 49장을 전후로 **바벨론**과 **고레스**라는 단어가 나타났다가 사라지는 것에 주목한다(『이사야 II』, 344).

13 차일즈, 자이츠, 오스왈트, 그로갠(Grogan), 볼프(Wolff), 모티어(Motyer), 뮐렌버그(Muilenburg), 윌콕/페이튼-윌리엄스(Wilcox/Paton-Williams)를 포함하여 많은 학자가 종의 신원에 대해 의견을 달리하지만 이것만큼은 인식한다. 앞에서 인용된 차일즈, 자이츠, 윌콕/페이튼-윌리엄스의 글 외에도 오스왈트, 『이사야 II』, 344이하; Geoffrey W. Grogan, "Isaiah," in *The Expositor's Bible Commentary*, ed. Frank E. Gaebelein, vol. 6 (Grand Rapids: Zondervan Publishing House, 1986), 20, 282; Herbert M. Wolf, *Interpreting Isaiah: The Suffering and Glory of the Messiah* (Grand Rapids: Zondervan Publushing House, 1985), 205; J. Alec Motyer, *The Prophecy of Isaiah: An Introduction and Commentary* (Downers Grove, IL: InterVarsity, 1993), 352, 383; James Muilenburg, and Henry Sloane Coffin, "The Book of Isaiah: Chapters 40~66," in *The Interpreter's Bible*, ed. George Arthur Buttrick et al., vol. 5 (Nashville, TN: Abingdon, 1956), 414~18을 참조하라. 이것은 또한 베스터만의 글에서도 암시된다(Westermann, *Isaiah 40~66*, 28). 또한 라조어 등이 제시하는, 이사야 40~66장을 세 부분으로 나누는 분석을 참조하라. 거기서는 이사야 49장을 전환점의 하나로 본다(윌리엄 라솔, 데이비드 앨런 허바드, 프레드릭 윌리엄 부쉬, 『구약 개관』, 박철현 역 [고양: 크리스챤다이제스트, 1994], 551).

지금까지 **하나님의 손길**이 나타나지 않은 것은 야웨가 백성을 구원하실 능력이 없거나 그의 손이 짧아서가 아니라 그가 부르셨을 때 누구도 대답하지 않았기 때문이다(50:2). 하지만 그분의 일은 자신의 종이 반대, 어려움, 고난에 처해서도 자발적으로 순종하는 것을 통하여 이루어질 것이다(참고. 49:4; 50:5~6). 그리고 일련의 하나님의 메시지(51:1~3, 4~6, 7~8, 12~16) 가운데 선지자는 **야웨의 팔**이 깨어서(51:9) 하나님의 능력을 드러내고 자기 백성을 속량할 것을 간구한다(51:9~11). 이제 선지자는 눈을 시온으로 돌려 시온이 깨어날 것을 도전한다. "여호와의 손에서 그의 분노의 잔을 마신 예루살렘이여 깰지어다 깰지어다"(51:17), "시온이여 깰지어다 깰지어다 네 힘을 낼지어다"(52:1).14 그 이유는 야웨의 강력한 팔이 곧 드러날 것이기 때문이다. 그의 능력의 팔은 두 경로를 통하여 나타난다. 이스라엘이 자기 땅으로 돌아가도록 하는 고레스의 해방자의 역할(52:7~12)이 그 하나이고, 다른 하나는 야웨의 종의 역할(52:13~53:12)이다. **야웨의 팔**은 후자의 사역과 그것에 대한 하나님의 계시(참고. 53:1)를 통하여 드러날 것이다.15

이어서 분위기는 네 번째 종의 노래 직후 이사야 54:1~55:13에서 다시 극적으로 바뀐다. 심각한 반성에서 자비, 평화, 보호, 번영에 대한 약속으로 바뀌며(사 54), 또한 하나님의 자비 안에 있는 새로운 영원한 언약으로의 초대로 바뀐다(사 55). 어떻게 이것이 가능한가? 어떤 일이 일어났는가? "그 노역의 때가 끝났고, 그 죄악이 사함을 받았으며, 그의 모든 죄로 말미암아 여호와의 손에서 벌을 배나" 받았기 때문인가(40:2)?16 아마도 그럴 것이다. 하지만 "거주지의 변화(바벨론에서 고향으로)는 마음의 변화를 의미하지 않는다. 백성들은 고향으로 돌아왔을지

---

14 세 구절 모두에서 같은 동사 עוּרִי가 사용된다(51:9, 17; 52:10).

15 오스왈트, 『이사야 II』, 345, 523. 또한 모티어가 이사야서에 대한 자신의 분석에서 이 섹션의 제목을 "여호와의 팔: 종의 승리"로 정한 것에 주목하라(Motyer, *The Prophecy of Isaiah*, 7).

16 여기서 다시 한번 "여호와의 팔"이 등장한다. 징계든 구원이든 모든 것이 야웨에게서 온다. 모든 경우에 그가 주도적으로 행하신다. 또한, 49:22를 보라.

모르지만 아직 야웨에게로 돌아오지 않았다."17 이러한 사실은 이스라엘의 불순종과 무반응에 대한 책망이 이사야 전체에 걸쳐, 이사야 40장이나 56장 이후에도 지속적으로 나타나고 있다는 사실에서 알 수 있다(42:19~25; 48:1~5, 8, 18~19, 22; 50:1~3; 56:9~57:13; 57:21; 59:1~14; 65:1~7; 66:3~4; 66:24). 그들은 듣지 못하며 보지 못한다(42:19, 20; 43:8). 이사야 50:1~3에 있는 책망이 이사야 59:1~2에서도 반복된다. 이스라엘의 무반응과 죄 때문에 야웨의 강력한 팔이 나타나지 않는 것이다! 이러한 패턴은 반복되고 있으며 반복될 것이다. 악이 지속되고 있다. 따라서 전에도 그러셨듯이 이러한 곤경에서 야웨가 먼저 행동을 취하신다(참고. 사 45:1~10; 48:6~7, 16; 59:16; 63:5).

그래서 하나님은 은혜 가운데 자기 백성을 속량하실 어떤 수단을 제공하신다(51:10, 11; 52:3, 9). 이러한 은혜는 노아의 언약과 견줄 수 있다(54:9, 10). 야웨는 전적으로 자신의 일방적인 은혜에 근거하여 언약을 제정하셨다. 하지만 그것은 "번제의 향기"를 받으신 **후에** 일어난 일이다. 야웨는 출애굽이라는 놀라운 사건을 통해 자기 백성을 구원하셨다. 하지만 그것은 유대 백성이 집 문설주에 어린양의 피를 바른 후에 이루어졌다. 이제, 야웨는 **자신의 능력의 팔**로 놀라운 일을 행하려 하신다. 그것은 제2의 출애굽과 같을 것이다(51:9~11; 52:11~12). 그와 그의 백성들 사이에 제정될 새 언약은 노아 언약과 같이 은혜에 의한 언약이 될 것이다(54:9, 10). 이 영원한 새 언약은 다윗에게 주어졌던 은혜와 자비가 백성, 즉 하나님의 초청에 응답하는 모든 이에게 부어지는 결과를 가져올 것이다(55:1~5).18 하지만 그것은 오직 누군가의 속죄의 사역 후

---

17 Motyer, "Messiah," 757.
18 이 초청이 이스라엘에게만 주어진 것인지 모두에게 주어진 것인지 학자들은 의견을 달리한다. 킹과 스태거는 이 종말론적인 메시아의 잔치로의 초대는 "바벨론 포로들에게 야웨의 성지인 시온으로 돌아오라는" 초청이라고 주장한다(Philip J. King and Lawrence E. Stager, *Life in Biblical Israel*, Library of Ancient Israel, ed. Douglas A. Knight [Louisville, KY: Westminster/John Knox, 2001], 355). 오스왈트 또한 55:1~5가 "백성들에게 이전의 다윗 언약에 기초한 새 언약에 대한 하나님의 놀라운 약속들을 듣고 받아들이라고 촉구한다."

에야 일어날 것이다. 고레스를 부르시고 사용하신 경우와 같이 그것은 야웨의 놀라운 팔에 의해 이루어진다. 자기 백성의 불순종과 죄에도 불구하고(43:23~24; 44:18~20) 죄 용서를 위한 수단을 하나님이 제공하신다고 하는 것은 앞에서 이미 암시되었다(43:25; 44:21~22; 참고. 59:16). 이러한 은혜는 52:3에서 언급된 대로 값없이 주어진다(55:1). 하나님이 베푸시는 새로운 은혜의 영원한 언약은 다윗과 세우셨던 것과 같이 이스라엘 백성뿐 아니라 열방에게도 주어진다. 이 둘 다 야웨의 종에 포함되는데, 이스라엘이 첫 번째 주된 구성원이다.19 이것은 **고난 받는 종**

고 생각한다(오스왈트, 『이사야 II』, 522). 또한 Richard J. Clifford, "Isaiah 55: Invitation to a Feast," in *The Word of the Lord Shall Go Forth: Essays in Honor of David Noel Freedman in Celebration of His Sixtieth Birthday*, ed. Carol L. Meyers and M. O'Connor (Winona Lake, IN: Eisenbrauns, 1983), 33을 보라. 치솜은 이사야 55장의 언어와 포로들과의 종말론적인 언약의 갱신에서 나타나는 언어 사이의 언어적 평행을 열거한다. 예를 들어, "찾다", "돌아오다", "긍휼히 여기다"이다(로버트 B. 치솜, "이사야의 신학," 『구약 신학』, 유진 메릴 편집 [고양: 크리스챤출판사, 2009], 485).

하지만 이사야 55:5, 그리고 특별히 25:6에서 언급된 대로 이러한 하나님의 잔치로의 초청은 응답하는 모든 사람에게로 확장된다. 차일즈는 이 청중이 54:17의 "여호와의 종들"이라고 주장하는데 이는 일리가 있는 말이다(*Isaiah*, 436). 만약 그렇다면 청중은 "민족들"을 포함하는 모든 백성일 수 있다(사 55:5; 56:3~8). "여호와의 종들"의 무리에 이방인들 또한 포함되기 때문이다. 신실한 남은 자는 영원한 새 언약의 수립을 확정하는 야웨의 풍성한 잔치에 응하도록 초청된다. 이어서 민족들이, 더해진 "야웨의 종들"의 무리로서 그 잔치에 **참여하도록** 초청된다. Motyer, "Messiah," 757도 보라. 또한 "…구약의 종의 모티프는 더 넓은 측면을 가진다. 나라들 가운데 하나님에 대한 증인인 이스라엘, 시온에서 야웨를 섬기는 백성, 천사들, 자연 현상, 심지어 야웨의 종으로서의 온 우주가 포함된다. 언젠가 모든 백성들과 나라들이 인자를 섬기게 될 것이다"라고 한 린드하겐의 글을 참조하라(Curt Lindhagen, *The Servant Motif in the Old Testament: A Preliminary Study to the 'Ebed-Yahweh Problem' in Deutero-Isaiah* [Uppsala: Lundequistska Bokhandeln, 1950], 291).

19 차일즈는 다음과 같이 적절하게 주장한다. "3절에서 다윗과 맺으신 영원한 언약이 명백히 백성에게 전수된다. 그 약속은 더 이상 다윗에게만 묶여서 과거에만 할당되지 않으며, 현재 활동하는 실체로서 갱신된다"(*Isaiah*, 435). 자이츠도 같은 생각이다. "예언이 담대히 말하는 것은, **민족들에 비교되는** 다윗의

의 삶과 사역을 통하여 이루어질 수 있다(52:13~53:12).[20] 차일즈의 말대로, "이러한 약속 양식의 변화는 보편주의나 민주적인 참여로의 일반적인 움직임이 아니었으며, 이사야 40~55장의 예언적 드라마의 문맥에서 고난 받는 종의 사역의 결과로 나타났는데, 이로 말미암아 그 종의 후손인 야웨의 종들이 유업을 얻었다."[21] 이제 하나님은 정치적으로뿐 아니라 영적으로도 자기 백성을 구속하실 수 있으며(51:10, 11; 52:3, 9; 59:20), 자기 백성과 영원한 평화의 언약을 세울 수 있으시다(54:10; 57:18~19; 참고. 이전에는 평화가 없었음, 48:21). 야웨의 종의 사역을 통하여 이제 가능해진 은혜의 언약이 가져오는 복은 물질적인 동시에 영적이다.[22] 이러한 복은 종들, 즉 야웨의 진정한 백성의 사역을 통하여 확

역할과 관련된 다윗 언약의 측면이 넓은 의미에서의 하나님의 백성을 포함하도록 확대되었다는 것이다"(Seitz, "Isaiah 40~66," 482; 필자 강조). 치숌과 자이츠가 주장하는 대로 이것은 다윗 왕과 그의 핵심적인 역할을 제외시키지 않는다(치숌, "이사야의 신학," 485; Seitz, "Isaiah 40~66," 482). 차일즈는 계속해서 말한다. "증언을 위해 세워졌던 종 이스라엘처럼 하나님의 종으로서의 다윗의 진정한 역할은 하나님의 경이로우심에 대한 증인으로 묘사된다(시 89:6~7). 덧붙여, 하나님에 의해 지명된 지도자로서의 다윗의 직분은 이제 이스라엘뿐 아니라 긍정적인 의미에서 민족들에게까지 해당되도록 확장되었다"(*Isaiah*, 435~36). 이사야 55장에서 부르심을 받는 "여호와의 종들은, 종 이스라엘(42:6)과 고난 받는 야웨의 개인적인 종(49:5 이하) 모두에게로 확장되는 동일한 부르심 안에서 지속적으로 행한다(49:5 이하)"(*Isaiah*, 436).

20 그의 고난의 사역을 바탕으로 "민족을 위한 언약의 중재자(49:8)로서," 그리고 또한 나라들을 위한 언약의 중재자(43:5, 6)로서 종은 자신과 종 된 하나님 백성을 통하여 "이 새 언약을 확정하는 일에 중요한 역할을 한다"(치숌, "이사야의 신학," 485의 내용을 개작하여 인용함).

21 Childs, *Isaiah*, 436.

22 비슷한 방향으로, 치숌은 다음과 같이 주장한다. "여기에서 말하는 생명은 단순히 육체적 생명이나 영적 생명이 아니라 하나님과의 적절한 언약적 관계를 통한 번성과 행복이다(참고. 신 30:15~21). 영원한 언약은 다윗에 대한 하나님의 무조건적인 언약에 비교된다. 다윗이 열방을 통치하셨듯이 하나님의 백성들도 먼 나라들을 다스릴 것이다"(사 55:5; 치숌, "이사야의 신학," 484). 이러한 축복은 다윗에게 주신 하나님의 약속이 미래의 메시야와 메시아적인 백성, 즉 여호와의 종들을 통하여 성취됨을 통해 오는 국가적 혜택으로 볼 수

장될 것이다(42:1~9; 55:5; 56:1~8). 오스왈트는 지금까지 설명된 전환을 적절하게 요약한다. "이러한 어조 면에서의 변화[즉, 48장에서와 같은 비난의 분위기에서 격려와 희망의 분위기로(55장)]를 설명해 줄 무슨 일이 있어났는가? 단 한 가지, 즉 여호와의 종의 사역에 대한 선포가 발생했다…. 그들이 해야 할 유일한 일은 그 종이 드린 속죄 제사를 (미리 바라보며) 받아들이고 그 제사가 수반하는 하나님의 자비를 받는 것이다. 그들이 이 일을 한다면 진정으로 세상에서 하나님의 종들이 될 수 있고, 이 지위는 이사야서에서 적어도 2장 이래로 고대해 온 것이다."[23] 이러한 맥락에서 네 번째 종의 노래는 이사야 40~55의 중심이다.[24]

이사야 56~66장은, 종을 통해 성취되는 야웨의 구원이 가져오는 복에 초점을 맞추는 것이 그 특징이다. 이사야의 이 부분은 하나님을 궁극적인 정복자, 의로우신 심판자, 능력의 해방자로 묘사한다. 이제 하나님의 종들(사 56:1~8; 63:17; 65:8, 9, 13, 14, 15; 66:14)은 종의 사역이 가져다주는 혜택을 누릴 것이다. 그리고 그들은 다른 "하나님의 종들"을 하나님의 부르심과 축복으로 초청하게 될 것이다(사 55:5). 이 섹션은 **궁극적으로** 종말의 새 세상을 가리킨다. 다음과 같은 차일즈의 말은 우리의 관심을 끈다. "제3이사야서의 중요한 역할은 제1이사야서의 신실한 남은 자들을 제2이사야서의 '고난 받는 종'의 뒤를 따랐던 순종하는 '종들'과 연

있다(참고. 왕상 6:12~13; 9:4~9; 시 72편과)(치숌, "이사야의 신학," 484~85).

[23] 오스왈트, 『이사야 II』, 523(중괄호는 필자가 추가). 덤브렐도 같은 의견이다. "이사야 40~55의 예언에서 그토록 두드러지며 종의 사역과 그토록 밀접하게 연결된 예루살렘의 회복은 새 시대의 도래의 계기가 되는 장치를 제공한다. 이사야 2:2~4의 표현대로 세상이 하나님의 영원한 통치 가운데 기뻐하는 동안 전쟁의 무기들은 이제 평화의 도구들이 될 것이다. 이것이 가리키는 종말론은 이사야 40~55가 부연하여 추가한 모든 것의 근저에 있다"(W. J. Dumbrell, "The Role of the Servant in Isaiah 40~55," *RTR* 48 [September~December 1989]: 113).

[24] 차일즈는 더 넓은 문맥에서의 종의 노래의 핵심적인 역할에 주목한다. "40~55장에서 이스라엘을 구속하시는 하나님의 계획이라는 드라마가 전개되는 것에 비추어 볼 때 종의 대리적(대속적) 역할은 예언적 메시지의 바로 중심에 있으며, 그것을 제거하는 것은 이 장들의 놀라운 비밀을 푸는 석의적 열쇠를 잃는 결과를 낳을 뿐이다"(*Isaiah*, 418).

결시키는 것이었다."²⁵ 이것이 옳다면 네 번째 종의 시는 이사야 40~66 전체, 나아가 이사야서 전체의 "중심" 혹은 "핵심"이라고 할 수 있다.

요약하면, 이사야 40~55의 문맥을 고려할 때 야웨는 유일한 우주의 하나님이시며 이스라엘의 왕이시고, 그의 종 이스라엘은 그러한 사실에 대한 증인으로 부름 받았다. 하지만 이스라엘은 실패한 종이 되었으며, 하나님의 심판을 초래했다. 그런데도 하나님은 그들을 구원하시고 회복시키실 것이다. 그는 자비의 하나님(40:27), 이스라엘의 하나님(41:10), 야곱의 구원자(43:3)이시기 때문이다. 그는 자신의 이름, 명예, 영광을 위하여 자기 백성을 구원하실 것이다(48:9~11). 그리고 하나님은 야웨의 종을 통하여 이 일을 이루신다.

가까운 문맥

네 번째 종의 노래의 가까운 문맥은 두 부분으로 나뉜다. (1) 이사야 40~55에서의 다른 종의 노래들과 (2) 네 번째 노래 전후의 구절들이다.

네 개의 종의 노래는 주님의 "진정한 혹은 이상적인" 종을 나타낸다. 처음 세 노래는 이스라엘의 실패와 하나님의 구원(이스라엘이 실패했어도)을 말하는 구절 다음에 위치한다(첫 번째 노래, 42:1과 41:28~29, 그리고 42:9와 41:26; 두 번째 노래 앞에 48:3~8, 17~19, 22[이스라엘의 실패]와 48:12~16, 20~21[하나님의 구원]; 세 번째 노래 앞에 50:1~3과 49:8~26). 주님은 자신의 종 이스라엘의 실패 때문에/실패에도 불구하고 자신의 이상적인 종을 통하여 자기 백성을 구원하시고 자신의 계획을 성취하실 것이다.²⁶

---

25 Childs, *Isaiah*, 448. 보이켄은 이사야 56~66의 주요 주제가 "야웨의 종들"이라고 강력하게 주장한다. "우리는 이사야 56:1~66:14에서 우리가 읽는 것을 간결하게 요약할 수 있다. 야웨의 종들이라는 주제는 한편으로 제2이사야의 마지막 장들(53:10; 54:17)에서 소개되며, 다른 한편으로 제3이사야의 서문(56:6)에서 표제로서 공표된다. 이어지는 장들에서 그것은 주의 깊게 상세히 설명된다. '야웨의 종들'이라는 표현이 나타나든 그렇지 않든, 63:1~6을 제외하고 이 주제가 중심적인 역할을 하지 않는 문단이 없다"(W. A. M. Beuken, "The Main Theme of Trito-Isaiah 'The Servants of Yahweh'," *JSOT* 47 [June 1990]: 85).

네 개의[27] "종"의[28] 노래들은 40~55장에서 하나님의 신탁을 제외하고 남는 부분의 주요 구성 요소가 된다. 이 네 노래들은 서로 연결되어 이상적인 종의 임무, 삶, 사역을 묘사한다. 따라서 네 번째 종의 노래에 대한 석의와 그 종이 누구인지 밝히는 일은 다른 종의 노래들을 고려하고 그것들과의 연관성을 살피는 가운데 진행될 것이다.

이사야 52:12~53:12는, 자기 백성을 회복하고 시온과 예루살렘을 재건하라는, 야웨의 위로의 메시지를 묘사하는 구절에 의해 둘러싸여 있으며(51, 52, 54장), 이 장들의 중심에 네 번째 종의 노래가 있다. 이러한 구조는 종 이스라엘을 위한 하나님의 구원 사역에서 일부 물리적/정치적 요소는 야웨의 목자로 기름 부음 받은 자인 고레스에 의해 성취될

---

[26] 앞에서 보여준 대로 이사야 42장이 이스라엘의 이상적인 역할을 묘사한다고 생각되지만, 이 요점은 특별히 49장 이후에 분명해진다.

[27] 어떤 학자들은 원래의 넷에 더 많은, 종의 노래(사 61:1~4와 같은)를 추가해야 한다고 주장한다. 앞에서 말한 대로, 많은 학자가 종의 노래를 확인하고 그 범위를 정하는 일이 어렵다는 것을 인식하고 있다.

[28] 40장 이전에 하나님의 "종"이라는 단어는 비종교적인 용법(예를 들어, 36:9, 11; 37:24)을 제외하고 이사야(20:3), 엘리아김(22:20), 다윗(37:35)에 대해 사용된다. 40~55장(종의 노래를 제외하고)에서 이 단어는 대부분 이스라엘 나라를 가리키는 데 사용된다(41:8, 9; 43:10; 44:1, 2; 44:21; 45:4). 하지만 그것은 또한 선지자나 어떤 특별한 하나님의 대리인으로서의 개인과 같은, 어떤 개별적인 하나님의 종을 가리킬 수 있다(44:26; 50:10). 그것이 가진 암시와 뉘앙스는 긍정적일 수도 있고 부정적일 수도 있다(긍정적인 것, 44:26; 44:1, 2, 21; 50:10 등; 부정적인 것 42:19 등; 다른 경우들은 아마도 중립적인 것일 것이다). 어쨌든 야웨의 "종"이라는 단어는 이사야서의 나머지 부분과 비교하여 40~55장에서 아주 빈번히 나타난다. 이 단어의 복수형(종들)은 54:17에서 처음 나타난다. 56~66장에서 이 단어는 복수형으로만 사용되며, 이 종들은 여호와의 "종"의 사역을 통하여 전달되는 복의 수혜자가 된다.

요약하면, 이사야 40~55에서 여호와의 "종"의 개념은 핵심적인 역할을 한다. 그리고 이사야 40~55는 "종"의 신학의 장들로 불려야 할 것으로 보인다. 참고. George A. F. Knight, *Servant Theology: A Commentary on the Book of Isaiah 40~55*, International Theological Commentary, ed. George A. F. Knight and Fredrick Carlson Holmgren (Grand Rapids: William B. Eerdmans Publishing Company; Edinburgh: Handsel Press, 1984).

것이지만(44:28~45:4), 고난 받는 종이 바로 핵심적인 (하나님의) 대행자이며 그의 손에 의해 "여호와의 기뻐하시는 뜻"이 성취될 것임을 의미한다고 볼 수 있다(53:10). 따라서 영적인 무기력으로부터 일어나라는 부르심과 부정한 것을 떠나고 정결한 것을 찾으라는 부르심(52:11~12), 그리고 하나님의 지속적인 자비와 안위하시는 사랑으로의 초대(54, 55장)는, 그것을 성취하는 수단, 즉 이스라엘(42:6; 49:6; 53:8; 55:1~3)과 이방인들(42:1, 4, 6; 49:6; 52:15; 55:5)을 포함한 많은 사람이 그러한 복을 누리는 것을 가능하게 하는 야웨의 종을 둘러싸고 있다. 주의 종의 삶과 사역에 대한 묘사는 하나님의 명령과 약속 사이에 끼어 있다.

구조29

I. 높임 받음에 대한 선포[하나님의 신탁](52:13~15)
   A. 종의 높임 받음에 대한 선언(52:13)
   B. 주제의 전개(52:14~15)
      1. 이전: 종의 낮아짐(52:14)
      2. 이후: 종의 높아짐(52:15)

II. 종의 고난과 높아짐에 대한 보고(53:1~11a)
   A. 도입: "우리는 우리가 들은 바를 꿈에도 몰랐다"(1절)
   B. 종의 고난에 대한 보고(2~9절)
      1. 그가 낮아지고 사람들에게 버림 받은 것에 대한 묘사(2~3절)
         a. 비천한 성장(2절)
         b. 사람들에게 버림받음(3절)

---

29 이 구조는 Claus Westermann, *Isaiah 40~66*, 255~56에 기초해, 필자가 일부 수정한 것이다.

2. 우리의 죄 때문에 그가 고난을 받았으며, 그의 고난으로 인해 우리가 치유받음(4~6절)
    a. 그의 고난은 우리의 허물과 죄 때문이었음(4절)
    b. 우리는 그의 고난을 통하여 치유되었음(5절)
    c. 그는 양 같이 제 길로 가는 우리의 죄를 짊어지셨음(6절)
  3. 그의 고난에 대한 자세한 묘사(7~9절)
    a. 그는 잠잠한 가운데 순종하며 고난을 당했음(7절)
    b. 심문을 받고 죽임을 당했음(백성의 죄 때문에)(8절)
    c. 악한 자와 함께 죽임을 당하고, 부자와 함께 장사됨(9절)
 C. 종이 고난을 당한 후에 번영하게 된 것에 대한 보고(10~11a절)
  1. 종의 사명에 대한 하나님의 뜻과 계획(10a절)
  2. 고난 후에 종이 번영하게 되고 만족을 얻음(10b~11a절)

III. 종이 영광에 대한 선포[계속된 하나님의 신탁](53:11b~12)
 A. 종의 사명의 효과: 많은 사람을 의롭게 하고 그들의 죄를 담당함(11b절)
 B. 하나님이 종을 영화롭게 하심과 종의 임무에 대한 요약(12절)
  1. 종이 성취한 사명/임무로 인해 하나님이 종을 영화롭게 하심(12a절)
  2. 종의 사명/임무에 대한 요약(12b절)

장르

거의 모든 학자는 이사야 52:13~53:12이 시 혹은 노래라고 인정한다. 사실 그것은 예언의 메시지를 시의 형태로 전달하는 예언적 시다. 다른 종의 시들과 연결되어 있지만, 이 시는 신탁을 통한 하나님의 계시로부터 비롯된 것이다.

클레멘츠(Clements)에 의하면, 둠은 예언적 신학에 관한 책을 낸 후 17년이 지나 이사야서에 대한 유명한 주석을 발간하였으며, 그 주석은 예언의 두 근본적인 특징에 대한 새로운 중요한 발견에 대해 언급한다. 첫째, 선지서는 "시인"이며 따라서 우리는 "예언의 시적 특성"을 볼 수 있다는 것과,30 둘째, 그들은 "환상이나 환청 같은 특이한 정신적 경험"31을 하였으며 그리하여 "아주 독특하고 감정적인 무아경의 경험 가운데 메시지를 받았다"는 것이다.32 클레멘츠는 계속해서 주장한다. "둠은 그의 예언에 대한 연구에서, 예언에 있는 시적 요소는 (하나님이 자신에게 말씀하고 계신다고 믿었던) 선지자의 고양되고 흥분된 의식과 밀접하게 연결되어 있음을 인식하였다."33 많은 예언 구절이 어느 정도 시적 특성을 가졌으며, 그러한 시적 특성은 선지자들의 특별한 경험과 어느 정도 연관이 있다는 것은 분명해 보인다.

여러 면에서, 많은 학자는 우리가 다루는 구절(이사야 53장)을 시로 간주한다. 이 노래에서 사용된 수사학적인 장치들을 예로 들면 수미쌍관, 핵심 단어와 모티프의 반복(이러한 것들에 대한 구체적인 설명은 아래의 '석의' 섹션에서 제시됨), 여러 선명한 비유적 표현, 복잡하고 잘 계획된 구성(앞의 내용 참조), 크게 고양된 감정 등이다. 세레스코(Ceresko)는 이러한 견해에 동의하며 여러 시적 요소를 열거한다. "복잡한 구조"(특별히 "동심의 구조"를 수반한), "설득력 있게 품위 있게 말하는 능력," "화자의 도덕적 특성과 동기" 등이다.34 그의 주장대로 "시는 기술적으로 듣는 자와 독자로부터 공감을 이끌어낸다."35

---

30 Ronald E. Clements, *A Century of Old Testament Study* (Guildford: Lutterworth, 1976), 54.

31 Clements, *A Century of Old Testament Study*, 56.

32 Clements, *A Century of Old Testament Study*, 54.

33 Clements, *A Century of Old Testament Study*, 56.

34 Anthony R. Ceresko, "The Rhetorical Strategy of the Fourth Servant Song (Isaiah 52:13~53:12): Poetry and the Exodus-New Exodus," *CBQ* 56 (January 1994): 50~54.

35 Ceresko, "The Rhetorical Strategy of the Fourth Servant Song (Isaiah

많은 학자는 양식 비평적 연구를 통하여 이 노래의 장르를 밝히려고 많은 시간을 투자하였다. 베그리히(Begrich)는[36] 이 구절을 세 부분으로 분석하는데, 두 개의 야웨의 언설(52:13~15와 53:11~12)과 (그 중간에 위치한) 한 무리가 부르는 노래다. 그는 네 번째 종의 노래의 구성이 감사의 시의 형태에 의해 크게 영향을 받았다고 주장한다. 와이브레이(Whybray) 또한 이사야 53장이[37] 자유를 얻은 선지자, 즉 제2이사야를 위한 감사의 시라고 주장한다.[38]

스위니(Sweeney)에 따르면, 개인의 감사의 노래는 다음과 같은 요소들로 구성된다: (1) 노래(혹은 감사나 찬양)하라는 부름/초청, (2) 과거의 고난과 구원의 이야기,[39] (3) 야웨에 대한 찬양 혹은 야웨가 하신 일을 인정함, (4) 희생 제사의 선언, (5) 복, (6) 맹세나 권고. 감사 양식, "내가 주께 감사하며"가 일반적으로 노래의 한 부분으로 나타난다.[40]

52:13~53:12)," 54.

[36] Joachim Begrich, *Studien zu Deuterojesaja*, Theologische Bücherei: Neudrucke und Berichte aus dem 20. Jahrhundert, vol. 20 (Munich: Chr. Kaiser Verlag, 1963), 62~65.

[37] 그의 의견에 이사야 52:13~15는 네 번째 종의 노래에 포함되지 않는다.

[38] R. N. Whybray, *Thanksgiving for a Liberated Prophet: An Interpretation of Isaiah Chapter 53*, JSOTSup, ed. David J. A. Clines, Philip R. Davies, and David M. Gunn, vol. 4 (Sheffield: Sheffield Academic Press, 1978).

[39] 벤첸에 따르면 이 부분에는 두 가지 변이가 있다. 시편 기자가 죄를 고백하고 용서를 얻는 '긍정적인 고백'과 시편 기자가 무죄를 주장하고 야웨가 그를 고통에서 구원하시는 가운데 나타나는 구원의 은혜를 높이는 '부정적인 고백'이다. 한 가지 더 주목할 것은 "이 두 종류가 탄식의 시의 두 주된 양식, 즉 속죄의 시와 무죄의 시에 대응된다는 것이다"(Aage Bentzen, *Introduction to the Old Testament*, vol. 1 [Copenhagen: G. E. C. Gads Forlag, 1948], 153).

[40] Marvin A. Sweeney, *Isaiah 1~39, with an Introduction to Prophetic Literature*, FOTL, ed. Rolf P. Knierim and Gene M. Tucker, vol. 16 (Grand Rapids: William B. Eerdmans Publishing Company, 1996), 540. 또한 Erhard S. Gerstenberger, *Psalms Part 1, with an Introduction to Cultic Poetry*, FOTL, ed. Rolf Knierim and Gene M. Tucker, vol. 14 (Grand

상세한 석의와 논증을 통하여 와이브레이는 이러한 모든 요소들이 이사야 53에 있음을 보여주려고 노력하며 이 노래가 감사의 시로 분류되어야 한다고 결론을 내린다. 그렇지만 그는 다음과 같이 인정할 수밖에 없다. "하지만 이사야 53과 지금까지 우리가 고려한 탄식들 사이에 한 가지 큰 차이가 있는데, 그것은 중요한 차이다. 표준적인 개인적 감사시에서는 화자가 전에 고통을 당하였던 본인 자신이며 이제 개인적으로 하나님께 감사드리기 위해 나아오지만, 이사야 53장에서는 화자가 한 무리의 사람들이다."[41] 주된 등장인물은 하나님의 구원의 혜택을 받는 자가 아니라 종의 고난과 영광에 대해 보고하는 자들이다. 나아가, 베스터만의 지적대로 탄식과 감사의 시에서는 시인의 고난의 기간에 끝이 있지만, 네 번째 종의 노래에서 "표류(drift)는 생애 전체에 걸쳐 일어난다. 그는 자라나서… 그가 죽어 묻혔다."[42] 베스터만은 또

Rapids: William B. Eerdmans Publishing Company, 1988), 15와 Claus Westermann, *Praise and Lament in the Psalms*, trans. Keith R. Crim and Richard N. Soulen (Atlanta: John Knox, 1981), 102~112를 보라. 개인적인 감사의 시의 구조에 대해 세이부린의 설명은 본질적으로 동일하다(Leopold Sabourin, *The Psalms: Their Origin and Meaning*, new enlarged, updated ed. [New York: Alba House, 1974], 278~79).

[41] Whybray, *Thanksgiving*, 127. 헤르미손은 와이브레이가 말하는, '전에 고통 받았던 자를 위해 다른 사람이 노래하는 감사의 장르'는 단순히 하나의 특별한 구성이며 하나의 장르로 볼 수 없다는 이유에서 그의 견해에 반대한다: "…das Danklied, das andere für den Erretteten singen, aber das ist eine bloße ad-hoc-Konsruktion und keine Gattung"(Hans-Jürgen Hermisson, "Das vierte Gottesknechtslied im deuterojesajanischen Kontext," in *Der leidende Gottesknecht: Jesaja 53 und seine Wirkungsgeschichte*, ed. Bernd Janowski and Peter Stuhlmacher, FAT, ed. Bernd Janowski and Hermann Spieckermann, vol. 14 [Tübingen: J. C. B. Mohr (Paul Siebeck), 1996], 12 n. 52).

[42] Westermann, *Isa 40~66*, 257. 이 사실로, 라이켄은 이 노래가 "이제껏 쓰인 적이 없는 가장 이상하고 역설적인 찬사"라고 생각했다(Leland Ryken, *Words of Delight: A Literary Introduction to the Bible*, 2d ed. [Grand Rapids: Baker Book House, 1992], 309; 참고. "inverted encomium" in J. C. L. Gibson, *Language and Imagery in the Old Testament* [London: SPCK, 1998], 89). 라이켄은 이 시를 당시의 고전적인 문학에서 '찬가'의 고전적인 장르와 비교하려고 하였다. 하지만 이 시는 너무도 많은, "문학에서의 관습적인 기대에 대한 역설적

다른 중요한 요점을 말한다. "여기서 처음으로 한 사람의 고난이 전체 사람들의 안녕을 위해 광범위하고도 긍정적인 의미를 가진다. 종의 고난은 대속의 고난이며" 이것은 "중보자의 탄식시(lament)에서는 혁신적인 것"이다.[43] 그러므로 멜루긴(Melugin)의 주장은 설득력이 있다. "아마도 그 감사 시의 내러티브 문체는 이 시의 구조에서 한 요소였을 것이다. 하지만 이 모든 양식들은 배경에 불과했다. 이 시의 구조는 기본적으로 선지자 자신의 창조물이다."[44] 따라서 이 시의 "구조는 제2이사야가 **창조했다**."[45] 차일즈의 결론은 옳다. "최근 이 구절이 **독특하다고**

인 전도(거꾸로 뒤집음)"를 사용하며(Ryken, *Words of Delight*, 311), "고전적인 서사시에서 영웅적 전형의 정반대"이어서(Ryken, *Words of Delight*, 310) 새로운, 다른 장르에 속할 필요가 있다. 헤르미손은 이 노래가 "Leichenlied"(일종의 장례식 노래나 찬사)의 하나라는 견해를 받아들이지 않는다. 종의 죽음이 영광스럽지 않고 비천하며, 종의 죽음의 중요성이 그의 죽음에 대한 깊은 반추보다 하나님의 신탁에 근거한 새로운 통찰력에서 온 것이기 때문이다. 덧붙여, 그의 견해에 의하면 내러티브나 이야기의 스타일이 "Leichenlied"에서 통상적으로 볼 수 있는 것이 아니다(Hermisson, "Das vierte Gottesknechtslied," 11~12).

43 Westermann, *Praise and Lament*, 278

44 Melugin, *The Formation of Isaiah 40~55*, 74.

45 Melugin, *The Formation of Isaiah 40~55*, 74(필자 강조). 그는 다음과 같이 덧붙인다. "기본적으로 그것은 **구원의 언설**(a speech of salvation)로서 작용하지만 대부분의 그러한 형태의 언설과 다르다. 구원 자체를 알리는 것도 그 구원이 종의 고난과 직접적으로 연결된다고 본다"(Melugin, *The Formation of Isaiah 40~55*, 74). 참고로, 베스터만은 이사야 49:7~12가 "구원의 선포"의 장르에 속하는 것으로 생각한다(Claus Westermann, *Prophetic Oracles of Salvation in the Old Testament*, trans. Keith R. Crim [Louisville, KY: Westminster/John Knox, 1991], 43). 슈어스는 이 구절이 13절까지 확장될 수 있다는 것을 제외하고는 베스터만의 견해에 동의한다(Antoon Schoors, *I Am God Your Saviour: A Form-Critical Study of the Main Genres in Is. XL~LV*, VTSup, ed. G. W. Anderson et al., vol. 24 [Leiden: E. J. Brill, 1973], 97~104).

문학 작품과 영감/계시 사이의 조화와 관련하여 메릴의 논증을 보라. "신학적인 연구는 분명히 다음과 같은 전제에 주의를 기울이도록 요구할 것이다. 그것은 이사야 40~55장이 하나님의 영감을 받은 선지자가 문학 작품으로 쓴 것이기 때문에, 그가 잘 알려져 있는 통상적인 문학적 장치(내용은 말할 것도 없고)를 사용하고 배열한 것은 그러한 초자연적인 과정으 반영이라고 하는 전제하는… 의견 일치가 커지고 있다(필자 강조)."⁴⁶ 따라서 폰 라트(von Rad)의 주장대로 "양식들조차도 석의를 위한 길잡이로서 제한적으로 사용된다."⁴⁷ 네 번째 종의 노래에서 문학적 양식들은 "적든 많든… 모두 '상처를 입었다.' 즉, 그 본래의 삶**의 자리**(*Sitz im Leben*)에서 이탈되어 그것들이 여기에서 지니게 된 특별한 내용들에 의해 파괴된 것이다."⁴⁸ 베스터만의 표현을 빌리면 이것은 "옛 양식의 전적인 해체(dissolution)"를 나타낸다고 말할 수 있을 것이다.⁴⁹

석의

여기서는 이 시의 부분들에 대한 짧은 도입을 제시하고 구절 별로 본문

이다(Eugene H. Merrill, "The Literary Character of Isaiah 40~55, part 1: Survey of a Century of Studies on Isaiah 40~55," *BSac* 144 [January~March 1987]: 43).

46 Childs, *Isaiah*, 411. 그는 "본문의 배경에 시의 전통적인 관습 표현/양식이 있을지라도 그 구조는 기본적으로 새로운 문학적인 창조이며, 형식과 내용이 통상적인 구전의 패턴과 다르다"고 주장한다(*Isaiah*, 411). 물론 "이러한 견해는 그 시가 더 넓은 내러티브의 문맥 안에서 해석되어야 한다는 주장에 또한 공헌하였다"는 것이 전제된다(*Isaiah*, 411).

47 게르하르트 폰 라트, 『구약 성서 신학, 제2권: 이스라엘의 예언적 전승의 신학』, 개정6판, 허혁 역 (경북 왜관: 분도출판사, 1977), 253 (이 역서에는 이렇게 번역되어 있다: "이 양식들의 주석적 평가에도 감촉될 수 있는 한계가 주어져 있다.") 차일즈는 그의 견해에 동의하며 다음과 같이 덧붙인다. "우리가 종종 발견하듯이 원래의 배경을 정하는 양식 비평의 문제는 제2이사야에서 자주 석의적으로 크게 중요하지 않은데, 이는 선지자가 자신의 목적을 위하여 자료를 고쳐 만드는 일에 자유롭기 때문이다"(*Isaiah*, 433). 또한 R. N. Whybray, *Isaiah 40~66*, NCB, ed. Ronald E. Clements and Matthew Black (London: Marshall, Morgan & Scott Publications; Grand Rapids: William B. Eerdmans Publishing Company, 1975), 26을 보라.

48 폰 라트, 『구약 성서 신학, 제2권: 이스라엘의 예언적 전승의 신학』, 253.

49 Claus Westermann, *Basic Forms of Prophetic Speech—With a New Foreword by Gene M. Tucker*, trans. Hugh Clayton White (Louisville, KY: Westminster/John Knox Press; Cambridge: The Lutterworth Press, 1991), 209.

에 대한 석의를 진행할 것이다. 석의를 진행하면서 문학적 구조와 시적 특성을 고찰하고, 문맥의 배경에서 생각의 흐름을 추적하는 가운데 단어에 대한 의미론적 연구, 문법에 대한 분석을 추구할 것이다. 클라인즈(Clines)는 이 시(사 52:13~53:12)의 특징의 하나인 "수수께끼 같은 불가해성과 모호한 표현"에 대해 주의를 환기시킨다.[50] 그는 설득력 있게 주장한다.

> 이사야 53은 역사-비평적 연구의 희생자가 되어왔다. 그러한 곤경에 처한 유일한 본문은 아니지만 다른 많은 구절보다 상해가 더 심하다. 역사-비평적 연구를 할 때, 비밀스런 시적 본문을 하나의 풀어야 할 수수께끼로, 해독해야 할 암호로 간주한다면 그런 본문을 잘못 다루는 것이다. 만일 시의 효과가—시의 시심은 말할 것도 없고—그것이 가진 바로 그 잘 드러내지 않으려는 경향, 명확하기를 거부하고 **정보**를 주기를 싫어하는 것, 비평적인 연구가 자신이 가진 가설을 발전시키기 위한 기초적 요소로 손에 넣기를 갈망하는 종류의 자료를 고집스럽게 숨기는 것이라면 어쩔 것인가?
>   이사야 53의 수수께끼는 너무도 잘 알려진 것이어서 여기서 자세한 설명을 다시 반복할 필요가 없다…(저자 강조)[51]

따라서 우리가 인정할 필요가 있는 것은 이 시의 여러 단어들과 표현들의 불투명성과 모호성을 받아들이고 어디에 이러한 모호한 표현들이 있는지 조심스럽게 판단해서 이러한 곳에서 분명한 근거 없이 억지로 결론을 이끌어 내지 말아야 한다는 것이다.[52]

---

[50] David J. A. Clines, *I, He, We, and They: A Literary Approach to Isaiah 53*, JSOTSup, ed. David J. A. Clines, Philip R. Davies, and David M. Gunn, vol. 1 (Sheffield: Sheffield Academic Press, 1976), 25. 차일즈와 오스왈트는 이 견해에 동의하며 "이 구절의 불명확성에 관한 복잡한 문제"와 이 노래의 "의도적인" 모호함을 인정한다(Childs, *Isaiah*, 411; 오스왈트, 『이사야 II』, 454~55).

[51] Clines, *I, He, We, and They*, 25.

[52] 이 본문의 불투명성에 추가되는 또 다른 요소는 이 노래에 너무도 많은 본문 비평 문제가 있다는 것이다.

덧붙여, 이 시에는 여러 곳에서 자주 반복되는 핵심 단어와 표현이 많다. 이러한 반복어들은 "이 시의 핵심 표현들의 특색을 이루며" 자주 "종의 낮아짐과 높아짐, 그리고 화자 자신들과 종에 대한 자신들의 잘못된 견해와 (이후의) 그들의 진정한 고백"을 대조해서 강조한다.53 따라서 우리는 이 시의 문학적이며 수사학적인 의도에 대해서도 주의를 기울여야 한다.

I. 높아짐에 대한 선포[하나님의 신탁] (52:13~15)

이 종의 노래의 범위를 정하는 문제에 대해 와이브레이(Whybray)는 52:13~15가 이 노래에 속하지 않는다고 주장한다. 하지만 그의 논제는 받아들일 수 없다. 이 노래는 "나의 종"이라는 단어로 시작하고 끝나는데, 이 시는 세 부분으로 나누어져야 한다: 첫 번째 하나님의 신탁(52:13~15), "우리" 부분(53:1~11a), 두 번째 하나님의 신탁(53:11b~12). 시가 가진 대칭성의 관점에서 생각할 때 이 시에 52:13~15가 포함된다는 것은 타당성이 있다.54 이 부분이 이 노래에 속한다고 하는 디옹(P. E. Dion)의 논증은 설득력이 있다. "최초의 **힌네**(hinneh, '보라')는 새로운 출발을 암시한다. 바로 이 구절을 시작으로 52:11~12에 사용된 출애굽의 이미지가 사라진다. 52:13~15와 53:11~12는 야웨의 두 언설(speeches)을 형성하며, 이들은 53장 전체의 틀이 되고 서로 잘 상응한다. 각 부분에서 야웨는 '나의 종'이라고 말씀하시며 **에베드**('ebed)의 낮아짐과 높아짐 사이의 대조에 주목하게 한다."55 52:13~15가 "시편에 있는 선포의 찬양에서 볼 수 있는 것과 같은 도입을 위한 요약"이며 그러한

---

53 Paul R. Raabe, "The Effect of Repetition in the Suffering Servant Song," *JBL* 103, no. 1 (March 1984): 81.

54 예를 들어 이사야 52:13~53:12의 대칭성에 대한 키드너의 논증을 참고하라(Derek Kidner, "Isaiah," in *The New Bible Commentary*, ed. D. Guthrie and J. A. Motyer [Grand Rapids: Eerdmans, 1970], 618).

55 P.-E. Dion, "Les chants du Serviteur de Yahweh et quelques passages apparentés d'Is. 40~55. Un essai sur leurs limites précises et sur leurs origines respectives," *Bib* 51, no. 1 (1970): 19.

배경 하에서 이사야 53장 전체의 모든 구절을 볼 필요가 있다고 한 베스터만(Westermann)의 말은 옳다.56 사실, "신탁의 통일성의 문제가 보다 큰 중요성을 가지게 되는 것은 우리가 이 노래들을 그것들이 속한 문맥으로부터 분리해야 한다고 주장할 경우에만 해당된다."57

52:13~15에서 화자는 누구인가? 대부분의 학자들은 여기서 화자가 야웨 자신이라고 가정한다. 이사야 40~66장에서 오직 그만이 어떤 사람 혹은 무리를 "나의 종"이라고 부를 수 있기 때문이다. 이러한 논증은 이사야에서 발견되는 여러 예를 통해 입증될 수 있다(41:8; 42:1, 6; 43:10; 44:1, 21, 26; 45:4; 49:5, 6).

만일 이것이 옳다면 53:11b~1 또한 하나님의 신탁이며, 따라서 이 두 구절(52:13~15와 53:11b~12)은 이 시(52:13~53:12)의 수미쌍관 구조를 형성한다.

A. 종의 높아짐에 대한 선언(52:13)

52:13　　　　הִנֵּה יַשְׂכִּיל עַבְדִּי יָרוּם וְנִשָּׂא וְגָבַהּ מְאֹד

보라 내 종이 지혜롭게 행하여 형통하리니[또는 지혜롭게 행하리니],
받들어 높이 들려서 지극히 존귀하게 될 것이다.

포로생활의 상태를 떠나서 그 안에 있는 곤경으로부터 해방되는 소망을 가지라는 명령(52:11, 12)은 갑작스런 신의 현현(epiphany)으로 이어지는데, 그것은 그러한 구원의 원인을 설명할 수 있는 하나님의 신탁의 형태를 통해 나타난다.

"보라"와 "나의 종"을 포함하는 개시 단어들은, 종이 위임되고 세워지는 첫 번째 종의 노래를 연상시킨다. 베스터만은 이렇게 주장한다.

---

56 Westermann, *Isaiah 40~66*, 260.
57 Grogan, "Isaiah," 300.

"이것이 의도적임은 의심의 여지가 없다. 42.1~4가 종의 사역의 시작을 보여주고(하나님에 의해 그의 직책으로 지명됨) 52장 이하가 그것의 절정을 보여준다는 점에서(하나님께서 자신의 종의 행동과 사역이 성공했음을 선포함) 이 두 노래는 함께 간다."[58]

יַשְׂכִּיל은 "지혜롭게 행하다" 혹은 "성공을 거두다, 번영하다"라는 뜻일 수 있다.[59] 이 구절의 생각의 흐름에서 볼 때 후자의 의미가 더 적합한 것으로 보인다. 하지만 우리는 이 구절을 다음과 같이 해석할 수 있다. "나의 종은 지혜롭게 행하며 번영할 것이다."[60] 야웨의 종은 지혜로운 순

---

[58] Westermann, *Isaiah 40~66*, 258.

[59] *HALOT*, 1329와 BDB, 968에서는 후자의 의미를 선호한다. *NIDOTTE*, 3: 1243에서는 두 뉘앙스 모두 암시하는 것으로 보인다. "통찰력은 오실 메시아의 특성이 될 것이다(렘 23:5; 참고. 렘 3:15); 하나님께서는 고난 받는 종의 길을 번영하게 하실 것이다(사 52:13). 지혜로운 자는 부활에 참여할 것이다(단 12:3)." *TLOT* 또한 여기서 두 뉘앙스 모두를 암시한다. 주로 왕비들과 다른 지도자들이 그렇게 행한다고 하는 것처럼[다윗, 솔로몬, 히스기야, 여호수아와 같이] "실제적인 의미에서 '통찰력이 있는' 사람은 지혜롭고 총명하게, 그리하여 성공적으로 행한다…. 높임을 받은 야웨의 종(사 52:13; G. R. Driver, *FS Kahle*, 90f와 대조적으로)은 통찰력이 있는, 성공적인 지도력이 그 특성이 될 것이다"(1270쪽).

[60] 미스칼(Miscall)이 지적하는 것처럼 "이 단어는 지혜로움과 번영 두 의미 모두" 가지고 있을 가능성이 있는 것으로 보인다(41:20, 44:18)(Peter D. Miscall, *Isaiah*, Readings: A New Biblical Commentary [Sheffield: JSOT Press, 1993], 123). 폴(Paul)은 "의도적인 모호성" 혹은 "이중적 의미"를 적절히 설명한다. "언어의 기본적인 구조 안에 내재하는 인간 언어의 근본적인 특성은 단어가 가진 다기능이다…. 여러 의미를 가진 단어는 같은 한 문맥에서 한 가지를 가리키면서 다른 것을 암시한다. 그것은 분명한 의미와 내재적인 의미 모두를 가진다. '축적된 의도'로 묘사되는 이러한 수사학적인 현상은 여러 이름[모호함, 이중적 의미와 같은]으로 불린다"(Shalom M. Paul, "Polysensuous Polyvalency in Poetic Parallelism," in *"Sha'arei Talmon": Studies in the Bible, Qumran, and the Ancient Near East Presented to Shemaryahu Talmon*, ed. Michael Fishbane and Emanuel Tov [Winona Lake, IN: Eisenbrauns, 1992], 147~48). 폴은 계속해서 이러한 수사학적인 장치가 "자신의 기교적이며 재치 있는 문학적 성향을 나타내기 원하는 재능 있는 작가의 풍부한 원천일 수 있다."라고 말한다. 성경의 시에 대한 여러 연구에서 그러한 것이 발견된다. 두 말할 필요 없이 다의성에 대한 인식은 성경 본문에 대한 더 깊고 풍성한 이해

종을 통하여 높이 들림을 받으며 큰 영광을 얻을 것이다.61 이렇게 지혜

와 감상을 돕는다"(Paul, "Polysensuous Polyvalency in Poetic Parallelism," 148~50). 왓슨은 이것을 "다중어의적 언어 유희(polysemantic pun)"라고 부르기를 선호하는데, 이것이 "가장 효과적인 것은 그러한 효과 있는 단어가 단지 한 번 나타나는 관계로 그것들이 시인과 청중 모두에게 명석한 재치를 요구하기 때문이다"(Wilfred G. E. Watson, *Classical Hebrew Poetry: A Guide to Its Techniques*, JSOTSup, ed. David J. A. Clines and Philip R. Davies, vol. 26 [Sheffield: Sheffield Academic Press, 2001], 241). "비록 다중어의적 언어 유희가 성격상 순전히 문어적인 것이지만, 그것은 말로 전하는 시에서 나타나는 검약의 원리를 예시한다"(Watson, *Classical Hebrew Poetry*, 241).

많은 주석가(Childs, Baltzer, Motyer, Clines, Oswalt)도 필자와 같은 견해이다 ("너무나 지혜롭게 행동해서 노력한 일이 성공을 거두다," 오스왈트, 『이사야 II』, 455; 클라인즈는 "보라, 나의 종: 그의 지혜는 성공을 거둔다!"라고 번역한다[*I, He, We, and They*, 11]). 그들은 여기서 지혜가 결과를 낳는 근거라고 생각한다(예를 들어, Motyer, *Prophecy of Isaiah*, 424를 보라). 와이브레이(*Isaiah 40~66*, 169)와 베스터만(*Isaiah 40~66*, 258)은 두 의미 모두 가능하지만 "번영하다"라는 의미가 낫다고 주장한다. 그로갠(Grogan)은 "지혜롭게 행하다"라는 의미 쪽으로 기운다 ("Isaiah," 301). 베스터만은 이 단어가 "행동과 결과 모두를 나타내는 히브리 단어의 하나"라고 말한다(*Isaiah 40~66*, 258). 와츠(존 와츠, 『이사야 하 (33~66)』, WBC, 강철성 역 [서울: 솔로몬, 2002], 229), 류폴드(H. C. Leupold, *Exposition of Isaiah, Volume II: Chapters 40~66* [Grand Rapids: Baker, 1971], 380), 브루그만 (Walter Brueggemann, *Isaiah 40~66*, Westminster Bible Companion, ed. Patrick D. Miller and David L. Bartlett [Louisville, KY: Westminster/John Knox, 1998], 141) 은 이 단어가 "번영 혹은 성공"을 의미하는 것으로 해석한다.

스툴밀러는 다음의 말로 잘 요약했다. "이 히브리 단어['번영하다']는 분별이나 통찰력을 암시한다, 마치 종의 승리가 하나님의 지혜로운 구원의 계획에 대한 순종의 결과인 것처럼"(Carroll Stuhlmueller, "Deutero-Isaiah and Trito-Isaiah," in *The New Jerome Biblical Commentary*, ed. Raymond E. Brown, Joseph A. Fitzmyer and Roland E. Murphy [Englewood Cliffs, NJ: Prentice Hall, 1990], 342). 모든 고대 사본은 "지혜롭다, 지혜롭게 행하다, 이해하다"의 뜻으로 기울고 있는데, 루터의 번역은 이러한 사본들에 기초한다.

흥미로운 것은 류폴드가 지적하듯이 이 단어가 또한 메시아에 대한 묘사(렘 23:5)에서도 사용된다는 것이다(*Exposition of Isaiah*, 224).

61 "흥미롭게도 여기서 히브리 표현이 이사야 6:1과 같다"는 사실에 주목하자 ("Suffering Servant," in *Dictionary of Biblical Imagery: An Encyclopedic Exploration of the Images, Symbols, Motifs, Metaphors, Figures of Speech and Literary Patterns of the Bible*, ed. Leland Ryken, James C. Wilhoit, and Tremper

와 번영의 개념을 한 쌍으로 묶는 것은 두 번째 하나님의 신탁(사 53:11b~12)에서 다시 나타나는데, 이 부분은 현재 해당 부분(52:13~15)과 함께 이 시의 수미쌍관 구조를 완성한다.

B. 주제의 전개(52:14~15)

1. 이전: 종의 낮아짐(52:14)
2. 이후: 종의 높아짐(52:15)

52:14   כַּאֲשֶׁר שָׁמְמוּ עָלֶיךָ רַבִּים כֵּן־מִשְׁחַת מֵאִישׁ
        מַרְאֵהוּ וְתֹאֲרוֹ מִבְּנֵי אָדָם

많은 사람이 너에[그에][62] 대하여 놀랐지만

— 그의 모양이 사람의 형상 **이상으로(이라고 할 수 없을 정도로)**[63] 상하였고,[64]

그의 모습이 사람의 모습 **이상으로(이라고 할 수 없을 정도로)** 손상되었으므로 —

Longman III [Downers Grove, IL: InterVarsity, 1998], 826).

[62] BHS는 우리가 여기서 2 Mss, Syriac, Targum(사본 둘, 시리아역, 탈굼역)에서처럼 "그에"로 읽어야 한다고 제안한다. 하지만 1QIs^a, LXX, Vg(쿰란 이사야 스크롤, 칠십인역, 벌게이트)는 더 어려운 표현인 MT(마소라 본문)의 독법을 지지한다. 오스왈트는 이 독법을 주장한다. "… MT는 더 어려운 표현이며, 대명사에 관한 이러한 종류의 부조화는 히브리 선지자들 가운데 흔한 것이다. 참고. GKC §144쪽"(오스왈트, 『이사야 II』, 450, 각주 5). 그로갠 또한 이렇게 설명한다. "린드블럼(Lindblom), 노스(North) 등은 이것이 더 어려운 독법이기 때문에, 그리고 히브리 시의 다른 곳에서 2인칭과 3인칭이 계속해서 혼용되는 것에 비추어, 이 독법을 유지할 것을 주장한다"(Grogan, "Isaiah," 306). 아마도 "여기서 야웨는 종에게 잠시 말을 걸고 있을 가능성이 있다"(*NET*, 1314).

[63] 여기서 *min*의 용법에 대한 오스왈트의 설명은 적절하다. "여기서 *min*은 아마도 비교의 '민'이 아니라 분리의 '민'일 것이다. 따라서 본문은 이 사람이 다른 어떤 사람보다도 더 많이 상했다고 말하는 것이 아니라 *그가 거의 인간처럼 보이*

"많은" 사람이 그에 대해 "놀랐거나 충격을 받았다(혹은 몸서리를 쳤다)"(BDB, 1031; HALOT, 1564). 그의 얼굴이 너무도 "사람의 모습이 아닐 정도로 손상"되었기 때문에(מִשְׁחַת, HALOT, 644), 그는 인간처럼 보이지 않았다.

52:15 כֵּן יַזֶּה גוֹיִם רַבִּים עָלָיו יִקְפְּצוּ מְלָכִים פִּיהֶם
כִּי אֲשֶׁר לֹא־סֻפַּר לָהֶם רָאוּ וַאֲשֶׁר לֹא־שָׁמְעוּ הִתְבּוֹנָנוּ

그가 많은 나라를 놀라게 할 것이며65

왕들은 그로 말미암아 자신들의 입을 봉하리니66

이는 그들이 아직 그들에게 전파되지 아니한 것을 볼 것이며

아직 듣지 못한 것을 깨달을 것이기 때문이다

지 않을 만큼 상했다고 말하고 있는 것이다"(오스왈트, 『이사야 II』, 450, 각주 3).

64 1QIsᵃ는 마지막 요드를 추가한다("내가 기름을 부었다"라는 뜻). 하지만 다른 모든 사본들과 번역본들(1QIsᵇ를 포함하여)은 MT의 독법을 지지한다. 오스왈트는 이 문제에 대해 드라이버의 생각을 참조한다. "드라이버(G. R. Driver)는 1QIsᵃ의 독법이 단지 두루마리 상에서 49:7(그는 실수로 49:41을 언급한다)에서 발견되는 것과 같은 '연결의 히렉'(hireq compaginis)(GKC, §90 k~n)일 뿐이라고 주장한다"(G. R. Driver, "Isaiah 52:13~53:12: the Servant of the Lord," in In Memoriam Paul Kahle, ed. Matthew Black and Georg Fohrer, BZAW, ed. Georg Fohrer, vol. 103 [Berlin: Verlag Alfred Töpelmann, 1968], 92, 오스왈트, 『이사야 II』, 450, 각주 4에서 인용됨).

바벨론 전통(משחת의 hophal 분사)은 "손상된, 파괴된"으로 읽힌다. 다양한 독법이 있다(LXX [ἀδοξήσει] "그는 영광을 잃어버리게 될 것이다"[참고. Vg]; Targum[משוח] "비참하였다"; Aquila, Symmachus, Theodotian, 시리아 역본들은 MT를 지지한다. BHS의 제안이 필연적이지 않은 것은 이렇게 분사 대신 실명사나 형용사를 사용하는 것이 시의 특성이기 때문이다(참고. 53:3: "사람들의 끊어짐," "숨는 곳")(오스왈트, 『이사야 II』, 450, 각주 4).

결론적으로, 와츠는 이렇게 말한다. "많은 가능성 있는 어근을 가진 이 단어는 난문제다. MT가 모음을 찍은 내용은 그 어느 다른 자료들의 내용보다 아마 더 나을 것이다"(와츠, 『이사야 하 (33~66)』, 374).

65 치숌은 첫 번째 행과 관련된 석의적 문제를 바르게 설명한다. "비록 נזה

그가 사람이라고 생각하기 어려울 정도로 심하게 손상되어 "많은" 사람이 그에게 대해 놀랐던 것과 같이, 이제 그는 "많은" 나라와 왕을 놀라게 할 것이다. 그들은 자신들이 보거나 깨닫지 못했던 것을 보고 깨닫게 될 것이기 때문이다.

라는 동사는 '뿌리다'라는 의미를 가진 히필형도 가지고 있으나, 이 경우 단어의 해석과 관련하여 중대한 문제가 야기된다. 즉, 다른 모든 본문에서 이와 같이 뿌림을 받는 대상이나 사람이 제시될 경우 동사가 전치사와 함께 나타난다는 것이다. 그러나 이사야 52:15(책에는 실수로 13절로 인쇄되어 있음)의 경우, 이어지는 עָלָיו('그 위에')를 앞줄과 함께 취하지 않는 한 이러한 규칙이 적용되지 않는다는 것이다. 그렇게 하더라도 동사의 수를 복수로 고쳐야 하고, 나라들은 '뿌리다'(sprinkle)의 주어가 되어야 하며 여호와의 종이 목적어가 되어야 한다. 따라서 어떤 해석자들은 본문에 언급된 '뿌림'(sprinkling)의 제의적 개념에 대해 의문을 가진다. 또한 본문의 내용을 수정하려는 사람도 있는가 하면 어떤 학자들은 '도약하다, 뛰다'(spring, leap)라는 뜻을 가진 동음이의어적 어근을 대안으로 제시함으로써 히필형으로 '뛰게 하다', '놀라게 하다'(cause to leap, startle)라는 의미를 가질 수 있게 하여 절의 평행법에 맞추려 하였다. (그러나 이러한 제의적 표현에 대해 주장하는 것은 영어 표현 'run to the store[가게로 달려가다]'에서 전치사 'to[~로]'를 제거하고 남는 표현 'run the store[가게를 운영하다]'가 '가서 빨리 장을 보다'라는 의미라고 주장하려고 하는 것과 비교될 수 있다. 실제로 그것이 다른 의미가 되는 것이 분명함에도 불구하고.)"(로버트 B. 치숌, 『구약 원어 성경: 주석에서 강해까지』, 류근상 역 [고양: 크리스챤출판사, 2003], 46; 한국어 번역판에 오역이 있어 조금 수정하여 인용하였음). נזה(Hiphil 형태)는 아라비아어 같은 어원의 말 *naza*에 근거하여 "뛰어오르게 하다, 놀라게 하다"라는 뜻이 될 수 있다(BDB, 633). LXX(θαυμάσονται, "놀라게 하다")와 1QIsª는 Targum("흩다")과 Syriac("정화하다")과 달리 MT를 지지한다. 모든 자료들을 고려할 때 "놀라게 하다, 뛰어오르게 하다"라는 뜻이 선호된다.

66 이러한 몸짓은 다양한 의미를 가진다. 놀람에 의한 충격, 존경(참고. 욥 29:9)(Whybray, *Isaiah 40~66*, 170), 존중과 환영의 표시(Baltzer, *Deutero-Isaiah*, 399) 등이다. 와츠는 몇몇 성경 구절을 열거하는 가운데(욥 5:16; 시 107:42) 이러한 몸짓이 "야웨가 자신의 מֶשׁפָּט에게 필요한 권한을 주심으로 오만한 왕이 종에게 복종하는 것"을 나타낼 수 있다고 주장한다(R. E. Watts, "The Meaning of עָלָיו יִקְפְּצוּ מְלָכִים פִּיהֶם in Isaiah LII 15," *VT* 40 [July 1990]: 327~35). 하지만 문맥을 생각할 때 와츠의 견해는 너무 멀리 나아간 것으로 보인다.

일찍이 그는 짓밟힘을 당하고 낮아졌으나 이제 하나님으로부터 오는 어떤 새로운 계시(선하고 놀랄만한)로 왕들과 나라들로 하여금 놀라서 뛰어오르게 할 것이다. 베스터만은 "15b절은 놀라움의 정도를 강조하는 것 이상이다. 종의 높아짐은 전례 없는 일"이라고 논한다.67 그것은 유일무이하다. 그것이 말하는 개념은 종의 사역이 "너무도 엄청나서 먼 곳(나라들)과 지위가 높은 집단(왕들)의 사람들이 그것에 대해 듣고 놀란다"는 것이다.68

II. 종의 고난과 높아짐에 대한 보고(53:1~11a)

A. 도입: "우리는 우리가 들은 것을 꿈에도 생각지 않았다"(1절)

53:1 מִי הֶאֱמִין לִשְׁמֻעָתֵנוּ וּזְרוֹעַ יְהוָה עַל־מִי נִגְלָתָה

우리가 들은 것을 누가 믿었는가?69

(그리고) 야웨의 팔이 누구에게 나타났는가?

첫 번째 행은 "우리가 들은 것을 누가 믿을 수 있는가?"(JPS)와 같이 번역될 수 있다.

"야웨의 팔"(זְרוֹעַ יְהוָה)은 "주의 능력," 즉 자신의 위대한 사역을 이루시거나 드러내시는 하나님의 능력을 의미할 것이다(참고. 사 51:9; 52:10). 오스왈트의 말대로 "여기서 **주의 팔**에 대한 언급은 이 시가 앞

---

67 Westermann, *Isaiah 40~66*, 259~60.

68 Westermann, *Isaiah 40~66*, 259.

69 여기서 오스왈트의 설명은 다음과 같다. שְׁמֻעָתֵנוּ, '우리에게 들린 것'(Qal 수동태 분사). 이 단어는 또한 28:9, 19; 39:7에서도 나타난다. 구약에서 다른 곳에서 사용된 대부분의 경우 이것은 '들린' 것을 나타내며, 따라서 '소문' 혹은 '보고'로 번역될 수 있다(참고. LXX, AV). 하지만 여기서 사용된 '보고'는 '우리'가 말한, 정확하지 않아 보이는 어떤 것을 암시한다"(*Isaiah: Chapters 40~66*, 374의 각주 57).

선 시와 직접적으로 연결됨을 보여준다(40:10; 48:14; 51:5, 9; 52:10).70 그는 계속해서 다음과 같이 말한다.

> 여기서 말하고 있는 것은 앞에서, 특별히 49~52장에서 말한 것과 직접적으로 연결되어 있는 것으로 이해될 수밖에 없다. 하나님은 자기 백성을 자신으로부터 멀어진 상태로부터 구원하셔서 그들이 세상에서 자신의 종이 되도록 하실 것을 약속하셨다. 이제 그는 그러한 구원을 실행하시기 위해 제안하시는 수단에 대해 말씀하신다. 이 부분을 다른 방식으로 이해하려는 시도는 여기서 "주의 팔"이 사용된 것이 의미하는 것과 다른 문맥적 단서들(예를 들어 "종")을 잘못 이해하는 것이다.71

우리는 이 구절의 개략적인 개념을 포착하기 위해 그것을 다음과 같이 적절하게 의역할 수 있을 것이다. "'이것이 여호와의 팔이었다고 누가 믿을 수 있었겠는가?' 즉, 52:10에 약속된 것과 같이 여호와께서 직접 구원을 베풀기 위해 오신다"72—그것도 참으로 놀라운 방식으로 말이다.

한 가지 중요한 석의적 질문은, 여기서 화자("우리")가 누구인가라는 것이다. 이것은 이 시에서 "말하지 않는" 모호한 것들, 독자로 하여금 조심스럽게 판단하도록 초청하는 것 중의 하나다.

지금까지, 학자들 가운데 여러 의견이 제시되었다. 그로갠(Grogan)은 "문맥 상 그것은 나라들과 왕들(52:15)이 놀라운 계시에 의해 처음에는 놀라서 말을 잃게 되었다가 나중에 그에 대한 반응으로 그렇게 말할 것이라고 보는 것이 자연스럽다"고 생각한다.73 52:15와 53:1 사이에 연결점이 있는 것으로 보인다. 52:15에서는 "나라들과 왕들"은 그들이 듣지 못했던 것을

---

70 Oswalt, *Isaiah: Chapters 40~66*, 382.

71 Oswalt, *Isaiah: Chapters 40~66*, 382.

72 J. Alec Motyer, *Isaiah: An Introduction and Commentary*, Tyndale Old Testament Commentaries, ed. D. J. Wiseman, vol. 18 (Downers Grove, IL: InterVarsity, 1999), 333.

73 Grogan, "Isaiah," 302.

"볼" 것이며 그들이 "듣지" 못했던 것을 "깨달을" 것이라고 말하지만, 53:1에서는 그들이 "듣고" "보았던" 것이 얼마나 믿기 어려운 것인가라고 "우리"가 말한다. 이러한 교차대구법과 그것이 가져오는 연속성의 분위기 때문에 차일즈는 15절의 후반부에서 다른 주제가 도입된다고 주장한다. 하지만 이러한 해석의 열쇠가 "48:6ff.에 대한 간본문적 언급(intertextual reference)에서 발견된다"고 하는 그의 주장은 설득력이 없다.74

하지만 다음과 같은 오스왈트의 주장은 적절하다.

> 하지만 분명해 보이는 대로 이 종이 이스라엘이 아니라면 "우리"가 이스라엘, 곧 "여호와의 팔"이 자신들에게 나타날 때에 그것을 깨닫지 못하는 사람들일 가능성이 가장 크다. 델리치(Delitzsch)는 이것이 이사야 전체에 걸쳐 "우리"가 일반적으로 의미하는 것임을 보여준다(16:6; 24:16; 42:24; 64:4~5[영어번역 5~6절], 등). 게다가, 아무것도 우리가 나라들에 대해 묘사하는 것(52:15)에서 그들이 말하는 것을 듣는 것(53:1)으로 옮겼다는 것을 보여주지 않는다. 따라서 선지자는 아마도 자신을 자신의 백성과 동일시하고 그들을 위해 말하고 있을 것이다(렘 14:7~9에서 같은 현상이 나타나고 있음을 참조하라). 이 구절에 대한 신약의 두 번의 인용은 그것을 이러한 방식으로 이해한다. 그 소식을 듣고 그 계시를 보았던 하나님의 백성들이 그것을 믿기를 거부했다는 것이다(요 12:38; 롬 10:16).75

블렌킨소프(Blenkinsopp)가 주장하듯이 "53:1~12의 강조적인 표현 또한 그 화자가 야웨 강화에서 언급된 나라들과 그 통치자들을 대표하는 것이 아닐 가능성을 높인다."76 덧붙여, 5절에서 종은 "우리"의 허물

---

74 Childs, *Isaiah*, 413. 그는 여기서 "우리"가 이스라엘(혹은 이스라엘 가운데 한 무리)을 대표한다고 생각한다.

75 Oswalt, *Isaiah: Chapters 40~66*, 381.

76 Joseph Blenkinsopp, *Isaiah 40~55: A New Translation with Introduction and Commentary*, AB, ed. William Foxwell Albright and

때문에 상처를 입었지만(찔림), 8절에서 그는 "내" 백성의 허물 때문에 상함을 받았다. 이것은 **어떤 개인적인 인물**(한 선지자?)이 자신의 "백성"을 대표하면서 "우리" 섹션에서 말하고 있다는 중요한 단서가 된다.77

이 "모호한" 시에 대한 베스터만의 "모호한" 설명은 잘 알려져 있다. 다시 한 번 그는 "우리"가 "먼 곳(나라들)과 높은 지위(왕들)"를 포함하는 —하지만 "이스라엘 밖의 이교도의 영역은 포함되지 않는"—"널리 알려진 명성"을 가리킬 수 있다는 애매한 견해를 취한다.78 선지자(그리고 제자들)에 의해 대표되어, 이방인들 또한 여기서 자신들의 목소리를 발견하며, 종의 고난과 죽음이 야훼 자신에 의해 계획되고 "많은 사람"을 위한 구속과 대속의 기능을 성취하였다고 고백하고 확증한다.79 결론적으로, 다른 견해들도 가능성이 있지만 오스왈트의 견해가 가장 설득력이 있다.

David Noel Freedman, vol. 19A (New York: Doubleday, 2000), 351.

77 또 다른 강력한 논증은 와이브레이가 제시한다. 그는 "우리"가 제2이사야의 제자들이라고 주장한다. 그의 견해에 따르면, 이 제자들은 "우리는 다 양 같아서 각기 제 길로 갔다"(53:6)라고 증언하며 고백하는 가운데 "자신들을 공동체 전체와 동일시한다"(Isaiah 40~66, 176). **만일** 그 종이 선지자 자신이라면 이러한 견해가 가장 받아들일 만한 것이 될 것이다.

78 Westermann, Isaiah 40~66, 259~60.

79 노스는 이것에 동의한다. "종의 고난에 대한 해석은 성령의 감동에 의해 선지자가 깨달은 것이 분명하다. 그런 것이니 만큼, 그 구절의 보편적인 배경 하에서 그것은 유대인들의 말인 만큼 이방인들의 말이기도 하다"(Christopher R. North, *The Second Isaiah: Introduction, Translation and Commentary to Chapters XL~LV* [Oxford: Clarendon, 1964], 236). 자이츠는 종의 고난과 죽음이, 이스라엘로 하여금 나라들의 유익을 위해 섬기라고 하셨던 하나님의 원래 계획을 반영하는 이스라엘의 이상적인 모델이라고 주장한다. "종의 고난과 죽음은 종들[이스라엘 혹은 이스라엘의 신실한 남은 자]을 위한 그 자신의 고난과 죽음이다. 동시에 종의 고난과 죽음은 나라들을 위한 이스라엘의 고난과 죽음이다"(Seitz, "The Book of Isaiah 40~66," 462).

B. 종의 고난에 대한 보고(2~9절)

1. 그가 낮아지고 사람들에 의해 버림받은 것에 대한 묘사(2~3절)

53:2　וַיַּעַל כַּיּוֹנֵק לְפָנָיו וְכַשֹּׁרֶשׁ מֵאֶרֶץ צִיָּה
לֹא־תֹאַר לוֹ וְלֹא הָדָר וְנִרְאֵהוּ וְלֹא־מַרְאֶה וְנֶחְמְדֵהוּ

그는 주 앞에서[80] 어린 가지같이 자라났으며
마른 땅에서 나온 줄기/묘목 같았다
그는 우리가 바라볼 만한 고운 모양도 없고 풍채도 없었으며;[81]
우리가 흠모할[82] 만한 아름다운 것이 없었다

이 구절에 사용된 תאר와 מראה는 종의 낮아짐과 고난을 요약하여 말하는 52:14에서 이미 사용되었던 단어들이다.

עלה는 이사야 5:6; 34:13 등에서와 같이 "싹트다, 혹은 자라

---

[80] MT는 "그 앞에서"라는 표현을 사용한다. "그"의 선행사는 주님일 가능성이 가장 크다. 알렌은 몇 가지 예를 들며 לְפָנָיו가 "곧장 앞으로, 곧장 위로"를 의미하며, 따라서 2a는 종의 "제한된, 이루어지지 않은 성격의" 성장을 뜻할 수 있음을 보여준다(L. C. Allen, "Isaiah LIII 2 Again," *VT* 21 [Oct. 1971]: 490). 그의 설명에 의하면 "그 표현은 식물이 가지를 내기 전에, 열매를 맺기 훨씬 전에 먼저 수직으로 자라는 것에 대한 언급으로써 앞의 두 단어의 의미를 강화한다. 이 행은 탄식을 나타내는 용어들을 사용하는 것이 분명하다. 예를 들어, 뿌리만큼이나 가지에 물이 잘 공급되어 열매를 맺는 나무에 대해 말하는 예레미야 17:8에서 표현되는, 하나님의 복에 대한 전통적인 예증과의 날카로운 대조를 진술하기 위함이다. 종은 그러한 복을 알았다"(Allen, "Isaiah LIII 2 Again," 490). 고든도 같은 견해를 가지고 있다(R. P. Gordon, "Isaiah LIII 2," *VT* 20 [Oct. 1970]: 491~92). 필자는 이러한 생각이 가능성이 있다고 본다.

[81] BHS는 분리 액센트인 아트나(athnah)를 이곳으로 옮길 것을 제안하는데, 이는 운율과 의미상으로 더 나은 선택이다. 필자의 번역은 이러한 위치의 이동을 따른다.

[82] *HALOT*, "즐거워하다."

다"(BDB, 748)를 뜻한다. יוֹנֵק는 "어린 나무"(BDB, 413)이나 "어린 가지/새 싹"(HALOT, 402)을 뜻한다. 통상적으로 학자들은 שֹׁרֶשׁ가 "뿌리"를 뜻한다고 생각한다(참고. BDB, 1057; HALOT, 1660). 하지만 밀라드(A. R. Millard)는 긴스버그(Ginsberg)의 적절한 논증에 근거하여 이 단어가 식물이나 나무의 "줄기나 대"를 뜻할 수 있음을 보여준다.83 그의 설명에 의하면 이 단어가 묘사하는 것은 "'어린 식물, 어린 나무'와 유사한 연약한 식물, '마른 땅으로부터 올라온 줄기'의" 그림이다.84 그것이 의미하는 것은 하나님의 특별한 대리인인 종이, 강하고, 영향력이 있으며, 매력적이고 사람의 눈을 끄는 그런 인물이 아니며, "주의 팔"이라기보다 세상의 "실패자"처럼 보였다는 것이다. 오스왈트의 표현대로 "실제적인 이슈는 이 사람의 외모가 어땠는가보다, 그가 자기 백성을 구원하려고 하는 방식이, 무리 가운데 가장 못생긴 사람이 '가장 잘생긴' 사람으로 뽑힐 때 사람들이 느끼는 것만큼이나 충격적이고 실망스러웠다는 것이다."85 그리고 "그의 영광은 겉으로 드러나지 않으며, 외모 이상을 보는 성향이 없는 사람은 그를 보지도 않고, 그에게 전혀 관심이 없을 것이다."86

---

83 A. R. Millard, "Isaiah 53:2," *TynBul* 20 (1969): 127. "뿌리"라는 뜻을 받아들일 경우 번역이 덜 매끄럽다. 따라서 몇몇 영어 번역본들은 부드러운 표현을 시도한다(예를 들면, "그는 메마른 불모의 땅에 내린 뿌리에서 싹트는 연한 순같이 주 앞에서 자라났다." 참고. TLB). HALOT은 밀라드와 긴스버그가 제안한 생각을 암시하고 있다(1660쪽의 어원론 부분). 밀라드는 긴스버그의 글을 언급한다(H. L. Ginsberg, "Roots Below and Fruit Above," in *Hebrew and Semitic Studies Presented to Godfrey Rolles Driver in Celebration of His Seventieth Birthday, 20 August 1962*, ed. D. Winton Thomas and W. D. McHardy [Oxford: Clarendon, 1963], 72~76). New American Bible은 이러한 제안과 생각을 같이한다.

84 Millard, "Isaiah 53:2," 127.

85 Oswalt, *Isaiah: Chapters 40~66*, 382.

86 Oswalt, *Isaiah: Chapters 40~66*, 383.

53:3 נִבְזֶה וַחֲדַל[87] אִישִׁים אִישׁ מַכְאֹבוֹת וִידוּעַ חֹלִי
וּכְמַסְתֵּר פָּנִים מִמֶּנּוּ נִבְזֶה וְלֹא חֲשַׁבְנֻהוּ

그는 멸시를 받아 사람들에게 버림받았으며

고난을 많이 겪었으며 아픔의 고통을 아는[88] 자다

마치 사람들이 그에게서 얼굴을 가리는 것 같이

멸시를 당하였고[89] 우리도 그를 귀히 여기지 아니하였다

---

87 자신의 문학적-수사학적인 연구에서, 흥미롭게도 보트는 여기서 두운체를 인식한다. "אִישִׁים은 히브리 성경 다른 곳에서 오직 두 번 나타나는 불규칙의 복수 형태인데 그 두 경우 모두 운문이다. 시편 141:4와 잠언 8:4. אִישִׁים의 뒤에 אִישׁ가 나타나는 이 용법은 쌍을 이루는 소리의 패턴에서 유운(assonance)이 일어나는 중요한 경우로 오랫동안 언급되어왔다"(Lawrence Boadt, "Intentional Alliteration in Second Isaiah," *CBQ* 45, no. 3 (July 1983): 362~63). 뮬렌버그도 같은 생각이다(Muilenburg, "Isaiah: Chapters 40~66," 620).

88 오스왈트가 설명하듯이 여기서의 번역은 "MT의 Qal 수동태 분사 대신 두 쿰란 이사야 두루마리에서 Qal 능동태 분사를 사용하는 것이 옳다는 것을 전제로 한다. LXX, Syr, Vulg도 마찬가지다"(*Isaiah: Chapters 40~66*, 375 각주 65). 하지만 Qal 수동태 분사 또한 뜻이 통한다. 그것은 "알 수 있는 위치에 놓여졌다"는 뜻일 수 있으며, "만일 '~에 의해 알려진'이 의도되었다면 Hiphil이나 Hophal이 사용되었을 것이다. 신명기 1:13, 15는 이러한 주장을 지지할 것이다"(*Isaiah: Chapters 40~66*, 375). 어떤 학자들은 여기서 우리가 "잠잠하다, 복종적이다, 굴욕을 받다, 징계를 받다"를 뜻하는 ידע라는 다른 어근이 있을 가능성이 있음을 고려할 필요가 있다고 제안한다(참고. 삿 16:9, Revised English Bible). D. Winton Thomas, "A Consideration of Isaiah LIII in the Light of Recent Textual and Philological Study," in *De Mari à Qumrân. L'Ancien Testament. Son milieu. Ses écrits. Ses relectures juives. Hommage à Mgr J. Coppens*, ed. Henri Cazelles, Donum Natalicium Iosepho Coppens Septuagesimum Annum Complenti D.D.D. Collegae et Amici, vol. I, ed. BETL, vol. 24 (Gembloux: Duculot; Paris: P. Lethielleux, 1969), 122; A. Gelston, "Some Notes on Second Isaiah," *VT* 21 (December 1971): 525; Leslie C. Allen, "Isaiah LIII. 11 and Its Echoes," *VE* 1 (1962), 24를 참조하라. 이것은 또 다른 가능한 선택이다.

"그리고 사람들에게 버려졌으며['버림 받았으며,' *HALOT*, 293]"(אִישִׁים
וַחֲדַל)는 문자적으로 "사람들의 끊어짐"을 뜻한다. 여기서 소유격은 통
상적으로 "~로부터"보다는 "~에 의해"를 뜻하는 것으로 해석된다. 결
과적으로 그것은 "사람들이 종에게 어떤 중요성도 있다고 보지 않기
때문에 그와 관계를 끊었다"는 의미가 된다.[90] חֹלִי("질병 혹은 고난")라
는 단어는 세이볼드(Seybold)가 주장하듯이 "고난 받는 자의 육체적이며
정신적인 구성/체질과 관련된 가장 기속한 중심 개념"을 의미한다.[91]
종이 사람에게 멸시를 당하고 버림 받은 것은 아마도 그의 죄가 그에
게 질병과 고난을 가져왔다고 그들이 생각했거나 혹은 그들이 단지 그
의 비참한 외모에만 주목했기 때문일 것이다. 이러한 사실에 대한 진
술들이 이 구절에서 수미쌍관을 형성한다(처음과 마지막 행). 이 시는 종
이 질병으로 인해 고난을 당하는 것으로 묘사하고 있을 가능성이 있
다. 혹은, 종이 여기서 "자신의 무서운 질병 때문에 다른 사람들로부터
따돌림을 받는 심각한 병에 걸린 한 사람과 비교되고 있으며, 11~12
절에서 분명히 볼 수 있듯이 질병과 고통은 죄와 그 결과에 대한 환유
(혹은 아마도 은유)의 역할을 하고 있는" 것일 수 있다.[92] 차일즈의 설명
은 적합하다. 2절에서 "묘사되는 이 인물이 모든 면에서 역사적인 인
물로" 나타나지만 3절부터 언어는 "점차적으로 … 단순한 역사적인 묘
사를 넘어서는 묘미를 드러내며 시편에서 말하는 고난 받는 무죄한 인
물을 묘사하는 전형적인 표현과 공명하기 시작한다"(예. 시 22:6~7;
88:8 등).[93] 같은 맥락에서, 베스터만은 여기서 사용된 언어가 비구체성

---

[89] 쿰란 사본은 "우리가 그를 멸시했다"라고 되어 있다. 하지만 마지막
*waw*는 뒤따르는 *waw*의 중복 오사(dittography)일 가능성이 있다. 대부분의
역본들은 MT를 지지한다.

[90] Oswalt, *Isaiah: Chapters 40~66*, 383.

[91] K. Seybold, "חלה," in *TDOT*, 4:405.

[92] *NET*, 1314 각주 23, 24. 참고로, 5절에서 치유는 용서를 가리키는 은유
다. 또한 Oswalt, *Isaiah: Chapters 40~66*, 383~84 참조.

[93] Childs, *Isaiah*, 414. 또한 예레미야의 경우를 보라(렘 15:17; 29:7, 10).
그의 고난은 그가 맡은 임무의 일부다.

을 띤다고 주장한다. "시편의 언어와의 이러한 유사성은 한 가지 중요한 결과를 낳는다. 우리는 3절에 언급된 다양한 진술들이 종의 고난에 대한 정확하고 문자적인 묘사를 우리에게 제공하고 있다고 기대할 수 없다. 우리가 읽고 있는 것은 시편에서 탄식을 통하여 하나님께 자신의 고난을 호소하는 자가 사용하는 것과 같은 일반적인 용어들을 통하여 고난에 대해 말하는 상투적인 방식이다."94 이 노래의 시적 언어는 어떤 "역사적인" 인물(그리고 그에 대한 사람들의 반응)에 대한 묘사와 "전형화의 방향으로 움직이는 묘사" 사이를 오락가락한다.95

2. 그가 고난 받은 것은 우리의 허물 때문이며, 그의 고난을 통하여 우리를 치유되었다(4~6절)

이 단락의 핵심이 되는 개념은, "우리"는 "그"("그 종")가 자신의 죄 때문에 병들고 고난을 당했다고 생각했지만 실제로 그에게 그러한 고통과 고난을 가져왔던 것은 "우리 자신"의 죄였다는 것이다. 따라서 이 섹션에서 어떤 강한 대조가 나타난다. 그것은 "그가/그를/그의"와 "우리가/우리를/우리의/우리의 것" 사이의 대조, 그리고 "응징/매질"과 "평화/나음" 사이의 대조다. 새로운 통찰과 깨달음이 오게 될 터인데, 그것은 하나님의 계시와, 그리고 종과 함께 하는 하나님의 손길과 야웨의 축복으로 귀결되는 종의 결말에 대한 그들(이 시에서는 "우리") 자신의 관찰로 가능해질 것이다.

---

94 Westermann, *Isaiah 40~66*, 262.

95 Westermann, *Isaiah 40~66*, 262. 이것은 실제로 이 장의 내용(역사적 탐구)을 3장의 내용(패턴과 전형을 포함하는 문학적/시적 연구)과 연결하는 매우 중요한 특성이다.

53:4　אָכֵן חֳלָיֵנוּ הוּא נָשָׂא וּמַכְאֹבֵינוּ סְבָלָם
　　　וַאֲנַחְנוּ חֲשַׁבְנֻהוּ נָגוּעַ מֻכֵּה אֱלֹהִים וּמְעֻנֶּה

　　사실은 그는 우리의 질고(병고)를 진 것이며
　　우리의 고통을 떠맡았지만
　　우리는 생각하기를 그는 징벌을 받아
　　하나님께 맞으며 고난을 당한다 하였다

실제로 "그"는 "우리의" 질병의 고초를 짊어졌으며 "우리의" 고통을 떠맡았다! 우리와 그 사이의 대조는 2절에서 6절까지 이어지지만, 4~6절에서는 그러한 대조가 강화되고 있다.

그는 חֳלִי를 알고 있는 자로서 우리의 חֳלִי를 짊어졌다(53:3). 주의 종은 우리의 고난/질병을 짊어졌으며 우리의 고통을 떠맡았다. 앞에서 말한 대로, 종은 실제로 아프고 질병으로 고통당했을 수도 있고, 혹은 고통으로 일그러진 모습으로 인해 사람들에게 거절되어서 심한 병에 걸린 사람처럼 비유되었을 수도 있다.[96] 하지만 한 가지 사실은 분명하다: "종이 감당했던 것, 그가 스스로 짊어졌던 것에는 두 가지가 포함되었다. 그것은 다른 사람들의 죄와 그로 인해 그들 위에 떨어지게 될 징벌이다."[97]

---

[96] 종이 실제로 병으로 고통당하였는지에 대해 주석가들은 의견을 달리한다. 예를 들어 블렌킨소프는 그랬을 것이라고 주장하며(*Isaiah 40~55*, 351~52), 다른 한편으로 오스왈트는 그렇지 않았을 것이라고 주장한다(*Isaiah 40~66*, 383~84). 이 구절의 전형적인 언어를 고려하는 베스터만의 입장이 최선으로 보인다(*Isaiah 40~66*, 262~63). 그는 정확한 상황은 파악하기 힘들며 그렇게 중요하지도 않다고 말한다. 중요한 것은 종이, 낮고 고통스러운(아마도 병으로 인한) 상황에서 고난을 당함으로 인해 사람들에게 멸시를 받고 공동체에서 분리되었다는 것과, 그가 이 모든 것을 다른 사람을 위하여 짊어졌다는 점이다. 또한 Childs, *Isaiah*, 414를 보라.

[97] Westermann, *Isaiah 40~66*, 263. 다음과 같은 그의 주장은 적절하다. "이스라엘과 이스라엘 주변 국가, 그리고 이전의 나라들 모두에서 여러 형태의 대체(substitution)가 행해졌다." 하지만 "여기서 현재의 화자에게 새롭고 혁신적인 것은, 이 경우 대체와 속량을 할 수 있는 능력을 준 '고난'이 아주 평범하고 연약하며 하잘것없는 사람에게 자리 잡고 있었으며 그의 고난은 겉모

야노우스키(Janowski)는 야웨가 죄와 허물의 문제를 해결하는 수단을 제공하시고, 그것에 관한 통찰력과 이해를 그의 백성에게 제공하는 계시를 주시며, 그것에 근거하여 용서를 베푸시는 데 있어서 주도적으로 행하셨다는 점에 근거하여, 종의 고난과 죽음이 대표적인(혹은 공유된) 동시에 대속적인(혹은 대리적인) 것으로 간주될 수 있다고 하는, 설득력 있는 논증을 제시한다.98 후의 예수님의 제자들처럼, 하나님의 계시와 조명이 있기 전에 "우리"는 야웨가 행하시는 새로운 길을 이해하는 데 있어서 준비되어 있지 않았다. 베일리(Bailey)는 계속해서 다음과 같이 주장한다.

> 이스라엘은 종의 높아짐에 대해 준비되어 있지 않았으며, 종이 실제로 고난 받는 그 때에 그 고난 가운데 그가 자신들의 운명을 대표하고 있었음을 알아챌 수 있는 위치에 있지 않았다. 시간이 지난 후에야 비로소 그들은 하나님 말씀이 개입을 통하여 그것을 알게 될 것이다. 유비(analogy)로서 우리는, 예수님이 제자들로 하여금 자신의 사역을 이사야 53장에 비추어 생각하도록 그들을 준비시키셨는지 여부를 떠

습을 손상시키는 것인 만큼 그에게 멸시와 혐오를 가져왔다는 사실이다."

98 Bernd Janowski, "Er trug unsere Sünden. Jes 53 und die Dramatik der Stellvertretung," in *Der leidende Gottesknecht: Jesaja 53 und seine Wirkungsgeschichte*, ed. Bernd Janowski and Peter Stuhlmacher, FAT, ed. Bernd Janowski and Hermann Spieckermann, vol. 14 (Tübingen: Mohr, 1996), 27~48. 베일리는 야노프스키의 견해를 잘 요약하고 있다. "중대한 사건들이 벌어지고 있는 그 때에는 종이 겪은 고난이 대표적인 것으로도 대체적인 것으로도 보이지 않는다. 그것이 다른 사람과 관련이 없어 보이기 때문이다. 하지만 그 사람이 많은 사람을 대신한다는 것을 하나님께서 분명히 하신 후에는 대표적인 동시에 대체적인 요소로 간주될 수 있는 요소들이 존재한다. 그 고난이 대체적인 것인 이유는 우리가 자신을 위해 할 수 없는(그리고 지금은 자신을 위해 더 이상 그렇게 할 필요가 없는) 어떤 것이 '우리'를 위해 행해졌기 때문이며, 그것이 대표적인 것인 이유는 종이 받은 고난이 자신이 아닌 우리의 운명을 대표하기 때문이다"(Daniel P. Bailey, "Concepts of Stellvertretung in the Interpretation of Isaiah 53," in *Jesus and the Suffering Servant: Isaiah 53 and Christian Origins*, ed. William H. Bellinger Jr. and William R. Farmer [Harrisburg, PA: Trinity Press International, 1998], 248).

나, 그들이 후에 성령이 주어지기 전까지는 그가 십자가까지 짊어지셨던 것이 그들 자신의 죄까지 포함하였다는 정도까지는(예를 들어, 베드로전서 2:24를 보라) 깨달을 수 없었을 것이라고 생각할 수 있다.99

53:5   וְהוּא מְחֹלָל מִפְּשָׁעֵנוּ מְדֻכָּא מֵעֲוֹנֹתֵינוּ
מוּסַר שְׁלוֹמֵנוּ עָלָיו וּבַחֲבֻרָתוֹ נִרְפָּא־לָנוּ100

우리의 범죄 때문에 그가 상했으며101
우리의 부정/불법 때문에 그가 짓눌렸다
우리의 평화를 위한 징계가 그에게 있었고
그가 채찍에 맞으므로 우리는 나음을 받았다

그 종은 "우리의 부정/불법" 때문에 짓눌렸는데, 이는 야웨가 그 "부정/불법"이 그의 위에 떨어지게 하셨기 때문이다(6절). 와이브레이는 "~대신에"(5절에서 우리의 죄악을 **위하여**, 우리의 죄를 **위하여**)의 의미를 나타내기 위해서는 불변화사 *min*대신 *be*가 사용되어야 한다고 주장한다. 이것을 근거로 그는 계속해서 다음과 같이 주장한다.

그가 불변화사 *min*을 택했다는 사실은, 종이 받은 부당한 대우를 사람들이 받아야 할 형벌의 **대체**가 아닌 사람들의 죄의 **결과**로 여겼음을 가리킨다. 죄가 없었다면, 그리하여 포로 사건이 없었다면 선지자의 위험한 직업이 필요하지 않았을 것이다. 그는 동료 포로된 자들과 함께 받았지만, 그의 선지자로서의 임무는 그를 추가된 특이한 위험에 노출시켰으며, 그 원인은 궁극적으로 이스라엘의 죄에서 유래했다.102

---

99 Bailey, "Concepts of Stellvertretung," 249.

100 5절 끝의 נִרְפָּא־לָ과 6절의 시작의 בְּכֻלָּ에서 보트는 다시 한 번 의도적으로 만들어진 압운(rhyme)을 본다(Boadt, "Intentional Alliteration," 359).

101 BHS는 מְחֹלָל("모독을 받다")을 제안하는데, 이것은 아퀼라와 탈굼의 지지를 받고 있다. 하지만 번역본들의 지지는 그리 크지 않으며 MT가 더 선호된다.

앞에서 와이브레이가 주장한 대로 *min*은 "~ 때문에, ~을 위하여"라는 뜻일 수 있다.103 "그"(종)는 "우리"(백성)의 범죄와 부정 **때문에** 찔리고 상했고, 그리하여 종이 받은 징벌을 통하여 "우리가 온전해졌으며," 그가 받은 상처로 인해 "우리가 나음을 입었다." 블렌킨소프(Blenkinshopp)는 적절하게 5절의 구속적 성격을 주장한다.

> 따라서 이 사람의 고통이 개인적인 죄에 대한 징벌로서 하나님에 의해 주어졌다고 하는 전통적인 생각은 그 고통을 공동체의 도덕적 실패 역사와 연결시키는 새로운 통찰력에 의해 대체된다. 그러한 역사는 예언의 글에서 자주 되풀이해서 언급되었다… 이러한 통찰력 덕분에 그 고통과 고난은 화해나 온전함(*šālôm*, 참고. 시 38:4[3]), 그리고 치료를 가져오는 일종의 목적 있는 교정(*mûsār*)이라는 의미를 얻는다. 이 통찰력은 화자에게 당시의, 그리고 아마도 이전 시대의, 공동체의 역사에 대한 새로운 관점을 제공했다.104

여기서 "치료"는 죄의 용서를 나타내는 은유다.105 "그의" 고난 때문에 "우리"의 징벌이 제거되었고, "우리"는 평화를 얻었으며 "우리"는 용서를 받았다. 이 절에서 우리는 대리적 구속이라는 혁명적인 개념과 마주친다. 이 개념은 이미 4절에서 어렴풋하게 나타난 바 있으며 이 시에서 계속해서 나타날 것이다.106 선지자와 당시의 사람들은 그들의 역사적 종교적 상황에서 이러한 새로운 개념을 이해할 수 있었는가? 어떤 이들은 그러한 가능성을 배제하며 그것에 관한 전례가 없었다고 주장할

---

102 Whybray, *Isaiah 40~66*, 175.
103 BDB, 580. 또한 *HALOT*, 598을 보라(*min*은 "원인"을 의미할 수 있다).
104 Blenkinsopp, *Isaiah 40~55*, 353.
105 Westermann, *Isaiah 40~66*, 263. 또한 *NET*, 1315 각주 5를 보라.
106 6절의 "여호와께서는 우리 모두의 죄악을 그에게 담당시키셨도다"; 10절의 "속건 제물"; 11절의 "나의 의로운 종이 자기 지식으로 많은 사람을 **의롭게 하며** 또 그들의 죄악을 친히 담당하리로다." 또한 이러한 대리적 구속 개념에 관해 12절에 대한 석의 부분을 보라.

것이다. 모든 새로운 신학적 개념과 생각에 전례가 있어야 한다는 주장이다.107 하지만 우리는 야웨에게서 온 새로운 계시를 배제할 수 없다. 우리는 특별히 "우리" 섹션에 있는 모든 새로운 "혁명적인" 생각은 또한 하나님의 두 신탁(둘 다 이 노래의 시작과 끝에 위치)에서도 나타난다고 하는 사실로부터 이러한 생각을 품을 수 있다. 이 시인은, 신탁을 통하여 새로운 계시를 받은 후 그것에 대해 장시간 생각하고 자신의 생각, 상상, 통찰력을 반영하는 지금의 시를 지었다고 생각할 수 있다.

이 시의 언어는 대리적, 혹은 구속적 고난을 묘사**할 수 있다**(그럴 능력이 있다). 네 번째 종의 노래에 대한 와이브레이의 철저한 석의적 분석에 대해 논평하는 가운데 치숌은 위의 입장을 지지한다.

> 하지만, [그 시의] 언어가 그러한 해석["구속적/대리적" 견해]을 배제한다고 주장함으로써 와이브레이는 자신의 입장을 과장하고 있다. 언어의 많은 부분이, 비록 원래의 상황에서는 모호하지만, 대리적 고난의 개념을 **허용**하고 있으며, 새 언약의 중재자로서의 종의 역할과 함께 차후의 성경적 계시가 대체적인 속죄의 교리를 온전히 발전시키는 데 있어서 그 시의 언어는 길을 열어주고 있다(저자 강조).108

어느 역사적인 인물도 이 시에서 묘사된 종의 이미지의 온전히 부합될 수 없을 것이다. 하지만 어떤 역사적 인물이, 비록 이 노래에서 그리는 이상적인 상태를 온전히 만족시키지는 못할지라도, 여기서 말하는 종의 이미지를 위한 기본적인 모델이 되었을 가능성은 있다.

---

107 필자는 박의 말을 약간 수정하여 사용하였다. Darrell L. Bock, *Luke 1:1~9:50*, BECNT, ed. Moisés Silva, vol. 3A (Grand Rapids: Baker, 1994), 952.

108 Chisholm, "A Theology of Isaiah," 330. 와이브레이 견해는 Whybray, *Thanksgiving for a Liberated Prophet*, 29~76도 보라.

53:6   כֻּלָּנוּ כַּצֹּאן תָּעִינוּ אִישׁ לְדַרְכּוֹ פָּנִינוּ
            וַיהוָה הִפְגִּיעַ בּוֹ אֵת עֲוֺן כֻּלָּנוּ

> 우리는 다 양 같이 그릇 행하여
> 모두 각각 제 길로 갔거늘
> 야웨께서는 우리 모두의 죄악을 그의 위에 지우셨다

הִפְגִּיעַ라는 단어는 "~위에 내려앉게 하다, ~에게 닥치게 하다"(BDB, 803)나 "어떤 것이 어떤 사람을 다치게 하다"(죄악이 종을 다치게 함) (*HALOT*, 910)라는 의미다. 비록 "우리는" 모두 양처럼 잘못된 길로 갔으며, 모두가 자기의 길로 향했지만, 야웨는 "우리의" 모든 죄악이 "그를" 상하게 하도록 하셨다.

3. 그의 고난에 대한 자세한 묘사(7~9절)

이제 많은 이미지와 함께 종의 고난과 죽음에 대한 자세하고, 구체적이며 생생한 묘사가 이어진다. 종의 고난과 불행에 대한 묘사는 그것이 그 사건을 가까이에서 관찰하는 어떤 사람(들)의 증언일 수 있음을 암시하는 것처럼 보인다. 당시의 어떤 하나님의 종이 비참한 상황과 큰 고통 가운데서도 침묵하며 복종했던 것이 이 시에 나타난 야웨의 종에 대한 이런 이상적인 묘사를 위한 도약대가 되었을 수 있다.

53:7　נִגַּשׂ וְהוּא נַעֲנֶה וְלֹא יִפְתַּח־פִּיו
כַּשֶּׂה לַטֶּבַח יוּבָל וּכְרָחֵל לִפְנֵי גֹזְזֶיהָ נֶאֱלָמָה וְלֹא יִפְתַּח פִּיו

> 그는 곤욕을 당하여도 순종하였으며
> 그의 입을 열지 아니하였다
> 마치 죽임당하러 끌려가는 어린 양과
> 털 깎는 자 앞에서 잠잠한 양 같이
> 그의 입을 열지 아니하였다

이 시에 사용된 주된 이미지의 하나는 "양"의 이미지다. 이 양, "욥, 예레미야, 그리고 다른 이들과 달리 고통 중에도 이상하게도 잠잠한 이 양 위에 모든 양들의 죄가 놓였다."109 6절에서 묘사된 대로 사람들은 "그릇된 길로 갔으며," 그들의 모든 죄악이 가져오는 고통스러운 결과는 그들에게 미치고 그들 위에 떨어지려고("짊어지다") 한다. 하지만 갑자기 야웨는 모든 불행한 결과의 방향을 바꾸셔서 그것들이 "그" 위에 떨어지게 하셨으며(6절),110 그는 "죽임당하러 끌려가는 어린 양"과 같이(7절) 고난과 죽음 앞에서 침묵하였다.

ענה의 niphal 형태는 REB, NAB 등의 번역이 보여주듯이 "복종하다, 혹은 순종적이다"(*HALOT*, 853)를 뜻할 수 있다. "괴롭힘을 당하다"라는 뜻도 가능하다. 여기서 묘사된 "잠잠한" 복종은 "예레미야나 다른 선지자들에게는 알려지지 않은 새로운 차원의 순종적인 고난"이다.111 종은 "양"처럼 도수장으로 끌려가는 동안, 털 깎는 자 앞에서 잠잠한 "양" 같이 "양"처럼 길을 잃은 우리의 죄를 위한 하나님의 결정과 뜻에 순종적이었다(10절).

---

109 "Suffering Servant," 826. "여기서 우리는 대체적 속죄 교리에 대한 근원을 발견한다"(826쪽).

110 Blenkinsopp, *Isaiah 40~55*, 353. 또한 *NET*, 1315의 각주6을 보라.

111 Childs, *Isaiah*, 414.

53:8 מֵעֹ֤צֶר וּמִמִּשְׁפָּט֙ לֻקָּ֔ח וְאֶת־דּוֹר֖וֹ מִ֣י יְשׂוֹחֵ֑חַ
כִּ֤י נִגְזַר֙ מֵאֶ֣רֶץ חַיִּ֔ים מִפֶּ֥שַׁע עַמִּ֖י נֶ֥גַע לָֽמוֹ

그는 압제받고 정죄된 채 끌려갔으나

그 세대 중에112 누가 생각하기를

그가 살아 있는 자들의 땅에서 끊어졌으며

고난이113 그에게114 미친 것은

내115 백성의 허물 때문이라 하였으랴

לָקַח라는 동사는 블렌킨소프가 효과적으로 주장하듯이 "일반적으로 폭력에 의한 갑작스러운 그의 죽음을 가리키는 것으로 이해된다."116 이 단어는 "그가 감옥에 갇히기 위해 혹은 처형되기 위해 끌려갔음을

---

112 אֶת는 "~에 관해서는, 혹은 ~은 어떠냐 하면"을 뜻할 수 있다(BDB, 85).

113 1QIsᵃ는 "그는 괴로움을 당했다," 칠십인역은 "그는 죽음으로 끌려갔다," Syriac은 "내 백성의 죄악이 그를 쳤다"로 되어 있다. MT의 독법은 어려운데, 이것이 아마도 이러한 번역본들의 독법들을 낳았을 것이다. נֶגַע라는 단어는 "타격(은유: 특별히 하나님의 징계에 의한 것을 생각되는 질병을 나타내는) 혹은 징표(불특정: 나병의, 어떤 병의 무거운 기미나 발작으로 간주되는)"를 의미한다(BDB, 619).

114 칠십인역은 "죽음으로"(לַמָּוֶת)로 되어 있다. "그는 죽음으로 인도되었다"(Ekblad, *Servant Poems*, 176). 하지만 오스왈트가 주장하듯이 "칠십인역의 독법이 의심스러운 것은 이 번역본이 이러한 글에서 발견되는 어려운 MT 구절에 대해 창의적인 번역을 제시하는 경향이 있기 때문이다"(*Isaiah: Chapters 40~66*, 390의 각주 16). Ekblad, *Servant Poems*, 177에서 "내 백성의 불법의 행위로 인해 그는 죽음으로 이끌려갔다"라고 한 것을 보라. 하지만 많은 사람이 생각하듯이 이곳의 לָמוֹ는 시편 11:7과 욥기 22:2의 לוֹ와 동일하다.

115 1QIsᵃ는 MT의 "내 백성"(עַמִּי) 대신 "그의 백성"(עַמּוֹ)이라고 되어 있다. 이것은 이 문장들이 개인이 말한 것인지 단체로 말한 것인지에 달렸다(Baltzer, *Deutero-Isaiah*, 416). 여기서는 개인이 백성을 대표하여 말한 것으로 보인다. 오스왈트가 밝히듯이 모든 번역본들은 MT를 지지한다(*Isaiah: Chapters 40~66*, 390의 각주 14). MT의 독법이 선호된다.

116 Childs, *Isaiah*, 416.

의미하거나(잠 24:11은 죽음을 선고받고 죽음으로 끌려간 사람들을 가리킴), 삶의 끝을 일반적으로 가리키면서(참고. 창 5:24; 왕하 2:10, 각각 에녹과 엘리야를 가리킴) '끌려감'에 대한 더 충만한 의미를 띨 수도 있다."117

דוֹר는 "동시대 사람"(HALOT, 218) 또는 "세대"(BDB, 189)를 의미할 수 있다. 어떤 주석가는 셈어의 동족어에 근거하여 "상태"나 "운명"이라는 의미를 제안하였다.118 이사야 40~55장의 저자가 "세대들에 관하여 생각"하므로 "세대"라는 의미가 선호된다(사 51:8, 9; 41:4).119 "우리는 dōr의 정확한 뜻이 불분명하다고 밖에 말할 수 없지만 일반적인 의미는 명백하다―누구도 그에게 관심이 없다는 것이다"라고 한 베스터만의 설명은 적절하다.120

53:1에서 시인은 "**누가** 우리가 들은 것을 믿었는가?"라고 말했었다. 이 시의 일반적인 내용이 너무도 충격적이기 때문이다. 하지만 여기서 그는 다시 "그의 세대 가운데 **누가**… 생각했는가?"라고 외친다. 뒤따르는 내용이 더 충격적이고 믿을 수 없는 것이기 때문이다.

נִגְזַר מֵאֶרֶץ חַיִּים ("산 자의 땅에서 끊어지다")은 어떤 의미인가? 와이브레이는 이러한 표현이 반드시 육체적인 죽음을 의미하지 않으며, 비유적으로 죽음 자체와 같거나 그보다 더 나쁜 어떤 상황, 예를 들어 사람들에게서 완전히 배척되는 것, 심한 고문, 추방 등과 같은 불행한 상황을 가리킨다고 주장한다. 따라서 그가 보기에 좋은 목숨이 위태로웠지만 실제로 죽지는 않았다. 그는 이렇게 주장한다. "**산자의 땅에서 끊어지다**를 문자적으로 번역할 때 이 표현은 종이 죽었음을 의미하는 것이 거의 분명하다. 하지만 문자적인 번역이 필수적인 것은 아니다.

---

117 Blenkinsopp, *Isaiah 40~55*, 353~54. 발처(Baltzer)는 블렌킨소프에 동의하는 가운데 두 가지 가능한 해석을 제안한다: (1) "'죽게 하다'라는 의미에서 '목숨을 취하다,' (2) '옮기다'라는 의미에서 어떤 사람을 데려가다. 그가 선호하는 것은 첫 번째 해석이다(*Deutero-Isaiah*, 416).

118 Childs, *Isaiah*, 416.

119 Baltzer, *Deutero-Isaiah*, 416.

120 Westermann, *Isaiah 40~66*, 265.

탄식과 감사의 시에서 극심한 고난은 자주 죽음으로 묘사된다. 그리고 예레미야애가 3:54에서 예배자는 자신에 대해 '나는 끊겨졌다(멸절되었다)'(RSV '나는 잃어버려졌다')라고 말한다."121 하지만 예레미야애가 3:54에서 화자는 자신이 잃어버려졌다고 **생각했을** 뿐이다(NJB, NIV, 참고. REB, "그리고 나는 **말했다**, '나의 종말이 가까웠다'라고").

치숌은 이 문제에 대해 조심스럽게 접근한다. "틀림없이 네 번째 노래의 언어는 이러한 노선을 따라 해석될 수 있다. 그럴 경우 이것은 종이 죽음에 직면하기에 이르지만 마지막 순간에 하나님에 의해 구원되고 정당함이 입증됨을 의미한다. 하지만 동시에 그 표현은 문자적인 죽음과 부활의 의미를 허용할 수 있다. 다시 한 번 선지자의 언어에 대한 온전한 의미를 이해하기 위해… 차후의 계시가 지극히 중요해진다."122 이론적으로 두 해석 모두 가능하다. 하지만 현재의 문학적인 문맥에 비추어 볼 때 그 의미를 생각하면 균형의 추는 문자적인 접근 쪽으로 기운다. 블렌킨소프의 주장대로 "산 자의 땅(אֶרֶץ חַיִּים)"이 나타나는 곳마다 "그것은 죽음과 대조되는 삶(사 38:11; 렘 11:19; 시 27:13 등) 혹은 죽은 자의 거처와 대조되는 삶(겔 26:20; 32:23 등)을 뜻한다."123 평행 구절 (וַאֲנִי כְּכֶבֶשׂ אַלּוּף יוּבַל לִטְבוֹחַ)["하지만 나는 도살자에게로 끌려가는 순한 어린 양과 같았다," 렘 11:19a, NRSV]와 וְנִכְרְתֶנּוּ מֵאֶרֶץ חַיִּים וּשְׁמוֹ לֹא־יִזָּכֵר עוֹד ["그를 살아 있는 자의 땅에서 끊어 그의 이름이 다시 기억되지 못하게 하자!" 렘 11:19d, NRSV])는 예레미야의 대적이 비록 실패했지만 "그의 죽음을

---

121 Whybray, *Isaiah 40~66*, 177.

122 Chisholm, "A Theology of Isaiah," 332. 침멀리 또한 "53:8~10이 종의 죽음에 대해 말하는지, 혹은 임박하며 불가피하지만 성취되지 않은 그의 죽음을 암시하는지"와 같은 많은 문제와 함께, 이 문제를 둘러싸고 있는 불명확성을 인식하고 있다(Zimmerli, and Jeremias, *The Servant of God*, 33). 하지만 그는 "야웨가 죽음과 무덤을 초월하여 종의 정당성을 변호하실 것이다"라고 말함으로써 그의 죽음에 더 큰 가능성을 둔다(34쪽).

123 Blenkinsopp, *Isaiah 40~55*, 354. *NET*는 이에 동의한다. "'산 자의 땅'은 사람들이 사는 영역을 가리키는 관용어이며 죽은 자들이 거하는 지하의 영역과 대조된다(참고. 겔 32:23~27)"(*NET*, 1315의 각주 11).

꾀했음"을 보여준다.124 따라서 차일즈는 비유적인 용법을 거절하며 이러한 해석이 "복잡한" 것으로서 "본문의 단순한 의미와 대치된다"고 주장한다.125 그밖에도, 9절에서의 "그의 무덤에 대한 암시적인 언급은 이러한 상징적인 해석을 배제한다."126 *gzr*에 대한 자신의 단어 연구에 근거하여 오스왈트 또한 "우리가 Qal 어간이 사용되는 여덟 경우를 조사하여 그 가운데 다섯 번 이상이 문자적인 것임을 발견할 때 … 이곳의 진술을 전적으로 문자적인 의미로 이해하는 데 장애가 없음이 분명하다"고 주장하면서 문자적인 견해를 선택한다.127 문자적인 의미의 가능성을 주장하는 자이츠의) 논증은 설득력이 있다. "'산자의 땅에서 끊어지는 것'은 시편에서 상징적이거나 영적인 의미를 가질 수 있지만 9a절에서의 죽음과 장사에 대한 언급에 비추어 이사야서에서는 상징적인 것으로 받아들일 필요가 없다."128

결론적으로, 종의 극심한 고난과 부당한 죽음을 묘사하는 현재의 표현들(8, 9, 12절에 있는)은 문자적인 의미와 상징적인 의미 모두를 내포할 수 있으며, 따라서 문자적인 해석이나 상징적인 해석 모두 정당화될 수 있다(문자적인 해석이 선호되기는 하지만). 후에 일 세기의 초대 그리스도인들이 이 노래를 인용하는 가운데 행한 문자적인 해석은 정당한 것이다(예, 행 8:30~40; 26:23).

---

124 Blenkinsopp, *Isaiah 40~55*, 353.
125 Childs, *Isaiah*, 416. 자이츠는 "와이브레이와 다른 이들이 주장하는 소수파의 견해"를 거절하면서 "종은 죽는다. … 이 본문의 언어는 충분히 분명하다: 무덤과 죽음이 있다"라고 말함으로써 차일즈의 견해에 동조한다(Seitz, "Isaiah 40~66," 466). 발처 또한 차일즈의 견해에 동의한다: "8b절은 다시 한 번 종의 죽음과 그 원인을 확정한다"(Blatzer, *Deutero-Isaiah*, 416).
126 Baltzer, *Deutero-Isaiah*, 416.
127 Oswalt, *Isaiah: Chapters 40~66*, 396.
128 Seitz, "Isaiah 40~66," 466.

5절에서 종은 "우리의" 죄악 때문에 상처를 입었지만(찔림을 받음), 여기서는 "나의" 백성의 죄악 때문에 고통을 당하였다. 이러한 표현에 대해 오스왈트는 적절한 설명을 제공한다. "…사무엘상 5:10과 스가랴 9:21에 근거하여 알렉산더(Alexander)가 보여주듯이 '나의 백성'은 참으로 '우리'와 비슷한 말이며, 여기서는 시적인 이형(variant)으로 사용되었을 것이다."[129] 덧붙여, 앞에서 언급한 대로 이러한 변형은 이 시의 "우리" 부분에서 시인(들)이 자신의 백성들의 대표로서 말하고 있다는 사실을 보여준다.

요약하면, 종은 거절, 질병의 고통, 폭력, 부당한 대우, 박해, 그리고 아마도 죽음까지 종합적으로 경험하였다는 것이다.

53:9　וַיִּתֵּן אֶת־רְשָׁעִים קִבְרוֹ וְאֶת־עָשִׁיר בְּמֹתָיו
　　　עַל לֹא־חָמָס עָשָׂה וְלֹא מִרְמָה בְּפִיו

　　그들은 그의 무덤을 악인들 가운데 할당하였으나
　　그의 죽음에 있어서[130] 그는 부자와[131] 함께 하였다
　　그는 잘못/강포를 행하지 아니하였고
　　그의 입에 거짓이 없었기 때문이다

평행구절을 근거로 오스왈트는 부(wealth)가 "종종 압제와 관련된다(시 49:6~7; 52:9; 잠 18:23; 28:6, 20; 렘 17:11; 미 6:12)"고 주장한다. 따라서 "여기서 '부자'가 '압제자들'을 가리킨다고 이해하는 것은 어렵

---

[129] Oswalt, *Isaiah: Chapters 40~66*, 396.

[130] 1QIs^{a}는 여기서 בומתו로 되어 있지만(그의 높은 곳에서 혹은 그가 장사된 흙무덤에서), 이것은 במותו("그의 죽음에서")에서 히브리어 장모음 넣기(mater lectionis)를 잘못한 결과일 수 있다. 모든 번역본들은 "그의 죽음에서"로 되어 있다.

[131] 베스터만은 더 나은 평행을 만들기 위하여 "사악한 자들"(악을 행하는 자들, עֹשֵׂי רָע)이라는 표현을 사용한다(*Isaiah 40~66*, 254). BHS는 여기서 "귀신들"을 제안한다(또한 Seitz, "Isaiah 40~66," 467; Hugenberger, "Servant of the Lord," 121, 136을 보라). 하지만 *NET*가 보여주듯이 이러한 교정은 설명이 어렵다(*NET*, 1315의 각주 14). 모든 번역본들은 "부자"로 되어있다.

지 않다."132 עָשִׁיר는 רְשָׁעִים.의 유의어로 생각할 수 있으며 나쁜 의미를 함축한다.133 עָשִׁיר가 רְשָׁעִים와 같은 자음이며 순서만 다르다는 것을 주목할 필요가 있다. 따라서 알스트룀(hlström)은 "우리는 또한 여기서 언어유희를 볼 수 있으며, 이것은 עָשִׁיר의 원래의 의미가 부차적인 중요성을 가짐을 의미한다"고 주장한다.134 처음 두 행(영어 번역에서)을 번역하는 일에 있어서 또 하나 가능성 있는 것은, 그것이 "그의 무덤이 원래 배당되었지만 그는 무죄로 인해(עַל) 실제로는 부자와 함께 장사되었다"

---

132 Oswalt, *Isaiah: Chapters 40~66*, 398. 발처(Baltzer, *Deutero~Isaiah*, 418)와 브루그만(Brueggemann, *Isaiah 40~66*, 147)은 오스왈트의 생각에 동의한다. 다음 장에서 보여주겠지만, 많은 학자가 받아들이듯이 솔로몬의 지혜서 1~6장은 이사야의 종의 개념의 영향을 받고 있음을 드러낸다. 여기서 "부하고 능력 있는 적들에 의해 박해와 죽임을 당하고"(2:10, "그 가난한 의로운 자를 압제하자"; 5:8, "우리의 오만함이 우리에게 어떤 유익이 되었는가? 그리고 우리가 자랑하는 재물이 우리에게 어떤 좋은 것을 가져다주었는가?" NRSV) 후에 "하늘의 법정에서 정당함이 인정되는 한 전형적인 인물"에 주목하는 것은 아주 흥미롭다(George W. E. Nickelsburg, "Son of Man," in *ABD*, ed. David Noel Freedman, vol. 6 [New York: Doubleday, 1992], 140). 솔로몬의 지혜서는 이사야 53:9의 "부자"가 "부하고 악한 자들"을 의미하는 것으로 해석하는 것 같다. 이것은 이사야 53장의 영향사의 한 층을 보여준다.

133 L. G. Rignell, "Isa. LII 13~LIII 13," *VT* 3 (1953): 91과 G. W. Ahlström, "Notes to Isaiah 53:8f," *BZ* 13 (1969): 98을 보라. *NET*의 번역가는 앞에서 제안된 대로 극단적이지만 가능한 번역을 제안한다. "그들은 그를 죄인들과 함께 장사지내고자 하였지만 그는 한 부자의 무덤에 이르게 되었다"(*NET*, 1315). 그 주석가는 이렇게 덧붙인다. "아마도 이 평행은 유사하기보다 대조적이다. 이 경우 요점은, 종이 죄인처럼 장사되는 것과 대조적으로 부자의 무덤에 장사되는 것이 합당했다는 것이다. 그가 잘못을 행하지 않았기 때문이다"(*NET*, 1315의 각주 14).

134 Ahlström, "Notes to Isaiah 53:8f," 98과 Baltzer, *Deutero-Isaiah*, 417을 보라. 하지만 알스트룀은 계속해서 여러 유능한 학자들의 연구에 따라 "우리가 עָשִׁיר를 단 한 번 사용된 단어(*hapax legomenon*)로 가정하는 가운데 논의할 수 있다"고 주장한다. 이 단어는 우가릿어에서 "쏟다, 따르다"를 뜻하는 동족어를 가지고 있으며, 이것은 עָשִׁיר가 "섬기는 자의 계급에 속하는, 일종의 종"이 되게 한다(Ahlström, "Notes to Isaiah 53:8f," 97).

는 것을 의미하는 것으로 생각할 수 있다는 것이다. 그로갠(Grogan)은 이것을 잘 설명한다. "9절은 수수께끼를 말한다. 그것은 때가 되어 성취되는 놀라운 예언으로, 종의 정당함이 입증되는 것을 묘사하는 마지막 연으로 가는 전환점이다. 이 수수께끼는 '악인'과 '부자'의 뚜렷한 병렬로 되어 있으며, 전자는 그가 받은 거절, 후자는 그가 궁극적으로 얻은 정당함에 대한 변호에 적합하다. 우리는 이러한 평행이 유사한 것보다 대조적인 것이며, 첫 번째 행은 인간의 의도를, 두 번째 행은 하나님이 정하신 개입과 전환을 가리킨다고 결론 내릴 수밖에 없다."[135]

"종의 입"이라는 표현은 다시 나타나지만(참고. 53:7) "이러한 반복은 개념을 한 걸음 더 나아가게 한다. 종의 입에 방어적이거나 스스로를 정당화하는 말이 없었을 뿐 아니라 또한 속이는 말이 없었다. 우리는 복종에서 무죄로 옮겼다."[136]

죄가 없는 순종하는 종이 악인과 부자와 함께 장사되었다는 것은 궁극적인 아이러니며 "멸시로 가득 찬 인생에 또 하나의 멸시를 더한다"는 말과 같다.

C. 고난 후의 종의 번영에 대한 보고(10~11a절)

이제 '고난 후의 종의 번영에 대한 보고'가 진술된다. 이 부분은 하나님의 계획 가운데 종의 임무와 그 결과에 대한 요약 진술이다. 종의 삶과 사역은 하나님의 일이며, 따라서 풍성한 열매가 따를 것이다!

---

[135] Grogan, "Isaiah," 304. 영은 그로갠의 생각에 동의한다(Edward J. Young, *The Book of Isaiah, Volume 3: Chapters 40~66* [Grand Rapids: Eerdmans, 1972], 352~53). 또한 "그들은 그를 죄인들과 함께 장사지내고자 하였으나, 그는 부자의 무덤에 이르게 되었다"고 한 *NET* 번역을 보라(*NET*, 1315).

[136] Oswalt, *Isaiah: Chapters 40~66*, 396.

53:10   וַיהוָה חָפֵץ דַּכְּאוֹ הֶחֱלִי
        אִם־תָּשִׂים אָשָׁם נַפְשׁוֹ
        יִרְאֶה זֶרַע יַאֲרִיךְ יָמִים וְחֵפֶץ יְהוָה בְּיָדוֹ יִצְלָח

하지만 여호와께서는 고난(질병)으로 그를 상하게 하시길 선택하셨다[137]

그가 속건제물[138]이 되면[139][될 때에]

그는 씨를 보고 그의 날을 늘이게 될 것이며,

그의 손에 야웨의 뜻이 번성할 것이다[성취될 것이다]

---

[137] MT, "그 분이 그를 병들게 하였다"; 쿰란 문서, "그는 그를 모독하였다(혹은 찔렀다)"; Syriac과 Vulgate는 MT를 지지한다. 여기서의 의역은 MT 독법에 기초한다. (Seybold는 여기서 원인이 간접적인 것이라고 주장한다. "그는 그로 하여금 병들게 원인을 제공하였다,"["חלה," 405]).

[138] 두 가지 번역이 가능하다. (1) 그가 속건제물이 된다면[문자적으로, "그의 영혼이 속건제물이 된다면"]과 (2) 그의 영혼이 죄를 위한 제물을 바칠 때에 (Young, *Isaiah: Chapters 40~66*, 353을 보라). 전자의 경우 미완료의 "가정적인 미래"의 뉘앙스를 가정하고 있을 수 있다. 후자의 경우 그 사건은 앞서 야웨가 "고난으로 그를 상하게" 하려고 하는 것과 관련하여 미래로 생각될 수 있다.

[139] MT는 두 독법을 보여준다. "당신이 만든다"(그로캔은 2인칭과 3인칭 사이의 그러한 왕복은 예언의 글에서 흔한 일"이라고 주장하는데, 이는 "**그가** 자신을 속건제물로 만들었다"라는 번역이 옳다고 생각한다는 뜻이다["Isaiah," 307]), 혹은 "그의 영혼/생명이 허물을 위한 제사가 된다"(*NET*, 1316; Baltzer, Deutero-Isaiah, 420에 따르면, 이 경우 **נַפְשׁוֹ**는 "강조되는 재귀의 용법['그 자신']"이거나 여기서 "'그의 영혼' 자신이 행하는 것으로 생각될 수 있다"는 뜻이다)이다. 영(Young)은 이것을 "그의 영혼이 죄를 위한 제물을 드리게 될 때에"로 번역한다(*Isaiah: Chapter 40~66*, 353). 쿰란 문서는 "비록 당신이 그의 영혼으로 하여금 죄를 위한 제물이 되게 할지라도"로 되어 있다(Martin Abegg Jr., Peter Flint, and Eugene Ulrich, *The Dead Sea Scrolls Bible: The Oldest Known Bible Translated for the First Time into English* [New York: HarperSanFranciso, 1999], 360; 참고. Moshe H. Goshen-Gottstein, ed., *The Book of Isaiah*, The Hebrew University Bible Project, ed. M. H. Goshen-Gottstein [Jerusalem: Magnes, 1995], רמד). 칠십인역은 "만일 당신이 죄를 위한 제물을 드릴 수 있다면 당신의 영혼은 …할 것이다"라고 되어 있다. Syriac은 "그는 속죄 제물로 자신의 생명을 드렸다"로 되어 있다. 여기서는 좀 더 어려운 독법인 MT의 독법이 선호된다.

시볼드(Seybold)는 הֶחֱלִי 가 "이 고통당하는 자의 육체적이며 정신적인 구성 성격과 관련이 있다"고 주장한다.140 병을 너무 상세하게 구체화하려는 시도(예를 들어, 둠이 제안하는 나병)를 거절하는 가운데 차일즈는 첫 행의 의미에 대한 조심스러운 설명을 제시한다. "시편에서 사용되는 관용어와 같이, 육체적인 고통과 영적인 고통은 그 범위가 자세하게 정해지지 않은 채 연결되고 있으며 그리하여 그것이 가진 다양한 측면들 안으로 탐구해 들어가고 있다."141

두 번째 행에는 본문 비평의 문제가 있으며, 따라서 행위의 주체가 분명하지 않다. 하지만 대부분의 학자들은 기본적인 의도는 분명하다고 생각한다.142

אָשָׁם의 의미는 계속되는 열띤 논쟁의 근원이 되었다. 그것은 "속죄나 보상의 드림"(HALOT, 96), 혹은 "사람들의 죄에 대한 대체로서 보상을 위해 주어지는 어떤 것"(BDB, 80)일 수 있다(참고. Eichrodt, 2:314f). 블렌킨소프는 이사야 53장과 레위기의 여러 구절들에 관한 자신의 논증에 기초해 이 단어에 대해 잘 설명하고 있으며 이 단어와 구절에 희생 제사의 분위기가 포함되어 있다고 주장한다.

제의 법규에 따르면 이 'āšām은 특정 종류의 의도적이거나 비의도적

필자의 번역은 MT를 의역한 것이다.

바텐필드는 자음들을 새로이 고쳐 분할하는 가운데 다른 독법을 제안한다: אמת שים אשם נפשו ("진실로 그는 자신을 속죄 제물로 삼았다"; James R. Battenfield, "Isaiah LIII 10: Taking an 'if' out of the Sacrifice of the Servant," VT 32 [Oct. 1982]: 485). 이 또한 가능한 선택이다.

140 Seybold, "חלה," 405.

141 Childs, Isaiah, 417.

142 Oswalt, Isaiah: Chapters 40~66, 400. 그는 다음과 같이 요약한다. "동사의 주어에 대해 어떻게 생각하든 요점은 같다. 즉 종이 받는 고난의 의미는 그가 죄를 위한 속죄의 제사가 되어야 한다는 하나님의 의도 안에서 발견되어야 한다는 것이다"(402쪽).

인 죄를 속죄하는 수단으로서 제사를 위해 드려지는 흠이 없는 숫양, 어린 양, 혹은 염소 등의 동물이었다(레 5:1~26[5:1~6:7]; 7:2; 14:24). 이사야서를 쓴 시인은 공식적인 용어를 사용하여 이 유비를 말하거나 그것을 길게 조사하지도 않지만, 그것은 도살자에게로 끌려가는 양(53:7b)과 생명의 피를 쏟는 것(참고. 시 141:8, 같은 동사가 또한 *nepeš*와 함께 사용됨[사 53:12에서와 같이])같은 이미지를 통해 이 시의 다른 곳에서도 암시되고 있다. 종이 공동체의 죄를 짊어진다고 하는 진술 또한 속죄 양의 의식을 암시한다(레 16). 이 의식에서 두 동물 중 하나는 속죄를 위한 속죄제(*ḥaṭṭāʾt*)의 제물로 드려지고, 다른 하나는 공동체의 모든 죄악을 외진 곳, 문자적으로, "차단된 땅"(*ʾereṣ gězērâ*)으로 가지고 간다. 후자는 종이 산 자의 땅에서 끊어지는 것을 상기시킨다(*nigzar mēʾereṣ ḥayyîm* 53:8b).[143]

하지만 올린스키(Orlinsky)는 "히브리 성경 어느 곳에서도 유죄한 자 대신 용납될 만한 대체로서 무죄한 자의 희생을 허용하는… 교리가 전파된 적이 없다"고 주장한다.[144] 그리하여 블렌킨소프는 *ʾāšām*이라는

---

[143] Blenkinsopp, *Isaiah 40~55*, 351. 그는 계속해서, "속건제" 혹은 "보상의 제사"를 의미하는 이 단어가 "유죄와 징벌을 받을 책임을 제거하는, 없어서는 안 될 수단"을 뜻할 수 있다고 설명한다(354쪽). 그의 말대로, "그것은 또한 절도, 사기, 거짓 맹세와 같은… 어떤 영역의 죄악을 보상하는 데에도 유효하다"(354쪽).

[144] Harry M. Orlinsky, "The So-Called 'Servant of the Lord' and 'Suffering Servant' in Second Isaiah," in *Studies on the Second Part of the Book of Isaiah*, ed. Harry M. Orlinsky and Norman H. Snaith, VTSup, ed. G. W. Anderson et al., vol. 14 (Leiden: Brill, 1967), 55. 53:10의 "속건제물"에 관해서 와이브레이는 올린스키와 생각이 같다. "구약의 다른 어느 곳에서도 문자적인 의미로든, 상징적인 의미로든 사람의 생명이 속건제물이 될 수 있다고 말하고 있지 않으며, 그러한 생각은 전적으로 구약에서 생소한 개념으로 보일 것이다. 만일 저자가 그러한 허구적이고 깜짝 놀랄만한 개념을 소개할 의도였다면 우리는 그가 그것을 좀 더 분명하게 진술했을 것이라고 기대할 필요가 있다"(Whybray, *Isaiah 40~66*, 179). 하지만 10절의 표현은 **시적인 형식 안에서는 분명한** 것이다. 또한, 만일 우리가 점진적인 계시의 개념을 받아들인다면, 우리는 구약 문학의 어떤 시점에서 우리가 어떤 "허구적이

단어에 제사와 관련된 논조가 포함되어 있다는 것을 인정함에도 불구하고 이 구절의 화자가 "수수께끼와 비밀 속에서 말하고 있다"고 말한다.145 하지만 차일즈의 주장대로 "이사야의 글의 요점은 종의 생명을 이스라엘을 용서하시는 수단으로 받아들이시는 일에 **하나님 자신이 주도적으로 행하셨다는** 것이다"(필자 강조).146 이 새로운 개념은 영감을

고 깜짝 놀랄만한" 개념을 만날 수 있다는 생각 또한 받아들일 수 있다. 현재로는 핸슨의 주장이 적절하다. "… 우리는 여기서 제2이사야가 이전의 전통을 변형시켜 재난[역주: 포로 유배를 말함] 이후의 상황에 대해 말할 수 있는 극단적인 새로운 메시지를 만들어내는 또 다른 경우를 발견한다. 이스라엘의 안녕을 보존하려는 의도였지만 오래된 אשם의 제사 구조는 수그러들 줄 모르는 백성들의 고집으로 인해 실패했다"(Paul D. Hanson, "The World of the Servant of the Lord in Isaiah 40~55," in *Jesus and the Suffering Servant: Isaiah 53 and Christian Origins*, ed. William H. Bellinger Jr. and William R. Farmer [Harrisburg, PA: Trinity Press International, 1998], 19). 클레멘츠는 네 번째 노래의 "복잡한 근원"과 "예언적인 특성과 제사로서의 특성 모두를 포함하는 이미지와 개념들의 병합"에 대해 논증한다(R. E. Clements, "Isaiah 53 and the Restoration of Israel," in *Jesus and the Suffering Servant: Isaiah 53 and Christian Origins*, ed. William H. Bellinger Jr. and William R. Farmer [Harrisburg, PA: Trinity Press International, 1998], 54).

145 Blenkinsopp, *Isaiah 40~55,* 355. 그의 주장은 이렇다. "이러한 형태의 보상의 제사 이면에 있는 개념은, 바른 조처가 행해질 때 제사를 드리는 신자의 죄와 허물이 *āšām*의 동물의 죽음과 함께 없어진다는 것이다. 종과의 유비는 분명하지만 그것은 다른 모든 유비처럼 서투른 면이 있다. 종이 동물이 아니며 그의 죽음은 단순히 어린 양이나 염소의 죽음과 동일 수준의 것일 수 없기 때문이다. 여기서, 찬사의 글을 쓰는 사람은 수수께끼와 비밀의 형태로 말하고 있다"(354~55쪽).

146 Childs, *Isaiah,* 418. 앤더슨은 이 점에서 차일즈와 생각을 같이한다. "이 경우[사 6]에도 죄의 결과를 취소하기 위해 주도적으로 행하는 자는 하나님이시다. 이러한 견해는 이사야 53장에서 표현되는 것으로 보이는데, 거기서는 종의 희생을 *asham*, 즉 하나님과의 손상된 관계를 회복시키는 속죄제로 부른다(사 53:10)"(Bernhard W. Anderson, *Contours of Old Testament Theology* [Minneapolis, MN: Fortress, 1999], 121). 앤더슨은 또한 이사야 53장에서 "죄의 결과를 무효로 하는 일에 주도적으로 행하는 이는 하나님이시다"라고 주장한다(121쪽). 자이츠 또한 같은 방향으로 나아간다. "이 글은 앞선 종교적 역사에 빚지고 있는 동시에 독자적이다(*sui generis*)… 모든 곳에서 그 글은 하나님

통한 계시 안에서 야웨가 이 선지자-시인에게 말씀하신 두 번째 신탁에서 선포된다 - "많은 사람의 죄악을 친히 담당하리로다"(53:11b), "많은 사람의 죄를 담당하며"(53:12), "많은 사람을 의롭게 하며"(53:11). 켈러만(Kellermann)은 이러한 표현에 대해 설명한다. "이 노래는 종을 도살장으로 끌려가는 어린 양과 비교할 뿐 아니라(53:7), 그가 그의 생명을 '죄를 위한 제물'이 되게 했다고 말한다. 의인의 대리적인 고난은 많은 사람을 위한 속건제다. 속건제와 같이 종의 죽음은 속죄, 즉 죄인들을 죽음으로부터의 구원하는 결과를 가져왔다."147

다시 차일즈는 다음과 같이 주장한다. "하나님께서 종을 이스라엘의 이상적 구현(embodiment)으로 지명하셨을 때에 이스라엘의 회복을 위한 무대는 이미 마련되었으며(49:3), 그를 통하여 하나님은 영화롭게 되시고, 이스라엘은 다시 한 번 그에게로 모이게 될 것이다. 이사야 40~55장에서 펼쳐지는, 이스라엘을 구속하시는 하나님 계획의 드라마에 비추어 볼 때에, 대체자로서 종의 역할은 예언적 메시지의 바로 그

이 종의 사역을 깨닫는 통찰력을 주시는 것에 대해 말하는데, 그것은 종이 이스라엘, 그리고 최종적으로 민족들 모두를 위하여 행한 일의 '능력'이나 '역량'이 '형통하도록' 하시는 하나님의 권위를 가리킨다. '그를 통하여 주님의 뜻이 성취될 것이다'(10b). 이러한 형통함은 한 의로운 종의 사역을 통하여 많은 사람을 의롭게 간주하는 것과 관련이 있다. 여기에 하나님을 위한 그의 '*asham*'의 제사가 있다"(Seitz, "Isaiah 40~66," 467). 인간의 죄에도 불구하고 하나님의 주도권에 초점이 맞춰지는 것을 보려면 Paul D. Hanson, "The World of the Servant of the Lord," 18~19를 참조하라.

클레멘츠(Clements)는 종이 드린 속죄제를 이스라엘의 회복과 연관시킨다. "하나님은 이스라엘이 치유되고, 깨끗해지며, 용서를 받을 수 있는 바로 그 속죄제를 제공하신다"("Isaiah 53 and the Restoration of Israel," 54). 예수님 당시에 많은 유대 백성이 이스라엘의 포로 생활이 끝나지 않았다고 생각하고 있었다는 것은 매우 흥미롭다(이 점에 대해서는 후의 장들에서 다시 다루게 될 것이다). J. M. Scott, "Restoration of Israel," in *DPL*, 799; Thomas R. Hatina, "Exile," in *DNTB*, 349; N. T. Wright, *Jesus and the Victory of God*, vol. 2, *Christian Origins and the Question of God* (Minneapolis, MN: Fortress, 1996), 576을 참조하라.

147 Diether Kellermann, "אָשָׁם," in *TDOT*, 1:435.

중심에 놓여있으며, 그것을 제거하는 것은 이 장들의 놀라운 비밀을 푸는 석의적 열쇠를 잃어버리는 결과를 낳을 뿐이다."148

고난당한 종은 "씨(후손)를 보게 되고 그의 날을 늘이게 될 것이며,"149 "그의 손으로 여호와의 기뻐하시는 뜻을 성취할 것이다." 이것은 8~9절에서 묘사된 종의 운명과 날카로운 대조를 이룬다. 하지만 베스터만의 말대로, "종의 높아짐이 분명히 일어났고, 그것이 그의 죽음과 높아짐에 대한 보고의 중요한 부분을 형성하지만, 그것이 실제로 무엇이었는지는 지금으로서는 규명하기 어렵다."150 종은 부활했는가? יִרְאֶה זֶרַע יַאֲרִיךְ יָמִים 는 전통으로부터 온 것으로 보이며,151 따라서 "씨, 그리고 날의 길이는 비유적인 것일 수 있다."152 자이츠는 다음과 같이 설명한다. "10절은 미래의, 죽음 너머의 종의 사역과 관련된 주제를 다시 이어간다… 종들은 선포한다, 이 무죄한 종이 진통의 괴로움으로부터 자신이 무엇을 성취하였는지 보고 알게 되며 만족할 것이라고(11절). 실제 어떻게 이런 일이 일어나는지는 구체적으로 표현되지 않고 있지만 우리는 이 대목에서 이 글의 시적이며 절제된 특성을 존중하고 너무 많은 세부적인 내용을 채우려고 하지 말아야 한다."153 하지만 분명해 보이는 것은 "땅 위에서 끊어진 생명이 실체와 효과에 있어서 계속된다는 것이다."154

---

148 Childs, *Isaiah*, 418.

149 시편 22:30의 평행 구절을 보라("후손이 그를 섬길 것이요"). 이 시편은 또한 고난 받는 경건한 자가 받게 될 신원(옳다고 입증되고 보상받는 것)에 관해 말한다.

150 Westermann, *Isaiah 40~66*, 267.

151 Westermann, *Isaiah 40~66*, 267.

152 Oswalt, *Isaiah: Chapters 40~66*, 403. 그는 "씨를 보고 그의 날을 늘이게 될 것이며"라는 표현이 "하나님의 호의를 받는 사람에 대해 사용되는 전형적인 표현"이라고 적절하게 주장한다(402쪽). 또한 Westermann, *Isaiah 40~66*, 267을 보라. *NET*의 각주는 이 표현에 대해 잘 설명한다. "이 관용구적이며 상투적인 언어는 종이 하나님의 호의를 회복하는 것을 강조한다. 수많은 후손을 얻는 것과 장수하는 것은 전형적인 하나님의 축복이다. 욥 42:13~16을 보라"(*NET*, 1316의 각주 1).

153 Seitz, "Isaiah 40~66," 467.

한 가지 분명한 것은, 그가 야웨의 사랑을 받았으며 주님이 그를 높이셨기 때문에 그의 운명이 역전되었다는 것이다. "그의 손으로 여호와께서 기뻐하시는 뜻을 성취할 것이다"(10d).155 최근 학자들 대부분은 "종을 회복시키시는 하나님의 행위, 즉 그가 종을 높이신 것은 그의 죽음 후에, 무덤의 저쪽 끝에서 그에게 대해 행해지는 행위지만, 그것에 대해 정확히 규명하거나 설명하려는 시도는 없다"고 말하는 베스터만에 동의한다.156

53:11a מֵעֲמַל נַפְשׁוֹ יִרְאֶה יִשְׂבָּע

영혼의 수고/고뇌 후에157 그는 (빛을) 보게 될 것이며158
(수고의 결과에 대해) 만족하게 여길 것이다

52:15에서 왕들과 민족들이 새로운 의미와 계시를 '보게' 되는 것과 똑같이 종도 자신의 후손을 '보고'(53:10) 빛을 '보게' 될 것이다(11절). "빛을 본다"는 것은 "행복, 구원, 만족케 됨"159 혹은 "삶의 번영과 기쁨을 즐거워 함"을 뜻한다.

---

154 Motyer, *The Prophecy of Isaiah*, 440.

155 자이츠는 이렇게 요점을 요약한다. "종을 통하여 주님이 성취하고자 하시는 것, 즉 종에 의해 작동하게 되고 완성되어진 능력에 대해 하나님이 기뻐하시는 것(10d)이 바로 본문이 강조하려고 하는 것이다"("Isaiah 40~66," 467).

156 Westermann, *Isaiah 40~66*, 267. 또한 Oswalt, *Isaiah: Chapters 40~66*, 403과 Childs, *Isaiah*, 419를 보라.

157 블리신이 지적하는 대로 *min*의 이러한 시간적 의미는 "구약의 히브리어에서 잘 입증된다"(Islwyn Blythin, "A Consideration of Difficulties in the Hebrew Text of Isaiah 53:11," *BT* 17 [January 1966]: 28; 참고. GKC, 382f의 각주 3). 그리고 그러한 의미를 고려한 이런 번역은 문맥과 잘 조화된다.

158 MT에는 "빛"이 없지만 모든 쿰란 문서와 칠십인역은 그것의 존재를 지지하며(Goshen-Gottstein, ed., *Isaiah*, רמד), 이것은 강력한 증거가 된다. MT에서 그것이 생략된 것은 아마도 앞 단어의 비슷한 자음들에 의해 설명될 수 있을 것이다. Baltzer, *Deutero-Isaiah*, 423; Oswalt, *Isaiah: Chapters 40~66*, 399; Westermann, *Isaiah 40~66*, 255; Whybray, *Isaiah 40~66*, 180 등을 보라.

159 Westermann, *Isaiah 40~66*, 267. 오스왈트(*Isaiah: Chapters 40~66*, 403)와 와이브레이(*Isaiah 40~66*, 180)는 이 점에서 기본적으로 베스터만에 동의한다. 노스는 욥기 3:16; 33:30; 시편 49:19(20); 56:13(14)을 언급하는 가운데

다음 구[יַשְׂבִּיעַ בְּדַעְתּוֹ יַצְדִּיק צַדִּיק עַבְדִּי לָרַבִּים]는 차일즈의 말대로 "분명한 의견의 일치가 없는 문제들을 제기한다."160 맛소라의 악센트 체계에 의하면(יַשְׂבִּיעַ의 악센트가 בְּדַעְתּוֹ의 것보다 강하므로) בְּדַעְתּוֹ는 יַשְׂבִּיעַ로부터 분리되어 다음 행에 연결되어야 하며, 이것은 "그의 지식 [혹은 경험, 헌신 등]을 통하여 나의 의로운 종이 많은 사람을 의롭게 할 것이다"라는 의미를 낳는다. 하지만 BHS 편집자는 다르게 분석함으로써 בְּדַעְתּוֹ가 יַשְׂבִּיעַ에 연결된다고 제안하는데, 그럴 경우, 의미는 "그는 자신이 경험하였던 것과 그에게 상급으로 주어진 것을 알게 됨으로써 만족하게 될 것이다"가 된다. 이 또한 이치에 잘 맞는 해석이다.161 이것은 "낮아짐"이나 "순종"의 뉘앙스에 대한 여지를 남길 수 있다. 하지만 יַשְׂבִּיעַ는 휴지(pause)의 악센트를 가지고 있으며 MT를 따르는 것 또한 훌륭한 의미를 낳는다.162 즉, 고통을 당한 후에 그는 만족과 함께 삶

'빛을 보다'가 '생명의 빛을 보고 경험하다'라는 뜻이라고 주장한다(North, *Second Isaiah*, 1964, 244). 참고. 욥기 3:20; 시편 36:10. 이 의미 또한 가능성이 있다. 겔스톤은 다음과 같이 요약한다. "그는 빛을 보고 만족하게 여길 것이다"라는 말은 "종이 10절에서 사용된 구절(יִרְאֶה זֶרַע יַאֲרִיךְ יָמִים)과 같은 전통적인 언어로 표현된 것처럼, 고난을 받은 후에 생명과 번영으로 회복된다고 하는 진술"이다(Gelston, "Some Notes on Second Isaiah," 526). 발처는 종이 하나님 앞으로 받아들여지는 것을 생각한다(Baltzer, *Deutero-Isaiah*, 423).

160 Childs, *Isaiah*, 419. 따라서 필자는 이 번역을 선호하지만, MT를 따르는 다른 선택을 배제하지 않는다.

161 오스왈트는 필자가 선호하는 해석에 대해 훌륭한 설명을 제공한다. '빛'이 생략된 "MT의 본문은 구두점을 필요로 한다. 두 긴 콜론 후에 하나의 짧은 콜론이 뒤따르는 결과가 되지만, 생략된 단어를 회복시킬 경우 이 구절을 좀 더 일반적인 길이와 구조의 두 콜론으로 나누는 것이 가능해진다"(*Isaiah: Chapters 40~66*, 399).

162 Watts, *Isaiah 34~66*, 226. 발처가 지적하듯이 "1QIsᵃ는 '그리고(ו) 그의 지식을 통하여'라고 분명히 되어 있다"(Baltzer, *Deutero-Isaiah*, 424): "**그리고 그의 지식을 통하여 나의 종, 즉 그 의로운 자는 많은 사람을 의롭게 할 것이다.** …"(Abegg et al., *The Dead Sea Scrolls Bible*, 360). בְּדַעְתּוֹ를 다음 행에 연결함으로써 발생하는 운율의 불균형을 설명하는 방식이 겔스톤에 의해 제안되고 있다

의 복이 주는 기쁨과 만족스러운 행복을 즐거워할 것이다.

자신의 지식/경험, 즉 하나님의 뜻/계획에 대한 이해, 그리고 고난과 죽음에 이르기까지 자발적인 복종을 통하여 종은 많은 사람을 의롭게 할 수 있다. 그는 많은 사람을 위한 "속건제물"이 되고 많은 사람의 죄악을 담당함으로써 많은 백성을 의롭게 만들 수 있다. 하나님이 기름 부으신 고레스의 임무를 통하여 "몸이 본향인 그 땅으로 돌아올" 수 있듯이, 하나님의 의로운 자인 종의 사역을 통하여 "심령이 하나님께로 돌아올 수 있다."

III. 종이 영화롭게 됨을 선포함[하나님의 계속되는 신탁] (53:11b~12)[163]

이 섹션(11b~12절)은 앞의 섹션(10~11a절)과 밀접하게 연결된다. 전자가 종의 삶과 사역에 대한 "우리의" 요약을 하나님이 확정하시는 기능을 한다는 점과, 후자가 "우리가" 52:13~15와 53:11b~12에 있는 하나님의 계시에 근거하여 종에 대해 되돌아보며 평가하는 것을 요약한다는 점이 이를 뒷받침한다.

(Gelston, "Some Notes on Second Isaiah," 525~26). 그는 하나의 예로서 53:10의 두 번째 행의 운율적 불균형의 경우를 제시한다. 그리고 בְּדַעְתּוֹ를 יַצְדִּיק에 붙임으로써 일어나는 שׂבע의 절대적 용법은 또한 출애굽기 16:28의 선례가 있다.

발처는 통합적인 접근을 주장한다. "두 견해 모두 논의되었다. 둘 중 하나를 최종적으로 선택해야 할 것이 본문에서 의도된 것은 아니라고 나는 생각한다. 어쨌든 '그[종]의 지식(혹은 경험)을 통하여'라는 진술이 특별히 강조된다. 그것은 이 하나님의 말씀에서 두 번 암시된다. 높임을 받은 종은 그의 소망의 성취를 얻게 될 것이다. … 이것은 그 자신의 개인적인 지식이다. 다른 한 편으로, '자신의 지식'을 통하여 종은 '많은 사람'을 의롭게 한다"(Baltzer, *Deutero-Isaiah*, 424~25).

163 많은 주석가와 함께 헤르미손은 두 번째 "Jahwerede"가 53:11b에서 시작된다고 생각한다(Hermisson, "Das vierte Gottesknechtslied," 10).

*주님은 고난[질병]으로 그를 상하게 하기 원하셨다(10a절)	*그가 자기 영혼을 쏟아 사망에 이르며[자신을 죽음에 노출시키며](12b절) -범죄자/죄인 중 하나로 헤아림을 받았다(12b절)
*그의 영혼을 속건제물로 드리기에 이르면(10a절)	*그가 많은 사람의 죄를 담당하며[가져가며](12c절) -범죄자/죄인을 위하여 기도하였다(12c절).
*그가 씨를 보게 되며 그의 날은 길 것이요(10b절) -그의 손으로 여호와께서 기뻐하시는 뜻을 성취할 것이다(10b절)	*나의 의로운 종이 많은 사람을 의롭게 하며(11b절) -그들의 죄악을 친히 담당할 것이다(11b절)
*영혼의 수고 후에 그는 빛을 보게 될 것이며(11a절) -수고의 결과에 대해 만족하게 여길 것이다(11a절)	*주께서 그에게 존귀한 자[많은 이]와 함께 몫을 받게 하며(12a절) -강한 자와 함께 탈취한 것을 나누게 할 것이다(12a절)

52:13~15와 53:11~12에서 "많은"이 여러 번 나타나는 것은 이 시가 수미쌍관의 구조로 되어 있음을 보여준다. "많은" 사람이 종의 고난과 일그러진 모습에 놀랐듯이, "많은" 나라와 백성이 그가 "많은" 사람을 의롭게 하고, "많은" 사람을 위해 기도할 것이라는 사실에 놀라게 될 것이다. "많은"이라는 말과 신적 소유격(divine apostrophe)을 말하는 "나의 종"이라는 표현은 야웨의 두 강화(52:13~15; 53:11b~12) 모두에서 나타난다.[164]

마지막으로 던져야 할 질문은 이것이다. 어디에서부터 신탁(신적 담화)이 시작되는가? 많은 번역본이 보여주는 바처럼, 또다시 이것은 쉬운 질문이 아니다. 신탁이 11절 후반부에서부터 시작할 가능성이 있는데, 왜냐하면 "내 종"이 11절 중간에 갑자기 나타나기 때문이다. 게다가, 위의 도표가 보여주듯이, 이러한 구분은 10~11a절과 11b~12절의

---

164 Blenkinsopp, *Isaiah 40~55*, 349~50.

평행/병행을 더 낫게 만든다.

A. 종의 사역의 후속 효과: 많은 사람을 의롭게 하고 그들의 죄악을 담당함(11b절)

53:11b בְּדַעְתּוֹ יַצְדִּיק ¹⁶⁵צַדִּיק עַבְדִּי לָרַבִּים

וַעֲוֺנֹתָם הוּא יִסְבֹּל

자기 지식/경험으로

나의 의로운 종이 많은 사람을 의롭게 하며,

또 그들의 죄악을 친히 담당할 것이다

דַעַת 라는 단어는 "지식, 인식, 면식, 경험, 이해, 분별, 지혜"를 의미할 수 있다.¹⁶⁶ 어떤 학자는 53:3에서와 같이 다른 어근에 근거하여 "굴욕, 징계, 복종, 순종"이라는 다른 종류의 의미를 제안한다.¹⁶⁷ 두

---

165 형용사 צַדִּיק가 명사 עַבְדִּי 앞에 위치한 것은 많은 학자의 주목을 끌었다. 어떤 이는 세 개의 히브리어 사본에 예시된 대로 중복 오사(dittography)로 보고 이 형용사를 생략하려고 하였다. 하지만 그것이 생략된 사본의 수가 많지 않다는 것은 "그러한 생략이 중자 탈락(haplography)에 의한 것임을 암시한다"(Blythin, "Hebrew Text of Isaiah 53:11," 30). 노스의 설명은 이렇다. "우리는 아마도 예를 들어, 이사야 35:9('[가장] 사나운 짐승')와 욥기 30:6('[가장] 무서운 골짜기)의 '연계형[연결형] 상태(construct state)처럼 일종의 최상급으로 받아들여 '나의 (지극히) 의로운 종'을 뜻하는 것으로 정당화할 수 있을 것이다"(North, *Second Isaiah*, 233). 이 예들은 복수 형태의 명사들이지만, 그는 또한 접미사를 가진 절대 단수의 명사가 형용사를 뒤따르는 몇몇 경우들을 열거한다(출 15:16; 삼상 16:7; 시 46:4[5]; North, *Second Isaiah*, 233쪽). 블리신(Blythin)은 그럴 가능성이 높다는 것에 동의하면서도 또한 "동격"의 경우를 제안한다(참고. GKC, 132b). 이러한 견해의 이점은 "이러한 번역에서는 네 번째 노래의 그토록 현저한 특성인 종의 외로운 독자성이 그의 사역의 혜택을 받는 '많은 사람'과 날카롭게 대조된다는 사실"이다(앞에서 인용한 책 참조).

166 דַעַת의 의미의 다양한 층에 대해 Baltzer, *Deutero-Isaiah*, 425; *HALOT*, 228~29; BDB, 395~96을 보라.

의미 모두 본문 사상의 흐름과 잘 조화된다. 의로운 종은 자신에 의해 중재되는168 야웨의 계획에 대해 자신이 온전히 아는 것(자신의 고난의 경험에 대한 지식을 포함하여)을 통하여, 혹은 그에 대한 백성들의 지식을 통하여 많은 사람이 의롭다고 여겨지도록 만들 것이다. 혹은, 종은 자신의 굴욕을 통하여(혹은 그것에 기초하여) 많은 사람을 의롭게 할 것이다. 4절에서 종은 "우리의 질고(고통)"를 졌지만 여기서 그는 "그들의 죄악"을 졌다(5, 6절에서 그는 우리의 "죄악" 때문에 찔림을 받았으며, 우리의 "죄악"이 그의 위에 지워졌다고 말한다).

10b절에서 시작하여 미래에 종의 행운이 계속된다. 종의 사역은 "많은 사람"의 운명에 계속적이고 영속하는 영향을 미칠 것이다. 그는 많은 사람을 의롭게 하고(자신의 지식/경험을 통하여)(참고. 잠 11:9) 그들의 죄악을 짊어질 **것이다**. 즉, 그는 많은 사람이 "의롭다고 여김을 받게" 할 것이다.169

---

167 D. Winton Thomas, "The Root of ידע in Hebrew," *JTS* 35 (July 1934): 298~306; D. Winton Thomas, "A Consideration of Isaiah LIII," 126; Allen, "Isaiah LIII. 11 and Its Echoes," 24~25; Gelston, "Some Notes on Second Isaiah," 525; Bo Reicke, "The Knowledge of the Suffering Servant," in *Das Ferne und nahe Wort: Festschrift—Leonhard Rost zur Vollendung seines 70. Lebensjahres am 30. November 1966 gewidmet*, ed. Fritz Maass (Berlin: Töpelmann, 1967), 186~92; John Day, "DA'AT 'Humiliation' in Isaiah LIII 11 in the Light of Isaiah LIII 3 and Daniel XII 4, and the Oldest Known Interpretation of the Suffering Servant," *VT* 30 (January 1980): 97~103.

168 Blenkinsopp, *Isaiah 40~55*, 350.

169 Childs, *Isaiah*, 419.

B. 하나님께서 종이 수행한 임무로 인해 종을 영화롭게 하심(12절): 종의 임무에 대한 요약(12b절)

53:12　לָכֵן אֲחַלֶּק־לוֹ בָרַבִּים וְאֶת־עֲצוּמִים יְחַלֵּק שָׁלָל
תַּחַת אֲשֶׁר הֶעֱרָה לַמָּוֶת נַפְשׁוֹ וְאֶת־פֹּשְׁעִים נִמְנָה
וְהוּא חֵטְא־רַבִּים נָשָׂא וְלַפֹּשְׁעִים יַפְגִּיעַ

그러므로 내가 그에게 위대한[많은] 자들과 함께 몫을 받게 하며
강한 자들과 함께 탈취한 것을 나누게 하리니
이는 그가 자기 영혼을 버려[쏟아부어]170 사망에 이르게 하며
범죄자 중 하나로 헤아림을 받았음이니라.
실상은 그가 많은 사람의 죄를171 담당하며[짊어지며]
범죄자를 위하여172 기도하였던 것이다173

---

170 오스왈트는 이 단어의 뜻을 설명한다 הֶעֱרָה('쏟았다')는 "'벌거벗기다, 알몸이 되다'를 뜻하는 어근의 한 형태다(참고. 시 141:8). 따라서 그것은 생존을 위한 모든 자연적인 본능을 거부하며, 가장 소중한 재산인 자신의 육체적인 생명도 앗아가기를 허락하는, 자신을 '벌거벗기는' 개념을 포함한다"(*Isaiah: Chapters 40~66*, 406). *HALOT*은 이 단어를 "버리다"로 정의한다(*HALOT*, 882).

171 MT는 단수 형태를 취하지만("죄"), 모든 쿰란 사본과 칠십인역과 다른 번역본은 복수 형태를 선호한다. MT가 마지막 요드를 생략한 것은 작은 글자여서 단순히 그것을 빠뜨렸을 수 있다.

172 MT는 "범죄자를 위하여"로 되어 있지만 쿰란 사본은 "그들의 죄악을 위하여"로 되어있다. 칠십인역은 "그들의 죄악 때문에 그는 양도되었다"고 함으로써 의미를 역전시키고 있다(Lancelot C. L. Brenton, *The Septuagint with Apocrypha: Greek and English* [London: Bagster & Sons, 1851; reprint, Peabody, MA: Hendrickson, 1986], 889). 다른 모든 사본들은 MT를 지지한다. 쿰란과 칠십인역이 앞선 행과의 평행을 위하여 약간의 수정을 가했을 수 있다. 하지만 칠십인역과 쿰란 사본이 별개의 사본 전통을 유지하였을 가능성을 배제할 수 없다. 어떤 경우였든 의미는 크게 다르지 않다.

173 יַפְגִּיעַ는 "~를 위해 중재하다, 어떤 사람을 돌보다"(*HALOT*, 910), 혹은

이 마지막 절은 종의 삶과 사역에 대한 하나님의 최종적인 승인과도 같다 – 야웨께서 그를 높이시고 상주시며(12a절), 그의 고난 사역의 성격에 대해 분명히 선언하시고(12b절), 그것의 의미에 대해 최종적으로 선포하신다(12c절).

12a절이 묘사하는 것은 "모든 사람들이 승리의 전리품을 고향으로 가져오며 정복자의 역할 가운데 종과 함께하는 승리의 행진에 대한 그림이다."[174] 이러한 표현은 "삶에서 모든 좋은 것을 빼앗겼던 자가 이제 그것들을 풍성하게 얻는다"는 개념을 나타내기 위해 "전통에서 가져온 일반적인 단어들을 사용한" 것으로 보인다.[175] 그것은 "실상은 그가 '성도들 가운데' 하나로 간주된다"는 뜻이다.[176]

5절에서는 종이 우리의 "죄악" 때문에 상처를 입었다고(찔렸다고) 말하며, 8절에서는 그가 하나님의 백성들의 "죄악" 때문에 고난을 당했다

"중재/간섭하다"라는 뜻이다(BDB, 803).

[174] Oswalt, *Isaiah: Chapters 40~66*, 405. 오스왈트는 처음 두 행에서 가능한 해석들에 대해 설명한다. "우리는 첫 번째 두 콜론을 두 가지 방식으로 해석할 수 있으며, 어느 것이 바람직한지에 대해서는 분명한 증거가 없어 보인다. 한편으로, 그것은 하나님께서 종에게 그가 속량한 **많은 사람**(11절), 그리고 승리의 전리품으로서, 그를 대적했던 **강한 자들**을 주실 것이라고 말하는 것일 수 있다. 이러한 해석은 두 번째 콜론의 맨 앞에 있는 'et를 목적어를 나타내는 표지로 받아들이며 **강한 자를 그가 나눌 것이다**라는 말의 직접 목적어로 간주한다. 그리고 이것은 **많은 사람**이라는 단어가 첫 번째 콜론에 속하게 한다.

"두 번째 해석은 반대 방향으로 나아간다. 전치사 *b*가 **많은 사람**이라는 단어 앞에 붙어서 '함께' 혹은 '가운데'의 의미가 되는 것으로 본다. 따라서 **강한 자** 앞의 'et는 직접 목적어를 나타내는 표지가 아닌, '함께' 혹은 '가운데'라는 전치사로 해석된다. 이러한 해석의 요점은 종이 멸시 받고 거절당하며 이름 없는 자가 되는 것이 아니라 아주 높은 지위가 주어지고 승리자들과 함께 전리품을 나누게 된다는 것이다. 모든 것을 고려하여, חלק의 목적어를 ב로 표시하는 것은 다소 이상한 일이므로(참고. 34:17) בָּרַבִּים을 '많은 사람 가운데'로, 그리고 אֶת־עֲצוּמִים을 '강한 자와 함께'로 해석하는 것이 더 나을 것이다"(Oswalt, *Isaiah: Chapters 40~66*, 405~6).

[175] Westermann, *Isaiah 40~66*, 268.

[176] Seitz, "Isaiah 40~66," 468.

고 말한다. 여기서 그는 "범죄자들" 중 하나로 간주되는 가운데 "범죄자들"을 위하여 기도하였다.

12절에서 와이브레이는 "그가 사망에 이르기까지 자기 영혼을 쏟았으며"(RSV)를 "그가 자신의 생명을 죽음(의 위험)에 **노출시켰다**"로 번역한다.177 하지만 많은 학자는 "그가 자기 영혼을 죽음에 이르기까지 **비웠다/쏟았다**"라는 해석을 선호한다.178 오스왈트는 이러한 표현에 대해 다음과 같이 설명한다. "쏟았다는 것은 '벌거벗기다, 알몸이 되다'를 뜻하는 어근의 한 형태다(참고. 시 141:8). 따라서 그것은 생존을 위한 모든 자연적인 본능을 거부하며, 가장 소중한 재산인 자신의 육체적인 생명도 앗아가기를 허락하는, 자신을 '벌거벗기는' 개념을 포함한다."179 베스터만은 "종의 고난과 죽음의 의미에 대한 설명으로서, 속죄의 제사를 가리키는 이 두 분명한 지표[הֶעֱרָה לַמָּוֶת נַפְשׁוֹ와 אָשָׁם]는 특별히 주목할 필요가 있다"고 적절하게 주장한다.180 칠십인역은 종이 죽었다는 것을 명시한다(παρεδόθη εἰς θάνατον ἡ ψυχὴ αὐτοῦ).181

네 번째 노래 전체에 걸쳐 와이브레이는 다른 이들의 죄를 위한 대리적 고난이나 대체의 고난의 개념을 부정한다. 그는 자신의 견해를 아래와 같이 요약한다.

> 하지만 출애굽기와 레위기의 율법에서 거의 배타적으로 사용되는 '죄를 지다'라는 표현은 항상 사람들의 자신의 죄에 대한 의무를 가리키며 구속의 희생과 관련하여 사용되지 않는다. 이곳에서 그것은 종이 다른 이들과 함께 형벌을 나누었다는 뜻이며, 그 형벌은 그들에게는 합당한 것이지만 그에게는 그렇지 않다는 것이다⋯ 하지만, 비

---

177 Whybray, *Isaiah 40~66*, 182.

178 Ronald B. Allen, "עָרָה," in *TWOT*, 2:695.

179 Oswalt, *Isaiah: Chapters 40~66*, 406.

180 Westermann, *Isaiah 40~66*, 268.

181 또한 Ekblad, *Isaiah's Servant Poems According to the Septuagint*, 177을 보라.

록 우리가 그러한 표현들이 거의 상호 교환이 가능한 것이라고 생각할 수는 있어도 *nāśā' 'āwôn*은 실제로 대체의 형벌이나 고난을 가리키지 않는다. 이러한 의미에 대한 증거로서 율법에서 채택된 네 구절(출 28:38; 레 10:17; 16:22; 민 18:1)에서 '지다'라는 동사의 주체는 전혀 고난에 관련되어 있지 않다. 오히려 이 구절들은 특정 의식의 행위들이 백성들에게 떨어질 징벌을 무효로 만들거나 가져간다는 믿음을 표현한다. 그것들은 한 사람이 다른 사람을 대신하여 고난을 당한다는 개념을 공유하지 않는다.[182]

하지만 앞에서 인용된 네 구절에서 그 표현(죄를 지다/죄악을 가져가다)은 사람의 죄나 죄악을 다른 편으로 옮기는 개념을 내포하고 있다. 이 다른 편이 사람인지 아닌지와 상관없다. 그리고 그 모든 경우에 죄가 이전되는 과정에서 이 '다른' 편은 어려움/고통 혹은 고난을 당할 것이다. 특별히, 레위기 16:22의 '염소'의 경우가 더욱 그렇다. 속죄일에 이 염소가 백성들의 죄를 지고 광야로 보내졌다는 것은 주목할 만한 사실이다. 물론, 어떤 사람이 고난을 통하여 다른 사람의 죄를 진다고 하는 개념은 구약에서 이 시점(사 53장)까지 독특한 개념이며, 따라서 와이브레이가 이사야 53:12와 평행이 되는 구절들을 파악하는 데 어려움을 겪으며 놀라워하는 것은 이해할 만하다. 하지만 앞에서 4절과 10절의 석의 부분에서 설명한 대로, 새로운 하나님의 계시가 이 네 번째 노래의 저자에게 주어졌을 수 있으며, 저자 당시의 어떤 이름 없는 사람의 고난과 죽음의 의미와 중요성에 대한 저자의 묵상[혹은 해석]이 하나님의 영감에 의해 이루어졌을 수 있다. 노스의 다음 설명은 적절하다. "종과 예수 사이의 근본적인 유사점이 여기에 놓여있다. 예레미야 같은 선지자들은 그들이 증언하는 과정에, 혹은 그 결과로 고난을 당했지만, 종과 예수의 경우 고난은 임무를 성취하고 그것을 성공으로 결론짓게 하는 수단이다. 이러한 개념은 구약에서 유일무이한 것이다."[183] 베스

---

[182] Whybray, *Isaiah 40~66*, 183.
[183] North, *Suffering Servant*, 208.

터만은 이사야 53장에서 표현된 속죄의 개념을 다음과 같이 요약한다.

> 12b절은 종의 고난과 그의 죽음을 함께 묶어서 하나의 행위나 과정으로 본다. 하지만, 동시에 그것은 다시 한 번 그 행위의 두 측면을 말한다. 즉 종의 죽음은 수치스러운 죽음이라는 것이다. 첫 번째 부분은 '그가 자신의 피를 쏟아(נפשו) 죽음에 이르렀기 때문에'로 번역될 수 있다. 이것은 속죄의 희생을 암시하며, 10절의 אשם(속건제)이라는 제사의 단어와 조화를 이룬다. 종의 고난과 죽음이 속죄의 제사를 의미한다고 설명하는 이러한 두 분명한 지표는 특별히 주목할 가치가 있다.184

이 절은 11b절(두 번)에 이어 적어도 두 번, 종의 **대리적** 고난을 언급한다. 그가 높임을 받고 상을 받는 것은 단순히 그의 낮아짐과 고난 때문이 아니라 그의 사역의 특별한 성격 때문이다. 즉, 그가 많은 사람의 죄를 졌으며/가져갔으며 죄인들을 위하여 중재했기 때문이다. 4절에서 종은 우리의 "고난/병"을 **가져갔지만**, 여기서 그는 많은 사람의 "죄"를 가져갔다. 사람들에게 멸시를 받은 사람이 다른 이들 대신 고난을 당했으며, 이것은 "그로 하여금 다른 이들의 죄를 자신에게 돌리고 그들에게 그 죄의 결과, 즉 징벌이 미치지 않도록 할 수 있게 한다."185

자이츠가 지적하는 대로 '많은 사람'에 대한 언급은 종의 삶과 고난과 영광이 "많은 사람"을 놀라게 하였다고 말한 첫 번째 신탁의 주제를 상기시킨다. "많은 사람이 의롭게 될 것이다(11b절). 그는 많은 사람의 죄를 담당하였다(12b절). 그는 이 동일한 '많은 사람' 가운데 자기 몫을 받을 것이다(12a절). 많은 사람이 놀랐으며(52:14), 많은 나라가 마찬가지로 자신들이 알게 된 것으로 인해 놀랄 것이다(52:15). 종은 '주의 구원의 계획'을 완성하며, 그로 인해 자기 '상'을 받는다. 그것은 하나님의 종인 모든 선지자들의 기초위에 세워진 것이지만, 위대한 모세나 위대한 예레미야를 따르는 세대들이 얻었던 것보다 더 큰 '전리품'이다."186

---

184 Westermann, *Isaiah 40~66*, 268.
185 Westermann, *Isaiah 40~66*, 269.

요약하면, 이 절은 "앞의 내용의 요약이며, 결론을 먼저 말하고 다음으로 원인을 말하고 있고," "이 원인은 이 절의, 그리고 이 시의 전체의 마지막에 위치함으로써 특별히 두드러진다."[187]

보록 1: 노래들에서 주의 이 종은 누구인가?[188]

주의 종의 신원/정체에[189] 관한 이슈는 많은 구약 학자에게 수수께끼가 되어왔다. 클라인즈는 "이사야 53장은 역사 비평학의 재난이 되었다"고 말한다.[190] 그는 노스에 대해 언급하는데, 노스는 다시 이사야에 대해 주석서를 쓰기를 포기한 한 유명한 학자에 대해 말한다. 그는 원래 의도했던, 종의 신원을 밝히는 이러한 "압도적인" 임무 때문에 그만 이사야서에 대한 주석 쓰기를 포기해 버린 것이었다.[191] 몇몇 학자들(예를 들어, 둠, 궁켈[Gunkel], 젤린[Sellin], 모빙켈[Mowinckel])은 종의 정체에 대한 자신들의 견해를 바꾸었으며, 앞으로 보여주게 되겠지만, 그들 중에 어떤 이들은 여러 번 그렇게 하였다. 최근 점점 더 많은 학자가, 주의 종의 신원에 얽힌 어려움 뿐 아니라, 종에 대한 묘사와 언급들의 많은 부분이 그 의미가 불분명하다는 사실을 인식하는 경향이 있다. 여기서 우리가 따라가야 하는 임무는 역사-비평적, 문학적, 신학적 문맥을 통하여 야웨의 종의 신원을 밝히는 일이다.

---

186 Seitz, "Isaiah 40~66," 468. 자이츠의 몇몇 표현과 개념은 Hermisson, "Das vierte Gottesknechtslied," 18; Hermisson, "Der Lohn des Knechts," in *Die Botschaft und die Boten: Festschrift für H. W. Wolff zum 70. Geburtstag*, ed. J. Jeremias and L. Perlitt (Neukrichen-Vluyn: Neukirchener Verlag, 1981), 269~287에서 온 것들이다.

187 Oswalt, *Isaiah: Chapters 40~66*, 405.

188 우리는 모든 종의 시에 나오는 종의 신원을 밝히는 임무를 다루고 있지만, 궁극적인 초점은 네 번째 노래에 등장하는 종의 신원에 있다.

189 베스터만이 지적하듯이 이 노래들에서 종의 개념이 가진 의미를 깨닫기 위해서 네 노래 모두 함께 고려되어야 한다(Claus Westermann, "עֶבֶד," in *TLOT*, 2:827).

190 Clines, *I, He, We, and They*, 25.

191 North, *Suffering Servant*, 1.

이론들 개관

이 노래들에 나타나는 종의 신원에 대해 여러 견해가 있다. 그것은 단체적 견해(이스라엘 혹은 이스라엘의 남은 자), 역사적 인물 견해, 이상적 인물 견해(미래의 메시아의 견해를 포함하여), "모호함"의 견해, 마지막으로 유동적(혹은 진자적) 견해다.192

집합적 견해. 윌리엄스(Williams)와193 카이저(Kaiser)가194 단체적 견해를 선택한다. 종의 노래에서 야웨의 종은 이스라엘을 가리킨다는 것이다. 그들은 종의 시에 나타난 종의 삶과 기능에 대한 묘사에서 이스라엘의 역사를 본다. 그들의 견해에 대한 가장 강력한 근거는 종의 노래를 둘러싼 문맥에서 종에 대한 언급은 시종일관 이스라엘을 가리킨다는 사실이다. 린드블롬(Lindblom),195 로빈슨(Robinson),196 아이스펠트(Eissfeldt)는197 종이라

---

192 유동적인 견해는 종이 개인과 단체적 존재 사이를 왕복한다고 본다. 예를 들어, 첫 번째와 두 번째 노래에서 종은 이스라엘(혹은 이스라엘의 일부 남은 자)이지만 세 번째와 네 번째 노래에서 그는 한 개인이다. 어떤 학자들은 불분명한 입장을 취하는데, 이것은 종이 어떤 단체적인 존재로서 이스라엘이나 어떤 남은 자들을 대표하는 한 개인이라는 생각이다. 그것은 개별적으로, 하나하나 조사할 필요가 있지만 이러한 관점은 그것이 과거, 현재, 미래의 어떤 **역사적인** 인물을 가리키지 않는 한, 일종의 "단체적" 견해로 간주될 수 있을 것이다.

193 Prescott H. Williams, "The Poems about Incomparable Yahweh's Servant in Isaiah 40~55," *SwJT* 11 (fall 1968): 73~87.

194 Otto Kaiser, *Der königliche Knecht: Eine traditionsgeschichtliche-exegetische Studie über die Ebed-Jahwe-Lieder bei Deuterojesaja* (Göttingen: Vandenhoeck & Ruprecht, 1959).

195 Joh. Lindblom, *The Servant Songs in Deutero-Isaiah: A New Attempt to Solve an Old Problem* (Lund: Gleerup, 1951).

196 H. Wheeler Robinson, *Corporate Personality in Ancient Israel*, rev. ed. (Edinburgh: T. & T. Clark, 1981).

197 Otto Eissfeldt, "The Ebed-Yahwe in Isaiah xl~lv in the Light of the Israelite Conception of the Community and the Individual, the Ideal and the Real," *ExpTim* 44 (March 1933): 261~68.

는 인물이 이스라엘을 가리키는 "상징" 혹은 "의인법"이라고 주장하면서도 최종적으로는 **이스라엘**을 가리킨다고 결정한다는 점에서 단체의 견해에 속한다.198 어떤 학자는 이 종이 야웨에 대해 신실함을 유지했던 실제적인 이스라엘의 남은 자, 혹은 소수를 가리킨다고 말하고 싶어 한다. 스키너(Skinner),199 뮐렌버그(Muilenberg),200 나이트(Knight)201 등이 있다.

역사적 인물 견해. 둠은 종이 토라를 가르치는 어떤 무명의 선생으로서, 병이 들었던 한 사람으로 생각하였다.202 드라이버의 견해는, 종이 자기 백성들에 대한 자신의 사역으로 인해 그들로부터 박해를 받았던 당시의 한 무명의 유대인이라는 것이 우리가 최대한 알 수 있는 지식이라는 것이다.203 챠바스(Chavasse)는 원래의 저자가 역사적인 인물 모세를 생각하였지만, 후에 편집자가 모세와 같은 한 새로운 인물을 덧입혔다고 생각한다.204 라트(Rad)는 이렇게 주장한다. "내 생각에는 신명기의 경우처럼 제2이사야는 모세와 같은 한 선지자를 기대하였던 전통 안에 서 서 있다."205 발처는 종의 노래가 "모세의 기념비"이며 일종의 "전

---

198 그들은 자신들의 견해에 대해 "집합적 인격"(corporate personality; 로빈슨[Robinson]의 경우)이나 "종합인"(*Gesampt*; 아이스펠트[Eissfeldt]의 경우)이라는 용어와 개념을 사용한다.

199 John Skinner, *The Book of the Prophet Isaiah, Chapters XL~LXVI*, The Cambridge Bible for Schools and Colleges, ed. A. F. Kirkpatrick (Cambridge: Cambridge University Press, 1898).

200 Muilenburg, "Isaiah: Chapters 40~66."

201 Knight, *Servant Theology*.

202 Duhm, *Das Buch Jesaia*.

203 Driver, "Isaiah 52:13~53:12," 90~105.

204 Claude Chavasse, "The Suffering Servant and Moses," *CQR* 165 (April~June 1964): 152~63.

205 Rad, *Old Testament Theology*, 2:261. 그는 이 인물이 미래의 한 사람이라고 생각한다. "야웨의 종에 대한 그림, 이스라엘과 세상을 위한 그의 사역에 대한, 그리고 그의 대리적 고난에 대한 묘사는 미래에 대한 예언이며, 제2이사야의 예언의 나머지 모든 부분과 같이 야웨가 자신을 위해 준비해 두신 순전한 기적의 영역에 속한다"(260쪽).

기"이지만 그들은 "두 번째 모세"를 기대하고 있었다고 주장한다.206 후 겐버거(Hugenberger) 또한 "두 번째 모세의 인물"에 대해 생각한다.207 자이츠는, 이사야 42장의 종은 이스라엘이지만 나머지 세 노래에서 종은 "두 번째 모세와 같은 인물," 즉 모세와 같은 한 종이라고 해석한다.208 어떤 의미에서 "두 번째 모세"의 견해는 "메시아적인" 견해일 수 있는데, 이것은 "두 번째 모세가 되는 인물"이 미래에 나타나며, 그가 가까운 미래가 아닌 종말론적인 시대에 속한다는 것을 전제로 한다.209

이른바 제2이사야는 종의 시에서 묘사된 자로 적지 않은 비평적인 학자들로부터 관심을 받았다.210 올린스키(Orlinsky),211 와이브레이,212 헤르미손(Hermisson)은213 종의 노래가 일종의 "자서전"이라고 생각하는 사람들에 속한다. 다른 학자들, 예를 들어 밀러(Miller)와214 디옹

---

206 Baltzer, *Deutero-Isaiah*.

207 Gordon P. Hugenberger, "The Servant of the Lord in the 'Servant Songs' of Isaiah: A Second Moses Figure," in *The Lord's Anointed: Interpretation of Old Testament Messianic Texts*, ed. Philip E. Satterthwaite, Richard S. Hess, and Gordon J. Wenham (Grand Rapids: Baker Books, 1995), 105~40.

208 Seitz, "Isaiah 40~66," 309~552.

209 후겐버거는 이러한 견해의 가능성을 받아들이며(Hugenberger, "Servant of the Lord," 120), 이러한 입장은 신약에서 이사야 53장을 메시아적으로 해석하는 길을 준비한다(139쪽). 참고. Dale C. Allison Jr., *The New Moses: A Matthean Typology* (Edinburgh: T. & T. Clark, 1993).

210 예를 들어, 일찍이 모빙켈은 이 노래에서 종은 선지자 자신이라고 주장하였다(Sigmund Mowinckel, *Der Knecht Jahwäs* [Giessen: Töpelmann, 1921]). 아래에서 보여주듯이 후에 그는 자신의 견해를 바꾸었다.

211 Orlinsky, "The So-called 'Servant of the Lord'," 1~133.

212 Whybray, *Thanksgiving for a Liberated Prophet*; Whybray, *Isaiah 40~66*.

213 Hermisson, "Das vierte Gottesknechtslied," 1~25.

214 John W. Miller, "Prophetic Conflict in Second Isaiah: The Servant Songs in the Light of Their Context," in *Wort-Gebot-Glaube: Beiträge zur Theologie des Alten Testaments—Walther Eichrodt zum 80. Geburtstag*, ed. Hans Joachim Stoebe, ATANT, ed. O. Cullmann and H. J. Stoebe,

(Dion)은,215 시의 내용은 소위 제2이사야에 해당되지만 이 시의 진짜 저자는 그의 제자(들)라고 주장한다.

메시아적 견해. 어떤 학자들(주로 보수적인)은 이사야 40~55장의 네 노래들에서 종이라는 인물이 다름 아닌 예수 그리스도라고 주장한다. 예를 들면, 리빙스턴(Livingstone),216 페인(Payne),217 린제이(Lindsey)218 등이다. 그들은 네 번째 종의 노래가 하나님의 영감을 통해, 선지자에 의해 기록되었으며, 그 결과 그 내용이 직접적으로 여러 세기 후에 올 나사렛 예수를 가리킨다고 생각한다. 엥그넬(Engnell),219 볼프(Wolff),220 오스왈트를221 포함한 다른 학자들은 네 번째 시의 종을 미래의 메시아적인 인물로 생각한다. 이 경우 "메시아적"이라는 용어가 분명하지 않은 것은 이사야 53장이 쓰일 당시 그 단어는 후대에 사람들이 그것에 부여하게 될 의미를 아직 얻지 못하였기 때문이다. 다른 말로 하면 그 용어는 왕, 선지자, 제사장을 포함하여, 야웨의 목적을 위하여 기름 부음을 받은 누구에게도 사용될 수 있었으며, 어떠한 종말론적인 의미도 아직 가지고 있지 않았다. 많은 학자가 확정하는 대로 "메시아"라는

---

vol. 59 (Zürich: Zwingli, 1970), 77~85.

215 Dion, "Les chants du Serviteur," 17~38.

216 G. Herbert Livingston, "The Song of the Suffering Servant," *Asbury Seminarian* 24 (January 1970): 34~44.

217 D. F. Payne, "The Servant of the Lord: Language and Interpretation," *EvQ* 43 (July 1971): 131~43.

218 F. Duane Lindsey, "Isaiah's Songs of the Servant, Part 4: The Career of the Servant in Isaiah 52:13~53:12," *BSac* 139 (October~December 1982): 312~29; F. Duane Lindsey, "Isaiah's Songs of the Servant, Part 5: The Career of the Servant in Isaiah 52:13~53:12 (Continued)," *BSac* 140 (January~March 1983): 21~39.

219 Ivan Engnell, "The 'ebed Yahweh Songs and the Suffering Messiah in 'Deutero-Isaiah'," *BJRL* 31 (January 1948): 54~93.

220 Hans Walter Wolff, *Jesaja 53 im Urchristentum*, 4th ed. (Giessen: Brunnen, 1984).

221 Oswalt, *Isaiah: Chapters 40~66*.

용어는 다양한 인물들에게 적용될 수 있었으며, 그것이 가진 의미와 암시는 시대를 걸쳐 변했다. 이러한 이유로, 계속되는 논의에서 필자는 "메시아"라는 용어 대신 하나님의 "특별한 미래의 대행자(special future agent)"222이라는 용어를 사용할 것이다.

유동적 견해. 어떤 학자들은 종의 신원이 둘이나 여러 존재들 사이를 오가거나 이스라엘(단체)에서 시작하여 뛰어난 개인으로, 예를 들어 이스라엘, 남은 자, 역사적인 한 인물, 메시아 사이로 일직선으로 움직일 수 있다고 하는 독특한 견해에 동의하기를 선호한다. 로울리(Rowley)는 종의 신원이 이스라엘(첫 번째 노래), 남은 자들(두 번째 노래), 개인 혹은 남은 자(분명치 않음, 아마도 개인; 세 번째 노래), 그리고 메시아(네 번째 노래) 사이를 "왕복한다"고 생각한다.223 키세인(Kissane)의 경우 유동성은 이스라엘, 제2이사야, 메시아 간에 있다.224 "유동" 혹은 "진자 운동"의 이론은 움브라이트(Umbreit)가 그 근원이며 델리치(Delitzsch)가 그것을 발전시켰다.225 노스의 유동성은 로울리의 것과 약간 다르다. 그것

---

222 Blenkinsopp, *Isaiah 40~55*, 349에서는 'bed'를 "대리인"으로 번역한다.

223 H. H. Rowley, *The Servant of the Lord and Other Essays on the Old Testament* (London: Lutterworth, 1952).

224 Edward J. Kissane, *The Book of Isaiah*, 2 vols. (Dublin: Richview, 1941~43).

225 F. W. C. Umbreit, *Der Knecht Gottes: Beitrag zur Christologie des Alten Testaments* (Hamburg: Perthes, 1840), 38; Delitzsch, *Prophecies of Isaiah*, 258. 델리치의 유동성은 이스라엘(가장 넓은 영역), 진정한 이스라엘 백성들(남은 자; 껍질 안의 낟알과 같은), 그리고 개인으로서 종(중심) 사이에 있다. 그의 생각은 피라미드의 그림으로 예시할 수 있다. 라조어는 델리치의 견해를 받아들여 그의 글에서 그것을 부채꼴 모양의 그림으로 예시하며(LaSor et al., *Old Testament Survey*, 394), 노스는 델리치의 개념을 확장한다(Christopher R. North, *Isaiah 40~55: Introduction and Commentary*, TBC, ed. John Marsh et al. [London: SCM, 1952], 35~36). 그는 피라미드를 확장하여 유동성이 완전한 사이클을 이루게 한다. 이스라엘에서 경건한 핵심적인 남은 자, 그리고 개인적인 인물로서 가장 뛰어난 종(후에 예수 그리스도가 이 인물로 밝혀짐), 이어서 신약에서 그리스도에게서 그리스도인들 가운데 신실한 핵심적인 자들로, 그리고 교회 전체로 이어지는 그림이다. 앤더슨은 이러한 확장된 접근을 강화한다.

은 이스라엘에서 메시아로 일직선으로 움직인다.226 최근의 두 주석서는 종의 신원에 관하여 유동성의 이론의 방향으로 움직이는 것을 볼 수 있다. 차일즈의 유동성은 단순하다. 그것은 첫 번째 노래에서 이스라엘이며 나머지 노래들에서는 무명의 개인적인 인물이다.227 자이츠 또한 비슷한 종류의 유동적 이론을 선택한다. 그의 유동성은 이스라엘(첫 번째 노래)에서 어떤 두 번째 모세로서의 인물(이어지는 노래들)로 움직인다.228

"불분명/불특정의" 견해. 베스터만은 종의 노래에서 종의 신원을 밝히려는 노력을 하지 않는다. 그는 말한다, "원칙상, 그것들에 대한 석의는 '이 하나님의 종은 누구인가'라는 질문에 의해 지배되어서는 안 된다. 대신 우리는 이것이 정확하게 그것들이 말하지 않거나 우리에게 말해주지 않으려고 하는 것임을 인식함으로써 그것들을 바르게 평가해야 한다. 석의를 지배하는 질문은 '본문은 하나님, 종, 그리고 그의 임무와 관계된 사람들 사이에 일어나고 있는, 혹은 일어나려고 하는 일에 대해 무엇을 알려주는가?'가 되어야 한다."229 따라서 베스터만은 단순히 종이 한 개인임을 말하며 야웨의 종의 신원을 구체적으로 밝히려고 하지 않는다.230 클라인즈는 이사야 53장의 "모호함"에 대해 강조하는데, 이

"그[종이신 예수]는 진정한 이스라엘—'한 명으로 축소된 이스라엘'이다. 그의 대리적 희생을 통하여 새로운 이스라엘이 그의 주위로 모이며, 왕국의 문이 모든 나라들에게 열린다. 그 안에서 이스라엘 역사 전체가 집중되고 성취에 이른다"(Bernhard W. Anderson, *Understanding the Old Testament*, 4th ed. [Englewood Cliffs, NJ: Prentice Hall, 1986], 502). "유동"의 견해를 다른 이들 가운데 도드(C. H. Dodd, *According to the Scriptures: The Sub-Structure of New Testament Theology* [New York: Scribner's Sons, 1953], 95), 카펜터 (Eugene Carpenter, "עבד," in *NIDOTTE*, ed. Willem A. VanGemeren, vol. 3 [Grand Rapids: Eerdmans, 1997], 307)가 있다.

226 North, *Suffering Servant in Deutero-Isaiah*.
227 Childs, *Isaiah*. 그는 종의 신원이 "완전히 숨겨진 채로 남아있다"고 생각한다(385쪽).
228 Seitz, "Isaiah 40~66."
229 Westermann, *Isaiah 40~66*, 93.
230 레벤틀로우 또한 네 번째 시에서 "종의 원래의 신원을 찾는 것은 아무

는 잘 알려져 있으며 많은 학자와 주석가에 의해 언급되고 있다.231

각 견해에 대한 평가와 결론

집합적 견해. 어떤 학자들은 이 노래에서 종이 이스라엘이라고 생각한다. 그들은 이스라엘이 대부분(하지만 **항상 그렇지는 않음**) 야웨의 종으로 나타나는 문맥에 근거하여 그렇게 주장한다(참고. 사 49:3). 이사야 49:6에서 그가 "이스라엘 중에 보전된 자를 돌아오게"하기로 되어 있기 때문에 어떤 이들은 종이 신실한 남은 자라고 생각한다. 이사야 41:8~10, 43:8~13, 44:21, 45:4(참고. 48:12)와 같은 구절들을 생각할 때에 우리는 이스라엘의 임무가 어떤 의미에서 종의 임무와 같다고 생각하게 된다.232 이스라엘은 어리석음과 불순종 때문에 심판과 재난을 겪었지만(42:18~25; 참고. 48:18~25), 야웨는 그들이 자신들의 고집과 죄에 대해 값을 치른 후에 그들을 용서하시고 새롭게 하실 것이다(40:1~2; 43:22~44:5).233 집합적 견해는 이스라엘이 하나님이 선택하신 종이라는 사실을 보여주는 문맥과 일치한다는 점에서 이점이 있다. 하지만 이 견해는 만일 종이 이스라엘이라면 어떻게 그가 "야곱의 지파들을 회복하며 이스라엘 중에" 야웨께서 보전하신 "자들을 돌아오게 할" 수 있는가라는 질문을 다루어야 한다. 집합적인 견해는 몇몇 문제에 직면한다.

첫째, 이스라엘 혹은 남은 자가 "**강포를 행하지 아니하였고 그의 입에 거짓이 없었으나**, 그의 무덤이 악인들과 함께 있었으며, 그가 죽은 후에 부자와 함께 있었다"고 하는 것은 사실인가? 그들은 "항상 무죄하였으며 거짓의 말이 없었다"고 할 수 있는가?234 그들은 "전적으로 무죄하였음

유익이 없다"고 생각한다(Henning Graf Reventlow, "Basic Issues in the Interpretation of Isaiah 53," in *Jesus and the Suffering Servant: Isaiah 53 and Christian Origins*, ed. William H. Bellinger Jr. and William R. Farmer [Harrisburg, PA: Trinity Press International, 1998], 30).

231 Clines, *I, He, We, and They*, 33.

232 Anderson, *Understanding the Old Testament*, 489.

233 Anderson, *Understanding the Old Testament*, 491.

에도 불구하고 이 모든 치욕과 불의를" 당했는가? 결코 그렇지 않다.

둘째, 이스라엘이나 남은 자가 침묵하는 가운데 자발적으로 고난을 받았는가? 아마도 그 대답은 부정적일 것이다. 뮐렌버그가 인정하듯이 "그러한 인내는 구약에서 고난당하는 자들의 특성이 아니다. 하박국, 예레미야, 욥은 잘 참는 자들이 아니었다. 그들은 자신들의 운명의 미스터리와 분명한 불의에 대해 탄식의 소리를 높였다. 시편의 탄식은 동일한 조급함을 보여준다. 침묵이 아니라 울부짖음이 그들의 특성이 되고 있다. 죄의 결과로서 당하는 고난에 대한 전통적인 해석이 지배하는 한 이것은 자연스러운 것이었다."235 역사적인 이스라엘, 혹은 그 가운데 신실한 핵심적인 그룹까지도 침묵의 순종 가운데 고난을 당하였다고 보고되지 않는다.

셋째, 이스라엘과 신실한 남은 자가 대리로 고난을 받았는가? 혹은 그러한 대리적 고난의 수혜자들이 치유와 평화(혹은 복지)를 누렸는가? 나이트는 아래와 같이 대답한다.

> 여기서 우리에게 밝혀진 새로운 상황은, 자신의 경험을 통하여 새롭고 변화를 가져오는 실체를 알게 되는 자가 바로 자신의 죄로 인해 공정하게 고난을 당하는 자라는 것이다. 그것은 그가 홀로 지고 가야 하는 고난을 다른 사람이 그와 함께 나눈다는 것이다. 따라서 자원하는 자가 당하는 이러한 대리적 고난은 참여의 성격을 띤다. 그것은 대체적이지도 않고 형벌에 관한 것도 아니다. 그것은 다른 사람 또한 당하는 고통을 견디는 행위를 나타내며, 따라서 그것은 다른 편 **대신**이 아니라 다른 편을 **위하여** 견디는 것이다. 이러한 방식으로 대리적 고난은 실제로 치유와 대속의 효과를 발휘한다.236

---

234 N. H. Snaith, "The Servant of the Lord in Deutero-Isaiah," in *Studies in Old Testament Prophecy*, ed. H. H. Rowley (Edinburgh: T. & T. Clark, 1950), 200.

235 Muilenburg, "Isaiah: Chapters 40~66," 624.

236 Knight, *Servant Theology*, 173.

하지만 이 노래에서 종이라는 인물은, 자신의 죄 때문이 아니라 다른 이들의 유익을 위하여 대속적으로 그들의 죄를 지는 무죄한 자다. 역사적 이스라엘이나 핵심적인 남은 자들까지도 다른 이들의 죄를 속량하기 위하여 고난을 당하고 죽지 않았으며 "많은 사람"을 의롭게 할 수 없었다. 바벨론 포로기는 다른 이들을 위한 신실한 봉사나 구속의 고난의 시기가 아니고 징벌의 시기였다. 이사야 53장에 묘사된 무죄하고 겸손하며 정의로운 인물은 이스라엘에 대해 적용되지 않는다. 이스라엘에 대한 묘사는 그러한 이미지와 크게 대조된다(사 42:19; 48:4; 51:21).

넷째, 53:8에서 종은 "**내 백성**의 허물 때문에 고통을 당했으며 산 자의 땅에서 끊어졌다." 여기서 "내 백성"은 이스라엘 백성, 혹은 좀 더 정확히 말해 이스라엘 가운데 "보존된 자들"이 분명하다. 따라서 이스라엘이나 남은 자는 종이 될 수 없다.

덧붙여, 두 번째(49:2), 세 번째(전체 구절), 특별히 네 번째 노래(53:2, 11, 12)의 언어는 특성상 구체적으로 개인에 대한 것이다.[237] 그래서, 이사야 42장과 49장에서 종이 의인화된 이스라엘이나 남은 자를 가리킨다고 생각하는 로울리도 다음과 같이 강력하게 주장한다. "내 생각에, 네 번째 노래는 **의심의 여지없이 개인에 대한** 것이며, 그 노래는 고난이 단지 임무에 부수적으로 일어나는 것이기 보다 그 핵심적 수단(organ)이 될 것이라는 사실을 인지하고 있다."[238] 세키네(Sekine)는 이러한 생각에 강력하게 동의한다. "전체적으로, 네 번째 종의 노래는 어떤 개인의 생사가 걸린 고난을 묘사하는 것이 분명하며, 그리하여 왜 집합적인 이스라엘이 개인적인 언어로 묘사되어야 하는지는 이 이론이 대답할 수 없는 질문이다."[239]

---

[237] 어떻게 이스라엘의 남은 자나 핵심 그룹이 태에서부터 부름을 받았을 수 있는가?

[238] Rowley, *Servant of the Lord*, 52(필자 강조).

[239] Seizo Sekine, "Identity and Authorship in the Fourth Song of the Servant: A Redactional Attempt at the Second Isaianic Theology of Redemption, Part 1," *AJBI* 21 (1995): 40.

집합 인격(corporate personality) 견해는 전통적인 집합적 견해의 경우와 비슷한 공격을 받는다. 린드블롬의 경우, 그는 종이 집합적인 이스라엘에 대한 비유적인 상징이라고 생각하기 때문이다.240 해리슨(Harrison)은 이것에 비평을 하나 더 추가한다. "'집합 인격이라는 개념은… 나라, 종, 메시아 사이의 관계에 대한 설명으로서 전적으로 만족스러운 것이 되지 못한다. 그것은 민족의 기능에 대조되는 종의 기능을 묘사하지 않으며, 따라서 그것은 어떻게 종의 기능이 이스라엘 민족에서 한 개인으로 전이될 수 있는지 보여주지 않는다."241 로빈슨의 집단적 이론은, 역사적 인물 견해(선지자)와 집합적 견해 모두에 대한 비평들로부터 동일한 공격을 받는다. 그는 선지자와 이스라엘 사이의 관계가 집합 인격의 관계라고 생각하기 때문이다.242

결론적으로, 우리는 앞에서의 논의에 기초하여 이사야 53장에서 종의 신원에 대하여 집합적인 견해(이스라엘이든 남은 자이든)를 전반적으로 거부해도 별 문제 없을 것이다.

역사적 개인 견해. 이 노래들에서 종이 가리키는 대상으로 예레미야, 이사야(혹은 이른바 제2이사야), 모세를 포함하여 여러 역사적인 인물이 제안되었다.243 하지만 앞에서 말한 것과 같은 것들이 이 견해에 대해

---

240 Lindblom, *Servant Songs*.

241 R. K. Harrison, "Servant of the Lord," in *ISBE*, 4:423. 우리는 **민족들과의 관계**라는 한 가지 요소를 더할 수 있다. 예를 들어, 종이 집단적 실체(즉, 이스라엘)의 죄를 진다면 그는 또한 민족들을 위해서 그렇게 할 수 있지 않은가?

242 세키네는 또 다른 반대를 제시한다. "로빈슨의 이론에서 선지자의 임무는 다시 한 번 민족들의 구원이 되기에 이르지만, 결국 이것은 이스라엘의 구원과 협력하여 독특한 임무를 형성하게 되지 않는가? 우리가 또한 개인이 혼자라는 측면을 고려한다면 종으로서 선지자가 지는 죄는 자연적으로 이스라엘의 죄였을 것이다"(Sekine, "the Fourth Song of the Servant," 52).

덧붙여, 로저슨(Rogerson)은 로빈슨의 "집합인격"의 이론을 비평한다. 그는 구약 연구에 인류학을 적용한 것은 좋은 시도였다고 할 수 있지만, 레비-브륄(Levy-Bruhl)과 같은 어떤 인류학자들을 기초로 하는 로빈슨의 이론의 근거가 약하다고 주장한다(J. W. Rogerson, "The Hebrew Conception of Corporate Personality: A Re-examination," *JTS* 21 [April 1970]: 1~16).

서도 적용될 수 있다. 종의 고난과 죽음의 대리적 특성, 그의 구속의 사역, 그의 무죄한 특성, 고난 가운데서 무언의 순종은 어떤 역사적 인물에 대한 묘사에도 해당되지 않는다. 그 외에도, 그 어떤 역사적인 인물도 전 세계적인 임무를 수행하거나 (이방인의 빛으로서) 온 세상에 "야웨의 의로운 통치(מִשְׁפָּט)를 정착시킨" 적이 없다(42:1, 4; 49:1, 6; 아래의 보록을 보라).244 노스는 "그러한 일은 우리에게 알려진 그 어떤 왕이나 선지자의 임무를 초월하는 것으로 보인다"고 덧붙인다.245 게다가, 우리가 종의 신원을 어떤 역사적 인물로 생각한다 할지라도 "제2이사야의 어디에도 그에 대해 언급하는 곳이 없으며, 따라서 갑작스럽다고 하는 인상을 피할 수 없다."246 이러한 문제를 피하기 위해서는 초점을 두 가지 가능성에 둘 필요가 있다. 종이 선지자 자신이거나 어떤 모세 같은 인물일 것이라는 것이다(후자의 존재는 이사야 53장의 넓은 문맥이 되는 이사야 40~55장에 포함된 두 번째 출애굽의 이미지에서 암시되고 있다고 생각할 수 있다). 그리고 이들 둘은 '개인' 견해(앞의 설명 참조)를 따르는 최근의 비평적인 학자들 가운데 대표적인 견해가 되었다.247

---

243 이 견해가 말하는 여러 경우들의 완전한 목록과 그것들에 대한 반박은 North, *Suffering Servant*, 191~93을 보라. 세키네는 "해석자보다 해석이 더 많다"고 말한다(Sekine, "the Fourth Song of the Servant," 35).

244 라트는 역사적 인물들을 통하여 종의 신원을 밝히려는 노력은 "이 노래들을 너무나도 좁은 틀 안에 둔다-사용된 표현들은 전기를 훨씬 넘어서며, 참으로 그것들은 과거나 현재에 존재하였을 수 있는 어떤 사람에 대한 묘사를 훨씬 넘어선다"고 주장한다(*Old Testament Theology*, 2:206).

245 North, *Suffering Servant*, 141.

246 Sekine, "The Fourth Song of the Servant," 47.

247 노스는 "모세" 견해의 근거를 설명한다. "본문 자체는 선지자의 소명, 그리고 동시에 적어도 통치자의 기능의 일부를 가진 한 사람을 묘사한다. 제안된 사람들 중에 오직 한 사람만이 이 두 조건을 만족시키는데, 바로 모세다. 그가 우리의 기대를 어긴다면 이름이 보존된 영웅들 가운데 찾는 일을 계속하는 것은 헛수고가 될 것이다. 우리가 역사적인 한 인물을 찾아야 한다면 그것은 무명의 어떤 사람이 되어야 할 것이다"(North, *Suffering Servant*, 194).

이 노래에서 종이 제2이사야를 가리킨다는 견해에 맞서 로울리는 다음과 같이 역설한다. "선지자가 정말로 자신이 땅 위에 심판을 행하고 섬들이 자신의 교훈을 앙망하게 될 것을 믿었다면(사 42:4), 사람들이, 그가 그들의 죄 때문에 상처를 입었고 그들의 죄 때문에 상하게 되었음을 인정하게 될 것이라고 믿었다면(53:5), 자신의 죽음이 그들의 죄를 위한 속죄제이며, 그로 인해 그들이 의롭게 될 것을 믿었다면(53:10), 그는 오직 미혹된, 자기 주장을 고집하는 몽상가이며, 어떤 의미에서도 하나님의 대변자가 아니었을 것이다."[248] 그는 다시 이렇게 주장한다, "하지만 나는 이 표현(그리스도의 인격과 사역을 통하여 완벽하게 성취됨이 드러나는, 네 번째 노래의 표현)이 선지자가 자신에 대해 생각한 것과 일치했다고 생각하는 것이 어려움을 발견하며, 개인적 요소가 가장 강하게 나타나는 것으로 보이는 이 노래에서, 유동성을 가진 개인적 요소를 배제하는 것이 또한 그 못지않게 어렵다는 것을 발견한다."[249] 따라서 그는 네 번째 노래에 있는 표현이 선지자가 아닌 어떤 특별한 개인과 관련이 있다고 결론을 내린다. 노스는, 종이 그 선지자라고 말하는 것은 "선지자가 자신이 하나님의 종의 자서전의 일부를 쓸 정도로 하나님을 대표한다고 생각하는 만용을 가졌다고 하는 위험한 제안"이라고 생각하면서 로울리의 견해에 동의한다.[250] 그리고 종의 노래가 선지자 이후에 기록되는 것이 원래의 의도였다는 견해에 대해 노스는 다음과 같이 반박한다. "사후에 발행하기로 의도된 자서전은 전기의 형태로 전환될 필요가 없다. 그리고 선지자는 두 노래에서 이미 일인칭을 사용하였기 때문에 그가 마지막 노래에서도 계속 일인칭을 사용하였다면 모호함이 덜하였을 것이다."[251] 종이 제2이사야를 가리킨다고 하는 와이브레이의 견해에 대해 오스왈트는 적절하게 반박한다. "이 사람이 실로 존재했다는 어떤 증거도 우리에게 없다는 사실을 제외하더라도, 우

---

[248] Rowley, *The Servant of the Lord*, 11~12.
[249] Rowley, *The Servant of the Lord*, 41.
[250] North, *Suffering Servant*, 196.
[251] North, *Suffering Servant*, 196.

리는 이 시에 포함된 약속들을 말했던 사람이 자기 백성들의 손에 여기 언급된 것과 같은 것들을 당했을 것이라는 것을 믿을 이유가 없다. 이름 모를 선지자가 바벨론 사람들의 손에 박해를 받았다고 하는 와이브레이의 가설은 전적으로 근거가 없다."252

종의 시에 나타난 종이 모세와 같은 인물이라는 견해는 몇 가지 이점이 있다. 그것은 이사야의 종의 노래들의 더 큰 문맥인 이사야 40~55장의 문맥을 존중한다. 덧붙여, 앞에서 노스가 지적한 대로, 모세는 이 노래들에 나타난 종이라는 인물과 같이 선지자와 왕의 역할을 모두 동시에 행했던 역사적인 대표자다. 하지만 만일 우리가 역사적인 모세가 이곳에서 묘사된다고 생각한다면, 우리는 아마도 잘못된 방향을 택한 것이리라.253 모세조차도 앞에서 세워진 기준들을 통과할 수 없다! 하지만 우리가, 예를 들어 후겐버거의 견해와254 같이 이 시에 나타난 종을 미래에 나타날 어떤 "모세와 같은" 혹은 "제2의 모세" 인물로 받아들인다면, 그것은 아마도 경쟁력 있는 입장이 될 것이다. "어떤 특별한 미래의 대행자"(이러한 견해는 아래에서 검토됨)는 다른 인물들로도 서술될 수 있지만 "제2의 모세"로 간주될 수 있기 때문이다.255

---

252 Oswalt, *Isaiah: Chapters 40~66*, 323.

253 "모세와 같은 인물"의 견해를 견지하는 자이츠조차 이것을 받아들인다. "하지만, 종은 모세에 대해 기술된 것을 초월하는 방식으로 무죄한 것으로 묘사된다"(Seitz, "Book of Isaiah 40~66," 467). 그리고 다시 한 번 10절에서의 "내세"에 대한 묘사에서도 그렇다. "이러한 내세는 심지어 모세와 여호수아 사이의 관계를 넘어서는 연속성을 가진다"(467쪽).

254 Hugenberger, "Servant of the Lord," 120, 139, 140.

255 클라우스너는 말한다. "나는 이미 여러 곳에서 유대의 메시아는 특성상 복합적이라고 말한 바 있다"(Joseph Klausner, *The Messianic Idea in Israel*, trans. W. F. Stinespring [New York: Macmillan, 1955], 163). 또한 Howard C. Kee, "Christology in Mark's Gospel," in *Judaism and Their Messiahs at the Turn of the Christian Era*, ed. Jacob Neusner, William Scott Green, and Ernest S. Frerichs (Cambridge: Cambridge University Press, 1987), 191을 보라.

"미래의 특별한 하나님의 대행자" 견해. 이 견해는 전통적으로 "메시아적 견해"로 불렸다. 앞에서 진술한 대로 "메시아적"이라는 용어는 특별히 이사야 40~55장의 세계에서 약간 모호하기 때문에 필자는 그 표현 대신 "미래의 특별한 하나님의 대행자" 견해라는 표현을 사용한다. 만일 어떤 역사적인 인물이나, 역사적인 당시의 이스라엘, 혹은 그 가운데 신실한 핵심 그룹이 이사야의 종의 노래들이 말하는 표현들과 역할들에 맞지 않는다면, 마지막 남은 선택은, 미래의 어떤 개인, 하나님의 특별한 대행자가 이사야의 종의 시들에 묘사된 그림의 중심에 있다는 견해다.

어떤 이들은 이 견해에 이의를 제기할 것이다. 그 중 하나는 종의 높아짐이 미래에 놓여있기는 하나, 종의 고난이 과거라는 것이다. 이러한 반대에 대해 노스는 예리하게 대답한다. "그 안에서 종의 고난은 일관적이지는 않지만 과거 '시제들'로 묘사된다. 게다가, 마지막 노래에서 그 고난은 종의 미래의 높아짐에 대한 야웨의 선포라는 틀 안에 놓여있다… 따라서 종의 죽음이 과거라고 하는 것은 미래와 관련하여 그렇다는 것이며, 저자의 현재와 관련하여 그렇다는 것이 아니다."256 노스의 주장은, 지금의 시가 종의 높아짐에 대한 야웨의 선포로 시작할 뿐 아니라, 낮아졌던 자가 높임을 받는 놀라운 역전에 대한 이방인 왕들의 놀람으로 시작한다는 점에서 중요하다(사 52:13~15). 그리하여 이 노래는 야웨의 종의 승귀(높아짐)라는 관점으로 시작한다. 그러한 기준에서 보면 주의 종의 고난은 완료 시제 동사를 통해 묘사될 수 있다. 덧붙여, 히브리어의 완료 시제는 이사야 14:4b~20과 이사야 9:6, 7(영어 번역)에서 예시된 대로 미래의 사건들을 묘사하거나 기술하는 데 사용될 수 있다(**예언적 완료** 혹은 **미래적 완료**).257 이러한 현상은, 예시된 대

---

256 North, *Suffering Servant*, 211.

257 빌트버거는, 최종적인 내용이 야웨의 행위들과 이스라엘의 위로에 대한 메시지가 될 수 있도록 하려고 마지막 저자가 이미 존재하는 시를 사용하여 (14:4b~20), 그것을 3~4a절과 21~23절의 틀 안에 두었으며, 역사에 대한 자신의 개인적인 "종말론적인" 견해를 추가하였다고 주장한다(Hans Wildberger, *Isaiah 13~27: A Continental Commentary*, trans. Thomas H. Trapp [Minneapolis, MN: Fortress, 1997], 75~77). 그는 계속해서 "저자가 어떤 역사적인 인물을 염두에 두

로 특별히 예언적 시라는 장르에서 선명한데, 네 번째 종의 노래는 이러한 장르에 속한다.

"미래의 (하나님 사명의) 대행자" 견해에 대한 또 다른 가능한 반대는 이사야 40~55장에서 종이 거의 일관적으로 이스라엘 민족을 가리킨

었음을 의심할 필요가 없지만… 저자는 분명히 그러한 높은 지위를 가진 지도자들 중의 한 명이 가질 수 있는 **전형적인** 것을 묘사하려고 하고 있다"고 주장한다(75쪽; 필자 강조). 이러한 요소는 이사야 53장에서도 공통적인 것이다. 즉, 두 시 모두 어떤 역사적인 인물에 기초를 두었을 수 있지만, 둘 다 어떤 전형화의 과정을 거쳤으며(하나님의 신탁/영감의 도움으로), 그 결과 그것들이 가리키는 것이 미래의 사건(들)을 가리키는 잠재력을 가지게 되었다는 것이다. 여기서 빌트버거는 이러한 요점을 표현한다. "구체적인 역사적 접촉점이 감지될 수 없다는 바로 그 사실은, 이 시가 계속해서 모든 학대에 대한 당 시대적인 항변으로서 기능을 하며, 동시에, 다른 곳에서는 거의 발견되지 않지만, 압제적인 폭력은 스스로를 억제하지 못하기 때문에 항상 멸망할 것이라고 하는 믿음의 확신에 대한 절대적인 증언을 제공하도록 허용한다"(76쪽). 지금의 본문은 "명확한 구조, 다양한 이미지, 생각의 힘과 강렬한 감정"을 가진, 이사야 52:13~53:12와 같은 "구약에서 가장 장엄한 한 편의 시다"(75쪽).

주석가들은 이사야 9:1~7(영어 번역)의 해석과 관련하여 견해를 달리한다. 일부 학자들이 여기서 이스라엘 다윗 왕조의 이상적인 왕이 될 예정이었던 한 아기에 대한 선포라는 역사적 사건을 보고 있음에도 불구하고, 차일즈는 이 신탁에서 "이 신탁의 종말론적인 움직임"과 "종말론적인 언어"를 본다(*Isaiah*, 80). 셰퍼드 또한 이 구절의 언어가 가진 종말론적인 특성을 인정한다. "… 시편의 형성에서 다른 왕의 시(예를 들어, 시편 2편)가 메시아적인 시로 변형되었던 것과 같이, 이 찬송은 지금의 문맥에서 더 이상 (칭송 가운데서) 과거의 잘 알고 있는 왕의 인물을 가리키지 않는다. 대신 그것은 종말론적으로 다윗에게 주신 '영원한' 왕국에 대한 약속의 회복을 내다본다(7절). 이사야의 문맥에서 이 찬송은 최소한 포로 이후의 시대를 위한 메시아적인 소망을 제공한다(8:21~22)"(Gerald T. Sheppard, "Isaiah 1~39," in *Harper's Bible Commentary*, ed. James L. Mays [San Francisco: Harper & Row, 1988], 557). 빌트버거에 의하면 5절(히브리어 판)의 완료시제는 예언적 완료일 가능성이 있다(Hans Wildberger, *Isaiah 1~12: A Continental Commentary*, trans. Thomas H. Trapp [Minneapolis, MN: Fortress, 1991], 408). 중재적인 입장을 취하는 빌트버거는 아이의 출생이 실제로는 시간적인 의미에서가 아닌 질적인 의미에서 '종말론적인' 사건이라고 생각한다(408쪽). 그는 또한 본문이 묵시론적인 의미보다 예언적인 의미에서 메시아적이라고 생각될 수 있다고 주장한다(409쪽).

다는 사실에 근거할 수 있다.258 이 노래에서 종이 이스라엘이나 어떤 역사적인 인물(혹은 그룹)이 아니라면, 하나님의 계획 가운데 등장할 먼 미래의 대행자의 역할에 대한 메시지가 이사야의 노래를 전달한 자와 동시대 사람들에게 당시와 관한 어떤 의미를 지닐 수 있는가? 대답은 긍정적일 수도 있고 부정일 수 있다. 인간의 눈에는 아마도 부정적일 것이다. 이러한 전형적인 인간적 반응은 시 자체에서도 서술된다(52:14; 53:2~4). 역사의 지평선에 고레스가 등장하는 것이나 그의 정치적인 행동과 관련된 메시지들이 그 당시의 이스라엘 사람들에게 더 중요했을 것이 분명하다. 이것이 와이브레이가 "이 메시지의 원래의 수신자들이 그것을 해독할 수 있었을지 의문이다"라고 한 이유다.259 하지만 하나님의 관점에서 종의 인격과 사역은 중요한 의미를 가진다. "죄"의 문제를 해결하고 자기 백성과 다른 민족들을 그에게로 회복시키는 수단이라는 것이다. 이 노래를 지은 자와 일부 그의 추종자들이 **부분적으로** 종의 사역이 뜻하는 것을 이해할 수 있었을 것이다.260 아마도 그것은 신적 소통의 도움으로 이뤄졌을 것이다. 그것이 이 시가 당시 이스라엘 백성들의 역사적 문맥에서 지어졌으며 그들에게 전달되었던 이유다.

마지막 문제는 다른 각도에서 나타날 수 있다. 즉, 종의 모습, 고난과 죽음에 대한 묘사가 너무도 선명하고 자세하여 먼 미래의 인물에 대한 기술로 사용되기 어렵다는 것이다. 이사야는 이상적인 종의 모습

---

258 이사야 40~55장의 문맥에서의 종, 이스라엘, 나라들 사이의 관계와 종의 역할은 앞에서 이미 설명되었다("이사야 40~55장의 더 큰 문맥" 섹션).

259 R. N. Whybray, "Servant Songs," in *A Dictionary of Biblical Interpretation*, ed. R. J. Coggins and J. L. Houlden (London: SCM, 1990), 631.

260 하지만 오스왈트가 말하듯이 선지자는 자신이 본 이상과 그 결과로 작성된 노래가 의미하는 것과 암시하는 것을 온전히 이해하지 못했던 것으로 보인다. "선지자 자신은 자신이 본 것에 대해 독자들만큼이나 어리둥절했던 것이 분명하다(참고. 벧전 1:10~12). 그는 명백하게 일상적인 시간과 공간의 영역 너머의 어떤 것을 보고 있지만, 또한 일상적인 인간의 신학과 철학의 범위 밖의 어떤 것을 보고 있다. 그는 보편적인 진리와 보편적인(대표적인) 인간을 보고 있다. 그가 보다 더 이상 정확할 수 없다면, 그 정도의 이상을 받은 적이 없는 우리는 아마도 옥신각신할 수 없을 것이다"(Oswalt, *Isaiah: Chapters 40~66*, 407).

을 그리기 위해 어떤 무명의 인물을 염두에 두고 그를 이상화하였을 수 있다.261 혹은 베스터만이 제안하는 것처럼 "종의 노래는 모세로부터 시작하여 엘리야와 예레미야, 이사야의 고난 받는 종까지 이어지는 중재자의 **역사**라는 좁은 영역에 속하면서, 또한 그것은 하나님의 백성이 **경험하는** 고난의 언어로서의 탄식(lament)의 역사라는 더 넓은 영역에 속한다."262 노스는 제2이사야의 종의 노래에 나타난 종이 역사적인 인물이라고 결론을 내린다. "이 노래들은 신화, 즉 일시적인 혹은 예기된 역사이며, 우화가 아니다… 종은 도저히 우화적인 인물일 수 없다. 환상(이상)이 하늘에서부터 선지자에게 나타났을 것임에도 불구하고, 그러한 비극과 그 후의 사건이 연출된 곳은 땅 위였다. 종이 받은 매질은 이방인들에게 평화를 가져오기 위함이다. 그것은 실제적인 세상, 이 세상이며, 그 곳에서 그는 자신의 임무를 수행해야 했다."263 53:2에 대한 주석에서 차일즈는, "묘사되고 있는 인물은 모든 면에서 역사적인 인물이었던 것으로 보인다. 비틀린 방식으로 본문의 명백한 의미를 곡해하지 않고서는 이 표현을 은유적으로 민족을 가리키는 것으로 해석할 수 없다."264고 설득력 있게 말했지만, 이 시의 역사적인 기원과 언어의 구체적인 특성은 전형화의 방향으로 점차 나아가고 있다. 3절부터 시작하여 이 시의 많은 요소는 시가 "**전형화의 방향으로**" 움직이고 있음을 우리가 알 수 있도록 이끌고 있다.265

---

261 차일즈는 이러한 견해에 동의한다. "종합하면, 제2이사야의 고난 받는 종 이면에는 역사적, 예언적 인물이 있지만, 이러한 특징들은 거의 전적으로 본문의 배경에 속한 채로 남아있으며, 종의 직책(집단적이며 개인적인)에 흡수되어 있다"(Childs, *Isaiah*, 504).

262 Westermann, *Praise and Lament*, 279(필자 강조).

263 North, *Suffering Servant*, 216.

264 Childs, *Isaiah*, 414.

265 Childs, *Isaiah*, 414. 딜타이는 이러한 전형화를 잘 설명한다. "따라서 시인의 글은 또한 **보편적인 효력과 필연성**을 가지고 있다. 하지만 여기서 이러한 특성들은 과학의 명제 안에서 그렇다는 것을 뜻하지 않는다. '(보편적인) 효력'이란 정서를 가진 모든 사람이 해당 작품을 재창조하고 감상할 수 있음을 뜻한다. 우리의 삶에서 선택되고 삶의 관계(nexus)에 필요한 것으로 함께

그리고 이러한 움직임은 여기서 멈추지 않는다. 그것은 앞으로 나아가 어떤 미래의 인물(들)을 가리킨다. 이 시점에서 중요한 질문은, 네 번째 노래의 종이 미래의 어떤 개인적인 인물을 가리키는가, 하는 것이다. 이 문제에 대해 라트는 설득력 있는 논증을 제시한다. "그러한 극단적인 언어는 살아있는 사람에게 적용될 수 없다 – 혹은 최근에 죽은 사람에게도 마찬가지다… 모든 익숙한 인간의 범주를 초월하는 이러한 특성은 미래를 예견하는 강화 특유의 것이다."266 노스는 라트의 견해에 동의한다. "종의 임무는 아마도, 그리고 그것의 성취는 분명히 미래에 놓여있다."267 라트는 계속해서 주장한다. "야웨의 종, 이스라엘과 세상에 대한 그의 임무, 그의 대리적 고난을 묘사하는 그림은 미래에 대한 예언이며, 제2이사야의 예언의 나머지 모든 부분과 같이 야웨가 자신을 위해 남겨두신 순수한 기적의 영역에 속한다."268

모든 것을 감안할 때, 모든 종의 노래들, 특별히 네 번째 노래에 대한 가장 경쟁력 있는 선택은 특별한 종류의 "미래의 개인" 견해가 되어야 한다. 종은 미래의 하나님의 특별한 대리인이며 "제2모세" 인물로

취해지는 것을 우리는 '본질적인 것'이라 부른다. '필연성'은 문학 작품에서 존재하는 관계가 창의적인 예술가만큼이나 관객에게도 흥미를 돋운다는 뜻이다. 이러한 요구들이 만족될 때 현실은 본질적인 것을 드러낸다. 우리는 이러한 방식으로 강조되는, 실체가 나타내는 본질적인 측면들을 '전형적인' 것이라 부른다. 생각은 개념을 낳고, 예술적인 창의성은 전형을 낳는다. 먼저 이러한 전형은 경험된 것보다 강화된 내용을 구현하되, 공허한 이상의 방향으로 나아가지 않는다. 오히려 그것들은 이미지 안에서 다양성을 표시하는데, 그 이미지가 가진 강력하고 분명한 구조는 우리의 일상적인 것들, 삶에서 초점이 맞추어지지 않은 경험들이 가진 **의미**를 인식 가능한 것으로 만든다"(Wilhelm Dilthey, *Poetry and Experience*, ed. with an Introduction by Rudolf A. Makkreel and Frithjof Rodi, Selected Works, ed. Rudolf A. Makkreel and Frithjof Rodi, vol. 5 [Princeton: Princeton University Press, 1985], 116).

266 Rad, *Old Testament Theology*, 2:258.
267 North, *Suffering Servant*, 142.
268 Rad, *Old Testament Theology*, 2:260. 그는 그것이 예수에 대한 예언이라고 이라고 말하지 않고 미래에 대한 예언이라고 말한다. 그는 이러한 미래의 인물이 "모세와 같은 선지자"라고 생각한다(261쪽).

서, 그 이미지가 모세, 시편 기자들, 예레미야, 이사야나 그의 제자들과 같은 중재자/고난 받는 의로운 자의 역사적인 계통에 대해 말하는 전통에 근거한다는 것이다.[269] 필자의 견해는 침멀리의 견해와 거의 같다. "… 52:13~53:12은 앞선 노래들의 특성을 분명히 반영한 후에 명백하게 전기의 영역을 벗어나고 있으며(이 전기를 근거로 우리는 종의 직책이 무엇이었는지 이해할 수 있다고 생각했다), 선지자의 개인적인 경험을 훨씬 넘어서는 야웨의 진정한 종의 그림을 보여준다. 따라서 이사야 53장이 앞으로 나타날 인물에 대해 암시한다고 계속해서 이해되어 왔다는 것은 우연한 것도, 어리석은 것도 아니다."[270]

하지만 클리포드(Clifford)의 말대로, 이사야 53장에 나타난, '하나님의 중요한 대행자'로서의 이미지는 이스라엘 민족의 이미지와 단절되어 있지 않다. "… 종은 야웨의 순종적인 친구와 민족이 **동시에** 될 수 있다. 이스라엘은 순종적인 종이 되도록 부르심을 받았다."[271] 이런 맥락

---

[269] 또한 레벤틀로우(Reventlow)를 참조하라. 그는 이사야 53장이 그리는 대리의 수난자의 선례가 되었을 수 있는 자들로서 시편의 의로운 수난자, 의로운 왕들, 예레미야, 에스겔을 제안한다("Basic Issues in the Interpretation of Isaiah 53," 23~38). 의로운 수난자들의 전통을 따르는 무명의 신실한 하나님의 종들은 기본적인 모델과 종의 노래(특별히 네 번째 노래)가 쓰이게 된 근원적인 계기 둘 다가 되었을 수 있다(다른 근원은 신탁을 통한 하나님의 계시였을 것이다).

[270] Zimmerli and Jeremias, *The Servant of God*, 33. 볼프 또한 미래에 오는 자를 미리 보여주는 것과 관련된 개념에 대해 명확하게 말한다. 오실 자의 상세한 이미지는 선지자의 경험의 지평에서는 선지자 자신의 역할과 직책의 영역을 넘어선다(Wolff, *Jesaja 53 im Urchristentum*, 36).

[271] Richard Clifford, "Isaiah, Book of (Second Isaiah)," in *ABD*, 3:500 (필자 강조). 이 견해는 또한 차일즈의 지지를 받는다. "48:16과 49:1~6의 일인칭 단수의 목소리의 정체는 전적으로 감추어져 있다. 오히려 관찰해야 할 중대한 사항은 역사적인 인물의 모든 표시들을 가진 자가 종으로 지명되었으며, 그는 집합적인 이스라엘을 대체하기보다(제2이사야에서 종은 이스라엘과 분리될 수 없는 상태로 남아 있다), 선택 받은 역할을 수행하지 않았던 이스라엘 민족과 대조적으로(48:1~2) 신실한 이스라엘을 구현하는 존재였다"(*Isaiah*, 385). 이것은 또한 로울리의 지지를 받는다(*Servant of the Lord*, 54).

베스터만의 진술은 아주 흥미롭다. "이 노래들에서 하나님의 종이 구체적

에서 유동성의 이론은 이점이 있다. 필자는 차일즈 그리고 자이츠와 같은 유동성주의자들에 동의한다. 이사야 40~55장의 문맥에서 48~49장을 축으로 큰 전환이 이루어지고 있으며, 그로 인해 첫 번째 노래에서는 종의 신원이 이스라엘이지만 나머지 세 시에서 종은 하나님의 어떤 개인적 대행자로 이해된다는 점에서 그렇다.272 나는 이스라엘 민족의 이미지가 종의 노래들 전체와 이사야 40~55장 전체에 걸쳐 분리될 수 없다고 하는 로울리와 차일즈의 견해에 동의한다. 차일즈가 지적하는 대로, 이사야 40~55장에서 종의 신원과 역할에서 우리의 관심을 유동성의 개념으로 돌리게 한 공은 델리치에게 돌아갈 것이다.273

으로 개인적인 인물로 묘사되고 있음에도 불구하고, 집합적인 해석은 제한된 방식으로 동시에 그의 사역은 이스라엘의 미래의 임무를 포함한다는 점에서 맞는다고 볼 수 있을 것이다"(Westermann, "עֶבֶד," 828).

272 앞의 "이사야 40~55장의 더 넓은 문맥"의 부분을 보라. 첫 번째 시에서 종의 신원이 개인일 수 있다는 것은 불가능한 생각이 아니다. 하지만 이사야 41:8~9; 42:1~9, 18~20의 문맥의 흐름에 비추어 첫 번째 노래의 종은 이스라엘, 이상적인 미래의 이스라엘, 그 역할이 원래 하나님에 의해 고안되어 미래에 그 기능을 다하기로 되어있는 이스라엘―실패했으며(참고. 사 42:19) 이사야 42~48장에서 자주 책망을 받았던 당시의 실제적인 이스라엘과 대조되는 이스라엘―일 가능성이 크다. 42:5~6에서 "백성들"이 이방 백성들이라는 사실은 이러한 생각을 지지한다. 이사야 55:1~5는 다윗 왕조의 왕들뿐 아니라 온 이스라엘 백성들이 다윗 언약의 수혜자로서의 기능을 행할 것이라는 이상을 품고 있는데, 이것은 42장의 왕의 특성과 밀접하게 연관된다.

273 Childs, *Isaiah*, 358. 노스 또한 그것을 언급한다(*Suffering Servant*, 216).

그림 1. 노스의 종의 개념

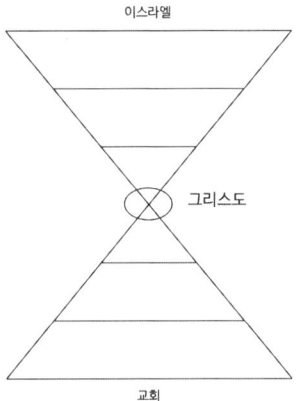

노스는 델리치의 개념(이스라엘→신실한 자→개인인 종)을 확장하여, 중심, 즉 메시아를 통과하여 완전히 부채 형상의 반대편으로 움직여간다: 그리스도→교회 내의 신실한 그룹→교회 전체(확장된 움직임).274 결론적으로, 우리는 종을 어떤 특별한 "하나님의 대행자," 이스라엘의 이상적인 역할을 구현하며, 미래에 나타나 백성의 죄의 용서와 하나님의 백성의 회복과 그의 왕국의 설립을 위하여 일할 자, 즉 하나님의 메시아, 그가 택하신 기름 부음 받은 자(사 42:1; 49:5, 6)로 이해해야 한다고 말할 수 있다.275

---

274 North, *Isaiah 40~55*, 35~36. 그의 설명은 이사야 53장에 대한 신약의 해석을 고려한다(참고. 행 13:47).

275 Klausner, *The Messianic Idea in Israel*, 163; Motyer and France, "Messiah," 757; Hugenberger, "The Servant of the Lord," 139~40; George W. E. Nickelsburg, "Salvation without and with a Messiah: Developing Beliefs in Writings Ascribed to Enoch," in *Judaisms and Their Messiahs at the Turn of the Christian Era*, ed. Jacob Neusner, William Scott Green, and Ernest S. Frerichs (Cambridge: Cambridge University Press, 1987), 59~61; Kee, "Christology," 190~92를 보라. 오스왈트 또한 종의 메시아적 성격을 주장한다. "이러한 이해가 이 구절[사 42:1~4]과 11:1~9 사이의 유사성과 연결될 때, 여기서 종은 메시아적인 인물인 것으로 보인다(참고. 16:5)"(*Isaiah: Chapter 40~66*, 109~10). 또한 이 논문의 4 장을 보라.

보록 2: 예언자와 왕으로서 종의 특성

종의 임무가 가진 예언자적 특성은 거의 자명한 것으로 보인다. 첫 번째 노래에서는 섬들이 그의 교훈을 앙망하며(42:4), 그는 눈먼 자들의 눈을 밝힌다(42:7). 두 번째 노래에서 야웨는 그의 "입을 날카로운 칼 같이" 만드신다(49:2). 세 번째 노래에서 종의 임무의 예언적 성격이 가장 분명히 드러난다—주님은 그에게 "학자의 혀를 주사 곤고한 자를 말로 어떻게 도와 줄 줄을 알게 하시고" 귀를 깨우치셔서 "학자들 같이 알아듣게" 하신다(50:4). 그가 당한 배척과 고통(50:4~9)은 예레미야와 에스겔 같은 선지자들을 연상시킨다. 그로 인해 왕들과 나라들이 "자신들에게 전파되지 아니한 것"을 보게 될 것이며, "아직 듣지 못한 것"을 깨닫게 될 것이다(52:15). 후겐버거 또한 종의 삶과 사역에서 몇몇 분명한 예언적 요소들을 본다. "세 번째와 네 번째 종의 노래에서 거절과 고난의 주제(50:6~9; 53:3~12; 참고. 42:4; 49:4, 7)… 그러한 거절은 6:10에서 이사야 자신에 대해 예견되었으며 많은 선지자에게 일반적인 경험이었다."[276]

하지만 이사야의 종의 노래에서 야웨의 종은 일정 부분 왕의 특성도 보여준다. 어느 정도 이것은 מִשְׁפָּט의 개념에 달렸다. 지금까지 מִשְׁפָּט의 의미에 대해 많은 논쟁이 있었다. 이 단어의 일반적인 의미 영역은 "정의, 심판, 혹은 통치 행위와 관련된 것"일 것이다. 리트케(Liedke)는 평결로서의 מִשְׁפָּט가 "구원"을 뜻할 수 있다고 생각한다.[277] 존슨(Johnson)에 의하면 이사야 42장에서 그것은 "원칙으로서 올바른"의 뜻이다.[278] 컬버(Culver)는 이 단어가 가진 뉘앙스의 전체 범위를 통제하는 핵심 개념을 바르게 이해하고 있는 듯하다. 그것은 **통치**(정의, 법령, 관례, 방식)의 바른 이해를 위한 가장 중요한 개념임이 분명한 어떤 것

---

[276] Hugenberger, "The Servant of the Lord," 112.

[277] G. Liedke, "שפט," in *TLOT*, 3:1396.

[278] B. Johnson, "מִשְׁפָּט," in *TDOT*, 9:93.

을 나타낸다"(필자 강조).279 이사야 42:4에서 그것의 의미는 특별히 "율법의 법령"일 것이다(תורה와 함께 사용됨, 사 42:4).280

구약에서의 이 단어의 용법을 개관한 후에 노스는 컬버와 같은 견해를 가지게 되었다. "따라서, 전체적으로 지금까지 볼 때 מִשְׁפָּט를 행사는 예언적인 기능보다 법적인, 혹은 통치적인 기능이라는 데로 개연성이 추가 기운다."281 노스의 판단에, 종의 노래에서 이 단어는 "모든 것을 포함하는 의미로 독립적으로(다른 단어와 연계형으로 연결되지 않고) 사용되는" 것으로 보이며,282 그것은 "바른 것," "진리," 혹은 "바른 종교"도 뜻할 수 있다.283 같은 맥락에서 오스왈트의 주장은 설득력이 있다. "넓은 의미에서 그것은 모두의 관심을 다루는 도구로서의 사회적인 질서를 포함하며," 따라서 그것은 "피조물이 주인 되신 이의 계획에 따라 움직일 때에 존재하는, 생명을 주는 질서"다.284

그러한 질서에서 야웨의 주되심은 중심적인 역할을 한다. 우리가 지금까지 본 대로, 종은 מִשְׁפָּט를 "땅 위의 민족들"에게 "가져오고" "확립할"

---

279 Robert D. Culver, "שׁפט," in *TWOT*, 2:948.

280 Culver, "שׁפט," in *TWOT*, 2:949. 또한 BDB, 1048과 *HALOT*, 652를 보라.

281 North, *Suffering Servant*, 140.

282 North, *Suffering Servant*, 140.

283 North, *Suffering Servant*, 141.

284 Oswalt, *Isaiah: Chapters 40~66*, 110. 뷰켄은 이 단어가 "역사의 과정이 마땅히 하나님이 편애하시는 백성들에게 가져올 어떤 것"을 뜻하며(W. A. M. Beuken, "מִשְׁפָּט: The First Servant Song and Its Context," *VT* 22 [January 1972]: 30), 야웨는 "숙명적으로 이스라엘의 운명에 온전히 연루된 존재인 종을 통하여" 그것을 확립하실 것이라고 결론을 내린다(28쪽). 하지만 그의 견해에서 "나라들은 종의 자비로운 태도로 인하여 이러한 혜택에서 제외될 수 없다"(29쪽). 차일즈 또한 מִשְׁפָּט를 "하나님 자신의 의로운 통치"로 생각한다(Childs, *Isaiah*, 385~86). 침멀리는 그것이 첫째로 "백성들을 위하여 그의[야웨의] 정의를 확립하는" 것을 뜻하지만 그것이 그 의미의 모든 것은 아니라고 결론을 내린다(Zimmerli and Jeremias, *The Servant of God*, 31). מִשְׁפָּט의 선포는 "야웨의 이름만을 영화롭게 하며 그리하여 그가 온 세상의 빛과 구원이 된다"(32쪽).

것이다(사 42:1, 4; 49:6). 베스터만이 보여주듯이 מִשְׁפָּט는 또한 41:1~5, 21~29; 45:20~25와 같은 이방인들과 연관된 '재판 담화'에서도 발견된다.285 우리는 이 구절들의 논지를 쉽게 알아볼 수 있다. 우상은 헛되며, 오직 야웨만이 진정한 하나님이라는 것이다. 오스왈트는 이것을 효과적으로 설명한다. "세상이 자신의 힘을 신격화하는 가운데 생명을 주는 질서를 구하는 한, 그것이 발견하는 것은 가증함뿐이다(41:24). 하지만 그것이 **하나님만이 주님**이시라는 판단(מִשְׁפָּט)을 따를 때, 추구하는 바는 만족될 것이다"(필자 강조).286 그리고 "하나님의 주되심이 모든 사람에게 유효하게 되는 것은 종을 통해서다."287

이사야 42:1~4의 형식과 언어는 어떤 구체적인 임무를 위하여 어떤 사람을 세우거나 위임하는 것을 암시한다.288 그것은 "아브라함(창 26:24), 모세(출 14:31), 다윗(삼하 3:18)과 같은, 하나님이 특별히 지명하신 자들에게 적용되는 언어"이며 "왕들에 대한 언급에서 특별히 흔하다."289 고대 근동에서 왕들은 정의와 사법적 질서(מִשְׁפָּט)를 세우고 유지하도록 기대되었고, 그것은 이 종이 온 세상에서 행하는 것으로 묘사되고 있는 바와 같다(4절).290

덧붙여, 종은 "갇힌 자를 감옥에서 이끌어 내며"(42:7; 49:9),291 그에

---

285 Westermann, *Isaiah 40~66*, 95.

286 Oswalt, *Isaiah: Chapters 40~66*, 111.

287 Oswalt, *Isaiah: Chapters 40~66*, 111.

288 Childs, *Isaiah*, 324.

289 Oswalt, *Isaiah: Chapters 40~66*, 109.

290 Oswalt, *Isaiah: Chapters 40~66*, 109. 치솜은 이것에 동의한다. "고대 세계에서 왕들은 다른 모든 것들보다 먼저 정의를 촉진하고 유지할 의무가 있었다"(Chisholm, "Theology of Isaiah," 328).

291 Otto Michel, "Παῖς Θεοῦ," in *NIDNTT*, 3: 609. 치솜에 의하면 이러한 역할은 "고대 근동의 왕의 칙령과 포고를 연상시킨다(Chisholm, "Theology of Isaiah," 333). 그는 계속해서 "성경적인 평행 사례는… 주님을, 갇힌 자들을 풀어주는 정의로운 왕으로 묘사하는 찬송의 표현들(시 68:6; 146:7~8)을 포함한다(시 79:11과 102:20에서 감옥에서 풀어주는 것과 같은 이미지

게 "성령이 주어질 것이다."²⁹² 왕과 군주들은 그를 보고, 일어서며, 경배할 것이다(49:6). 후겐버거는 이 노래에 나타나는 종과 44:28~45:13의 기름부음 받은 자, 고레스 사이의 놀라운 평행을 본다.²⁹³

온 세상에 מִשְׁפָּט를 세울 종은 왕의 속성을 가졌는가? 그 대답은 긍정적인 것이 될 것이다.²⁹⁴ 그리하여 노스가 주장하듯이 종이라는 인물은 왕과 선지자의 특성을 모두 가지고 있다. "… 본문들 자체는 선지자의 소명을 가진, 동시에 적어도 일부 통치자의 역할을 가진 한 사람에 대해 묘사한다."²⁹⁵

는 하나님이 억압받는 이스라엘을 구원하시는 것에 적용된다)"고 주장한다(333쪽).

292 이러한 표현은, 우리가 그것들을 상징적으로 받아들인다면 예언적인 임무에 적용될 수도 있다. 하지만 앞에서의 논의에 근거한 누적 효과는 "왕의" 역할의 방향으로 우리를 이끈다.

293 그는 많은 평행 구절을 열거한다(Hugenberger, "Servant of the Lord," 115~16). "출생 이전 혹은 경력이 시작되기 이전의 예언" 사이의 일반적인 유사성(42:9; 49:1//44:26ff.); "종에게 머물러 있는 영과 고레스가 받은 '기름 부음' 사이의 일치"(42:1∥45:1); 둘 다 "야웨의 부르심"을 받은 것(42:6∥45:4); 둘 다 "야웨의 택함"을 받은 것(49:7∥42:1); "내가 네 손을 잡아"(42:6∥45:1); "이스라엘이 둘 다의 구원하는 사역의 혜택을 받은 것"(42:7; 49:5f.∥45:4, 13); "하나님께서 둘 모두가 성공을 거두고 영광을 누리도록 확정하실 것임" 등이다 (42:4; 49:4f; 50:7, 9; 52:12; 53:10, 12∥44:28~45:5).

294 하지만 여기서 이슈는 종이 왕인가 선지자인가라는 것보다 그가 왕의 특성을 가졌는가 하는 것이다. 그는 왕과 선지자의 역할 모두를 가진 어떤 이상적인 인물일 수 있다(아마도 미래에, 뒤에서 필자가 주장하는 것과 같이).

295 North, *Suffering Servant*, 194. 이런 의미에서 이 노래에 언급된 종은 이사야 40~55장의 제2의 출애굽의 문맥의 배경에서 "모세와 같은 선지자로 기대된 자"라고 하는 후겐버거의 주장은 의미가 있다("Servant of the Lord," 139). 그는 말한다, "모든 세부적인 것을 남김없이 설명한다는 의미가 아니다. 모세는 모범(paradigm)이 되는 선지자였기 때문에(신 18:14~22; 참고. 또한 호 12:13[14]) 후의 많은 선지자에 대한 성경의 이야기에 제2모세의 색깔이 있으며… 우리는 마지막 '모세와 같은 선지자'로서의 종에 대한 묘사에서 어떤 세부적인 것이 제2이사야 자신을 포함하여 이전의 선지자들의 경험으로부터 끌어온 것이거나 그것을 통하여 보강한 것이라는 가능성을 배제할 필요가 없다"(139쪽). 그는 또한 "종의 노래에 대한 지금의 접근 방식의 적절한 결과는

결론

석의와 분석을 위한 해당 본문은 네 번째 종의 노래다(사 52:13~53:12). 이 시는 이사야 40~55장의 논리의 흐름과 의미에 대한 중요한 열쇠로서 기능을 다하고 있다. 이 시의 본문 자체는 "종"과 "많은"이라는 단어를 포함하는 하나님의 신탁으로 시작하고 끝맺는다(사 52:13~15와 53:11b~12). 이 신탁들은 이 노래에서 수미쌍관의 형식을 완성한다. 하나님의 신탁의 논지와 내용은 "우리" 부분에서 나타나고 있다(인간의 생각과 감탄, 사 53:1~11a). "우리" 부분에서 화자는 자기 백성을 대표하는 한 개인이 분명하다. 고난/죽음과 높임 받음을 통하여 성취되는 종의 사역이 함축하는 의미는 또한 이방인들에게도 중대한 효력을 발휘한다.

종의 신원은 미래의, 하나님의 특별한 대행자일 것이다. 그에 대한 묘사는 아마도 이 시를 지은 자 이전이나 혹은 같은 시대에 살았던, 왕과 선지자의 역할을 모두 가졌던 어떤 역사적인 인물에 근거할 것이다. 이 종은 육체적, 정신적 고통을 당했으며 사람들에게 배척되어 죄인처럼 여겨졌다. 사람들은 그가 받은 고통이 그 스스로의 허물과 죄 때문이라고 생각했으며, 종은 무지한 백성들의 손에 부당한 죽음을 당하지만(53:8, "그가 살아 있는 자들의 땅에서 끊어짐은"; 53:9, "죽음," "무덤"), 이것은 처음부터 하나님의 계획이었음이 드러난다. 실상 그의 고난과 죽음은 대리와 구속의 기능을 성취한다. "그가 징계를 받으므로 우리는 평화를 누리고 그가 채찍에 맞으므로 우리는 나음을 받았도다"(53:5), "여호와께서는 우리 모두의 죄악을 그에게 담당시키셨도다"(53:6), "속건제"(53:10), "나의 의로운 종이 많은 사람을 의롭게 하며"(53:11), "그

그것이 신약의 메시아적인 해석에 대한 실질적인 지지를 제공한다는 것(종종 사람들이 하는 것처럼 그러한 해석을 미리 가정하지 않고)"이라고 말한다. 그는 Wayne A. Meeks, *The Prophet-King: Moses Traditions and the Johannine Christology*, NovTSup, ed. W. C. Van Unnik et al., vol. 14 (Leiden: Brill, 1967); Dale C. Allison Jr., *The New Moses: A Matthean Typology* (Edinburgh: T. & T. Clark, 1993)와 같은 책들을 참조한다.

가 많은 사람의 죄를 담당하며[가져가며]"(53:12, 참고. 53:4, 11)와 같은 표현들이 이를 말해준다. 이 종은 잠잠히 순종하며 고난과 죽음을 받아들인다. 이 시에 나타나는 일부 새로운 생각과 개념들은 신탁의 형식을 통한 하나님의 계시, 그리고 영감에 의한, 종의 사건과 그 의미에 대한 저자의 묵상에 기인한 것이었음이 분명하다. 이 의로운 하나님의 종은 자신의 지식이나 경험을 통하여 많은 사람을 의롭게 할 것이다. 이 시는 종의 고난과 죽음 후에 그의 사역에 대한 지속적인 열매와 하나님의 상급이 있을 것임을 보여준다.

이 노래는 많은 융통성 있는 해석을 가능하게 하는 모호한 시적 언어로 쓰였으며, 전형화(typification)로 기울고, 그리하여 역사적인 사건을 넘어서서 미래의 개인(들)과 사건(들)을 가리킬 지시적 잠재성(referential potential)을 가진다. 이러한 사실은 우리에게 이러한 측면에 대한 더 많은 연구의 필요성을 제시하는데, 그것은 다음 장에서 다루어질 것이다.

3장

이사야 52:13~53:12의 해석에 있어 시학에 기초한 문학적-해석학적 접근

2장에서는 역사적-문법적 배경에 비추어 이사야 52:13~53:12의 의미를 조사했다. 이 노래의 저자가 의도한 의미와 그 글을 통하여 원래의 독자들이 이해했을 의미를 확증하려고 노력했다. 이 장은 구약 문맥 안에서 이사야 53장의 역사적-문법적 의미와 이 시를 사용하는 신약 저자가 이해하는 본문의 의미 사이를 연결하는 다리의 역할을 한다. 이 단계는 미래 세대가 이 본문의 특성을 이해하는 데 있어서 중요한데, 그것은 이 본문이 시적 본문이어서 그에 따른 전형적 특성(typological traits)을 지니고 있고, 미래 지향적인 지시적(referential) 가능성을 갖고 있기 때문이다.

와이브레이(Whybray)[1]의 말로 시작하는 것이 도움이 될 것이다. "하

---

[1] 가장 유능한 역사 비평적 주석가 중 한 사람이자 철저한 학자 중 한 사람으로서 와이브레이는 그의 주석(R. N. Whybray, *Isaiah 40~66*, NCB, ed. Ronald E. Clements and Matthew Black [London: Marshall, Morgan & Scott, 1975])과 그의 논문(R. N. Whybray, *Thanksgiving for a Liberated Prophet: An Interpretation of Isaiah Chapter 53*, JSOTSup, ed. David J. A. Clines, Philip R.

지만, 종의 정확한 신원에 대한 탐구는 방향을 잘못 잡은 것이라는 어떤 학자들의 지적에 주목해야 한다. 그 인물은 복합적이다. … 이 메시지의 원 독자가 그 인물의 정체를 해독했을지 의문이 제기되어 왔다. 어쨌든, 이 시가 그토록 많은 신학적 종교적 해석을 낳았다는 사실을 생각하면, 해석자는 이 문제에 대한 지나치게 단순화된 해결책을 너무 쉽게 받아들이는 것의 위험성을 인식해야 한다."2 그의 말이 맞다. 우리는 주어진 본문의 복합적인 성격에 유념할 필요가 있다.

우리는 이 네 번째 '종의 노래'의 단어, 구, 문장의 애매하고 복합적인 측면들을 원래 맥락에서 고려했다. 이제 본문의 분석과 관련하여 거시 문학(macro-literary) 분석인 시학(poetics)에 주의를 기울이는 것이 필요하다. 적절하게 사용한다면 시학은 "그것을 활용하기를 거절하는 사람들이 거의 생각하지 못하는 해석학적 신학적 통찰력을 제공할 가능성이 있기" 때문이다.3 예언적 시로서 네 번째 종의 노래는 미래를 가리킬 수 있는 지시적 가능성을 가지고 있다.4 일단 이 시의 저자가 의도한 의미가 파악되면, 본문의 의미-영역과 지시적 가능성을 고려하는 것이 필요한데,5 그 이유는 외경과 쿰란 또는 신약 같은 후대의 기

Davies, and David M. Gunn, vol. 4 [Sheffield: JSOT, 1978])에서 '네 번째 종의 노래'에 나오는 종은 제2이사야 자신이라고 주장한다.

2 R. N. Whybray, "Servant Songs," in *A Dictionary of Biblical Interpretation*, ed. R. J. Coggins and J. L. Houlden (London: SCM, 1990), 630~31.

3 이 표현은 메릴의 논문에서 차용되었다. Eugene H. Merrill, "The Literary Character of Isaiah 40~55, part 2: Literary Genres in Isaiah 40~55," *BSac* 144 (April~June 1987): 156.

4 즉, "['종'이라는] 말은 열려 있으며, 진정 예언적인 방식으로 미래를 가리키고 있다 - 그것은 연기된 어떤 것, 미래에 올 어떤 것을 암시하고 있다"([Wolff의 논문을 평가하면서 한] 크루즈의 말에서 차용됨: Colin G. Kruse, "The Servant Songs: Interpretative Trends since C. R. North," *Studia Biblica et Theologica* 8 [April 1978]: 13).

5 치숌은 자신의 논문에서 이러한 측면을 고려하는 것 같다. "네 번째 종의 노래를 이런 관점에서 [와이브레이의 주장을 따라] 해석한다면 종은 비록 죽음에 직면하였을지라도 마지막 순간에 구원을 받아 하나님으로부터 의롭다하

록물들이 보여주는 바와 같이 후속 세대의 해석자와 기록자는 본문이 말하는 원래의 역사적 의미만 아니라 본문의 이런 특성도 고려한 것으로 생각되기 때문이다.6 동시에, 우리는 이사야서의 종의 노래 같은 본문이 새로운 실체/현실(a new reality)을 창조할 수 있는 능력을 가지고 있다는 것을 잊어서는 안 되는데,7 이러한 창조는 하나님의 계시에 의한 새로운 비전에 근거한다. 본문이 그러한 경우이며, 원래의 독자는 이것을 온전히 이해하지 못했을 수 있다.

역사와 시

이사야 52:13~53:12의 저자는 위대한 종교적 시인이었다.8 쉐켈

심을 얻었을 것이라는 뜻으로 해석할 수도 있다. 그러나 동시에 본문의 언어는 실제의 죽음과 부활을 허용한다. 여기서 다시 한 번, 이어지는 계시가 예언자의 **말/언어**의 온전한 **의미/중요성**을 이해하는 데 중요한 요소가 된다"(Robert B. Chisholm Jr., "A Theology of Isaiah," in *A Biblical Theology of the Old Testament*, ed. Roy B. Zuck [Chicago: Moody, 1991], 332; 필자 강조; 이 책은 한국어로 출판되었음: 유진 H. 메릴 외 지음, 구약신학 [고양: 크리스챤 출판사, 2009]). "후속 계시"만이 아니라 계속되는 수용/해석의 행위로 말미암아 계속 형성되는 전통들도 본문의 의미를 형성/정의하고 재형성/확장하는 데 있어서 중요한 요소가 되었다.

6 이런 맥락에서, 본 논문은 이사야 53장의 역사적 석의적 의미를 탐구하는 연구들과 그 본문의 영향사(수용사)를 다루는 연구들 사이의 "가교" 역할을 한다고 생각될 수 있다. 신약의 경우 각주 5에서 말한 해석적 전통 외에도 하나님의 계속되는 계시의 역할이 중요하다.

7 쉐켈은 말한다. "성경에 나오는 다른 많은 시인처럼 이사야의 가장 흥미로운 문학적 특성은 경험된 현실을 **새롭고 통일성 있는 시적인 우주로 변환시킨다는 것이다**"(Luis Alonso Schökel, "Isaiah," in *The Literary Guide to the Bible*, ed. Robert Alter and Frank Kermode [Cambridge, MA: Harvard University Press, 1987], 172; 필자 강조).

8 이 노래의 시적 특성에 대한 전통적인 분석에 대해서는 2장의 "장르" 섹션을 참고하라. 핸슨은 이사야 52:13~53:12가 위대한 시라는 점을 확인한다. "포로 기간 중 떠오른, 미래에 대한 몇몇 영감 받은 통찰 중에서, 제2이사야의 것이 가장 시적인데, 그의 시적 창조력은 아마도 야웨의 종의 이미지에서 정

(Schökel)은 그에 대해 잘 묘사한다. "그는 아무리 상처가 깊은 경험도 시냇물처럼 즉각 터져 흘러나오도록 하지 않고 의도적으로 시로 변형시킨다."9 계속해서 그는 말한다. "실패를 통한 승리, 낮아짐을 통한 영광을 이보다 이 노래보다 더 시적으로 잘 표현한 것은 없을 것이다. … 시인은 이 시보다 더 심오하고 역설적인 묵상을 후대에 남겨줄 수 없었을 것이다."10

그러나 심오한 문학 작품인 이 예언적 시는 많은 비평 학자에게 혼란을 주어왔다. 클라인즈는 "이사야 53장은 역사비평학의 재앙이 되어 왔다"고 담대하게 선언한다.11 예를 들어, 드라이버(S. R. Driver) 같은 유능한 학자도 이사야 40~55장의 "야웨의 종"의 신원을 파악하는 데 너무나 어려움을 겪은 나머지 이사야서 주석을 쓰는 것을 포기했을 정도이다.12 둠(Duhm), 젤린(Sellin), 궁켈(Gunkel), 모빙켈(Mowinckel)을 위

점에 도달했다고 보아야 할 것이다"(Paul D. Hanson, "The World of the Servant of the Lord in Isaiah 40~55," in *Jesus and the Suffering Servant: Isaiah 53 and Christian Origins*, ed. William H. Bellinger Jr. and William R. Farmer [Harrisburg, PA: Trinity Press International, 1998], 21).

9 Schökel, "Isaiah," 166.

10 Schökel, "Isaiah," 180. 문학적-수사학적 분석의 전문가인 뮐렌버그도 이른바 제2이사야의 시적 탁월성을 인정한다. "시인과 예언자가 제2이사야에서 만난다. … 그는 시인이자 동시에 예언자인데, 그것도 탁월하게 그렇다. 그는 너무 대단한 시인이고 작시 예술의 엄청난 대가여서 우리는 그의 문학적 천재성을 인정할 수밖에 없다. … 그는 예언적 형식을 위대한 예술 저작으로 변형시켰다"(James Muilenburg and Henry Sloane Coffin, "The Book of Isaiah: Chapters 40~66," in *The Interpreter's Bible*, ed. George Arthur Buttrick et. al., vol. 5 [Nashville, TN: Abingdon, 1956], 386).

11 David J. A. Clines, *I, He, We, and They: A Literary Approach to Isaiah 53*, JSOTSup, ed. David J. A. Clines, Philip R. Davies, and David M. Gunn, vol. 1 (Sheffield: Sheffield Academic Press, 1976), 1.

12 클라인즈(Clines, *I, He, We, and They*, 25)는 노스(Christopher R. North, *The Suffering Servant in Deutero-Isaiah: An Historical and Critical Study*, 2d ed. [London: Oxford University Press, 1956], 1)의 글을 인용하면서 이 에피소드를 말하고 있다.

시하여 많은 학자가 자신들의 견해를 여러 번 바꾸었다. 그리하여 브루그만(Brueggemann)은 이렇게 말하기에 이르렀다. "풍요롭도록 부요하고 신학적으로도 많은 것을 암시하는 바로 그 본문이 또한 동시에 의미가 불분명하고 접근하기 어렵다는 것은 구약 연구에 있어서 기이한 일이다."13 차일즈도 동의한다. "그 해석에 있어서 특별히 어려우면서도 핵심적인 것은, 가운데 부분에서 고백하는 자('우리')의 음성을 이해하는 것뿐 아니라, 52:15와 53:12가 말하는 '그'가 누구를 지칭하는지 결정하는 것이다. 이 본문의 모호성과 관련된 엄청난 복잡성을 분명하게 지적한 것은 D. J. A. 클라인즈의 공이다."14

오스왈트(Oswalt)도 이렇게 주장한다. "그토록 많은 학문적 노력이 그토록 적은 합의점을 낳았다면, 과도하게 깔끔한 결론을 거부하는 **어떤 것이 본문 자체에** 있는 것이 분명하다."15 이 "본문 자체에 있는 어떤 것"이 우리를 **본문 자체**에 대한 **문학적인** 연구의 길로 이끈다. 그것은 본문의 장르, 작시의 계기, 작시의 과정과 상황, (특히) 특정한 문학적 특징과, 그것으로부터 비롯되는 함의들에 대한 연구이다.16

---

13 Walter Brueggemann, *Isaiah 40~66*, Westminster Bible Companion, ed. Patrick D. Miller and David L. Bartlett (Louisville, KY: Westminster/John Knox, 1998), 141.

14 Brevard S. Childs, *Isaiah*, OTL, ed. James L. Mayes, Carol A. Newsom, and David L. Petersen (Louisville: KY: Westminster/John Knox, 2001), 411. 이러한 모호성은 몇 가지 요인으로부터 비롯되었을 것이다: 1) 이 노래는 탁월한 문학 작품, 즉 비범한 수준의 예언적 시이다; 2) 비록 예언자/시인 자신이 그 종의 사역 내용에 대해 알고 있었다 할지라도, 그는 야웨의 계시에서 드러나는, 그 종의 역사적 정체에 대한 특정 정보가 없이 이 시를 작시했을 수도 있다; 3) 어쩌면, 신적 저자는 그 분의 섭리 가운데 계시와, 영감과, 작시와, 그리고 최종 정경에 이 본문이 포함되는 그 모든 과정 가운데 인간 저자를 이런 모호성의 방향으로 이끌었을지 모른다.

15 John N. Oswalt, *The Book of Isaiah: Chapters 40~66*, NICOT, ed. Robert L. Hubbard Jr. (Grand Rapids: William B. Eerdmans Publishing Company, 1998), 377. 이 장의 서두에서 와이브레이가 강조한 요점을 기억하라.

16 이러한 추구들 중 일부는 앞 장(2장)에 속하고 다른 부분은 이 장의 내용과 관련된 것이다.

이사야서의 이 노래에 대한 역사비평 연구가 만난 이러한 막다른 난관의 원인은 가다머(Gadamer)의 주장에서 그 힌트를 찾을 수 있을지도 모른다. "시적 작품은 존재의 **이상적인** 모습을 간직하고 있으며, 원래의 의미를 살린 드라마틱한 연극이든 혹은 낭송이나 독시이든, 재현(reproduction)에 의존한다."17 이러한 "존재의 이상적인 모습"은 "어떤 것이 거기 있게 하는" 기능을 하는 "미메시스(mimesis, 예술 작품의 실제 세상에 대한 모사)"의 형태로 나타내진다.18 가다머에 따르면 "미메시스"란, (그 안에서) 재현된 것의 **본질적 내용**을 우리가 '알고,' 또한 볼 수 있는 하나의 표현/재현(representation)이다.19 따라서 가다머가 다시 한 번 주장하듯이 시는 역사적 묘사와 다르다.

플라톤이 이데아(idea)의 영원한 본질에 대한 지식을 **기억**(remembrance)이라고 묘사하고, 이전 존재를 상기시키는(reminiscence) **신화적**(mythical) 형태를 통하여 이러한 지식을 설명했던 것은 이유가 없지 않다. 아리스토텔레스가 그러한 지식을 통하여 미메시스적 재현의 본질을 이해하고 그럼으로써 또한 예술 작품의 본질을 이해한 것은 절대적으로 옳다. 그는 거기서 시작해 자신의 유명한, **시와 역사를 구별**하기에 이르렀다. 그것에 따르면, 그 둘 중 시가 "더 철학적"다. 역사는 사물이 실제로 일어난 대로만 인지하는 반면, 시는 그것이 어떻게 일어날 수 있었는지(혹은 그것이 어떻게 되었을 수도 있었을지), 즉 그것의 보편적이고 영원한 본질에 대해 말하기 때문이다. 그리하여 시는 보편적 진리에 참여한다.20

---

17 Hans-Georg Gadamer, *The Relevance of the Beautiful and Other Essays*, trans. Nicholas Walker, ed. with an Introduction by Robert Bernasconi (Cambridge: Cambridge University Press, 1986), 119(필자 강조).

18 Gadamer, *The Relevance of the Beautiful and Other Essays*, 119.

19 Gadamer, *The Relevance of the Beautiful and Other Essays*, 119(필자 강조).

20 Gadamer, *The Relevance of the Beautiful and Other Essays*, 120(필자 강조). "신화적"라는 용어는, 노스(North)가 고난 받는 종의 노래에 대한 자신의 연구에서 결론적으로 말한 것을 상기시킨다. "그 노래들은 알레고리(풍유, 우화)가 아니라 신화이다(잠정적이든 혹은 예기된 역사이든)… 종은 결코 알레고

3장 이사야 52:13~53:12의 해석에 있어 시학에 기초한 문학적-해석학적 접근

앞 장에서 상세하게 묘사된 필자의 견해는, 역사비평적 석의의 빛 아래 탐구했을 때, 이 시는 미래의 어떤 특별한 하나님의 종의 모습("장차 오실 분"21)을 그리는 것으로 보인다는 것이다. 선지자/시인은 두 가지에 근거하여 이 시를 지었을 개연성이 크다. 하나는 그가 받았던 신탁이나 계시적 "환상"(비전)이고, 다른 하나는 야웨의 이상적인 종의 모습과 (주님의 진정한 종의 역할과 이미지를 구현했던) 많은 과거와 당대의 인물들에 대한 시인 자신의 "묵상"이다.22 하지만, 그는 이러한 창작 작업을 아주 간접적으로/모호하게 하고 있다. 이 노래는 또한 예언적 환상/신탁에 기초를 두고 있는데, 그것은 미래의 어떤 인물이나 사건들을 가리키는 시의 형태로 후에 기록되었으며, 저자의 동시대 사람들이나 후대 사람들에게 어떤 의미와 신적 메시지를 전달하려는 의도를 가지고 있다. 그런 의미에서 그것은 예언적이며, 따라서 그것은 예언적 시이다.

씨슬톤(Thiselton)의 설명처럼, "저자는 때때로, 예를 들어, 창의적으로 구상하고 변화시키는 것보다 정보나 묘사가 더 중요하고 우선되는 경우에, **닫힌 본문을 통하여 코드**(부호, 암호)**들에 맞는 의미를 찾는 것**

리적 인물이 아니다. 비록 환상이 하늘로부터 선지자에게 나타났을지 모르지만, 그 비극과 뒤따르는 일들이 상연된 곳은 바로 이 땅이었다. 종이 고난을 당한 것은 열방에게 평화를 가져다주기 위함이었다. 그가 자신의 사명을 완수해야 하는 곳은 현실 세상, 즉 이 세상이었다"(*Suffering Servant*, 216~17). 노스는 "신화"라는 용어를 전통적 의미나 상식적으로 이해되는 의미와 다르게 사용한다. 그가 한 말을 참고하라. "또한 추측상, 신화는 역사 속에서 현실화될 수도 있다. 이사야 53장이 바로 그런 것처럼… 그(D-I)는 '만약 그 종과 같은 사람이 온다면, 이것이 바로 그가 취급받을 수 있는 방식이다'라고 말하고 있는가? 아니면 '그 종이 올 것인데, 이것이 그가 취급받게 될 방식이다'라고 말하고 있는가? 대답은 의심의 여지가 거의 없다. 예언자는 그 종이 올 것을 기대하고 있다"(*Suffering Servant*, 213, 216).

21 이 표현은 모빙켈의 책 제목에서 따왔다(Sigmund Mowinckel, *He That Cometh*, trans. G. W. Anderson [Oxford: B. Blackwell, 1956]).

22 "환상"(비전)이란 말과 "묵상"이란 말은 쉐켈(Schökel)의 논문에서 차용한 것이다("Isaiah," 180). 쉐켈은 또한 시인의 자의식에 대해 자신의 의견을 표한다. "그 시인은 자신의 **초월적** 사명에 대해 의식하고 있었으며, 바로 그 사역에 그는 자신의 절정의 문학적 재능을 쏟아 부었다"("Isaiah," 181, 필자 강조).

을 목표로 소통하는 방식을 **선택한다**."23 그러나, "다른 한편으로 그는 때때로 '열린' 본문이나 코드 '치환'(switch)을 **선택**하는데, 창의적 변화나 인습 타파가 그들의 목표가 되는 때이다."24 즉, "어떤 성경 본문이 '본문 이면의 세계'를 반영하는" 경우인데, 그 경우에는 이중 의미, 다중 의미, 혹은 심지어 불확정적인 의미가 중요한 역할을 한다.25 어떤 본문에서 이것이 사실인데, 예를 들면 우리가 다루는 본문인 예언적 시 이사야 53장이 있다. 이사야 14:4b~20도 이러한 경우에 포함된다. 이 단락에서 바벨론의 교만한 왕의 비극적인 운명이 예언적 시의 형태로 묘사되고 있다. 이 시에서 "바벨론 왕"이라는 말은 단지 역사적 인물만이 아니라26 (왕들을 포함한) 다른 많은 악한 사탄적인 인물들도 가리킨다.27 악한 왕의 비유인 "새벽별, 아침의 아들"(12절, 『새번역』)은

---

23 Anthony T. Thiselton, "'Behind' and 'In Front of' the Text: Language, Reference, and Indeterminacy," in *After Pentecost: Language and Biblical Interpretation*, ed. Craig Bartholomew, Colin Greene, and Karl Möller, Scripture and Hermeneutics Series, 2 (Grand Rapids: Zondervan, 2001), 115.

24 Thiselton, "'Behind' and 'In Front of the Text," 115. 그는 "약속"을 예로 든다. "**약속**은 또한 상황, 입장과 적용, 받는 이의 신원과 관련하여 어느 정도(절대적인 정도는 아니어도)의 구체성을 전제한다. 그러나 개인에 대한 약속은 세상에 대한 약속과 다르다. 우리는 고정되고 경직된 의사소통 규약(프로토콜)이 미리 명시되지 **않은**, (자기를 연루시키는 행동을 수행하기 위해 독자나 청자가 들어가는) 어떤 세계를 투영(형상화)하는 것에 강조점을 두는 많은 의사소통 방식(communicative modes)에 주목해 왔다." 이 점에서 가다머가 옳다. "어떤 '방법'을 미리 기획해야 한다고 항상 주장하는 것은 창조적인 이해를 단지 선전에 대한 단순한 반응으로 전락시킬 위험이 있다. 이것은 프로네시스(*phronesis*, 실천지)를 테크네(*techne*, 기술)로 대체하는 것이다"(Thiselton, "'Behind' and 'In Front of the Text," 115).

25 Thiselton, "'Behind' and 'In Front of the Text," 110.

26 많은 주석가는 여기서 지칭하는 인물이 앗시리아의 왕(들)이라고 생각한다. 또 다른 가능성은 예언자가 환상 가운데 바벨론의 미래 왕을 보고 있다는 것이다.

27 이 시는 이사야 53장과 특성상 많은 유사점이 있다. 두 시 모두, 타입, 패턴, 혹은 모델이 만들어지고, 어떤 역할을 하는 전형화(typification) 과정이 일어난다. 신약에서 예수 그리스도의 생애와 사역은 이사야 53장의 언어로 그려지고 있으며, 사탄의 추락은 이사야 14장의 언어로 묘사되고 있다(이사야 14:12의 반향이 누가복음 10:18에서 들린다). 그로갠은 다음과 같이 설명한다.

다중 지칭이 가능한 말이다.28 그것은 패턴 혹은 타입(전형)이 된다. 이런 맥락에서 이 예언적 시는 "열린" 본문이며 여기서 "이중 의미, 다중 의미, 심지어 불확정적인 의미가 중요한 역할을 한다." 그리하여 어떤 성경 본문의 열림이나 닫힘은 개별 본문의 특성에 의존한다.29 그것은 **사실인가 아닌가**(whether)의 문제가 아니라, **언제**(when) 그런지 그렇지 않은지의 문제이다. 씨슬톤은 다음과 같이 올바르게 말한다.

밴후저(Kevin Vanhooser)의 책『이 텍스트에 의미가 있는가?』에 대해 엄청난 존중을 표함에도 불구하고, 나는 지칭 대상과 명확한 의미에 대한 변호나 공격이 **언제**(when) 신학적으로 건설적이 되거나 파

"게다가, 이 본문 자체는 주 예수에 의해서 누가복음 10:18에서 메아리치고 있는 듯하다. 바벨론 왕에게 적용되었던 표현이 누가복음 구절에서는 사탄에게 사용되어지고 있다. 이보다 더 적절한 것도 없다. 왜냐하면 바벨론 왕의 교만이 사탄에게도 해당되기 때문이다. 사탄이 자기의 악한 의지를 이 세상의 통치자들을 통해 펼칠 때 그는 그들 안에 자신의 악한 특성을 재생산시키는데, 그럼으로써 그들은 그의 본성의 그림자들이 된다. 12절과 그 후속 구절들을 이런 식으로 해석한다는 것은 그 본문이 사탄을 가리킨다는 것을 의미하는데, 이 가리킴은 직접적인 것이 아니라 간접적인 것이며, 이것은 마치 다윗 계열의 왕들이 그리스도를 가리키는 것과 같다"(Geoffrey W. Grogan, "Isaiah," in *The Expositor's Bible Commentary*, ed. Frank E. Gaebelein, vol. 6 [Grand Rapids: Zondervan, 1986], 105). 더욱이, 그 두 시에서, "과거" 시제는 실제로는 미래 사건을 말하는 듯하다(사 14:19; 53:2~9).

28 이 시적 본문은 "전형적"(typical) 특성을 지니고 있으며(Hans Wildberger, *Isaiah 13~27: A Continental Commentary*, trans. Thomas H. Trapp [Minneapolis, MN: Fortress, 1997], 75), 역사에서, 심지어 말세에, 많은 대상에 적용될 수 있고, 그들을 지칭할 수 있다(John N. Oswalt, *The Book of Isaiah: Chapters 1~39*, NICOT, ed. R. K. Harrison [Grand Rapids: Eerdmans, 1986], 316; Childs, *Isaiah*, 127; Wildberger, *Isaiah 13~27*, 77). 이 주제는 나중에 다시 다뤄질 것이다.

29 벨링거와 파머는 핸슨(Hanson), 레벤틀로우(Reventhlow), 클레멘츠(Clements)가 그들의 논문들에서 네 번째 종의 노래의 언어가 "시의 열려있는 언어"라는 것에 주목하고 있음을 인정한다(William H. Bellinger Jr., and William R. Farmer, "Introduction," in *Jesus and the Suffering Servant: Isaiah 53 and Christian Origins*, ed. William H. Bellinger Jr. and William R. Farmer [Harrisburg, PA: Trinity Press International, 1998], 6).

괴적이 되는지 묻기보다 그러한 변호나 공격이 신학적으로 건설적인지 아닌지만 물으려하는 지나친 성급함을 발견한다. 만약 우리가 지나치게 단순하고 일반적이며 소모적인, 의미(meaning)와 의의(significance) 사이의 구분이, 경애하는 허쉬(E. D. Hirsh)가 자초하는 모든 해석학의 두통거리에 대한 만병통치약이 될 수 있다고 하는 제안에 기댄다면, 우리는 비지시적(non-referential) 추상적이고 비구상적인(non-representational) 언어의 중요성을 깎아내리기 쉽다.30

이미 밝힌 것처럼, 이 문학 작품이 시적이면서 동시에 예언적이라는 사실은 클라인즈(Clines)의 말이 아마도 옳을 것임을 깨닫게 한다. 그는 이 시의 특별한 문학적 특성을 고려하도록 네 번째 종의 노래를 대하는 모든 독자에게 날카롭게 도전한다. "만약 **그 시가 가진 힘**이… 바로 그 불친절함, 세세하기를 거부하고 정보를 주지 않으려는 것, 비평 학문이 가설을 세우기 위한 기초적 요소로서 얻기를 갈망하는 그런 종류의 자료들을 고집스럽게 숨기는 것에 있다면 어쩌겠는가?"31 라트(Rad)

---

30 Thiselton, "Language, Reference, and Indeterminacy," 103. 그는 밴후저(참고. Kevin J. Vanhoozer, *Is There a Meaning in This Text? The Bible, the Reader, and the Morality of Literary Knowledge* [Grand Rapids: Zondervan, 1998])(케빈 밴후저, 『이 텍스트에 의미가 있는가?』, 김재영 역 [서울: IVP, 2003]) 와 허쉬(E. D. Hirsch Jr., *Validity in Interpretation* [New Haven: Yale University Press, 1967])를 언급한다.

31 Clines, *I, He, We, and They*, 25(필자 강조). 미스칼은 클라인즈에 동의한다. "시를 그 자체의 특성에 따라 접근하고, 시의 힘이 그것의 모호성, 즉 정확한 정보를 주기를 거절하는 그 특성에 있다고 봄으로써 열려진 다중 해석을 주장하는 클라인즈에게서 나는 영향을 받았다(25~33쪽). 그러한 개방성과 의미의 다중 차원을 보여주기 위해 나는 이사야의 다른 부분들에 대한 병행이나 유착을 표시했다"(Peter D. Miscall, *Isaiah*, Readings: A New Biblical Commentary [Sheffield: JSOT Press, 1993], 123).

하지만, 동시에 브루그만은 이 시가 해당 주제에 대한 풍부한 생산성을 가지고 있다고 주장한다. "비록 우리가 이해하지 못하는 이 본문의 특성에 의해 해석 작업이 완전히 곤경에 처한다 해도, 동시에 이 시의 큰 주제적 개요는 너무 그 모습을 잘 드러내며 풍성한 해석을 계속해서 낳고 있다고 말하는 것이 정당할 것이다"(Brueggemann, *Isaiah 40~66*, 141).

는 이 노래에서 이러한 "모호함"의 특성을 지적한다. "종종 독자는 저자가 은유를 쓰고 있다는 것을 전혀 의식하지 못한다… 심지어 직접화법을 사용할 때에도 그는 더 이상 정확한 정보를 주지 않는다. 그는 자신이 사용하는 용어들이 정확하지 않도록 자신의 말을 누적시켜 나가며, 그 결과, 그가 말한 표현이 힘이 있고 우리의 감정을 자아냄에도 불구하고, 어떤 모호함이 그 시에 여전히 존재하기 때문이다."[32]

겔러(Geller)는 예술적 문학 작품에 있어서 시인이 불명확성이나 모호성을 활용하는 것을 정당화한다.

> 시는 시인이 어떤 기능에 맞도록(의미) 그의 재료(단어)를 어떻게 형성해서 우리 감정에 영향을 주느냐에 의해 평가된다. 시인은 의미와 감정을 창조하도록 단어를 결합해야 하는데, 그러한 그의 기술에 의해 우리의 경외심이 유발된다. 이러한 예술적 기교는 바로 의미의 여러 노선(line)을 만들 수 있는 언어의 가능성을 이용하는 것이다. [언어의 풍부함은 시를 평가하는 주된 양식/공식적인 기준이다. 그것은 단순한 공들임이나 수식과 혼동되어서는 안 된다. 종종 "가장 단순한" 시들이 언어학적으로 가장 복잡한 경우들이 있다.] … 의미와 감정의 연결을 보여주는 양식/공식적인 실마리는 종종 합법적인 모호성이다. "합법적"이라 함은 "언어에 의해 허용된다"는 뜻이다. 우리가 언어학적으로나 문학적으로 "능숙함"을 행사하기 힘든 고대 본문들의 경우, 이것은 저자와 청중 사이의 의사소통 행위를 역사적으로 재구성하는 것을 의미한다.[33]

---

[32] Gerhard von Rad, *Old Testament Theology: The Theology of Israel's Prophetic Traditions*, trans. D. M. G. Stalker, vol. 2 (New York and Evanston: Harper and Row, 1965), 258. 오스왈트도 라트에 동의한다. "이 모든 결과[엄청난 학문적 노력에도 불구하고 서로간의 일치점은 거의 없고 여전히 본문 해석에 커다란 문제가 있는 것]는 우리로 하여금, 본문에는 의도적인 '불투명성'과 모호성이 있다고 말한 클라인즈의 입장이 맞지 않나 생각하게 만든다. 만약 그토록 많은 학문적 노력이 기울여졌는데도 그토록 적은 일치가 이뤄졌다면 본문 자체에 명확한 결론을 거부하는 어떤 특성이 있음이 틀림없다. 그런데도, 클라인즈 자신이 수사학적 분석을 통해 보여준 것처럼, 분명 본문은 명쾌하게 어떤 것을 말하고 있다"(*Isaiah: Chapters 40~66*, 377).

만일 이 말이 옳다면, 겔러가 주장하는 것처럼, 수수께끼 같은 시에서 주인공의 정체를 밝히는 것, 역사적 재구성을 위해 모든 역사적 세부 사항들을 확인하는 것, 모든 단어들과 구들의 원래적 의미를 확증하는 것 같은 모든 노력은 잘못된 방향에 있을 수 있다.34

종교적 교조주의 때문이든, 문학적 연구에 응용된 역사적 방법에 대한 잘못된 이해 때문이든, 사실 이것은 대부분의 성서 해석 연구에서 표준적인 과정이다. 본문에 대한 경쟁적인 해석들은 종종 가지를 절단하는 냉엄한 과정에 직면하게 되고 결과적으로 오직 "가장 적절한" 것만이 유일한 참된 의미의 담지자로 살아남는다. 불명확성은 석의적 풍요로움을 위한 기회라기보다 제거되어야 할 문제일 뿐이다… 그러나 과학적 판단을 위한 그 어떤 무오한 기준이, 혹은 문학적 감성을 위한 그 어떤 민감한 통찰이 그런 고의적인 빈곤화 과정을 정당화할 수 있단 말인가? 만일 어떤 의미가 언어적으로나 또한 이스라엘의 신념과 전통의 알려진 체계 안에서 적법하다면, 어떻게 우리는 여러 가능한 의미를 잘라내 버릴 수 있단 말인가? 시가 시로서 연구되어질 수 없다고 선언하는 것은 과학과 문학과 언어의 원리들을 위반한다.35

---

33 Stephen A. Geller, "Were the Prophets Poets?," in *The Place Is Too Small: The Israelite Prophets in Recent Scholarship*, ed. Robert P. Gordon, Sources for Biblical and Theological Study, ed. David W. Baker, vol. 5 (Winona Lake, IN: Eisenbrauns, 1995), 157.

34 또한 레벤틀로우는 "[이사야 53장의] 의도적으로 불명확하고 시적인 언어는 우리가 그것을 마치 과학 보고서인 것 마냥 분석해서는 안 된다는 것을 보여준다"고 주장한다(Henning Graf Reventlow, "Basic Issues in the Interpretation of Isaiah 53," in *Jesus and the Suffering Servant: Isaiah 53 and Christian Origins*, ed. William H. Bellinger Jr. and William R. Farmer [Harrisburg, PA: Trinity Press International, 1998], 27).

35 Geller, "Were the Prophets Poets?," 165. 핸슨의 말은 역사-비평적 주석과, 문학적 분석과, 신학적 해석 사이의 관계들에 대한 요약으로 활용될 수 있다. "신학적 해석학에서의 창조적 요소들이나 그러한 작업의 복합성을 아무 것도 부정하지 않으면서, 나는 모든 성경 해석은 한 본문의 역사적 배경과 의미(들)를 연구하는 것에 뿌리를 내리는 것으로 시작해야 한다고 믿는다. 신학

은유의 한 가지 특성

이 시에서 야웨의 (뜻의) 대행자는 "종"으로 묘사된다. 다음과 같은 리쾨르(Ricoeur)의 말처럼, 이것은 일종의 은유,36 혹은 이미지이다. "고난 받는 종의 은유"는 "주어진 시의 밑바닥에 깔려 있는" 그런 것이며, 유대교와 기독교 둘 다, 특히 후자에서, "특정 언어 공동체나 해당 문화의 전형적인 은유" 중의 하나가 되었다.37

적 해석에 있어서의 단지 첫 번째 과정이긴 하지만, 이것은 중요한 첫 번째 과정인데, 왜냐하면 그것은 '창조적 상상'에 일련의 제약을 가하면서 한 본문이 누구에게나 임의적으로 아무 의미건 뜻할 수 없음을 주장하는 것이기 때문이다. 일단 역사-비평적 연구의 중요성이 인정되었다면, 그것이 절대로 해석 과정의 전부가 아니라는 것을 인지하는 것이 또한 그 못지않게 중요하다. … 이러한 간략한 말은 이 논문에서 취해진 역사적 탐구의 목적을 분명히 하려고 의도된 것이다. 역사 비평적 연구는 어떤 시대의 한 개인이나 공동체가 본문과 창조적으로 만나는 것을 대치하는 것이 절대 아니고, 단지 신학적 해석의 심장부에 있는 다차원적인 분별 과정 중의 한 과정을 제공할 뿐이다. … 누가 그 종이었는가? 누가 제2이사야이었던가? 그러나 이사야 40~55장의 내용의 문학적 성격은 이러한 질문들보다는 폭넓은 질문들이 더 중요하다는 것을 암시한다: 특정한 대상들을 명료하게 지칭하는 것을 거부하고 대신 인간 존재의 복합적이고 종종 신비스런 차원에 주의를 기울이는, 상징과 비유를 통해 의미를 전달하는, 시적 언어를 우리는 다루고 있는 것이다"("The World of the Servant of the Lord," 10~11).

성경 해석을 위해, 역사적 석의, 문학적 분석, 그리고 신학적 의미를 통합하는 것에 대해 참고하기 원하면, Robert Morgan and John Barton, *Biblical Interpretation*, Oxford Bible Series (Oxford; New York: Oxford University Press, 1988)을 보라.

36 특별히 세움 받은 다윗 왕과 모세, 많은 예언자와 정치 지도자가 구약에서 "종"으로 불렸다. 이것은 하나님의 종으로써의 역할을 하는 사람들에게 사용되는 일종의 은유이다.

37 Paul Ricoeur, *Interpretation Theory: Discourse and Surplus of Meaning* (Fort Worth, TX: Texas Christian University, 1976), 65; 폴 리쾨르, 『해석이론』, 김윤성 역 [서울: 서광사, 1994]). 그는 또한 이런 종류의 은유를 "상징적인 패러다임"과 구분 불가능한 원형(archtypes)이라고 부른다(65쪽).

씨슬톤의 주장처럼, "비유만큼이나, 은유는 언어가 가진 단 하나의 명확한 의미와 지시적 설명 **이상의** 어떤 것에 의존한다."38 그리고 이런 "다중적인 의미"와 "간본문적(inter-textual) 암시는 서로 협력하여 어의적 부요함을 만들어내는데, 이해를 위한 해석학은 그것을 정당하게 평가할 필요가 있다."39

씨슬톤은 계속해서 말한다. "리쾨르가 또한 강조하듯이, 상징이나 은유가 가진 이중-의미-효과는 '잉여 의미(의미의 초과분, surplus of meaning)'로서 초인식적(supra-cognitive) 수준에서 창의적으로 '생각을 일으킨다.'"40 은유의 이러한 특성은 이사야 52:13~53:12의 예언적 시에 나오는 "종"의 은유에도 적용될 수 있다.

전형화(Typification)

이사야 53장의 시는 딜타이(Dilthey)가 묘사한 것과 유사한 전형화 과정을 거쳤을 가능성이 있다.

> 그래서 시인의 작품은 또한 **보편적인 유효성(validity)**과 **필연성(necessity)**을 가진다. 하지만 여기서 이러한 특성은 과학적 명제들에서 나타내는 바를 뜻하진 않는다. "보편적인 유효성"이란, 감정을 가

---

38 Thiselton, "Language, Reference, and Indeterminacy," 104(필자 강조).

39 Thiselton, "Language, Reference, and Indeterminacy," 104이사야 53장의 간본문적 특성은 소머의 책에 잘 설명되어 있다(Benjamin D. Sommer, *A Prophet Reads Scripture: Allusion in Isaiah 40~66*, Contraversions: Jews and Other Differences, ed. Daniel Boyarin and Chana Kronfeld [Stanford, CA: Stanford University Press, 1998], 65~68, 93~96, 222~23, 등). 324쪽의 요약 형식의 도표가 보여주듯, 이 책에서 소머는 이사야 52:13~53:12에 이사야 2:12~14, 이사야 6장, 예레미야 10:18~25, 예레미야 11:19; 시편 91:15~16에 대한 암시가 있다고 주장한다. 이러한 암시 패턴은 중간기 문헌을 거쳐 신약까지 계속 이어진 것으로 보인다.

40 Thiselton, "Language," 114.

진 모든 영혼은 해당 작품을 재창조하거나 감상할 수 있다는 말이다. 우리의 삶으로부터 선택되어 삶의 연결 고리(nexus, 결합체)를 위해 필요한 것으로서 함께 취해지는 것, 우리는 그런 것을 "본질적인" 것이라고 부른다. "필연성"이란, 문학 작품 안에 존재하는 삶의 연결 고리가 창조적인 예술가에게뿐 아니라 감상자(관객)에게도 적용되는 것으로서 강한 흥미를 돋우며 다가온다는 말이다. 이러한 요구들이 충족될 때, 현실적인 것(the real)이 본질적인 것(the essential)을 드러낸다. 우리는 이런 방식으로 강조된, 현실/실재의 본질적인 양상들을 "전형적"(typical)인 것이라고 부른다. 사고는 개념을 산출하고, 예술적 창의성은 전형(types)을 산출한다. 다른 무엇보다 먼저 이러한 전형은 경험되는 것을 강화시켜서 체화(embody)하지만, 공허한 관념화로 나아가지는 않는다. 오히려 그것은 이미지가 가진 다중성(multiplicity)을 표현하는데, 그러한 이미지는 삶의 평상적인, 초점 맞춰지지 않는 경험이 가진 **의미**를 이해하게 만드는 강력하고 분명한 구조를 가지고 있다.[41]

이 시(이사야 53)의 인간 저자는 신적 계시(사 1:1; 52:13~15; 53:11~12)와 자신의 묵상을 기초로 하여 예언적이면서 시적이기도 한 미래 지향적인 문학을 산출해 냈다. 이 시의 주인공은 어떤 면에서 이스라엘과 밀접하게 연결되어 있으며 과거 혹은 작시 당시의 어떤 역사적 인물에게서 유래되었을 수도 있지만, 동시에 이스라엘의 이상적인 역할을 구현하는 본이 되는 미래의 어떤 하나님의 종을 가리킨다. 차일즈(Childs)는 종의 시 가운데 나오는 그 종의 신원에 대해 논할 때 이런 종류의 전형화를 염두에 두고 있다. "묘사되고 있는 형상은 모든 면에서 역사적 인물이다. 본문의 평이한 의미를 고통스러울 정도까지 뒤틀지 않는다면, 사용된 언어는 비유적으로 나라/민족을 나타내는 것

---

[41] Wilhelm Dilthey, *Poetry and Experience*, ed. with an Introduction by Rudolf A. Makkreel and Frithjof Rodi, *Selected Works*, ed. Rudolf A. Makkreel and Frithjof Rodi, vol. 5 (Princeton, NJ: Princeton University Press, 1985), 116.

으로 생각될 수 없을 것이다. 그 인물은 계속 정체가 드러나지 않은 채 묘사되고 있고, 줄기차게 '그'로 지칭되고 있다. 그렇지만 묘사는 전기적이지만은 않다… 그 묘사 안에는 **전형화**의 방향으로 움직이는 또 다른 특성이 있다."42 전형화, 이사야 53장의 시적 언어, 그리고 후대

---

42 Childs, *Isaiah*, 414(필자 강조). 차일즈는 이사야 49:1~3에 대해 말하고 있지만, 그의 견해에 따르면, 이 개념은 둘째, 셋째, 넷째 종의 노래에도 적용된다. 까닭 없이 고난 받는 시편의 의인과 신실한 예언자의 예를 들면서, 차일즈는 말을 잇는다. "예레미야의 경우와 마찬가지로, 예언적 고난에 대한 묘사는 **어떤 소명, 혹은 심지어 어떤 직무**를 그리는데, 그 가운데로 하나님의 종은 부름 받아 왔다. 그러나 이사야 53장에서 뒤이어 나오는 고백은 예레미야나 다른 예언자에게는 알려지지 않았던 새로운 차원의 순종의 고난을 탐사한다"(414쪽, 필자 강조). 그리하여 이사야의 종의 노래의 역할에는, 성경을 관통하는 하나님의 종에 대한 계속되는 묘사**와** 전형화(그것의 최고의 실현 혹은 역사화[속죄의 역할을 포함해서]는 하나님의 종인 예수임) 안에서 연속성(이전의 성경 전승들)과 불연속성(점진적 계시 안에서의 새로운 요소들) 둘 다가 존재한다. 다른 말로 하면, 새로운 계시적 특성을 띠는, 이사야 53장의 완전한 종에 대한 묘사는, 계속되는 성경적 전승에 뿌리를 둔 어떤 무명의 역사적 인물의 전형화에 기초를 두고 있으며 저자에 의해 마음속에 그려진 어떤 미래의 이상적인 야웨의 대리인을 가리킨다(초기 그리스도인들의 마음속에 이 종은 예수 그리스도였음). 그러나 미래의 이상적인 종을 가리키고 있는 이러한 이상적인 모델/패턴은, 비록 불완전하지만 그렇게 되기를 원하는 사람들-구약의 예언자들, 사도들("종들," 특히 사도행전 13:47의 바울) 혹은 심지어 그 어느 믿는 자라도(벧전 2:21)-에 의해서 반복되거나 본받아질 수 있다(역사화). 즉, 많은 종(작은 인물)이 하나님의 "종들"로 규정될 수 있는 것이다. 비록 **완전하지는 않아도** 완전한 자가 보여주는 패턴/모델을 따르는 사람들이다. 이 시점에서 클라인즈의 말을 상기하도록 하자. "그 시의 구체성의 부족 그 자체가 … 그 시가 여러 가지 상황들 가운데서 적용될 수 있을 것이라는 가능성을 열어주고 있다"(*I, He, We, and They*, 61).

차일즈가 사용한 "소명, 혹은 직무"라는 용어는 베스터만의 견해를 기억나게 한다. 베스터만은 종의 정체보다는 야웨와 그 종과 사람들 사이에 실제로 있었던 "사건들," 그리고 그 종의 "직무"나 "사역," 즉 "종의 섬기는 역할"에 더 관심을 가진다-그가 만약 의견을 표명해야 하는 상황이라면 종의 정체에 대한 집합적 견해보다는 개인적 견해를 선택했겠지만(*Isaiah 40~66*, 93, 211). 핸슨도 비슷한 생각을 변호한다. "그러나 이사야 40~55장 내용의 문학적 성격은 후자의 질문[누가 종이었을까? 누가 제2이사야였을까?]보다는 폭넓은 질문이 더 중요하다는 점을 암시한다. 특정한 대상에 대한 명확한 지칭을 거부하

의 활용이 레벤틀로우(Reventlow)에 의해 잘 설명되고 있다. "아마도 예수 자신의 활동 기간 중에나 혹은 나중에 초기 기독교인들이 예수의 사역(mission)을 묘사하려고 했을 때, 종의 사역을 예수의 사역에 어울리는 적당한 전형(type)으로서 사용하는 것이 딱 맞아떨어졌을 것이다. 종의 역할에 대한 느슨하고 그림 같은 묘사가 광범위한 심상의(mental) 연결점들을 제공해 주었기 때문이다."[43]

그리하여 이 기막힌 시적 문학 작품은 그 후의 많은 작가와 사상가에게 지속적인 영감을 준 모델/전형이 되었다.[44] 가다머가 말한 것처럼,

---

고 대신 인간 존재의 복합적이고 종종 신비스러운 차원들에 좀 더 초점을 맞추는 상징들과 은유들을 통해 의미를 전달하는 시적 언어를 우리는 다루고 있는 것이다"("The World of the Servant," 11). 워드의 주장은 그가 베스터만과 비슷한 생각을 갖고 있다는 암시를 준다. "그 종은 대표적인 인물, 예언적 직무의 수행자, 신실한 언약 담지자의 패러다임, 하나님의 진정한 사람/백성의 상징으로 나타난다"(James M. Ward, "Isaiah," in *The Interpreter's Dictionary of the Bible: An Illustrated Encyclopedia*, ed. Keith Crim, Supplementary Volume [Nashville, TN: Abingdon, 1976], 459). 그는 또한 이사야 40~55장의 "시적이며 드라마틱한 속성"에 대해서도 언급한다(459쪽). 그는 계속해서 이렇게 말한다. "'종'은 누구라도 채울 수 있는 직무(office)이다… 이사야 40~55장을 쓴 예언자는 그 종의 실현이었다… 다른 사람들은 다른 방식으로 종의 역할을 수행했다"(James M. Ward, "The Servant Songs in Isaiah," *Review and Expositor* 65 [Fall 1968]: 441~42). 오스왈트도 비슷한 방향으로 기우는 것 같다. "그[선지자]는 일상적인 시공의 영역을 초월한 어떤 것을 분명 바라보고 있다. 그는 평범한 인간의 신학과 철학의 경계를 넘어서는 어떤 것을 본다. 그는 **보편적인** 진리(universal truth)와 **보편적인** 인간(the universal Human Being)을 보고 있는 것이다"(Oswalt, *Isaiah: Chapters 40~66*, 407; 필자 강조). 그러나 역사적 저자에 의해 의도된, 미래의 이상적인 종을 가리키는 원래적 지칭이 동시에 여전히 유효하고 폐기되지 않았음을 우리는 기억해야 한다.

43 Reventlow, "Basic Issues in the Interpretation of Isaiah 53," 38.

44 예를 들어, Bernd Janowski, and Peter Stuhlmacher, *Der leidende Gottesknecht: Jesaja 53 und seine Wirkungsgeschichte*, FAT, ed. Bernd Janowski and Hermann Spieckermann, vol. 14 (Tübingen: Mohr, 1996); John F. A. Sawyer, *The Fifth Gospel: Isaiah in the History of Christianity* (Cambridge: Cambridge University Press, 1996); Johanna Manley, ed., *Isaiah through the Ages* (Menlo Park, CA: Monastery, 1995). 또한 Hans Walter Wolff, *Jesaja 53 im*

은유를 가진 모델로서 이 "미메시스"(mimesis, 모사)는 원래의 것에 대한 지시 대상(reference)을 자신이 아닌 어떤 것으로서 암시하는 것이 아니라 그 **자체**에 **어떤 의미 있는 것이** 있음을 의미한다.45 핸슨은 전형화 과정의 결과적인 내용을 이렇게 요약한다. "주의 종의 이미지는, 의의 길이 인간에게 가용한 선택 가운데 너무 독특한 것이어서 사실상 인간의 의지를 하나님의 의지와 동일시하며 그의 뜻에 완전히 굴복하는 개인이나 공동체만이 인간을 올가미로 낚아 매장해버리는 죄의 덫을 극복하며, 그리하여 '많은 사람을 의롭게' 할 수 있다는 것을 상기시키는 상징으로서 우뚝 서 있다."46 이러한 주제나 내용은, 역사적인 원 상황과의 연결을 끊어버리지 않고, 다양한 지칭 대상을 통하여 반복적으로 역사 속에서

Urchristentum, 4th ed. (Giessen: Brunnen Verlag, 1984); Walther Zimmerli and Joachim Jeremias, *The Servant of God*, trans. Harold Knight, rev. ed., SBT, ed. C. F. D. Moule et al., vol. 20 (London: SCM Press, 1965)을 보라.

45 Gadamer, *Relevance of the Beautiful*, 121(필자 강조). 여기서 가다머는 원래의 본문을 구성할 때의 역사적 상황이 중요하지 않다는 것이 아니라, 본문이 그것의 구성 당시의 원래의 역사적 상황에만 매이지 않고 본문적인 실체로서 그 자신의 생명을 가지고 있다는 것을 말하고 있는 것이다. 그의 주장은 다음과 같이 요약될 수 있다. "본문과 그것이 가진 미메시스는 단지 자신이 아닌 어떤 (중요한) 것에 대한 어떤 것만이 아니라, 또한 자체적으로도 중요한 어떤 것이다." 어떤 사람들은 그의 견해가 좀 급진적이라고 생각할 것이다. 하지만 누군가 그런 인상을 받았다면, 그는 가다머가, 가장 영향력 있는 "전통"으로서의 **본문**(특별히, 성경과 같은 고전 본문)과 해석자가 일하는 작업처가 되는 전수된 **전통**(예를 들어, 해석사, 영향사)과 **공동체**(기독교적인 경우에는, 믿음의 공동체)의 본질적 역할에 대해 크게 강조했다는 사실을 생각할 필요가 한다.

46 Hanson, "World," 20. 필자가 볼 때, 이러한 전형화는 신적 계시를 통해 저자가 품은, 미래의 하나님의 특별한 대행자를 가리키는 본문의 원래적 가리킴을 반드시 제거해야만 하는 것은 아니다. 따라서 네 번째 종의 노래의 본문과 후대의 성취들(예수에 의한 성취를 포함) 사이의 관계는 전형적–예언적인 것임이 틀림이 없다. 이사야 53장 안에 이상화되어 그려진 미래의 특별한 하나님의 대행자에 대한 그림은 예수와 완벽하게 어울리게 되었다. 그런 점에서 그 관계는 예언적이다(이것은 본문이 예수 그리스도에 대한 예언이라는 뜻은 아님). 종의 노래 안에 그려진 종의 전형과 이미지는 예수가 완벽하게 보여주는 모델과 패턴을 따르는 하나님의 많은 충성된 종들에 의해 반복 재현되어져 왔다. 그런 점에서, 그 관계는 전형적(유형적)이다.

구현될 수 있다. 이것은 역사적 맥락 속에서 원래 의도되었던 의미의 본을 따라, 그리고 저자에 의해 예기되었을 뿐 아니라 때가 찼을 때 언젠가 나타날 그 완전한 종의 본을 따라 이루어진다.

시와 예언의 지칭과 그 잠재력

리쾨르는 모델과 은유 사이의 차이는 물론, 의미(meaning)와 지칭(reference) 사이의 차이를 명쾌하게 설명한다. "만약 프레게(Frege)가 제시한 의미(sense)와 지시(reference) 간의 차이를 받아들인다면… 모든 담화는, 담화를 메시지로 만들며 확인되고 또 재확인될 수 있는 내적 구성, 그리고 어떤 것에 대해 어떤 것을 말하고자 하는 담화의 주장/열망인 담화의 지시적 의도, 둘 다의 관점에서 탐구할 수 있을 것으로 보인다. 이제 블랙(Max Black)은 모델이 은유와 똑같은 의미 구조를 갖지만, 은유의 지시적 차원도 구성한다고 말한다."[47]

네 번째 종의 노래의 본문은 저자에 의해 미래의 완전한 하나님의 종인 어떤 인물을 가리키도록 의도된 것으로 보이지만, 그 언어는 특정한 방식으로 **전형적인** 인물 혹은 이상적인 **모델**을 대변한다.[48] 그러나 그 **지시적 가능성/잠재력**은, 저자가 미처 완전히 이해하지 못했을지라도, 전통적인 역사 비평적 접근을 포함할 뿐 아니라 또한 그 영역을 넘어간다. 시미언-요프레(Simian-Yofre)는 "모델" 이론과 그 다면적인 함축성에 대해 다음과 같이 설득력 있게 주장한다.

> 그 어휘 안에 있는 수많은 예전적(liturgical) 법적(legal) 암시와 함께 이러한 특성은 저자가 어떤 예외적인 특출한 인물과 "임무"를 제시하기를 원했다는 것을 암시한다. 이스라엘이나 그 어떤 선지자(예를 들어, 제2이사야)나 다른 어떤 구약의 인물도 이 무명의 종의 모든 특성을 다

---

[47] Ricoeur, *Interpretation Theory*, 66.
[48] R. T. France, "Servant of Yahweh," in *DJG*, 747.

나타내지 못한다. 그 무명의 종은, 개인이든 집합체이든, 그 어떤 역사적 인물과도 완전히 들어맞지 않는, 하나의 **열린 신학적 이미지**이며, 그러면서도 그 특성을 짊어지려는 어떤 사람도 적어도 부분적으로는 그 인물을 현실화할 수 있게 하는 그런 이미지이다. 그리하여, 이 본문(종의 노래들)은 모든 인간의 운명과 모든 사람들의 능력(피할 수 없는 고난과 유혹을 다른 사람과 함께 그리고 어느 정도 다른 사람을 위해 짊어짐으로써 그것들을 다룰 수 있는)에 대한 신학적인 묵상과 극화된(dramatized) 묵상으로서 제시된다. 이스라엘은 그 무명의 종과 어떤 특권적인 관계를 가지고 있지 않은 듯하다. 오히려 그 무명의 종은 이스라엘을 포함하는 더 넓은 범위의 사람들을 위한 **모델**로서 나타난다. 이스라엘에 대해 에베드('ebed)란 말이 사용된 것 또한 오히려 그 무명의 종과 이스라엘의 차이를 부각시킨다. 무명의 종에 관한 본문은 제2이사야 본문들과 많은 표현을 공유하며 그 부분과 조화롭게 어울린다. 비록 그것이 이사야 40~55장 전체의 단일 저자 이론을 지지하게 될지 모르겠지만, 그것이 우리로 하여금 그 무명의 종에 관한 진술들의 신학적 독특성을 제거하도록 허용하지는 않는다.[49]

그러나 이 경우 모델 이론의 실용성이 이사야 53장의 종이 단지 개념일 뿐이라고 암시하는 것은 아니다. 노스는 다음과 같이 주장하는데, 이는 옳은 것 같다. "나는 그 노래를 지은 자가 '일반적 원리'를 논하고 있거나, 하나님을 위한 봉사가 어떤 것을 포함하는지 일반적인 그림을 제시하거나, 신정론을 보여주려 한다고 믿기 어렵다. 도덕적 문제를 추상적인 언어로 논하는 것은 히브리인들의 습관이 아니다… 그 종은 실제 인물이다. 그가 이미 역사상에 나타났든 혹은 앞으로 올 사람이든 상관없다."[50] 과거의 모세나 예레미야, 혹은 후대의 바울이나 초

---

[49] H. Simian-Yofre, U. Rüterswörden and H. Ringgren, "עֶבֶד," in *TDOT*, 10:402(필자 강조). 그러나 필자의 견해로는, 역사적 인간 저자에 의해 미래의 어떤 인물을 가리키는 것으로 생각되어지는 이사야 53장의 종의 이상적 묘사에 완벽하게 들어맞는 인물은 예수 그리스도인데, 그의 종으로서의 모습과 역할은 초기 제자들에게 확고하게 믿어졌다.

대 교회 그리스도인들처럼, 비록 완벽하지 않았지만, 완벽한 종의 모델과 패턴을 따르는, 많은 역사적인 종이 있어 왔다.[51]

은유를 가진 모델-전형-패턴으로서 새로운 현실을 만들 수 있는 시의 능력

리쾨르가 말한 것처럼, 모델은 어떤 것의 이상적인 그림을 보여주며 우리를 새로운 현실로 이끈다.

> [세 종류의 모델 가운데] 이론적 모델이… 진정한 모델이다. 그것은 상상적 대상의 특성이 실재의 특성에 상응한다고 보고, 기술하기가 더 쉬운 상상적 대상이 더 복합적인 실재의 영역을 의미한다고 이해한다. 블랙(Max Black)이 말하듯이, 상상적인 이론적 모델을 가지고 실재의 영역을 기술하는 것은 우리가 탐구하는 주제에 관한 언어를 **바꿈으로써** 사물들을 **다르게 볼 수 있는** 방법이다. 언어의 이런 변화는 발견적인 허구(heuristic fiction)를 구성하는 것에서 유래하며, 또한 그 발견적 허구의 특성들을 실재 자체로 전위(transposition)시키는 것을 통해 이루어진다.[52]

그리하여 은유를 사용하는 시적 언어는 "현상보다 더 진실한 실체"를

---

[50] North, *Suffering Servant*, 200. 그리고 전술한 바처럼, 이런 역사화는 패턴의 성격을 띠고 반복될 수 있다. 비록 예수 그리스도에 의해 현실화된 것이 가장 극적이고 완벽하며, 고유한 특성들을 띠기는 하지만 말이다.

[51] 클라인즈는 재치 있게 주장한다. "시의 바로 그 구체성의 결여가 그것으로 하여금 이 지구상의 한 지역에 얽매이거나 역사상의 한 시점에 결빙되도록 허용하지 않는다. 그러한 모호성은 그 시가 여러 다양한 상황에서 적용될 가능성을 열어놓는다. 그리고 그것이 시의 역할이다"(*I, He, We, and They*, 61).

[52] Ricoeur, *Interpretation Theory*, 66~67(필자 강조). 리쾨르는 나중에 이러한 전이를 "재묘사"라고 부르며(67쪽), "이런 전이의 기초는 모델과 그 적용 영역 사이의 가정된 구조 동일성(isomorphism)"이라고 주장한다(67쪽).

만들어낼 수 있다. 이것이 "시가 그 자신의 세계를 창조하는" 방식이다.53 리쾨르는 말한다. "은유의 경우 이러한 재기술(redescription)은 발화의 단계(level)에서 긴장을 유발하는, 차별성과 유사성 간의 상호작용에 의해 이끌려진다. 일상적 시각은 단어의 일상적 사용에 부착되어 있기 때문에 이러한 긴장을 거부하지만, 정확히 이러한 긴장된 이해로부터 **실체에 대한 새로운 시각**이 솟아난다. 그리하여 객관적이고 조작 가능한 세계는 광채를 잃고 **실체와 진리의 새로운 차원**이 드러나는 길을 열어준다."54

어떤 역사-비평적 주석가들은 대리의 구속적인 고난과 죽음의 개념은 이사야의 시대에나 심지어 제2이사야의 시대에도 없었다고 주장한다. 하지만 이런 입장은 위대한 사고 세계를 가진 시인의 창의적인 잠재력을 과소평가한다. 그들의 사고 세계는 하나님의 비전과 신탁에 의해 영감을 받았다. 그리하여 넬슨(Nelson)은 "제2이사야의 메시지는… 모든 시대를 위한 패러다임이 되었다. 유대교는 의로운 사람들의 대리적 고난이 죄를 속할 수 있다고 믿게 되었다. 죽음은 특별한 효과가 있었다"고 강력하게 주장한다.55

시와 예언에 대한 문학적 그리고 역사-비평적 접근들

지금까지 우리는 종의 노래라는 예언적 시의 문학적 특성들과 은유적 전형/모델/패턴으로서의 지칭적 잠재력에 대해 고찰해 왔다. 이제 이 본문이 제2성전기 유대주의 내내 어떤 영향을 끼쳤는지 탐구하려고 한다. 이 시점에 슈나이더스(Schneiders)의 말에 귀 기울이는 것이 도움이 될 것이다.

---

53 Ricoeur, *Interpretation Theory*, 67.

54 Ricoeur, *Interpretation Theory*, 68(필자 강조).

55 William B. Nelson Jr., "Servant of the Lord," in *Eerdmans Dictionary of the Bible*, ed. David Noel Freedman (Grand Rapids: Eerdmans, 2000), 1190. 여기서 넬슨은 특별히 그 메시지들이 종의 노래에서 기원되었음을 암시한다.

하지만 문학 비평은 본문을 역사적 세계(상술된 사건이나 본문이 작성된 공동체의 상황)를 보는 "창"이 아닌 독자가 초청되는 세상을 반영하는 "거울"로 본다… 그렇다면, 성경의 문학을 해석하는 자의 관심은 역사적 사건의 재구성이 아니라, 본문과 관련된 주제에 대해 자신을 변화시키는 이해, 즉 전유(appropriation)에 있다. 이러한 접근은 역사적 탐구의 가치를 **부정하지 않으며** 본문의 원래적 상황을 무시하지도 않는다. 오히려, 그것은 역사적 관심사에 묶인 그 어떤 제약을 넘어 의미의 개념을 확장시킨다.56

이런 문학적 접근은 어떤 극단적인 독자-반응 입장처럼 본문으로부터 임의로 "의미"를 짜내지 않는다. 맥나이트(McKnight)는 다음과 같이 주장한다. "저자와 독자에게 영향을 주는, 의미의 전체 범위와 의미-효과가 고려된다면, 깨닫지 못하는 의미와 암시적인 의미가 허용된다면, 이러한 의미들이 오로지 원래 상황에만 적용되는 것이 아니라면, 의사소통이 이뤄진 원래 상황에 대해 주의를 기울이는 것은 문학으로서의 그 작품을 폐기하지 않으며… 그것[그러한 접근]은 역사비평적 전통의 풍부한 자원을 통합시키는 것을 허용한다."57

---

56 Sandra M. Schneiders and Raymond E. Brown, "Hermeneutics," in *The New Jerome Biblical Commentary*, ed. Raymond E. Brown, Joseph A. Fitzmyer, and Roland E. Murphy (Englewood Cliffs, NJ: Prentice Hall, 1990), 1159[논설 가운데 이 부분은 슈나이더스에 의해 쓰임](필자 강조).

57 Edgar V. McKnight, *The Bible and the Reader: An Introduction to Literary Criticism* (Philadelphia: Fortress, 1985), 11~12. 이러한 통합적 접근은 차일즈의 지지도 얻고 있다. "나는 성서 주해에 있어서 통시적(diachronic) 차원과 공시적(synchronic) 차원 둘 다 필요하다고 주장할 것이다. 한 마디로 말해 비평적 해석을 위한 필요한 맥락으로서 본문의 원래 배경에 대한 문헌적, 역사적 재구성을 제공하는, 전통적인 역사 비평이 취하는 통시적 접근만으로는 불충분하다고 생각한다. 마찬가지로, 나는 그 기록된 형식 뒤에 있는 실재의 그 어떤 재구성과 관련 없는, 자족적인 문학적 실체로서만 본문을 강조하는 동시적이고 구조주의적인 접근 – 자유주의적인 진영과 보수적인 진영 양쪽에서 점점 더 옹호되는 입장 –을 거부한다. 오히려, 중요한 이슈는 통시적인

저자의 의도와 원래의 역사적 맥락에서 끌어낸 "의미의 전체 범위와 의미-효과" 혹은 "의미의 영역"을 고려하는 일은 과도하고 임의적인 해석을 배제하는 일을 보증할 것이다. "본문 '배후'를 통해 이르는 것"은 "저자의 의식적인 인지와 명확한 표명을 넘어설 수도 있는, 주제에 대한 더 깊은 이해에 이르게 하는 실마리"를 제공할지도 모른다.58

영향사의 중요성59

본문의 수용(reception)과 해석을 통제하고 잘못된 과도한 해석을 배제하는 것을 보장하기 위한 또 하나의 중요한 요소는 수용의 전통(들), 혹은 해석적 전통(들)이다. 씨슬톤은 이것을 잘 설명한다.

> 이 부분에서, 한스-로베르트 야우스(Hans-Robert Jauss)의 기여가 교훈적이다. 한편으로 그는 해석의 연속적 전통의 중요성을 받아들이는데, 이것을 넘어서면 해석이 기괴해져 버리거나 무책임하게 된다.

것과 동시적인 것이 어떻게 서로 관련을 맺는지 결정하는 것이다"(Childs, *Isaiah*, 440).

58 Thiselton, "Language," 99. 여기서, "본문 '배후'를 통해 이르는 것"은 주로 역사-비평적 접근을 포함한다.

59 이 용어는 가다머에 의해 만들어졌으며, 문학 연구자들과 해석학자들에 의해 널리 사용되고 있다(Hans-Georg Gadamer, *Truth and Method*, trans. Joel Weinsheimer and Donald G. Marshall, 2d rev. ed. [New York: Crossroad, 1988; reprint, New York: Continuum, 1994], 306~7); 한스-게오르크 가다머, 『진리와 방법 1: 철학적 해석학의 기본 특징들』, 이길우 외 역 [서울: 문학동네, 2000, 신판 2012]; 『진리와 방법 2: 철학적 해석학의 기본 특징들』, 임홍배 역 [서울: 문학동네, 2012]). 이 용어는 가다머의 책 영어판에서 처음에는 "효과의 역사"(history of effect)라고 번역되었지만, "영향사"(history of influence) 혹은 "수용사"(history of reception)라고도 옮겨질 수 있다(필자는 앞으로 뒤의 두 용어를 사용할 것임). 어떤 경우에 이 용어는 "해석사"와 같지만, 다른 경우들에는 그것과 다르다. **영향사**(*Wirkungsgeschichte*)는 "해석사"보다 더 넓은 용어이다. 후자는 어떤 해석적 행위들과 관련이 있는 데 비해 전자는 해석, 영향, 인유(allusion), 간본문성(intertextuality) 등 모든 경우에 연관되기 때문이다.

의미는 전혀 불명확하거나 무제한적인 것이 아니다. 그런데도 해석학적 의제(agenda)는 한 시대에서 다음 시대로 단순하게 복제되지 않는다. 해석의 전통이 확장되면서, 어떤 새로운 패러다임이 연속성과 불연속성 둘 다를 나타내느냐에 따라 새로운 질문들과 새로운 사고-형태들이 일어난다. 이것은 '지역적인' 문맥화를 내세우는 로티(Rorty)와 피쉬(Fish)의 실용주의와는 거리가 멀다. 그럼에도 불구하고 그것은 성경 해석이란 '하나의 명확한 의미'를 끝없이 똑같이 반복 재현하는 것에 불과하다는 생각에 도전한다.60

씨슬톤은 계속해서 다음과 같이 말한다.

내가 보기에, 성서 연구에서 최근의 가장 건설적인 발전은 석의적 이

---

60 Thiselton, "Language," 105. 여기서 씨슬톤은 다음과 같은 자료들을 언급하고 있다: Hans Robert Jauss, *Toward an Aesthetic of Reception*, trans. Timothy Bahti, Theory and History of Literature, ed. Wlad Godzich and Jochen Schulte-Sasse, vol. 2 (Minneapolis, MN: University of Minnesota Press, 1982) (cf. Wolfgang Iser, *The Act of Reading: A Theory of Aesthetic Response* [Baltimore, MD: Johns Hopkins University Press, 1978]); Stanley Fish, *Is There a Text in This Class?: The Authority of Interpretive Community* (Cambridge, MA: Harvard University Press, 1980); Richard Rorty, *Objectivity, Relativism, and Truth* (Cambridge: Cambridge University Press, 1991); Stanley Fish, *Philosophy and the Mirror of Nature* (Princeton: Princeton University Press, 1980); Stanley Fish, *Consequences of Pragmatism: Essays 1972~1980* (Minneapolis, MN: University of Minnesota Press, 1982); Stanley Fish, *Contingency, Irony and Solidarity* (Cambridge: Cambridge University Press, 1989). 피쉬는 문학 이론과 해석의 분야에서 특별히 영향력이 있다. 씨슬톤은 그의 책 중 "The Major Difficulties and Limited Value of Fish's Later Theory for Biblical Studies and for Theology"라는 항목에서 피시를 올바르게 비판하고 있다(Anthony C. Thiselton, *New Horizons in Hermeneutics: The Theory and Practices of Transforming Biblical Reading* [Grand Rapids: Zondervan, 1992], 546~50).
중간기 문헌들과 신약 문서들에서 발견되는, 이사야 53장의 영향에 관한 연구는 씨슬톤의 주장이 (아마도) 옳다는 것을 보여준다.

슈에 대한 **영향사**(*Wirkunsgeschichte*)를 제공하려는 산발적인 시도였다. 그것은 어떻게 성경 본문의 **수용**(reception)이 차례로, 본문을 듣는 다음 세대의 의제와 선이해를 형성하였는지를 비평적으로 설명하려는 노력이다. 이것은 단순한 '해석사'로 축소되어서는 안 된다. 해석사는 역사적이고 묘사적인 것임에 비해, 영향사는 해석학적이며 창조적으로 비평적이다. 하지만 아주 기초적인 방식 이상으로 이 분야를 탐구한 사람은 아직까지 별로 없다.61

씨슬톤은 이 점에서 가다머를 인용한다. "그래서 가다머는, 개개의 주관적인 의식의 오류성과 유한성을 생각하면 '권위와 전통의 복귀'가 필요하다고 주장한다."62

---

61 Thiselton, "Language," 105. 슈나이더의 책은 "수용사"(reception history)라는 개념에 기초하고 있다(William M. Schniedewind, *Society and the Promise to David: The Reception History of 2 Samuel 7:1~17* [Oxford: Oxford University Press, 1999]). 성경의 장들이나 문단들에 대한 영향사를 추적하는 몇몇 주석서가 출판되었다. 예를 들어, Anthony T. Thiselton, *The First Epistle to the Corinthians: A Commentary on the Greek Text*, NIGTC, ed. I. Howard Marshall and Donald A. Hagner (Grand Rapids: Eerdmans, 2000)(이 주석서는 야우스의 이론을 활용한다). 또한 마태복음에 대한 루츠의 몇 권짜리 주석서(Ulrich Luz, *Matthew 1~7: A Commentary*, trans. Wilhelm C. Linss [Minneapolis, MN: Augsburg, 1989]; 같은 저자의 *Matthew 8~20: A Commentary*, trans. James E. Crouch, Hermenia—A Critical and Historical Commentary on the Bible, ed. Helmut Koester et al. [Minneapolis, MN: Fortress, 2001])와 출애굽기에 대한 차일즈의 주석서(Brevard S. Childs, *The Book of Exodus: A Critical, Theological Commentary*, OTL, ed. Peter Ackroyd, et. al [Louisville, KY: Westminster, 1974])를 보라. 참고. Ulrich Luz, *Matthew in History: Interpretation, Influence, and Effects* (Minneapolis, MN: Fortress, 1994).

또한 다음의 책을 보라: Bernd Janowski, and Peter Stuhlmacher, *Der leidende Gottesknecht: Jesaja 53 und seine Wirkungsgeschichte*, FAT, ed. Bernd Janowski and Hermann Spieckermann, vol. 14 (Tübingen: Mohr, 1996. 이 책은 네 번째 종의 노래의 **영향사**(*Wirkungsgeschichte*)라는 주제에 관하여 독일의 학자들이 쓴 논문을 모아놓은 탁월한 책이다. 구약 시대 안에서의 여러 본문들의 간본문성과 수용사에 대해 관련된 연구들을 엮은 책은 Michael Fishbane, *Biblical Interpretation in Ancient Israel* (Oxford: Clarendon, 1984)이다.

62 Thiselton, "Language," 107.

종의 노래의 영향을 받았던 제2성전기의 유대 작품들이 이해했던, 그 시 전체, 혹은 단어, 구, 구절 같은 부분들의 "의미"를 고찰해 보면, 그것이 여러 요인에 의해 통제되고 있다는 것을 알 수 있다. 원저자가 자신의 맥락 속에서 의도한 것에 기초하여 그것으로부터 유래된 의미의 영역, 수용/영향/해석의 계속되는 전통들, 그리고 받아들여진 본문을 그들의 역사성 속에서 해석하고 활용해 나갈 때 이 모든 요인들에 의해 영향을 받거나 그 요인들을 활용한 해석 공동체가 그것이다.[63] 이어지는 장들에서 이사야 53장의 해석적 영향/수용의 역사에 대해 연구할 때 이것을 염두에 둘 것이다.[64]

---

[63] 적지 않은 경우, 이런 (재)해석들은 "패턴" 혹은 유형론(typology)의 개념과 연관된다.

[64] 이러한 관점은 예수와 그의 추종자들에 의한 이사야 53장의 해석에 또한 적용된다. 비록 그들이 받은 신적 계시와 그들 자신의 독특한 체험들에 의해 야기된 것들로서, 그들의 생각의 지평에 고유한 요소들이 있지만 말이다. 그래서 신약의 이사야 53장 사용에 "계시," 그리고 예수의 계시적 삶과 행동들이 주된 요소가 된다.

4장

네 번째 종의 노래의 해석적 영향사/수용사[1]

이 장에서 우리는 이사야 시대부터 신구약 중간기를 거쳐 예수의 시대에 이르기까지 네 번째 종의 노래와 연관된 해석적 전통을 면밀하게 추적할 것이다.

다니엘과 스가랴

넬슨은 이렇게 주장한다. "6세기를 위한 제2이사야의 메시지가 모든 시대를 위한 패러다임이 되었다. 유대주의는 의로운 자의 대리적 고난

---

[1] 가다머의 용어 "영향사(Wirkungsgeschichte)"(Hans-Georg Gadamer, *Truth and Method*, trans. Joel Weinsheimer and Donald G. Marshall, 2d rev. ed. [New York: Crossroad, 1988; reprint, New York: Continuum, 1994], 300~307)와 야우스의 용어 "수용"(Hans Robert Jauss, *Toward an Aesthetic of Reception*, trans. Timothy Bahti, Theory and History of Literature, ed. Wlad Godzich and Jochen Schulte-Sasse, vol. 2 [Minneapolis, MN: University of Minnesota Press, 1982])은 이미 학문적 토양에 정착했다. 앞 장의 각주 61을 참조하라.

이 죄를 속량할 수 있다고 믿게 되었다. 죽음은 특별히 유효한 수단이었다."[2] 하지만, 넬슨의 말이 옳을지 몰라도, 그것의 "해석적 영향의 역사"(*Wirkungsgeschichte*)를 밝히는 일은 그렇게 간단하지 않다. 그것이 후의 성경적/비성경적 글에 미친 영향이나 효과는, 많은 경우 "암시적인" 방식으로 반영되고 있기 때문이다. "제2성전기의 유대주의 작가들은 한 단어나 구로써 의도적으로 어떤 이야기의 세계를 떠올리게 하는 기법으로 상당히 많은 성경 본문을 암시하고 있었을 가능성이 크다"고 한 라이트(N. T. Wright)의 말은 이러한 문제에 대해 적절한 설명으로 보인다.[3] 에스겔서에서 우리는 구속적 고난 개념의 흔적을 발견할 수 있다.

> 너는 또 왼쪽으로 누워 이스라엘 족속의 죄악을 짊어지되; 네가 눕는 날수대로 그 **죄악을 담당할지니라**. 내가 그들의 범죄한 햇수대로 네게 날수를 정하였나니 곧 삼백구십 일이니라; 너는 이렇게 **이스라엘 족속의 죄악을 담당하고** 그 수가 차거든 너는 오른쪽으로 누워 **유다 족속의 죄악을 담당하라**. 내가 네게 사십 일로 정하였나니 하루가 일 년이니라. (겔 4:4~6; 필자 강조)

포로 이후 예루살렘의 대제사장이었던 여호수아는 하나님께서 "내 종, 싹(עַבְדִּי צֶמַח)"을 나게 하실 것이라는 예언을 받는데(슥 3:8), 이것은 이사야 11:1('싹[חֹטֶר]'과 '가지[נֵצֶר]')과 이사야의 종의 노래들을 연상케 한다.[4] 이러한 용어들은 주로 구약에서 왕의 개념과 관련이 있지만("가지"

---

[2] William B. Nelson Jr., "Servant of the Lord," in *Eerdmans Dictionary of the Bible*, ed. David Noel Freedman (Grand Rapids: Eerdmans, 2000), 1190. 여기서 그는 특별히 이러한 메시지들이 종의 노래에서 시작되었음을 암시한다.

[3] N. T. Wright, *Jesus and the Victory of God*, vol. 2, Christian Origins and the Question of God (Minneapolis, MN: Fortress Press, 1996), 584.

[4] Bruce D. Chilton, *The Glory of Israel: The Theology and Provenience of the Isaiah Targum*, JSOTSup, ed. David J. A. Clines, Philip R. Davies, and David M. Gunn, vol. 23 (Sheffield: JSOT, 1983), 90, 91을 보라. 스가랴 3:8에서 이사야의 영향(사 53:11의 עַבְדִּי;, 사 4:2의 צֶמַח, 사 11:1의 "가지"의

에 대해서는 사 4:2; 렘 23:5; 33:15; 슥 6:12[참고. 사 11:1, 10]5/ "내 종"에 대해서는 삼하 3:18; 시 78:70; 슥 34:24; 37:24, 모두 다윗에 대한 것임), 종의 노래에 대한 암시를 어느 정도 짐작할 수 있다.6 통상적으로 "내 종"이라는 명칭은 특별히 다윗 왕을 위한 것이었다.7 마이어(Meyer)의 주장대로 "분명 '종'은 이스라엘이나 유다의 현직 왕을 부르는 일반적인 명칭이 아니었다." 그 용어는 "미래에 대한 예언에서 '종'이라는 단어를 사용하였던 이사야와 예레미야 같은 이전의 선지자들"과 연관이 있다.8 따라서 "스가랴 혹은 편집자는 이사야, 예레미야, 에스겔이 가졌던 다윗 혈통의 가지의 개념을 제2이사야의 고난 받는 종의 개념과 결합하여 나타날 메시아에 대해 말하였을 가능성이 있다"고 한 스미스의 말은 일리가 있어 보인다.9

다니엘서는 이사야의 종의 노래의 영향사의 좋은 예를 제공한다.

개념)은 명확하지는 않아도 불가능하지 않다. 이 구절에서의 예레미야의 영향 (23:5와 33:15에서의 צֶמַח)은 개연성이 있어 보인다.

5 피터슨의 말은 옳은 듯하다. "스가랴 및 다른 이들이, 이러한[렘 23:5] 종류의 신탁, 즉 미래의 복이 צְמָחָה와 같이 자라는 식물로 생각되는, 다윗 혈통의 번영과 연결되어 있다고 하는 계시에 대해 알고 있었다는 것은 의심의 여지가 거의 없다. 이러한 복의 그림은 단순히 צְמָחָה를 언급하는 것만으로도 촉발될 수 있었는데, 이것은 정확히 스가랴의 신탁이 성취하는 바이다. 더 많은 것을 말할 필요가 없었다"(David L. Petersen, *Haggai and Zechariah 1~8: A Commentary*, OTL, ed. Peter Ackroyd et al. [Philadelphia: Westminster, 1984], 210).

6 우리가 "메시아"라는 용어를 하나님의 목적을 위하여 기름 부음 받은 자로 정의하고, 제2성전기 유대주의의 다양한 메시아주의가 보여주듯이 단순히 왕의 역할로 제한시키지 않는다면, 이사야의 시에 나타난 종 또한 메시아적이라고 할 수 있다(또한, 종은 하나님의 영에 의해 기름 부음을 받으며 일부 왕의 특성을 보여준다).

7 Carol L. Meyers and Eric M. Meyers, *Haggai, Zechariah 1~8: A New Translation with Introduction and Commentary*, AB, ed. William Foxwell Albright and David Noel Freedman, vol. 25B (New York: Doubleday, 1987), 68. 두 예외는 모세(민 12:7~8)와 미래의 고난 받는 종(사 52:13~53:12)이다.

8 Meyers & Meyers, *Haggai, Zechariah 1~8*, 68.

9 Ralph L. Smith, *Micah~Malachi*, WBC, ed. David A. Hubbard and Glenn W. Barker, vol. 32 (Dallas, TX: Word, 1984), 201.

이사야 (MT)	이사야 (칠십인역)	다니엘 (MT)
이사야 52:13 הִנֵּה יַשְׂכִּיל עַבְדִּי יָרוּם וְנִשָּׂא וְגָבַהּ מְאֹד	이사야 52:13 ἰδοὺ συνήσει ὁ παῖς μου καὶ ὑψωθήσεται καὶ δοξασθήσεται σφόδρα	다니엘 11:33 וּ**מַשְׂכִּילֵי** עָם **יָבִינוּ** לָרַבִּים וְנִכְשְׁלוּ בְּחֶרֶב וּבְלֶהָבָה בִּשְׁבִי וּבְבִזָּה יָמִים
		다니엘 11:34 וּבְהִכָּשְׁלָם יֵעָזְרוּ עֵזֶר מְעָט וְנִלְווּ עֲלֵיהֶם רַבִּים בַּחֲלַקְלַקּוֹת
		다니엘 11:35 וּמִן־**הַמַּשְׂכִּילִים** יִכָּשְׁלוּ לִצְרוֹף בָּהֶם וּלְבָרֵר וְלַלְבֵּן עַד־עֵת קֵץ כִּי־עוֹד לַמּוֹעֵד
이사야 53:11 מֵעֲמַל נַפְשׁוֹ יִרְאֶה יִשְׂבָּע בְּדַעְתּוֹ **יַצְדִּיק** **צַדִּיק** עַבְדִּי **לָרַבִּים** וַעֲוֺנֹתָם הוּא יִסְבֹּל	이사야 53:11 ἀπὸ τοῦ πόνου τῆς ψυχῆς αὐτοῦ δεῖξαι αὐτῷ φῶς καὶ πλάσαι τῇ συνέσει **δικαιῶσαι** δίκαιον εὖ δουλεύοντα πολλοῖς καὶ τὰς ἁμαρτίας αὐτῶν αὐτὸς ἀνοίσει	다니엘 12:3 וְ**הַמַּשְׂכִּלִים** יַזְהִרוּ כְּזֹהַר הָרָקִיעַ וּ**מַצְדִּיקֵי הָרַבִּים** כַּכּוֹכָבִים לְעוֹלָם וָעֶד פ
		다니엘 12:10 יִתְבָּרֲרוּ וְיִתְלַבְּנוּ וְיִצָּרְפוּ רַבִּים וְהִרְשִׁיעוּ רְשָׁעִים וְלֹא

יָבִינוּ כָּל־רְשָׁעִים
וְהַמַּשְׂכִּלִים יָבִינוּ

다니엘 11:33에서의 이사야 52:13에 대한 암시에 대해 콜린스(Collins)는 다음과 같이 설명한다. "מַשְׂכִּלִים이라는 명칭은 이사야 52:13의 '고난 받는 종'(הִנֵּה יַשְׂכִּיל עַבְדִּי)에서 온 것이며, 이 종은 רַבִּים을 '의롭게' 한다고 말하고 있다(사 53:11; 참고. 단 12:3). 그들의 승리는 고난과 하늘의 높임을 통하여 성취된다."[10] 콜린스는 계속해서 또 다른 암시의 경우를 주장한다(단 12:3의 사 52:13과 53:11에 대한 암시). "여기서 그들이 מַצְדִּיקֵי הָרַבִּים(참고. 사 53:11)이라고 불리는 것을 통해 그러한 암시는 더 분명해 진다. 높임의 동기는 이사야 52:13에서 발견된다. 11:33에서 지혜로운 자들이 일반 백성들을 깨닫게 하는 것에 반하여 여기서는 전자가 후자를 의롭게 한다고 한 것은 주목할 만하다. 이 두 개념은 동일하지는 않더라도 밀접하게 연관된 것은 분명하다."[11] 어떤 학자

---

10 John J. Collins, *Daniel: A Commentary on the Book of Daniel*, ed. Frank Moore Cross, Hermenia—A Critical and Historical Commentary on the Bible, ed. Frank Moore Cross et al. (Minneapolis, MN: Fortress, 1993), 385; H. L. Ginsberg, "The Oldest Interpretation of the Suffering Servant," *VT* 3 (1953): 400~4; Martin Hengel, "Zur Wirkungsgeschichte von Jes 53 in vorchristlicher Zeit," in *Der leidende Gottesknecht: Jesaja 53 und seine Wirkungsgeschichte*, ed. Bernd Janowski and Peter Stuhlmacher, FAT, ed. Bernd Janowski and Hermann Spieckermann, vol. 14 (Tübingen: Mohr, 1996), 61. 또한 Michael Fishbane, *Biblical Interpretation in Ancient Israel* (Oxford: Clarendon, 1984), 507을 참고하라. "종말론적/묵시적 비밀집회는 'illuminati'(단 11:33, 35)-야웨의 진정한 종들(참조, 사 52:13)-로 불린다. 그들은 다른 이들에게 빛을 비추고(illumine) 지식을 전파할 것이다(단 11:33; 참고. 사 52:15)."

11 Collins, *Daniel*, 393. 또한 Hengel, "Zur Wirkungsgeschichte von Jes 53 in vorchristlicher Zeit," 60~61을 보라. 필자가 2장에서 설명했듯이, 이사야 52:13에서 יַשְׂכִּיל은 "지혜롭다 혹은 이해하다"와 "번영하다" 둘 다를 의미할 수 있다(또한 Hengel, "Zur Wirkungsgeschichte von Jes 53 in vorchristlicher

들은 다니엘 11장과 12장에 화해를 위한 고난이라는 개념이 존재한다는 것을 의심하지만, 콜린스는 그러한 생각에 대해 경고한다. "이사야의 고난 받는 종에 대한 암시에 비추어 이것은 불가능한 것이 아니다. 하지만, *maśkîlîm*이 가르침을 통하여 일반 백성을 의롭게 만든다고, 그리하여 순교보다 가르침이 의롭게 함의 수단이라고 생각하는 것은 더 단순하다."12 어쨌든, 골딩게이(Gondingay)의 말대로, "이사야 52:13~53:12에서 묘사된 야웨의 종의 부르심이 여기서 성취되고 있다."13 피쉬베인(Fishbane)은 이에 동의한다. "분명히 다니엘 11~12장의 저자는 자신의 그룹이 야웨의 고난 받는 종의 법통을 잇는 자들임을 강조하기 원했다. 종이 고난 당했을 때 그들도 고난 받았으며 후에 그가 영광을 얻었듯이(참고. 사 53:12) 그들도 영생으로 부활할 것이다. 이 그룹이 '종의 노래'를 역사에서의 이스라엘 민족의 고난에 대한 묘사로 읽는 한 משכילים은 자신들이 진정한 이스라엘, 의로운 남은 자라고 믿었다."14 "다니엘 11:33~12:10은 네 번째 종의 노래에 대한 가장

Zeit," 63을 보라). 몽고메리는 이곳과 이사야 53:11 모두에서 수단의 Hif 형태가 관습적 법적인 의미의 "무죄를 선언하다"라기보다는 "…을 의롭게 하다"라는 뜻이라고 말한다(James A. Montgomery, *A Critical and Exegetical Commentary on the Epistle to the Book of Daniel*, ICC, ed. S. R. Driver, A. Plummer, and C. A. Briggs [Edinburgh: T. & T. Clark, 1927], 472~73). 골딩게이는 다니엘 12:4의 דעת가 이사야 53:11과의 또 다른 연결 고리라고 생각한다(John E. Goldingay, *Daniel*, WBC, ed. David A. Hubbard and Glenn W. Barker, vol. 30 [Dallas, TX: Word Books, 1989], 284).

12 Collins, *Daniel*, 393. 몽고메리는 다니엘에서의 "지혜로운" 순교자들의 고난/죽음이 "화해하게 하는 가치"를 지닐 수 있다고 생각한다(*Daniel*, 473). 헹겔은 다니엘 11장과 12장에서 대리적 속죄의 개념의 가능성을 인정하지만 조심스러운 입장을 취한다. "하지만 정확하게 이 시점에서 본문들의 이례적인 (표현상의) 자제가 존중될 필요가 있다"("Die außerordentliche Zurückhaltung der Texte gerade an diesem Punkt muß jedoch beachtet werden")(Hengel, "Zur Wirkungsgeschichte von Jes 53 in vorchristlicher Zeit," 64).

13 Gondingay, *Daniel*, 301.

14 Fishbane, *Biblical Interpretation*, 493. 그는 다니엘 12:2에 이사야 26:19의 "지혜로운 자"의 부활의 소망에 대한 암시와 이사야 66:24의 악한

오래된 해석으로 불렸다"는 클리포드(Clifford)의 말은 지금까지의 논쟁에 대한 아주 간결한 결론이다.15 콜린스 또한 네 번째 종의 노래가 솔로몬의 지혜서(2, 5장)뿐 아니라 "다니엘 11:33~35; 12:1~3과 에녹의 비사(「에녹 1서」 46, 62)에 있는 내세에 대한 소망의 형성에 영향을 미쳤다"고 주장한다.16

다니엘 11장과 12장의 영향사를 고려할 때에 이상적인 모델로서 다니엘서가 마카비 운동의 지지자들과 순교자들이 이교도들의 억압에 저항하여 박해와 생명의 위협을 무릅쓰고 반란을 일으키도록 상당한 영향을 미쳤음이 분명해 보인다.17 다니엘이 묘사하고 격려하는 영원한 하나님의 왕국과 그 안에 있는 생명에 대한 소망은 마카비가의 혁명을 자극하는 동기가 되었다.18 후에 보여주게 되겠지만, 마카비가의 반란

자들의 운명에 대한 또 다른 암시가 있음을 인식한다(493쪽). 그는 계속해서 말한다. "이러한 예언적 자료들을 함께 엮음으로써 이 묵시론의 저자는 마지막 때에 있을 하나님의 변호에 대한 확신을 강화하기 원했다. 그것의 성취를 옛 시대는 내다보았으며, 지금은 임박한 현실로 믿고 있다"(493쪽).

15 Richard Clifford, "Isaiah, Book of (Second Isaiah)," in *ABD*, 3:500. 긴스버그 또한, 네 번째 종의 노래에서 다니엘 7~12장이 "고난 받는 종에 대한 가장 오래된 해석"이며 다니엘에서의 고난, 죽음, 사후의 삶에 대한 소망의 모티프는 그 노래에서 출발한다고 주장하면서 클리포드의 말이 옳음을 인정한다(Ginsberg, "Oldest Interpretation," 400~4).

16 John J. Collins, *Jewish Wisdom in the Hellenistic Age* (Edinburgh: T & T Clark, 1997), 184~85.

17 우리는 풀무 속의 세 젊은이와 사자 굴의 다니엘뿐 아니라 박해를 당하는 성도들(단 7, 11, 12장)을 떠올리게 된다. 이 성도들은 큰 시련 후에 영원한 하나님의 왕국을 상속받기로 되어 있다. "그리하여, 다니엘은 나라와 순교자의 운명이 혼연일체를 이루는 방식에 대한 1세기의 생각의 분명한 근원이 된다"고 하는 라이트의 주장은 옳다(*Jesus and the Kingdom of God*, 585). 헹겔이 주장하듯이, 마카비가의 순교자들은 의로운 순교자들의 속죄하는 능력과 부활을 모두 믿었다. 아래 적절한 섹션에서 이것을 보여줄 것이다(Hengel, "Zur Wirkungsgeschichte von Jes 53 in vorchristlicher Zeit," 63).

18 예를 들면, 다니엘서의 이어지는 구절들을 보라. "내가 본즉 이 뿔이 성도들과 더불어 싸워 그들에게 이겼더니, 옛적부터 항상 계신 이가 와서 지극

의 순교자들은, 이스라엘 나라와 백성들을 하나님께 짓는 죄로부터 깨끗하게 하고 임박한 하나님의 왕국을 맞이하기 위하여 일부 신실하고 지혜로운 자들이 고난을 당하거나 죽어야 한다고 믿었다고 말한다.19

요약하면, 콜린스는 다니엘 10~12장의 해석적 영향의 역사와 그 근원(사 53장)을 다음과 같이 설명한다. "그리하여 다니엘 10~12장은 순교에 대한 근본적 이유를 제공한다. … 구원의 소망은 죽음 너머에 있다. 부활이나 내세에 대한 기대는 또 「마카비 2서」 7장과 솔로몬의 지혜서에서의 의로운 자의 순교의 입지를 강화한다. 부활과 순교 사이의 이러한 연결은 후에 기독교에서 아주 중요한 것이 될 것이지만, 그것은 유대교적인 것이 그 근원이며, 많은 부분, 이사야 53장의 고난 받는 종의 모델로부터 추정된 것이었다."20

히 높으신 이의 성도들을 위하여 원한을 풀어 주셨고 때가 이르매 성도들이 나라를 얻었더라… **성도들은 그[네 번째 짐승]의 손에 붙인 바 되어 한 때와 두 때와 반 때를 지내리라.** 그러나 심판이 시작되면 그는 권세를 빼앗기고 완전히 멸망할 것이요 **나라와 권세와 온 천하 나라들의 위세가 지극히 높으신 이의 거룩한 백성에게 붙인 바 되리니**…"(단 7:21, 22, 25b~27).

"백성 중에 지혜로운 자들이 많은 사람을 가르칠 것이나 그들이 칼날과 불꽃과 사로잡힘과 약탈을 당하여 여러 날 동안 몰락하리라… 또 그들 중 **지혜로운 자 몇 사람이 몰락하여 무리 중에서 연단을 받아 정결하게 되며 희게 되어** 마지막 때까지 이르게 하리니 이는 아직 정한 기한이 남았음이라"(단 11:33, 35).

19 앞에서 보여주었듯이, 지혜로운 자들(즉, 하나님의 뜻을 이해하고 그것에 대한 순종 때문에 후에 복을 얻는 자들)과 신실하게 순종하는 자들이 받는 이러한 고난은 네 번째 종의 노래의 고난 받는 주의 종을 상기시킨다("내 종이 지혜롭게 행하며 형통하리라"[사 52:13]; "나의 의로운 종이 자기 지식으로 많은 사람을 의롭게 하며 또 그들의 죄악을 친히 담당하리로다"[사 53:11]).

20 Collins, *Daniel*, 403~4. 헹겔의 설명은 적절하다. "이사야 53장은, 비록 처음에는 집합적인 이해가 전면에 나섰으며, 전체 본문 중 특정 요소들만 영향을 미쳤지만, 구약의 독특한 본문으로서 이러한 발전[예를 들어, 「마카비 2서」 7:37~38의 속죄와 부활의 개념]을 도왔을 것이다"(Hengel, "Zur Wirkungsgeschichte von Jes 53 in vorchristlicher Zeit," 63).

칠십인역

헹겔의 말은 칠십인역의 이사야 52:13~53:12의 번역에 대한 적절한 도입이 될 것이다.

이사야의 번역은 자주 어려움을 주는 이 본문에 대해 가끔은 확신이 없었던 한 개인에 의해 이루어졌음이 분명하다. 따라서 그는 때때로 정확한 번역보다 해석적이며 현실화하는 의역을 통하여 표현하였다. 하지만 전체적으로 나쁜 번역은 아니다. 언어학적으로, 그리고 신학적으로 상당한 "해석학적인" 성과라고 판단할 수 있다. 동시에, 그것이 MT와 많은 부분 차이를 보인다는 점에서, 번역자가 다른 히브리어 본문을 가졌는지, 아니면 스스로 자유롭게 그렇게 했는지 말하기 어렵다.21

다음은, MT와 칠십인역의 본문의 증거가 상당히 다른, 네 번째 종의 노래에서 몇몇 결정적인 부분 몇 가지를 비교한 것이다. 칠십인역의 이문들의 해석적 표현이 의미하는 바를 또한 설명할 것이다.

MT	칠십인역
이사야 52:13 הִנֵּה יַשְׂכִּיל עַבְדִּי יָרוּם וְנִשָּׂא וְגָבַהּ מְאֹד	이사야 52:13 ἰδοὺ συνήσει ὁ παῖς μου καὶ ὑψωθήσεται καὶ δοξασθήσεται σφόδρα
보라, 내 종이 지혜롭게 행하여 형통하리니[또는 지혜롭게 행하리니], 받들어 높이 들려서 지극히 존귀하게 될 것이다.	보라, 내 종이 **깨닫고/이해하고** 높임을 받으며 크게 영화롭게 될 것이다.

συνίημι가 שָׂכַל에 대한 가능한 번역이지만 통상적으로는 בִּין이 어울

---

21 Hengel, "Zur Wirkungsgeschichte von Jes 53 in vorchristlicher Zeit," 76. 헹겔은 이 번역이 주전 2세기 중반에 이집트에서 이루어졌다고 생각한다(75쪽).

린다. 여기서 שָׂכַל의 hiphil 형태를 συνίημι로 번역한 것은 "의도적이며 크게 신학적이다."22 다음의 엑블라드(Ekblad)의 지적은 옳다. "이사야에서 이 동사가 여덟 번 사용되는 가운데 다섯 번은 백성들이 깨닫지 못하는 것을 묘사한다. 이사야 52:13에서 συνίημι를 사용한 것은 종과 깨닫지 못하는 백성 사이의 연결과 대조를 허용하는 간본문적 석의를 반영하는 것으로 보인다. 이러한 연결과 대조는 특별히 이사야 52:13과 이사야 6:9~10 사이에서 볼 수 있다. … 미래에 종이 깨닫게 되는 것은 백성들이 깨닫지 못하고 들을 수 없는 것이 역전됨을 나타낸다."23 συνίημι는 또한 이사야 53:11에서의 σύνεσις(야웨에 의한)와 φῶς와의 의미적 연결을 암시한다. 하나님으로부터 깨달음을 얻을, 그리고 "주님과 백성들 모두와 동일시되는" 한 개인적인 종을 통하여 이스라엘 백성들 또한 깨달음을 얻고, 왕과 나라들도 그렇게 될 것이다(사 52:15).24 엑블라드가 주장하듯이 "여기서 칠십인역의 이문들은 종이 하나님의 증인과 종으로서 기능을 다할 때 민족들과 왕들이 계시를 얻는다고 하는 독특한 해석을 반영하고 있을 가능성이 있다."25

---

22 Eugene Robert Ekblad Jr., *Isaiah's Servant Poems According to the Septuagint: An Exegetical and Theological Study*, Contributions to Biblical Exegesis and Theology, ed. Tj. Baarda et al., vol. 23 (Leuven, Belgium: Peeters, 1999), 179.

23 Ekblad, *Isaiah's Servant Poems According to the Septuagint*, 179.

24 Ekblad, *Isaiah's Servant Poems According to the Septuagint*, 180.

25 Ekblad, *Isaiah's Servant Poems According to the Septuagint*, 180.

4장 네 번째 종의 노래의 해석적 영향사/수용사

MT	칠십인역[26]
וַיַּעַל כַּיּוֹנֵק לְפָנָיו וְכַשֹּׁרֶשׁ מֵאֶרֶץ צִיָּה לֹא־תֹאַר לוֹ וְלֹא הָדָר וְנִרְאֵהוּ וְלֹא־מַרְאֶה וְנֶחְמְדֵהוּ	이사야 53:2 ἀνηγγείλαμεν ἐναντίον αὐτοῦ ὡς παιδίον ὡς ῥίζα ἐν γῇ διψώσῃ οὐκ ἔστιν εἶδος αὐτῷ οὐδὲ δόξα καὶ εἴδομεν αὐτόν καὶ οὐκ εἶχεν εἶδος οὐδὲ κάλλος
그는 주 앞에서 어린 가지같이 자랐으며,	우리는[27] 그 앞에서[28] **선언하였다**,[29] **작은 종처럼**,[30]
마른 땅에서 나온 줄기/묘목 같았도다.	마른 땅에서 나온 뿌리 같이.
그는 우리가 바라볼만한 고운 모양도 없고 풍채도 없었으며,	그에게는 풍채나 영광이 없으며,
우리가 흠모할 만한 아름다운 것이 없었다.	모양도, 아름다운 것도 없었다.

---

26 칠십인역의 영어 번역은 엑블라드(Ekblad)의 것이다(*Isaiah's Sevant Poems According to the Septuagint*). 필자는 칠십인역의 번역이 MT에서 많이 벗어나는 부분만 굵은 글씨체로 표시하였다.

27 "46:3에서 '어릴 적부터(ἐκ παιδίου) [그에게] 가르침을 받는' 주의 자녀로 묘사되는 야곱과 이스라엘의 모든 남은 자들이 또한 분명 화자로 생각될 수 있"는 듯이 보인다(Ekblad, *Isaiah's Servant Poems According to the Septuagint*, 202).

28 이 시에서 3인칭 대명사를 고려하면 여기서 "그"는 종을 가리키는 것 같다. Ekblad, *Isaiah's Servant Poems According to the Septuagint*, 200~1을 보라.

29 여기서 칠십인역의 이문을 설명하기란 쉽지 않다. 엑블라드는 칠십인역의 번역자가 וַיַּעַל를 יָעַץ("조언하다, 권고하다")으로 읽었다고 제안하지만(Ekblad, *Isaiah's Servant Poems According to the Septuagint*, 199), 이는 분명하지 않다.

30 엑블라드가 옳은 것으로 보이다. "이사야와 더 넓은 문학적 문맥에서 παῖς의 의미의 영역을 고려할 때, παιδίον은 '작은 종'으로 자연스럽게 번역

칠십인역의 이문(ἀνηγγείλαμεν ἐναντίον αὐτοῦ ὡς παιδίον)을 설명하는 것은 매우 힘든 일이지만 엑블라드가 주장하듯이 한 가지는 분명해 보인다. "가장 중요한 것은 이사야 전체에 걸쳐 그것[이스라엘]의 진정한 사명이 민족들 가운데 주를 선포하는 것임을 확증하고 있다는 사실이다. 칠십인역의 번역자는 이스라엘의 진정한 사명과 이사야 53:2에서 화자의 증언 사이에 연결점을 보았을 가능성이 있다."31 "선언하였다… 작은 종처럼"이라는 표현의 의미와 의의에 대해 엑블라드는 다음과 같이 제안한다. "배척당하고 박해 받은 종을 기억하고 그의 역설적인 삶에 대해 지속적으로 언급하는 것은, 선포하는 공동체에게 연결점을 제공하여, 결국 그들의 주의 종으로서의 사명을 분명히 하고 방향을 제시하는 역할을 한다."32

MT	칠십인역
כֻּלָּנוּ כַּצֹּאן תָּעִינוּ אִישׁ לְדַרְכּוֹ פָּנִינוּ וַיהוָה הִפְגִּיעַ בּוֹ אֵת עֲוֹן כֻּלָּנוּ	이사야 53:6 πάντες ὡς πρόβατα ἐπλανήθημεν ἄνθρωπος τῇ ὁδῷ αὐτοῦ ἐπλανήθη καὶ κύριος παρέδωκεν αὐτὸν ταῖς ἁμαρτίαις ἡμῶν
우리는 다 양 같이 그릇 행하여 모두 각각 제 길로 갔거늘 야웨께서는 우리 모두의 죄악을 그의 위에 지우셨다	우리는 다 양 같이 길을 잃고 각기 제 길로 갔으며 여호와께서는 그를 **우리의 죄악에로 넘겨주셨다.**

될 수 있다. 53:2의 화자들은 자신들을, 종 앞에서 '작은 종'으로 본다"(Ekblad, *Isaiah's Servant Poems According to the Septuagint*, 202).

31 Ekblad, *Isaiah's Servant Poems According to the Septuagint*, 200. 그는 계속해서 말한다. "그렇다면 ἀναγγέλλω를 사용한 것은 이 본문을 의도적으로 이스라엘의 선교적 사명을 표현하는 구절들에 비추어 읽으려고 하는 신구약 중간기의 석의적 경향을 나타낼 수 있다"(200쪽)(사 12:4~5; 38:19; 48:20; 66:19).

32 Ekblad, *Isaiah's Servant Poems According to the Septuagint*, 201.

παραδίδωμι는 통상적으로 MT의 נתן과 어울리지만 칠십인역에서는 이곳과 이사야 47:3; 53:12에서 פָּגַע에 대해 사용된다. 엑블라드의 말대로 "종은 자기 백성과 민족들과 너무도 절대적으로 결속되어 있어 주에 의해 그들의 죄로 넘겨지는 것을 경험한다."33 엑블라드는 다시 설명한다. "또한 문맥적인 석의적 편집을 통하여 παρέδωκεν αὐτὸν ταῖς ἀμαρτίαις ἡμῶν이라는 칠십인역의 이문은 MT에서보다 더 분명히 이사야 53:5와 53:12(그리고 64:6)와 더 연관된다."34 이러한 이사야 53장에 대한 해석의 전통은 예수 당시까지 전해져 왔으며 신약 복음서 저자들과 다른 신약의 저자들에 의해 활용되었다.35

MT	칠십인역
וַיהוָה חָפֵץ דַּכְּאוֹ הֶחֱלִי אִם־תָּשִׂים אָשָׁם נַפְשׁוֹ יִרְאֶה זֶרַע יַאֲרִיךְ יָמִים וְחֵפֶץ יְהוָה בְּיָדוֹ יִצְלָח	이사야 53:10 καὶ κύριος βούλεται καθαρίσαι αὐτὸν τῆς πληγῆς ἐὰν δῶτε περὶ ἁμαρτίας ἡ ψυχὴ ὑμῶν ὄψεται σπέρμα μακρόβιον καὶ βούλεται κύριος ἀφελεῖν
하지만 여호와께서는 고난(질병)으로 그를 상하게 하시길 선택하셨다	여호와께서 그에게서 역병/저주/재난을 제하여 깨끗게 하시기를36 원하셨은즉
그가 속건제물이 되면 [될 때에]	당신이37 속건 제물을 드리기에

---

33 Ekblad, *Isaiah's Servant Poems According to the Septuagint*, 226. 참고로, 이사야 64:6의 칠십인역에서는 "우리가 범죄함으로 당신이 우리를 넘기셨습니다(παρέδωκας ἡμᾶς διὰ τὰς ἁμαρτίας ἡμῶν)"라고 말하고 있다.

34 Ekblad, *Isaiah's Servant Poems According to the Septuagint*, 226~27. 참고로, 이사야 53:12의 칠십인역에서는 "διὰ τὰς ἁμαρτίας αὐτῶν παρεδόθη"로 되어 있다.

35 Ekblad, *Isaiah's Servant Poems According to the Septuagint*, 289; Douglas J. Moo, *The Old Testament in the Gospel Passion Narratives* (Sheffield: Almond, 1983), 92~97.

	이르면38
그는 씨를 보고 그의 날을 늘이게 될 것이며,	당신의 영혼은 장수하는 후손을39 보게 되될 것이다
그의 손에 야웨의 뜻이 번성할 것이다[성취될 것이다]	그리고 여호와께서는 덜어주기 원하신다.40
מֵעֲמַל נַפְשׁוֹ יִרְאֶה יִשְׂבָּע יַצְדִּיק צַדִּיק עַבְדִּי לָרַבִּים בְּדַעְתּוֹ	이사야 53:11 ἀπὸ τοῦ πόνου τῆς ψυχῆς αὐτοῦ δεῖξαι αὐτῷ φῶς καὶ πλάσαι τῇ συνέσει δικαιῶσαι δίκαιον εὖ δουλεύοντα πολλοῖς
וַעֲוֺנֹתָם הוּא יִסְבֹּל	[καὶ τὰς ἁμαρτίας αὐτῶν αὐτὸς ἀνοίσει]
영혼의 수고/고뇌 후에	그의 영혼의 고통으로부터,
그가 (빛을?) 보게 될 것이며	그에게 빛을 보여주고
(수고의 결과에 대해) 만족하게 여길 것이다	지식으로 형성하며
자기 지식/경험으로	많은 사람을 바르게 섬긴 자를 의롭게 하려고41
나의 의로운 종이 많은 사람을 의롭게 하며 또 그들의 죄악을 친히 담당할 것이다	그리고 그들의 죄를 그가 친히 질 것이다.

---

36 아마도 칠십인역은 아람어 어근 דכה를 "깨끗하게 하다"라는 뜻으로 보는 것 같다(Ekblad, *Isaiah's Sevant Poems According to the Septuagint*, 241).

37 엑블라드가 주장하는 것처럼 "번역자는 תָּשִׂים을 2인칭 남성 단수로 읽지만, 여호와께서 여기서 53:1~7의 복수의 화자에게 말씀하고 계신다는 독특한 해석을 반영하기 위해 그것을 2인칭 복수 δῶτε와 조화시키는" 것 같다(Ekblad, *Isaiah's Sevant Poems According to the Septuagint*, 244).

38 엑블라드는 적절하게 주장한다. "περὶ ἁμαρτίας는 모세 오경에서 החטאת('속죄제')와 의미상 동등한 역할을 한다. 이 표현은 이 시의 다른 곳에서 제사 의식을 연상시키는 칠십인역의 언어와 조화된다. 그것은 또한 레위기와 민수기에서 속죄제에 관한 지침들을 연상시키는 간본문적 석의를 반영한다"(Ekblad, *Isaiah's Sevant Poems According to the Septuagint*, 245~46).

여기서 칠십인역의 번역은 종의 미래를 묘사하지 않고 메시지를 받은 자들(속죄제를 드릴 필요가 있는 이스라엘의 죄인들)과 여호와께 초점을 맞춘다. 칠십인역의 번역자는 또한 하나님에게서 압제자의 이미지를 제거하려고 한다(참고. MT에서는 "고난으로 그가 상함을 받게 하시기를"이라고 말하고 있음). 칠십인역의 묘사에서 야웨는 "자기 백성들을 위하여 대신 저주에 빠진 종에게서 그 저주를 정결케 하기" 원하시는 정의로운 통치자이다(사 53:3, 4).42 우리는 여기서 칠십인역이 "독특한 언어를 통하여 제사 의식에 관한 전통과의 연결을 허용하고 있음"을 볼 수 있다.43 장수하는 이는 종이 아니라 메시지를 받는 자들의 후손이다. 이들(복수의 "너희")은 그들을 위한 종의 사역에 반응하도록 초청되며 그리하여

---

39 아마도 우리는 여기서 창세기 22:17~18에서 여호와께서 아브라함에게 주신 약속과의 간본문적 연결을 볼 수 있을 것이다(Ekblad, *Isaiah's Sevant Poems According to the Septuagint*, 247). 이러한 연결은 또 다른 연결로 이끈다. 그것은 아브라함의 씨가 대적들의 성을 취하고(창 12:17), 종이 "많은 사람을 유업으로 얻는다"는 것이다(53:12, 247쪽).

40 이러한 이문을 설명하는 일은 쉽지 않다. 분명한 한 가지는 이러한 번역이 10절에서 확실한 수미쌍관을 형성한다는 것이다.

41 MT에서는 종이 많은 사람을 의롭게 할 것이라고 말하지만, 칠십인역에서는 야웨가 많은 사람을 바르게 섬기는 종의 정당함을 증명하셨다. 이러한 차이는 설명하기 쉽지 않다. 엑블라드는, 이러한 차이가 다른 히브리 원래 대본(Vorlage)의 탓이라고 한다든지, "이것은 인접 문학적 문맥과의 조화의 또 다른 예"라고 하는 것은 가능성이 아주 낮다고 주장한다(Ekblad, *Isaiah's Sevant Poems According to the Septuagint*, 254). 그는 이사야 50:8과의 연결을 보여주며("나를 의롭다 하시는 이가 가까이 계시니 나와 다툴 자가 누구냐?") 또한 "의로운 자의 정당함을 증명하는 것과 악인을 정당화하는 것에 대한 경고가 모세오경과 이사야 전체에 존재한다"는 것을 보여준다(254, 255쪽). 엑블라드는 열왕기상 8:32("τοῦ δικαιῶσαι δίκαιον")와의 간본문적 연결의 개연성을 지적하는 가운데, 헹겔의 생각에 동의하고 있다(255쪽; Hengel, "Zur Wirkungsgeschichte von Jes 53 in vorchristlicher Zeit," 80).

42 Ekblad, *Isaiah's Servant Poems According to the Septuagint*, 243.

43 Ekblad, *Isaiah's Servant Poems According to the Septuagint*, 242.

장수하는 후손들을 볼 수 있다. 엑브라드의 말대로 "칠십인역에서 2인 칭으로의 변환은 본문을 자신의 청자들과 독자들에게 실현시키려는 … 번역자의 가르치려는 관심을 반영한다."44 종을 통하여 백성들이 하나님이 하신 일을 깨닫고 자신들의 죄를 자백하는 것이 "영적인 속죄제"의 기능을 하였을 것이라고 하는 헹겔의 제안은 옳을 수 있다.45

MT가 11절에서 새로운 문장을 시작하고 있는 반면, 칠십인역은 11절을 10절에 연결시킨다. 엑블라드는 여기서 칠십인역의 "독립적인" 해석의 성향을 적절하게 강조한다. "칠십인역은 분명히 메시지를 듣는 자들이라는 집단적 영혼/존재(ἡ ψυχὴ ὑμῶν)(53:10)와 종의 개인적 영혼/존재(τῆς ψυχῆς αὐτοῦ)를 구별한다. 이것은 그 둘을 구별하지 않는 MT와 다른 방식이다. 이것은 종을 이스라엘이나 박해 받는 의로운 공동체에 대한 의인화로 해석하는 것에 반대한다는 증거다. … 종은 분명히 백성의 상황과 극적으로 동일시되는 개별적인 인물이다."46 종에 대한 여호와의 변호는 11절에서 세 개의 연속적인 부정사를 통해 표현된다. 즉, 그는 "그에게 빛을 비추시고, 지식으로 형성하시며, 많은 사람을 옳게 섬긴 의로운 자의 정당함을 증명하신다." 이러한 동사적 행위들은 종이 아닌 야웨의 것으로 돌려진다(MT에서는 종에게로 돌려짐).47 συνέσις는 이사야 52:13("내 종이 깨닫고/이해하고")과의 문맥적 연결과 이사야 11:1~2("지혜와 총명의 영")와의 간본문적 연결을 반영하는 것으로 보인다.48 이사야 53:11에서 야웨가 그 정당함을 증명하시는, 많은 사람을 바르게 섬겼던/섬기는 의로운 자는 집합적인 이스라엘과 차별

---

44 Ekblad, *Isaiah's Servant Poems According to the Septuagint*, 245.

45 Hengel, "Zur Wirkungsgeschichte von Jes 53 in vorchristlicher Zeit," 79.

46 Ekblad, *Isaiah's Servant Poems According to the Septuagint*, 250.

47 Ekblad, *Isaiah's Servant Poems According to the Septuagint*, 250.

48 Lancelot C. L. Brenton, *The Septuagint with Apocrypha: Greek and English* (London: Samuel Bagster & Sons, 1851; reprint, Peabody, MA: Hendrickson Publishers, 1986), 846~47. 칠십인역에서 나타나는 이러한 종류의 문맥적, 간본문적 연결은 엑블라드의 책 전체에서 나타난다. 또한 Hengel, "Wirkungsgeschichte," 80을 보라.

화되는 개인적인 종이다.49 엑블라드는 이러한 번역이 가진 메시아적인 암시를 설명한다.

> 이사야의 다른 곳에서 종종 의로운 자들은 압제를 당하며 그들의 행위에 대해 여호와의 정의를 경험하는 것으로 묘사된다. 종만이 "의로운 자"라고 묘사된다. 일부 사람들이 의를 구한다고 묘사되지만(51:1), 여호와(41:10; 45:21)와 미래의 의로운 왕(32:1)을 제외하고 누구도 의롭지 않다(59:4). 이곳 53:11의 종은 예외다. 이사야의 독자들은 어느 범위까지 종이 이사야 32:1의 이 의로운 왕이나 여호와의 의로운 오른손(41:10; 참고. 53:1)과 동일시될 수 있는지 생각해보도록 초청된다.50

이사야 53:11의 칠십인역에서 종은 백성들을 의롭게 하지 않지만, 칠십인역의 번역은 "종이 이러한 의를 성취하는 것을 이해하는 자신만의 독특한 방식을 가졌다."51 헹겔은 다음과 같이 주장한다. "하나님은 진정 공의로운 분으로서, 죽음을 통하여 '많은 사람을 잘 섬겼던'자를 위하여 정의를 성취하실 것이다. 53:11의 '의롭게 함'은, 죄인들이 보기에 불의한 자로 생각되었으나 실제로는 유일하게 진정으로 의로운 자인 한 사람의 정당함을 입증하는 것을 가리킨다. 따라서 그것은 진짜 죄인들이 의롭다함을 얻는 전제 조건이며, 이것은 종이 자신의 대리적 죽음을 통하여 완수한 일이다."52 "이사야 53장에서 사용된 δουλεύω라는 동사는 이사야 49:3~5와의 간본문적인 석의적 연결을 반영하는" 것으로 보인다.53 이스라엘은 49:3, 5에서 여호와의 δοῦλος로 불린다. 종의 섬김

---

49 Ekblad, *Isaiah's Servant Poems According to the Septuagint*, 255; Hengel, "Zur Wirkungsgeschichte von Jes 53 in vorchristlicher Zeit," 80.
50 Ekblad, *Isaiah's Servant Poems According to the Septuagint*, 255.
51 Ekblad, *Isaiah's Servant Poems According to the Septuagint*, 255.
52 Hengel, "Zur Wirkungsgeschichte von Jes 53 in vorchristlicher Zeit," 80.
53 Ekblad, *Isaiah's Servant Poems According to the Septuagint*, 256.

을 받는 πολλοῖς는 이스라엘과 민족들을 모두 포함하는 것이 분명하다.

요약하면, 앞에서 보여준 대로, 칠십인역이 이사야 42장의 종을 야곱, 즉 이스라엘과 동일시한다는 것은 잘 알려져 있지만,54 "그러한 설명적인 주석은 이사야 52:13~53:12에서 나타나지 않으며, 집합적인 이해는 네 번째 종의 노래까지 연장되지 않았을 가능성이 크다."55 헹겔은 번역자가 "고난은 과거이며 종말론적인 영광은 여전히 미래, 어떤 개인의 구체적인 고난과 그가 받는 영광"을 염두에 두고 있었다고 확신한다.56 종의 낮아짐을 묘사하는 52:14의 칠십인역에서 미래 시제가 사용되고 있는 것은 흥미롭다. 덧붙이면, 53:2, 4, 8에서는 현재 시제가 사용된다. 이러한 사실은 히브리어 완료 시제가 예언적인 미래로 생각될 수 있었음을 보여준다.57 게다가, ὡς παιδίον ὡς ῥίζα(53:2)라는 표현은 이사야 9:6의 παιδίον과 11:1의 ῥίζα를 연상시킨다. 이제 칠십인역 11:2의 이 싹/가지가 지혜와 σύνεσις의 영을 받는데, 이것은 이사야 52:13(ἰδοὺ συνήσει ὁ παῖς μου)과 53:11(πλάσαι τῇ συνέσει)

---

54 Alfred Rahlfs, ed., *Septuaginta: Id est Vetus Testamentum graece iuxta LXX interpretes* (Stuttgart: Deutsche Biblegesellschaft Stuttgart, 1979), 622(Ιακωβ ὁ παῖς μου ἀντιλήμψομαι αὐτοῦ Ισραηλ ὁ ἐκλεκτός μου προσεδέξατο αὐτὸν ἡ ψυχή μου). 또한 Ekblad, *Isaiah's Sevant Poems According to the Septuagint*, 56, 그리고 Brenton, *Septuagint*, 876을 보라.

55 Sydney H. T. Page, "The Suffering Servant between the Testaments," *NTS* 31 (October 1985): 486.

56 "das konkrete Leiden einer Einzelperson und deren Verherrlichung im Auge hat, wobei das Leiden zurückleigt, während die eschatologische Verherrlichung noch aussteht," (Hengel, "Zur Wirkungsgeschichte von Jes 53 in vorchristlicher Zeit," 83).

57 Page, "The Suffering Servant," 486; Walther Zimmerli, and Joachim Jeremias, *The Servant of God*, trans. Harold Knight, rev. ed., SBT, ed. C. F. D. Moule et al., vol. 20 (London: SCM, 1965), 43. 헹겔은 번역자가 여기서 현재(혹은 가까운 미래)를 성취의 때로 간주한다고 믿고 있다; 이것은 그가 시제들을 상대적으로 분명하게 사용하는 것을 통해 알 수 있다(Hengel, "Zur Wirkungsgeschichte von Jes 53 in vorchristlicher Zeit," 76).

을 내다본다.58 따라서 헬라어 번역자는 여기서 미래의 메시아적인 인물에 대한 묘사를 보았던 것으로 보인다.59

결론적으로, 우리는, 이러한 관찰들이 칠십인역에서 고난 받는 메시아의 개념을 분명하게 확증하지는 않지만, 높은 개연성은 여전히 존재한다고 말할 수 있다.60

외경과 위경

「베냐민의 유훈」(*Testament of Benjammin*) 3:8의 아르메니아 번역본은 현존하는 헬라어 번역본보다61 원본에 가까우며 몇몇 아주 흥미로운 단어들을 포함한다 - "흠 없는 자가 불법의 사람들에 의해 더럽혀지고 죄 없는 자가 경건치 않은 자들을 위하여 죽게 될 것이라고 하는 하늘의 예언이 너[요셉]를 통하여 성취될 것이다."62 경건치 않은 자들

---

58 Hengel, "Zur Wirkungsgeschichte von Jes 53 in vorchristlicher Zeit," 84.

59 Page, "The Suffering Servant," 486. 헹겔은 이렇게 제안한다. "어쨌든 이사야가 헬라어로 번역된 시기는 열두 소선지서가 기록된 이후, 즉 현 시대에서의 예언이 마지막 때에 성취된다고 하는 생각이 널리 퍼져 있던 때였다. 번역자였던 서기관은 이전 번역들에 대해 상당히 잘 알고 있었다… 이 책의 번역자는 이사야의 예언들을 다양한 방식으로 (임박한) 종말론적인 성취의 징조로서 그 당시의 사건들과 연결시켰다… [네 번째 종의 노래의] 번역자가 현재를 성취의 때로 간주하는 것은 그가 … 시제들을 비교적 분명하게 사용하고 있는 것에서 볼 수 있다"(Hengel, "Zur Wirkungsgeschichte von Jes 53 in vorchristlicher Zeit," 75, 76). 이런 맥락에서 헹겔은 이 칠십인역의 본문이 이미 우리가 "메시아적"이라고 부를 수 있는 마지막 때의 인물과 연관될 수 있다고 믿고 있다(85쪽).

60 흥미롭게도 네 번째 종의 노래의 칠십인역의 번역은 종이 죽었음을 분명히 한다(예를 들어, 53:8).

61 Hengel, "Zur Wirkungsgeschichte von Jes 53 in vorchristlicher Zeit," 85. 또한, 다음 장에서 요한복음 1:29에서의 이사야 53장의 사용에 대한 부분을 보라.

62 Howard C. Kee, "Testaments of the Twelve Patriarchs: A New Translation and Introduction," in *The Old Testament Pseudepigrapha:*

을 위해 죽게 되는 "죄 없는 자"의 신원은 분명하지 않지만, 아마도 그것은 헹겔이 추정하듯이 메시아 벤 요셉의 죽음일 것이다.63 대표 혹은 대리적 고난/죽음의 개념은 주전 2세기에 이미 이 구절에서 나타난다. 헹겔은 이 구절이 의미하는 바를 적절하게 설명한다. "따라서 우리의 지적 지평선을 확장시키는 「베냐민의 유훈」 3:8의 놀라운 본문은 시대가 바뀌는 세기에 고난에 대한 해석뿐 아니라 미래에 대한 유대인들의 기대가 다양했음을 보여주는 지표 중 하나가 되고 있다. 이 다양성은 그 가운데 단지 일부만이 우리에게 알려져 있기는 하지만, 신약학계에서 원시적이며 지속적으로 오용되는 **침묵으로부터의 논증**을 전적으로 부정적인 논증으로 사용하는 것을 금하게 하는 그러한 다양성이다."64 이러한 지적은 최근의 많은 학자가 제2성전기의 유대주의의 현상—역동적이며 창의적이며 다양한 특성—에 대해 동의하고 있는 부분을 잘 반영한다. 다시 헹겔은 균형 잡힌 분별 있는 판단을 제시한다.

따라서 이사야 53장과 연결된 종말론적인, 고난 받는 구세주의 인물에 대한 기대는 기독교 이전의 유대주의에서는 분명한 윤곽을 가진 형태로 존재했다고 절대적으로 확실하게 입증할 수 없다. 하지만 아주 다양한 출처의 본문들에서 발견되는 진지하게 받아들일 가치가 있

Apocalyptic Literature and Testaments, ed. James H. Charlesworth, vol. 1 (New York: Doubleday, 1983), 826. 키는 「열두 족장들의 유훈」의 헬라어 원본은 마카비 시대에 한 유대인에 의해 쓰였다고 믿고 있다(주전 2세기, 777~78쪽). 또한 H. C. Kee, "Testament of the Twelve Patriarchs," in *DNTB*, 1201과 Marinus De Jonge, "Patriarchs, Testaments of the Twelve," in *ABD*, 5: 182~83을 보라. 헹겔 또한 이 구절이 원래 유대적 기원을 갖고 있으며 이 지점에서의 확장된 헬라어 번역본은 그리스도인이 써 넣은 추가 설명 어구(interpolation)가 포함된 것이라고 믿고 있다(Hengel, "Zur Wirkungsgeschichte von Jes 53 in vorchristlicher Zeit," 85~86). 아르메니아 번역본과 헬라어 본문 사이의 대조에 대해서는 다음 장의 요한복음 1:29에서 이사야 53장 사용을 보라.

63 Hengel, "Zur Wirkungsgeschichte von Jes 53 in vorchristlicher Zeit," 86~87.

64 Hengel, "Zur Wirkungsgeschichte von Jes 53 in vorchristlicher Zeit," 87(독일어 문장을 번역한 것임).

는 많은 지표는 이러한 형태의 기대들 또한 다른 많은 것 옆, 가장자리에 존재했었을 가능성을 시사한다. 그렇다면 이것은 어떻게 고난받거나 죽임을 당하는 메시아가 주후 2세기의 타나임과 함께 다양한 형태로 드러나는지, 그리고 왜 이사야 53장이 탈굼과 랍비 문서들에서 분명히 메시아적으로 해석되는지에 대한 설명이 될 수 있다.[65]

「마카비 2서」의[66] 순교자들 또한 의로운 자의 고난이나 죽음이 구속과 속죄의 효과를 가졌음을 믿었다. "하나님께 우리 민족에게 곧 자비를 베푸시도록… 그리고 나와 나의 형제들을 통하여 우리 민족 전체에 정당하게 임한 전능하신 이의 진노를 그치시도록 하나님께 호소하면서, 나는 나의 형제들과 마찬가지로 우리 조상들의 법들을 위하여 몸과 생명을 드린다"(「마카비 2서」 7:37, 38).[67] 머피(Murphy)는 이 구절들과 네 번

---

[65] Hengel, "Zur Wirkungsgeschichte von Jes 53 in vorchristlicher Zeit," 87(독일어 문장을 번역한 것임).

[66] 대부분의 학자들은 「마카비 2서」의 저작시기를 기독교 이전으로 생각한다 – "주전 124에서 63년 쯤"(Robert Doran, "2 Maccabees," in *The Oxford Bible Commentary*, ed. John Barton and John Muddiman [Oxford: Oxford University Press, 2001], 735); "주전 78/7에서 63까지"(Jonathan A. Goldstein, *II Maccabees: A New Translation with Introduction and Commentary*, AB, ed. William Foxwell Albright and David Noel Freedman, vol. 41A [New York: Doubleday, 1983], 83); "약 124년, 하지만 1세기 초반도 가능함"(Daniel J. Harrington, "Maccabees, First and Second Books of," in *Eerdmans Dictionary of the Bible*, ed. David Noel Freedman [Grand Rapids: Eerdmans, 2000], 838; 또한 David A. DeSilva, *Introducing the Apocrypha: Message, Context, and Significance* [Grand Rapids: Baker Academic, 2002], 269~70; Bruce M. Metzger, *An Introduction to the Apocrypha* [New York: Oxford University Press, 1957], 141; Harold W. Attridge, "Historiography," in *Jewish Writings of the Second Temple Period: Apocrypha, Pseudepigrapha, Qumran Sectarian Writings, Philo, Josephus*, ed. Michael E. Stone, CRINT—Section Two: The Literature of the Jewish People in the Period of the Second Temple and the Talmud, ed. W. J. Burgers, H. Sysling, and P. J. Tomson, vol. 2 [Philadelphia: Fortress, 1984], 177); "알렉산더 얀네우스(Alexander Janneus)의 통치 때"(주전 103~76)(George W. E. Nickelsburg, *Jewish Literature Between the Bible and the Mishnah: A Historical and Literary Introduction* [Philadelphia: Fortress Press, 1981], 121).

째 종의 노래 사이에 존재하는 개념상의 유사점을 설명한다. "전체 백성들을 위하여 한 사람이나 몇 사람이 받는 고난의 효력은 제2이사야의 고난 받는 종의 노래에서 처음 나타난다(사 52:13~53:12). 여기서 문맥은 다르지만 대리적 고난의 개념은 유사하다."68 드실바(DeSilva)는 「마카비 2서」에 있는, 다른 이들의 죄를 속죄하기 위한 의로운 자의 고난과 죽음이라는 개념은 이사야 53장과, 초대 교회가 예수의 고난과 죽음에 대해 신학적으로 숙고한 것 사이의 연결을 제공했을 수 있다고 주장한다.

> 「마카비 2서」는 [유대인들의 순교보다] 초대 교회의 순교에 더 깊은 영향을 미치고 있다. 첫째로, 의로운 자가 자발적으로 자신을 고문과 죽음에 내어줌으로써 하나님의 진노의 남은 부분을 소진하여 그들의 남아 있는 유대인 자매들과 형제들이 자비를 얻을 수 있게 한다는 개념은 이사야 53장과 예수의 죽음에 대한 초대 기독교인들의 생각 사이의 연결을 제공하였다. 한 사람이 하나님 진노의 예봉을 감당함으로써 다른 이들이 하나님과 화해하도록 해방한다는, 그리고 부활을 통한 하나님의 옹호(vindication)를 확신한다는 주제는 분명 「마카비 2서」와 신약에서의 예수의 수난일과 부활절에 대한 해석에서 현저하다.69

---

67 골드스타인은 이렇게 주장한다. "이사야(52:13~53:12)는 모습이 손상되고, 압제를 당하고, 죽임을 당하나 영광스러운 존재가 되는 것을 누렸던 하나님의 고난 받는 종에 대해 말했으며… 이곳에서 순교자들은 이사야서의 단어와 개념을 사용하여 묘사된다"(*II Maccabees*, 293).

68 Frederick J. Murphy, *Early Judaism: From the Exile to the Time of Jesus* (Peabody, MA: Hendrickson, 2002), 111~12. 또한 Neil J. McEleney, "1~2 Maccabees," in *The New Jerome Biblical Commentary*, ed. Raymond E. Brown, Joseph A. Fitzmyer, and Roland E. Murphy (Englewood Cliffs, NJ: Prentice Hall, 1990), 444를 보라.

69 DeSilva, *Introducing the Apocrypha*, 278. 도란은 "고난이 구원을 가져온다고 하는 주제"의 긴 역사에 이사야 52:13~53:12를 포함시킨다"(Robert Doran, "The Second Book of Maccabees: Introduction, Commentary, and Reflections," in *NIB*, ed. Leander E. Keck et al., vol. 4 [Nashville, TN: Abingdon, 1996], 242~43).

다니엘 7:13의 "인자"는 「에녹 1서」에서 메시아적인 인물로 나타난다(46:1~5 [3절의 "인자"]; 52:4 [그의 "메시야"]; 62:1~15 [1절의 "택함 받은 자"와 5절의 "인자"]; 63:11; 71:17).70 이 메시아적인 "인자"라는 인물(46:3; 62:6~14; 63:11; 67:27~29)은 "택함 받은 자"나 "선택된 자"로 불리는데(39:6; 40:5; 45:4; 62:1), 이것은 아마도 이사야 42:1에서 유래하였을 것이다.71 이 인물은 "높임을 받은 인자(단 7:13), 높임을 받은 야웨의 종(사 49; 52:13~53:12), 주의 '기름 부음 받은 자'(「에녹 1서」 48:10; 52:4)의 특성들을 결합시킨다."72 블랙은 「에녹 1서」 38:2와

---

70 E. Isaac, "1 Enoch: A New Translation and Introduction," in *The Old Testament Pseudepigrapha: Apocalyptic Literature and Testaments*, ed. James H. Charlesworth, vol. 1 (New York: Doubleday, 1983), 34, 37, 43, 44, 50. 아이작에 의하면 「에녹 1서」의 저작 연대는 주전 2세기에서 주후 1세기 사이이며, 섹션들마다 연도가 다르다. 37~71장에 대해 아이작이 추측하는 연대는 주전 약 105~64년이다(7쪽). 블랙에 의하면 "**비유들의 책**의 히브리어 원문의 연대는 아마도 주후 79년 이전일 것이다"(Matthew Black, *The Book of Enoch or 1 Enoch: A New English Edition with Commentary and Textual Notes*, Studia in Veteris Testamenti Pseudepigrapha, ed. A. M. Denis and M. de Jonge, vol. 7 [Leiden: Brill, 1985], 188). 니켈스버그는 「비유들의 책」(37~71장)에 대해 "주전 1세기"의 연대를 주장한다(George W. E. Nickelsburg, *1 Enoch 1: A Commentary on the Book of 1 Enoch, Chapters 1~36; 81~108*, ed. Klaus Baltzer, Hermenia—A Critical and Historical Commentary on the Bible, ed. Frank Moore Cross et al. [Minneapolis, MN: Fortress, 2001], 7). 헹겔이 추정하는 연대는 위의 연대들 사이에 위치한다: 주전 40년에서 주후 66년 사이("Zur Wirkungsgeschichte von Jes 53 in vorchristlicher Zeit," 65).

71 Craig A. Evans, "Messianism," in *DNTB*, 702. "선택된 자"라는 명칭은 모세, 사울과 다윗에 대해 사용되지만, 개인적인 이름이 없이 사용되는 유일한 경우는 이사야 42:1이다. 이곳 「에녹 1서」 48과 49에서 이사야 42장이 암시되고 있다고 하는 견해에 동의하는 가운데("이사야 49와 42에서의 종에 대한 소명과 진술로부터 이미지와 표현을 이끌어내고 있다") 니켈스버그는 또한 이사야 42장의 종의 노래가 "이사야 11장의 구절들과 평행을 이룬다"고 믿고 있다(George W. E. Nickelsburg, "Salvation without and with a Messiah: Developing Beliefs in Writings Ascribed to Enoch," in *Judaism and Their Messiahs at the Turn of the Christian Era*, ed. Jacob Neusner, William Scott Green and Ernest S. Frerichs [Cambridge: Cambridge University Press, 1987], 59~60, 61). 대부분의 학자들은 기독교 이전의 연대를 선호한다.

53:6에서 이사야의 종의 구절들에 대한 암시가 존재한다고 주장한다.

> 이 명칭[에녹 1서 38:2의 "의로운 자"] – 여기서는 '의로운 선민'의 머리를 가리키는 것이 분명하다 – 은 비유들에서 53:6에서 단지 한 번 더 나타난다('의로운 택함 받은 자는… 나타날 것이다'). 하나님을 가리키는 '의로운 자'(הצדיק)라는 명칭은 이사야 24:16에서 나타나지만, 여기서 그 용어의 출처는 이사야 53:11의 '나의 의로운 종'(עבדי צדיק)이다. 게다가, 53:6이 보여주듯이 이 명칭은 '주의 종'이라는 이사야의 용어(예를 들어 사 42:1)와 함께 '의로운 선민'의 머리를 묘사하기 위해, '택함을 받은 자'라는 직함과 긴밀하게 함께 사용된다(아래에서 39:6에 대한 설명을 보라).[73]

이사야 53:11로부터 "의로운 자," 이사야 42:1로터 "택함 받은 자," 42:6과 49:6으로부터 "민족들로부터의 빛"(「에녹 1서」 48:4)이라는 명칭들이 유래했을 가능성과[74] 함께, 그리고 몇몇 통상적인 주제(예를 들어, 하나님과 밀접하게 관계된 개인이 높임을 받는 것, 이방의 왕들과 통치자들의 공포, 수고하고 고난당하는 성도들에 대한 신원)와[75] 함께 밴더캠(Vanderkam)은

---

[72] "Messiah," in *Dictionary of Judaism in the Biblical Period*, ed. Jacob Neusner and William Scott Green (New York: Macmillan Library Reference, 1996; reprint, Peabody, MA: Hendrickson Publishers, 1999), 425.

[73] Black, *I Enoch*, 195. 그는 또한 「에녹 1서」 47:1의 "의인들의 피"라는 표현에서 이사야 53:11에 대한 암시를 본다(209쪽).

[74] J. C. Vanderkam, "Righteous One, Messiah, Chosen One, and Son of Man in 1 Enoch 37~71," in *The Messiah: Developments in Earliest Judaism and Christianity—The First Princeton Symposium on Judaism and Christian Origins*, ed. James Charlesworth (Minneapolis, MN: Fortress Press, 1992), 189~90.

[75] Vanderkam, "Righteous One, Messiah, Chosen One, and Son of Man in 1 Enoch 37~71," 191. 니켈스버그는 에녹1서 62~63, 이사야 52:13~53:12, 지혜서 5:1~8 사이의 유사한 요소들을 열거한다(George W. E. Nickelsburg, *Resurrection, Immortality, and Eternal Life in Intertestamental Judaism*, HTS, vol. 26 [Cambridge: Harvard University Press; London: Oxford University Press,

다음과 같이 주장하며 본질적으로 블랙의 의견에 동의한다. "비사(Similitudes)가 제2이사야에 의존하고 있다는 것은 의심의 여지가 없다… 에녹1서 37~71은 종을 메시아적으로 해석하는 가장 오래된 증언이지만 유일한 것은 아닐 것이다."76

「비유의 책」 섹션에 대해 설명하는 가운데 니켈스버그(Nickelsburg)는 비유의 책에 있는 인물의 복합적인 특성에 대해 주장한다. "이 장들에 있는 중요하고도 독특한 요소는… 심판과 그 심판으로 이어지는 사건들을 묘사하는 일련의 하늘의 광경들이다. 심판을 주도하는 자는 의로운 자, 택함 받은 자, 기름 부음 받은 자, 인자로 다양하게 알려진 하늘의 존재다. 다니엘 7장, 그리고 다윗 계통의 왕과 주의 종에 대한 성경 본문으로부터 이끌어낸 특성을 종합하여 묘사할 수 있는 이 하나님의 공동 통치자(vice-regent)는… 인자에 대해 신약이 추측한 것의 원형이었다."77 니켈스버그에 동의하는 가운데 헹겔은 다음과 같이 적절하게 설명한다. "비사들의 성경 사용의 또 다른 중요한 요소는 구약의 메시아의 주제들과 본문들 전체가 종말론적인 심판자, 구속자와 연결된다는 것이다."78

또 다른 흥미로운 예는 「솔로몬의 지혜서」(*Wisdom of Solomon*)이다.79

1972], 70~74). 또한 Hengel, "Zur Wirkungsgeschichte von Jes 53 in vorchristlicher Zeit," 65~66을 보라.

76 Vanderkam, "Righteous One, Messiah, Chosen One, and Son of Man in 1 Enoch 37~71," 190. 밴더캠은 에녹1서의 비유의 책이 "Targum Jonathan에서 발견되는 종에 대한 대우의 선례를 제공한다"고 그럴 듯하게 주장한다(190쪽).

77 Nickelsburg, *1 Enoch*, 7.

78 Hengel, "Zur Wirkungsgeschichte von Jes 53 in vorchristlicher Zeit," 66(독일어 문장을 번역).

79 대부분의 학자들은 지혜서의 저작연대가 대략 세기의 전환 전 수십 년과 후 수십 년 사이로 본다. "주전 약 100년과 주후 40년 사이"(Bruce M. Metzger, *An Introduction to the Apocrypha* [New York: Oxford University Press, 1957], 67; Larry R. Helyer, *Exploring Jewish Literature of the Second Temple Period* [Downers Grove, IL: InterVarsity Press, 2002], 290); "서력 기원의 처음 몇 십 년"(Nickelsburg, *Jewish Literature*, 184); "초기 로마 시대"[주전 약 30년과 그후](deSilva, *Introducing the Apocrypha*, 132~33; James M. Reese,

이 책은 다윗의 아들, 솔로몬의 저작으로 돌려지며, 시편 2편(지혜서 4:18; 6:1)의 일부 구절들을 사용하는 가운데 "그 주인공은 제2이사야의 종의 노래에서 이끌어낸 언어와 주제들로 묘사된다."[80] 지혜서에서 고

"Wisdom of Solomon," in *The HarperCollins Bible Commentary*, ed. James L. Mays, rev. ed. [San Francisco: HarperSanFrancisco, 2000], 750); "주전 30년과 주후 일 세기 처음 몇 십 년" 사이(M. Gilbert, "Wisdom Literature," in *Jewish Writings of the Second Temple Period: Apocrypha, Pseudepigrapha, Qumran Sectarian Writings, Philo, Josephus*, ed. Michael E. Stone, CRINT—Section Two: The Literature of the Jewish People in the Period of the Second Temple and the Talmud, ed. W. J. Burgers, H. Sysling, and P. J. Tomson, vol. 2 [Assen: Van Gorcum; Philadelphia: Fortress Press, 1984], 312); "주전 30년~주후 40년"(Michael Kolarcik, "The Book of Wisdom: Introduction, Commentary, and Reflections," in *NIB*, ed. Leander E. Keck et al., vol. 5 [Nashville, TN: Abingdon Press, 1997], 439); "주전 30년과 주후 14년 사이"(José Vílchez, "Wisdom," in *The International Bible Commentary*, ed. William R. Farmer [Collegeville, MN: Liturgical Press, 1998], 908); "주전 1세기 말에서 주후 일 세기 전반까지"(Roland E. Murphy, "Wisdom of Solomon," in *Eerdmans Dictionary of the Bible*, ed. David Noel Freedman [Grand Rapids: Eerdmans, 2000], 1382) 등이다. 윈스턴(Winston)은 칼리굴라의 통치 시대(주후 37~41)를 제안하지만(David Winston, *The Wisdom of Solomon: A New Translation with Introduction and Commentary*, AB, ed. William Foxwell Albright and David Noel Freedman, vol. 43 [New York: Doubleday, 1979], 23), 호버리는 그 의견에 반박하며 그것이 "그 책이 그리스도인들에 의해 사용된 사실이 암시하는 만큼의 높은 명성을 얻기 위해 걸릴 것으로 예상되는 것보다 더 짧은 기간"이라는 근거 이유를 내세운다. 대신 그는 '주전 일 세기의 연대"를 선호한다(William Horbury, "The Wisdom of Solomon," in *The Oxford Bible Commentary*, ed. John Barton and John Muddiman [Oxford: Oxford University Press, 2001], 652).

[80] "Messiah," in *Dictionary of Judaism in the Biblical Period*, ed. Jacob Neusner and William Scott Green (New York: Macmillan Library Reference, 1996; reprint, Peabody, MA: Hendrickson, 1999), 426. "이사야 52~53장의 언어"와 그 구절이 지혜서에 미친 "어떤 영향"에 대해 또한 George W. E. Nickelsburg, "Son of Man," in *ABD*, 6:140; Reese, "Wisdom of Solomon," 751을 보라.

「지혜서」 4:18, "불의한 자들은 보고, 그들[죽어가거나 죽은 의인들]을 경멸할 것이다. **하지만 여호와는 그들을 비웃으실 것이다.** 이 일 후에 그들은 수치스

난 받는 의인들은 "죽은 것처럼 보였으며, 그들의 떠남은 재앙으로, 그들이 우리[불의한 자들]를 떠난 것은 멸망으로 생각되었다(3:2~3a)." 하지만 "그들은 평안 가운데 있다. 다른 이들이 보기에 징계를 받은 것처럼 보였으나, 그들의 소망은 불멸로 가득 찼기 때문이다(3:3b~4)." 그리고 "불의한 자들은 그들을 볼 때에 두려움으로 떨 것이며, 예상하지 못했던 의로운 자들의 구원에 놀랄 것이다(5:2)." 그리하여 "그들은 회개하는 가운데 서로에게 말할 것이며, 영혼의 고통 가운데 신음하며 말할 것이다, '이들은 우리가 한 때 조롱하며 비난했던 자들이다 – 우리는 얼마나 어리석었던가!…'"(5:3~4a). 불의한 자들은 계속해서 외친다. "우리는 그들의 삶이 미친 것이었으며 그들의 종말은 불명예스러웠다고 생각했다. 어떻게 해서 그들이 하나님의 자녀들이 되었는가? 그리고 어떻게 해서 그들의 유업이 성도들 가운데 있는가?"(5:4b~5).[81] 콜라식(Kolarcik)은 악인들의 고백(5:4~14)에 대해 잘 설명한다. "악인들의 고백은 계속

러운 죽음을 당하며, 영원히 죽은 자들 가운데 능욕이 될 것이다"; 「지혜서」 6:1, "**그러므로 왕들이여, 듣고 깨달으라. 땅 끝의 심판자들이여, 배우라**"(필자 강조). 덧붙여, 여기서 의로운 자들은 "주의 자녀($\pi\alpha\hat{\imath}\delta\alpha$ $\kappa\upsilon\rho\acute{\imath}\upsilon$)"(2:13) 혹은 "하나님의 아들"($\upsilon\acute{\imath}\grave{o}\varsigma$ $\theta\epsilon o\hat{\upsilon}$)(2:18)로 불린다. 흥미롭게도 전자는 "여호와의 종"으로 번역될 수 있다. 이러한 연관성과 그 외 개념적이며 언어적인 연결들에 근거하여 콜라식은 다음과 같이 지적한다. "여전히, 하나의 특별한 예언적 근원은 악인과 의인, 특별히 네 번째 종의 노래에서의 이사야의 고난 받는 종을 대조시키는 저자의 방식에서 확인될 수 있다(Kolarcik, "The Book of Wisdom," 463~64). 지혜서 2:12~20에 대해 이번에는 빌체즈(Vilchez)가 설득력 있는 주장을 펼친다. "그리스도인 전통에서 이 의로운 자는 십자가에서의 예수의 모습을 미리 나타낸다. 하지만, 우리는 지혜서 2:12~20이 메시아적인 본문이라고 주장하거나 분명하게 증명할 수 없다. 이 의로운 자는 어떤 구체적인 사람이 아니라 전형적인 인물이다. 그렇다면 자연스럽게 본문은 가장 뛰어난 의인, 예수에게 적용될 수 있다"("Wisdom," 910). 호버리(Horbury)는 지혜서 2:12~20의 배경에, 의인에 관한 성경의 이야기들 중 이사야 53:11을 포함시킨다("Wisdom of Solomon," 655).

[81] 콜린스는 덧붙인다. "… 이 생각은 「에녹 1서」 104:2~6과 평행을 이룬다. 이 구절은 의인에게 약속한다, '너는 하늘의 천사들처럼 크게 기뻐할 것이다… 너는 하늘의 무리들에게 동료가 될 것이기 때문이다'"(Collins, *Jewish Wisdom in the Hellenistic Age*, 184).

해서 이사야에 있는 패턴을 따른다. 저자가 고난 받는 종, 잉태하지 못하는 여자, 환관, 이스라엘의 지혜로운 자의 주제들을 빌린 것과 똑같이 우리도 또한… 하나님의 심판의 장면에 앞서서 이스라엘의 고백을 발견한다. 이와 유사하게 악인들의 고백의 여러 부분들은 이사야의 고난 받는 종의 섹션들을 암시한다("조롱하다," 지혜서 5:3~4=사 53:3; "우리는 길을 잃었다," 지혜서 5:6=사 53:6)."[82] 이 표현들과 주제들은 이사야 52:13~53:12의 고난 받는 종을 연상시킨다.[83]

게다가 이 묵시적인 법정 이야기는 이사야의 네 번째 종의 노래(사 52:13~53:12)를 재구성한다(Suggs 1957: 28~30; Nickelsburg 1972: 61~65). 두 경우 모두 의로운 주인공은 소외와 죽음에 직면해서도 온유하게 행하는(「지혜서」 2:19~20; 사 53:7~9) 하나님의 자녀로 묘사된다(「지혜서」

---

[82] Kolarcik, "The Book of Wisdom," 485~86.

[83] 콜린스는 또한 "문제의 구절「지혜서」 2:12~10; 5:1~7]이 이사야 52:13~53:12의 종의 노래를 모방하고 있다"고 강조한다(Collins, *Jewish Wisdom in the Hellenistic Age*, 184). 니켈스버그는 콜린스의 생각에 동의한다. "그의 해설에서 중심이 되는 것은 무명의 의로운 자, 한 전형적인 인물의 케이스이다. 그는 박해를 당하지만 하늘의 법정에서 변호를 받으며, 거기서 천사들 가운데 서서 자신을 박해했던 자들을 책망한다. 그의 박해와 높아짐을 묘사하는 두 장면(2장과 5장)은 이사야 52~53장의 언어의 꼴로 만들어지며, 「에녹 1서」 62~63에서의 심판의 장면과 「에녹 1서」 46과의 뚜렷한 평행은 지혜와 비유들이 일반적인 석의적 전통의 이 형들을 제시하고 있음을 가리킨다. 이러한 이형들은 이사야의 종의 구절을 이사야 14장의 자료와 융합하며, 이사야 52~53장의 왕들을, 하늘을 공격하고 땅으로 쫓겨난 왕적 인물과 동일시한다"(Nickelsburg, "Son of Man," 140).
석스(Suggs)는 「지혜서」 2:10~5:23이 실제로는 이사야 52:13~53:12에 근거한 설교라고 주장한다(아마도 「지혜서」 3:15~4:13을 제외하고)(M. Jack Suggs, "Wisdom of Solomon 2 10~5: A Homily Based on the Fourth Servant Song," *JBL* 76 [March 1957]: 26~33). Beentjes는 지혜서 3:15~4:13도 이사야 54, 56, 57장에 대한 반향과 암시들을 포함한다고 주장한다. "지혜서 3:1~4:19에 대한 면밀한 조사는, 여기서 네 번째 종의 뒤를 바짝 따라오는 이사야 자료, 즉 54, 56, 57장의 반향이 적어도 부분적으로 발견된다고 생각하는 것이 그럴듯해 보이게 한다(Pancratius C. Beentjes, "Wisdom of Solomon 3,1~4,19 and the Book of Isaiah," in *Studies in the Book of Isaiah: Festschrift Willem A. M. Beuken*, ed. J. Van Ruiten and M. Vervenne [Leuven: Leuven University Press, 1997], 420).

2:13, 16, 18; 사 53:2). 죽음이 둘 모두에서 상실과 손상으로 간주된다는 것, 그런데 이 해석은 지혜서에서의 불의한 "우리"와 이사야에서의 방관자 "우리"가 역전시켜야 하는 해석이다(지혜서 3:2~3; 5:1~2; 사 53:4, 11~12; 52:13~15). 방관자들은 마지막에 고백해야 한다. 진리를 떠나 있었고 양처럼 길을 잃었던 자들은 다름 아닌 바로 "우리"였다고(「지혜서」 5:4~6; 사 53:6).[84]

악한 자들의 조롱(2:12~20)에 대해 설명하는 가운데 윈스턴(Winston)은 제안한다. "저자가 하나님의 자녀의 고난과 변호에 대해 다루는 것은 주로⋯ 네 번째 종의 노래에 근거한 교훈이다."[85]

제2성전기 유대주의의 해석적 전통들이 서로 연결된 모체(matrix)에 대해 라이트는 적절한 설명을 제시한다. "이 지혜서의 구절이 「에녹 1서」 그리고 다른 제2성전기의 글들에 의해 독립적으로 사용되었던 석의적 전통에 의존하고 있다고 생각할 충분한 이유가 있다."[86]

구속적, 혹은 대리적 속죄의 개념들은 또한 마카비 4서의 순교자들에 대한 생각에서도 나타난다.[87] "⋯ 그들은 그들의 나라에 대한 독재

---

[84] DeSilva, *Introducing the Apocrypha*, 138.

[85] Winston, *The Wisdom of Solomon*, 119~20. 윈스턴은 많은 연결을 본다. 예를 들어, "하나님의 종"으로 생각될 수 있는 "하나님의 자녀"라는 용어; 지혜서 2:14와 이사야 53:2; 지혜서 2:19와 이사야 53:7; 지혜서 5:1과 이사야 52:13ff; 지혜서 5:6과 이사야 53:6이 있다.

[86] Wright, *Jesus and the Victory of God*, 580~81. 또한 Donald Juel, *Messianic Exegesis: Christological Interpretation of the Old Testament in Early Christianity* (Philadelphia: Fortress, 1988), 12, 102를 보라. 또한 앞의 「에녹 1서」에 대한 섹션을 보라.

[87] 대부분의 학자들은 마카비 4서가 주후 1세기에 작성되었다고 생각한다(아마도 1세기 중간) - "칼리굴라의 통치 때(주후 37~41년)"(Moses Hadas, ed. and tr., *The Third and Fourth Books of Maccabees*, Jewish Apocryphal Literature, ed. Solomon Zeitlin [New York: Harper and Row, 1953], 98); "주후 1세기의 전반부 동안"(David A. DeSilva, "Maccabees, Third and Fourth Books of," in *Eerdmans Dictionary of the Bible*, ed. David Noel Freedman [Grand Rapids: Eerdmans, 2000], 841; 또한 Nickelsburg, *Jewish Literature*, 226을 보라); "주후 1

의 멸망의 원인이 되었다. 인내를 통해 그들은 독재자를 정복하였고, 그리하여 그들의 조국은 그들을 통하여 정화되었다(1:11, NRSV)." 엘르아살(Eleazar)로 불리는 제사장 가문의 한 사람이 고문을 당하는 가운데 이렇게 기도했다: "…주님의 백성들에게 자비를 베푸시며, 우리가 당하는 징벌이 그들을 위해 족한 것이 되게 하소서. 저의 피가 그들을 정화시키고, 그들의 생명 대신 저의 생명을 취하소서"(6:28~29, NRSV).[88]

세기"(H. Anderson, "4 Maccabees," in *The Old Testament Pseudepigrapha: Expansions of the "Old Testament" and Legends, Wisdom and Philosophical Literature, Prayers, Psalms, and Odes, Fragments of Lost Judeo-Hellenistic Works*, ed. James H. Charlesworth, vol. 2 [New York: Doubleday, 1985], 531); "주후 20~54년의 기간 동안, 혹은 그 이후"(Martin McNamara, *Intertestamental Literature*, Old Testament Message: A Biblical-Theological Commentary, ed. Carroll Stuhlmueller and Martin McNamara, vol. 23 [Wilmington, Delaware: Glazier, 1983], 237; Stanley K. Stowers, "4 Maccabees," in The *HarperCollins Bible Commentary*, ed. James L. Mays, rev. ed. [San Francisco: HarperSanFrancisco, 2000], 845); "사도 바울의 초기 선교 사역"과 "필로의 때(주후 20~45년)"(Helyer, *Exploring Jewish Literature*, 405).

[88] 앤더슨은 6:29의 마지막 구절를 이렇게 번역한다. "나의 생명을 그들의 생명을 위한 속전으로 취하소서"(Anderson, "4 Maccabees," 552). 이것은 이사야 53장과 레위기 23장과 같은 "대리적 희생"의 개념이다(David J. Elliott, "4 Maccabees," in *The Oxford Bible Commentary*, ed. John Barton and John Muddiman [Oxford: Oxford University Press, 2001], 792). 길버트는 마카비 4서에서 순교자로 죽는 것의 의미를 요약한다. "순교자로 죽은 것은 사라지는 것이 아니라 영원한 생명을 얻는 것(15:2; 17:18), 하나님을 위해 사는 것(7:19; 16:25), 그와 함께 하는 것(9:8), 영혼의 썩지 않음(9:22; 17:12)과 죽지 않음(16:13)을 얻는 것(18:23)을 뜻한다. 마카비 2서 7:9, 23; 14:46과 달리 마카비 4서는 몸의 부활에 대해 말하지 않는다. 순교는 또한 고난을 통하여 **대속**으로 섬기는 것, 공동체의 잘못을 **속죄**하는 것, 조상의 땅을 **정화**하는 것, 민족을 위한 평화와 압제자들에 대한 응징―그들의 교만은 순교자의 인내에 의해 이미 정복되었다―을 성취하는 것을 뜻한다(1:11; 6:29; 9:24; 12:17; 17:20~22; 18:4). 이러한 주장은 「마카비 2서」 6:12~17; 7:37~38보다 더 멀리 나아간 것이다. 어떤 것은 신약에서 되풀이 된다(마 20:28을 보라). 그것들은 또한 이사야 53:8~12의 영향을 받았을 수 있다"(Gilbert, "Wisdom Literature," 318; 필자 강조). 스타워스(Stowers)는 마카비 4서 6:27~29가 "예수의 죽음의 의미를 해석하기 위한 중요한 개념이 되었다…(참고. 막 10:45)"고

압제자에게 고문을 당하였던 일곱 명의 젊은 유대 형제들 중 하나가 자기 형제에게 권고하였다. "형제여, 나를 본받으라. … 종교를 위해 성스럽고도 숭고한 싸움을 싸우라. 그리하여 우리 조상들의 의로우신 하나님이 우리 민족들에게 자비를 베푸시고 저주 받은 압제자에게 되갚아주시게 하라"(9:23~24, NRSV). 마카비 4서는 순교의 영향에 대해 상술한다. "… 압제자는 벌을 받았고, 조국은 정화되었다 — 그들은 말하자면 우리 민족의 죄를 위한 대속물이 되었다. 그리고 그 헌신된 자들의 희생과 그들의 속죄의 희생으로서의 죽음을 통하여 하나님은 전에 학대 받던 이스라엘을 보존하셨다"(17:21~22, NRSV).[89] 이사야 53장의 종의 경우("그가 징계를 받으므로 우리는 평화를 누리고[5절]")와 같이 "그들 때문에 민족이 평화를 얻었다"(18:4, NRSV).[90] 드실바의 설명은 적절하다. "초대 교회의 신학적 환경에 대한 마카비 4서의 최종적인 공헌 하나는 그것이 대리적 속죄의 언어를 순교자들의 죽음의 효과에 대한 은유로 사용했다는 것이다(de Jonge, 1988). 따라서 그것은 로마서 3:25; 히브리서 1:3; 9:11~15; 베드로전서 1:19; 요한일서 1:7에서 발견되는 것과 같은, 예수의 죽음에 대한 초대 교회의 숙고와 아주 유사한, 이사야 52:13~53:12의 종의 노래의 사상적 발전을 묘사한다."[91]

그럴듯하게 주장한다("4 Maccabees," 851).

[89] 스타워스는 "이곳의 언어와 개념의 결합이 예수의 죽음의 영향에 관한 초기 기독교 본문들에서 가장 밀접하게 평행을 이룬다"고 주장한다("4 Maccabees," 854).

[90] 마카비 4서의 저자는 의로운 자가 죽음 후에 하나님의 상급과 축복을 누릴 것이라고 믿고 있다. "하지만 아브라함의 아들들은 그들의 승리의 어머니와 함께 다 같이 모여 아버지들의 합창에 참여하며, 하나님으로부터 순전하고 죽지 않는 영혼을 받았다"(마카비 4서 18:23). 마카비 4서의 저자가 부활의 개념을 가지고 있지 않는 것은 흥미롭다(참고. 사 53:10, 11에 대한 필자의 해석).

[91] DeSilva, *Introducing the Apocrypha*, 373. 오니 또한 "이러한 제사의 은유 사용[사 53장에서의 여호와의 종]이 순교자 백성들의 죄를 위한 정화의 수단으로 간주될 수 있다고 하는 생각(「마카비 2서」 7:38; 「마카비 4서」 6:29)과 연결된다"고 주장한다(David E. Aune, *Revelation 1~5*, WBC, ed. David A. Hubbard and Glenn W. Barker, vol. 52 [Dallas, TX: Word, 1997], 373). 헬리어는 마카비 4서의 대리의 개념의 가능성 있는 근원을 설명한다. "개인(또는 집단)에 의한 대리적 속죄의 개념에 대한 좀 더 결정적인 원인은 유명한 이사야

네 번째로, 「에스라 4서」는 아주 흥미로운 하나님의 대행자에 대해 말한다. "사람의 모습을 한 자"(13:3)가 "하늘의 구름을 타고 날았으며"(13:3), 셀 수 없는 무리가 모여서 자신과 싸우려는 것을 보았을 때, "자신을 위하여 큰 산을 만들어 그 위에서 날았고"(13:6), "그 입에서 (말하자면) 불을 강같이 토하여, 입에서 나오는 불의 입김으로, 또 혀로 빗발치는 불꽃을 발하여"(13:10, 11) 그들을 태웠다.92 이것은 다니엘 7:13과 이사야 11:4 둘 다를 암시한다.93 그렇다면 이 "바다로부터 나온 남자"(「에스라 4서」 13:26)는 "하나님의 아들"(13:32, 37)과 동일시된다. 이 인물의 메시아적인 특성은 시편 2편과의 연결을 통해 분명해진다.

그리고 이러한 일들이 일어나며, 내가 전에 보여주었던 표적들이 일어날 때, 나의 아들이 드러날 것이다. 너희들이 바다에서 나오는 것

52:13~53:12.의 고난 받는 종의 구절이다. 마카비 4서와 신약을 상당히 앞서는 이 본문은 다른 사람들을 위하여 대신 죽도록 여호와에 의해 운명 지어졌던 무죄한, 선택된 개인을 묘사한다. 모세나 다윗과 달리 종은 많은 사람 대신… 받아들여진다. 학자들은 대리적 속죄에 대한 믿음이 묵시적인 집단들에서 번성했다는 사실에 주의를 기울일 것을 요청하였다"(사 53:5~6, 12b; Helyer, *Exploring Jewish Literature*, 409).

92 Bruce M. Metzger, "The Fourth Book of Ezra: A New Translation and Introduction," in *The Old Testament Pseudepigrapha: Apocalyptic Literature and Testaments*, ed. James H. Charlesworth, vol. 1 (New York: Doubleday, 1983), 551. 메츠거에 의하면 이 책의 연대는 1세기 말이다. 스톤은 "주후 70년과 2세기 말 사이," 될 수 있으면 "도미티아누스 시대(주후 81~96)"를 설득력 있게 주장한다(Michael Edward Stone, *Fourth Ezra: A Commentary on the Book of Fourth Ezra*, ed. Frank Moore Cross, Hermenia—A Critical and Historical Commentary on the Bible, ed. Frank Moore Cross et al. [Minneapolis, MN: Fortress Press, 1990], 10).

93 스톤(*Fourth Ezra*, 386~87)은 「에스라 4서」 13:10과 연결된 두 성경 구절을 생각한다-이사야 11:4와 시편 2편. "꿈에 대한 묘사에서 불줄기는 말 그대로 하나님의 말씀이나 입김의 구체화라고 주장할 수 있을 것"이라고 주장하는 가운데(「에스라 4서」 13:37~38, 참고로 「에녹 1서」 102:1), 그는 이 본문의 영향사를 추적한다(겔 22:21; 단 7:11, 참고로 「레위의 유훈」 3:2[「에스라 4서」 8:23]; *Pss. Sol.* 17:23~24; 17:35; 「지혜서」 11:20; 12:9; 18:15; 살후 2:8).

을 보았던 그 사람이다. 그리고 너희들이 보았듯이, 모든 민족이 그의 목소리를 들을 때에 모든 사람이 자기의 땅과 서로를 향해 싸우던 전쟁을 떠날 것이며, 셀 수 없이 많은 무리가 함께 모여, 와서 그와 싸워 이기려 할 것이다. 하지만 그는 시온 산 위에 설 것이며… 나의 아들인 그는 모인 민족들의 경건치 않음을 꾸짖고(이것은 폭풍에 의해 상징적으로 나타남) 그들의 면전에서 그들의 악한 생각을 질책하며, 그들을 괴롭게 할 고통으로 정죄할 것이며(이것은 불꽃으로 표현됨), 수고로움이 없이 율법으로 그들을 멸망시킬 것이다(이것은 불로 표현됨;「에스라 4서」 13:32~35, 37, 38).[94]

위의 모든 경우들을 고려하여 우리는 주전 2세기에서 주후 1세기에 이르기까지 "유대주의에서 발전되었던 다양한 관점들"[95] 안에, 위의 모든 요소(인자, 메시아, 하나님의 아들, 종)를 종합하여 복합적인 이미지를 제시하는 한 흐름의 사상이 있었다고 결론을 내릴 수 있다.

사해 사본

이사야 61:1~3과 4Q521("메시아적 묵시"로 불리는) 사이의 밀접한 관계는 "주의 종"과 "메시아"를 동일시하는 방향으로 이끈다.[96] 4Q521에

---

[94] 「에스라 4서」 13의 경우는 복합 이미지의 존재를 확증한다(여기서, 예를 들어, 인자, 메시아, 하나님의 아들의 복합체의 이미지).

[95] Kee, "Testament," 778.

[96] 많은 학자는 종의 노래와 이사야 61:1~3 사이의 밀접한 관계를 본다. 차일즈는 이사야 61:1~3에서 예언적인 인물의 기능이 "종으로서의, 그리고 특별히 40~55장에 의해 정의된 대로의 종의 역할 안에 완전히 흡수되어 있으며"(Brevard S. Childs, *Isaiah*, OTL, ed. James L. Mayes, Carol A. Newsom, and David L. Petersen [Louisville: KY: Westminster/John Knox, 2001], 504) 그 안에서 "53장의 '고난 받는 종'의 후손이 구현된다"고 생각한다(Beuken의 **견해 지지**; 503쪽). 치솜은 "이사야 61:1~4가 종의 노래에 포함되어야 한다는 생각이 가능하다"고 주장한다(Robert B. Chisholm Jr., "A Theology of Isaiah," in *A Biblical Theology of the Old Testament*, ed. Roy B. Zuck [Chicago: Moody, 1991], 333).

의하면 "그의 기름 부음 받은 자"의[97] 종말론적인 메시아의 시대에 여호와는 "그의 영이 가난한 자들 위에 운행"할 것(frag. 2 ii 6)과, "그가 갇힌 자들을 풀어주고 눈 먼 자들을 보게 함으로써 영원한 왕국의 보좌에서 경건한 자들에게 영광을 주실 것"(frag. 2 ii 7~8)과, "그가 크게 상한 자들을 낫게 하고 죽은 자를 일으키며 가난한 자에게 복음을 전파할 것"(frag. 2 ii 12)을 분명히 하신다.

MT 이사야 61:1	사해 사본 Frag. 2 col. II
רוּחַ אֲדֹנָי יְהוִה עָלָי	
יַעַן מָשַׁח יְהוָה אֹתִי	1 למשיחו…
לְבַשֵּׂר עֲנָוִים שְׁלָחַנִי	6 ועל ענוים רוחו תרחף
לַחֲבֹשׁ לְנִשְׁבְּרֵי־לֵב	8 מתיר אסורים פוקח עורים
לִקְרֹא לִשְׁבוּיִם דְּרוֹר	12 ירפא הללים ומתים יחיה
וְלַאֲסוּרִים פְּקַח־קוֹחַ	ענוים יבשר

그는 종의 구절들과 이사야 61:1~3 사이의 여러 평행들을 열거한다. "이 구절들에서 화자는 선지자로 가장 자연스럽게 이해되지만, 여러 세부 사항들이 종을 염두에 두고 있음을 암시하는데, 그가 특별히 여호와의 영을 가진 것(1절; 참고. 42:1), 하나님의 대변인으로서의 그의 역할(1~2절; 참고. 49:2; 50:4), 갇힌 자들에게 해방과 여호와의 호의를 선포하도록 그에게 주어진 임무(1~2절; 참고. 42:7; 49:8~9), 땅의 회복(3~4절; 참고. 49:6~12)과 새 언약의 제정(참고. 61:8과 49:8)과 관련된 역할이 그것이다. 종이 여기서 말을 하는 것이 갑작스럽게 보일 수 있지만, 두 번째와 세 번째 종의 노래도 갑작스러운 종의 말로 시작한다(49:1; 50:4)"(333쪽).

오스왈트는 이사야 61:1~3의 대행자가 종의 노래가 말하는 종이라는 데 동의하는 가운데 이 종과 이사야 11장의 메시아 사이의 연속성을 본다(John N. Oswalt, *The Book of Isaiah: Chapters 40~66*, NICOT, ed. Robert L. Hubbard Jr. [Grand Rapids: Eerdmans, 1998], 562~63).

[97] Florentino García Martínez and Eibert J. C. Tigchelaar, eds., *The Dead Sea Scrolls Study Edition: Volume Two 4Q274~11Q31* (Leiden: Brill, 1998), 1045.

이것은 이사야 61:1에서 빌려와 여호와께서 자기의 메시아의 시대에 행하실 일을 묘사하기 위해 사용한 표현이다.

라이트(Wright)는 쿰란 문서의 증거로부터 의로운 자의 고난과 그 효과에 대한 석의적 전통이 있었다고 하는 자신의 주장을 강조한다. "이러한 생각은 쿰란의 증거에 의해 분명히 확증된다. 의의 교사(Teacher of Righteousness)의 고난이 자주 언급된다."98 쿰란 종파의 사람들은 다가오는 구원이 그들과 그들의 지도자의 고난을 통하여 이루어질 것이라고 생각했던 것으로 보인다(예를 들어, 1QpHab 5.10~11[교사], 1QpHab 11.4~7[교사], 1QpHab 8.1~3[전체 공동체], 1QM 1.11~12[전체 공동체]). 때때로 **속죄**의 개념도 나타난다. "야하드(Yahad)의 공동체에 열두 신도들과 세 제사장들이 있을 것이다… 그들은 그 땅에서 자제와 상한 심령을 통하여 믿음을 지키고, 정의를 행하고 고난을 당함으로써 **죄를 속할 것이다**"(1QS 8:1~4).99

이러한 속죄와 고난을 통한 구속의 개념은 메시아주의의 어떤 형태(들)와 연관이 있는 것처럼 보였다.100 한 쿰란 문서는 속죄하는 메시아에 대해 말한다. "아론과 이스라엘의 [메시아가 일어날 때까지]… 그는 그들을 죄를 위하여 **속죄할** 것이다"(CD 14:19; 필자 강조).101 메시아적이라고 믿어졌던 쿰란의 멜기세덱은 또한 제사장의 역할을 할 것이다.

---

98 Wright, *Jesus*, 581.

99 Michael Wise, Martin Abegg Jr., and Edward Cook, *The Dead Sea Scrolls: A New Translation* (New York: HarperSanFrancisco, 1996), 137.

100 앤더슨은 지적한다. "유대 사상은 일반적으로 메시아를 고난 받는 종과 동일시하지 않는다. 이러한 혁명적인 정체성 확인은 기독교에서 이루어졌다 – 비록 그런 개념에 이르는 길이 서력 기원의 시작에 사해 북서 해안의 쿰란 지역에 거주하였던 에세네 공동체와 같은 일부 유대 집단에서 준비되기는 하였지만"(Bernhard W. Anderson, *Understanding the Old Testament*, 4th ed. [Englewood Cliffs, NJ: Prentice Hall, 1986], 501).

101 Florentino García Martínez, ed., *The Dead Sea Scrolls Translated: The Qumran Texts in English*, trans. Wilfred G. E. Watson, 2d ed. (Leiden: E. J. Brill; Grand Rapids: Eerdmans, 1996), 44.

그는 "그들을 그들의 모든 죄(죄의 빚)에서 해방할" 것이기 때문이다 (11QMelch ii 5, 6).102 그는 죄를 **속한다**.

> 그리고 [속죄의] 날은 열 번째 희년의 끝이다. 그 때에 모든 [하나님의] 아들들과 멜기세덱의 지파의 남자들을 위하여 속죄가 이루어질 것이다. [그리고 높은 곳에서] 그는 [그들을] 위하여 그들의 몫에 따라 선포할 것이다. 그때는 엘로힘이 [하나님의] 무리 가운데, 그가 심판하시는 신들 가운데 서실 것이라고 한 다윗의 노래(시 82:1)에서 그에 대해 기록된 대로, 심판의 법으로 하나님의 거룩한 자를 [시험을 통하여] 높이는, 멜기세덱을 위한 은혜의 해이기 때문이다.103

이 멜기세덱이 진정 메시아적인 인물인 것은 그가 하나님처럼 심판을 행할 뿐 아니라, "철저하게 복수를 행하고…" "벨리알[의 능력으로부터] 그리고 [그에게 예정된 영들] 모두의 능력으로부터 [모든 사로잡힌 자들을 구원할] 것이기 때문이다."104 그는 마지막 때의 메시아적인

---

102 Martínez, *The Dead Sea Scrolls Translated*, 139~40.

103 Martínez, *The Dead Sea Scrolls Translated*, 140. 사해사본의 다른 두 번역본의 번역(Wise et al., *The Dead Sea Scrolls*, 456; Geza Vermes, trans., *The Complete Dead Sea Scrolls in English* [New York: Penguin, 1997], 501) 또한 이 인물이 가진 속죄의 기능과 왕의 역할을 분명히 보여준다(예를 들어, 와이즈[Wise]의 번역본, "그들[을] 그들의 모[든] 죄[로부터] 해방하며 … 그는 속죄 … 심판할 것이다"; 베르메스[Vermes]의 번역본, "속죄를 받을 것이며 … 심판을 행하는 가운데"). 하지만, 번역에서 일부 작은 차이들은 있다.

104 Wise et al., *The Dead Sea Scrolls*, 456. 다른 두 번역은 같은 개념을 보여준다. "자신의 힘으로 그는 하나님의 성도들을 심판할 [것]이며, 그리하여 의로운 왕[국]을 세울 것이다. … 따라서 멜기세덱은 하나[님의] 법[령]이 요구하는 복[수]를 완전히 수행할 것이다. [또한 그는 모든 갇힌 자들을 벨]리알[의 권세에서 해방시킬 것이며], [그에게로 예정된 영들] 모두의 세력으로부터 그리할 것이다"(Wise et al., *The Dead Sea Scrolls*, 456); "[그리고 그]는 자신의 힘으로, 하나님의 성도들을 심판하고, 다윗의 노래에서 그에게 대해 기록된 대로 심판을 수행할 것이다. … 그리고 멜기세덱은 하나님의 심판의 복수로 되갚을 것이며 … 그는 [그들을] 벨리알[의 손에서], 그[에게 속한] 모든 영[들]

제사장처럼 죄를 위해 속죄한다.

덧붙여, 4Q491(4QMa)은[105] 쿰란 종파가 이사야 53장의 고난 받는 종의 개념을 어느 정도 가지고 있었음을 보여주는 또 다른 흥미로운 예를 제공한다.

MT	사해 사본	번역
הִנֵּה יַשְׂכִּיל עַבְדִּי 52:13	5 עועלמים כסא עוז אלים בל ישבו בו בעדת כול מלכי קדם ונדיביהמה לו[א..].א דומי	5 신들의 회중 가운데 [영]원한; **위대한 보좌** 위에 동쪽의 왕들 누구도 앉지 않을 것이며, 그들의 고귀한 자들은 침묵치 않[을 …]
יָרוּם וְנִשָּׂא וְגָבַהּ מְאֹד 52:14 כַּאֲשֶׁר שָׁמְמוּ עָלֶיךָ רַבִּים כֵּן־מִשְׁחַת מֵאִישׁ מַרְאֵהוּ וְתֹאֲרוֹ מִבְּנֵי אָדָם	[..]כבודי לוא {ידמה} 6 ולוא ירומם זולתי אבי עם אלים את 7 יבום חשב ומכוני בעדת {ת} קודש	6 나의 **영광**은 {비교할 수} 없으며 나 외에 누구도 높임을 받지 않는다 7 […] … 나는 신들 가운데 헤아림을 받고 나의 거처는 거룩한 회중 가운데 있다
כֵּן יַזֶּה גּוֹיִם רַבִּים 52:15 עָלָיו יִקְפְּצוּ מְלָכִים פִּיהֶם כִּי אֲשֶׁר פִּיהֶם כִּי אֲשֶׁר וַאֲשֶׁר לֹא־שָׁמְעוּ הִתְבּוֹנָנוּ נִבְזֶה וַחֲדַל אִישִׁים 53:3	א לבוז נחשב בי[א][מ] 8	8 [누]가 나로 인해 비열한 자로 간주되었는가? 누가 영광 가운데

의 손에서 끌어낼 것이다"(Vermes, *The Complete Dead Sea Scrolls*, 501).

[105] García Martínez and Tigchelaar, *The DSS Study Edition: Volume Two*, 980~81. 아벡(Martin Abegg)은 "이 사본이 하나의 전쟁 문서(War Scroll)로 잘못 분류되었지만 감사의 시와 비슷한 한 권의 찬송"이라고 주장한다(Abegg et al., *The Dead Sea Scrolls Bible*, 171).

있는 나와 비교될 수 있는가?	ומיא בכשודי ידמה ליא	אִישׁ מַכְאֹבוֹת וִידוּעַ חֹלִי וּכְמַסְתֵּר פָּנִים מִמֶּנּוּ נִבְזֶה וְלֹא חֲשַׁבְנֻהוּ 53:4 אָכֵן חֳלָיֵנוּ הוּא נָשָׂא וּמַכְאֹבֵינוּ סְבָלָם וַאֲנַחְנוּ חֲשַׁבְנֻהוּ נָגוּעַ מֻכֵּה אֱלֹהִים וּמְעֻנֶּה 50:8 קָרוֹב מַצְדִּיקִי מִי־יָרִיב אִתִּי נַעַמְדָה יָּחַד מִי־בַעַל מִשְׁפָּטִי יִגַּשׁ אֵלָי 50:9 הֵן אֲדֹנָי יְהוִה יַעֲזָר־לִי מִי־הוּא יַרְשִׁיעֵנִי הֵן כֻּלָּם כַּבֶּגֶד יִבְלוּ עָשׁ יֹאכְלֵם
9 [...] 누가 나처럼 [모든] 슬픔을 담당하는가? 누가 나처럼 악/재난을 [견디]는가? 아무도 ... 없다.	מיא ישׂא כולע צער 9 כמוני ומיא יסבועל רע הדמה ביא ואין	
10 [내가] [입을 열] 때에 누가 나를 공격할 것인가? 누가 나의 유창한 말을 견딜 수 있는가? 나가 나와 맞서며 지속적으로 나의 판단과 비교될 수 있는가?	ומיא יווד{ו}ניא 10 בפת[חי פיא ו]מזל שפתי מיא יכיל ומיא יועדני וידמה במשפטי	
11 ... 신들 가운데 [나의] 자[리가 있고] 나의 영광은 왕의 아들들과 함께 한다.	אניא עם אלים .. 11 מעמ[די ו]כבודיא עם בני המלך	
15 [...] [그의] 메[시아..]의 뿔을 세우시고	להקים קרן 15 מש[יחו..]	
16 ... 능력으로 그의 권세를 알리기 위하여...	להודיע ידו בכוח[..] 16	

한 때 4Q War Scroll에 속한다고 생각되었던 이 찬송(4Q491c)은 "이제 4Q491의 다른 파편들과 구별되고 있다."106 헹겔은 이 찬송에서 이사야의 종의 노래에 대한 암시가 존재한다고 주장하며 몇몇 증거들을 열거한다 - 주인공이 높아지며 그가 왕들과 귀족들과의 비교/대조된다는 주제(사 52:13~15/4Q491c frag, 1.5~6); 6절과 8절에서 그 인물의 "영광"(כבוד)에 대한 삼중의 강조("영광"에 대한 칠십인역의 번역[사 52:14; 53:2 칠십인역]을 떠올리게 하는); 8절과 9절에서 높임을 받은 인물이 받았던 고난(특별히, נשא와 סבל; 이사야 53:4, 12를 연상시키는); 열 번째 행에서 이사야 50:8~9와 유사한 개념을 사용하는 것; 이사야 50:8 (קרוב מצדיקי)과 이사야 53:11의 칠십인역(δικαιῶσαι δίκαιον)에서의 하나님의 칭의 혹은 신원(정의구현) 여기서는 천사들의 무리 가운데 있는 하늘의 "위대한 보좌"로 높임을 받는 것을 통하여 반복되며[다섯째 행], 이것은 하늘의 법정에서 심판의 자리로 생각될 수 있다(참고. 단 7:9~14; 마 25:31; 19:28)(종말론적-이원론적 문맥은 참으로 심판의 상황을 전제로 한다).107 크놀(Knohl)의 번역 또한 좋아 보인다.

> 8 … [누]가 나처럼 멸시당할 만하다고 생각되었던가,
> 하지만 (현재의) 나처럼 영광 중에 있는 자가 누구인가? 누가 […]
> 9 […] 누가 나처럼 [모든] 고통을 짊어졌는가?
> 누가 악을 [견디는 일에] 나와 견줄 수 있는가?
> 나와 같은 이 아무도 없으며, 어떤 가르침도 비교될 수 없다,
> 10 [나의 가르침과]. 누가 나[의 말을] 중단시킬 수 있는가? 누가 내 입의 유창한 말을 판단할 수 있는가? 누가 나와 어울리며 그리하여 나의 판단에 필적할 수 있는가?
> 11 [… 왜냐]하면 나는 천사 중 하나로 간주되며, 나의 영광은 왕의

---

106 Hengel, "Zur Wirkungsgeschichte von Jes 53 in vorchristlicher Zeit," 88. 그가 주장하는 대로 이 찬송 본문에 대한 참조 표시는 여러 번역자들과 편집자들이 사용하는 다른 행 번호로 인해 복잡하게 되었다(88쪽).

107 Hengel, "Zur Wirkungsgeschichte von Jes 53 in vorchristlicher Zeit," 89~90.

아들의 영광으로 판단되기 때문이다 …(필자 강조)108

덧붙여, 최근에 발간된 두 파편들에 기초하여 크놀은 같은 찬송의 다른 버전을 재구성한다.

2 … 누가 [나]처럼 멸시를 받았는가? [그리고 누가]
3 나처럼 [사람들에게] 거절을 당했는가? [그리고 누가] 악을 [견디는 일에 나]와 견줄 수 있는가? [어떠한 가르침도]
4 나의 가르침과 비교되지 않는다. [왜냐하면] 나는 [… 하늘에] 앉아 있기 때문이다
5 천사 중에 누가 나와 같은가? [누가 나의 말을 끊을 수 있는가? 그리고]
6 누가 내 입의 [유창한] 말을 판단할 수 있는가? 누가 [나와 어울리며 그리하여 나의 판단에 필적할 수 있는가? 나는]
7 왕의 사랑을 받는 자며, 거[룩한 자들]의 동무며 [누구도 나와 함께 할 수 없다. 그리고 나의 영광에]
8 누구도 필적할 수 없다, 왜냐하면 나는 [… 어느 것으로도]
9 금으로도 [정금으로도] 〈나는〉 [나 자신에게] 관을 씌우지 않는다 (필자 강조).109

---

108 Israel Knohl, *The Messiah before Jesus: The Suffering Servant of the Dead Sea Scrolls* (Berkeley: University of California Press, 2000), 77.

109 Knohl, *The Messiah before Jesus*, 76~77. 그가 재구성한 것은 최근 발간된 두 파편들에 근거한다. "첫 번째 찬송[메시아적 찬송]의 버전 1의 주된 증거 자료는 4QHe의 두 파편에서 발견된다. 첫 번째 파편에서는 다음과 같이 되어 있다.

3 나의 가르침과 비교되는가
4 천사 중에 누가 나와 같은가?
5 누가 내 입의 [유창한 말을] 판단할 수 있는가? 누가
7 왕의 사랑을 받는 자, […]의 동무
8 금으로 〈나는〉 [관을] 씌우지

네 번째 노래의 고난 받는 종처럼 이 찬송가의 주인공은 "멸시를 받고" "사람에게서 버림을 받은"("그는 멸시를 받고 사람들에게 버림 받았으며 슬픔의 사람이요 고난을 아는 자라," 사 53:3 NIV), "악/악한 짓을 견디는"("그는 실로 우리의 질고를 지고 우리의 슬픔을 담당하였거늘," 사 53:4 NIV) 자이다. 크놀이 주장하듯이 "이 찬송시에서 묘사되는 인물은 하나님, 왕인 메시아, 그리고 '고난 받는 종'의 특성들을 결합한다."110

덧붙여, 4Q541과 4Q540은 우리가 조사할 또 다른 좋은 자료를 제공한다. 레위의 외전(Apocryphon of Levi^b 아람어)으로 불리는(혹은 다른 학자들에 의해 아람어 「레위의 유훈」 [ii]으로 불리는) 4Q541(4QapocrLevi^b ar), 그리고 4Q540(4QapocrLevi^a ar)에 대해 학자들은 저작 시기를 주전 100년경으로 추정한다.111 헹겔의 주장에 의하면 4Q541은 마지막 때의 메시아적인 인물로서 한 제사장을 제시하는데, 그는 또한 하나님의 율법과 뜻을 가르치는 완전한 선생의 역할을 가진다.112

그리고 두 번째 파편에서는 다음과 같이 되어 있다.

    1 누가] [나]처럼 멸시를 받았는가?
    2 악을 [견디는 일에] 나[와] 견줄 수 있는가?
    3] 나는 앉는다 ["(75~76쪽).

크놀의 번역은 다시 한 번 에셸의 출판물에 있는 번역에 기초한다(E. Eshel, "The Identification of the 'Speaker' of the Self-glorification Hymn," in *The Provo International Conference of the Dead Sea Scrolls: Technological Innovations, New Texts, and Reformulated Issues*, ed. David W. Parry and Eugene C. Ulrich (Leiden: Brill, 1999), 619~35; 그리고 같은 저자의 글, "471b: 4Q Self-Glorification Hymn," *DJD* 29 [Oxford: Clarendon, 1999], 427~28).

110 Knohl, *The Messiah before Jesus*, 84. 이 찬송에서 중심인물은 "심판"을 행하며 천사들보다 뛰어나다. 또한 10행에서 그의 행위는 「에녹 1서」의 복합적인 메시아의 인물의 행위를 연상시킨다. 그 인물의 메시아적인 특성에 대한 인지에 대해 또한 Hengel, "Zur Wirkungsgeschichte von Jes 53 in vorchristlicher Zeit," 91을 보라.

111 Hengel, "Zur Wirkungsgeschichte von Jes 53 in vorchristlicher Zeit," 70.

112 Hengel, "Zur Wirkungsgeschichte von Jes 53 in vorchristlicher Zeit," 72~73.

4QapocLevi^b ar(4Q541), *Fragment 9 col.* i. 1~7

1 […] … […] 그의 세대의 아들들 […] … […]
　2 […] 그의 [지]혜
그는 그의 세대의 모든 자녀들을 위해 속죄(ויכפר)할 것이며'
　그는 모든 자녀들에게 보내질 것이다, 3 그의 [백성들]의 [모든 자녀들에게].
그의 말은 하늘의 말과 같으며,
　그의 가르침은 하나님의 뜻을 따른다.
그의 영원한 해(שמש עלמה)는 빛날 것이며
　4 그것의 불은 땅의 모든 끝에서 타오를 것이다(ויחזה);
어둠 위에 그것은 빛날 것이다.
그리하여 암흑은 사라질 것이다 5 땅[으로]부터,
　어두움이 (사라질 것이다) 마른 땅으로부터.
그들은 그에게 대항해 많은 말을 쏟아낼 것이다.
　그리고 많은 6 [거짓]을;
그들은 그에게 대해 턱도 없는 이야기들을 만들며,
　그에게 대해 온갖 종류의 비방들을 말할 것이다.
그의 세대(דרה)는 악하고 변하며 7 [그리고 …] 일 것이며,
　그것의[혹은 그의] 속임과 폭력의 위치(ממקמה).
[그리고] 그의 때에 백성들은 길을 잃을 것이며
　그들은 당황할 것이다

여기서 주된 인물은 「레위의 유훈」에 나타나는 마지막 때의 메시아적인 제사장의 언어와 이미지("그리하여 여호와는 새로운 제사장을 일으키실 것이며, 그에게 여호와의 모든 말씀이 계시될 것이다"[「레위의 유훈」 18:2][113])로

---

113 여기서 「레위의 유훈」 18의 번역은 Kee, "Testaments of the Twelve Patriarchs," 794~95에 따른 것이다.

묘사되는데, 후자는 이사야에서의 야웨의 종으로부터 그 표현의 일부를 차용한다.

「레위의 유훈」	평행 구절
"… 그는 세상의 모든 사람들로부터 칭송을 받을 것이다."(18:3)	이사야 52:13~15
"이 사람은 땅 위에서 해같이 빛날 것이다;	…그의 영원한 해(שמש עלמה)는 빛날 것이며
그는 하늘 아래에서 모든 어둠을 제거할 것이며,	4 그것의 불은 땅의 모든 끝에서 타오를 것이며(ויתח); 어둠 위에 그것은 빛날 것이다. 그리하여 암흑은 사라질 것이다,
땅 위에서 평화가 있을 것이다 (18:4)	5 땅[으로]부터, 그리고 어둠이 (사라질 것이다) 마른 땅으로부터 (4Q541 frag. 9 col. I 3~4)
"그의 별은 왕처럼 하늘로 오를 것이며; 낮이 해로 인해 밝아지듯이 지식의 빛을 밝힐 것이다"(18:3)	그의 말은 하늘의 말과 같으며, 그의 가르침은 하나님의 뜻을 따른다(col. I 3)
"여호와의 지식은 바다의 물처럼 땅에 부어질 것이다. 그리고 여호와의 면전의 영광의 천사들은 그(him)로 인해 기뻐하게 될 것이다."(18:5)	"그는 민족들에게 정의를 가져올 것이다(사 42:1, NRSV)
	이사야 2:2~3
"그는 아담 이후로 위협이 되었던 칼을 제거할 것이다"(18:10)	이사야 2:4
"거룩한 영이 그들 위에 있을 것이다"(18:11)	"내가 내 영을 그의 위에 두었다"(사 42:1, NRSV)
"벨리알은 그에 의해 묶일 것이다"(18:12)	
"모든 성도들은 의로 옷 입을 것이다"(18:14)	

주된 인물의 고난은 *frag.* 6과 *frag.* 4 *col.* II(4Q541)에서 묘사되고 있다.114

Frag. 4 col. II	Frag. 6
1 그리고] 땅 [	
2 요[셉]의 아들에게	] …을 위하여 **매 맞은 자들** [
3 여기서 …[	너의 [심]판, 그리고 나는 **무죄할 것이다**
4 너의 **피** [	] 너의 **고통**(?)의 타격
5]로부터의 포로들을 위하여	]… 너의 맡긴 것(deposit)과 모든 [
6 …]의	]… 너의 …로부터의 마음 [

4QapocLevi^a ar(4Q540)은 전체적으로 그 의미가 어느 정도 불가해하지만 또한 주인공의 고난에 대한 개념을 포함하고 있는 것이 분명하다.

¹ […] 다시 한 번 고통이 그에게 임할 것이며, 작은 자(the little one)는 재산이 부족하고 … 할 것이며 […] ² 52[주?] [후에?]. 다시 한 번 손실이 그에게 임하여, 그는 재산/물품이 부족하게 될 것이다 […] ³ […] 그리고 그는 선한 것이 〈부족한〉 누구도 모방하지 않고, 그 대신 큰 바다처럼 […] ⁴ […] 그는 자신이 태어난 집을 떠[날] 것이며, 또 다[른] 처소 […]

---

114 마르티네스와 티글러는 두 단편들을 함께 이어 붙인다(Florentino García Martínez, and Eibert J. C. Tigchelaar, ed., *The Dead Sea Scrolls Study Edition: Volume Two 4Q274~11Q31* [Leiden: E. J. Brill; Grand Rapids: Eerdmans, 1998], 1081).

1 그리고] 땅 […]
2 …을 위해 죽임을 당한 요[셉 …]의 아들에게 […]
3 여기서 […] 너의 [심]판, 그리고 너는 무[죄 …]할 것이다
4 너의 피 […] […]인 너의 고통(?)의 재난
5 사로잡힌 자들을 위하여 […]로부터 … 네가 기탁한 것과 모든 것
6 …의 […] … […]로부터 너의 마음

5 […] 그의 … *성소를* […] 섬기며 […] *그는 거룩하게 할 것이다* […]

따라서 스타키(Starcky)는 4Q540과 4Q541이 "종의 노래에 비추어 고난 받는 메시아를 환기하는 것처럼 보인다"고 생각한다("nous paraissent évoquer un messie souffrant, dans la perspective ouverte par les poèmes du Serviteur").[115] 4Q540/541의 제사장의 인물과 이사야의 종 모두 "멸시와 조롱을 받고 배척당하며, 모든 종류의 비방을 받는 자가 될 것이다 (사 50:6~8; 53:2~12/4Q541 frag. 9 col. I 5~6)."[116] 둘 모두에게 중요한 사역 중 하나는 하나님의 뜻/말씀을 전파하는 것이다 - "그의 말은 하늘의 말과 같으며, 그의 가르침은 하나님의 뜻을 따른다"(4Q541 frag. 9 col. I 3)와 "그는 민족들에게 정의를 가져올 것이다"(사 42:1, NRSV). 둘 다 슬픔/고통(מכאוב)을 알고 있으며, 슬픔/고통의 사람이다(4Q541 frag. 5와 frag. 6/사 53:3~4). 4Q541 frag. 9는 제사를 통한 속죄의 증거를 제공하며 따라서 우리는 frag. 9 I 2에 있는 יכפר를 이사야 53:10의 אשם과 연결시킬 수 있는지 생각할 수 있다. 퓌에쉬(Peuch)가 주장하듯이 "'제사장-종'의 폭력에 의한 죽음"("une mise à mort violente du 'Prêtre-Serviteur'")도 불가능한 생각이 아니다.[117] 퓌에쉬는 4Q540/541의 저자가 "미래의 제사장에 대한 자신의 진술에 대한 배경으로서"("comme toile de fond de la présentation du prêtre futur") 이사야의 고난 받는 종을 염두에 두었음이 분명하다고 믿고 있다. 그는 계속해서 말한다. "이 종 메시아는 왕이 아닌 제사장의 기능을 성취할 것이다….

---

[115] J. Starcky, "Les quatre étapes du messianisme à Qumran," *RB* 70 (1963): 492.

[116] Emile Puech, "Fragments d'un apocryphe de Lévi et le personnage eschatologique 4QTestLévi$^{c\sim d}$(?) et 4QAJa," in *The Madrid Qumran Congress: Proceedings of the International Congress on the Dead Sea Scrolls*, ed. Julio Trebolle Barrera and Luis Vegas Montaner, vol. 2 (Leiden: Brill, 1992), 498.

[117] Puech, "Fragments," 499를 Hengel, "Zur Wirkungsgeschichte von Jes 53 in vorchristlicher Zeit," 74에서 인용.

그는 자기 백성들에게 배척당하고 조롱당할 것이나, 그 백성들은 놀라고 당혹해 할 것이다."118 그리고 그는 자신의 견해를 종합한다. 우리의 본문은 "주전 3세기부터 존재했다고 알려진 팔레스타인 유대주의 문맥에서, 개인적인 해석으로서 이사야의 종의 노래를 미드라쉬적으로 사용한, 처음이자 가장 오래된 경우"를 포함하고 있다.119

탈굼

특별히 52:13에서 탈굼은 분명히 종을 메시아(기름 부음 받은 자)와 동일시하고 있지만120 탈굼의 네 번째 종의 노래의 전체 분위기와 생각의 흐름에서도 또한 마찬가지이다. 여기서 종은 "포로 된" 이스라엘을 회복시키는 자(53:8; 11a),121 진리의 선생(53:5, 11),122 성전을 재건하는

---

118 Puech, "fragments," 500(그의 글을 한글로 번역한 것: "Ce Serviteur messie remplira la fonction de prêtre et non de roi. Il sera réjeté et méprisé par les siens qui erreront et seront perplexes.").

119 Puech, "Fragments," 500("la première et la plus ancienne exploitation midrashique des poèmes du Serviteur d'Isaïe comme interprétation individuelle, dans un courant du judaïsme palestinien, qui plus est, au plus tard du deuxième siècle avant J.C"). 헹겔은 "남아 있는 [본문의] 모든 불확실성에도 불구하고 우리가 여기서 그에게 반박하는 것이 거의 불가능하다"고 주장한다(Hengel, "Zur Wirkungsgeschichte von Jes 53 in vorchristlicher Zeit," 74).

120 E. Earle Ellis, "Biblical Interpretation in the New Testament Church," in *Mikra: Text, Translation, Reading and Interpretation of the Hebrew Bible in Ancient Judaism and Early Christianity*, ed. Martin Jan Mulder, CRINT—Section Two: The Literature of the Jewish People in the Period of the Second Temple and the Talmud, ed. W. J. Burgers, H. Sysling, and P. J. Tomson, vol. 1 (Assen/Maastricht: Gorcum, 1988), 703. 주엘은 그것을 "창의적인 석의와 자유로운 해석의 가장 놀라운 예들 중 하나"라 부른다(Juel, *Messianic Exegesis*, 35).

121 "속박과 징벌로부터 그는 우리의 포로된 자들[גלותנא]을 가까이로 돌아오게 할 것이다. … 그는 이스라엘 땅에서 이방인들의 통치를 없앨 것이다"(53:8); "이방인들의 종살이로부터 그는 그들의 영혼을 해방할 것이며, 그

자(53:5),[123] 원수를 갚는 의로운 자(53:7~9, 11)로[124] 묘사된다. 그는 높임을 받은, 영광스럽고 강한 지도자다(52:13; 53:2, 12a). 원래의 히브리 본문에서 "사람의 아들의 모습 이상으로" "상한" 그의 모습은 "비범하고" "진귀한" 모습으로 바뀌었다(53:2). 궁극적으로 이 의로운 자는 메시아와 함께(52:13) 높임을 받을 것이다(53:2). 그리하여 히브리어 본문에서 종의 고난은 "이스라엘의 집"(52:14; 53:4), 이스라엘을 압제한 이방 백성들(52:15; 53:3), 백성들 가운데 유력한 자들(53:7), 성소(53:5), 그리고 "그의 백성의 남은 자들"(53:10)로 옮겨진다. 이 중요한 지점에서 페이지(Page)는 이렇게 강조한다. "이러한 과감한 개정은 이사야 40~66장의 다른 곳에서 탈굼이 히브리 본문을 상당히 가까이 따른다는 사실에 비추어 더욱 주목할 만하다. 이사야 53장을 탈굼식으로 변화시킨 것이 반기독교적 논증의 결과였다는 의심을 피할 수 없다. 만일 그랬다면, 원래의 탈굼은 고난 받는 메시아의 개념을 포함하였을 것이다

들은 대적의 징벌을 보게 될 것이다"(53:11; Bruce D. Chilton, *The Isaiah Targum: Introduction, Translation, Apparatus and Notes*, The Aramaic Bible, ed. Martin McNamara et al., vol. 11 [Wilmington: Glazier, 1987], 104, 105; 밝힘. 괄호 안의 내용은 필자가 추가한 것임). 또한 J. F. Stenning, ed. and tr., *The Targum of Isaiah* (Oxford: Clarendon, 1949), 180을 보라. 이어지는 모든 인용은 이 두 번역들, 특별히 칠튼의 번역에서 온 것이다.

[122] "… 그의 가르침을 통하여 그의 평안이 우리 위에 넘치고, 그리하여 우리는 그의 말씀을 사모하게 되며 우리의 죄를 용서받을 것이다"(53:5); "… 그의 지혜를 통하여 그는 무죄한 자가 무죄한 자로 간주되게 하고, 많은 사람이 율법에 복종하게 할 것이다"(53:11).

[123] "그리고 그는 우리의 죄 때문에 더럽혀지고 우리의 죄악 때문에 넘겨진 성전을 건축할 것이다"(53:5).

[124] "어린 양을 제사에 넘겨주듯이 그는 백성들 가운데 강한 자들을 넘겨줄 것이며, 암양이 털 깎는 자 앞에서 잠잠한 것 같이 그의 앞에서 누구도 입을 열지 않고 말하지 않는다"(53:7); "그는 내 백성이 지은 죄를 그들 위에 던질 것이다"(53:8); "그리고 그는 악한 자들을 게헨나에, 약탈한 재물로 부한 자들을 멸망의 죽음에 넘겨주어, 죄를 짓는 자들이 우뚝 서거나 그 입으로 재물에 대해 말하지 못하게 할 것이다"(53:9); "그들은 대적들의 징벌을 보게 될 것이며; 그들 왕들의 약탈당함을 보고 만족해 할 것이다"(53:11).

."125 그의 견해를 받아들인다면 우리는 탈굼의 후기 편집자가 그리스도인들이 자신들의 예수에 대한 믿음을 변호하기 위해 사용하였던 거의 모든 섹션들을 개정했다는 것을 가정할 수 있다. 하지만 프랜스(France)가 주장하듯 "종을 메시아의 보는 입장은 분명히 너무도 확고하게 자리 잡고 있어 그 종을 이스라엘이나 어떤 역사적인 인물로 보는 대체적인 쉬운 선택을 탈굼의 편집자에게 허용하는 일은 불가능하다."126 그리고 "탈굼은 히브리 성경의 공적인 예배 낭독 후에 수반되는 아람어 구두 번역으로 시작되었으며, 히브리어 본문은 실수 없이 종의 고난에 대해 말하고 있기 때문에,"127 회중 가운데 아람어와 히브리어를 둘 다 알고 있던 청중은 고난을 메시아와 연결시켰을 것이며, 탈굼의 편집자들은 종의 고난에 대한 일부 요소들을 유지하도록 압박을 받았다. 그들은 자

---

125 Page, "The Suffering Servant," 488. Jeremias는 이 견해에 동의한다(Zimmerli and Jeremias, *The Servant of God*, 72). 이사야 53장에 대한 특이한 번역 이면에 있는 탈굼 번역가들의 일부 신학적인 입장들을 강조한다는 점에서, 어떤 의미에서 에이툰(Aytoun) 또한 이 견해에 동의한다. "이사야 40~66의 탈굼은, 특정 습관적인 탈굼 표현과 이따금 씩의 의역을 제외하고 전체적으로 번역가들이 히브리 본문을 상당히 가까이 따랐음을 보여준다. 이사야 52:13~53:12는 이것에 대한 주목할 만한 예외인데, 분명 불가능하지는 않았지만 히브리 본문의 있는 그대로의 내용과 당시 유대인들의 소망과 조화시키는 것이 어려웠기 때문이다"(Robert A. Aytoun, "The Servant of the Lord in the Targum," *JTS* 23 [January 1922]: 172).

126 R. T. France, "Servant of Yahweh," in *Dictionary of Jesus and the Gospels*, ed. Joel B. Green and Scot McKnight (Downers Grove, IL: InterVarsity Press; Leicester, England: Inter-Varsity Press, 1992), 745. 예레미아스는 프랜스와 동의한다. "섹션 전체는 참으로 메시아적으로 설명되었다고 할 수 있는데, 이는 이사야 52:13~53:12에 대한 메시아적인 해석이 너무도 확고하게 뿌리내리고 있어 이사야 탈굼이 그것을 벗어날 수 없었지만, 고난에 관한 구절들은 원본과 확연히 다르게 메시아에 대한 당시의 견해로 대체되고 있기 때문이다. 이사야에 대한 이러한 전적인 재해석의 과정이 이사야 52:13~53:12의 헬라어와 … 아람어 본문에도 적용되었다는 사실은 메시아적인 석의가 얼마나 확고하게 팔레스타인 유대주의에 뿌리내리고 있었는지를 보여 준다"(Zimmerli and Jeremias, *The Servant of God*, 72).

127 Page, "The Suffering Servant," 488.

기 백성들 때문에 그가 받은 이러한 고난을 어떤 영웅적인 인물에게 돌렸을 수 있다. 혹은, 이러한 자료에 대한 또 다른 가능성 있는 해석으로서 좀 더 선호될 수 있는 것은, 이사야 52:13~53:12의 탈굼이 반기독교적인 논박이 아니라 단순히 유대 백성들이 가졌던 메시아에 대한 미리 가정된 신학적 견해(일시적으로 죽음을 무릅쓰지만 궁극적으로 승리하는 메시아)에 의해 이루어진, 원래의 히브리 문서에 대한 독특한 해석이라는 설명이다. 즉, 탈굼의 의역 내용이 이사야 53장의 탈굼의 전통이 지금의 내용을 가지게 된 때에,128 그리고 후에 탈굼의 현재의 형태를 만든 탈굼의 편집자/교정자들이 그 내용을 존속시켰던 때에, 유대 백성들이 가졌던 신학적 관점 때문이라는 것이다. 칠튼(Chilton)이 주장하듯 "메투르게만(meturgeman, 아람어 통역관)은 이사야의 종에 대한 자신의 메시아적인 이해에서 유대주의와 기독교에서 일반적으로 보급되어 있는 원시적인 석의를 보여주고 있다고 추측할 수 있다."129 이사야 53장에 대한 탈굼의 해석은 이사야 전체, 그리고 메시아에 대한 전형적인 유대인들의 견해와 조화를 이룬다.130

이 인물은 또한 자기 백성의 죄를 위해 탄원하는 자다(53:4, 12). 그로 인해 백성들의 죄가 용서된다(53:4, 6). 또한, 이 시에서 시작의 섹션

---

128 Chilton, *The Glory of Israel*, 92. 참고. Aytoun, "The Servant of the Lord in the Targum," 177.

129 Chilton, *The Glory of Israel*, 94.

130 두 번째 견해는 Ådna, "Der Gottesknecht als triumphierender und interzessorischer Messias. Die Rezeption von Jes 53 im Targum Jonathan untersucht mit besonderer Berücksichtigung des Messiasbildes," in *Der leidende Gottesknecht: Jesaja 53 und seine Wirkungsgeschichte*, ed. Bernd Janowski and Peter Stuhlmacher, FAT, ed. Bernd Janowski and Hermann Spieckermann, vol. 14 (Tübingen: Mohr, 1996), 129~58을 참고할 수 있다. 그에 따르면, 전형적인 유대 메시아-종은 성전을 재건하고, 적들과 이방인들을 복종시키며, 백성들에게 율법을 가르치고, 이스라엘을 위하여 중재할 것이다. 그리하여 탈굼 번역가는 여러 종말론적인 역할들을 한 명의 중재자/구원자의 인물에 합치고 있으며, 이것의 또 다른 예는 신약의 저자들에게서 발견된다고 아드나는 말한다.

(52:13~15)과 수미쌍관을 형성하는 마지막 신적 담화 섹션으로부터 우리가 아는 것처럼 그는 야웨의 목적 때문에, 그리고 자기 백성들의 유익을 위해 **고난을 받았던** 것으로 보인다(53:12).131 요약하면, 우리는 탈굼이 종의 구절에 대한 메시아적인 해석을 포함하고 있다고 결론지을 수 있다. 또한 "고난 받는 종이 메시아를 가리킨다고 하는 개념은 탈굼의 근원지가 되었던 집단에서 알려지지 않은 것이 아니었던 것으로 보인다."132

요나단 탈굼의 일부인 이 이사야 탈굼의 구성 혹은 개정 연대는 언제인가? "기독교 이전의 유대주의로까지 되돌아 갈" 수 있는가?133 "탈굼 요나단은 전체적으로 랍비들의 해석을 모으고 편집한 두 주요 시대, 즉 타나임(tannaim)과 아모라임(amoraim)의 시대의 결과"임이 인정되고 있다.134 칠튼은 다음과 같은 질문에 긍정적으로 대답할 준비가 되어있다. "우리가 아는 탈굼이 사실상 1세기 팔레스타인과 4세기 바벨론 사이의 랍비 세대를 걸쳐 나타났다고 하는 주장은 그럴듯한가?"135 에반스(Evans)에 따르면, 칠튼은 "이사야 탈굼이 오래된 전통(즉, 주후 1세기와 2세기)을 포함하고 있다고 결론을 내렸다."136 아람어만을 이해하는 자들에게 성경의 아람어 번역이 필요했기에, 탈굼의 구전이 세기의

---

131 "… 그가 자기 영혼을 죽음에 내어주며 반역자들을 법에 회부했기 때문에; 하지만 그는 많은 사람의 죄에 관하여 간청할 것이며, 반역하는 자들에게는 그를 위하여 그것이 용서될 것이다"(53:12b, 칠튼에 따라); "그가 자기 영혼을 죽음에 내어주었으며, 반역하는 자들은 그로 인하여 용서될 것이다"(스테닝[Stenning]에 따르면). 노스는 아마도 "자기 영혼을 죽음에 넘겼다"가 "자신을 죽음의 위험에 노출시켰다"라는 의미일 수 있다고 생각한다(Christopher R. North, *The Suffering Servant in Deutero-Isaiah: An Historical and Critical Study*, 2d ed. [London: Oxford University Press, 1956], 11f). 또한 Chilton, *The Glory of Israel*, 94를 보라.

132 Page, "The Suffering Servant," 488.

133 Page, "The Suffering Servant," 488.

134 Bruce D. Chilton, "Rabbinic Literature: Targumim," in *DNTB*, 905.

135 Chilton, *The Isaiah Targum*, xxiii.

136 Craig A. Evans, *Noncanonical Writings and New Testament Interpretation* (Peabody: MA: Hendrickson, 1992), 103.

전환시점 훨씬 전에 통용되고 있었다고 생각하면, 칼레(Kahle)가 주장하듯이, 기독교 시대 이전의 일부 탈굼 전통이 기록된 번역본에 여전히 남아있다고 생각할 수 있다: "… 오래된 부분은 기독교 이전 시대로 거슬러 올라가는 선지자들의 탈굼에서 발견될 수 있다."137 페이지는 다시 주장한다. "주후 5세기까지 탈굼은 그 최종적인 기록된 형태에 이르지 않았지만, 그것은 분명히 훨씬 오래된 전통을 구체적으로 표현하고 있으며 적어도 부분적으로 기독교 시대 이전으로 거슬러 올라간다고 일반적으로 인정되고 있다."138 페이지의 생각에 동의하는 가운데 스테닝(Stenning)은 다음과 같이 덧붙인다.

> … 대부분의 학자들은 바벨론 권위자들이 기록한 탈굼에 대한 공식적인 승인이 주후 5세기 이전에는 주어질 수 없었다는 것에 동의한다. 하지만 탈굼은, 바벨론에서 그 최종적인 형태에 이르렀다고 하더라도 그 내용은 본질적으로 팔레스타인이 근원이며, 팔레스타인에서

---

137 Paul E. Kahle, *The Cairo Geniza*, 2d ed. (New York: Praeger, 1959), 196. W. H. Brownlee와 Naftali Wieder와 함께 Kahle은 "쿰란 동굴 1에서 발견된 하박국 주석은 여러 곳에서 선지자들의 탈굼(Targum of the Prophets)을 전제로 하고 있을" 가능성이 매우 높다고 생각한다(196쪽). 알렉산더는 탈굼이 랍비 이전에 시작되었다고 주장한다. "쿰란에서 성경의 아람어 번역의 파편들이 발견되었다(4QTgLev, 4QTgJob, 11QTgJob). 이것은 탈굼이 랍비 이전의 제도이며 랍비들은 이것을 랍비화하고 통제하려고 하였음을 암시한다"(Philip S. Alexander, "Targum, Targumim," in *ABD*, 6: 330).

138 Page, "The Suffering Servant," 488. 탈굼의 해석적 전통(적어도 일부)이 기독교 이전에 시작되었다고 그가 주장하는 이유 중 하나는 다음과 같다. "Aquila와 Theodotion의 번역의 경우에서와 같이 탈굼 번역가들이, 그리스도인들이 이사야 53장을 예수에 관한 예언으로 보기 시작한 후에 그것에 대한 메시아적인 해석을 소개하였을 것 같지는 않다고 주장되었다"(488쪽). 그의 주장은 결정적인 것은 아니어도 타당성은 있다. 페이지를 반박하는 견해로 Chilton, *The Glory of Israel*, 93을 보라: 유대인들이 기독교 전통을 인식하고 그것에 대응하는 데 상당한 시간이 걸렸을 것이며, 탈굼의 자료는 마지막 고정된 형태나 공식적인 인가의 때까지 계속해서 전수되었다. 칠튼은 가능한 연대로 주후 1세기나 2세기를 생각한다.

일어났던 긴 발전 과정의 결과물이다(우리가 가진 증거가, 그것이 훨씬 이전의 시대에 고정된 형태가 되었다고 하는 가정을 정당화하고 있지만). 아람어 번역의 필요성은, 포로로부터의 귀환과 주후 1세기 사이의 시대에, 히브리어가 더 이상 유대인들의 구어가 되지 못하고 점차적으로 팔레스타인의 북쪽과 북동쪽의 나라들의 언어인 아람어로 대체되고 있던 때에 생겨났던 것이 분명하기 때문이다.139

따라서 우리는 탈굼 전통의 일부가 기독교 시대 이전으로 추적될 수 있다고 결론을 내릴 수 있다.140 또한 네 번째 종의 노래의 탈굼 번역이 종에 대한 메시아적인 해석을 포함하며, 그의 고난에 대해 부분적으로 암시하고 있다는 점을 주목할 필요가 있다.

---

139 Stenning, *Targum of Isaiah*, vii. Levey 또한 탈굼의 기원에 대해 이른 시기(기독교 이전)를 주장한다. "출발점(*terminus a quo*)에 대한 문제를 위한 가장 논리적인 해결책은, 팔레스타인 땅에 살고 있었던 유대인들이 역사적으로나 종교적으로 성경에 대한 아람어 번역/통역을 절실히 필요로 하게 된 게 언제냐 하는 데 대한 기본적인 고려에서 나온다. 그 필요는 오경으로부터의 부분과 예언서로부터의 교훈을 둘 다 취해서 Sidra와 Haftarah의 형태를 만들어 냈다… 성경의 어떤 책들에 대한 기록된 아람어 번역들이 초기 마카비 시대에 통용되었음이 확실하다는 가정을 반박할 결정적 증거가 여전히 없다. 우리는 공식적 탈굼의 기원(*terminus a quo*)이, 70인역과 비교되지만, 기원전 200~150년 사이라고 주장하는 데 있어서 망설릴 필요가 없다"(Samson H. Levey, "The Date of Targum Jonathan to the Prophets," *VT* 21 [April 1971]: 190).

140 Hengel, "Zur Wirkungsgeschichte von Jes 53 in vorchristlicher Zeit," 74. 헹겔은 이사야 탈굼이 "실제로 우리에게 알려지지 않은 기독교 이전의 역사를 가졌을 수 있다"고 주장한다(74쪽). 그는 계속해서 말한다. "비록 이것이 또한 공관복음, 무엇보다 Q에서 또한 발견되기는 하지만, 이것은 4Q541과 이사야 탈굼 모두에게 발견되는 '종의 인물에 대한 지혜의 채색'에 의해 암시된다. 나는 탈굼의 이사야 53장에 대한 해석, 즉 다윗의 가문에서 나올 왕에 대한 바리새인 랍비들의 메시아적인 기대를 중심으로 한 해석이, 제사장적인 메시아(탈굼이 그의 지혜-교훈적인 특성과 죄인들을 위한 중재의 주제를 간직하고 있는)를 중심으로 한 오래된 해석을 억누르지는 않았는지 여부를 생각할 가치가 있다고 믿는다"(74~75쪽). 또한 Zimmerli and Jeremias, *The Servant of God*, 67~68(특별히 68쪽의 각주 290에서 탈굼 자료의 오랜 연대를 가리키는 몇몇 자료에 대한 예레미아스의 주장)을 보라.

결론

넬슨은 단언한다. "제2이사야의 메시지는… 모든 시대를 위한 패러다임이 되었다. 유대주의는 의로운 자들의 대리적 고난이 속죄를 성취할 수 있다고 믿게 되었다. 죽음은 특별히 효력이 있었다. 대제사장, 무죄한 아이들, 그리고 순교자들의 죽음은 구속의 능력이 있었다."141 라이트 또한 확언한다. "이러한 모든 요소들이 여러 다양한 구절들에서 함께 발견된다는 사실은 이러한 복잡한 신학적인(그리고 정치적인) 일련의 생각이 마카비 4서가 기록된 시대에, 즉 아마도 1세기 중반에, 이미 잘 알려졌다는 것을 시사한다."142 라이트가 지적하듯이, "우리는 제2성전기에 상당히 널리 퍼져있고 잘 알려져 있던 전통을 접하고 있는" 것 같다.143 제2성전기 문학의 많은 분량이 "연장된 포로 생활 동안 내내 이스라엘의 완고함이 지속되었다"는 견해를 보여주는 가운데,144 예수 당시의 유대 백성 상당수가 "이스라엘이 아직 회복되지 않았고, 종말론적인 회복의 때까지 하나님의 진노 아래 머물고 있으며," "이러한 유배생활의 상황이 종말론적인 미래에 하나님께서 개입하실 때까지 지속될 것이라고 하는 입장"을 취하고 있었다.145 따라서 라이트는 강조

---

141 Nelson, "Servant of the Lord," 1190.

142 Wright, *Jesus and the Victory of God*, 583.

143 Wright, *Jesus and the Victory of God*, 583.

144 Scott, "Restoration of Israel," 799. 하티나는 그것을 확증한다. "전체적으로, 포로 생활이라는 주제는 바벨론 시대를 훨씬 지나 타나임과 초기 아모라임 시대에 이르기까지 확장되는 문학 전체에 널리 퍼져 있는 것으로 발견된다"(Thomas R. Hatina, "Exile," in *DNTB*, 349).

145 J. M. Scott, "Restoration of Israel," in *DPL*, 797. 이러한 믿음은 랍비 시대를 거쳐 현대까지 이른다. "유배된 자들이 회복될 것이라는 믿음은 랍비들의 믿음의 주요 관점이 되었으며 전례에서 중요한 주제였다. 현대에 유배된 자들("*kibbutz galuyyot*")을 모은다고 하는 개념은 종종 디아스포라 유대인들이 이스라엘 나라로 이주하는 것을 가리키게 되었다("Exiles, In gathering of the," in Dan Cohn-Sherbok, *The Blackwell Dictionary of Judaica* [Oxford:

한다. "… 1세기의 유대주의 대부분의 입장에서 단순히 말해 유배생활은 끝나지 않았으며," "이사야와 나머지의 약속은 성취되지 않았다."[146] 이러한 전통은, 이스라엘의 깨끗하게 됨, 죄의 용서, 이스라엘의 실패로 인한 포로 생활로부터의 귀환[147](즉, 하나님의 진노로부터의 해방), 그리고 하나님과의 언약 갱신을 위해 구속과 속죄를 위한 제사로서의 의로운 자의 고난과 죽음이 필요하다는 생각을 마음에 품게 하는 것처럼 보였다. 그리고 우리는 이사야 53장의 칠십인역의 번역에서, (아마도) 다니엘 11, 12장에서, (아마도) 4Q491(스스로를 높이는 찬송)에서, 그리고 분명히 레위의 외전[b](4Q540/541), 「베냐민의 유훈」 3:8, 「마카비 2서」 7장에서 대리/속죄의 고난/죽음 개념을 추적할 수 있다.[148] 데이비스(Davies)가 주장하듯이 "제2이사야의 야웨의 종 개념은 1세기 이전에 메시아에 대한 생각과 결합되게 되었던" 것으로 보인다.[149] 데이비스는

Blackwell, 1992], 147). 셰인들린은, 현대에 이스라엘이 설립된 후에야 "수 세기 동안 유대 역사를 규정짓고 유대주의의 특성을 결정하였던 유배(포로 상태)의 문제가 해결되었다"고 생각한다(Raymond P. Scheindlin, *A Short History of Jewish People* [New York: Macmillan, 1998], 261).

[146] Wright, *Jesus and the Victory of God*, 576.

[147] 하티나의 주장은 적합하다. "유배로부터의 진정한 귀환은 죄의 용서와 불가분의 관계에 있다"(Hatina, "Exile," 349). 그리하여 메시아는 "현재의 저주를 끝내고 백성들의 죄를 제거"할 것이다(Scott, "Restoration of Israel," 797). 이러한 사실은 이 노래들에서의 종을 미래의 메시아로 보는 것을 강화한다. 종의 노래들에서 직접적으로 묘사되는 종은, 이사야 40~55장에서 새 출애굽(즉, 유배로부터의 귀환)이라는 더 넓은 맥락에서 묘사되기 때문이다. 새 출애굽은 제2성전기의 많은 유대인이 기대하는 메시아의 역할이다.

[148] 또한 Hengel, "Zur Wirkungsgeschichte von Jes 53 in vorchristlicher Zeit," 91을 보라.

[149] W. D. Davies, *Paul and Rabbinic Judaism: Some Rabbinic Elements in Pauline Theology*, 2d ed. (London: SPCK, 1955), 283. 라이트 또한 "일부 유대인들이 적어도 '종'의 인물을 메시아적으로 해석하였다는 몇몇 증거가 있다"고 주장한다(*Jesus and the Victory of God*, 589). 그리고 모티어가 주장하듯이 "종은 야웨의 기름 부음 받은 자(42:1)"임을 우리는 기억할 필요가 있다 (J. Alec Motyer, and R. T. France, "Messiah," in *NBD*, 757).

계속해서 말한다. "적어도 고난 받는 메시아의 개념이 기독교 이전의 유대주의에게 생소하지 않았다고 추정하는 것은 가능한 일이다."[150] 이사야 53장이 제2성전기 유대주의 문학에 미친 영향에 대한 자세한 분석은 다음과 같이 나타낼 수 있다.

	A	B	C	D	E	F	G
단 11, 13			*				
사 53 칠십인역					(*)		
Wis 2~5	*						
2/4 Macc			*				
1 Enoch				*	*		
T. Benj. 3:8			(**)		*		
4 Ezra 13		*					
4Q521						*	
11QMelch			**				
4Q491							*
4Q540/541							*
탈굼							(*)

    A: 이사야 53장의 해석적 전통의 영향에 대한 암시
    B: 메시아, 인자, 하나님의 아들에 대한 통합적인 개념
    C: 구속적인 고난/죽음의 개념을 이사야 53장의 언어로 표시(*)
    C′: 속죄하는 메시아의 개념(**)
    D: 이사야 53장에 대한 메시아적인 해석
    E: 고난 받는 메시아의 개념
    F: 종/메시아의 복합적인 이미지를 이사야 53장의 언어로 묘사
    G: 고난 받는 종인 메시아의 개념을 이사야 53장의 언어로 묘사

---

150 Davies, *Paul and Rabbinic Judaism*, 283.

모든 자료는 고난 받는 종, 백성들의 죄를 용서하고 민족을 회복시키는 기능을 하는 의로운 고난 받는 자의 대리적 속죄의 효과, 그리고 "인자/메시아"와 같은 개념들이 고난 받는 종-메시아라는 하나의 새로운 복합적인 그림으로 통합되는 과정을 거쳐 갔을 가능성이 매우 높음을 가리킨다.151 앞에서 제2성전기 유대 문학을 조사한 결과를 생각하면, 페이지의 주장과 같이 그것은 사실이다. "우리는, 종에 대한 메시아적인 해석, 나아가 고난 받는 종까지도 일부 집단들에게 알려졌을 가능성을 시사하는, 다양한 방면으로부터의 여러 가닥의 증거들을 주목하였다."152 페이지와 동의하는 가운데, 스코트(Scott)는 이 문제에 대해 요약하여 말한다. "그렇다면, 특정 집단 가운데 고난 받는 메시아에 대한, 혹은 적어도 어떤 고난 받는 종말론적인 인물에 대한 유대적 기대의 어렴풋한 흔적이 있는 것으로 보인다. 이러한 기대는 주전 2세기 일부 집단에서 수용과 강도에 있어서 자라기 시작했다. 하지만 그러한 증거는 예수 당시 메시아의 고난에 대한 널리 알려진 기대가 있었다는 생각을 지지하지 않는다. 그러한 기대는 좀 더 학식이 있는 집단이나 유대주의의 주변 지방으로 제한되었을 것이다."153 그것이 "1세기의 처

---

151 그것은 오래된 해석적 전통에 근거하였으며, 따라서 연속적이며 동시에 불연속적인 것으로 불릴 수 있다.

152 Page, "Suffering Servant," 493. 이것은 후커의 결론에 대치된다(Morna D. Hooker, *Jesus and the Servant: An Influence of the Servant Concept of Deutero-Isaiah in the New Testament* [London: SPCK., 1959], 148).

153 J. Julius Scott Jr., *Jewish Backgrounds of the New Testament* (Grand Rapids: Baker Books, 1995), 318. 샌더스는 우리의 주의를 돌린다. "종교 다원론이 현저한 특징이었던 초기 유대주의의 복잡한 그림을 나타내는, 기독교 이전 시대로부터로 연대를 추정할 수 있는 문서의 과잉"(James A. Sanders, "The Dead Sea Scrolls and Biblical Studies," in *"Sha'arei Talmon": Studies in the Bible, Qumran, and the Ancient Near East Presented to Shemaryahu Talmon*, ed. Michael Fishbane and Emanuel Tov [Winona Lake, IN: Eisenbrauns, 1992], 325). 제2성전기 유대주의의 종교적 사상(예를 들어, 메시아, 구원의 방법 등등)의 다양성에 대한 이러한 인식은 이제 비평적인 학자들 집단에서 상식이다. 이제 헹겔은 그러한 제2성전기 유대주의의 다양한 종교적 개념들 가운데 고난 받는 종과 메시아/인자를 통합하는 한 믿음 혹은 해석적 전

음 삼분의 일 기간에, 선지자요 메시아가 될 어떤 한 사람의 소명이 결정적으로 형성되었을 당시의 신학적, 역사적, 사회적 환경이었을 가능성은 없는가?"154

통이 있었다고 주장한다. "기본적으로 우리는, 심판자의 주제가 현저한 곳마다 대리의 주제가 사라진다고 말할 수 있다. 전체적으로 이러한 주제(대리의 주제)의 흔적만을 볼 수 있으며, 칠십인역에서 본문을 다소 충실하게 번역할 필요가 있는 곳에서 가장 분명하게 드러난다. 어쨌든 나는, 기독교 이전 시대에 팔레스타인 유대주의에서(그리고 디아스포라에서, 이 둘은 엄격하게 분리될 수 없다) 고난 받고 속죄를 이루는 종말론적인 메시아 인물에 대한 전통이 이미 존재했다고 하는, 그리고 예수와 초대 교회가 그것을 **알고 그것에 호소할 수 있었다**고 하는 가설이 전적으로 근거가 없는 말이 아니라고 믿고 있다. 이것은 어떻게 해서 먼저 예수 자신이, 이어서 부활절 후에 그의 제자들이, 메시아의 대리적 속죄의 죽음에 대한 그들의 메시지(참고. 고전 15:3~5)가 그 시대 유대인들 가운데 이해될 수 있다고 미리 예상할 수 있었는지를 설명해 줄 것이다"(Hengel, "Zur Wirkungsgeschichte von Jes 53 in vorchristlicher Zeit," 91). 그리하여 고난 받는/속죄하는 하나님의 종의 개념은 "하나님에 의해 제정된 패턴(divinely ordained pattern)"이 될 수 있었다(R. T. France, "Servant of the Lord," in *NBD*, 1083).

154 Wright, *Jesus and the Victory of God*, 584. 이 시점에서 차일즈의 설명은 적절하다. "종합하면, 나는, 이사야서 전체의 최종적인 형태가, 종말론적인 메시아와 고난 받는 종 사이의 공명이 머지않아 교회에게 들리게 하는(종과 메시아를 연결하는 데 있어서, 그것에 대해 말하는 성경 본문에 대한 합법적인 독자 반응으로서의) 그런 것이었다는 주장에 동의할 것이다"(*Isaiah*, 505).
소여의 말은 지금까지 다루었던 성경 구절들의 연속적인 영향사에 대한 요약이 될 수 있다. "… 하나님에 의해 지명된 구세주가 고난을 당해야 한다는 전통(눅 24:26; 행 3:18)은 다윗의 글로 추정되는 수많은 시편(예를 들어, 시 22; 55; 88)뿐 아니라 자기 백성에게 배척당하고 박해받았던 모세와 선지자들의 전통적인 그림에 뿌리를 두고 있다(출 16:2; 17:2~4; 렘 11:18~19; 20:7~10; 마 23:37). 그의 고난이나 자기 희생이 그 자체로 구원한다고 하는 생각(참고. 출 32:32; 사 53:5, 10, 12)은 기독교 메시아주의에서 독특한 강조점이 주어진다(예를 들어, 롬 5:6~8; 갈 3:13; 참고. 행 8:32; 벧전 2:24~25)"(John F. A. Sawyer, "Messiah," in *The Oxford Companion to the Bible*, ed. Bruce M. Metzger and Michael D. Coogan [New York: Oxford University Press, 1993], 514).

보록 1: 제2성전기와 예수 당시 행해진 암시와 간본문 반향의 관례

간본문성과 암시의 문제에 대한 토도로프(Todorov)의 관찰은 적절하다. "다른 언명/발언(utterance)과 관계가 없는 언명/발언은 없으며, 그것은 불가결한 것이다."155 같은 맥락으로 크리스테바(Kristeva)는 다음과 같이 덧붙인다.

> (그러므로) 수평 축(주제-수신인)과 수직 축(본문-문맥)은 일치하며, 중요한 사실을 드러낸다: 각 단어(본문)는 적어도 다른 하나의 단어(본문)가 읽혀질 수 있는, 단어(본문들)의 교차점이다. 바흐찐(Bakhtin)의 글에서, 그가 **대화**(dialogue)와 **중의성**(ambivalence)이라고 부르는 이 두 축은 분명하게 구분되지 않는다. 하지만, 엄격성이 결여된 것처럼 보이는 것이 사실은 바흐찐에 의해 처음으로 문학적 이론으로 도입된 통찰력이다: 모든 본문은 인용들의 모자이크로서 만들어진다; 모든 본문은 다른 본문을 흡수하고 변형한 것이다. 간본문성(intertextuality)의 개념은 간주관성(intersubjectivity)의 개념을 대신하며, 시적 언어는 적어도 중의적으로 읽힌다.156

이러한 종류의 문학적, 언어적, 사회적 현상이 성경적 시대(구약시대, 신구약 중간기, 신약시대)의 세상에서 일어났던 것으로 보인다. 피쉬베인은

---

155 Tzvetan Todorov, *Mikhail Bakhtin: The Dialogical Principle*, trans. Wlad Godzich, Theory and History of Literature, ed. Wlad Godzich and Jochen Schulte-Sasse, vol. 13 (Minneapolis, MN: University of Minnesota Press, 1984), 60.

156 Julia Kristeva, *Desire in Language: A Semiotic Approach to Literature and Art*, trans. Thomas Gora, Alice Jardine, and Leon S. Roudiez, ed. Leon S. Roudiez (New York: Columbia University Press, 1980), 66. 크리스테바는 다른 곳에서 이러한 간본문성을 "호환(transposition)"이라고 부른다(Julia Kristeva, *Revolution in Poetic Language*, trans. Margaret Waller [New York: Columbia University Press, 1984], 59, 60). 하지만 지금으로서는 앞의 단어가 기호 언어학(semiotics)과 문학적 분석 학계에서 견고한 지위를 얻었다.

구약에서도 구약 본문을 암시적으로 사용하고 재사용하는 것이 아주 오래된 관습이었음을 보여준다.157 헹겔이 바르게 주장하듯이 제2성전기 유대주의 문학에서의 암시의 패턴은 잘 입증될 수 있다. "… 기독교 이전의 외경과 위경은 문자적인 성경의 인용을 거의 포함하지 않는다."158 예를 들어, Hodayoth(감사의 노래)는 종의 구절에 대한 다섯 번의 반향을 포함한다.159 같은 종류의 암시와 간본문성의 관례가 또한 집회서 40~48, 4QTestimonia,「에녹 1서」에서 인식될 수 있다. 핸슨의 관찰에 의하면 신약에서는, 예를 들어 시편 69:21에 대한, 인용이나 구체적인 암시가 아닌 간본문적 반향이 요한복음 19:29, 마태복음 27:48, 마가복음 15:36에서 발견된다. "네 번째 복음서 저자는 구경꾼이 십자가 위의 예수에게 신 포도주를 주어 마시게 하는 행동에서 이 구절[시 69:21]의 성취를 본다(요한복음 19:28~29를 보라). 이 사건은 예수가 시편에서 말하는 의로운 고난 받는 자라는 전통적인 증거의 일부였기 때문에 다른 세 복음서 저자들이 이 사건을 기록하고 있는 것 같지만 그들 중 누구도 구체적으로 그 시편을 인용하지 않는다."160 헤이즈(Hays)의 저서

---

157 Fishbane, B*iblical Interpretation in Ancient Israel*(특별히 285쪽 이후를 보라). 피쉬베인의 간본문적 개념에 대한 평가를 위해 Anthony C. Thiselton, *New Horizons in Hermeneutics: The Theory and Practices of Transforming Biblical Reading* (Grand Rapids: Zondervan, 1992), 39~42를 보라.

158 Hengel, "Zur Wirkungsgeschichte von Jes 53 in vorchristlicher Zeit," 63.

159 Anthony T. Hanson, *The Living Utterances of God: The New Testament Exegesis of the Old* (London: Darton, 1983), 28. 와이즈(Wise)와 기타 사람들의 설명은 적절하다. "감사의 시[1QH/ 1Q35/ 4Q427~432]에는 구약의 어휘와 표현이 너무도 많기 때문에 독자들은 거의 성경 인용의 모자이크에 들어온 것 같은 느낌을 받는다. 시편, 이사야(특별히 40~55장), 예레미야, 에스겔, 욥, 잠언이 주요 원천이다. 하지만 놀랍게도 오직 한 구절만이 실제적인 인용으로 생각될 수 있다(1QH 10:29~30에 인용된 시 26:12). 따라서 신약과 랍비 문학과 현저하게 대조되게 '주의 말씀에,' '…에 기록된 대로'와 같은 인용의 형식이 없다. 그러한 형식으로 볼 수 있는 유일한 것이 1QH 4:12에 있는데, 여기서는 하나님이 모세를 통하여 말씀하셨다는 사실을 언급한다. 어쨌든 실제적인 인용이 없음에도 불구하고 성경적인 이미지와 언어는 우세하다"(Michael Wise et al., *The Dead Sea Scrolls*, 85).

*Echoes of Scripture in the Letters of Paul*에서는 바울의 글이 구약 구절에 대한 반향과 간본문적 암시들로 가득하다는 사실을 보여준다.161

요약하면, 앞의 모든 내용을 고려할 때 우리는 예수 이전과 그의 당시에 행해졌던 암시나 간본문적 관습을 입증할 수 있다고 말할 수 있다.162 라이트의 말을 결론으로 사용할 수 있을 것이다.

> 암시가 암시가 아닌 것은 언제인가? 이 질문은 신약 연구의 많은 부분에서 강력한 저류(undercurrent)를 형성한다. 역사적인 질문(바울이, 혹은 누구든지, 특정 본문을 암시하고 있었는가, 그리고 그렇다면 왜)은 종종 저자의 의도와 그와 같은 것에 관한 문자적인 질문들과 뒤얽히게 된다. 이러한 것들에 대해, 히브리서 저자가 말하듯이, 우리가 지금은 자세하게 말할 수 없다. 제2성전기의 유대주의의 저자들은 의도적으로 단어나 구로 담화의 세상을 그려내는 가운데 상당한 성경 본문들을 암시하였을 가능성이 크다. 그러한 암시들을 경계하는 20세기의 독자들이, 아무 것도 의도되지 않았던 곳에서 적어도 몇몇 암시에 대해 듣게 될 가능성도 상당히 크다. 이러한 위험에 대해 경계하는, 그리하여 직접적인 인용을 넘어서는 어떠한 암시도 허용하지 않으려하는 현대 독자들은 분명 중요한 본문들을 극단적으로 오해하게 될 것이다. 역사가들은 역사가 예술이며 과학이 아님을 상기해야 할 때가 있다.163

---

160 Hanson, *Living Utterances of God*, 28.

161 Richard B. Hays, *Echoes of Scripture in the Letters of Paul* (New Haven and London: Yale University Press, 1989). 해석적 전통에서의 간본문적 암시와 반향, 그리고 유대 집단에서의 성경 본문의 사용에 대해 Daniel Boyarin, *Intertextuality and the Reading of Midrash*, Indiana Studies in Biblical Literature, ed. Herbert Marks and Robert Polzin (Bloomington & Indianapolis, IN: Indiana University Press, 1990)과 Betty Rojtman, *Black Fire on White Fire: An Essay on Jewish Hermeneutics, from Midrash to Kabbalah*, trans. Steven Rendall, Contraversions: Critical Studies in Jewish Literature, Culture, and Society, ed. Daniel Boyarin and Chana Kronfeld (Berkeley: University of California Press, 1998) (특히 173~75, 182)을 보라.

162 또한 Juel, *Messianic Exegesis*, 173을 보라.

주엘(Juel)의 말은 다음 장의 논의로의 전환을 위한 다리의 역할을 할 수 있다.

어디서 기독론적인 석의의 연구를 시작할지 결정하는 것은 비교적 단순해 보일 수 있다. 예를 들어, 도드(C. H. Dodd)는 가장 빈번하게 나타나고 신약 전통의 여러 가닥들에서 입증된 분명한 인용들로 시작하는 것을 선택하였다. 하지만 그러한 선택은 신약의 저작들의 부차적인 특성을 충분히 심각하게 받아들이지 않는 일이 될 수 있다. 신약은 기독론에 대한 단 하나의 평론도, 구약의 책이나 그것의 한 부분에 대한 단 하나의 기독론적인 주석도 전혀 포함하고 있지 않다. 신약은 내러티브, 편지, 그리고 묵시를 포함한다. 이들 중 가장 오래된 것도 구약에 대한 대부분의 기본적인 석의가 완성된 지 한참 후에 작성되었다. 바울의 편지들은 풍부한 해석적 전통의 증거를 제공한다. 그는 그 가운데 작은 분량만을 인용하거나 구체적으로 설명하기로 선택하고 있다. 그의 편지에서 기독론적인 석의가 현저하게 결여되어 있다는 것은 그 주제에 대한 관심이 부족하다기보다 그가 전통으로부터 물려받은 공식들을 일반적으로 인정하는 것을 드러낸다. 신약의 석의적 구조의 발전에 바탕이 되면서도 전혀 인용되지 않은

---

163 Wright, *Jesus and the Victory of God*, 584. 사실 "한 단어나 구"가 "의도적으로 이야기의 세상을 불러냄"으로써 몇몇 본문(들)이나 사물(들)을 암시할 수 있다. 예를 들면, 2002년 7~8월호 *Sojourners* 잡지(vol. 31, no. 4)의 표지에 나타난 "소수의 나쁜 남자들(A Few Bad Men)?"이라는 표현은 가톨릭 성직자들의 어린이 성폭행을 다루는 특별한 섹션에 대한 표어인데, 그것은 "A Few Good Men"이라는 제목의 영화를 떠올리게 할 수 있다. 이 영화가 상영된 적이 없는 사회에 사는 독자에게 이 표현은 단지 잡지의 특별한 섹션에 나타나는 사람들을 묘사하는 어구일 뿐이다. 하지만 이 영화를 여러 번, 혹은 적어도 한 번 볼 수 있었던 곳에 사는 독자들에게 그것은 영화의 이미지들, 사람들, 사건들로 형성된 이야기의 세계를 불러낼 수 있다. 또한 라이트가 쓴 논설을 보라(N. T. Wright, "The Servant and Jesus: The Relevance of the Colloquy for the Current Quest for Jesus," in *Jesus and the Suffering Servant: Isaiah 53 and Christian Origins*, ed. William H. Bellinger Jr. and William R. Farmer [Harrisburg, Pennsylvania: Trinity Press International, 1998], 291 이하).

구약의 구절들이 충분히 있을 수 있는 것은, 그것의 존재가 당연시될 수 있었거나 그것들의 주요 기능이 다른, 좀 더 쉽사리 적용할 수 있는 성경의 부분들과의 연결을 제공하는 것이었기 때문이다.164

보록 2: 예수는 자신이 하나님의 메시아적인 종이라고 인식할 수 있었는가? 제2성전기 문헌에 근거한 대답

블랙(Black)이 주장하듯이, 에녹 전통(인자-메시아-종)이 하나님의 종으로서 대신 고난 받는 메시아에 대한 창의적인 개념과 함께 역사적 인물 예수에게 알려졌다는 것은 믿기 어려운 일이 아니다.165 예수가 성경적 주제들을 통합한 것을 보면 전통적이며 창의적이다. 그의 성경 본문과 주제에 대한 이해는 아래의 설명이 보여주듯 어떤 해석적 전통들에 기초하였다는 의미에서 전통적이다. 에녹이 말하는 인자라는 인물에 대해 부버(Buber)는 그럴듯한 설명을 제시한다. "제2이사야의 '종'은 자신 안에 성취하는 자의 형태로 통합되어 있다[이스라엘의 종말론적 대표와 같은 사람; 메시아적인 인물의 천상적 선재 과 같은 존재로]: '처음부터 숨겨졌던'(52:7) 하늘의 '인자(Son of Man)'가, 이 땅에 내려와 '민족들의 빛'이 될 자이다."166 하지만, 예수가 고난 받는/대리적 인자-메시아를 통합하는 것이 "창의적"이라고 부를 수 있는 것은, 예를 들어, 에녹 전통에 "종에 대한 메시아적인 이해"가 나타나기는 하지만, 그곳에 대신 고난

---

164 Juel, *Messianic Exegesis*, 59. 또한 C. H. Dodd, "The Old Testament in the New," in *The Right Doctrine from the Wrong Texts?: Essays on the Use of the Old Testament in the New*, ed. G. K. Beale (Grand Rapids: Baker, 1994), 176을 보라.

165 Matthew Black, "The Messianism of the Parables of Enoch: Their Date and Contribution to Christological Origins," in *The Messiah: Developments in Earliest Judaism and Christianity—The First Princeton Symposium on Judaism and Christian Origins*, ed. James Charlesworth (Minneapolis, MN: Fortress Press, 1992), 167.

166 Martin Buber, *Two Types of Faith*, trans. Norman P. Goldhawk (London: Routledge & Kegan Paul Ltd., 1951), 112.

받는 메시아에 대한 분명한 개념이 없기 때문이다.167 부버는 다시 한 번 단언한다. "예수는 이것[오르고/내리는, 하늘의/땅의 이중적인 삶]을 제2 이사야와 에녹의 전통 가운데 인기 있는 생각에서 발견하며, 그리하여 그는 개인적인 중대한 국면에서 자신의 현재와 미래, 즉 준비해야 할 고난의 직책과 성취를 위한 영광의 직책을 이해하는 것처럼 보인다. 이것이 그런 경우라면, 묵시 문학에 의해 수정된[인자와의 연합을 통하여] '종'의 개념은 다시 한 번 한 사람[예수]의 실제적인 삶의 이야기 안으로 들어온 것이다…"168 에반스는 숙고해 볼 필요가 있는 또 다른 경우를 제시한다. "예수가 옥에 갇힌 침례자 요한에게 대답하면서 이사야 61:1~2를 암시적으로 사용한 것(마 11:5=눅 7:22; 참고. 눅 4:18~19)은 그의 메시아적인 자기 이해를 강력히 나타낸다. 이사야 61:1의 화자는 자신을 기름 부음 받은 자로 생각할 뿐 아니라, 이 구절의 표현들은 4Q521에 나타난다. 후자는 '하늘과 땅이 복종하게 될' 하나님의 메시아가 나타날 때에 일어날 일을 묘사하는 구절이다."169 이러한 메시아적인 자기 인식은 이사야 40~66장의 여호와의 종에 대한 개념과 밀접하게 상호 연결된다.170 따라서 위에서 보았듯이, 메시아적인 종의 개념과 심지어 마지막 때에 고난 받는 "기름 부음 받은" 하나님의 대행자에 대한 개념이 기독교 이전에 존재했을 가능성과 대리적/속죄적 죽음과 고난, 메시아, "인자," 하나님의 종과 같은 여러 핵심적인 개념들을 통합하려는 경향에 대한 추가적인 증거를 고려할 때, 우리는 프랜스의 견해에

---

167 Vanderkam, "Righteous One, Messiah, Chosen One, and Son of Man in 1 Enoch 37~71," 190.

168 Buber, *Two Types of Faith*, 112~13.

169 Evans, "Messianism," 704. 4Q521에 의하면 여호와는 종말론적인 메시아의 시대에 "가난한 자들에게 자기 영을 두고"(frag. 2 ii 6), "갇힌 자들을 풀어 주고 눈먼 자들을 보게 하며"(frag. 2 ii 8), "심하게 다친 자들을 치료하고, 죽은 자를 살리며, 온순한 자들에게 복음을 전파하고, [궁핍한 자들에게] 아낌없이 주며, 유배된 자들을 인도하고 주린 자들을 넉넉하게 할 것이다"(frag. 2 ii 12~13).

170 이사야 40~66장의 구성에서 "야웨의 종"과 "종들"(복수)이라는 핵심 단어들의 중요한 역할에 대해 2장을 참고하라.

동의할 수 있다. "메시아의 역할이 땅에서의 승리와 영광보다 배척과 고난과 죽음이라고 하는 예수의 혁신적인 새로운 생각에 성경적 뒷받침을 주었던 것은, 자신이 종의 역할을 성취하기 위해 왔다고 하는 예수 자신의 인식이었다. 그리고 궁극적으로 그의 제자들로 하여금 그의 죽음을 패배가 아닌 성취, 하나님의 백성들의 구원의 근거로 받아들이도록 배우게 하였던 것은 이러한 모델이었다."171

하지만 후커(Hooker)는 이러한 결론에 강하게 반대한다.172 그녀의 취지는 대략 다음과 같이 요약될 수 있을 것이다. 역사적 예수의 생각과 사역에서 고난 받는 종의 개념이 그토록 중요했다면, 어떻게 해서 복음서에 나타나는 예수의 말이나 신약의 다른 저자들의 말에서 이사야 53장에 대한 인용이 그토록 적은가? 덧붙이면, 왜 그러한 인용들이 "대리적 속죄"라는 결정적인 주제보다 오히려 다른 주제들을 말하기 위해 사용되었는가?173 데이비스는 그녀의 입장에 적절하게 반박한다. "우리가 받는 느낌은, 기독교 신학에서 고난 받는 메시아라는 개념이 가장 심각한 이슈가 아니었다고 할지라도, 우리 앞에 놓여있는 증거는 자연스럽게, 구체적인 증거가 없음에도 불구하고, 그것이 1세기에 존재했다는 가정으로 이끌었을 것이라는 것이다."174 사도행전 2, 3, 5, 10, 13장의 사도들의 설교(예수의 사역, 죽음과 부활에 대한 초기의 해석)가 예수의 고난이나 죽음의 필요성을 입증하기 위해 애쓰지 않고 단순히 그가 "백성들에 의해(특별히 권세 있는 자들에 의해) 죽음에 넘겨졌다"고 말하고 있으며, 오히려 그들이 그의 부활의 사실, 높임을 받은 것(그에 대한 변호로서), 그리

---

171 R. T. France, "Servant of Yahweh," in *DJG*, 747.

172 Morna D. Hooker, *Jesus and the Servant: An Influence of the Servant Concept of Deutero-Isaiah in the New Testament* (London: S.P.C.K, 1959).

173 현대적인 사고 방식과 방법론에 근거하여, 후커는 예수와 신약의 어휘들에서 이사야 53장에 대한 많은 개연성 있는 암시를 부정하는 경향이 있다. 이런 경향은 제2성전기 유대주의 문학적, 종교적 패턴과 문화와 맞지 않는다. 하지만 그녀의 글은 여전히, 개연성 없는 암시들을 너무 쉽게 가정하지 못하도록 방지해 주는 기능을 할 수 있다.

174 Davies, *Paul and Rabbinic Judaism*, 283.

고 죄 용서의 가능성에 초점을 맞추고 있다는 사실을 생각하면, 그의 주장은 설득력 있게 들린다. 후커의 견해에 반박하는 또 다른 강력한 증거는 앞선 전통들에 대한 고대의 문헌적/구전적 의존의 관습(역사적 예수 이전, 그리고 당시)이다. 구약의 위경에는 단지 한 단어나 구가 구약의 단락들이나 이미지들을 가리켰던 경우가 너무도 많다. 또한 제2성전기의 다른 문학작품들에도 구약을 암시적으로 사용하는 경우가 많다.175 핸슨이 올바르게 주장한 것처럼, 예수나 그의 사도들은 당시의 문학/구전의 관습을 따라, 고난 받는 종-메시아의 개념의 존재에 근거하여, 고난 받는 종에 대한 중요한 이사야 본문/주제를 암시적인 방식으로 사용하였을 가능성이 매우 높아 보인다. "… 예수가 비슷한 [암시적인] 인용들을 [Hodayoth의 저자가 했던 것과] 비슷한 방식으로 사용하였을 수 있다고 제안하는 것은 부적절하거나 시대착오적인 것이 아니다."176

다음 장에서 필자는 이사야 53장에 대한, 신학적으로 중요한 많은 암시나 간본문적 반향이 신약의 글과 복음서에 있는 예수의 말씀들에 있음을 보여줄 것이다.

보록 3: 네 번째 종의 노래에 대한 예수 당시와 그 후 시대의 유대인들의 해석

노스는 종의 노래에 대한, 특별히 종의 신원을 밝히는 일에 있어서의 유대인들의 해석의 동향을 요약하고 있는데, 이 문제에 대한 좋은 도입이 될 것이다.

> 기독교 시대의 시작에 그 종을 자신들의 공동체의 '의로운 자' 혹은 '지혜로운 자'로 보았던 사람들이 일부 있었다. 이러한 해석은 다니엘 12:3에 기초하였는데, 이 구절에서 '지혜 있는 자'와 '많은 사람을 옳은 데로 돌아오게 한 자'(히브리어는 문자적으로, '많은 사람을 의롭게 하

---

175 앞의 보록 1의 적합한 논의를 보라.
176 Hanson, *Living Utterances of God*, 29.

는')는 분명 52:13과 53:11을 연상하게 하는 것으로 보인다. 서력 기원의 시대의 상당히 이른 때에 종을 메시아로 보았던 유대인들이 있었다. 하지만, 다윗의 아들인 메시아가 고난을 받을 것이라는 것은 유대인들이 기대하였던 부분이 아니었기 때문에 이러한 해석은 지속적으로 적용되지 않았다. 그리하여, 주로 종이 예수라고 하는 그리스도인들의 주장에 대한 반작용으로서, 종이 유대 민족을 가리킨다고 하는 견해가 점차 우세하게 되었다. 이것이 일반적인 유대인들의 견해다.177

「베냐민의 유훈」 3:8, 이사야의 종의 시의 칠십인역 번역, 4Q491(자신에게 영광을 돌리는 찬송), 아람어 「레위의 외전」, 그리고 탈굼(그 구전적 대응물은 아마도 기독교 이전 시대로 기원이 추적될)의 해석의 전통이 예시하듯 예수 이전과 그의 당시에 이 시를 메시아적으로 보는 유대 해석이 존재했던 것으로 보인다. 프랜스는 적절하게 요약한다. "유대, 그리고 기독교 전통적인 해석은 종이 이상적인 개인적 인물, 하나님의 백성을 구속하는 일에 있어서 그의 대행자, 즉 메시아라는 것이다. 나중에 팔레스타인 유대주의에서 이것이 지배적인 해석이었다…"178 예수 당시와 그 후의 시대에 관해서는, 렘바움(Rembaum)이 단언하듯 "메시아로서의 종은 랍비 자료에서 지배적인 주제이다."179 메도우스(Meadows)는 이러한 사실을 확증한다. "주전 700년에서 주후 500년까지의 시대에 대한 간략한 연구는 종이 개인을 가리킨다고 하는 견해가

---

177 Christopher R. North, *Isaiah 40~55: Introduction and Commentary*, TBC, ed. John Marsh et al. (London: SCM, 1952), 29~30.

178 France, "Servant of the Lord," 1082.

179 Joel E. Rembaum, "The Development of a Jewish Exegetical Tradition regarding Isaiah 53," *HTR* 75 (July 1982): 291. 또한 Ad. Neubauer, *The Fifty-third Chapter of Isaiah According to the Jewish Interpreters—II. Translations*, trans. S. R. Driver and Ad. Neubauer, The Library of Biblical Studies, ed. Harry M. Orlinsky (Oxford: Parker, 1877; reprint, New York: KTAV, Inc., 1969), 17~18, 22(Raphael Loewe가 쓴 "Prolegomenon")를 보라. 이 시점에서 우리는 유대 전통에서 이사야 53장에 대한 다양한 해석들이 있었을 것이라는 점을 상기할 필요가 있다. 통일된 견해가 거의 없었을 것이다.

지배적이었으며, 그것은 주후 3세기에 두 메시아 견해가 일어나기까지 아무런 도전도 받지 않았다."180 하지만, "본질적으로 하나인 메시아에게 이중의 특성이 있다는 생각으로부터 이중적 메시아의 개념이 불가피하게 일어났다."181 종이 개인을 가리킨다고 하는 해석은 유럽의 수많은 유대인이 학살당하는 일이 일어났던 첫 번째 십자군까지 지배적이었다. 두 번째 십자군 동안 상황은 거의 같았다. 이런 사건들과 함께 그리스도인들의 기독론적인 해석을 반박하려는 열망 때문에 라쉬(Rashi; Solomon ben Isaac, 1040~1105)는 집합적 혹은 민족적 해석 곧 이사야 53장의 여호와의 종이 세상의 죄를 위하여 고난당하는 이스라엘을 가리킨다고 해석하게 되었다. 이것은 이사야 53장에 대한 유대인들의 해석의 역사에서 분수령이 되었다. 집합적 견해가 지배적인 것이 되었고, 지금까지 그래왔다.182 "이사야의 종"에 대한 유대 해석의 현재의 견해는 다음과 같이 간결하게 진술될 수 있다. "이 구절들이 때

---

180 Jack I. Meadows, "A History of the Jewish Interpretation of Isaiah 52:13~53:12," (Th.M. thesis: Dallas Theological Seminary, 1967), 25~26.

181 Joseph Klausner, *The Messianic Idea in Israel*, trans. W. F. Stinespring (New York: Macmillan, 1955), 493.

182 야콥스(Jacobs)는 말한다. "때때로 이 구절들[종의 노래들]이 메시아를 가리키는 것으로 해석되지만, 유대 주석가들은 '종'을, 유배 중에 하나님을 경외하는 자들, 일반적인 이스라엘 백성 등으로 이해한다"("Suffering Servant," in *Oxford Concise Companion to the Jewish Religion*, ed. Louis Jacobs [Oxford: Oxford University Press, 1999], 245). 콘-셔복(Cohn-Sherbok)은 종의 신원의 목록에서 이스라엘을 첫째에 둠으로써 기본적으로 이 말에 동의한다(예수는 맨 마지막)−"주의 종은 대리적으로 유대 백성들, 메시아, 선지자 이사야, 예수와 동일시 되었다"("Servant of the Lord," in *The Blackwell Dictionary of Judaica*, ed. Dan Cohn-Sherbok [Oxford: Blackwell, 1992], 491). 스톤(Stone)판 Tanach (히브리성경)은 각주에서 종의 시에 관하여, 야웨의 종은 이사야 42:1~4에서는 탈굼에서 명시되고 라닥(Radak) 등이 주장한 대로 메시아를 가리키며(Nosson Scherman, ed., *The Stone Edition: The Tanach-Student Size Edition*, The ArtScroll Series, ed. Rabbi Nosson Scherman and Rabbi Meir Zlotowitz [New York: Mesorah, 1998], 1026), 49:1~6에서는 이사야를 가리키고(하지만 49:7~13에서는 이스라엘; 1040쪽), 50:4~9에서는 선지자 이사야(1042쪽), 52:13~53:12에서는 이스라엘 백성(1046~48쪽)을 가리킨다고 설명한다.

때로 메시아를 가리킨다고 읽히기는 하지만, 유대 주석가들은 '종'을 포로 생활 중에 있던 하나님을 경외하는 유대인들, 일반적인 이스라엘 백성 등으로 이해한다."[183]

---

[183] "Suffering Servant," in Louis Jacobs, *Oxford Concise Companion to the Jewish Religion* (Oxford: Oxford University Press, 1999), 245. 일부 명성 있는 유대 해석자들은 메시아적인 해석이 "근본적인 의미에서" 이사야 40~55장의 메시지에 "대략적으로 근접한다"고 주장한다(Martin Buber, *The Prophetic Faith*, trans. C. Witton-Davies [New York: Macmillan, 1949], 218, 232). 또한 Abraham J. Heschel, *The Prophets* (New York: Harper and Row, 1963)(특별히 12장과 18장)를 보라. 앤더슨은 그들의 견해를 강화한다. "… 종은 참 이스라엘을 대표한다. 그 겸손한 예배자가 자신의 고난을 자발적으로 담당함으로써 인류를 회복하고 새롭게 하는 일에 하나님의 능력이 될 정도로 하나님과 가까운 교제 가운데 살든지 여부를 떠나, 그렇다면 이스라엘은 그 임무를 다하고 있는 것이다"(Bernhard W. Anderson, *Understanding the Old Testament*, 4th ed. [Englewood Cliffs, NJ: Prentice Hall, 1986], 501).

5장

신약의 이사야 53장 사용 분석

　이 장은 신약의 이사야서 네 번째 종의 노래(이사야 53장) 사용을 개관하고 분석할 것이다. 각 경우에 대해 신약 구절의 문맥상의 의미를 검토하고 어떻게 신약의 저자가 신약의 문맥에서 구약의 구절을 해석하는지 조사할 필요가 있다. 구약의 구절(단어, 구, 문장, 문단)이 인용되는지, 아니면 암시되는지 살피고(후자의 경우, 암시를 확인할 필요가 있음), 어떻게 신약 저자가 자신의 문학적, 신학적, 실용적 목적을 위하여 구약 구절을 활용하는지 해석학적으로 분석할 것이다. 먼저, 인용한 구절들에 대해 연구하고, 이어서 암시한 경우들에 대해 조사할 것이다. 마지막에는, 모든 분석들을 통합하여 도표의 형태로 요약할 것이다.

종의 노래를 인용하는 구절 분석

누가복음 22:37에서 예수의 이사야 53:12 사용

MT	칠십인역	신약
לָכֵן אֲחַלֶּק־לוֹ בָרַבִּים וְאֶת־עֲצוּמִים יְחַלֵּק שָׁלָל אֲשֶׁר הֶעֱרָה לַמָּוֶת נַפְשׁוֹ וְאֶת־פֹּשְׁעִים נִמְנָה וְהוּא חֵטְא־רַבִּים נָשָׂא וְלַפֹּשְׁעִים יַפְגִּיעַ	사 53:12 διὰ τοῦτο αὐτὸς κληρονομήσει πολλοὺς καὶ τῶν ἰσχυρῶν μεριεῖ σκῦλα ἀνθ' ὧν παρεδόθη εἰς θάνατον ἡ ψυχὴ αὐτοῦ καὶ ἐν τοῖς ἀνόμοις ἐλογίσθη καὶ αὐτὸς ἁμαρτίας πολλῶν ἀνήνεγκεν καὶ διὰ τὰς ἁμαρτίας αὐτῶν παρεδόθη	눅 22:37 λέγω γὰρ ὑμῖν ὅτι τοῦτο τὸ γεγραμμένον δεῖ τελεσθῆναι ἐν ἐμοί, τό· καὶ μετὰ ἀνόμων ἐλογίσθη· καὶ γὰρ τὸ περὶ ἐμοῦ τέλος ἔχει.

칠십인역이 의미상 신약 구절과 매우 가깝지만, 누가복음 본문은 히브리어 본문을 따르고 있다.[1] 누가복음 구절은 MT로부터 인용하고

---

[1] Darrell L. Bock, *Luke 9:51~24:53*, BECNT, ed. Moisés Silva, vol. 3B (Grand Rapids: Baker, 1996), 1747을 보라. 또한 Peter Stuhlmacher, "Jes 53 in den Evangelien und in der Apostelgeschichte," in *Der leidende Gottesknecht: Jesaja 53 und seine Wirkungsgeschichte*, ed. Bernd Janowski and Peter Stuhlmacher, FAT, ed. Bernd Janowski and Hermann Spieckermann, vol. 14 (Tübingen: J. C. B. Mohr [Paul Siebeck], 1996), 97을 보라.

박은 "이러한 셈어적 배경은 전통의 사용을 암시하고 누가복음 22:37의 이른 연대와 신빙성을 주장한다"고 단언한다(Bock, *Luke 9:51~24:53*, 1747). 마샬 또한 "그것이 예수 자신의 생각을 반영할 가능성이 더 많다"고 믿고 있다 (I. Howard Marshall, *The Gospel of Luke: A Commentary on the Greek Text*,

있는 것으로 보인다.

여기서 예수는 히브리어 성경으로부터 온 이 구절이 자신을 통하여 (자신이 무법자나 범죄자 중 하나로 취급 받는 것을 통하여) 성취되고 있다고 제안하였다. 피츠마이어(Fitzmyer)는 누가 자신이 다른 곳에서 발전시키고 있는 "대리적 의미로서가 아니라, 자신의 글에 포함된 '낮아짐-높아짐'의 주제의 일부로서 여기서 종의 주제를 사용하고 있다"고 주장한다.2 의로운 자들은 자주, 백성들에게 배척당하고, 육신적으로 정신적으로 고통을 당하며, 흉악한 범죄자나 부랑자, 무법자처럼 취급당한다. 그러나 많은 경우 하나님은 그 고난을 그 분의 영광과 신적 목적을 위해 사용하신다. 그것은 많은 시편 기자와 선지자의 삶에서 나타날 뿐 아니라, 예수의 삶과 사역에서 절정으로 드러나는 고정된 패턴이다. 이사야의 종의 노래는 "하나님이 정하신 패턴"을 가장 선명한 방식으로 반영한다.3 하지만 이것은 지금의 구절이 암시하는 모든 것이 아닌 것으로 보인다. 프랜스(France)가 주장하듯, 이곳 누가복음 22:37에서 이사야 53장을 사용한 것은 "예수의 죽음을 대리적 고난의 측면에서 설명하기" 위함이다.4 그가 주장하는 것처럼 "예수가 어쨌든 죽음에 임박하여 이사야 53장을 인용했다는 것은 참으로 중요하다. 그것은 그가 자

NIGTC, ed. I. Howard Marshall and W. Ward Gasque [Grand Rapids: Eerdmans, 1978], 826). 피츠마이어 또한 동의한다. "… 이 구절들은 누가 이전의 전통에서 온 고립된 예수의 말들이며, 누가 그것들을 함께 엮었다고 보는 것이 아마도 최선일 것이다"(Joseph A. Fitzmyer, *The Gospel According to Luke (X~XXIV): Introduction, Translation, and Notes*, AB, ed. William Foxwell Albright and David Noel Freedman, vol. 28A [New York: Doubleday, 1985], 1429). 프랜스 또한 예수 자신의 말이 확실한 이 구절이 역사적 상황과 잘 조화되며 이 인용은 문맥에서 없어서는 안 될 것이라고 주장한다(R. T. France, *Jesus and the Old Testament: His Application of Old Testament Passages to Himself and His Mission* [London: Tyndale, 1971; reprint, Vancouver: Regent College Bookstore, 1992], 114~15).

2 Fitzmyer, *Luke [X~XXIV]*, 1432.

3 R. T. France, "Servant of the Lord," in *NBD*, 1083.

4 France, *Jesus and the Old Testament*, 115.

신의 죽음을 이사야 53장에 비추어 이해했음을 가리키며,"예수는 대리적 고난의 개념에 "사로잡혀 있었던" 것으로 보인다.5 무법자, 혹은 행악자로 여김 받게 될 자(사 53:12b; 눅 22:37)가6 동시에 많은 사람의 죄를 담당하고 죄인들을 위하여 중재하게 될 것이다(사 53:12c). 덧붙여, 36절의 예수의 말은 "제자들이 처할 극단적인 곤경"과 "임박한" "긴박한 상황을 알린다."7 이것은 "지금까지 경험되지 않았던 종류의 어려움이 이 사탄의 시험 기간에 제자의 무리의 운명이 될 것이라고 하는 상징적인 묘사"이다.8 문맥은 참으로 "수난"의 문맥이다. 누가는 "예수의 수난을 명백하게(*expressis verbis*) 이사야 53장에 비추어 이해한다."9

예수가 언급하고 있는 "불법의" 집단은 그의 제자들이 아니라 유대와 로마 지도자들이 찾아서 벌하려고 애쓰는 집단, 즉 범죄자들이며, 예수는 그들과 함께 죽게 될 것이다. 이 인용된 표현은 또한 예수가 붙잡히고(참고. 눅 22:39~54) 그들처럼 처형될 것임을 암시한다(눅 23:32, 33).10 "이사야 53장은 예수가 가져올 성취를 예언적으로 예기(anticipate)하는 본문으로 인용된다."는 박(Bock)의 생각은 옳은 것 같다.11 론지네커(Longenecker)가 주장하듯, 예수는 먼저, '기록된 것이 나를 통해 성취될 필요가 있다'(τοῦτο

---

5 France, *Jesus and the Old Testament*, 115.

6 이사야 53장의 히브리 시에서 "그는 죽음에 이르기까지 자기 영혼을 쏟아 부었다"는 말과 "그는 악인들 가운데 헤아림을 받았다"는 말은 유사한 내용으로 보인다.

7 Marshall, *Luke*, 825.

8 John Nolland, *Luke 18:35~24:53*, WBC, ed. David A. Hubbard and Glenn W. Barker, vol. 35C (Dallas, TX: Word Books, 1993), 1076.

9 Hans Hübner, "New Testament Interpretation of the Old Testament," in *Hebrew Bible, Old Testament: The History of Its Interpretation—I/1: Antiquity*, ed. Magne Sæbø (Göttingen: Vandenhoeck & Ruprecht, 1996), 354.

10 Bock, *Luke 9:51~24:53*, 1748.

11 Bock, *Luke 9:51~24:53*, 1749. 또한 Barnabas Lindars, *New Testament Apologetic: The Doctrinal Significance of the Old Testament Quotations* (London: SCM, 1961), 85~86(특별히 86)을 보라.

τὸ γεγραμμένον δεῖ τελεσθῆναι ἐν ἐμοί)고 말하며, 이어서 '[이사야의 예언에서] 나에 관해 말한 것이 성취되었다'(τὸ περὶ ἐμοῦ τέλος ἔχει)고 말하는 가운데, "페셔(pesher) 주제를 직접적으로 떠올리게 한다."12

하지만 예수의 제자들은 또한 그들이 얼마 후 그가 처했던 입장이 될 것이라고 예상해야 한다. "예수에게 일어난 일이 또한 제자들이 어떤 식의 대우를 받을지를 나타내고 있다."13 예수의 경우가 이사야 구절의 전형적/예언적 성취의 역사에서 정점에 있기는 하지만, 그것이 지시할(referential) 가능성이 있는 의미는 예수로 끝나지 않는다. 이곳에서 이사야의 종의 노래는 하나님의 구원 계획의 절정에서 예수의 중요한 임무에 적용되고 있으며, 이것은 예언적인 성취의 경우일 것이다.14 하지만, 예수의 제자들, 즉 계속해서 그의 뒤를 잇는 세대에게(그리고 그의 이전의 세대도) 이 이사야의 구절은 하나의 패턴이나 전형(type)으로 사용된다. 앞에서 론지네커가 주장한 대로 이곳에서 예수가 이사야의 구절을 사용한 것은 **페셔**(*pesher*) 형식의 경우로 생각할 수 있다. 이 용법은 "수난 내러티브"의 문맥에서 일어나며15(참고. 눅 22~23장에서 유다의 배반, 마지막 만찬,

---

12 Richard N. Longenecker, *Biblical Exegesis in the Apostolic Period*, 2d ed. (Grand Rapids: Eerdmans, 1999), 56.

13 Longenecker, *Biblical Exegesis in the Apostolic Period*, 56. 문맥적 상황은 다락방 강화 동안 일어난 일이다. 거기서 예수는 자신의 임박한 고난과 죽음의 사건, 그로 인해 그들이 당하게 될 어려움을 대비해 제자들을 준비시키려고 하고 있다. 그가 전도 여행을 위해 제자들을 보냈던 때와 달리 그들에게 전대, 배낭, 심지어 검을 가지라고 한 이유(γάρ)는 예수에 대해 기록된 것이 성취되는 때가 오고 있기 때문이다.

14 흥미롭게도 피츠마이어는 누가복음 22:37a를 "내가 너희에게 말하노니, 성경에 기록된 것이 내 안에서 그 최종적인 의미를 발견해야 한다"고 번역한다(Fitzmyer, *Luke [X~XXIV]*, 1428).

15 프랜스는 이곳 누가복음 22:37에서의 이사야 53장의 사용이 "대리적 고난을 통하여 예수의 죽음을 설명"하기 위함이라고 주장한다(France, *Jesus and the Old Testament*, 115). 그의 주장대로 "어쨌든 예수가 죽기 전날 밤에 이사야 53장을 인용했다는 것은 분명 의미가 있으며, 그것은 그가 자신의 죽음을 이사야 53장에 비추어 이해했으며" 대리적 고난에 관한 생각에 "사로잡혀 있

다가오는 체포와 처형), 우리는 이것을 신학적인(기독론적인) 사용으로 부를 수 있을 것이다—그리스도(메시아)가 고난을 당하고 비천한 죽음을 맞이한다고 주장한다는 점에서. 이것은 하나님의 계획, 그리고 예수가 하나님의 뜻을 성취할 필요가 있음을 반영한다. "'그리고 그는 무법자들 중의 하나로 여김 받았다'라는 이 말씀은 나를 통해 성취되어야 한다. 그리고 참으로 나에게 대해 기록된 것이 성취되고 있다"(22:37bc, NRSV).

신약의 다른 저자들의 이사야 53장 사용

마태복음 8:17에서 마태의 이사야 53:4 사용

MT	칠십인역	신약
אָכֵן חֳלָיֵנוּ הוּא נָשָׂא וּמַכְאֹבֵינוּ סְבָלָם וַאֲנַחְנוּ חֲשַׁבְנֻהוּ נָגוּעַ מֻכֵּה אֱלֹהִים וּמְעֻנֶּה	사 53:4 οὗτος τὰς ἁμαρτίας ἡμῶν φέρει καὶ περὶ ἡμῶν ὀδυνᾶται καὶ ἡμεῖς ἐλογισάμεθα αὐτὸν εἶναι ἐν πόνῳ καὶ ἐν πληγῇ καὶ ἐν κακώσει	마 8:17 ὅπως πληρωθῇ τὸ ῥηθὲν διὰ Ἡσαΐου τοῦ προφήτου λέγοντος· αὐτὸς τὰς ἀσθενείας ἡμῶν ἔλαβεν καὶ τὰς νόσους ἐβάστασεν.

신약의 표현은 칠십인역보다 MT에 훨씬 더 가깝다.16 마태는 "본문

었다"는 것을 나타낸다(115쪽). 무법자들과 악을 행하는 자들과 같이 여김을 받게 될 자(사 53:12b; 눅 22:37)가 또한 많은 사람의 죄를 지고 악인들을 위하여 간구할 것이다(사 53:12c). 덧붙여, 이사야 53장의 히브리 시에서는 "그는 자신의 영혼을 쏟아 죽음에 이르게 하였다"와 "그는 악인들 가운데 헤아림을 받았다"가 유사한 표현인 것으로 보인다.

36절에서 예수의 말은 "제자들의 극단적인 곤경"과 "비참한 환경"이 "임박"함을 "나타낸다"(Marshall, *Luke*, 825). 이것은 "이러한 사탄의 시험의 기간에 지금까지 경험한 적이 없는 종류의 어려움이 제자들 무리의 운명이 될 것이라고 하는 상징적인 묘사"이다(Nolland, *Luke 18:35~24:53*, 1076).

을 히브리어 성경으로부터 번역하여 자신의 내러티브의 목적을 위하여 표현하였다."17 이것은 상당히 "문자적인" 번역으로 불릴 수 있다. 이러한 마태의 해석은 이 구절에 대한 일부 유대인들의 문자적인 해석에 기초하였을 가능성이 있다.18 칠십인역과 탈굼은 "우리의 죄를 지고 우리를 위하여 고난을 당한다"(칠십인역)와 "그는 우리의 죄에 대하여 간구하며, 그로 인하여 우리의 죄악은 용서될 것이다"(탈굼)와 같이 그 의미를 정신적 의의로 해석하지만 히브리 본문은 일반적인 의미에서 종이 "우리의" 질병의 고통을 지고 "우리의" 고통이나 슬픔을 담당하였음을 보여준다.19 MT가 더 짧고 단순하다.

이사야 53:4의 역사적 문맥에서의 의미는 육체적/정신적인 것(둘 다) 혹은 단지 정신적/영적인 것일 수 있다.20 이사야 구절은 문맥상 영적인 것, 즉 마태가 자신의 복음서에서 나중에 말하는 것과 같이 주의 종이 "우리"의 죄악과 허물 때문에, 그 결과로 일어나는 징계 때문에, 그들의 칭의와 그것이 가져오는 복(예를 들어, 평화) 때문에 고난당한다는 의미일 수 있지만, 그것은 육체적인 측면을 배제하지 않는다. 따라서 마태가 여기서 자신의 목적을 위하여 이사야 53:4의 문맥을 무시한 채 의미를 억지로 부여하고 있다고 하는 일부 학자들의 주장은 설득력이 없다. 따라서 프랜스의 주장은 적절하다. "마태가 예수의 성경적 패턴의 성취를 추적하기를 기뻐하는 것은 그의 삶과 사역 전부에 있으며 그것의 구속적인 측면에만 한정되지 않는다."21

---

16 Stuhlmacher, "Jes 53 in den Evangelien und in der Apostelgeschichte," 101.

17 W. D. Davies and Dale C. Allison Jr., *A Critical and Exegetical Commentary on the Gospel According to Saint Matthew: Volume II—Commentary on Matthew VIII~XVIII*, ICC, ed. J. A. Emerton, C. E. B. Cranfield, and G. N. Stanton (Edinburgh: T. & T. Clark, 1991), 37.

18 Davies & Allison, *A Critical and Exegetical Commentary on the Gospel According to Saint Matthew*, 38.

19 2장의 번역을 보라. 일부 구약 학자들은 종 자신이 병들고 고통을 당했을 것이라고 생각한다.

20 앞 장의 해당되는 적절한 부분을 보라.

여기서 우리는 몇 가지 요점을 강조할 필요가 있다. 첫째로, 이사야 53:4a의 의미론상의 "의미의 영역"은 방금 말한 대로 정신적인 면뿐 아니라 육신적인 면을 포함한다.22 따라서 육신적 노력과 정신적 수고 모두를 말할 것으로 기대되는 지금의 마태의 구절("그는 우리의 약함을 지고 우리의 질병을 담당하였다")의 의미는 이사야 구절의 정당한 의미론적 영역 안에 있다. 둘째로, 유대 사상에서 질병과 육체적 고난은 죄와 밀집한 관련이 있었다(참고. 마 9:1~8).23 따라서 치유의 사역은 또한 구속의 요소를 지닌다. 셋째로, 예수가 임박한 하나님의 나라를 전파하기 시작하였을 때 치유의 사역이 그의 메시지와 함께 하였다. 유대 백성들의 일부 집단(적어도)은 하나님과 그의 메시아가 마지막 때에 치유의 기적을 행할 것이라고 믿었다.24 그들이 믿기에는 하나님의 기름 부음 받은

---

21 R. T. France, *The Gospel According to Matthew: An Introduction and Commentary*, TNTC, ed. Leon Morris (Leicester, England: Inter-Varsity, 1985), 159. 하지만 바로 아래에서 보여주는 대로 이러한 예수의 치유의 사역에서도 얼마간의 구속적인 요소 또한 존재한다.

22 France, *The Gospel According to Matthew*, 159의 각주1. 앞의 각주 14를 보라.

23 그리하여 베츠는 적절하게 주장한다. "예수에게 병든 자를 고치고 죄를 용서하는 것은 함께 간다. 이것은 중풍병자를 고친 이야기에서 분명해지는데 (마 9:1~9), 거기서 인자는 '네 모든 죄악을 사하시며 네 모든 병을 고치시는' (시 103:3) 하나님을 대신하여 행동한다"(Otto Betz, "Jesus and Isaiah 53," in *Jesus and the Suffering Servant: Isaiah 53 and Christian Origins*, ed. William H. Bellinger Jr. and William R. Farmer [Harrisburg, Pennsylvania: Trinity Press International, 1998], 81).

24 쿰란 종파는 하나님과 그의 메시야가 마지막 때에 치유의 사역을 행할 것이라고 생각했다. "[하]늘과 땅이 그가 기름 부은 자를 들을 것이기 [때문에] … 그[여호와]는 갇힌 자들을 풀어주고 맹인을 보게 하는 가운데 영원한 왕국의 보좌 위에서 경건한 자를 영화롭게 할 것이며 … 그리고 그가 말[한] 대로 여호와는 전에 없던 놀라운 일을 행할 것인데, 그것은 크게 상한 자를 낫게 하고, 죽은 자를 살리며, 가난한 자에게 복음을 선포할 것이기 [때문이다]"(4Q521 frags. 2 col. II 1, 7, 11, 12; Florentino García Martínez and Eibert J. C. Tigchelaar, eds., *The Dead Sea Scrolls Study Edition: Volume Two 4Q274~11Q31* [Leiden: Brill, 1998], 1045). 이것은 쿰란 사람들이 이미, 오실

자가 일으킬 메시아 왕국에는 질병이나 연약함이 없을 것이다. 그리스도인들이라고 불렸던 유대 종파는 하나님의 종인 예수의 고난과 죽음을 통하여 메시아적인 복이 가능해졌다고 믿었다. 마태복음 12:17~21에서 이사야 42:1~4를 사용하고 있다는 것과, 네 번째 종의 시가 이사야 전체의 일부로, 또한 종에 관한 제2이사야의 말이 전체로서 받아들여지고 읽혔다는 것을 고려하는 가운데, 스툴마허(Stuhlmacher)는 이사야의 (고난 받는) 종의 전통에 근거한 예수의 사역에 대한 이해가 그의 임무 가운데 고난의 부분(예를 들어, 고난에 대한 예언과 고난 내러티브)뿐 아니라, 권위적이지만 겸손한 메시아로서, 종으로서 백성들의 필요를 공급하고 백성들의 병과 연약함을 치료하는 것을 포함하는, 예수의 삶과 사역 전체를 다루었을 것이며, 이것은 이사야 35:5~6; 42:1~2; 52:7; 52:13~53:12; 61:1~2의 관점으로부터의 메시아적인 성취의 개념일 수 있다고 적절하게 주장한다.[25] 이제 마태복음 8:17에서와 같이 이 종은 자신의 수고스런 섬김을 통하여 자기 백성들로 하여금 자신의 메시아 왕국의 복을 맛보도록 하였다. 마태복음 8:17은 이사야 53장을 인용하고 그것을 쿰란 문서에 암시된 (예수의) 메시아적 치유의 사역과 연결함으로써 독특하게 종의 개념과 메시아의 개념을 통합하였다. 요약하면, 종-메시아 예수는 백성들의 질병을 치유함으로써, 자신의 육신적 노력과 정신적 수고를 통하여 그들의 연약함을 담당함으로써, 백성들을 죄의 결과로부터 구원함으로써 그들을 섬겼다.

덧붙여, 건드리(Gundry)는 흥미로운 제안을 한다. "마태의 이사야 53:4의 사용은 부분적으로 이 구절이 한 편으로 종이 성장하고 멸시받으며 슬픔과 병을 아는 것에서 다른 한 편으로 고난과 죽음을 경험하는 것으로의 전환을 형성한다고 하는 관찰에 근거한 것일 수 있다."[26] 이것이 마태복음의 전체 이야기에서 마태복음 8:17에서 이사야

메시야를 통해 이사야 35:5~6과 61:1~2가 성취된다고 하는 구체적인 개념을 가지고 있었음을 보여준다.

25 Stuhlmacher, "Jes 53 in den Evangelien und in der Apostelgeschichte," 102. 또한 Lindars, *New Testament Apologetic*, 86을 보라.

53:4가 인용되는 위치를 설명할 가능성이 있다. 린다스(Lindars)는 고난 내러티브 자체에는 이사야 53장에 대한 인용이 거의 없는데, 반해 이곳에서 분명한 인용이 있는 이유에 대한 타당한 대답을 제안한다. "이것[종으로서의 예수의 구속적인 고난]을 치유의 기적들과 연결하는 것은 해석의 중간 단계를 나타낼 수 있으며, 그것은 왜 이 말씀들이 마태에 의해 그의 내러티브 안으로 통합되기 전에, 선택된 인용으로서 선발되었는지 이유를 설명한다."27

신약이라는 새로운 문맥에서 하나님의 종 예수는 귀신들을 내쫓고 많은 사람을 치유하기 위해 (육신적으로 정신적으로) 애쓰는 가운데 이사야의 종의 역할을 성취하고 있다.28 따라서 여기서 마태는 시적인 표현의 정당한 의미론적 영역 안에서 이사야 53:4를 그리스도 안에서 이루어지는 **예언적 성취**로 해석하고 있다.29 론지네커는 이곳에서의 이사야 구절의 사용을 적절하게 설명한다. "… 마태는 메시아에 대한 직접

---

26 Robert H. Gundry, *The Use of the Old Testament in St. Matthew's Gospel*, NovTSup, ed. W. C. Van Unnik et al., vol. 18 (Leiden: E. J. Brill, 1967), 230.

27 Lindars, *New Testament Apologetic*, 86.

28 탈굼의 종의 노래에서 고난당하는 자가 종이 아닌 "우리"라고 불리는 백성이라고 한 것은 흥미롭다. "우리는 상처받은 자, 주 앞에서 매 맞은 자, 괴로워하는 자로 간주되었다"(53:4b; Bruce D. Chilton, *The Isaiah Targum: Introduction, Translation, Apparatus and Notes*, The Aramaic Bible: The Targums, ed. Martin McNamara et al., vol. 11 [Wilmington, DE: Glazier, 1987], 104). 핸슨은 그것을 잘 표현한다. 마태는 "치유의 행위가 예수에게 수고, 그리고 아마도 고통의 대가를 치르게 하였다고 정교하게 암시한다"(Anthony T. Hanson, *The Living Utterances of God: The New Testament Exegesis of the Old* [London: Darton, Longman and Todd, 1983], 72).

29 이사야의 종(참고. 53:3)과 예수 사이에 역사적 문맥과 정확한 상황은 약간 다를 것이다. 하지만 마태는 이사야 53:4의 언어를 일종의 성취로서 예수의 사역에 효과적으로 적용한다. 마태가 의도한 의미는 이사야 구절의 "의도된 유형(willed type)"을 벗어나지 않는다(참고. E. D. Hirsch Jr., *Validity in Interpretation* [New Haven: Yale University Press, 1967], 44~67, 특별히. 51, 66). 이러한 의미에서 마태복음 8:17에서의 이사야 53:4의 사용은 정상적인 미드라쉬적 적용으로 불릴 수 있다.

적인 예언으로서, 혹은 연대결속(corporate solidarity)에 근거하여 이사야 53:4가 예수의 사역을 통하여 성취되었다고 생각하였을 수 있다. 하지만 어느 경우든 복음서 저자가 본문을 선택하고 성취에 적용하는 것은 성경에 폐셔의 접근법을 사용하고 있음을 나타낸다."30

예수의 제자들과 추종자들(예를 들어, 요한, 바울, 빌립[예루살렘 교회에서 선출되었던 일곱 중 하나] 등)은 그러한 섬김을 이행하며 마태복음 8:17에서 예시된 그러한 고통/수고를 경험할 것이다. 그런 의미에서 예수는 이사야의 종의 구절을 성취하는 가운데 하나님의 이상적인 종이나 종들을 위한 **패턴**을 마련하였다.

사도행전 8:32~33에서 누가의 이사야 53:7~8 사용

MT	칠십인역	신약
נִגַּשׂ וְהוּא נַעֲנֶה וְלֹא יִפְתַּח־פִּיו כַּשֶּׂה לַטֶּבַח יוּבָל וּכְרָחֵל לִפְנֵי גֹזְזֶיהָ נֶאֱלָמָה וְלֹא יִפְתַּח פִּיו	사 53:7 καὶ αὐτὸς διὰ τὸ κεκακῶσθαι οὐκ ἀνοίγει τὸ στόμα ὡς πρόβατον ἐπὶ σφαγὴν ἤχθη καὶ ὡς ἀμνὸς ἐναντίον τοῦ κείροντος αὐτὸν ἄφωνος οὕτως οὐκ ἀνοίγει τὸ στόμα αὐτοῦ	행 8:32 ἡ δὲ περιοχὴ τῆς γραφῆς ἣν ἀνεγίνωσκεν ἦν αὕτη· ὡς πρόβατον ἐπὶ σφαγὴν ἤχθη καὶ ὡς ἀμνὸς ἐναντίον τοῦ κείραντος αὐτὸν ἄφωνος, οὕτως οὐκ ἀνοίγει τὸ στόμα αὐτοῦ.

---

30 Longenecker, *Biblical Exegesis*, 131.

מֵעֹצֶר וּמִמִּשְׁפָּט לֻקָּח וְאֶת־דּוֹרוֹ מִי יְשׂוֹחֵחַ כִּי נִגְזַר מֵאֶרֶץ חַיִּים מִפֶּשַׁע עַמִּי נֶגַע לָמוֹ	사 53:8 ἐν τῇ ταπεινώσει ἡ κρίσις αὐτοῦ ἤρθη τὴν γενεὰν αὐτοῦ τίς διηγήσεται ὅτι αἴρεται ἀπὸ τῆς γῆς ἡ ζωὴ αὐτοῦ ἀπὸ τῶν ἀνομιῶν τοῦ λαοῦ μου ἤχθη εἰς θάνατον	행 8:33 Ἐν τῇ ταπεινώσει [αὐτοῦ] ἡ κρίσις αὐτοῦ ἤρθη· τὴν γενεὰν αὐτοῦ τίς διηγήσεται ὅτι αἴρεται ἀπὸ τῆς γῆς ἡ ζωὴ αὐτοῦ.

사도행전 8:32~33이 속한 8:25~40의 구조에 관하여 파스스(Parsons)는 다음과 같이 주장한다. "대부분의 학자들은 세부적인 것에는 의견을 달리하면서도 교차대구법의 구조가 이 부분을 형성한다는 데에 동의한다. 모든 교차대구법의 가장 중요한 요소는 통상적으로 한 편으로는 바깥 틀에, 다른 한 편으로는 그 구조의 중심에 있다. 이 구절도 다르지 않다."31 파스스는 32~33절에 초점을 두는 가운데 계속해서 말한다. "형식에 관한 대부분의 분석은 교차대구법의 중심에 구약으로부터의 인용과 내시의 질문을 위치시킨다. 이사야 53:7~8절의 인용은 개인적인 인물이 말하는 경우를 제외하고 해설자가 구약을 직접적으로 인용하는 유일한 경우이다."32 사도행전 8:32~33의 인용은 몇몇

---

31 Mikeal C. Parsons, "Isaiah 53 in Acts 8: A Reply to Professor Morna Hooker," in *Jesus and the Suffering Servant: Isaiah 53 and Christian Origins*, ed. William H. Bellinger Jr. and William R. Farmer [Harrisburg, PA: Trinity Press International, 1998], 105. 그는 25절과 40절 사이의 교차대구법을 잘 분석한다.

25절   A 예루살렘으로 돌아갈새
            B 사마리아인의 여러 마을에서
               C [베드로와 요한이] 복음을 전하니라
40절   C' 빌립은 아소도에 나타나 복음을 전하고
            B' 여러 성을 지나다니며
        A' 가이사랴에 이르니라

중요하지 않은 변화(동사의 시제의 변화, 소유격의 대명사의 추가)를 제외하고 칠십인역을33 따른다. 8:32에서 신약의 단어들은 칠십인역과 히브리어 성경의 단어들과 거의 같다. 하지만 8:33에서 신약의 표현은 칠십인역을 따르며 MT로부터 크게 벗어난다.

일부 학자들은 누가가 종의 대리적 고난에 대해 말하는 부분을 활용하고 있지 않기 때문에, 예수의 대속적 죽음을 주장하는 데 있어서 많은 사람이 근본적인 증거 구절로 생각하는 네 번째 종의 노래를 인용하는 중에도 그가 종의 구절에 근거한 예수의 대리적 죽음에 대해 어떤 생각도 가지고 있지 않다고 주장한다. 하지만 우리는 누가가 빌립이 에티오피아 내시를 만난 순간에 실제로 있었던 역사적인 상황을 기록하고 있을 가능성을 기억할 필요가 있다. 내시는 유대 회당에서 이 구절에서 종이 단체를 가리킨다고 하는 설명을 들었지만, 마음에 여전히 풀리지 않은 의문들이 있었을 것이다. 공적인 관리로서 그는 그 구절의 특정 부분에 대해 상당한 관심을 가졌을 가능성이 있다. 그것은 주된 인물이 보여주는 난해한 행동과 그에게 행해진 과도하게 부당한 대우에 대해 말하고 있기 때문이다.34 빌립이 내시를 만났을 때에 내시

---

32 Parsons, "Isaiah 53 in Acts 8: A Reply to Professor Morna Hooker," 107.

33 Hübner, "NT Interpretation of OT," 355.

34 파슨스는 왜 내시의 눈이 이 구절에 머물고 있었는지에 대한 질문에 대답한다. "내시는 이사야 53:7~8에서 묘사된 이 인물에 끌리고 있다. 종의 대리적 고난에 대한 언급을 포함시켰다면 그것이 내시가 그 고난 받는 자의 사회적 위치를 확인하는 것을 방해하는 역할을 했을 것이다. 따라서 역사적 신빙성을 위하여 이 구절들이 인용되고 있다"("Isaiah 53 in Acts 8," 115; 그의 포괄적인 설명은 107~15에서 볼 수 있다). 덧붙여, 그는 누가가 이 이사야 구절을 포함시키도록 선택한 것은 절묘했다고 주장한다. "게다가, 이 구절들은 누가로 하여금 경제적인 영역에서 종이신 예수의 고난/정당화를 개괄하도록 허용하고 있다. '그의 생명이 땅에서 빼앗김이로다'라는 언급을 넘어선다면 그것은 죽음/높임 받음의 구도를 파괴했을 것이다"(115쪽). ("누가는 이 구절에 대한 어떤 학문적인 석의의 전통을 알고 있었던" 것으로 보인다[Hanson, *Living Utterances*, 8].) 이 두 고찰은 또한 왜 누가가 이사야 53:8에서 멈추고 있으며 왜 계속해서 이사야 시에서 대리적 희생에 대해 말하는 부분을 인용하지 않는지 묻는 질문에 대한 좋은 대답이 될 수 있다(8쪽).

의 눈은 사도행전 8:32, 33이 인용하고 있는 이사야 구절에 머물러 있었을 것이다.35 하지만 다른 본문에서 누가는 그리스도의 고난과 죽음을 죄의 용서와 죄가 낳는 재앙으로부터의 구원의 수단으로 이해하고 있다(예를 들어, 눅 22:19f: 24:44~47; 행 2:36~38; 20:28).36

빌립은 "말하기 시작했으며(=입을 열어), 이 말씀에서 시작하여 예수에 대한 복음을 그에게 선포하였다"(8:35, NRSV). 빌립은 이 구절에서 시작하여 "그에게 예수에 대한 좋은 소식을 말하기 위해"(참고. NLT) 네 번째 종의 노래의 다른 부분과 "다른 많은 구절"을 사용하였을 가능성이 매우 높다. 우리는 대부분의 주석가들과 마찬가지로 빌립이, 고려하

---

35 초대 그리스도인들은 이사야의 종의 시 안에서의 이 구절의 정확한 위치를 기억하고 있었을 가능성이 있다. 빌립이 그들에게 말했던 대로 에티오피아 내시와 가졌던 경험에 대한 그의 증언은 그토록 생생하고 자극적이었기 때문이다.

36 Ben Witherington III, *The Acts of the Apostles: A Socio-Rhetorical Commentary* (Grand Rapids: Eerdmans, 1998), 298. 또한 I. Howard Marshall, *The Acts of the Apostles: An Introduction and Commentary*, TNTC, ed. Leon Morris (Leicester, England: Inter-Varsity, 1980), 164를 보라. 사도행전 8:32, 33에서 네 번째 종의 노래로부터 그 부분을 선택한 것(즉 대리적 고난의 부분을 빠뜨린 것)이 초대 교회가 이사야의 종의 노래에 근거하여 예수의 고난/죽음을 통한 섬김을 이해하고 있었는지 결정하는 데 있어서 어떤 역사적인 열쇠를 가지는지에 대한 문제에 대하여 마샬은 이렇게 주장한다. "이러한 침묵은 중요한 것인가? 물론 이런 식으로 질문하는 것은 누가가 선택한 인용이 그 자신의 것이었으며, 그가 빌립이나 어떤 중간의 출처로부터 이야기의 실제 사실을 밝힌 것처럼, 그러한 사실에 따라 구술한 것이 아니었음을 전제로 하는데, 이것은 의심스러운 가정이다. 다른 곳에서 누가는 다른 이들을 위한 예수의 고난을 말하고 있기 때문에(20:29; 눅 22:19f.) 우리가 침묵으로부터 어떤 결론을 이끌어 낼 권리가 있는지 의심스러워 보인다"(Marshall, *Acts*, 164). 여기서 마샬은 후커의 진술을 의식하는 가운데 "중요한"이라는 단어를 사용하는 것으로 보인다. "인용된 단어들이 종의 고난과 죽음의 사실만을 말하며 그 중요성을 언급하지 않는다는 것을 다시 한 번 강조할 필요가 있기 때문이다. 하지만 이러한 사실들은 정확하게 원시적인 선포(kerygma)에 이미 존재했던 특성들이며, 그것들을 제안하기 위하여 구약의 구절을 필요로 하지 않았던 그러한 특징들이다"(Morna D. Hooker, *Jesus and the Servant: An Influence of the Servant Concept of Deutero-Isaiah in the New Testament* [London: SPCK, 1959], 150~51).

는 이사야 구절이 예언으로서 분명히 예수의 고난을 가리킨다고 생각하였다고 가정할 수 있다.37 "누가는 예수가 이사야 53장을 사용한 것"(예를 들어, 눅 22:37에서의 53:12의 사용)과 "이사야 53장을 근거로 빌립이 설교한 것 사이에 평행을 설정하고" "그러한 평행에서 후자가 전자에 의존하고 있음을 암시"하고 있을 가능성이 매우 높다.38 빌립은 "예수를 선지자가 말했던 자로 묘사하였으며 계속해서 예수를 통한 예언의 성취가 복음, 즉 *euanggelion*의 구성 요소가 되었다고 주장하였다."39 여기서 누가가 이사야의 네 번째 종의 구절을 사용한 경우는 구약의 구절을 예언 혹은 예언적 전형으로 본 접근 방식이다.40 지금의

---

37 하지만 또 다른 가능성은 빌립이 이 구절을 전형적으로(패턴을 통하여) 해석했으며, 예수의 고난이 그러한 반복되는 "종"의 패턴의 절정을 이루는 예(혹은 대형)이라고 생각했다는 것이다. 이 경우 그러한 구절은 성취의 절정으로서 예수에게 적용될 수 있었다. 그리하여 누가는 빌립이 설명한다고 말하지 않고 단순히 빌립이 "말하기 시작했으며(=입을 열어) 이 성경에서 시작하여 그에게 예수에 대한 복음을 선포하였다"(8:35, RSV)라고 말한다. 어느 경우든 이 이사야의 구절은 동시대화하는(contemporizing) 방식으로 해석되고 있다. 위더링턴(Witherington)은 그것을 지지한다. "좀 더 분명하게, 고대의 예언적 본문이 동시대의 사람들과 사건들과 관련이 있다고 보는 일반적인 경향은 쿰란의 문서들을 통해 잘 알 수 있다(참고. 예를 들어 1QHap 2:1~15). 그러한 경향이 있는 상황에서 일 세기 초에는 예수와 그의 초기 제자들이 종의 노래를 동시대화하는 방식으로 해석하는 것을 막을 것이 없었으며, 분명 그것은 이곳 사도행전 8장에서 암시되고 있는 내용이다"(*Acts*, 299).

38 Richard N. Longenecker, "Acts," in *The Expositor's Bible Commentary*, ed. Frank E. Gaebelein, vol. 9 (Grand Rapids: Zondervan Publishing House, 1981), 161.

39 C. K. Barrett, *A Critical and Exegetical Commentary on the Acts of the Apostles: Volume I—Preliminary Introduction and Commentary on Acts I~XIV*, ICC, ed. J. A. Emerton, C. E. B. Cranfield, and G. N. Stanton (Edinburgh: T. & T. Clark, 1994), 431.

40 '예언적' 견해가 '전형적' 견해보다 더 선호되지만, 후자 또한 경쟁력이 있다. 윌콕스와 페이튼-윌리엄스는 후자를 선호하는 것으로 보인다. "빌립이 행한 종의 인물에 대한 기독교적 해석을 가능하게 하는 것은 이러한 [이사야의] 후의 장들에 나타나는 동일한 고난 받는 종의 모범이 되는 특성이다"(Peter Wilcox and David Paton-Williams, "The Servant Songs in Deutero-Isaiah," *JSOT*

이야기는 "초대 교회가 구약을 해석한 기독론적 방식"을 가리킨다.41 파슨스는 사도행전 8장에서 이사야의 노래가 신학적/기독론적으로 사용되고 있으며 사도행전 8장이 누가복음 24장과 개념적으로 연결된다고 적절하게 주장한다.

> 계속해서, 사도행전 8장에서의 이사야 53장의 인용이 "증거 본문"에 지나지 않는다는 후커(Hooker)의 주장에 대응하여 나는 누가복음 24장에 나타나는 간본문적 반향이 후커의 주장이 놓치고 있는 그리스도의 고난에 대한 "신학적인 해설"을 제공하고 있다고 주장하였다. 누가는 수사학적인 섬세함을 가지고 그리스도의 고난에 사실성과 중요성을 부여한다. 분명 누가복음 24:25~27과 24:44~46에서 누가가 염두에 두고 있는 본문은 이사야 53장만이 아니지만, 이사야 53장은 그리스도의 고난의 중요성에 대한 초대 교회의(혹은 적어도 누가의) 이해를 알리는, 고난의 예언적 패턴의 한 부분이다.42

---

42 [October 1988]: 100).

41 Klyne Snodgrass, "The Use of the Old Testament in the New," in *The Right Doctrine from the Wrong Texts? Essays on the Use of the Old Testament in the New*, ed. G. K. Beale (Grand Rapids: Baker, 1994), 32. 또한 Stuhlmacher, "Jes 53 in den Evangelien und in der Apostelgeschichte," 101을 보라.

42 Parsons, "Isaiah 53 in Acts 8," 118. 또한 사도행전 8장의 누가의 구절에서의 간본문적 반향에 대해 Stuhlmacher, "Jes 53 in den Evangelien und in der Apostelgeschichte," 101을 보라.

로마서 15:21에서 바울의 이사야 52:15 사용

MT	칠십인역	신약
כֵּן יַזֶּה גּוֹיִם רַבִּים עָלָיו יִקְפְּצוּ מְלָכִים פִּיהֶם כִּי אֲשֶׁר לֹא־סֻפַּר לָהֶם רָאוּ וַאֲשֶׁר לֹא־שָׁמְעוּ הִתְבּוֹנָנוּ	사 52:15 οὕτως θαυμάσονται ἔθνη πολλὰ ἐπ' αὐτῷ καὶ συνέξουσιν βασιλεῖς τὸ στόμα αὐτῶν ὅτι οἷς οὐκ ἀνηγγέλη περὶ αὐτοῦ ὄψονται καὶ οἳ οὐκ ἀκηκόασιν συνήσουσιν	롬 15:21 ἀλλὰ καθὼς γέγραπται· οἷς οὐκ ἀνηγγέλη περὶ αὐτοῦ ὄψονται, καὶ οἳ οὐκ ἀκηκόασιν συνήσουσιν.

신약에서의 이 인용은 칠십인역을 따른다.[43] 칠십인역은 히브리 본문에 "그에게 대하여"(περὶ αὐτοῦ)라는 표현을 추가한다. 던(Dunn)은 여기서 바울 자신이 이사야 53장의 종의 역할을 성취하는 것으로 생각하고 있다고 주장한다.[44] 그의 주장은 로마서 15:19와 이사야 49:6 사이의 연결에 근거한다―바울은 이사야 49:6에서의 주의 종과 유사하게 거의 땅 끝까지 "충분히 복음을 전파"하였으며(NRSV), "복음을 전파하는 일을 완성하였다." 하지만 바울은 15:21에서 표현된 것처럼 **그리스도의 복음을**(롬 15:19) 전파하는 일을 완성하였다―"**그에** 대해 소식을 받은 적이 없는 자들이 볼 것이요, **그에 대해** 들은 적이 없는 자들이 깨달으리라"(NRSV).[45]

---

43 E. Earle Ellis, *Paul's Use of the Old Testament* (Grand Rapids: Eerdmans, 1957), 151; Moisés Silva, "Old Testament in Paul," in *DPL*, 631.

44 James D. G. Dunn, *Romans 9~16*, WBC, ed. David A. Hubbard and Glenn W. Barker, vol. 38B (Dallas, TX: Word, 1988), 866.

45 슈라이너는 주장한다. "바울은 이 구절에서 자신이 그 종이라고 생각하

칠십인역은 바울의 임무와 사명을 묘사하는 데 더 적합하다. 그것은 그의 임무가 "그에 대한" 좋은 소식을 전파하는 것이라고 분명히 밝히기 때문이다.46 무(Moo)가 설명하는 대로 바울은 여기서 "다른 이의 터 위에 세우지" 않는다(20절)는 자신의 결정을 정당화하기 위하여, 그리고 진정한 주의 종으로서 그리스도의 복음을 이방인들에게 전파하는 자신의 소명을 분명히 하려고 이사야 52:15를 인용한다. 그의 소명은 구약의 예언을 성취하고 있다.47

여기서의 구약의 사용이 **예언적**이라고 할 수 있는 것은 바울이, 자신이 "이방인들이 와서 주의 종에 관한 메시지를 보고 이해할 것이라고 한 구약의 예언을 성취하고 있다고" 생각하고 있기 때문이다.48

지 않는다. 그 선언이 '그에 관한 것'(περὶ αὐτοῦ), 즉 종이신 예수에 관한 것이기 때문이다. 구절 전체에서 바울의 역할은 선포하는 자, '알리며'(ἀνηγγέλη) 사람들이 듣도록(ἀκηκόασιν) 돕는 자의 역할이다"(Thomas R. Schreiner, *Romans*, BECNT, ed. Moisés Silva, vol. 6 [Grand Rapids: Baker, 1998], 770~71).

피츠마이어 또한 주장한다. "바울이 또 다른 주의 종이라고 하는 이러한 견해가 조금이라고 유효한 것이라면 그것은 로마서의 이 구절 때문이 아니다"(Joseph A. Fitzmyer, *Romans: A New Translation with Introduction and Commentary*, AB, ed. William Foxwell Albright and David Noel Freedman, vol. 33 [New York: Doubleday, 1993], 716). 사도행전 13:47에서 이사야 49:6을 인용하는 가운데 바울과 바나바는 야웨의 종으로 묘사된다!(Samuel C. Kwak, "A Hermeneutical and Applicational Model in the Quotation of Isaiah 49:6 in Acts 13:47" [Th.M. thesis: Dallas Theological Seminary, 1995]을 보라).

46 Fitzmyer, *Romans*, 716.

47 Douglas J. Moo, *The Epistle to the Romans*, NICNT, ed. Gordon D. Fee (Grand Rapids: Eerdmans, 1996), 897~98.

48 Moo, *Romans*, 898. 하지만 만일 우리가 제3자의 관점을 가지고 있다면 이곳에서의 구약의 사용은 "전형적-예언적"이라고 할 수 있다. 이사야 52:15의 성취는 먼저 "진정한" 종이신 예수 그리스도의 사역에 의해 얻어지며, 후에 그의 많은 제자, 하나님의 종을 통해 이루어지기 때문이다(참고. 롬 1:1).

로마서 10:16에서 바울의 이사야 53:1의 사용

MT	칠십인역	신약
מִי הֶאֱמִין לִשְׁמֻעָתֵנוּ וּזְרוֹעַ יְהוָה עַל־מִי נִגְלָתָה	사 53:1 κύριε τίς ἐπίστευσεν τῇ ἀκοῇ ἡμῶν καὶ ὁ βραχίων κυρίου τίνι ἀπεκαλύφθη	롬 10:16 Ἀλλ' οὐ πάντες ὑπήκουσαν τῷ εὐαγγελίῳ. Ἠσαΐας γὰρ λέγει· κύριε, τίς ἐπίστευσεν τῇ ἀκοῇ ἡμῶν

바울은 칠십인역에 따라 이사야 53:1을 인용한다. 그리고 이 칠십인역은 "주여!"라는 단어를 추가한 것 외에는 MT와 일치한다.[49] 16a의 "다… 않았다"(οὐ πάντες)라는 표현은 "적은 수만"을 뜻하는 완곡어법(litoes)으로서 바울이 9:6b("이스라엘 사람들이 다 진정으로 이스라엘에 속한 것이 아니기 때문에")와 9:27("남은 자")에서 도입한 "'남은 자' 신학의 흔적"을 표현한다.[50] 옛 이스라엘 사람들이, 한 때 고난을 당하나 후에 높임을 받는 주의 종에 대한 보고나 메시지를 믿지 않으려 했던 것과 같이, 이것은 기본적으로 기독교 메시지를 믿지 않았던 유대 백성을 가리킨다. 핸슨은 다음과 같이 주장한다. "… 신약 저자들은, 그리고 누구보다도 바울은, 통상적으로 문맥을 완전히 무시하고 인용하지 않았다. 따라서 바울은 이사야 52:13~53:12가 예수 그리스도에게 적용되는 것으로 간주했음이 분명하다."[51] 하지만 이러한 적용은 예표론

---

[49] Ellis, *Paul's Use of the Old Testament*, 151; Moisés Silva, "Old Testament in Paul," 631. "바울이 이미 15절에서 이사야 53:7을 인용하였기 때문에 그의 마음에 더 넓은 문맥이 있다."라고 한 슈라이너(Schreiner)의 말은 옳다(*Romans*, 570).

[50] Moo, *Romans*, 664.

[51] Hanson, *Living Utterances*, 56~57. 이 견해는 도드의 견해와 조화를 이룬다. "우리는 그들[신약의 저자들]이 종종 하나의 구나 문장을 단순히 그것

(typology)을 통한 것이었다. "… 우리는 여기서 완벽하게 합법적인 연결을 추적할 수 있다. 하나님의 계획에서 고난 받는 종이 가리키는 진정한 의미가 그 시대 사람들 거의 누구에게도 이해되지 않았던 것은, 바울 시대에 십자가에 달린 메시아에 대한 메시지에게 사람들이 보인 반응과 진정한 평행을 이룬다."52

이곳에서의 이사야 53장의 사용은 "전형적인" 것으로 생각되어야 한다. 오래 전 종의 경우에서, 그리고 1세기 유대인에게 주어진 그리스도인의 증언에서 극적으로 예시되는 것처럼, 많은 사람이 복음이나 하나님으로부터 오는 메시지를 거절하는 일은 역사를 걸쳐 반복되었다.53 따라서 전형적인 사용은 여기서 왜 그토록 많은 유대인이 기독교 복음의 좋은 소식을 거절하고 있는가라는 신학적인 질문을 해결하기 위해 사용된다.

자신을 위해서가 아니라 전체 문맥을 가리키는 것으로서 인용하였다고 가정해야 할 이유를 보았다. 그것은 랍비 문서에서 전해지는 대로 당시 유대 선생들 가운데 전혀 드문 일이 아니었다. 독자는 문맥 전체를 연구하고 거기서 전개되는 '줄거리'에 대해 깊이 생각하도록 초청된다. 어떤 면에서 줄거리를 이해하는 것은 예수의 삶과 죽음, 그리고 그 이후의 일이라는 기묘한 사건들의 의미를 알도록 도움을 줄 것이다"(C. H. Dodd, "The Old Testament in the New," in *The Right Doctrine from the Wrong Texts? Essays on the Use of the Old Testament in the New*, ed. G. K. Beale [Grand Rapids: Baker, 1994], 176).

52 Hanson, *Living Utterances*, 188.

53 피츠마이어는 이것을 잘 표현한다. "제2이사야의 말을 사용하는 가운데 바울은 하나님에 의해 보내진 메시지가 항상 믿음으로 받아들여지는 것은 아니며, 야웨의 고난 받는 종에 관한 메시지조차도 그렇다는 것을 보여준다"(*Romans*, 598).

베드로전서 2:22~25에서 베드로의 이사야 53:4~6, 12 사용

MT	칠십인역	신약
וַיִּתֵּן אֶת־רְשָׁעִים קִבְרוֹ וְאֶת־עָשִׁיר בְּמֹתָיו **עַל לֹא־חָמָס עָשָׂה וְלֹא מִרְמָה בְּפִיו**	사 53:9 καὶ δώσω τοὺς πονηροὺς ἀντὶ τῆς ταφῆς αὐτοῦ καὶ τοὺς πλουσίους ἀντὶ τοῦ θανάτου αὐτοῦ ὅτι ἀνομίαν οὐκ ἐποίησεν οὐδὲ εὑρέθη δόλος ἐν τῷ στόματι αὐτοῦ	벧전 2:22 ὃς ἁμαρτίαν οὐκ ἐποίησεν οὐδὲ εὑρέθη δόλος ἐν τῷ στόματι αὐτοῦ, 벧전 2:22 ὃς λοιδορούμενος οὐκ ἀντελοιδόρει, πάσχων οὐκ ἠπείλει, παρεδίδου δὲ τῷ κρίνοντι δικαίως
לָכֵן אֲחַלֶּק־לוֹ בָרַבִּים וְאֶת־עֲצוּמִים יְחַלֵּק שָׁלָל תַּחַת אֲשֶׁר הֶעֱרָה לַמָּוֶת נַפְשׁוֹ וְאֶת־פֹּשְׁעִים נִמְנָה **וְהוּא חֵטְא־רַבִּים נָשָׂא** וְלַפֹּשְׁעִים יַפְגִּיעַ	사 53:12 διὰ τοῦτο αὐτὸς κληρονομήσει πολλοὺς καὶ τῶν ἰσχυρῶν μεριεῖ σκῦλα ἀνθ᾽ ὧν παρεδόθη εἰς θάνατον ἡ ψυχὴ αὐτοῦ καὶ ἐν τοῖς ἀνόμοις ἐλογίσθη **καὶ αὐτὸς ἁμαρτίας πολλῶν ἀνήνεγκεν** καὶ διὰ τὰς ἁμαρτίας αὐτῶν παρεδόθη	

아켄 할라예누 후 나사 우마크아베누 세발람 바아나흐누 하샤브누후 무케 엘로힘 우므운네 나구아	사 53:4 οὗτος τὰς ἁμαρτίας ἡμῶν φέρει καὶ περὶ ἡμῶν ὀδυνᾶται καὶ ἡμεῖς ἐλογισάμεθα αὐτὸν εἶναι ἐν πόνῳ καὶ ἐν πληγῇ καὶ ἐν κακώσει	벧전 2:24 ὃς τὰς ἁμαρτίας ἡμῶν αὐτὸς ἀνήνεγκεν ἐν τῷ σώματι αὐτοῦ ἐπὶ τὸ ξύλον, ἵνα ταῖς ἁμαρτίαις ἀπογενόμενοι τῇ δικαιοσύνῃ ζήσωμεν, οὗ τῷ μώλωπι ἰάθητε.
베후 메홀랄 미프샤에누 메둑카 메아오노테누 무사르 쉘로메누 알라이우 바하부라토 니르파-라누	사 53:5 αὐτὸς δὲ ἐτραυματίσθη διὰ τὰς ἀνομίας ἡμῶν καὶ μεμαλάκισται διὰ τὰς ἁμαρτίας ἡμῶν παιδεία εἰρήνης ἡμῶν ἐπ' αὐτόν τῷ μώλωπι αὐτοῦ ἡμεῖς ἰάθημεν	
쿨라누 카촌 타이누 이쉬 르다르코 파니누 바아도나이 히프기아 보 에트 아온 쿨라누	사 53:6 πάντες ὡς πρόβατα ἐπλανήθημεν ἄνθρωπος τῇ ὁδῷ αὐτοῦ ἐπλανήθη καὶ κύριος παρέδωκεν αὐτὸν ταῖς ἁμαρτίαις ἡμῶν	벧전 2:25 ἦτε γὰρ ὡς πρόβατα πλανώμενοι, ἀλλ' ἐπεστράφητε νῦν ἐπὶ τὸν ποιμένα καὶ ἐπίσκοπον τῶν ψυχῶν ὑμῶν.

베드로전서 2:22~25에서는 구체적인 것과 암시적인 것을 모두 포함하여 이사야 53장이 세 번 인용된다 – (1) 베드로전서 2:22에서의 이사야 53:9의 인용; (2) 베드로전서 2:24에서의 이사야 53:12/53:4, 5의

인용; (3) 베드로전서 2:25에서의 이사야 53:6의 암시.

첫 번째 경우는 이사야 53:9를 칠십인역을 따라 축어적으로 인용한다. 구약의 문맥에서 이사야 53:9는, 아무 잘못을 행하지 않았으며 입에 거짓이 없으나 학대 받고, 고통 받으며, 죽임을 당하였던 한 무죄한 무명의 하나님의 종에 대해 말한다. 베드로전서 2:22는 베드로가 자신의 그리스도인 청중, 특별히 믿는 "종들"(οἰκέται)에게 그들의 최고의 선구자인 그리스도의 "예/본"(ὑπογραμμὸς)을 따라 선을 행하는 가운데 부당한 대우와 고난을 조용히 견딜 것을 권면하는 당시의 문맥에서 이 이사야의 부분(종의 무죄한 삶)을 인용한다. 따라서 여기서 예수는 이사야의 종과 동일시되며, 이 인용은 따라야 할 예를 제시함으로써 저자의 **도덕적** 권면을 굳히기 위한 목적으로 사용된다. 이러한 사용은 **예언적-전형적** 용법이다. 이사야 구절이 먼저 예수에게 적용되고 이어서 베드로의 그리스도인 청중들이 따를 **패턴**으로 사용되기 때문이다.

베드로전서 2:24에서의 두 번째 인용은 두 경우로 구성된다. 첫째로, 베드로전서 2:24의 시작에서 이사야 53:12와 53:4의 부분들을 인용한 것(경우 A), 그리고 둘째로, 베드로전서 2:24의 끝에서 이사야 53:5의 끝 부분을 인용한 것(경우 B)이다. 어떤 이들은 경우 A가 암시의 범주에 속한다고 생각할 것이다.[54] 인용과 암시 사이의 정확한 구분이 그리 분명하지 않다. 하지만 이것이 인용인 것은 이사야 구절의 동사+목적어의 문법적 구조가 베드로의 구절에서 재현되고 있기 때문이다. 전체적인 개념, 구조, 단어(한 단어의 변화를 제외하고)가 히브리어 본문과도 가깝지만 이 인용은 칠십인역을 따르고 있다. 이 구약의 사용은 **예언적** 성취에 속한다. 도덕적 권면의 근거가 되는 교리의 실체화를 위한 것이다.

경우 B 또한 인용의 범주에 속한다. 이 인용은 한 대명사를 추가한 것을 제외하고 칠십인역을 복제하고 있다. 칠십인역은 MT와 매우 가깝다. 네 번째 종의 노래에서의 무리("우리")가 종의 매 맞음을 통하여 나

---

[54] Bradley H. McLean, *Citations and Allusions to Jewish Scripture in Early Christian and Jewish Writings through 180 C.E.* (Lampeter, Mellen, 1992), 95.

음을 얻었듯이, 베드로의 서신의 그리스도인 독자들은 예수의 상함을 통하여 치유되었다. 네 번째 시의 저자와 독자가 언급하는 "우리"는 아마도 유대 백성들을 생각되며, 여기서 이사야 구절에서의 "우리"는 유대인들과 이방인들 모두로 구성된 "그리스도인 신자"("너희")로 밝혀진다. 이러한 종류의 구약 구절의 사용은 **전형적 전유**(typological appropriation)라고 부를 수 있다. 베드로는 이러한 적용을 **예언적** 성취로 생각하였을 가능성도 있다. 우리는 그것을 전형적-예언적 용법으로 분류할 수 있다.

세 번째 인용은 인용과 암시 사이의 경계에 위치할 가능성이 있다. 그것은 칠십인역과 MT 모두로부터의 언어를 사용한다. 이것을 **전형적**인 사용으로 부를 수 있는 것은 구약의 선지자의 시대와 신약 시대 모두에서 예시된 대로 역사에 걸쳐 하나님께 불순종하는 백성이 "유리하는 양"으로 묘사되었기 때문이다. 그것은 반복되는 패턴이다.

핸슨은 베드로의 구절에서 이사야 53장을 사용한 것의 특성을 다음과 같이 요약한다. "그토록 짧은 글에서 예수의 이사야 52~53장의 예언의 성취를 강조한 것은 주목할 만한 일이다. 참으로 그것은 그[베드로]에게 그의 속죄의 신학을 제공한다."⁵⁵

요한복음 12:38에서 요한의 이사야 53:1 사용

MT	칠십인역	신약
מִי הֶאֱמִין לִשְׁמֻעָתֵנוּ וּזְרוֹעַ יְהוָה עַל־מִי נִגְלָתָה	사 53:1 κύριε τίς ἐπίστευσεν τῇ ἀκοῇ ἡμῶν καὶ ὁ βραχίων κυρίου τίνι ἀπεκαλύφθη	요 12:38 ἵνα ὁ λόγος Ἠσαΐου τοῦ προφήτου πληρωθῇ ὃν εἶπεν· κύριε, τίς ἐπίστευσεν τῇ ἀκοῇ ἡμῶν καὶ ὁ βραχίων κυρίου τίνι ἀπεκαλύφθη;

---

55 Hanson, *Living Utterances*, 141.

이 요한복음의 구절에서의 인용은 정확하게 칠십인역에 따르며, 이 칠십인역은 "주여"라는 단어를 추가한 것을 제외하고 MT에 대한 문자적인 해석이다.56 이 구절은 예수의 가르침과 사역으로부터 그의 고난(요 13장에서 시작)으로 전환하는 섹션에 속한다. 예수가 놀랍고도 진실한 메시지와 가르침을 그토록 많이 전하고 그토록 많은 기적을 행하였음에도 불구하고(12:37) 유대 백성들은 그를 거절하고 믿지 않았다. 그리하여 고난 내러티브를 시작하기에 앞서 요한은 그 이유가 신적 인과성(divine causality) 때문임을 분명히 말할 필요를 느낀다. 하나님께서 "보는" 눈과 "깨닫는" 마음을 주지 않으시며(12:39, 40, 사 6:10 인용), 그리하여 백성들은 이사야 53:12에서 백성들이 그랬던 것처럼 예수를 믿고 받아들이지 못한다는 것이다(12:38, 사 53:12 인용). 이 두 이사야의 구절은 로마서 10:16(사 53:1)과 마태복음 13:14, 15; 마가복음 4:12; 누가복음 8:10; 사도행전 28:16, 27; 로마서 11:8(사 6:9, 10)에서 예시된 것과 같이, 예수 그리스도에 대해 설명하고 변호하기 위해 그리스도인들에 의해 사용되었던 "비축 본문 혹은 증언(testimonia)"에 속하는 것으로 보인다. 브라운은 요한복음 12:20~40의 흐름에서 요한복음 12:38에서의 이사야 53:1의 인용의 의미를 설명한다. "38절에서는 이사야 53:1의 칠십인역의 본문을 축어적으로 인용한다. 12:20~36에 대한 연구에서 우리는 요한이 예수가 영광 가운데 높이 들리는 때를 묘사하기 위해 사용하는 단어의 많은 부분에서 제2이사야의 고난 받는 종의 노래들이 그 배경이 되고 있음을 보았다. 그렇다면 38절에서 저자가 유대 백성들이 예수를 받아들이지 못하는 것을 설명하기 위해 같은 자료에 주목하는 것은 흥미롭다. 이사야 53장은 배척당하고 멸시 받는 종에 대한 뛰어난 노래이기 때문이다."57

---

56 C. K. Barrett, *The Gospel According to John: An Introduction with Commentary and Notes on the Greek Text*, 2d ed. (Philadelphia: Westminster, 1978), 431. See also Hübner, "NT Interpretation of OT," 360.

57 Raymond E. Brown, *The Gospel According to John: I~XII*, AB, ed. William Foxwell Albright and David Noel Freedman, vol. 29 (New York: Doubleday, 1966), 485. 이사야의 네 번째 종의 찬양이 요한복음 12:20~36

원래 이사야 53:1에서 "우리"는 시의 저자(선지자)의 목소리에 의해 대표되는 이스라엘 백성들인 것으로 보인다. 선지자는 이스라엘 백성을 대표하는 가운데 특별한 야웨의 종의 삶과 죽음 중에서 믿기 어려운 한 사건에 대해 말한다. 그는 외친다, "우리가 들은 것을 누가 믿었는가? (그리고) 누구에게 야웨의 팔이 나타났는가?" 여기서 칠십인역으로부터 인용하는 가운데 사도 요한이 말하는 요점은 "우리의" 메시지/설교를 들었던 사람들 거의 누구도 예수를 믿지 않았다는 것이다—"주여, 누가 우리의 메시지를 믿었으며, 누구에게 주의 팔이 나타났습니까?" 원래의 문맥에서 "우리"는 "우리"가 당시 이스라엘 백성을 대표한다는 점에서 총괄적이지만, 여기서 "우리"는 아마도 일반적인 이스라엘 사람을 제외한 예수와 그의 제자들일 것이다.[58] 이곳에서의 인용에서 "ἀκοῇ는 예수의 강연을, βραχίων은 그의 행위,"[59] 즉 초자연적인

에서 암시되고 있을 가능성이 있다. 요한복음 12:32의 ὑψωθῶ("들어 올리다")라는 단어는 이사야 52:13을 상기시킨다. 이 이사야 구절의 후반절의 칠십인역은 "[내 종]이 높이 들리며 크게 영화롭게 될 것이다"(ὑψωθήσεται καὶ δοξασθήσεται σφόδρα)라고 되어 있다(Eugene Robert Ekblad Jr., *Isaiah's Servant Poems According to the Septuagint: An Exegetical and Theological Study*, Contributions to Biblical Exegesis and Theology, ed. Tj. Baarda et al., vol. 23 [Leuven, Belgium: Peeters, 1999], 175). 카슨은 "여기서 사용되는 동사는 그것이 가진 모호성 때문에 선택된 것이 분명하다. 예수는 십자가에 '높이 들릴' 뿐 아니라 영광으로 '높이 들린다'(즉, 높임을 받는다). '높이 들리다'와 '영광을 얻다'라는 개념들은 이사야 52:13에서 함께 모인다…"라고 단언한다(D. A. Carson, *The Gospel According to John* [Leicester, England: Inter-Varsity, 1991], 444~45). 이사야 52:13~53:12에서와 같이 "고난/죽음"과 "영화롭게 됨"의 개념은 요한복음 12:20~36에서 함께 한다(특별히 23, 24, 27, 28, 33). 또한 Barrett, *John*, 427; Brown, *John*, 478; Rudolf Schnackenburg, *The Gospel According to St. John: Volume Two—Commentary on Chapters 5~12*, trans. Cecily Hastings, Francis McDonagh, David Smith, and Richard Foley (New York: Crossroad, 1982), 407을 보라.

58 참고. George R. Beasley-Murray, *John*, 2d ed., WBC, ed. Bruce M. Metzger, David A. Hubbard and Glenn W. Barker, vol. 36 (Nashville, TN: Nelson, 1999), 216.

59 Barrett, *John*, 431.

표적을60 나타낸다. 이러한 모든 연관성(대응, correspondence)은 정당한 의미 영역 범위 안에 있다.61 요한은 이사야의 구절을 원래의 의미를 왜곡하지 않는 가운데 그의 시대 사람들에게 적용한다. 이런 맥락에서 이곳에서의 요한의 구약의 사용은 페셔/마드라쉬적 적용으로 불릴 수 있다.62 예수의 사역과 가르침에 대한 요약에서 고난 내러티브로 전환

---

60 Carson, *John*, 270~71.

61 지금의 이사야 53장의 문맥에서 전자의 번역이 선호되기는 하지만, 2장의 관계된 부분에서 말했듯이 שְׁמֻעָתֵנוּ("우리가 들은 것")는 "우리의 보고(report)"로 번역될 수 있다. 요한은 "주여!"라는 호격을 제외하고 칠십인역으로부터 한 자 한 자 인용하고 있다. 칠십인역은 MT의 의미론적 범위를 벗어나지 않는 충실한 문자적인 번역으로 보인다.

62 여기서 미드라쉬는 "적용된 석의"를 의미한다(Robert B. Sloan Jr., and Carey C. Newman, "Ancient Jewish Hermeneutics," in *Biblical Hermeneutics: A Comprehensive Introduction to Interpreting Scripture*, ed. Bruce Corley, Steve W. Lemke, and Grant I. Lovejoy, 2d ed. [Nashville, TN: Broadman and Holman, 2002], 67). 슬로안과 뉴먼은 "미드라쉬"라는 단어를 간결하고 효과적으로 설명한다. "석의에 대한 랍비의 단어는 **미드라쉬**였다. 이것은 히브리 단어 *darash*에서 유래한 것이며 '찾다,' '발견해 내다'라는 의미이다. 풍유처럼 **미드라쉬**는 어떤 종류 혹은 형태의 문학, 성경적인 본문에 대한 해석이 취하는 특정 형태(즉, 주석서)를 가리킬 수 있다. 혹은 석의의 방법, 성경 본문을 읽는 전략을 가리킬 수 있다"(67쪽). 뉴스너의 세분화를 통한 정의는 이와 유사하다 - 미드라쉬적 석의, 미드라쉬적 편집, 미드라쉬적 작품(Jacob Neusner, *Introduction to Rabbinic Literature*, The Anchor Bible Reference Library, ed. David Noel Freedman [New York: Doubleday, 1994], 223~25). 첫 번째 범주에 대해 설명하는 가운데 그는 "'미드라쉬'라는 말이 '석의,' 혹은 어떤 이들이 선호하는 '자기 해석'(disegesis)이라는 말과 비교하여 더 하지도, 덜 하지도 않는 의미를 가진다"고 주장한다(225쪽).

슬로안과 뉴먼은 성경 본문의 해석과 적용에 관한 랍비들의 규칙들을 설명한다. "랍비 문학은 성경 해석을 위한 *middot*의 세 가지 목록을 보존한다. 힐렐의 일곱 규칙들은 후에 이스마엘의 13 규칙으로 세분되었으며, 이것은 엘리에셀의 32 규칙들로 확장되었다"(Sloan and Newman, "Ancient Jewish Hermeneutics," 68). *middot*에 대한 상세한 설명은 H. L. Strack and Günter Stemberger, *Introduction to the Talmud and Midrash*, trans. Markus Bockmuehl (Minneapolis, MN: Fortress, 1992), 15~30을 보라. 하지만 이러한 *middot*은 엄격하거나 불변의 법칙들이 아니다. "하지만 *middot*은 단순히 어떤 본문이나 특정

이 이루어지는 곳에 이 구절이 위치하고 있다는 사실과 이 구절이 말하는 성취의 주제를 인식하는 가운데 보이틀러(Beutler)는 다음과 같이 말한다. "여기서 우리는 처음으로 예언적인 말이 가리키는 '성취'의 개념을 발견한다. 백성들에 의한 거절을 통하여 우리는 예수의 고난의 문맥으로 들어간다."63 실제로 이러한 성취는 "전형적 대응"이라는 의미에서의 성취이다.64 카슨은 주장한다. "만일 **최고의** 주의 종이 메시

본문의 세트를 해석하는 가능한 방법이다. 법칙들 자체 안에 어떤 것도 랍비에게 어떻게, 언제 그 구체적인 규칙을 적용할지 가르치지 않았다. 이러한 해석학적인 모호성은 적지 않게 유대 문학과 전통의 생명력에 기여하였다"(Sloan and Newman, "Ancient Jewish Hermeneutics," 69).

스트랙과 스템버거는 미드라쉬의 해석학 개념에 대해 설명한다. "… 이 주석서들[페셔 형태의 쿰란 문서]은 신약에서의 성취를 가리키는 인용과 비교될 수 있다. 페셔는 미드라쉬의 하위 장르로 간주되어야 한다. … 문맥은… 성경 전체이다; 그 가운데 어느 구절도 다른 구절과 연결될 수 있지만 어떤 책의 구체적인 의도는 거의 중요하지 않다. 우리는 성경을 통합된 전체로 만나며, 따라서 그것은 동일한 하나님의 메시지를 가진다… 따라서 또한 미드라쉬는 항상 **실현**(realization)이며 본문이나 성경적 역사의 현재적 의미를 언제나 새롭게 발견해야 한다. … 랍비들은 또한 성경의 모호성을 깨닫고 있었다. '성경의 구절은 여러 의미를 가진다' …"(Strack and Stemberger, *Introduction to the Talmud and Midrash*, 236, 237, 238). 또한 Michael Fishbane, *Biblical Interpretation in Ancient Israel* (Oxford: Clarendon, 1984), 287을 보라("성경의 의미에 대한 모든 연구… 성경 본문의 취지를 실현하려는 목표를 가지고… 실제적으로 적용하려는 관심을 가지고"). 그리하여 우리는 성경 본문의 "미드라쉬적인 해석/사용"이라는 용어를 오래된 본문의 의미/의의를 지금의 상황에 살아 있고 의미 있게 하는 적용된 해석학으로 정의할 수 있다. 또한 Herbert W. Bateman IV, *Early Jewish Hermeneutics and Hebrews 1:5~13: The Impact of Early Jewish Exegesis on the Interpretation of a Significant New Testament Passage*, American University Studies, Series 7, Theology and Religion, vol. 193 (New York: Lang, 1997), 47~54와 Daniel Patte, *Early Jewish Hermeneutic in Palestine*, Society of Biblical Literature Dissertation Series, vol. 22 (Missoula, MT: Scholars, 1975), 117 이하를 보라.

63 Johannes Beutler, "The Use of 'Scripture' in the Gospel of John," in *Exploring the Gospel of John: In Honor of D. Moody Smith*, ed. R. Alan Culpepper and C. Clifton Black (Louisville, KY: Westminster, 1996), 150.

64 Hanson, *Living Utterances*, 188. 론지네커(Longenecker)는 여기서의 성

아 예수라면 이 구절의 적용 가능성은 명백하다."65 간략하게 말하면, 요한복음 12:38에서의 구약의 사용은 (전형적-)예언적 대응을 통한 페셔/미드라쉬적 적용으로 불릴 수 있다.

종의 노래의 암시적 사용 분석

예수의 이사야 53장 암시적 사용

휘브너(Hübner)의 진술은 신약에서의 구약의 사용에서 나타나는 암시와 간본문적 반향 문제에 대한 좋은 도입이다.

> 하지만 이런 방식의 공식적인 인용만이 구약에 대한 신약의 저자의 해석을 보여주는 것은 아니다. 그 위에 우리는 암시들을 생각해야 한다. 하지만 이것들은 인용들만큼 쉽게 확인될 수 없다. 모든 경우에, 우리가 의식적인 암시를 다루고 있는지, 아니면 신약의 저자가 자신의 개념을 표현하기 위하여 무의식적으로 구약의 언어를 사용하기에 이르기까지 그의 종교적, 신학적 생각이 구약의 개념적 범주와 언어의 영향을 받았는지 분명하지 않기 때문이다. 하지만 인용과 암시 사이의 경계 또한 분명하게 정해지지 않는다; 결정은 종종 매우 어려우며, 한다고 하더라도 오직 신약의 저자가 사용하는 변론의 성격으로부터 결정될 수 있다.66

취가 "문자적인 성취나 연대책임(corporate solidarity)에 근거한 성취"라고 말한다(*Biblical Exegesis*, 138). 하지만 여기서의 성취의 형태는 전형적인 것으로 보인다(혹은 예언적-전형적). 하지만 이곳의 인용에서 성경에 대한 페셔 형식의 접근이 이루어지고 있다고 하는 그의 주장은 적절해 보인다.

65 Carson, *John*, 448(필자 강조).

66 Hans Hübner, "New Testament Interpretation of the Old Testament," in *Hebrew Bible, Old Testament: The History of Its Interpretation—I/1: Antiquity*, ed. Magne Sæbø (Göttingen: Vandenhoeck & Ruprecht, 1996), 335.

암시/간본문적 반향을 밝히고 확인하는 것은 쉬운 일이 아니다. 하지만 여기서 그것을 하는 것이 매우 중요한 것은 예수와 신약의 저자들의 이사야 53장 사용이 많은 경우에 암시적으로 행해졌기 때문이다. 우리는 네 번째 종의 시에 대한 예수의 암시적 사용을 연구하고 이어서 신약의 저자들의 암시적 사용을 분석할 것이다.

마가복음 10:45에서 예수의 이사야 53:10, 12 사용

MT	칠십인역	신약
חָפֵץ דַּכְּאוֹ הֶחֱלִי וַיהוָה אִם־תָּשִׂים אָשָׁם נַפְשׁוֹ יִרְאֶה זֶרַע יַאֲרִיךְ יָמִים וְחֵפֶץ יְהוָה בְּיָדוֹ יִצְלָח	사 53:10 καὶ κύριος βούλεται καθαρίσαι αὐτὸν τῆς πληγῆς ἐὰν δῶτε περὶ ἁμαρτίας ἡ ψυχὴ ὑμῶν ὄψεται σπέρμα μακρόβιον καὶ βούλεται κύριος ἀφελεῖν	막 10:45 καὶ γὰρ ὁ υἱὸς τοῦ ἀνθρώπου οὐκ ἦλθεν διακονηθῆναι ἀλλὰ διακονῆσαι καὶ **δοῦναι τὴν ψυχὴν αὐτοῦ λύτρον ἀντὶ πολλῶν.**
לָכֵן אֲחַלֶּק־לוֹ בָרַבִּים וְאֶת־עֲצוּמִים יְחַלֵּק שָׁלָל תַּחַת אֲשֶׁר הֶעֱרָה לַמָּוֶת נַפְשׁוֹ וְאֶת־פֹּשְׁעִים נִמְנָה וְהוּא חֵטְא־רַבִּים נָשָׂא וְלַפֹּשְׁעִים יַפְגִּיעַ	사 53:12 διὰ τοῦτο αὐτὸς κληρονομήσει πολλοὺς καὶ τῶν ἰσχυρῶν μεριεῖ σκῦλα ἀνθ᾽ ὧν παρεδόθη εἰς θάνατον ἡ ψυχὴ αὐτοῦ καὶ ἐν τοῖς ἀνόμοις ἐλογίσθη καὶ αὐτὸς ἁμαρτίας πολλῶν ἀνήνεγκεν καὶ διὰ τὰς ἁμαρτίας αὐτῶν παρεδόθη	막 20:28 ὥσπερ ὁ υἱὸς τοῦ ἀνθρώπου οὐκ ἦλθεν διακονηθῆναι ἀλλὰ διακονῆσαι καὶ **δοῦναι τὴν ψυχὴν αὐτοῦ λύτρον ἀντὶ πολλῶν.**

예수는 자신들의 주의 고난과 죽음 앞에서도 자기 중심의 허영을 추구하는 제자들에게 겸손과 종의 자세에 대한 교훈을 주려고 하는 가운데 이 말을 하였다. 마가복음 10:45는[67] 섬김에 대한 그러한 교훈의 놀라운 예다. 메시아적인 초월적인 인자가 섬김을 받기 위해서가 아니라 섬기기 위해, 다른 사람들을 위한 대속물로 자신, 자신의 목숨을 주기까지 하기 위해 왔다는 것이다. 접속사와 계속되는 "섬김"의 주제는

---

[67] 이 구절의 신빙성/원래성 문제에 대하여 뜨거운 논쟁이 있었다. 하지만 최근에는 전보다 더 많은 학자가 그것이 역사적 예수의 확실한 말이라고 생각한다. Douglas J. Moo, *The Old Testament in the Gospel Passion Narratives* (Sheffield: Almond, 1983), 126~27; Betz, "Jesus and Isaiah 53," 83; C. E. B. Cranfield, *The Gospel According to St. Mark*, The Cambridge Greek Testament Commentary, ed. C. F. D. Moule (Cambridge: Cambridge University Press, 1959), 343~44; Morna D. Hooker, *The Son of Man in Mark: A Study of the Background of the Term "Son of Man" and Its Use in St Mark's Gospel* (London: SPCK., 1967), 140~47; Walther Zimmerli and Joachim Jeremias, *The Servant of God*, trans. Harold Knight, rev. ed., SBT, ed. C. F. D. Moule et al., vol. 20 (London: SCM, 1965), 90, 92, 97, 99; Craig A. Evans, *Mark 8:27~16:20*, WBC, ed. Bruce M. Metzger, David A. Hubbard, and Glenn W. Barker, vol. 34B (Nashville, TN: Nelson, 2001), 124~25; C. K. Barrett, "The Background of Mark 10:45," in *New Testament Essays: Studies in Memory of Thomas Walter Manson, 1893~1958*, ed. A. J. B. Higgins (Manchester: Manchester University Press, 1959), 1~18을 참조하라. 지면 부족으로 인해 이 문제는 여기서 충분히 다룰 수 없다. 하지만 마가복음 10:45의 신빙성이 받아들여져야 하는 것은 45절의 이 독특한 부분(대속물에 관한 말)은 예수의 제자들이 모방하도록 기대되었던 어떤 것이 아니라 도전적인 살아있는 실례이며, 이러한 종류의 추가는 자연스러울 뿐 아니라 많은 유사한 경우가 있기 때문이다(예. 빌 2:5 이하). 45절의 어법은 특별히 "헬라적" 이거나 바울적인 어떤 것도 드러내지 않으며($λύτρον$은 바울의 표현이 아님), 누가복음 22:27은 후기의 것이거나 혹은 마가복음 10:45에 의존하지 않는 것으로 간주될 수 있다(Moo, *OT in Gospel Passion Narratives*, 126~27). 스툴마허는 "… handelt es sich bei diesem Logion um ein ″unableitbares″, d. h. authentisches Jesuswort"라고 주장한다(Stuhlmacher, "Jes 53 in den Evangelien und in der Apostelgeschichte," 96; 번역. "… 이 어록(*logion*)은 '닮지 않은' 혹은 '끌어낼 수 없는' 그리하여 진정한 예수의 말을 나타낸다").

이 구절의 앞선 구절과의 연결과 이 구절의 신빙성/원래성을 모두 확증한다.68 레인(Lane)은 이 말씀의 메시아적인 문맥을 주장한다. "'인자가 온 것은…'이라는 형식은 전체 진술을 예수의 메시아적인 임무(참고. 2:17)의 문맥에 위치시킨다."69

스툴마허(Stuhlmacher)는 마가복음 10:45의 구약적 배경을 간결하게 설명한다. "그것은 예수의 임무와 고난을 이사야 43:3~4와 53:11~12의 관점으로 해석하며, 실질적으로 마가복음 8:37과 그 평행구절들과 함께 속한다[참고. 시 49:8~9]. 이 어록에 따르면 예수는 자신을 이스라엘을 구하도록 하나님이 보내셨던, '많은 사람'[즉, 이스라엘; 참고. 사 53:11~12]의 존재를 마지막 심판으로부터 속량하도록[그들의 존재는 그들의 죄로 인해 박탈되었기 때문에] 하나님이 그 생명을 '대속물'[히브리어 כפר, 헬라어 λύτρον, ἀντιλύτρον, 혹은 ἀντάλλαγμα]로 정하셨던 그 '사람' 혹은 인자로 이해했다."70

후커는 많은 학자가 받아들이는, 마가복음 10:45 배후에 네 번째 종의 노래의 강한 영향이 있었다고 하는 견해를 강하게 비판하였다.71 이

---

68 R. T. France, *The Gospel of Mark*, NIGTC, ed. I. Howard Marshall and Donald A. Hagner (Grand Rapids: Eerdmans, 2002), 419.

69 William L. Lane, *The Gospel According to Mark: The English Text with Introduction, Exposition and Notes*, NICNT, ed. F. F. Bruce (Grand Rapids: Eerdmans, 1974), 383. 또한 F. Büchsel, "λύτρον," in *TDNT*, 4: 342를 보라.

70 Stuhlmacher, "Jes 53 in den Evangelien und in der Apostelgeschichte," 96 ("Es deutet Jesu Sendung und Leidensweg von Jes 43,3~4; 53,11~12 her und gehört sachlich mit Mk 8,37 Par. (vgl. Ps 49,8~9) zusammen: Jesus hat sich nach diesem Logion als der ״Mensch" bzw, Menschensohn verstanden, den Gott zur Errettung Israels gesandt und dessen Leben er zum ״Lösegeld" (hebr. כפר, griechisch λύτρον, ἀντιλυτρόν oder ἀντάλλαγμα) bestimmt hat, um die schuldhaft verwirkte Existenz ״der Vielen" (=Israels, vgl. Jes 53,11~12) endgerichtlich auszulösen.").

71 이것은 특별히 그녀의 책 *Jesus and the Servant*, 74~79에서 나타난다. 그 책이 발행되기 전까지 지배적이었던 견해에 맞서는 그녀의 주장은 그녀의 마가복음 주석에서 요약된다(Morna D. Hooker, *The Gospel According to Saint*

것은 너무도 중대한 도전이어서 필자는 그것에 대해 주의 깊게 대응할 필요를 느낀다. 후커는 마가복음 10:45에 대한 논의의 시작에서 한 중요한 질문을 던진다. "예수는 자신을 이사야 53장의 성취로 보았는가, 아니면 그러한 연결이 그가 죽은 후에 이루어졌는가?" 그녀의 대답은 후자로 기울어진다.72 그녀는 자신의 주제를 확증하기 위하여 여러 논증을 시도한다. 첫째로, 언어적 측면에서 그녀는 "많은"(πολλῶν)이라는 단어를 제외하고 마가복음 10:45와 이사야 53장 사이를 연결하는 단어가 없다고 주장한다.73 하지만 앞의 대조 도표가 보여주듯, 몇몇 다른 연결 단어가 있다. "영혼" 혹은 "목숨"(ψυχή)은 이사야 53:10, 12(세 번)와 마가복음 10:45에서 입증된다. 프랜스가 효과적으로 주장하듯이 "δοῦναι τὴν ψυχὴν αὐτοῦ는 이사야 53:12와 가깝다"(הֶעֱרָה לַמָּוֶת נַפְשׁוֹ; 칠십인

Mark, BNTC, ed. Henry Chadwick [London: A & C Black, 1991; reprint, Peabody, MA: Hendrickson Publishers, 1997], 247~51). 그녀의 견해를 반박하는 더 많은 논증은 후에 구약과 고대 유대주의에서 행해졌던 "암시"를 다루는 섹션에서, 그리고 이사야 이후로 예수의 때에 이르기까지 이사야 53장의 영향사(영향 혹은 수용의 역사)에 대한 개관(앞 장에서 다루었음)에서 제시된다. 그것은 그녀의 견해에 반대되는 견해를 강화한다.

72 Hooker, *Mark*, 248. 하지만 그녀는 마가복음 10:45의 마지막 말의 진정성을 주장한다(많은 비평 학자와 대조적으로). 고난에 대한 구체적인 언급(마지막 만찬, 그의 죽음을 통한 새 언약, 주의 만찬의 제정 등)은 없지만 그녀는 "인자, 섬김, 생명을 주는 것, 대속물과 같은 개념들을 함께 묶는 내적인 논리"(251쪽), 그리고 평행을 이루는 누가의 구절(22:27)의 "고난과 죽음"의 문맥을 본다. 또한 베드로의 맹세("죽기를… 각오하였나이다," 22:33)와 이어지는 예수의 이사야 53장에 대한 인용을 보라.

73 Hooker, *Mark*, 248. 쿰란의 경우를 바탕으로 하는 후커의 증거는 다소 약하다. 강력한 증거는 N. T. Wright, *Jesus and the Victory of God*, vol. 2, *Christian Origins and the Question of God* (Minneapolis, MN: Fortress, 1996), 576~92를 보라. 론지네커는 예를 들어 "다수의 지속되는 어휘 연결," "다수의 증거," 혹은 "발생의 밀도"를 찾아냄으로써 "암시"를 밝히려고 하는 것을 주의할 필요가 있고 신중하고 엄격하게 다뤄야 한다고 제안한다 (Longenecker, *Biblical Exegesis in the Apostolic Period*, xvii). 필자는 론지네커가 성경적 암시에 대한 접근에서 너무 조심스럽지만 마가복음 10:45의 경우 우리는 그를 만족시킬 수 있다고 생각한다.

역, παρεδόθη εἰς θάνατον ἡ ψυχὴ αὐτοῦ). 그리고 "계속해서, 비록 이사야 구절의 주제는 종 자신이 아니라 하나님이시지만, 이사야 53:10에는 *śîm napšô*[נפשׁו אשׁם תשׂים]라는 표현의 반향이 있다."74 또한 "주다" 혹은 "넘겨주다"라는 개념 또한 διδωμι라는 동사의 어간을 통하여 세 구절 모두에서 나타난다(사 53:10, 12; 막 10:45). 이사야 53:12에서도 이 두 요소의 조합이 입증된다. "그의 생명이 주어졌다"(παρεδόθη εἰς θάνατον ἡ ψυχὴ αὐτοῦ)는 마가복음 10:45의 "자기 목숨을 주려 함이니라"(δοῦναι τὴν ψυχὴν αὐτοῦ)와 비교된다.75

둘째로, 셈어에서 "많은"이 모두를 가리킨다는 것과76 쿰란에서 "많은 사람"이 "하나님의 진정한 회중"을 가리킨 것에 근거하여 이사야 53:12에서 "많은 사람"이 "하나님의 모든 백성"을 가리킬 것이라고 주장한 후 후커는 말한다, "하지만 마가에게 하나님의 백성의 구성은 변화되었다; 그들은 더 이상 '육신을 따른 이스라엘'(바울이 말하는 대로)이 아니라 유대인이든 이방인이든 예수를 따르는 자들로 구성된 더 작은 공동체였다."77 하지만 이것은 정확하게 예수가 이 땅에 온 목적이었다. 그는 유대인이든 이방인이든, "진정한 하나님의 백성"을 구성할 "많은 사람," "훨씬 작은 공동체"**에서 출발**하지만 큰 수를 이루게 될

---

74 France, *Mark*, 420. Moo는 δοῦναι τὴν ψυχὴν αυςτοῦ가 "אשׁם תשׂים נפשׁו אם־תּשׂים (10절)에 대한 상당히 문자적인 번역"이라고 주장한다(Moo, *OT in Gospel Passion Narratives*, 123).

75 후자의 표현(마가의 표현)은 "특성상 순교자의 죽음에 대해," 특별히 "유대적 의미의 틀 안에서 사용되었다(예. 마카비상 2:50; 6:44; Mek. to Exod 12:1)"(Lane, *Mark*, 383). 앞 장에서 보았듯이 이 구절들은 특별히 이사야 53장, 그리고 다른 구약 구절들의 영향을 드러낸다. 이것은 마가복음 10:45가 이어져 온 해석적 전통에서 (역으로) 추적될 수 있음을 의미한다. 간본문적 시기의 전통, 이사야의 전통을 지나 이것들을 앞서는 고대 성경적 전통에까지 이를 수 있다.

76 후커는 "헬라어 πολύς가 배타적인 용어이지만 히브리어와 아람어에서 그것에 상당하는 단어는 포괄적인 의미로 사용될 수 있었다(두 언어 모두 '모두'에 해당하는 단어의 복수의 형태가 없기 때문에)"고 단언한다(*Jesus and the Servant*, 78~79).

77 Hooker, *Mark*, 249.

그들을 위하여 죽기 위해 왔다.78 이사야 53:11과 마가복음 10:45 모두에서 πολλῶν은 실제로 "정해지지 않은 수의 무리"를 의미하는 것이 분명해 보인다.79 "셈어 문법에서 '많은'은 일반적으로 완전함, 즉 모두를 뜻하기" 때문이다.80 또한 "예수의 죽음이 가진 보편적인 의미에 대한 강조는" 마가복음 10:45와 14:24의 "문맥과 어울린다."81 따라서 대부분의 학자들은 "그것이 마가복음 10:45에서 나타나는 것이 이사야 53장에 대한 의도적인 반향임을 당연하게 받아들인다. 그것이 어느 정도 그런 목적을 가지지 않았다면, 그것은 사람들이 (여기서 출현하도록) 기대할 그런 단어가 아니라는 것이다."82

셋째로, 후커는 이사야 53장보다 마카비 4서(예를 들어, 6:29와 17:21)와 다니엘 7장의 몇몇 구절이 마가복음 10:45와 더 밀접하게 연결된다

---

78 메시아의 역할 가운데 일부 측면들이 당시의 기대와 달랐던(이방인 세력에 대한 군사적인 우월을 통한 유대 백성들의 국가적인 승리보다 온 세상을 구원하기 위한 사랑을 통한 진정한 승리), 이스라엘의 메시아로서의 예수의 유일한 성취에 대해 Wright, *Jesus and the Victory of God*, 592~611을 보라.

79 Büchsel, "λύτρον," 342.

80 James R. Edwards, *The Gospel According to Mark*, Pillar New Testament Commentary, ed. D. A. Carson (Grand Rapids: Eerdmans, 2002), 327; Cranfield, *Mark*, 343. *HALOT*, 1171을 보라("포괄적인 의미 '모두'의 뜻을 가진 '많은'"); J. Jeremias, "πολλοί," in *TDNT*, 6:536~45. 에드워즈의 주장대로, "이사야 52:15에서 그것은 명백히 '많은 나라, 즉 이방인들, 택함 받지 않은 외부인들'을 가리킨다"(*Mark*, 327). 마가복음 10:45에 대한 분명한 반향을 보여주는 디모데전서 2:6은 그리스도가 "모든 사람을 위한 대속물로서 자신을 주었다"(NRSV)고 말한다. "많은"과 "모두"의 호환성은 로마서 5:12~21에서 잘 예시된다. 여기서 대조는 "하나"(행위와 대리인)와 "많은"(효과와 수혜자) 사이에 있으며, "하나"와 하나님께 "택함 받은 자" 사이에 있지 않다. 쿰란은 "많은"이라는 단어를 자신들의 공동체에 대해 사용했지만 에드워즈의 주장대로 그것은 "공동체 전체"(הרבים)를 의미할 것이다(1QS 6:7~8)(*Mark*, 327의 각주 65).

81 Büchsel, "λύτρον," 342.

82 France, *Jesus and the Old Testament*, 121. 그것이 "모두"를 뜻한다면 디모데전서 2:6에서와 같이 πάντων이 있다. 혹은 예수가 어떤 미래의 신자들의 단체/조직에 대해 말하기 원하였다면 그는 다른 용어를 사용하였을 것이다.

고 보지만,83 그것은 그렇지 않다. 예를 들어 마카비 4서 17:21과 마가복음 10:45 사이의 연결점은 오직 마카비 구절의 "속전"(αντιψυχον)인데 이것은 마가복음의 "속전"(λύτρον)과 다르다. 물론 같은 개념들이 몇 있지만(백성들의 죄, 그로 인한 [국가적, 개인적] 불행, 의로운 자의 고난, 그것이 가진 속죄의 효과 등), 어떤 정확한 인용도, 정확하게 되풀이되는 단어도 없다. 만일 후커가 마카비 4서와 다니엘 7장(후자는 이사야 53장과의 연결이 덜 분명하다)이 이사야 53장과 연결된다고 볼 수 있다면, 마가복음 10:45와 이사야 53장 사이의 연결은 그것보다 더 밀접하다. 덧붙여, 마카비 4서와 다니엘 7의 순교자들이 "대체가 아닌 그들의 나라의 **대표로서 죽는다**"고 하는 후커의 진술은 옳지 않다. 마카비 4서 6:29("나의 피가 그들의 깨끗하게 됨이 되게 하시고, 그들의 목숨 **대신** 나의 목숨을 취하소서," NRSV)와 마카비 4서 17:21~22("… 그들은 말하자면 우리 민족의 죄를 위한 **속전**(ransom)이 되었다. 그리고 속죄의 희생으로서의 경건한 자들의 피와 그들의 죽음을 통하여 하나님의 섭리가 전에 학대 받던 이스라엘을 보전하셨다")를 보라. 그들은 대표**와 대체 모두**인 것으로 묘사되어야 한다. 우리가 보았듯이, "죄와 불행, 고난과 대체의 고난(그리고 죽음까지), 그리고 그로 인한 구원과 복"이라는, 이사야의 종의 시대에서부터 예수의 시대까지 줄곧 같은 맥락의 생각이 있었다. 앞 장에서 살펴보았듯이 마카비 구절과 다니엘 본문이 이사야 53장과 이사야의 시 이전의 구약의 일부 주제들의 영향사를 보여주고 있기 때문에, 중요한 것은 '**~인지 어떤지**(whether)/**이것 또는 저것**(or)'의 문제다. 이 모든 본문들이 마가복음 10:45의 배경이 되고, 그 중 이사야 53장이 처음이자 가장 중요한 것일 가능성이 크다.

후커의 편을 드는 가운데, 바렛(Barrett)은 마가의 구절과 이사야 구절 사이의 언어적 연결이 약하다고 주장한다. עבד가 διακ 어근의 단어로 번역된 적이 없으며, λύτρον은 אשם과 같을 수 없다는 것이다.84 그가

---

83 Hooker, *Mark*, 250. 그녀는 마카비 4서가 1세기에 마가복음 이전에 써졌을 것이라고 주장한다.

84 Barrett, "The Background of Mark 10:45," 1~18. 바렛과 후커는

주장하는 대로 칠십인역은 'ebed-YHWH를 διακ 어근의 언어군에 속한 단어로 번역하지 않는다; 그것은 그 단어를 παῖς나 δοῦλος로 번역한다. 하지만 διάκονος[85]와 δοῦλος는 마가복음 10:43~44의 평행 구절에서, δουλεύω는 이사야 53:11의 칠십인역에서 나타난다. 마가의 구절이 "많은 사람을 섬기는" 것에 대해 말하는 반면, 이사야의 종은 야웨의 종이라는 사실에서 이 평행은 정확한 평행은 아니지만, 실제는 여전히 그 둘 사이의 연결을 찬성하는 쪽으로 말하고 있다. "사실상 이사야 53장의 종은 자신의 고난을 통하여 사람들에게 유익을 가져왔으며, 예수는 하나님께 순종하는 가운데 고난을 받아들였다."[86] "따라서 διακονεῖν은

λύτρον과 אשם 사이의 날카로운 구분에 근거하여 λύτρον이 일반적으로 이사야 40~55의 구속의 개념에 대한 암시이며 이 부분에서 등장하는 야웨의 종에 대한 암시가 아니라고 주장한다. פדה와 גאל은 그의 사역을 묘사하기 위해 사용되지 않는다는 것이다. 하지만 프랜스는 이 견해에 반박한다. "אשם에는 대체/대속의 의미가 없지 않다. 민수기 5:7, 8에서 그것은 피해를 입은 자에 대한 보상이지만(비록 추측상 실제적인 절도의 경우를 제외하고 **동등한** 것으로 보상하는 것이지만) 다른 경우에 그것은 죄인의 속죄를 위해 드리는 제사를 의미한다. 그는 유죄이지만(אשם), 그 대신 אשם을 드림으로써 그의 죄가 제거된다. 이것은 동등한 것으로 대체하는 것과 구분하기 어려우며, 따라서 λύτρον의 의미와 다르지 않다. 그리하여 이사야 53:10은 '메시아 종이 백성들의 죄를 배상하기 위해 자신을 אשם으로 드리며, 그들에 대한 대속자/대체자로서 그들을 위해 중재한다'고 말한다[BDB, 80]. 따라서 λύτρον, 혹은 그것 이면에 놓여 있는 아람어 단어가 어떤 것이든, אשם과 크게 다르지 않다"(*Jesus and the Old Testament*, 120).

[85] 후커는 διακονέω가 "신약과 고전 헬라어에서 가정 예배의 의미로 사용되었다"고 주장한다(*Jesus and the Servant*, 74). 하지만 프랜스는 이것에 대해 강하게 도전한다. "διακονεῖν은 후커의 주장처럼 신약에서 항상, 혹은 통상적으로 가정 예배를 구체적으로 의미하지는 않았다"(France, *Jesus and the Old Testament*, 118). 또한 LSJ, 398; BDAG, 229~30을 보라.

[86] France, *Jesus and the Old Testament*, 118. 후커는 주장한다, "그리스도인은 이러한 태도[마가복음 10:45의 겸손과 섬김]가 오직 이사야 53장의 종과 같이 하나님의 뜻에 완전히 순종하기를 배운 사람에게만 가능하다고 믿을 수 있지만, 그러한 연결은 이 특별한 구절에서 이루어지지 않는다. 여기서 그리는 그림은 세상이 섬김을 받을 것으로 기대하는 그런 사람들에 의한 자발적인 섬

의미상 δουλεύειν과 분명하게 구분되지 않으며," 예수가 말하였을 수 있는, "עבד를 반향시키는 한 아람어 단어를 잘 번역한 것일 수 있다"고 한 프랑스의 말은 옳아 보인다.[87] 그렇다면 이사야 53장과 마가복음 10:45 사이에 정확한 언어적 연결은 아닐지라도 개념적인 연결이 있는 것으로 보인다. "칠십인역은 이사야 42~53장의 'ebed-YHWH'에 대해 διακ 어근을 사용하지 않는다"는 말에 동의하면서도 프랑스는 여전히 마가복음 10:45와 이사야의 종의 노래 사이의 연결을 주장한다. "그렇다면, 여기서 διακονέω는 그 칠십인역 구절들에 대한 축어적인 반향은 아니다. 특별히 그곳에서 드려지는 '섬김'의 대상이 야웨이며, 이곳[막 10:45]에서처럼 다른 사람들이 아니기 때문이다. 하지만 뒤따르는 절에서 나타나는 53장의 언어의 반향에 비추어 볼 때 마가의 독자들은 διάκονος로서 인자라는 역설적인 개념에서도 '종'으로서의 예수의 초상을 발견하였거나 발견하도록 의도되었을 가능성이 크다."[88]

고전 헬라어와 칠십인역에서의 λύτρον의 사용에 대해 뷔셀(Büchsel)은 간결하게 요약한다: "… λύτρον은 속전(ransom)으로 지불되는 돈이

김의 그림이다; 이사야 53장의 인물, 세상이 조롱했으며 어떠한 사회적 지위도 없는, 선택보다 필요에 의해 자기에게 미친 고통을 견뎠던 자와의 분명한 연결이 없다"(*Jesus and the Servant*, 75). 하지만 예수와 그의 제자들이 직면했던 실재는 이사야의 종이 직면했던 것과 같은 것이다. 예수의 제자들은, 이제 비슷한 상황에서 하나님의 나라가 곧 임할 것을 기대하며 사람들의 섬김을 받을 수 있는 더 높은 지위를 얻고자 했지만, 대조적으로 예수는 진정한 위대함에 이르는 길, 즉 십자가의 길-(죽기까지) 다른 이들을 섬기는 길-을 보여주었다. 마가복음 10:45가 예수의 고난과 죽음의 목적과 실체에 대해 말하고 있다는 의미에서 후커의 주장은 힘을 잃는다.

[87] France, *Jesus and the Old Testament*, 118. 데이비스와 앨리슨은 이것에 동의한다, "διακονῆσαι는 정확하게 *ebed*가 묘사하는 것을 묘사한다"(W. D. Davies, and Dale C. Allison Jr., *A Critical and Exegetical Commentary on the Gospel According to Saint Matthew: Volume III—Commentary on Matthew XIX~XXVIII*, ICC, ed. J. A. Emerton, C. E. B. Cranfield, and G. N. Stanton [Edinburgh: T. & T. Clark, 1997], 96).

[88] France, *Mark*, 419~20.

다… λύτρον은 특별히 전쟁 포로들을 몸값을 치르고 풀어주려고 지불하는 돈이지만, 그것은 노예나 속박으로부터의 해방을 위하여 사용되기도 한다. 이 단어는 간혹 제사에서 사람이 은혜를 입었다고 생각하는 신에게 지불하는 것에 대해서도 사용된다… 칠십인역의 용법은, 좀 더 일반적이고 구체적인 제사적 사용을 제외하고는 세속적인 용법과 거의 같다."[89] 콜린스(Collins)는 그리스와 로마 시대에서 특별히 고백적인 비문에서의 λύτρον의 사용에 대해 조사한 후 이 단어가 "제의적이고 속죄적/보상적 의미를 내포한다"고 주장한다.

λύω의 단어군은, 죄가 용서되고 불법이 속죄되는, 인간과 신 사이의 거래를 말하는 데 사용되었으며, 그리하여 노예 해방과 포로 대속의

---

[89] Büchsel, "λύτρον," 340. λύτρον은 지불의 의미보다 거래/계약이 언급되지 않을 때에 "속죄의 가치를 가진 것으로 받아들여지는 대표적인 행위"를 내포한다고 힐(Hill)은 주장하지만(David Hill, *Greek Words and Hebrew Meanings: Studies in the Semantics of Soteriological Terms*, SNTSMS, ed. Matthew Black, vol. 5 [Cambridge: Cambridge University Press, 1967], 58~80[인용, 80]), 마가복음 10:45의 경우, 거래/계약(transaction)이 있는 것이 분명한 것은 대체의 개념이 ἀντί의 사용에 의해 암시되기 때문이다(Moo, *OT in Gospel Passion Narratives*, 124). 브라운은 λύτρον이 כפר를 번역하며, 후자는 "생명에 대한 교환으로 주는 것(gift)으로서, 거룩한 법에 따르면 상실당하거나 하나님의 징벌 아래 놓이게 되면," 화해를 가져올 수 있다는 것을 보여준다(Colin Brown, "λύτρον," in *NIDNTT*, 3: 190, 196). 레인의 설명은 적절하다. "등가나 대체의 생각이 대속물의 개념에 적합했기 때문에 그것은 구약의 구속을 말하는 어휘에서 필수적인 요소가 되었다"(*Mark*, 383). λύτρον의 "핵심적인 의미"는 "'등가'의 지불을 통한 해방"이다(France, *Mark*, 420).

뷔셀에 의하면 "유대인들의 견해는 고대의 일반적인 견해와 같다." "대속을 위해 지불하는 돈은 … (벌로써) 상실한 생명과 동등하다 … Rabb.이 대속물(몸값)이 속죄라는 원리를 받아들이기 때문에 그들이, 의무적인 것은 아니지만 몸값 배상(ransom)의 개념에서 속죄(expiation)의 개념으로 전환하는 것은 쉽다. 그렇다면 유대인들에게 있어서 대속물이라는 말은 의로운 자의 대리적 고난을 통한 속죄라는 생각을 쉽게 나타낼 수 있으며, 그리하여 최종적으로 대속의 개념은 의로운 고난이 가진 속죄의 능력에 대한 믿음의 한 가지 형태가 될 수 있다"(Büchsel, "λύτρον," 341). "의로운 고난이 가진 속죄의 능력"은 앞 장에서 보여준 대로 제2성전기 유대주의 문학에서 잘 예시된다.

맥락에서만 사용되지 않았다. 이러한 증거는 인자가 자기 목숨을 많은 사람을 위한 속전으로 주는 개념(막 10:45)이 성배 담화(saying over the cup, 막 14:24)와 같은 복합 개념체에 속한다는 것을 암시한다. 후자에 따르면 예수의 피는 많은 사람을 위해 흘려졌다… 두 이야기 모두 예수의 죽음을 많은 사람의 죄에 대한 제의적 속죄로 은유적으로 묘사함으로써 해석한다.90

---

90 Adela Yarbro Collins, "The Signification of Mark 10:45 among Gentile Christians," *HTR* 90 (October 1997): 371, 382. 이러한 의미["속죄/보상, 혹은 속죄/보상하다"]는 LSJ(λύτρον, I. 2. [1067쪽])와 Lust(λυτρόω [286쪽])에 이미 나타나 있다. 이러한 속죄나 보상의 의미는 출애굽기 30:12에서 인구조사에 대해 속전이 하나님에 의해 요구되는 것을 통해 예시된다. 여기서 λύτρον의 의미는 "속죄의 총액"이다(John I. Durham, *Exodus*, Word Biblical Commentary, ed. David A. Hubbard and Glenn W. Barker, vol. 3 [Dallas, TX: Word, 1987], 402). 카수토는 출애굽기 30:12에 대한 흥미로운 설명을 제공한다. "메소포타미아에서 인구조사를 행하는 것은 정결의 예식과 묶여 있었으며, 이러한 의식에 너무도 많은 중요성을 부여한 나머지 인구조사 전체가 그것을 따라 *tebêbtu*, 즉 '정결'로 불렸다. 이것은 분명히 인구 조사가 죄로 생각되었으며, 말하자면 신에 대한 믿음의 부족을 암시한다는 사실 때문이다; 따라서 그것을 속죄와 정결을 위한 의식과 연결시키는 것이 필요했다. 이스라엘의 생각은 이것과 유사했으며, 그리하여 인구 조사의 때에 드려야 할 속전을 가리킨다. 덧붙여 그들의 수를 셀 때에 그들 가운데 역병이 없었다고 말하고 있다. 말하자면, 이러한 속전을 드림으로써 이스라엘 자손들은 인구 조사를 실행하는 것에 내재하는 죄 때문에 그들에게 임하기 쉬웠던 징벌로부터 해방될 것이었다"(Umberto Cassuto, *A Commentary on the Book of Exodus*, trans. Israel Abrahams [Jerusalem: Magnes, 1967], 393~94). 이러한 의식과 보상/속죄의 개념은 콜린스의 조사에서 설명된 그리스-로마 시대의 의식 및 개념과 조화를 이룬다.

이 모든 자료는, "λύτρον은… 매입을 통한 사람이나 사물의 대속(되찾기, redemption), אשׁם은 보상/속죄를 통한 속건제와 함께 불법으로 지불이 보류된 어떤 것을 갚는 것이었다. 하나는 사업상의 계약이며, 다른 하나는 죄에 대한 제사를 포함한다"(*Jesus and the Servant*, 77)고 한 후커의 주장이 실효성이 없는 것이 되게 한다. "[예수의] 행위의 의미가 하나님께서 자기 백성을 대속(되찾기)하시는 것에 놓여있으며, 죄의 문제에 대한 강조가 없다"고 하는 그녀의 주장은 정당하지 않다(78쪽). 그녀는 예수 당시 역사적인 배경의 일부 측면을 고려하고 있지만(예, 유배가 아직 끝나지 않았다고 하는 유대적 견해), 궁극적으로 그녀는 잘못된 것으로 보인다. 예수는, 마찬가지로 그러한 생각에 근거하여 유이런 의미에서 λύτρον은 אשם("속죄의 제물, 보상," *HALOT*, 96)과 유사한 것으로 생각될 수 있다.[91] "따라서 λύτρον을 이사야 53:10의 אשם에 대한 자유로운 번역 또는 아마도 더 나은 해석으로 간주하는 것은 아마도 적법한 일일 것이다."[92] 베츠(Betz)는 "이 단어가 이러한 연결[사 53과 막 10:45 사이의]에 심각한 방해물로 받아들여져서는 안 되는 것은 칠십인역과 탈굼이 이 단어의 정확한 번역에 대해 관심이 없었기" 때문이라고 생각한다.[93] 뷔셀이 주장하듯이 이러한 "제사"는 "죄"를 위한, "죄"에 관한, "죄"로 인한 것이다.[94] "예수에게 있어서 인간의 진정한 불행은 하나님으로부터의 분리, 죽음의 지배를 받음, 죄이다. 따라서 해방은 분명히 죄로부터의 해방이다. 그것이 단순히 죽음으로부터 해방이 될 수 없는 것은 예수에게 이것이 결코 자체로는 같은

대인과 이방인 모두를 위한 구원/해방의 새롭고 더 넓은 의미를 생각했을 것이다. 그것은 단순히 당시 유대인들에 의해 하나님의 대적으로 생각되었던 이방인들을 정복하는 것보다 인류의 죄를 위한 대속물(ransom)로서 그의 생명을 드리는 가운데 나타나는 희생적인 사랑을 통하여 성취될 것이다(참고. Wright, *Jesus and the Victory of God*, 592~611).

[91] France, *Mark*, 420. 칠십인역은 이사야 53:10의 אשם을 λύτρον으로 번역하지 않지만 그것은 또한 또 다른 자유로운 번역이거나 의역이다. 켈러만은 "의미의 가장 큰 다양성은 명사 'asham에서 나타난다"고 말하며 그것은 레위기 5장에서 "보상의 지불"을 의미한다고 제안한다(Diether Kellermann, "אשם," in *TDOT*, 1: 430, 433). Moo, *OT in Gospel Passion Narratives*, 125에서 인용됨.

[92] Moo, *OT in Gospel Passion Narratives*, 125. 예레미아스 또한 "λύτρον이 אשם에 대한 자유로운 번역('보상'의 통상적인 의미 안에서의)이 분명하다"고 생각한다(Zimmerli and Jeremias, *The Servant of God*, 100). 크랜필드는, אשם 아래 놓여 있을 가능성이 있는 λύτρον의 용법을 고려하면 "예수는 이 구절을 염두에 두었을 가능성이 있는 것으로 보인다"고 주장한다(*Mark*, 342). 프랜스(France, *Jesus and the Old Testament*, 120), 힐(Hill, *Greek Words*, 79), 볼프(Hans Walter Wolff, *Jesaja 53 im Urchristentum*, 4th ed. [Giessen: Brunnen, 1984], 61~62)는 λύτρον이 종의 사역의 의미를 요약한다고 생각하기 원한다.

[93] Betz, "Jesus and Isaiah 53," 84.

[94] 53:10의 칠십인역에서 "περὶ ἁμαρτίας" 참고.

중요성을 가지지 않기 때문이다."95 나아가, 에드워즈(Edwards)가 지적하듯 그것은 하나님께 드려진다. "예수는 누구도 지불할 수 없는 값을 하나님께 지불한다는 것을 지극히 잘 알고 있었다."96 이것의 목적/결과는 무엇인가? 대답은 이럴 것이다, "예수의 목숨은 이스라엘을 하나님의 형벌로부터 자유롭게 할 속전의 구성요소가 될 것이며; 그의 피는 새 언약의 소망이 실재가 되게 할 것이다(막 14:24)."97 여기서 10:45의 ἀντί는 "~의 유익을 위하여"보다 "~대신에"라는 뜻이다.98 그것이 암시하는 대체의 개념은 λύτρον이 가진 대체의 의미와 합하여 이사야의 시에 나타난 종의, 대체의, 죄를 담당하는 고난과 죽음과 일치한다.99 한편으로, 구약의 구절에 대한 암시를 밝히는 일에 있어서 후커와 바렛이 제의하는 너무나도 엄격하고, 좁으며, 원자론적인, 변호할 여지가 없는 기준을100 비판하며, 다른 한 편으로, 앞에서 이루어진 모든 논의를 심각하게 고려하는 가운데, 무는 이사야 53장과 마가복음 10:45 사이의 언어적인 연결을 설득력 있게 주장한다. "원자론적인 접근은 이사야 53:10~12에 대한 암시가 존재함을 보여주는 아주 인상적인 누적된 증거를 간과한다."101 요약하여, 프랜스는 설명한다, "언어적

---

95 Büchsel, "λύτρον," 343.

96 Edwards, *Mark*, 328. 뷔셀은 그에게 동의한다. "하나님은 그 속전을 받는 분이시다"(Büchsel, "λύτρον," 344).

97 Evans, *Mark 8:27~16:20*, 121.

98 Büchsel, "λύτρον," 342.

99 Moo, *OT in Gospel Passion Narratives*, 125. 이 시의 원래 의도된 의미는 한 편으로 단지 대표적인 고난, 혹은 다른 한 편으로 대리적 고난과 죽음일 수 있다―후자가 선호되기는 하지만. 신약에서의 이사야 53장의 사용은 보통 후자를 가정하는 것으로 보인다(아마도 둘 다).

100 Hooker, *Jesus and the Servant*, 62~64에서 기술된 것과 같다. 또한 Steve Moyise, *The Old Testament in the New: An Introduction*, The Continuum Biblical Studies Series, ed. Steve Moyise (London and New York: Continuum, 2001), 29~30에서 전통적인 견해에 대한 후커의 반론을 요약한 것을 보라.

101 Moo, *OT in Gospel Passion Narratives*, 125.

인 반향이 확정되지 않는다고 할지라도, δοῦναι τὴν ψυχὴν αὐτοῦ λύτρον ἀντὶ πολλῶν은 이사야 53장의 중요한 주제, 즉 대리적 구속의 죽음에 대한 완벽한 요약이 된다."[102]

개념적인 연결에 대해, 마가복음 10:45에서 표현된 대로 "대리와 구속의 의미에서 다른 이들을 위해 자발적으로 목숨을 포기"하고 "다른 사람을 섬기기 위해 고난을 당하고 죽기까지 한다는" 개념은 이사야 53:10~12의 본질적인 내용이며, 이 이사야 구절, 나아가 전체 장(53장)과도 조화를 이룬다고 우리는 말할 수 있다.[103] 마가복음 10:45가 "한 단어 한 단어 정확하게 재현한 것은 아닐지라도, 그의 '생명이 속건제'(사 53:10)이며 '많은 사람을 의롭게 하고, … 그들의 죄악을 담당할' 이사야의 주의 종의 정신을 반향시키고 있다"는 에드워즈의 말은 옳아 보인다.[104] 파머(Farmer)는 언어적 유사성만으로는 암시를 분명하게 확정할 만큼 강하지 않음을 인정하면서도 개념적인 유사성에 대해 견고한 주장을 내세운다. "이스라엘의 삶과 믿음에서 이사야 53장 밖에서는 어느 곳에서

---

[102] France, *Jesus and the Old Testament*, 120. 또한 프랜스가 이 경우에서 "축어적 반향"에 대해 말한 것(*Mark*, 420)과 에반스가 "마가복음 10:45는 이사야 52:13~53:12의 어느 부분도 번역한 것이 아니며… 종의 임무를 요약한 것"이라고 한 것을 보라(*Mark 8:27~16:20*, 121). 또한 Davies and Allison, *Matthew*, 3:96을 보라. 예수(그리고 마가)가 인식한 것은 대리적 고난과 죽음이 가진 속죄의 능력에 대한 본문들, 인상적인 단어나 구, 그의 당시의 문학적, 문화적 규약들, 그리고 해석적 전통들로 구성된 간본문성의 그물망 안에 있었던 것으로 보인다. 그 핵심 중 하나는 이사야 53장이다. 따라서 우리는 마가복음 10:45에서 이사야 53장에 대한 언어적, 개념적 반향을 들을 수 있다. 근거가 된 본문은 아마도 셈어(히브리어/아람어)와 헬라어(칠십인역) 둘 다 일 것이다.

[103] France, *Jesus and the Old Testament*, 119; Lane, *Mark*, 383~84; Edwards, *Mark*, 327. 마커스는 "마가복음 10:45와 14:24는 이사야 53장에 대한 암시를 통하여 예수의 죽음이 가진 속죄의 가치를 암시한다"고 주장한다 (Joel Marcus, *The Way of the Lord: Christological Exegesis of the Old Testament in the Gospel of Mark* [Louisville, KY: Westminster, 1992; reprint, *Studies of the New Testament and its World*, ed. John Riches (Edinburgh: T & T Clark, 1993)], 195 [또한 185, 187]).

[104] Edwards, *Mark*, 327.

도 '많은 사람'을 유익하게 하는 구속의 행위 가운데 자신의 생명을 내어 놓는 구세주의 모습에 대한 언급을 발견할 수 없다. 핵심적인 동일성은 아닐지라도, 개념적인 유사성은 분명해 보인다. 종합하면, 개념적인 유사성과 언어적인 일치는 어떤 종류의 연결을 가리킨다."105 언어적 연결과 개념적 연결에 대한 프랜스의 요약은 적절하다. "이러한 누적된 이사야 53:10~12의 축어적 반향은 그 자체로 강력하며, 53장 전체의 취지가 종을 자기 백성의 구속을 위하여 [자발적으로] 고난 받고 죽임을 당하는, 목숨이 그들의 죄에 대한 대체물로 드려지는 자로 나타내는 것이라는 것이 깨달아질 때 그것은 더욱 그렇다. 명백한 축어적 반향을 제쳐놓고, δοῦναι τὴν ψυχὴν αὐτοῦ λύτρον ἀντὶ πολλῶν의 절보다 이 개념에 대한 보다 적절한 요약을 작성하는 것은 쉬운 일이 아닐 것이다."106

앞의 비평과 주장에 근거하여 우리는 마가복음 10:45에서 이사야 53장에 대한 암시가 있으며, 이사야의 종의 노래는 마가의 구절 이면에 있는 영향들 중의 하나라고 결론내릴 수 있다. "예수의 죽음이라는 벽화는 구약의 약속으로부터 차용한 빛깔로 그려져 있으며," 그것에는 "고난 받는 의로운 자와 고난 받는 종과 연관된 해석의 전통들"도 포함된다.107 에반스는 "다른 이들을 위한 속죄나 유익을 제공하는 한 인간의 죽음이나 고난에 대한 개념을 품고 있는, 기독교 이전의" 구약과 제2성전기 유대주의 문학으로부터 일부 구절들을 적절하게 추적한다.108 이 구절들은 필자가 앞 장에서

---

105 William R. Farmer, "Reflection on Isaiah 53 and Christian Origins," in *Jesus and the Suffering Servant: Isaiah 53 and Christian Origins*, ed. William H. Bellinger Jr. and William R. Farmer [Harrisburg, PA: Trinity Press International, 1998], 263.

106 France, *Mark*, 420~21(괄호 안의 말은 필자가 추가).

107 Paul J. Achtemeier, Joel B. Green, and Marianne Meye Thompson, *Introducing the New Testament: Its Literature and Theology* (Grand Rapids: Eerdmans, 2001), 138.

108 Evans, *Mark 8:27~16:20*, 122. 이 구절들의 일부는 앞 장에서 이미 검토되었다. 에반스는 11QtgJob 38.2~3 [Job 42:9]; Prayer of Azariah 3:38~40[NRSV, 3:15~17]; *T. Benj.* 3:8와 L.A.E. 3:1을 추가한다.

보여주려고 했던 대로 이사야 53장과 이사야의 시를 앞서는 일부 구약 구절(예를 들어, 모세, 시편의 고난 받는 의로운 자)의 영향사를 드러낸다. 에반스는 또한 이사야 43:3~4와 다니엘 7장에 대한 개연성 있는 두 암시들을 보여준다. 후자의 연결은 ὁ υἱὸς τοῦ ἀνθρώπου와[109] διακονηθῆναι(참고. 단 7:14의 λατρεύουσα[칠십인역]와 δουλεύσουσιν[Theodotion])의[110] 축어적 연결과 개념적 연결을 고려할 때 개연성이 있으며, 그리하여 전자에 대해서도 "어휘의 집중과 주제의 통일(정확한 것이 아닌 것은 인정할 필요가 있지만)을 가정하면, 이사야 43:3~4는 **예수의 말이 형성되는 근원이 되었던 모체(matrix)**에 공헌하였을 개연성이 있다."[111] 이 모든 요소들은 "이사야로부터 온 근원적인 요소들과 필연적으로 맞서거나 모순되지 않으며" 이들 "성경적 전통들은… 서로를 보완한다."[112]

마가 구절에서의 이사야 53:10, 12의 이러한 사용은[113] 당대의 예언적 성취(혹은 전형적-예언적),[114] 그리고 종의 정신에 대한 도덕적 권면

---

109 에반스가 주장하듯이 "예수가 자신의 메시아적 자기 이해는 이 신비스러운 하늘의 인물을 통해서도 정보를 얻었다"(*Mark 8:27~16:20*, 123).

110 데이비스와 앨리슨은 마가복음 10:45의 평행 구절(마 20:28)에 대해 설명하는 가운데 이렇게 말한다, "다니엘 7장은 무시되지 않는다. 오히려 그것은 또 다른 구절과의 연합을 통하여 창의적으로 재해석된다"(*Matthew*, 3:97). 그들은 계속해서 다니엘 7장의 인물과 이사야 53장의 종이 「에녹 1서」 37~71에서 연합된다고 주장한다. 이것은 본 연구의 앞 장에서 보여준 것과 같다.

111 Evans, *Mark 8:27~16:20*, 123(필자 강조). 또한 Stuhlmacher, "Jes 53 in den Evangelien und in der Apostelgeschichte," 96을 보라. 또한 Betz, "Jesus and Isaiah 53," 83~84를 보라.

112 이 단어들은 에반스에게서 빌려온 것들이다(*Mark 8:27~16:20*, 123).

113 마가복음 10:45에서 이사야 53장에 대한 암시가 있다는 것과 이사야의 구절을 사용하고 있다는 것을 확인하는 과정에서 언급된 말들은 마태복음 20:28에서의 이사야 53:10, 12의 사용에 대해 비슷하게 적용될 수 있다.

114 도드의 논제(그의 책 C. H. Dodd, *According to the Scriptures: The Sub-Structure of New Testament Theology* [New York: Scribner's Sons, 1953]에서 발견되는)에 동의하는 가운데, 마가복음 10:45에서의 구약의 사용에서 작용한다고 생각되는 해석학은 구약 전체가 예수의 삶, 사역, 죽음에 적용된다고 보는 가운데 몇몇 핵심 본문에 집중하며(예를 들어 사 53장) 어떤 중요한 해석

을 위한 모범으로서의 구약 구절의 모범적인 전유(appropriation)로 분류될 수 있다.115 그것은 또한 교리적인 사용(기독론적)인데,116 여기서 예수는 자신의 고난과 죽음의 의미를 설명하고 있기 때문이다. 그것은 암시적이며 아마도 칠십인역과 MT 모두에 근거하고 있다.

적 전통을 이어받는(하지만 언어와 개념은 주로 이사야 53장에서 온 것임) 해석학이다. 이러한 맥락에서 그러한 용법은 예언적인 성취일 수 있지만 또한 "전형적-예언적"이라 할 수 있다. 의로운 자의 고난과 그것이 가진 속죄의 효과라는 패턴이 성경적 전통에서 반복되기 때문이다.

덧붙여 다음의 에드워즈의 말은 옳을 수 있다. "45절의 생각은 실제로 이사야의 주의 종과 관련된 가르침을 넘어선다. 예수는 수동적인(그리고 아마도 알지 못하는) 야웨의 도구가 아니기 때문이다"(*Mark*, 327~28). 또한 마가복음 10:45에서 암시된 이사야의 전통이 의미하는 것은 그것의 저자의 역사적 관점에서 원래 의도되었던 것으로부터 확장-그것이 의미론적 한계를 넘지 않고-되었을 것이며 그래서 예수의 고난과 죽음에 적용될 수 있었다. 이러한 측면에서 10:45에서의 마가의 이사야 53장의 사용은 또한 **미드라쉬적**이라고 할 수 있다.

115 프랜스는 이 점을 잘 강조한다. "하지만 우리는 이 결정적인 구절이 구원론적으로 아무리 중요한 의미를 가진다고 할지라도 그것은 문맥상 예수의 제자들이 따를 **모델로서** 나타난다는 것을 잊지 말아야 한다. 그것은 그들이 재생산하도록 기대되는 것은 λύτρον ἀντὶ πολλῶν이 아니다. 그것은 예수의 독특한 임무였다. 하지만 봉사와 자기희생의 정신, πολλοί의 필요에 우선순위를 두는 것은 모든 제자들을 위한 것이다. 그들 또한 섬김을 받기보다 섬겨야 하며, 그들 중 일부는 야고보와 요한처럼 자신들의 생명을 포기하도록 부름 받게 될 수 있다"(*Mark*, 421; 필자 강조). 또한 Lane, *Mark*, 385를 보라.

116 프랜스는 예수의 의식 속에 있었던 이사야의 종의 개념과 역할의 중요성을 다시 한 번 적절하게 강조한다. "종의 구속적 역할이 생각 속에 있지 않았음을 가리키기보다 (예수가 암시하는 것은 구체적으로 이사야 53장의 구속의 측면이기 때문에) 위대함의 진정한 특성에 대한 예화로서 암시가 거의 우발적으로 일어난다는 사실은 그가 그러한 역할을 자기 것으로 삼은 것이 얼마나 깊이 그의 생각 속에 스며들어 있었는지 실제로 보여주는 증거이다. 그렇기 때문에 그것은 우연한 예화에서도 나타난다"(*Jesus and the Old Testament*, 121). 쿨만의 표현대로, "그것은 마치 예수가 '인자가 *ebed Yahweh*의 임무를 성취하기 위해 왔다'고 말했던 것과 같다"(Oscar Cullmann, *The Christology of the New Testament*, trans. Shirley C. Guthrie and Charles A. M. Hall, rev. ed., The New Testament Library, ed. Alan Richardson, C. F. D. Moule and Floyd V. Filson [Philadelphia: Westminster, 1963], 65).

보록 1: 베드로전서 2:25에 암시의 시험적 사례[117]

성경적 암시에 대한 흥미로운 시험적 사례는 앞에서 이미 논의된 베드로전서 2:25이다. 이사야 53장으로부터의 분명한 인용이 존재한다는 사실에 근거하여 우리는 이 구절에 이사야의 네 번째 종의 노래에 대한 암시가 존재한다는 사실을 확증할 것이다.

MT	칠십인역	신약
사 53:6 כֻּלָּנוּ כַּצֹּאן תָּעִינוּ אִישׁ לְדַרְכּוֹ פָּנִינוּ וַיהוָה הִפְגִּיעַ בּוֹ אֵת עֲוֺן כֻּלָּנוּ	사 53:6 πάντες ὡς πρόβατα ἐπλανήθημεν ἄνθρωπος τῇ ὁδῷ αὐτοῦ ἐπλανήθη καὶ κύριος παρέδωκεν αὐτὸν ταῖς ἁμαρτίαις ἡμῶν	벧전 2:25 ἦτε γὰρ ὡς πρόβατα πλανώμενοι, ἀλλ' ἐπεστράφητε νῦν ἐπὶ τὸν ποιμένα καὶ ἐπίσκοπον τῶν ψυχῶν ὑμῶν

후커와 바렛의 엄격한 기준을 따르는 가운데 베드로전서 2:25를 주

---

[117] 또 다른 흥미로운 경우는 와츠에 의해 제안되는데 그것은 마가복음 3:27(그리고 눅 11:21, 22)에 이사야 49:24에 대한 암시이다(Rikki E. Watts, "Jesus' Death, Isaiah 53, and Mark 10:45: *A Crux Revisited*," in *Jesus and the Suffering Servant: Isaiah 53 and Christian Origins*, ed. William H. Bellinger Jr. and William R. Farmer [Harrisburg, PA: Trinity Press International, 1998], 127). 후커를 포함한 많은 주석가는 여기서 그러한 암시를 본다. 이 경우 "개념적인 평행이 두 구절 모두에서 충분히 강하고 독특하다고 생각되기 때문에 직접적인 언어적 평행의 부재는 암시가 없다고 판정할 충분한 근거로 생각되지 않는다. 이것이 중요한 것은 바렛과 후커가 마가복음 10:45에서의 이사야 53장의 암시를 반박하는 자신들의 논증을 기본적으로 분명한 축어적 평행의 부재에 근거하고 있기 때문이다"(127쪽). 칠십인역과 마가가 "강한 자"에 대해 다른 단어들을 사용하는 이유에 대해 와츠는 의미론적 변화라는 현상을 제안한다.
또 다른 흥미로운 경우는 "새 언약"에 대한 것이다. 신약에서는(히브리서를 제외하고) "새 언약"에 관한 구약의 구절을 직접적으로 인용하는 경우가 없다. 이것을 근거로 우리는 예수가 구약의 새 언약의 구절을 알지 못했다고 말할 수 있는가?

변의 구절들과 분리하여 본다면, 베드로가 여기서 이사야의 구절에 의존하고 있다는 것이 그렇게 분명하지 않다. 우리가 개념적 연결이나 동족 단어의 연결(같은 어근을 가진)을 인정하지 않는다면, 두 구절 사이의 직접적인 연결은 "양 같이"(ὡς πρόβατα)라는 표현 하나뿐이다. 하지만 이러한 표현은 어느 곳에서든 올 수 있는데, 그것을 이미지로 사용하는 성경 구절이 많기 때문이다(예. 대하 18:16; 시 119:176; 슥 10:2). 따라서 이 표현(베드로전서 당시의 관용구적인 표현일 수도 있는)이 어디서 온 것인지 누가 알겠는가? 하지만 우리가 앞에서 이미 보았듯이 이사야의 구절(53:6)이 베드로전서 2:25에서 암시되고 있는 것이 분명한데, 이는 또 다른 연결(동족어 동사들)이 있기 때문이다. 이러한 사실은 문맥에 의해서도 강화된다. 베드로는 베드로전서 2:22~24에서 네 번째 종의 노래를 인용하고 있는 것이다! 그것은 마가복음 10:45와 누가복음 22:27, 37과 같은 경우이다. 후커와 바렛이 자신들의 엄격하고 원자론적인 접근 방식에 근거하여 마가복음 10:45와 이사야 53장 사이에 암시나 인용을 인정할 수 없을지라도, 우리는 그러한 암시를 볼 수 있다. 앞에서 말한 대로 몇몇 언어적 연결이 있으며, 마가복음과 누가복음의 문맥 둘 다 마가복음 10:45의 원래성(authenticity)과 이곳에서의 암시의 가능성을 지지하기 때문이다.118

요약하면, 후커의 접근은 "과학적이거나 학문적"이라기보다는 너무 협소하고 문맥을 무시하는 것이다. 와츠의 말이 옳다. "그들의 연구는 말들을 조각으로 나누는 방식으로 다루며, 언어적 평행을 고립적으로 취급하고, 일반적으로 전체는 부분들보다 크다는 사실을 다양한 수준으로 고려하지 않는다는 비판을 받았다."119

---

118 누가의 문맥에 대해 Hooker, *Mark*, 251을 보라. 또한 마가의 문맥에 주의하라. 10:45는 예수가 자신의 고난과 죽음에 대해 구체적으로 예견한 사건 바로 뒤에(또한 일반적으로 이사야의 종의 구절과 연결된 것으로 보이는 눅 22:26, 46의 연관된 구절을 보라), 그리고 그가 메시아로서, 외견상 축제의 분위기 가운데, 하지만 실제로 임박한 고난과 죽음을 위하여 예루살렘으로 들어가는 사건 바로 전에 위치한다.

119 Watts, "Jesus' Death, Isaiah 53, and Mark 10:45: *A Crux*

후커(그리고 다른 이들)의 접근은 예수 당시의 세계의 사회적-문학적 문화보다 근대적 사고 패턴("과학적"이라는 이름으로)과 서구적 문화의 기준("학문적"이라는 이름으로)에 근거하고 있다. 이러한 맥락에서 라이트의 말이 옳다, "제2성전기 유대주의 작가들은 의도적으로 단어나 구로 이야기의 세계를 만들어냄으로써 상당히 많은 성경 본문을 암시하였을 가능성이 매우 높다."[120] 우리는 성경적 암시들과 간본문성의 문제를 고대 유대주의와 초대 기독교에 이질적이지 않은 문학적, 지적 관습들이나 문맥을 고려하여 접근할 필요가 있다.[121]

Revisited," 126.

[120] Wright, *Jesus and the Victory of God*, 584.

[121] R. W. Wall, "Intertextuality, Biblical," in *DNTB*, 541~51과 이 논문의 끝에 있는 문헌 목록을 참조하라. 또한 최근 구약 내에서의 "암시"와 "간본문성"에 관한 책들이 발행되었다. Fishbane, *Biblical Interpretation in Ancient Israel*; Benjamin D. Sommer, *A Prophet Reads Scripture: Allusion in Isaiah 40~66*, Contraversions: Jews and Other Differences, ed. Daniel Boyarin and Chana Kronfeld (Stanford: Stanford University Press, 1998); Patricia Tull Willey, *Remember the Former Things: The Recollection of Previous Texts in Second Isaiah*, SBLDS, ed. Michael V. Fox and E. Elizabeth Johnson, vol. 161 (Atlanta: Scholars, 1997); Danna Nolan Fewell, ed., *Reading between Texts: Intertextuality and the Hebrew Bible*, Literary Currents in Biblical Interpretation, ed. Danna Nolan Fewell and David M. Gunn (Louisville: KY: Westminster, 1992) 등이다. 미드라쉬의 자료에서의 암시와 간본문성에 대해 보야린의 책을 참고하라(Daniel Boyarin, *Intertextuality and the Reading of Midrash*, Indiana Studies in Biblical Literature, ed. Herbert Marks and Robert Polzin [Bloomington and Indianapolis, IN: Indiana University Press, 1990]). 또한 바울의 성경적 암시의 사용에 대해 헤이즈의 책을 보라(Richard B. Hays, *Echoes of Scripture in the Letters of Paul* [New Haven: Yale University Press, 1989]).

마가복음 9:12b에서 예수의 이사야 53:3 사용

MT	칠십인역	신약
사 53:3	사 53:3 ἀλλὰ τὸ εἶδος αὐτοῦ ἄτιμον ἐκλεῖπον παρὰ πάντας **ἀνθρώπους** ἄνθρωπος ἐν πληγῇ ὢν καὶ εἰδὼς φέρειν μαλακίαν ὅτι ἀπέστραπται τὸ πρόσωπον αὐτοῦ ἠτιμάσθη καὶ οὐκ ἐλογίσθη	막 9:12 ὁ δὲ ἔφη αὐτοῖς· Ἠλίας μὲν ἐλθὼν πρῶτον ἀποκαθιστάνει πάντα· καὶ πῶς γέγραπται ἐπὶ τὸν υἱὸν τοῦ ἀνθρώπου ἵνα **πολλὰ πάθῃ καὶ ἐξουδενηθῇ**;
נִבְזֶה וַחֲדַל אִישִׁים		
אִישׁ מַכְאֹבוֹת		
וִידוּעַ חֹלִי		
וּכְמַסְתֵּר פָּנִים מִמֶּנּוּ		
נִבְזֶה וְלֹא חֲשַׁבְנֻהוּ		

후커는 마가복음 9:12b의 개연성 있는 배경으로 다니엘 7장을 염두에 두고 있다.122 하지만 "인자"라는 단어를 제외하고 두 구절 사이에 언어적인 연결은 없으며, 다니엘 7장의 인자가 고난을 당하지 않기 때문에 개념적인 연결도 존재하지 않는다.123 크랜필드는 여기서 이사야의 종의 구절에 대한 암시를 본다.

> Symmachus와 Theodotion은 이사야 49:7의 *bāzāh*('멸시하다')를 번역하기 위하여 그것[ἐξουδ(θ)ενε(ο)ω]을 사용하며, Symmachus는 이사야 53:3에서 같은 동사를 번역하기 위하여 그것을 두 번 사용한다 (Aquila와 Theodotion이 그것을 한 번 사용하는 반면에). 이것은 그것 [마가복음 9:12] 이면에 이사야의 종에 대한 가리킴이 놓여있을 가능성을 암시한다.124

---

122 Hooker, *Mark*, 220.
123 다니엘 7장에서 인자의 고난이 표현되거나 암시되고 있을 가능성은 희박하다.
124 Cranfield, *Mark*, 298. 건드리는 이 증거들을 무시한다. 그들이 기독교

가장 개연성 있는 상황은 마가의 번역이 이사야 53장의 히브리어 본문에 기초하고 있다는 것이다.125 마가는 "9:12를 직접 인용으로 간주하지 않으며, 그리하여 그것이 특정 칠십인역의 본문을 따르도록 하려는 충동을 느끼지 않았을 것"으로 보인다.126 이사야 53장을 포함하여 몇몇 경우 칠십인역 특유의 번역의 경향을 고려하고, 일부 단어들의 의미의 영역들을 변화시키는 가운데,127 마가는 당시의 어휘군으로부터 선택된 적절한 헬라어 단어들을 사용하고 있는 것으로 보이는데, 이는 세 헬라어 역본들의 증거에 의해 강화된다. πάσχω 또한 이사야의 칠십인역 번역본의 시대부터 신약의 때까지 의미적 변화를 경험했던 것으로 보인다. 이 단어는 칠십인역에서 드물게 사용되며,128 그리하여 히브리 단어

이전의 시대에 속한다고 생각하지 않기 때문이다. 하지만 그들은 분명 "의미론적인 변화의 경로에 대한 중요한 지표들을 제공한다"(Watts, "Mark 10:45," 132). 또한 E. Earle Ellis, *Prophecy and Hermeneutic in Early Christianity*, WUNT, ed. David Hellholm, vol. 18 (Tübingen: Mohr, 1978; reprint, Grand Rapids: Baker, 1993), 207을 보라. 그는 이 번역본들 가운데 이사야 53:3에 대한 암시를 본다(Aq., Sym., and Theod.).

125 와츠가 지적하는 대로 마가는 보통 칠십인역을 사용하지만 어떤 경우는 히브리어 본문을 인용한다(예. 막 1:2f., 4:12 등; Watts, "Mark 10:45," 132).

126 Watts, "Mark 10:45," 132.

127 와츠는 중요한 사실을 지적한다. "여기서 요점은, 단순히 이사야의 칠십인역을 참고하는 것은, 그 책에서 분명한 색다른 번역의 경향을 고려하지 못하거나, 의미론적인 변화의 효과를 무시함으로써 이전에 칠십인역이 선택했던 단어가 1세기에는 더 이상 정당한 선택이 되지 못할 수 있다는 사실을 간과한다는 것이다"(Watts, "Mark 10:45," 127). 이것은 세 헬라어 번역본들 모두 칠십인역의 단어를 거부하고 마가가 사용하는 것과 같은 ἐξουδενέω라는 단어를 사용한다는 사실에 의해 강화된다.

대부분의 학자들은 칠십인역이 주전 3세기부터 번역되기 시작하여 주전 2세기 말경에(혹은 늦어도 주전 1세기 초반에) 완성되었다는 견해를 받아들인다. 이사야는 칠십인역의 성경의 책들 가운데 초기의 번역들(아마도 알렉산드리아에서 진행된)에 속한다. Julio Trebolle Barrera, *The Jewish Bible and the Christian Bible: An Introduction to the History of the Bible*, trans. Wilfred G. E. Watson (Leiden: Brill, 1998), 303~304와 Melvin K. H. Peters, "Septuagint," in *ABD*, 5: 1094를 보라.

חלה에 대해서 다른 헬라어 단어들이 사용된다. 하지만 신약 시대에 이르러 πάσχω가 당시에 חלה에 상당하는 헬라어 단어가 되었으며, 그리하여 그것이 마가복음 9:12에서 사용될 수 있었다 – Aquila, Summachus, Theodotion 같은 다른 헬라어 번역본들은 이사야 53장의 חלה에 대해 πάσχω에 상당하는 다른 단어들을 사용하였지만. 와츠의 결론은 적절하다. "만일 πολλὰ πάθη가 특정 구약 본문을 떠올리도록 의도되고 있다면 이사야 53장이 주된 후보가 될 수 없다고 보기는 어렵다."129

엘리야가 두 번째 거부되고 고난당한 것에 대해 후커는 훌륭한 설명을 제공한다. "가장 가능성 있는 설명은 그것이 열왕기상 19:1~3에서 언급된, 엘리야의 생명을 빼앗고자 하는 기도를 가리킨다는 것이다; 헤로디아는 이세벨이 첫 번째 엘리야에게 하려고 했던 것을 두 번째 엘리야에게 성공적으로 행하였다."130 덧붙여, 말라기 4:5, 6과 3:1이 마가복음 9:12a의 이면에 놓여있다. 그리하여 두 번째 엘리야인 침례 요한은 메시아 예수가 온 것에 대해서 뿐 아니라 그가 거절을 당하고 고난 받은 것에 대해서도 선구자/예고자가 되었다(참고. 막 9:13). 엘리야를 통해 미리 예시된 이러한 거절과 고난의 패턴은 요한과 예수에게서도 반복되기로 되어 있다. 마가복음 9:12b에서의 이사야 53장의 사용은 신약에서 구약이 **전형적이며 암시적으로 사용되는** 예를 보여준다. 그것은 또한 일부 구약 구절들의 조합, 그것들에 대한 암시적인 인용, 여러 인물, 이미지, 사건들의 혼합에 의해 예시되는, 구약과 신약 사이의 **간본문적 세계의 복잡한 특성**을 보여준다.131 이것이 예수가 그 안

---

128 그것은 단지 다섯 번(스 16:5; 암 6:6; 슥 11:5; 더 9:26; 단 11:17) 사용된다(Lust, 361).

129 Watts, "Mark 10:45," 133. 그가 다른 구절들을 거부하는 것 또한 "히브리어, 칠십인역, 혹은 다른 헬라어 번역본 어느 것이든, 시편이나 다니엘 7장 어느 것에도, חלה나 그것에 대응되는 헬라어 단어와 관련된 동사적, 혹은 명사적 형태가 발견되지 않는다"는 사실에 근거한다(133쪽).

130 Hooker, *Mark*, 220~21.

131 예를 들어, 프랜스는 마가복음 9:12b의 배경이 되는 본문으로 시편

에서 살았던 문학적 개념적 세계이다.

마가복음 14:24,[132] 마태복음 26:28, 누가복음 22:20에서 예수의 이사야 53:12 사용

MT	칠십인역	신약 1
사 53:12	사 53:12 διὰ τοῦτο αὐτὸς κληρονομήσει πολλοὺς καὶ τῶν ἰσχυρῶν μεριεῖ σκῦλα ἀνθ᾽ ὧν παρεδόθη εἰς θάνατον ἡ ψυχὴ αὐτοῦ	
לָכֵן אֲחַלֶּק־לוֹ בָרַבִּים וְאֶת־עֲצוּמִים יְחַלֵּק שָׁלָל		
אֲשֶׁר הֶעֱרָה לַמָּוֶת נַפְשׁוֹ וְאֶת־פֹּשְׁעִים נִמְנָה וְהוּא חֵטְא־רַבִּים נָשָׂא וְלַפֹּשְׁעִים יַפְגִּיעַ	καὶ ἐν τοῖς ἀνόμοις ἐλογίσθη καὶ αὐτὸς **ἁμαρτίας πολλῶν** ἀνήνεγκεν καὶ διὰ τὰς **ἁμαρτίας** αὐτῶν παρεδόθη	마 26:28 τοῦτο γάρ ἐστιν τὸ αἷμά μου τῆς διαθήκης τὸ **περὶ πολλῶν** ἐκχυννόμενον εἰς ἄφεσιν **ἁμαρτιῶν**.

118:22와 이사야 53:3을 생각하고 있다(*Mark*, 360).

132 에반스는 마가복음 14:24의 신빙성을 확정하는 것으로 보인다(Evans, *Mark 8:27~16:20*, 385~86). 실제로 마가복음 14:24, 마태복음 26:28, 누가복음 22:20의 중심부(그러한 전통이 전달되는 여러 노선들[예를 들어, 마가~마태/누가-바울의 두 노선]이 있었을 가능성에도 불구하고)는 이어지는 분석에서 보여주는 대로 마지막 만찬의 식탁에서 역사적 예수가 언급했던 말에 속한다.

133 A(알렉산드리아 사본)와 비잔틴 본문 전통에 속하는 많은 사본에서 "새로운"이라는 단어의 추가(τὸ καινῆς διαθήκης)는 누가복음 22:20, 고린도전서 11:25와 다른 것들의 언어의 영향을 반영하는 것으로 보인다. 지금의 본문은

신약 2

막 14:24 καὶ εἶπεν αὐτοῖς·

τοῦτό ἐστιν τὸ αἷμά μου τῆς διαθήκης133 τὸ **ἐκχυννόμενον** ὑπὲρ πολλῶν.

신약 3

눅 22:20 καὶ τὸ ποτήριον ὡσαύτως μετὰ τὸ δειπνῆσαι, λέγων·

τοῦτο τὸ ποτήριον ἡ **καινὴ** διαθήκη ἐν τῷ αἵματί μου τὸ **ὑπὲρ ὑμῶν** **ἐκχυννόμενον**

마태복음 26:28, 마가복음 14:24, 누가복음 22:20에 구약의 구절들에 대한 여러 암시들이 있는 것으로 보인다. 첫째로, 칠십인역의 출애굽기 24:8에 대한 암시가 있다. "모세가 그 피를 가지고 백성에게 뿌리며 이르되 '여호와께서 이 모든 말씀에 따라 너희와 세우셨던 **언약의 피**(τὸ αἷμα τῆς διαθήκης)를 보라'"(NRSV, 필자 강조).134 출애굽기 24:8의 언

증거 자료가 많으며(ℵ B C D L Θ Ψ 등) 유지될 필요가 있다.

134 린다스는 여기서 암시된 구절이 출애굽기 24:8라기보다는 스가랴 9:11 이라고 생각한다. 전자의 경우 예표론적/전형적 석의가 가정되어야 하는데, 그의 생각에 그러한 석의가 사용되기에는 너무 이르다는 것이다(*New Testament Apologetic*, 132~33). 하지만 카슨(그리고 무)이 지적하는 대로 쿰란 문서와 묵시 문학에서 예표론(typology)이 이미 광범위하게 사용되고 있다(D. A. Carson, "Matthew," in *The Expositor's Bible Commentary*, ed. Frank E. Gaebelein, vol. 8

약의 식사(covenant meal)의 문맥은 또한 일종의 언약의 식사인 마태의 구절과 밀접하게 연결되어 있다. 스가랴 9:11("내 언약의 피," NRSV) 또한 여기서 암시된다. 몇 절 뒤의 스가랴 13:7에 대한 인용(막 14:27)은 이러한 암시의 개연성을 크게 높인다.135 이 논문의 앞의 장에서 보여준 대로 스가랴는 종의 구절의 영향을 반영한다. 마커스(Marcus)는 스가랴 9:9~13, 11:4~17, 12:10~13:1, 13:7~9 모두 "백성들의 지도자의 고난을 암시하고 있으며 이사야의 주의 종의 인물에 의해 영향을 받았던 것으로 보인다"고 그럴 듯하게 주장한다.136 에반스는 또 다른 흥미로운 요점으로 관심을 돌린다. "스가랴 9:11의 아람어 의역, '**피에 의해 언약을 맺은 너 또한 내가 애굽의 속박으로부터 구원하였다; 나는 물도 없는 빈 구덩이 같은 황량한 광야에서 너의 필요를 공급했다**'(강조된 부분은 히브리어 본문에서 벗어남)는 출애굽 사건을 암시하는 것으로서 왜 이러한 성경 구절 집합체가 유월절 시기에 인용되었는지를 설명할 수 있다. …"137 게다가 데이비스와 앨리슨이 지적하듯이 ἐκχυννόμενον은 "폭력에 의한 죽음을 내포하며, 유월절과 관련하여 죽임을 당하는 유월절 어린 양을 떠올리는 희생제사적 단어"이다.138

둘째로, 마태복음 26:28에서 예레미야 31:34 또한 암시되었던 것으로 보인다. εἰς ἄφεσιν ἁμαρτιῶν("죄 사함을 위하여")은 예레미야 31:34(MT)에 대한 암시이다("내가 그들의 죄악을 사하고[סלח] 그들의 죄

[Grand Rapids: Zondervan, 1984], 537; France, *Jesus and the Old Testament*, 66). 또한 마태복음 26:28과 출애굽기 24:8 사이에 언어적 유사성이 크다.

건드리는 MT의 הנה(출 24:8, "보라")와 Syriac הנה("이것")가 밀접한 유사성을 가진다는 것과 구약의 페쉬타, 탈굼 요나단, 그리고 탈굼 온켈로스가 신약과 마찬가지로 지시 대명사를 가진다는 것을 근거로 신약의 암시가 구약의 페쉬타(Peshitta)와 탈굼과의 접촉을 보여줄 가능성이 있다고 제안한다(*OT in Matthew's Gospel*, 58). 이것은 흥미로운 제안이며 가능성이 있다.

135 Marcus, *The Way of the Lord*, 161~63.
136 Marcus, *The Way of the Lord*, 162.
137 Evans, *Mark 8:27~16:20*, 393~94.
138 Davies and Allison, *Matthew*, 3:474.

[הזאת]를 더 이상 기억하지 아니하리라," NRSV). 이러한 암시는 누가복음 22:20에서 καινή("새로운")라는 단어의 존재에 의해 강화된다(διαθήκη [언약] 앞에). 다수의 학자들을 따라 마가복음 우선설을 받아들인다면,139 마가복음 14:24에서 예레미야 31장의 새 언약이 암시되고 있는지는 그리 분명하지 않다. 그럼에도 불구하고 여기에 예레미야의 새 언약이 암시되고 있을 가능성이 있는 것으로 보인다. 첫째, 예레미야의 새 언약이 옛 출애굽 시대의 옛 언약과 대조되고 비교되는 가운데 설명되고 있는데, 이는 마가복음의 구절에서 묘사되는 그림과 같다(예수는 유월절 식사에서 새 언약을 세우려고 하고 있다). 둘째, 마가복음의 구절에서와 같이 예레미야 31장의 새 언약의 기능을 통하여 하나님의 **새 언약의 백성**이 생겨날 것이다(예수의 피의 언약을 통하여). 셋째, 콜(Cole)의 주장처럼, 마가복음에서 예수에 의해 세워질 언약은 출애굽 때의 옛 언약과 다르다—그것이 후자와 비교되고, 그 이미지가 후자의 이미지에 기초하고 있으며, 그리하여 예수의 피의 언약이 어쨌든 새 언약이기는 하지만.140 따라서 언어적인 통일이 그렇게 강하지 않음에도 불구하고(오직 διαθήκη), 개념적이며 신학적인 연결은 마가복음 14:24에서도 예레미야 31장의 새 언약을 떠올릴 만큼 충분히 강한 것으로 보인다.141 그리하여 "예수는 자신이 소개하고 있는 언약이 예레미야의 예언의 성취이며 시내 산 언약의 대형(antitype)라고 이해하고 있는 것으로… 보인다."142

셋째로, 세 구절 모두에서 이사야 53:12 또한 암시되고 있다.143 아

---

139 이 문제는 너무 복잡한 것이므로 여기서 그것을 자세하게 다루지 않을 것이다.

140 R. Alan Cole, *The Gospel According to Mark: An Introduction and Commentary*, rev. ed., TNTC, ed. Leon Morris, vol. 2 (Grand Rapids: Eerdmans, 1989), 293. 그는 주장한다, "따라서 '새'라는 단어가 원문에서 이 구절에 속하든 그렇지 않든, 신학적으로 그것이 필요한 것은 분명하다"(293쪽).

141 Evans, *Mark 8:27~16:20*, 392; Lane, *Mark,* 507을 보라. 레인은 예레미야 31장에서 새 언약을 세우는 수단은 예수 자신의 희생의 피라는 것이 밝혀진다고 주장한다(392쪽).

142 Carson, "Matthew," 538.

143 비교 도표에서 알 수 있듯이 여기서 암시되는 것은 MT(혹은 아람어 번

래에서 보여주는 대로 마태복음 구절에서 그러한 암시는 마가복음에서 보다 더 분명히 인식될 가능성이 있지만, 마가복음에서도 이사야 53장의 영향이 추적될 수 있다. 마커스는 이것에 대해 변론한다. "… '많은 사람을 위하여 흘리는'(대체)은 이사야 53:12의 히브리어 본문의 영향을 받았던 것으로 보이는데, 거기서는 주의 종이 '자기 영혼을 쏟아 사망에 이르게' 하며 '많은 사람의 죄를 담당'한다고 되어 있다. '쏟음'과 '많은 사람'이라는 주제들의 결합은 ὑπέρ('~을 위한')라는 단어에 의해 표현되는 대체의 뉘앙스와 함께 이사야 53:12와의 연결을 공고히 한다."144 우리는 또한 마가복음과 이사야의 본문들이 문맥 안에서 개념적으로 연결되는 것을 볼 수 있다.145 출애굽기 24:8은 피의 언약에 대해 말한다. 그것은 언약을 비준하는 식사를 통하여 제정되었으며, 출애굽의 사건을 통하여 새롭게 구속된 집단으로서의 새로운 하나님의 언약 백성(이스라엘)을146 만들었던 언약이다. 마찬가지로 마가복음의 예수는 새 언약을 선포한다. 그것은 자신의 피를 통하여 유효하게 되었으며, 유월절 식사에서 확립되었다. 그것은 하나님의 새로운 백성들을 낳게 될 것인데, 그것은 바로 유대인들과 이방인들을 모두 포함하는 새

역본)의 이사야이다. Evans, *Mark 8:27~16:20*, 394와 Moo, *OT in Gospel Passion Narratives*, 132를 보라.

144 Marcus, *The Way of the Lord*, 187. 그의 의견에 동의하는 가운데 프랑스는 개념적 연결의 경우를 주장한다. "ὑπέρ(그리고 마태의 περί는 더욱 더)는 ἀντί처럼 그렇게 분명한 대체의 개념은 아니지만 그것은 종의 대리적 죽음에 대해 쓸 수 있는 아주 적절한 단어이다. 그리하여 그 단어뿐 아니라 마가복음 14:24에서 중심이 되는 '~을 위해 죽는 것'이라는 전체 개념은 종의 주제에 대한 암시가 거의 분명한 것이 되게 한다"(France, *Jesus and the Old Testament*, 122). 한편 무는 "ὑπέρ와 περί가 종종 신약에서 상호교환적으로 사용된다"는 사실을 강조한다(*OT in Gospel Passion Narratives*, 132).

145 계속되는 논증은 Rikki E. Watts, *Isaiah's New Exodus in Mark*, WUNT, ed. David Hellholm, vol. 88 (Tübingen: Mohr, 1997; reprint, Grand Rapids: Baker Academic, 2000), 351~62에 빚지고 있다.

146 "이스라엘의 열두 지파를 나타내는 열 두 돌기둥"(출 24:4, NRSV)은 마가복음 14:17에서 "열 두" 제자와 연결된다.

롭게 구성된 이스라엘이다. 유월절 식사의 문맥은 새로운 출애굽의 모티프를 상기시킨다. 같은 생각의 맥락에서 이사야의 종의 구절은 출애굽의 문맥에 위치하고 있다. 그것은 2장의 "넓은 문맥"의 부분에서 보여준 대로 야웨가 이스라엘의 구속자가 되시는 사건이다. 이사야의 새로운 출애굽은 새로운 하나님의 백성(이사야 53장 이후에 나타나며 이방인들을 포함하는 야웨의 "종들," 참고. 사 56:6), 나라들 가운데 하나님의 영광을 선포할(사 66:19) 제사장의 나라(사 61:6; 참고. 출 19:6)를 형성할 것이다. 이것은 백성들에게 언약이 되며 민족들에게 빛이 될(사 42, 49장) 고난 받는 종(사 50, 53장)의 사역과 죽음("많은 사람"을 위한)을 통하여 가능해질 것이다. 고난과 죽음을 통한 종의 사역의 결과는 이사야 55장의 새 언약에서 계시된다. 이 모든 것은 출애굽기, 이사야, 마가복음의 세 문맥에서의 패턴/전형과 개념적인 연결을 깨닫도록 이끈다. 이것은 마가복음 구절에서의 이사야의 종의 구절, 특별히 이사야 53장에 대한 암시를 확증한다.147 마가복음 14:25("그 날")에 의해 확정되는 종

---

147 예상대로, 후커는 두 가지 반대에 근거하여 암시의 경우에 대해 반박한다. "피를 쏟는 것"은 단순히 "살해"를 뜻하며, "많은 사람"에 대한 언급은 이사야 53에 대한 암시를 확정하기에 부족하다는 것이다(Hooker, *Jesus and the Servant*, 82). 그녀의 반대에 대해 와츠는 두 강력한 질문을 제기한다. 이사야의 새 출애굽에서의 종의 역할이라는 패러다임이 아닌 "다른 어떤 해석적 패러다임을 우리는 제안할 수 있는가?"(그는 후커도 제2이사야가 예수의 사역의 전체적인 배경이 되고 있음을 기꺼이 인정한다는 것을 지적한다), 그리고 그 '종'이 아니라면 "다른 어떤 이가 이사야의 새 출애굽의 지평에서 '많은 사람'의 유익을 위해 '죽으며' 하나님의 백성의 새로운 공동체가 시작되게' 하는가?"(*Isaiah's New Exodus in Mark*, 356~58). 우리가 "피를 쏟는 것"이 단순히 "살해"를 의미한다고 인정하더라도 그러한 표현은 여전히 "폭력에 의한 부당한 죽음과 연관되며(예. 왕하 21:16; 24:4; 시 13:3; 79:10; 잠 1:16; 6:17의 칠십인역)," 이러한 개념은 분명히 이사야 53장에 존재한다(356쪽). 후커의 주장은 인용과 암시에 대한 현대의 "과학적인" 접근을 선호하는 편견을 가지고 있지만, 그러는 동안 그녀는 자신이 고대의 간본문성의 언어적이며 문학적인 패턴에 무감각함을 보여준다. 예를 들어, 제2성전기 유대주의의 종말론적인 본문에서 발견되는 고도의 **암시적인 특성**과 구약의 이미지의 **복합적인 통합**에 주목하라(예. 「에녹 1서」 46:1~5[46:3의 "인자"]; 52:4[그의 "메시야"]; 62:1~15[62:1의 "택함 받은 자"와 62:5의 "인자"]; 63:11; 71:17[다니엘 7장의 "인자," 이사야 49장과 53장의 높임을 받은 종, "기름 부음 받은 자"의 이미지를 결합

말론적인 문맥은 제2성전기 유대주의에서 종종 종말론적인 문맥에서 이사야 53장을 사용하는, 동일한 특성과 조화된다.148 마지막으로, 앞에서 이사야 53장에 대한 암시가 입증되었던 마가복음 10:45, 그리고 마가복음 14:24는 "서로를 강화한다."149

마태복음의 구절에서 두 핵심 단어 "많은 사람"150와 "죄"는 이사야 53:12를 떠올리도록 이끈다. 덧붙여, 이사야 40~55장의 종은 두 번에 걸쳐 "백성의 언약"으로 불린다(사 42:6; 49:8). 이사야 40~55장의 문맥에서 종의 사역은 "파기된 언약을 다시 세우는 것"(새로운 방식으로)이

하는]; 다니엘 7:13과 이사야 11:4에 대한 암시를 포함하는 「에스라 4서」 13:3, 6, 10, 11). 이것은 또한 마가복음 14:24의 경우이다.

148 Marcus, *The Way of the Lord*, 190, 193. 챨스워스는 구약의 위경의 영향을 받은 "묵시론의 이상과 꿈에 의해 초기의 기독교가 형성되었다"고 주장한다(James H. Charlesworth, "Pseudepigrapha, OT," in *ABD*, 5:539). 또한 본 연구의 4장을 참고하라.

149 France, *Jesus and the Old Testament*, 122. 또한 H. E. Tödt, *The Son of Man in the Synoptic Tradition*, trans. Dorothea M. Barton, The New Testament Library, ed. Alan Richardson, C. F. D. Moule and Floyd V. Filson (Philadelphia: Westminster, 1965), 205의 각주 1을 보라. 에반스는 마가복음 10:45가 14:24와 함께 "예수가 자신의 죽음을 '국가적인 제사, 이스라엘을 위하여 하나님께 드려진, 많은 사람을 위한 한 사람의 죽음'으로 보았다는 강력한 증거를 제공한다"고 주장한다(*Mark 8:27~16:20*, 394). 이러한 견해는 라이트가 『예수와 하나님의 승리』에서 말하는 것과 같다. 베츠의 말이 옳다. "마가복음 10:38, 45의 의미는 이사야 53:10에 의해 결정되었지만, 마지막 만찬 동안 예수는 이사야 53:12를 공연하였다: 그는 자신을, '자기의 영혼을 쏟아 죽음에 이르게' 하였으며, '많은 사람의 죄를 담당하였던' 종과 동일시하였다"(Betz, "Jesus and Isaiah 53," 86~87).

150 예레미야스의 주장대로 이 핵심 단어는 실제로 이 단어를 다섯 번 포함하는 이사야 53장으로의 "연결 단어"이다. 계속해서 그는 주장한다, "이 연결 단어를 선택하고 그의 피가 '많은 사람을 위하여,' '셀 수 없는 무리를 위하여' 흘려질 것이라고 말함으로써 예수는 자신이, 많은 사람을 위한 대표로서 자기 생명을 드리는, 속죄의 죽음을 통하여 새 언약이 시작되게 하는, 하나님의 고난 받는 종이라는 것을 스스로 알고 있음을 나타낸다. **이사야 53장이 없이 성찬식의 말은 이해 불가한 것으로 남을 것이다**"(Joachim Jeremias, "This is My Body. . .'," *ExpTim* 83 [April 1972]: 203; 필자 강조).

지만 "이것은 오직 대리적 죽음을 통한 종의 역할의 성취에 의해 이루어질 수 있다."151 데이비스와 앨리슨 또한 이렇게 주장한다. "우리는 또한 아마도, 마태복음 안의 제2이사야 다른 구절의 사용에 비추어, '그는 자기 영혼을 쏟아(הֶעֱרָה) 사망에 이르게 하며 … **많은 사람**의 죄를 담당하였다'라고 한 MT의 이사야 53:12를 떠올릴 수 있어야 한다"(저자 강조).152 ἐκχυννόμενον,153 그리고 ὑπέρ와 뒤섞여 있는 개념적인 연결에 근거한 이사야 53장의 암시에 대한 입증은 누가복음 22:20에도 적용되는 것으로 보인다. 이 모든 것들을 고려할 때 다음과 같은 무의 말은 옳아 보인다. "이 표현[막 14:24; 마 26:28; 눅 22:20에 있는]의 개별적인 요소들은 반드시 이사야 53장에 의존할 필요가 없지만, 표현 전체는 이사야 53:12와의 부정할 수 없는 언어적, 개념적 유사성을 보여준다."154 이러한 입증은 특별히 마태복음과 마가복음의 구절에서 강하지만 누가복음의 구절 또한 이사야 53장의 이미지를 반영하고 있다. 스툴마허는 설명한다, "이렇게 죄를 지워버리는 것(אשם)은 예수가 하나님의 종으로서 대리적으로 자기 앞에 놓인 폭력에 의한 죽음을 당하며, 자신의 피로 '많은 사람'을 위한 속죄를 이루고, 그리하여 죄의 용서를 보증하는 (새로운) '언약'의 시대를 그들에게 열어주며(참고. 마 26:28), 그들을 하나님의 뜻의 성취(참고. 렘 31:31~34와 함께 출 24:8) 안에 둘 때에 일어난다."155 이러한 이미지는, 옛 시내산 언약을 보완하

---

151 France, *Jesus and the Old Testament*, 123.

152 Davies and Allison, *Matthew*, 3:474. 건드리는 ἐκχυννόμενον이 "칠십인역의 느슨한 번역 παρεδόθη와 달리 정확하게 히브리어 הערה와 일치한다"고 생각한다(*OT in Matthew's Gospel*, 59). 또한 France, *Matthew*, 369와 Carson, "Matthew," 539를 보라. 파머는 그들과 같은 의견이다. "'쏟다'라는 표현은 이사야 53장의 언어와 개념에 대한 의식적인 암시가 아닐지라도 그것들에 대한 분명한 반향이다"(Farmer, "Reflection on Isaiah 53 and Christian Origins," 265).

153 또한 Craig A. Evans, *Luke*, NIBC, ed. W. Ward Gasque, vol. 3 (Peabody, MA: Hendrickson, 1990), 317과 Marshall, *Luke*, 807을 보라.

154 Moo, *OT in Gospel Passion Narratives*, 132.

155 Stuhlmacher, "Jes 53 in den Evangelien und in der Apostelgeschichte,"

고 갱신하는 것으로서, 그리고 첫 번째 출애굽에서 유월절 때에 죽임을 당한 어린 양의 배경에서 좀 더 주목할 만하다.156

에반스는 예수의 생각에서 작용하였을 가능성이 가장 큰 석의적, 신학적 과정을 요약한다. "예수는 의도적으로 '언약의 피'(출 24:8; 슥 9:11)라는 표현을 취하여 예레미야 31:31의 종말론적인 관점과 이사야 53:12의 대리적 측면과 함께 그것을 자신의 죽음에 적용시켰다. 예수의 죽음은 실제적으로 왕국의 도래와 이스라엘의 구속을 가능케할 것이다."157 에반스가 설명하듯이 여기서 다루는 복음서 고난 내러티브의 세 구절들에서 여러 구약의 이미지/암시들은 각 이미지가 서로를 보완하는 가운데 융합된다.158 마태복음 26:28, 마가복음 14:24, 누가복음 22:20에서의 이사야 53장의 사용은 예언적 성취(혹은 예수가 제2성전기 유대주의 문학에서 나타난 대로 민족의 구속을 위하여 개인이 대신 죽임을 당할 수 있다고 하는 개념의 앞선 역사를 알고 있었다고 가정하면, 개인적 "전형적-예언")로 볼 수 있다. 이러한 사용은 고난 내러티브에 위치하고 있으며 기독론적인 (교리적) 주장을 위하여 수행되고 있다.

97(이 번역은 주로 베일리[Daniel P. Bailey]에 의한 것임).

156 또한 E. Earle Ellis, "Biblical Interpretation in the New Testament Church," in *Mikra: Text, Translation, Reading and Interpretation of the Hebrew Bible in Ancient Judaism and Early Christianity*, ed. Martin Jan Mulder, CRINT—Section Two: The Literature of the Jewish People in the Period of the Second Temple and the Talmud, ed. W. J. Burgers, H. Sysling, and P. J. Tomson, vol. 1 (Assen: Gorcum, 1988), 714를 보라.

157 Evans, *Mark 8:27~16:20*, 394.

158 Marcus, *The Way of the Lord*, 194와 Cole, *Mark*, 293(그의 용어 "개념들의 창의적인 결합")에 주목하라. 이것은 또한 요한복음 1:29의 경우이다. 앞의 각주 72를 참조하라.

신약의 다른 저자들의 이사야 53장 암시적 사용

마태복음 27:38, 57~60에서 마태의 이사야 53:9 사용

MT	칠십인역	신약 1
사 53:9 וַיִּתֵּן אֶת־רְשָׁעִים וְאֶת־עָשִׁיר בְּמֹתָיו קִבְרוֹ עַל לֹא־חָמָס עָשָׂה וְלֹא מִרְמָה בְּפִיו	사 53:9 καὶ δώσω τοὺς πονηροὺς ἀντὶ τῆς ταφῆς αὐτοῦ καὶ τοὺς **πλουσίους** ἀντὶ τοῦ θανάτου αὐτοῦ ὅτι ἀνομίαν οὐκ ἐποίησεν οὐδὲ εὑρέθη δόλος ἐν τῷ στόματι αὐτοῦ	마 27:57 Ὀψίας δὲ γενομένης ἦλθεν **ἄνθρωπος πλούσιος** ἀπὸ Ἀριμαθαίας, τοὔνομα Ἰωσήφ, ὃς καὶ αὐτὸς ἐμαθητεύθη τῷ Ἰησοῦ 마 27:58 οὗτος προσελθὼν τῷ Πιλάτῳ ᾐτήσατο τὸ σῶμα τοῦ Ἰησοῦ. τότε ὁ Πιλᾶτος ἐκέλευσεν ἀποδοθῆναι 마 27:59 Καὶ λαβὼν τὸ σῶμα ὁ Ἰωσὴφ ἐνετύλιξεν αὐτὸ [ἐν] σινδόνι καθαρᾷ 마 27:60 καὶ ἔθηκεν αὐτὸ ἐν τῷ καινῷ αὐτοῦ μνημείῳ ὃ ἐλατόμησεν ἐν τῇ πέτρᾳ καὶ προσκυλίσας λίθον μέγαν τῇ θύρᾳ τοῦ μνημείου ἀπῆλθεν.

건드리의 주장처럼 확실히 마태는 "MT를 토대로 쓰고" 있는데,159 이 MT 구절은 "그가 죽은 후에 그들이 그의 무덤을 … 부자들과 함께 할당하였다"라는 뜻이다. 칠십인역의 번역("나는 그의 죽음을 위하여 부자들[복수]을… 줄 것이다")과 탈굼의 번역("그는 부한 자들을, 그들이 강도질한 소유물들과 함께, 썩게 하는 죽음에 넘겨주실 것이다")160 어느 것도 마태가 이 구절을 사용한 것과 어울리지 않는다.

마가복음의 평행 구절은 요셉을 묘사하는데 εὐσχήμων βουλευτής (공회원)라는 표현을 사용하지만 마태는 ἄνθρωπος πλούσιος("부자")라는 표현을 사용한다. 아마도 이사야 53:9의 영향으로 인한 변화일 것이다.161 여기서 배릭(Barrick)은 마태복음 27:57에서의 이사야 53:9에 대한 암시를 주장한다. "복음서 저자는 '공회의 존경 받는 일원'으로서 요셉이 부자였을 것이라고 추론함으로써 단순히 자신의 자료를 요약해서 썼을 가능성이 있다. 하지만 이 구절은 이사야 53:9a가 '고난 받는 종'의 장사됨에 대해 묘사하는 것을 알게 된 것을 토대로 작성되었을 가능성이 훨씬 더 커 보인다."162

많은 주석가는 마태의 마음에 의식적으로든 무의식적으로든 그의

---

159 Gundry, *Use of OT in Matthew's Gospel*, 146.

160 Chilton, *The Isaiah Targum*, 104.

161 Moo, *The Old Testament in the Gospel Passion Narratives*, 144. 또한 Gundry, *OT in Matthew's Gospel*, 146, 204, 231을 보라.

162 W. Boyd Barrick, "The Rich Man from Arimathea (Matt 27:57~60) and 1QIsaᵃ," *JBL* 96 (June 1977): 235. 1QIsᵃ 53:9에서 במותו의 의미가 "그의 몸"일 가능성을 고려하는 가운데("그리고 그들은 그의 무덤이 악인과 함께 하게 만들었지만 그의 몸은 부자와 함께 [누웠다]"라는 번역이 됨) 배릭은 마가의 평행 구절에서 나타나는 여러 단어들(σῶμά πτῶμα, αὐτόν)과 대조적으로 쿰란 두루마리의 이사야 53:9와 마태의 표현 예수의 "몸"(σῶμα, 27:58) 사이의 간본문적 연결을 본다. 이것은 불가능하지 않으며 좋은 제안이지만 여전히 가능성은 크지 않다. 1QIsᵃ에서 בומתו(그의 높은 곳에서 혹은 그의 무덤에서)는 במותו("그의 죽음에서")에서 장모음 넣기(mater lectionis)를 잘못 위치시킨 결과일 수 있다. 모든 번역본들은 "그의 죽음에서"라고 되어 있다. MT가 선호된다.

간본문적 생각의 그물망의 일부로서 이사야 53:9가 놓여 있다고 생각한다.163 데이비스와 앨리슨은 설득력 있게 요약한다. "많은 사람이 이사야 53:9를 떠올렸다. … 문제는, '그리고 그들은 그의 무덤이 악인들과 함께 있게 하였다'가 마태복음의 본문과 아무런 상관이 없다는 것이다… 그럼에도 불구하고 마태는 8:17에서 이사야 53:4를 인용하면서 MT를 염두에 두었으며 '그리고 그가 죽은 후에 부자와 함께'의 문맥을 무시하였을 가능성이 있다(9~10절에서의 성경의 인용을 생각해 보라)."164 같은 맥락에서 건드리 또한 "예수의 장사에 관한 이야기(마 27:57)에서 이사야 53:9에 대한 암시가 있다는 것은 마태 또한 이사야 53장이 종의 대리적 고난과 죽음에 대한 더 깊은 뜻을 말하고 있다는 것을 인식하고 있음을 보여준다."라고 강력하게 주장한다.165 마태복음 구절에서의 이사야 53:9에 대한 이러한 간본문적 반향은 예수의 죽음을 기독론적으로 확정하는 일에 사용되며 "예언적 성취"의 사용으로 불릴 수 있다. 그것은 구약의 구절을 미드라쉬적으로 사용하는 것이다.

---

163 예를 들어, France, *Matthew*, 403; Carson, "Matthew," 584. 또한 Donald A. Hagner, *Matthew 14~28*, WBC, ed. David A. Hubbard and Glenn W. Barker, vol. 33B (Dallas, TX: Word, 1995), 859와 Craig L. Blomberg, *Matthew*, NAC, ed. David S. Dockery, vol. 22 (Nashville, TN: Broadman, 1992), 423을 보라.

164 Davies and Allison, *Matthew*, 3:648.

165 Gundry, *OT in Matthew's Gospel*, 231. 230쪽도 보라.

로마서 4:25에서 바울의 이사야 53:4, 5, 6, 11~12 사용

MT	칠십인역	신약
사 53:4 אָכֵן חֳלָיֵנוּ הוּא נָשָׂא וּמַכְאֹבֵינוּ סְבָלָם וַאֲנַחְנוּ חֲשַׁבְנֻהוּ נָגוּעַ מֻכֵּה אֱלֹהִים וּמְעֻנֶּה	사 53:4 οὗτος τὰς ἁμαρτίας ἡμῶν φέρει καὶ περὶ ἡμῶν ὀδυνᾶται καὶ ἡμεῖς ἐλογισάμεθα αὐτὸν εἶναι ἐν πόνῳ καὶ ἐν πληγῇ καὶ ἐν κακώσει	롬 4:25 ὃς παρεδόθη διὰ τὰ παραπτώματα ἡμῶν
사 53:5 וְהוּא מְחֹלָל מִפְּשָׁעֵנוּ מְדֻכָּא מֵעֲוֹנֹתֵינוּ מוּסַר שְׁלוֹמֵנוּ עָלָיו וּבַחֲבֻרָתוֹ נִרְפָּא־לָנוּ	사 53:5 αὐτὸς δὲ ἐτραυματίσθη διὰ τὰς ἀνομίας ἡμῶν καὶ μεμαλάκισται διὰ τὰς ἁμαρτίας ἡμῶν παιδεία εἰρήνης ἡμῶν ἐπ' αὐτόν τῷ μώλωπι αὐτοῦ ἡμεῖς ἰάθημεν	καὶ *ἠγέρθη διὰ τὴν δικαίωσιν ἡμῶν.*
사 53:6 כֻּלָּנוּ כַּצֹּאן תָּעִינוּ אִישׁ לְדַרְכּוֹ פָּנִינוּ וַיהוָה הִפְגִּיעַ בּוֹ אֵת עֲוֹן כֻּלָּנוּ	사 53:6 πάντες ὡς πρόβατα ἐπλανήθημεν ἄνθρωπος τῇ ὁδῷ αὐτοῦ ἐπλανήθη καὶ κύριος παρέδωκεν αὐτὸν ταῖς ἁμαρτίαις ἡμῶν	

사 53:11	사 53:11 ἀπὸ τοῦ πόνου τῆς ψυχῆς αὐτοῦ δεῖξαι αὐτῷ φῶς καὶ πλάσαι τῇ συνέσει δικαιῶσαι δίκαιον εὖ δουλεύοντα πολλοῖς καὶ τὰς ἁμαρτίας αὐτῶν αὐτὸς ἀνοίσει
מֵעֲמַל נַפְשׁוֹ יִרְאֶה	
יִשְׂבָּע בְּדַעְתּוֹ יַצְדִּיק	
צַדִּיק עַבְדִּי לָרַבִּים	
וַעֲוֹנֹתָם הוּא יִסְבֹּל	

사 53:12	사 53:12 διὰ τοῦτο αὐτὸς κληρονομήσει πολλοὺς καὶ τῶν ἰσχυρῶν μεριεῖ σκῦλα ἀνθ' ὧν παρεδόθη εἰς θάνατον ἡ ψυχὴ αὐτοῦ καὶ ἐν τοῖς ἀνόμοις ἐλογίσθη καὶ αὐτὸς ἁμαρτίας πολλῶν ἀνήνεγκεν καὶ διὰ τὰς ἁμαρτίας αὐτῶν παρεδόθη
לָכֵן אֲחַלֶּק־לוֹ בָרַבִּים	
וְאֶת־עֲצוּמִים יְחַלֵּק	
שָׁלָל תַּחַת	
אֲשֶׁר הֶעֱרָה לַמָּוֶת נַפְשׁוֹ	
וְאֶת־פֹּשְׁעִים נִמְנָה	
וְהוּא חֵטְא־רַבִּים נָשָׂא	
וְלַפֹּשְׁעִים יַפְגִּיעַ	

로마서 4:25의 παρεδόθη("내어줌이 되고")는 아마도 "유다가 예수를 배반한 것"을 가리키기보다 "단순히 예수가 넘겨졌다고 말하고 있는 것"일 것이다.166 바울은 그의 독자들이 "'죽음에'로 이해하기를" 기대하고 있으며, "그의 마음에 있는 것은 배반보다 죽음이다." 그리고 그는 누가 '그를 넘겨주었는지' 말하지 않지만 8:32에서는 "아버지께서 그렇게 하셨다"고 말한다.167

---

166 Leon Morris, *The Epistle to the Romans* (Grand Rapids: Eerdmans, 1988), 214~15.

167 Morris, *The Epistle to the Romans*, 215. 무는 주장한다. "이사야에서 아마도 그런 것처럼 바울의 글(참고, 8:32)에서 '넘겨졌다'라는 수동태는 '신적 수동태'

많은 학자는 로마서 4:25가 "정해진 형식의 전통에 의한 인용"일 것으로 제안한다.168 던은 "이것은 초대 기독교에서 아주 잘 정착된 형식의 일종"이라고 주장하는 가운데 로마서 8:32, 갈라디아서 2:20, 에베소서 5:2, 25를 예로 든다.169 차이점은 이곳 로마서 4:25에서 동사가 통상적인 ὑπέρ의 절 대신 수동태 형식과 διά의 절에서 사용되고 있다는 것이다. 이것은 "이러한 형식이 고난 내러티브, 그리고 이사야 53장을 통한 예수의 죽음에 대한 숙고라는 두 기독교 전통의 가닥들 사이

이며, 그 행위의 암시된 행위자는 하나님임이 분명하다"(*Romans*, 288). 피츠마이어도 그의 생각에 동의한다(*Romans*, 389). 또한 Schreiner, *Romans*, 243을 보라.

168 예를 들어, C. E. B. Cranfield, *A Critical and Exegetical Commentary on the Epistle to the Romans: Volume I—Introduction and Commentary on Romans I~VIII*, ICC, ed. J. A. Emerton and C. E. B. Cranfield (Edinburgh: T. & T. Clark, 1975), 251. 주엘(Juel) 또한 그것이 "이사야 53:5, 12의 해석으로부터 그러한 형태를 얻었다"고 주장한다(Donald Juel, *Messianic Exegesis: Christological Interpretation of the Old Testament in Early Christianity* [Philadelphia: Fortress, 1988], 18).

169 고린도전서 11:23이 포함될 수 있다. 하지만 던은 "바울이 독립적으로 그러한 신조의 서술을 만들어 내었다(기록된 전례식문이 잘 정착된 곳에서도 사람들은 종종 자신들의 영감의 자유 가운데 비슷하게 공식화한 송영을 사용하려고 한다)"고 하는 가능성을 배제하지 않는다(James D. G. Dunn, *Romans 1~8*, WBC, ed. David A. Hubbard and Glenn W. Barker, vol. 38A [Dallas, TX: Word, 1988], 240~41). 바울은 신조나 전례식문의 표현의 어떤 형식에 근거하여 변화된 표현을 썼던 것으로 보인다. 이것은 25절이 4:1~24의 바울의 주장에 대한 요약이며, 동시에 칭의의 결과와 그 원인-예수가 죽을 운명인 죄인들 대신 죽음에 넘겨지는 일에 순종한 것-에 초점을 맞추는 다음 섹션(롬 5장)에 대한 연결 다리라는 사실에 의해 강화된다. 후커는 이러한 생각의 흐름을 아주 잘 설명한다. "무죄한 자가 아담의 후손들이 받아야 할 고난과 죽음을 함께 나누었으며, 그가 받은 칭의(정당화)는 그를 주로 인정하는 자들이 함께 나눈다. 이러한 개념들은 로마서 4:25의 말에서 훌륭하게 요약되며 … 4:25의 의미는 5, 6, 8장에서 명확하게 설명된다. 4:25의 언어는 5:12~21에서의 아담과 그리스도에 관한 논증에서 되풀이되고 있다"(Morna D. Hooker, "Did the Use of Isaiah 53 to Interpret His Mission Begin with Jesus?," in *Jesus and the Suffering Servant: Isaiah 53 and Christian Origins*, ed. William H. Bellinger Jr. and William R. Farmer [Harrisburg, PA: Trinity Press International, 1998], 102).

에 만나는 지점"이라는 사실을 통해 설명될 수 있다.170 따라서 대부분의 주석가들은 로마서 4:25의 배경에서 이사야 52:13~53:12의 종의 노래를 본다. "어법은 칠십인역의 이사야 53장, 특별히 12절을 닮은" 것이 분명해 보인다—διὰ τὰς ἁμαρτίας αὐτῶν παρεδόθη("그들의 죄 때문에 그가 넘겨졌다," Ekblad, 177).171 크랜필드(Cranfield)의 주장대로, "παρεδόθη와 διὰ τὰς ἁμαρτίας αὐτῶν의 결합은 중요하다."172 또한 그의 주장처럼 로마서 4:25b와 이사야 53:11(MT) 사이에 개념적인 일치가 있다. "… 먼저, 25절 후반부에서 칭의가 그리스도의 부활과 연관되는 것과, 둘째로, 종의 부활을 말하는 것(비록 그 단어를 사용하지는 않지만)으로 보이는 노래의 마지막 절(strophe)의 경과 중에 이사야 53:11의 히브리어 본문에서(칠십인역은 δικαιῶσι[의롭게하다/정당화하다]라는 단어를 사용하지만 여기서 MT와 크게 다름) 종이 많은 사람을 의롭게 한다고 한 것, 이 둘 사이에 놀라운 평행이 있다(그것이 일반적으로 인지되지 못하지만)."173 덧붙여, 이사야 53:6의 칠십인역에서 κύριος παρέδωκεν

---

170 Dunn, *Romans 1~8*, 224. παρεδόθη("넘겨짐/내어줌이 되고") διά가 사용되는 구조는 이사야의 표현(칠십인역)의 영향을 받은 것으로 보인다.

171 Moo, *Romans*, 288.

172 Cranfield, *Romans I~VIII*, 251. 이 표현이 성전에 대한 묘사로 사용됨에도 불구하고, 던은 탈굼의 이사야 53:5b(אתמסר בעוייתנא)—"우리의 죄 때문에 넘겨졌다," Chilton, 104)를 로마서 4:25a의 배경으로 본다(Dunn, *Romans 1~8*, 224~25; 또한 Zimmerli and Jeremias, *The Servant of God*, 89의 각주 397과 Betz, "Jesus and Isaiah 53," 78을 보라). 표현은 거의 동일하지만 이것이 로마서 4:25의 배경임을 확신할 수 없는 것은 그것이 성전을 가리키기 때문이다—그러한 암시가 불가능한 것은 아니라고 할지라도.

173 Cranfield, *Romans I~VIII*, 251~52. 무 또한 그러한 가능성을 본다(*Romans*, 288). 호피우스는 로마서 4:25a에서 칠십인역의 이사야 53:5, 12에 대한 암시를 보지만 크랜필드의 생각에 동의한다(Otfried Hofius, "Das vierte Gottesknechtslied in den Briefen des Neuen Testaments," in *Der leidende Gottesknecht: Jesaja 53 und seine Wirkungsgeschichte*, ed. Bernd Janowski and Peter Stuhlmacher, FAT, ed. Bernd Janowski and Hermann Spieckermann, vol. 14 [Tübingen: Mohr, 1996], 121~22). 그래서 그는 "암시된 본문"의 문제를 분별력 있게 요약한다, "Die Frage, ob die Traditionsformel auf eine hebräische

αὐτὸν ταῖς ἁμαρτίαις ἡμῶν(하나님께서 우리 죄 때문에 그를 넘겨주셨다)라고 한 것은 로마서 4:25의 앞부분의 능동태의 형식이다. 우리는 또한 이사야 53:5의 칠십인역 "수동태 + διά"의 구조와 비교할 수 있다. 이 모든 것을 생각할 때 로마서 4:25가 "이사야 52:13~53:12의 영향력 아래 진술되었다는 것은 의심하기 어렵다."[174]

피츠마이어는 로마서 4:25에서의 이사야 53장(혹은 이사야 53장에 기초한 전통)의 사용에 대해 적절하게 설명한다. "이 절은 이사야 53:4~5, 11~12를 암시하며, 그리스도 예수가 인간의 죄를 제거하고 인간을 위한 칭의를 성취하는 야웨의 종으로서의 역할을 수행하는 가운데 받은 고난의 대리적 속성을 계시한다."[175] 라이트는 예수가 의식하고 있었던 것에 대해 관찰한다. "예수는 이스라엘이 자신을 통하여 요약되는 것처럼 살고, 가르치고, 행했다. 그는 포로 생활 중에 있는 이스라엘을 위하여 포로로 끌려가는 이스라엘이었을 것이다. 그는 하나님의 백성들의 지금의 유배의 상황을 완벽하게 요약하는 운명을 당했

---

oder aramäische Urfassung zurückgeht und welcher Textgestalt des vierten Gottesknechtsliedes sie verpflichtet ist, läßt sich kaum befriedigend beantworten(번역. "전통적인 문구가 원래의 히브리어나 아람어 문구로 거슬러 올라가는지, 그리고 그것이 네 번째 종의 노래의 어느 본문 형태에게 의존하고 있는지에 관한 질문은 결코 만족스러운 대답을 얻을 수 없다")(121쪽). 바울은 많은 문학적 전통(이사야 53장의 히브리어와 아람어 본문, 히브리어/아람어 문구/전례식문, 그것의 헬라어 번역본, 그리고 이사야 53장의 칠십인역)의 간본문적 세계 속에 살고 있으며, 그는 그러한 간본문성의 보물 창고에서 신조와 같은 표현을 만들었던 것으로 보인다. 하지만 주된 간본문적 영향은 칠십인역이었던 것이 분명하다.

[174] Cranfield, *Romans I~VIII*, 251. 후커도 이것이 이사야 53장에 대한 암시의 경우임을 인정한다. "로마서 4:25의 언어(παραδίδωμι와 δικαίωσις/내어줌과 의롭다함)는 이사야 53:11f를 반영한다. … 이사야 53:11f 언어의 뚜렷한 반향뿐 아니라 생각에 있어서의 유사성이 존재한다; 이 구절은 분명히 내가 구약 본문에 대한 반향의 가능성에 적용되어야 한다고 제안했던 기준을 만족시키고 있다"("Did the Use of Isaiah 53 to Interpret His Mission Begin with Jesus?," 102~103).

[175] Fitzmyer, *Romans*, 389. 던은 간결하게 요약한다. "따라서, 종합하면 25a절의 특유의 특색은 이것이 헬라어로 표현된, 예수의 죽음에 대한 가장 오래된 신학적 고찰 중의 하나임을 아마도 가리킨다"(*Romans 1~8*, 225).

을 것이다. 그리고 그는 하나님이 그를 죽음에서 일으키심으로써, 실제적인 '포로로부터의 귀환'을 시작하실 것을 믿는 가운데 그렇게 했을 것이다. 그것은 이스라엘뿐 아니라 온 세상을 위하여 진정으로 죄가 용서되었다는 표시가 되었을 것이다."[176] 바울은 분명 이러한 생각을 받아들였을 것이다. 슈라이너(Schreiner)는 바울의 생각을 잘 표현하고 있는 것으로 보인다. "이스라엘에게 주어졌던 약속은 이스라엘의 고난을 통해서만 성취되었으며, 진정한 이스라엘, 진정한 종은 나사렛 예수다. 그의 고난을 통하여 이사야 40~66장에서 현저하게 드러나는 구원의 약속들은 실재/현실이 된다."[177] 해석학의 체계에서 이러한 방식은 구약 본문이나 전통을 현재의 인물이나 사건에 적용되는 것으로 재해석하는 미드라쉬적인 해석으로 불릴 수 있다. 호피우스는 설명한다. "바울은 전해져 내려온 전통적인 본문들을 자신의 신학적 사고에 통합해 넣음으로써 네 번째 종의 노래의 진술들을 본질적인 방식으로 재해석하였다"-"이사야 53장의 대체의(substitutionary) 사고의 틀 안에서."[178] 우리는 이러한 성취의 패턴을 전형적 혹은 전형적-예언적인 것이라고 부를 수 있다.

---

[176] N. T. Wright, "The Servant and Jesus: The Relevance of the Colloquy for the Current Quest for Jesus," in *Jesus and the Suffering Servant: Isaiah 53 and Christian Origins*, ed. William H. Bellinger Jr. and William R. Farmer (Harrisburg, PA: Trinity Press International, 1998), 297.

[177] Schreiner, *Romans*, 243.

[178] Hofius, "Das vierte Gottesknechtslied in den Briefen des Neuen Testaments," 122.

5장 신약의 이사야 53장 사용 분석   301

고린도전서 15:3에서 바울의 이사야 53장 사용

MT	칠십인역	신약
사 53:4 אָכֵן חֳלָיֵנוּ הוּא נָשָׂא וּמַכְאֹבֵינוּ סְבָלָם וַאֲנַחְנוּ חֲשַׁבְנֻהוּ נָגוּעַ מֻכֵּה אֱלֹהִים וּמְעֻנֶּה	사 53:4 οὗτος τὰς ἁμαρτίας ἡμῶν φέρει καὶ περὶ ἡμῶν ὀδυνᾶται καὶ ἡμεῖς ἐλογισάμεθα αὐτὸν εἶναι ἐν πόνῳ καὶ ἐν πληγῇ καὶ ἐν κακώσει	고전 15:3 παρέδωκα γὰρ ὑμῖν ἐν πρώτοις, ὃ καὶ παρέλαβον, ὅτι
사 53:5 וְהוּא מְחֹלָל מִפְּשָׁעֵנוּ מְדֻכָּא מֵעֲוֹנֹתֵינוּ מוּסַר שְׁלוֹמֵנוּ עָלָיו וּבַחֲבֻרָתוֹ נִרְפָּא־לָנוּ	사 53:5 αὐτὸς δὲ ἐτραυματίσθη διὰ τὰς ἀνομίας ἡμῶν καὶ μεμαλάκισται <u>διὰ τὰς ἁμαρτίας ἡμῶν</u> παιδεία εἰρήνης ἡμῶν ἐπ᾽ αὐτόν τῷ μώλωπι αὐτοῦ ἡμεῖς ἰάθημεν	Χριστὸς ἀπέθανεν ὑπὲρ τῶν ἁμαρτιῶν ἡμῶν κατὰ τὰς γραφὰς
사 53:6 כֻּלָּנוּ כַּצֹּאן תָּעִינוּ אִישׁ לְדַרְכּוֹ פָּנִינוּ וַיהוָה הִפְגִּיעַ בּוֹ אֵת עֲוֹן כֻּלָּנוּ	사 53:6 πάντες ὡς πρόβατα ἐπλανήθημεν ἄνθρωπος τῇ ὁδῷ αὐτοῦ ἐπλανήθη καὶ **κύριος παρέδωκεν αὐτὸν ταῖς ἁμαρτίαις ἡμῶν**	고전 15:4 καὶ ὅτι ἐτάφη καὶ ὅτι ἐγήγερται τῇ ἡμέρᾳ τῇ τρίτῃ κατὰ τὰς γραφὰς

사 53:11	사 53:11 ἀπὸ τοῦ πόνου τῆς ψυχῆς αὐτοῦ δεῖξαι αὐτῷ φῶς καὶ πλάσαι τῇ συνέσει δικαιῶσαι δίκαιον εὖ δουλεύοντα πολλοῖς καὶ τὰς ἁμαρτίας αὐτῶν αὐτὸς ἀνοίσει
מֵעֲמַל נַפְשׁוֹ יִרְאֶה	
יִשְׂבָּע בְּדַעְתּוֹ יַצְדִּיק	
צַדִּיק עַבְדִּי לָרַבִּים	
וַעֲוֹנֹתָם הוּא יִסְבֹּל	
사 53:12	사 53:12 διὰ τοῦτο αὐτὸς κληρονομήσει πολλοὺς καὶ τῶν ἰσχυρῶν μεριεῖ σκῦλα ἀνθ' ὧν παρεδόθη εἰς θάνατον ἡ ψυχὴ αὐτοῦ καὶ ἐν τοῖς ἀνόμοις ἐλογίσθη καὶ αὐτὸς ἁμαρτίας πολλῶν ἀνήνεγκεν καὶ **διὰ τὰς ἁμαρτίας αὐτῶν** παρεδόθη
לָכֵן אֲחַלֶּק־לוֹ בָרַבִּים	
וְאֶת־עֲצוּמִים יְחַלֵּק	
שָׁלָל תַּחַת	
הֶעֱרָה לַמָּוֶת נַפְשׁוֹ	
אֲשֶׁר	
וְאֶת־פֹּשְׁעִים נִמְנָה	
וְהוּא חֵטְא־רַבִּים נָשָׂא	
וְלַפֹּשְׁעִים יַפְגִּיעַ	

대부분의 주석가들은 바울서신의 이 부분(고전 15:3b~5)이[179] 초대 교회 전통에서 취해진 신조(관용 표현)를 담고 있다는 데 동의한다. 콘젤만 (Conzelmann)은 그런 견해에 대한 이유들을 열거한다. "다음의 표시들이 있다. 바울서신이 아닌 다른 구절들에서 발견되는 비슷한 형식들; 스타일, 특별히 바울이 사용하는 언어가 아닌 것; 본문의 상황(죽은 자의 부활의 증거)을 벗어나는 독립적인 내용."[180] 하지만 이 구절의 배경에 교

---

[179] 대부분의 주석가들이 동의하는 대로 6~8절은, 바울에 의해 더 많은 증거(그의 언어로 된)를 축적하려는 목적으로, 신조의 문구에 더해진 것이 분명하다.

[180] Hans Conzelmann, *1 Corinthians: A Commentary on the First Epistle to the Corinthians,* trans. James W. Leitch, ed. George W. MacRae, Hermenia —A Critical and Historical Commentary on the Bible, ed. Helmut Koester et al (Philadelphia: Fortress, 1975), 251. 그는 바울서신 밖의 유사한 구절의

회의 전통이 존재한다는 것은 바울 자신의 진술에서 확정된다—"형제들아 내가 너희에게 전한 복음을 너희에게 생각나게 하노니 이는 너희가 **받은** 것이요 또 그 가운데 선 것이라 … 내가 **받았던** 것을 가장 중요한 것으로서 너희에게 전하였기 때문에"(고전 15:1, 3a, NRSV).[181]

대부분의 학자들은 고린도전서 15:3b에서[182] 칠십인역의 이사야 53

예로서 디모데후서 2:8, 사도행전 10:42, 베드로전서 2:21ff., 3:18ff., 마가복음 8:31, 9:31, 10:32ff.를 열거한다.

[181] 스툴마허는 이 전통을 아주 잘 설명한다. "Die von Paulus in 1 Kor *15,3b~5* zitierte Glaubensformel stellt wahrscheinlich ein Summarium der für den Glauben konstitutiven Lehre des Evangeliums dar. Es ist durch vierfaches ὅτι und zweimaliges (pauschales) κατὰ τὰς γραφάς für den Unterricht mnemotechnisch aufbereitet worden… Der katechetische Text… . fußt auf Jesu eigener Todesprophetie und faßt die in Jerusalem (und Antiochien) bekannten Passions- und Ostertraditionen zusammen. Er ist deshalb nicht – wie üblich – getrennt von oder sogar alternativ zu ihnen, sondern unter Verweis auf sie und im Zusammenhang mit ihnen zu verstehen"(Stuhlmacher, "Jes 53 in den Evangelien und in der Apostelgeschichte(번역. "바울이 고린도전서 15:3b~5에서 인용하는 고백의 문구는 아마도 믿음의 본질인 복음의 가르침에 대한 요약을 제공하고 있다고 말할 수 있을 것이다. 그것은 사중인 ὅτι와 이중적인 κατὰ τὰς γραφάς…성경대로"]의 사용[일반화시키는 용법]을 통하여 종교적 교육 과정에서 암기하기 쉽도록 준비되었다. … 그것은 예수가 자신의 죽음에 대해 예견한 것에 기초하며 예루살렘[그리고 안디옥]에 알려진 고난과 부활절의 전통을 요약한다. 따라서 그것은 이러한 전통들과 분리된 것으로, 혹은 그것들에 대한 대안으로서[일반적으로 그렇게 하는 것처럼]가 아닌, 그것들과 관련된 것으로, 그것들과 연결된 것으로 이해되어야 한다")," 98~99.

[182] 베츠의 제안처럼, 고린도전서 15:3b~5에 있는 바울의 진술의 근원이었던 신조의 형식을 만들었던 초대 그리스도인들이 이사야 53장에서 그 신조의 내용 전체, 즉 속죄의 죽음(사 53:4f), 장사됨(53:9), 그리고 부활(53:10~12)을 보았다고 하는 것은 확실하지는 않지만 불가능하지 않다("Jesus and Isaiah 53," 78). 저자의 원래의 의도가 무엇이든, 이사야 53장의 의미의 영역은 이러한 제안을 허용한다. 그리고 초대 신자들이 예수의 사역, 죽음, 부활을 경험함으로써 얻은 새로운 관점은 그들을 이러한 해석학적인 도식(scheme)으로 이끌었을 것이다. 이러한 역사적, 해석학적 재구성은 불가능하지 않지만, 동시에 확실한 것도 아니다(Hofius, "Das vierte Gottesknechtslied in den Briefen des Neuen Testaments," 118).

장(특별히 4, 5, 6, 11, 12절)에 대한 암시를 본다. 우리는 앞의 도표에서 굵은 글씨체와 밑줄을 통해 예시된 대로 고린도전서 15:3b(ὑπὲρ τῶν ἁμαρτιῶν ἡμῶν["우리 죄를 위해"])와 이사야 53장(4~6절의 [διὰ] τὰς ἁμαρτίας ἡμῶν과 11, 12절의 [διὰ] τὰς ἁμαρτίας αὐτῶν) 사이의 언어적 평행을 볼 수 있다.183 칠십인역의 διὰ가 고린도전서 15:3의 ὑπὲρ

---

183 Anthony T. Thiselton, *The First Epistle to the Corinthians: A Commentary on the Greek Text*, NIGTC, ed. I. Howard Marshall and Donald A. Hagner (Grand Rapids: Eerdmans, 2000), 1190; Gordon D. Fee, *The First Epistle to the Corinthians*, NICNT, ed. F. F. Bruce (Grand Rapids: Eerdmans, 1987), 724~25; Conzelmann, *1 Corinthians*, 253, 255; Ben Witherington III, *Conflict and Community in Corinth: A Socio-Rhetorical Commentary on 1 and 2 Corinthians* (Grand Rapids: Eerdmans, 1995), 299; Craig Blomberg, *1 Corinthians*, The NIV Application Commentary, ed. Terry Muck (Grand Rapids: Zondervan, 1995), 296; Stuhlmacher, "Jes 53 in den Evangelien und in der Apostelgeschichte," 99; Hofius, "Das vierte Gottesknechtslied in den Briefen des Neuen Testaments," 118~19를 보라. 바렛은 이것을 받아들이지 않는다. "염두에 둔 주요 구절이 이사야 52:13~53:12에서 나오는 여호와의 고난 받는 종에 대한 예언이라는 대답이 종종 있었다; 하지만 이것을 너무 쉽게 가정해서는 안 된다… 이 표현은 원시적인 형식에 바울이 덧붙인 것일 수 있기 때문에, 우리 죄와의 연결은 결정적이지 않다(Hooker, *Jesus and the Servant*, 119); 어쨌든 바울은 이사야 53장에 대한 암시 없이도 그리스도의 죽음과 죄 사이의 관계를 논할 수 있으며, 실제로 이 구절을 거의 언급하지 않는다. 그것을 지지하기 위해 구체적인 구절을 주장하기보다 성경에 대한 일반적인 암시가 주어졌던 것일 수 있다"(C. K. Barrett, *A Commentary on the First Epistle to the Corinthians*, HNTC, ed. Henry Chadwick [New York: Harper and Row, 1968; reprint, Peabody, MA: Hendrickson, 1987], 339). 하지만 후커는 오랫동안 지녔던 견해를 바꾸어, 이제는 예수의 사역을 해석하기 위해 이사야 53장을 사용하는 것은 로마서 4:25에서 예시된 대로 적어도 바울 때 이미 시작되었다고 생각한다(Hooker, "Did the Use of Isaiah 53 to Interpret His Mission Begin with Jesus?," 101~103). 바울이 이사야 53장을 중요한 본문으로 인식하고 있었다면 지금 이곳의 고린도 구절의 배경에서 이사야의 구절보다 더 분명히 마음에 두었을 가능성이 있는 성경 구절이 무엇이겠는가? 실제로 바렛은 여러 학자들이 제안하는 몇몇 암시되었다고 주장되는 구약의 다른 구절들이 가능성이 없다고 생각하며 자신 스스로도 어떤 개연성 있는 구절도 제안하지 못한다(*First Epistle to*

와 다르지만, 이사야 53:4(περὶ)/53:5(διὰ)와 마태복음 26:28(περὶ)/마가복음 14:24(ὑπὲρ)에서 예시된 대로 ὑπὲρ, περὶ, διὰ는 번갈아 사용되었던 것으로 보인다.184 콘젤만은 「마카비 2서」, 「마카비 3서」, 「마카비 4서」에 예시된 대로 "~을 위하여 죽는 것"의 개념에 대해 세 헬라어 전치사들이 상호 교환적으로 사용되는 것에 대한 적절한 자료를 열거한다.185 덧붙여, 파머는 개념적인 연결을 주장한다. "하지만, 이러

---

the Corinthians, 339). 문제는 바울이 이사야 53장만을 염두에 두었는가가 아니라 이사야 53장과 같은 어떤 중요한 본문을 **포함하는** 이스라엘의 전체 성경을 마음에 두었는가 하는 것이다. 이러한 요점은 도드의 책 *According to the Scriptures*에서의 입장과 맥락을 같이 한다. 그의 논지는 Dodd, "The Old Testament in the New," 176에 요약되어 있다.

184 앞에서 마가복음 14:24/마태복음 26:28/누가복음 22:20에서의 이사야 53:12에 대한 암시의 경우에서 관련된 논증을 보라. 또한 Fee, *First Epistle to the Corinthians*, 724의 각주 55를 보라. 이러한 전치사의 차이와 그 외 이유로 인해 어떤 학자들은 신조의 전통이 아람어/탈굼에서 왔다고 주장한다. 하지만 바울의 신조의 진술이 교회의 전통에서 가져온 것이며 그러한 신조의 전통이 **일부 핵심적인 구절들을 포함하는** 전체 구약에 기초한 것이라면 정확한 출처를 결정하는 일, 즉 원래의 전통이 팔레스타인(따라서 아람어)에서 온 것인지 그리스(따라서 헬라어)에서 온 것인지, 혹은 그 언어의 어느 본문으로부터 그 표현을 끌어온 것인지를 정하는 것은 그렇게 필요하지 않다. 나아가 원래의 출처를 분명히 확인하는 것은 불가능하다(Hofius, "Das vierte Gottesknechtslied in den Briefen des Neuen Testaments," 118). 덧붙여, 전치사의 차이는 여기서 설명한 대로 강력한 논증이 될 수 없다. ὑπὲρ τῶν ἁμαρτιῶν ἡμῶν["우리 죄를 위해"]는 ὑπὲρ ἡμῶν(ὑμῶν πάντων)이라는 형식의 영향을 보여주며, 후자는 기독론적인 표현의 핵심 부분이었다"(Harald Riesenfeld, "ὑπέρ," in *TDNT*, 8:512). 전통에 대한 아래의 설명을 참조하라(고후 5:21에 대한 분석). 리젠펠드(Riesenfeld) 또한 "ὑπὲρ ἡμῶν(ὑμῶν πάντων)을 기독론적인 표현 (παρα)δίδωμι["넘겨주다"]에 도입한 것 또한 초대 기독교 체계화의 일부"라고 주장한다("ὑπέρ," 511).

185 Conzelmann, *1 Corinthians*, 255의 각주 59. 또한 「마카비 2서」 7:9; 「마카비 3서」 1:23(ὑπέρ); 「마카비 2서」 7:37; 「마카비 4서」 13:9(περί); 「마카비 4서」 6:27~29(διά)를 보라. 해리스 또한 많은 예를 통해 전치사들의 많은 "상호교환적" 사용을 보여준다(M. J. Harris, "Appendix: Preposition and Theology in the Greek New Testament," in *NIDNTT*, 3:1174). 속죄와 보상, 대표와 대체의 개념을 구분하는 것은 쉽지 않지만 씨슬톤은 고린도전서 15:3에

한 언어적 유사성은 그 자체로는 고린도전서 15:3과 이사야 53:4~9 사이의 분명한 연결에 대한 강력한 증거는 아니다. 이러한 연결을 강력하게 만드는 것은 개념적인 유사성이다. 바울이 사용할 수 있었던 성경의 다른 어느 곳에서도 다른 이들의 죄를 위하여 죽는 구원의 인물에 대해 그토록 분명하게 말하는 구절은 발견되지 않는다."[186]

하지만 이사야 53장에만 매달릴 필요는 없다. 바울이 자신의 진술을 끌어내는 데 사용하였던 전통의 근거가 되었던 것, 그리고 그가 자신의 형식을 서술하는 동안 마음에 품었던 것은 이스라엘의 성경 전체(κατὰ τὰς γραφάς["성경대로"])였을 것일 것이다. 그 가운데 예수의 대리적 속죄의 죽음이 성경을 성취하였다는 단언을 가장 잘 예시하는 여러 핵심 구절들에는 이사야 53장뿐 아니라 시편 22편, 신명기 18:15, 18, 유월절 어린 양의 이미지, 그리고 여러 희생 제사의 구절들(특별히 속죄일의 구절)이 포함된다.[187] Κατὰ τὰς γραφάς라는 표현의 요점은 예수의 구속과 속죄의 죽음이 하나님의 구원 계획의 역사의 절정이라는 것과 그의 죽음이 가진 구원의 기능과 그 의미가 "제사… 속죄… 고난… 다가오는 선한 때와 같은 구약의 범주들에 의한 해석"을 통하여 이해될 수 있다는 것이다.[188] 블롬버그(Blomberg)의 간결한 진술에서 볼 수 있듯이 "첫 번째 기독교 저자들은 모든 성경이 그리스도를 가리킨다고 보았다."[189] 고린도전서 15:3에서의 이사야의 네 번째 종의 시의 사용은 독특한 종말론적인 관점에서 계속해서 전수되어 온 전통에 근거한 큰 스케일의 미드라쉬적인 페셔이다. 이것은 기독론적/신학적

서의 ὑπέρ의 의미를 분명히 하려고 하는 가운데 서로가 각각 서로를 필요로 하고 보완한다고 주장한다(*First Epistle to the Corinthians*, 1191). 또한 Fee, *First Epistle to the Corinthians*, 724를 보라.

[186] Farmer, "Reflection on Isaiah 53 and Christian Origins," 263.

[187] Thiselton, *First Epistle to the Corinthians*, 1190; Fee, *First Epistle to the Corinthians*, 725.

[188] Barrett, *First Epistle to the Corinthians*, 338~39, Thiselton, *First Epistle to the Corinthians*, 1190에서 인용됨.

[189] Blomberg, *1 Corinthians*, 301.

사용이며, 이런 의미에서 "예언적인 성취"의 범주에 속한다.

고린도전서 11:23~26에서 바울의 이사야 53:6, 12 사용

MT	칠십인역	신약
사 53:6 כֻּלָּנוּ כַּצֹּאן תָּעִינוּ אִישׁ לְדַרְכּוֹ פָּנִינוּ וַיהוָה הִפְגִּיעַ בּוֹ אֵת עֲוֹן כֻּלָּנוּ	사 53:6 πάντες ὡς πρόβατα ἐπλανήθημεν ἄνθρωπος τῇ ὁδῷ αὐτοῦ ἐπλανήθη καὶ **κύριος παρέδωκεν αὐτὸν ταῖς ἁμαρτίαις ἡμῶν**	고전 11:23 Ἐγὼ γὰρ παρέλαβον ἀπὸ τοῦ κυρίου, ὃ καὶ παρέδωκα ὑμῖν, ὅτι ὁ κύριος Ἰησοῦς ἐν τῇ νυκτὶ ᾗ **παρεδίδετο** ἔλαβεν ἄρτον
사 53:12 לָכֵן אֲחַלֶּק־לוֹ בָרַבִּים וְאֶת־עֲצוּמִים יְחַלֵּק שָׁלָל תַּחַת אֲשֶׁר הֶעֱרָה לַמָּוֶת נַפְשׁוֹ וְאֶת־פֹּשְׁעִים נִמְנָה וְהוּא חֵטְא־רַבִּים נָשָׂא וְלַפֹּשְׁעִים יַפְגִּיעַ	사 53:12 διὰ τοῦτο αὐτὸς κληρονομήσει πολλοὺς καὶ τῶν ἰσχυρῶν μεριεῖ σκῦλα ἀνθ᾽ ὧν παρεδόθη εἰς θάνατον ἡ ψυχὴ αὐτοῦ καὶ ἐν τοῖς ἀνόμοις ἐλογίσθη καὶ αὐτὸς ἁμαρτίας πολλῶν ἀνήνεγκεν καὶ **διὰ τὰς ἁμαρτίας αὐτῶν παρεδόθη**	고전 11:24 καὶ εὐχαριστήσας ἔκλασεν καὶ εἶπεν· τοῦτό μού ἐστιν τὸ σῶμα τὸ **ὑπὲρ ὑμῶν**· τοῦτο ποιεῖτε εἰς τὴν ἐμὴν ἀνάμνησιν. 고전 11:25 ὡσαύτως καὶ τὸ ποτήριον μετὰ τὸ δειπνῆσαι λέγων· τοῦτο τὸ ποτήριον ***ἡ καινὴ διαθήκη ἐστὶν ἐν τῷ ἐμῷ αἵματι***· τοῦτο ποιεῖτε, ὁσάκις ἐὰν πίνητε, εἰς τὴν ἐμὴν ἀνάμνησιν.

고전 11:26 ὁσάκις γὰρ ἐὰν ἐσθίητε τὸν ἄρτον τοῦτον καὶ τὸ ποτήριον πίνητε, τὸν θάνατον τοῦ κυρίου καταγγέλλετε ἄχρι οὗ ἔλθῃ.

콘젤만의 간략한 진술에서 볼 수 있듯이 거의 모든 학자들은 여기서의 바울의 진술이 교회 전통에서 이끌어 낸 것이라고 생각한다. "여기서 우리는 고정된, 바울 이전의 전통의 한 부분을 본다."190 여기서 "바울은 주의 만찬이 제정되는 이야기를 들려준다. 그것은 마태복음과 마가복음에서 주어진 이야기와 상당히 평행을 이룬다. 두 이야기 사이의 차이점은 그것들이 상당히 서로 독립적이거나 적어도 서로 다른 전수의 역사를 가졌음을 암시한다."191

고린도전서 11:23의 παρεδίδε는 "(유다에 의해) 배반을 당하였다"로 번역될 수 있지만(거의 모든 영어 번역본들이 그렇게 하고 있음), 그것은 또한 "넘겨졌다"로 번역될 수 있다(예를 들어, New American Bible에서와 같이). 헤이즈(Hays)는 다음과 같이 관찰한다.

> 통상적으로 이 구절[23절]에서의 동사의 두 번째 사례는 유다가 예수를 당국에 넘겨주는 것을 가리키는 것으로 해석되며, 따라서 그것은 "배반을 당하였다"로 번역된다. 이것이 가능한 해석이기는 하지만 바울이 같은 동사를 다른 곳에서 사용하는 것을 보면 다른 의미가 있는 것을 알 수 있다. 예수는 "우리의 죄를 위하여" **하나님에 의해** 죽음에 "넘겨졌다"[paredothē](롬 4:25)는 것이다. 그리고 **하나님은** "우리 모두를 위하여 그를 내어 주셨다"[paredōken](롬 8:32). 만일 바울이 여기서 비슷한

---

190 Conzelmann, *1 Corinthians*, 196.

191 Farmer, "Reflection on Isaiah 53 and Christian Origins," 270.

노선을 따라 생각하고 있다면 그 의미는 "하나님께서 우리를 위하여 주 예수를 죽음에 넘기셨던 밤에, 그는 떡을 가지시고…"일 것이다.192

바울이 여기서 고린도 교회 성도들이 주의 만찬을 지키는 가운데 그들의 가난한 동료 성도들을 보살펴야 한다는 자신의 변론을 위하여, 전제된 공유 배경으로서 교회의 전통을 수사학적으로 사용하고 있다고 하는 에릭슨(Eriksson)의 주장은 옳다. 이러한 기념적인 의식은 "예수가 넘겨지던 밤에" 인간을 위하여 "자발적으로 자기 주도(self-direction)와 자율성을 포기하고 자아와 운명을 하나님과 인간의 손에 맡겼던 때의 마지막 만찬을 되돌아보기" 때문이며,193 그들은 이 떡과 이 잔을 마실 때마다 자발적이며 다른 이들의 유익을 구하는 주님의 죽음을 그가 오실 때까지 선포하기 때문이다(참고. 11:26).194 이러한 맥락에서 "넘겨지다"라는 의미가 11:23의 παρεδίδετο와 더 잘 맞는다. 이러한 이해는 지금의 단락에서 전체적인 바울의 논지를 이해하는 데 있어서 더 많은 빛을 비춰주며, 다시 한 번 전체적인 논리의 흐름은 그 동사에 대해 바울이 의도한 의미를 밝히는 데 열쇠가 된다. 이러한 전체적인 과정은 부분과 전체의 "해석학

---

192 Richard B. Hays, *First Corinthians*, Interpretation: A Bible Commentary for Teaching and Preaching, ed. James Luther Mayes (Louisville: John Knox, 1997), 198. 씨슬톤은 그의 견해에 동의한다. "복음서와 바울 서신에서의 전통의 **내용**과 **문맥** 모두의 **신학적** 강조는… 예수가 '우리의 허물 때문에 **하나님에 의해** 죽음에 넘겨졌다(*paredothē*)는 것이다… 하나님께서 우리 모두를 위하여 그를 넘기셨다(*paredōken*)는 것은(롬 8:32)… 이사야 53:6의 칠십인역 번역을 반영한다(그리고 여호와는 우리의 죄 때문에 그를 **넘기셨다**[*paredōken*] …)"(*First Corinthians*, 869, 헤이즈의 글을 인용함; 헤이즈의 글 가운데 강조는 저자의 것; 그 외 씨슬톤의 강조). 콘젤만 또한 이에 동의한다. "이 말은 그 전통에서 '배반'과 '자발적인 헌신'의 전 과정을 의미하므로 지금의 구절에서 너무 협소하게, 즉 단순히 유다의 배반을 가리키는 것으로 해석되어서는 안 된다"(*1 Corinthians*, 197).

193 Thiselton, *First Epistle to the Corinthians*, 870.

194 Anders Eriksson, *Traditions as Rhetorical Proof: Pauline Argumentation in 1 Corinthians*, ConBNT, ed. Birger Olsson and Kari Syreeni, vol. 29 (Stockholm: Almqvist & Wiksell International, 1998), 174~96.

의 순환(hermeneutical circle)의 실재"에 대한 좋은 예화로 생각될 수 있다.195 그리고 "넘겨지다"라는 이러한 의미는 이사야 53장의 언어와 이미지를 상기시킨다(특별히 6절의 칠십인역—"우리의 죄악을 위하여 주께서 그를 넘겨주셨다";196 "주께서 그를 우리의 죄악에 넘겨주셨다"197).198

"너희를 위한"(τὸ ὑπὲρ ὑμῶν)에 대해 피(Fee)는 다음과 같은 설명을 제공한다.

> "너희를 위한"은 이 지점에서 바울-누가의 독특한 표현이다. 이것이 원래부터 이 말에 포함되었는지에 대해 많은 논란이 있다. 어떤 경우든 그것은 떡과 잔을 함께 연결시키며, 둘 다 예수의 죽음을 가리킨다. "너희를 위한"이라는 말은 이사야 53:12의 언어를 각색한 것이며, 그 구절에서 고난 받는 종은 "많은 사람을 위하여 죄를 담당하였다." 따라서 예수 자신에게 이것은 예언의 상징적인 행위임이 거의 분명하며, 그것에 의하여 그는 자신의 죽음을 예상하고 이것을 이사야 53장에 비추어 다른 사람을 위한 죽음으로 해석하였다. 이러한 방식으로 그들로 하여금 "그의 몸"에 동참케 함으로써 그는 자신의 제자들이 그러한 죽음의 의미와 유익에 참여하도록 초청하였다. 바울 또한 "너희를 위한"이라는 표현을 이런 식으로 이해하였던 것이 거의 분명하다.199

---

195 Thiselton, *First Epistle to the Corinthians*, 870. "해석학의 순환"은 슐라이어마허와 다른 이들이 선호하는 개념이다(Friedrich Schleiermacher, *Hermeneutics: The Handwritten Manuscripts*, trans. James Duke and Jack Forstman, ed. Heinz Kimmerle, American Academy of Religion Texts and Translation Series, ed. Robert Ellwood Jr., vol. 1 [Missoula, MT: Scholars, 1977]).

196 Lancelot C. L. Brenton, *The Septuagint with Apocrypha: Greek and English* (London: Bagster & Sons, 1851; reprint, Peabody, MA: Hendrickson, 1986), 889.

197 Ekblad, *Isaiah's Servant Poems According to the Septuagint*, 176.

198 헤이즈의 고린도전서 11:23b 번역을 참조하라. "하나님께서 우리를 위하여 주 예수를 죽음에 넘기셨던 밤에 그는 빵 한 덩어리를 취하셔서 …"(*First Corinthians*, 198).

그는 이 고린도전서 구절과 네 번째 종의 시 사이의 축어적/언어적 평행을 적절하게 요약한다.

> 이 모든 형식(관용 표현)들은 이사야 53:6("그리고 주님은 우리의 죄를 위하여 **그를 넘겨주셨다**[paredōken]")과 53:12b("그리고 그는 많은 사람의 죄를 담당하였으며, 그들의 죄악 때문에 그가 **넘겨졌다**[paredothē]")의 칠십인역의 번역에 대한 반향으로 들리는 것이 분명하다. 고린도전서 11:23은 이러한 배경에서 이해되어야 한다. 예수가 배반당한 이야기가 초대 기독교 전통에서 널리 퍼져 있었지만 바울은 그것을 언급하지 않는다. 대신 그는 지속적으로 예수의 죽음을 하나님의 뜻(이사야 53장에서 예시된)에 대한 순종의 행위로, 동시에 세상의 구원을 위한 하나님 자신의 행위로 해석한다.200

παραδίδωμι["넘겨주다"]와 "너희를 **위한**" 이 두 어구의 조합(참고. 고전 15:3)은 고린도전서 11장과 이사야 53장 사이의 언어적 평행을 확정하는 인상적인 패턴으로 보인다.201 그리하여 대부분의 주석가들은 이러한 언어적 연결이 이 바울의 구절에서의 이사야 53장에 대한 암시를 입증하기에 충분하다고 생각한다. 이러한 암시를 여전히 의심하는 사람들은 주의 만찬의 의식에 대한 지금의 해석적 전통이 마태복음 26:26~28, 마가복음 14:22~24, 누가복음 22:19~20이 근거하고 있는 일반적인 전통 자료에서 시작되었다고 하는 사실을 상기할 필요가 있다(그리고 아마도 그 전통으로부터 후의 두 전통[마태-마가/누가-바울]이 발전되었을 것이다). 앞에서 보았던 대로 이 구절들에서(혹은 이 구절들의 근원이 되었던 원래의 전통에서의) 이사야 53장에 대한 암시의 주장은 확고하다.

---

199 Fee, *First Epistle to the Corinthians*, 551. 피는 다른 바울서신의 구절(고전 15:3; 롬 5:6, 8/갈 3:13; 고후 5:21)의 용법을 근거로 "위하여"(ὑπέρ)와 연관된 내포된 의미가 "위하여/대신에" 둘 다라고 제안한다(*1 Corinthians*, 198).

200 Hays, *First Corinthians*, 198.

201 Conzelmann, *1 Corinthians*, 197.

많은 학자는 주의 만찬 제도가 예수에게서 시작되었다고 믿고 있다. 이 성찬식 제도는 고린도전서 11:25와 누가복음 22:20에서 보듯이 새 언약의 개념과 얽혀있다. 파머는 이러한 전통의 가능성 있는 근원에 대해 설명한다.

> 죄의 용서에 근거하였을 수 있는 새 언약에 대한 이러한 언급은 이사야 53장에서 종이 많은 사람을 위하여 자기 영혼을 쏟아 죽음에 이르게 한 것과 같은 맥락의, 죄의 용서와 일치한다. 하지만 예레미야의 새 언약에서 피는 고사하고 제사에 대한 언급이 없다. 누군가가 예레미야의 새 언약을 이사야 53장의 주의 종의 속죄의 죽음과 연관 지었으며, 이사야의 고난 받는 종의 본질적인 역할이 하나님께서 자기 백성들의 마음에 기록하실 것이라고 약속하셨던 언약을 실현하는 것이라고 인식하였을 것이 틀림없다. 예수가 이것을 보았다면(나는 그랬을 개연성이 있다고 생각한다) 우리는 기독교의 근원을 찾는 질문에 대해 믿을 만한 대답을 제시할 수 있는 중요한 요점을 찾았다고 할 수 있다.[202]

예수의 마지막 만찬에서 야기된 이러한 원래의 해석적 전통은 열두 사도와 가장 오래된 증인들과 신자들의 세대를 통해 이방인들을 위한 사도인 바울에게 전수되었으며, 이것은 "교회가 시작된 처음 십 년 안에" 일어났다.[203] 다시 한 번 파머는 이러한 해석적/제도적 전통의 전수를 둘러싼 역사적 상황을 재구성한다.

> 어쨌든, 그 날 밤에 예수가 실제로 행했거나 말했던 것을 제자들이 보고 들었을 것이며, 그들의 원래의 언어는 헬라어가 아니었다. 중요한 일에 대한 이야기를 하나의 언어에서 다른 언어로 번역할 때에 항상 필요한 것은 원래의 이야기의 진정한 의미가 새로운 이야기에 분명히 전달되도록 하는 것이다. 이러한 관심은 바울로 하여금 베드로

---

[202] Farmer, "Reflections on Isaiah 53 and Christian Origins," 271.
[203] Farmer, "Reflections on Isaiah 53 and Christian Origins," 272.

와 직접적으로 대화할 수 있는 기회를 가치 있게 여길 실제적인 이유를 가지게 하였다. 그 날 밤에 있었던 일과 다른 중요한 경우에 있었던 일에 관하여 그가 자신의 교회에게 전수하고 있었던 전통들의 신빙성을 의심할 만한 이유가 있었다면, 우리는 그것들에 대해 직접적인 지식을 가졌던 자들과 바울이 이것들을 논의하였을 것이라고 사실상 확신할 수 있다.204

이와 같이 바울은 해석적 전통, 그리고 역사적인 유월절 잔치에 기초한 주의 만찬 제도를 전수 받았으며,205 이러한 같은 전통이 다른 전수

---

204 Farmer, "Reflections on Isaiah 53 and Christian Origins," 파머의 주장대로, 이어져온 전통 내용의 진정성과 신빙성은 마지막 만찬 자리에서의 예수의 창의적이고 인상적이며 "의미 있는" 행위에 기초를 두고 있다. "우리는 아마도 그 곳에서 예수가 말했던 정확한 표현을 재구성할 수 없을 것이다; 후의 기억이 그 이야기와 관련된 생각을 반영하였을 수 있다. 고린도전서와 마태와 마가의 복음에서 보존된 이야기들에서 일관된 부분이, 기억에 남는 예수의 행위가 가진 영속적인 효과를 반영한다. 그가 떡을 취하여 나누어 제자들에게 주었다는 것이 기억할 만한 것이었을 것이다. 그가 그것을 '축복했는지' 혹은 그것에 대해 '감사를 드렸는지'는 말 가운데 다를 것으로 기대할 수 있다. 그가 잔을 취하여 언약에 대해 말하는 가운데 그것이 자기의 피를 가리킨다고 한 것 또한 기억할 만한 것이다. 하지만 정확하게 그가 언제 그렇게 하였는지는 그것에 대해 말한 것들 가운데 차이를 보일 수 있다"("Reflections on Isaiah 53 and Christian Origins," 273~74). 파머가 고린도전서와 복음서들에서의 두 이야기들이 모순되기보다 보완적이고 협력적이라고 생각하는 것은 옳다. "실제로 우리는 주의 만찬의 제정에 대한 지극히 가치 있는 두 이야기를 가지고 있다. 각각은 대부분의 요점들에서 서로를 돕는다. 차이를 강조하여 그 전통의 신빙성에 대한 의심을 증가시킬 목적이 아니라, 그 사건의 의미를 꿰뚫으려 하는 목적으로 그 둘을 함께 볼 때에, 우리는 상호 보완적인, 각각 서로를 돕고 보충하는 두 이야기를 발견한다. 그의 찢긴 몸(고전 11:24)과 연결된 것이든, 그의 쏟아진 피와 연결된 것이든, 두 이야기 모두 **예수의 희생적인 죽음이 다른 이들을 위하여 된 것임**을 인식하고 있다는 것은 특별히 주목할 가치가 있다. 두 이야기를 이런 식으로 보는 가운데 우리는 왜 교회가 죄인들을 위한 그의 희생적인 죽음을 기억하는 가운데 그의 행위를 반복하라고 하신 예수의 명령을 따랐는지 이해할 수 있다"(Farmer, "Reflections on Isaiah 53 and Christian Origins," 274; 필자 강조).

경로를 통하여 복음서에 있는 주의 만찬의 구절들을 만들어내었다(마 26:26~28; 막 14:22~24; 눅 22:19~20). 마찬가지로 우리는 저자가 종종 문학이나 문화의 전통으로부터 어떤 중요한 단어나 표현들을 차용하였을 가능성 아주 높다는 것에 주목할 필요가 있다—그러한 전통이 이미 잘 정착되어 있는 경우에는 그들이 그것들을 의식적으로 생각하지 않았을 수도 있지만.206 고린도전서 11:23~26에서의 이사야 53장에 대한 암시는 그러한 경우로 보인다. 요약하면, 지금의 암시의 경우는 앞에서 제안된(필자와 헤이즈가 제시한) 기준에 따라 충분히 확증될 수 있다—(1) 핵심적인 문학적/문화적 용어들을 통한 축어적/언어적 평행; (2) 사용 가능한 전통 자료(저술 당시의)와 당시의 평행 자료들(복음서에서의 주의 만찬 구절들)에 근거한 역사적 개연성; (3) 주제의 통일성—에릭슨이 효과적으로 보여주듯이 고린도전서 11장의 강화의 논법과 잘 조화되는 것.

두 단계에 대한 해석학적인 분석이 요구된다. 예수가 구약의 구절들과 주제들을 활용하고 해석한 것과 바울이 그렇게 한 것이 그것이다.

---

205 "내가 주께 받았던 것을 또한 너희에게 전해주었다"(고전 11:23a, NRSV)는 바울의 말은 그가 그것을 주에게서 온 **베드로나 다른 중요한 사도들을 통하여** 그것을 받았다거나 그가 그것을 주의 계시를 통하여 받았으며 후에 그러한 역사적인 마지막 만찬에 대하여 베드로에게서 듣고 그 내용을 확인하였다는 뜻일 수 있다. 전자가 더 개연성이 있는 것으로 보인다.

206 예를 들어 "미션 파서블"이라는 표현은 "미션 임파서블"이라는 영화를 상기시킨다(필자는 이 표현이 어떤 책의 한 장의 제목인 것을 본 적이 있다). 이것은 문화적 전통이 잘 정착되어 있는 경우이며, 따라서 독자들은 그것을 쉽게 떠올릴 수 있다. 하지만 이러한 문화적 코드/전통이 잘 알려져 있지 않은 사회에서 "미션 파서블"이라는 표현은 독자들에게 특별한 관심을 일으키지 않는다. 주엘은 도드의 접근을 평가하는 가운데 다음과 같이 날카롭게 비평한다. "우리는 우리가 발견할 수 있는 인용과 암시로 시작해야 한다. 하지만 그것들이 석의의 역사를 위한 시작점을 제공할 것이라고 장담할 수 없다. 표준적 용어들이 된 성경 용어들도 고려 대상에서 제외되어서는 안 된다"(*Messianic Exegesis*, 22). ὑπέρ의 용어의 경우와 παραδίδωμι라는 단어는 주엘의 논리의 적용으로서 주장될 수 있다. 그 단어들과 주의 만찬과 관련된 해석적 전통은 바울의 시대에 잘 알려져 있었기 때문이다. 이러한 논증은 이사야 53장을 암시하는 다른 표현들(같은 전통에서 나온)이 공관복음에 있는 주의 만찬 구절에서 잘 입증되었다는 사실에 의해 강화된다.

앞에서 파머가 지적한 대로 정확한 예수의 말은 확인될 수 없지만, 이전의 공관복음의 구절들에 대한 분석이 보여주는 대로, 핵심적인 내용은 구약의 여러 중요한 신학적인 개념들(이사야 53, 예레미야 31, 출애굽기 24:8)의 "창의적인 통합"을 보여주는 것 같다. 이것은 제2성전기 유대주의의 창의적인 **해석적 전통들**의 연속성과 불연속성을 모두 드러낸다. 구약의 이미지와 주제를 새롭게 재사용하고 **창의적으로 통합**하는 해석적 동향을 계속한다는 점에서 그것은 연속성을 보여준다(예를 들어, 주의 종에 대한 주제, 인자의 주제, 그리고 앞 장에서 보여준 것과 같은 다른 주제들의 통합). 그리하여 그것은 이사야 53장을 포함하여 앞선 구약 주제들의 영향사에 대한 추적으로 이어진다. 그것은 또한 예수가 창의적으로 이사야 53장의 종, 예레미야 31장의 새 언약, 출애굽기 24장의 피의 언약의 주제를 통합하고 새로운(전적으로 새로운 것은 아니지만) 해석적 전통을 확립한다는 점에서 불연속성을 보여준다. 이사야 53장의 실제적인 영향사는 예수를 그의 당대의 역사적 상황에 위치시킨다. 그것은 지속되는 이스라엘의 유배라는 현실, 그리고 실제 이스라엘의 회복과 하나님의 새 백성과 온 세상을 위한 새 언약의 형성을 위해 누군가(하나님의 종이나 하나님께 기름 부음 받은 자)의 구속적/대리적 죽음이 필요하다는 상황이다. 이스라엘이 성경을 숙고하는 가운데 형성된 선이해, 즉 이러한 역사적 관점으로 예수는 자신의 사역과 죽음을 이사야 53장과 예레미야 31장의 틀에서 보았으며, 그리하여 일부 핵심적인 구약의 구절들에 대한 새로운 해석적 전통을 통하여 의미 있는 기념적인 전례를 위한 주의 만찬을 확립하였다.[207] 이 모든 요소들은 이스라엘의 성경으로부터 예수의 사역을 위한, 그리고 당시의 사람들이 자신들의

---

[207] 동시대 이스라엘 사람들은 정치적인 메시아나 종말론적인 심판자/승리자로서의 메시아를 기대했지만, 예수는 지속되는 유배라는 현실과 "죄의 용서"의 필요성(사 53장과 렘 31장)이라는 틀 안에서, 고통 받고 죽임을 당하는 하나님의 종(사 53장)으로서의 그의 역할을 통한 오랫동안-소망했던 하나님 백성의 회복을 위한 메시아로서의 자신의 역할을 이해했고, 또한 새 언약의 중재자(렘 31장)로서의 자신의 역할을 이해하였다(Wright, *Jesus and the Victory of God*의 견해에 찬성함).

곤경을 해결하기 위해 찾았던 것을 위한, 새롭고도 시대에 부합하는 의미들을 만들어내었다. 이러한 맥락에서 지금 경우에서의 예수의 해석적인 행위는 현대용어로 **가다머적**이며,208 고대 용어로 **미드라쉬적**이라고 말할 수 있다. 그가 "새" 언약이라고 한 것에서(고전 11:25) 볼 수 있듯이 그의 종말론적인 성취의 관점에서 그의 해석학은 **페셔**였다. 예수의 해석학에서 구약 구절의 원래의 의미를 왜곡하는 일은 없었다. 그것은 그 구절들에 대한 창의적이며 통합적인 재해석/적용이다.

바울이 "너희를 위한"(τὸ ὑπὲρ ὑμῶν)에 초점을 맞추려고 했다는 의미에서 바울의 해석학적인 방식 또한 미드라쉬적이라고 부를 수 있다. 그 표현은 고린도에서의 주의 만찬 중에 발생했던 사회적이며 관계적인 문제의 문맥에서 고린도 성도들에게 적용되고 의미를 띠었을 것이 분명하다. 만찬 동안 기념하였던 예수의 몸은 "너희를 위한" 것이었으며, 그것은 주되신 종처럼 다른 이들을 섬기기 위해 자신을 희생하기보다 자신에게 초점을 맞추는, 관계적인 대립을 야기하는 "그들을 위한" 것이었다. 바울의 해석학의 목적은 종말론적인 페셔보다 도덕적인 권면이다. 덧붙여, 그러한 해석적인 입장은 보다 하나님 중심적이다(예수의 하나님에 대한 순종). 반면에, 공관복음의 구절들은 하나님에 의해 넘겨지는 것(마 26:24; 막 14:21; 눅 22:22)과 유다에 의해 넘겨지는 것(마 26:2, 16; 막 14:11; 눅 22:4, 6)을 모두 보여주며, 그리하여 역사적인 상황, 그리고 동시에 주권적인 하나님의 섭리를 보여준다.

파머의 말은 지금의 논의에 대한 적절한 결론이 될 수 있을 것으로 보인다. "교회의 삶에서 이보다 더 중심이 되는 행위는 없으며, 이사야 53장은 이러한 행위[해석학적 전통을 통하여 주의 만찬을 제정하는 행위]를 죄인들을 위한 하나님의 구속적 사랑에 대한 이스라엘의 믿음에 기초하게 한다."209

---

208 3장을 참조하라. 해석학에 공헌하는 가다머의 개념은 **영향사**, 즉 해석적인 전통으로서의 본문(들)과 독자(들)의 역사적 상황 모두의 영향이다. 그리하여 **지평들의 융합**(fusion of horizons)이라는 용어가 나오게 되었다(Hans-Georg Gadamer, *Truth and Method*, trans. Joel Weinsheimer and Donald G. Marshall, 2d rev. ed. [New York: Crossroad Publishing Company, 1988; reprint, New York: Continuum, 1994]).

고린도후서 5:21에서 바울의 이사야 53장 사용

MT	칠십인역	신약
사 53:4 אָכֵן חֳלָיֵנוּ הוּא נָשָׂא וּמַכְאֹבֵינוּ סְבָלָם וַאֲנַחְנוּ חֲשַׁבְנֻהוּ נָגוּעַ מֻכֵּה אֱלֹהִים וּמְעֻנֶּה	사 53:4 οὗτος τὰς ἁμαρτίας ἡμῶν φέρει καὶ περὶ ἡμῶν ὀδυνᾶται καὶ ἡμεῖς ἐλογισάμεθα αὐτὸν εἶναι ἐν πόνῳ καὶ ἐν πληγῇ καὶ ἐν κακώσει	고후 5:20 Ὑπὲρ Χριστοῦ οὖν πρεσβεύομεν ὡς τοῦ θεοῦ παρακαλοῦντος δι' ἡμῶν· δεόμεθα ὑπὲρ Χριστοῦ, καταλλάγητε τῷ θεῷ.
사 53:5 וְהוּא מְחֹלָל מִפְּשָׁעֵנוּ מְדֻכָּא מֵעֲוֹנֹתֵינוּ מוּסַר שְׁלוֹמֵנוּ עָלָיו וּבַחֲבֻרָתוֹ נִרְפָּא־לָנוּ	사 53:5 αὐτὸς δὲ ἐτραυματίσθη διὰ τὰς ἀνομίας ἡμῶν καὶ μεμαλάκισται διὰ τὰς ἁμαρτίας ἡμῶν παιδεία εἰρήνης ἡμῶν ἐπ' αὐτόν τῷ μώλωπι αὐτοῦ ἡμεῖς ἰάθημεν	
사 53:6 כֻּלָּנוּ כַּצֹּאן תָּעִינוּ אִישׁ לְדַרְכּוֹ פָּנִינוּ וַיהוָה הִפְגִּיעַ בּוֹ אֵת עֲוֹן כֻּלָּנוּ	사 53:6 πάντες ὡς πρόβατα ἐπλανήθημεν ἄνθρωπος τῇ ὁδῷ αὐτοῦ ἐπλανήθη καὶ κύριος παρέδωκεν αὐτὸν ταῖς ἁμαρτίαις ἡμῶν	

---

209 Farmer, "Reflections on Isaiah 53 and Christian Origins," 274.

사 53:8	사 53:8 ἐν τῇ ταπεινώσει ἡ κρίσις αὐτοῦ ἤρθη τὴν γενεὰν αὐτοῦ τίς διηγήσεται ὅτι αἴρεται ἀπὸ τῆς γῆς ἡ ζωὴ αὐτοῦ ἀπὸ τῶν ἀνομιῶν τοῦ λαοῦ μου ἤχθη εἰς θάνατον	
מֵעֹצֶר וּמִמִּשְׁפָּט לֻקָּח וְאֶת־דּוֹרוֹ מִי יְשׂוֹחֵחַ כִּי נִגְזַר מֵאֶרֶץ חַיִּים מִפֶּשַׁע עַמִּי נֶגַע לָמוֹ		
사 53:9	사 53:9 καὶ δώσω τοὺς πονηροὺς ἀντὶ τῆς ταφῆς αὐτοῦ καὶ τοὺς πλουσίους ἀντὶ τοῦ θανάτου αὐτοῦ ὅτι **ἀνομίαν οὐκ ἐποίησεν οὐδὲ εὑρέθη δόλος ἐν τῷ στόματι αὐτοῦ**	고후 5:21 **τὸν μὴ γνόντα ἁμαρτίαν ὑπὲρ ἡμῶν** ἁμαρτίαν ἐποίησεν, ἵνα ἡμεῖς γενώμεθα δικαιοσύνη θεοῦ ἐν αὐτῷ.
וַיִּתֵּן אֶת־רְשָׁעִים קִבְרוֹ וְאֶת־עָשִׁיר בְּמֹתָיו עַל לֹא־חָמָס עָשָׂה וְלֹא מִרְמָה בְּפִיו		
사 53:10	사 53:10 καὶ κύριος βούλεται καθαρίσαι αὐτὸν τῆς πληγῆς ἐὰν δῶτε περὶ ἁμαρτίας ἡ ψυχὴ ὑμῶν ὄψεται σπέρμα μακρόβιον καὶ βούλεται κύριος ἀφελεῖν	
וַיהוָה חָפֵץ דַּכְּאוֹ הֶחֱלִי אִם־תָּשִׂים אָשָׁם נַפְשׁוֹ יִרְאֶה זֶרַע יַאֲרִיךְ יָמִים וְחֵפֶץ יְהוָה בְּיָדוֹ יִצְלָח		
사 53:11	사 53:11 ἀπὸ τοῦ πόνου τῆς ψυχῆς αὐτοῦ δεῖξαι αὐτῷ φῶς καὶ πλάσαι τῇ συνέσει δικαιῶσαι δίκαιον εὖ δουλεύοντα πολλοῖς καὶ τὰς ἁμαρτίας αὐτῶν αὐτὸς ἀνοίσει	
מֵעֲמַל נַפְשׁוֹ יִרְאֶה יִשְׂבָּע בְּדַעְתּוֹ יַצְדִּיק צַדִּיק עַבְדִּי לָרַבִּים וַעֲוֹנֹתָם הוּא יִסְבֹּל		

5장 신약의 이사야 53장 사용 분석

사 53:12	사 53:12
לָכֵן אֲחַלֶּק־לוֹ בָרַבִּים	διὰ τοῦτο αὐτὸς κληρονομήσει πολλοὺς καὶ τῶν
וְאֶת־עֲצוּמִים יְחַלֵּק	ἰσχυρῶν μεριεῖ σκῦλα ἀνθ' ὧν
שָׁלָל תַּחַת	παρεδόθη εἰς
הֶעֱרָה לַמָּוֶת נַפְשׁוֹ	θάνατον ἡ ψυχὴ αὐτοῦ καὶ ἐν τοῖς
אֲשֶׁר	ἀνόμοις ἐλογίσθη
וְאֶת־פֹּשְׁעִים נִמְנָה	καὶ αὐτὸς ἁμαρτίας πολλῶν ἀνήνεγκεν
וְהוּא חֵטְא־רַבִּים נָשָׂא	καὶ διὰ τὰς
וְלַפֹּשְׁעִים יַפְגִּיעַ	ἁμαρτίας αὐτῶν παρεδόθη

바넷의 말은 고린도후서 5:21에 대한 훌륭한 도입적 진술을 제공한다. "이 당연히 유명한 구절은 이 편지에서, 그리고 참으로 사도 바울의 글 가운데 가장 중요한 구절이다. 그것은 그것이 속한 부분(5:14~6:2)의 거의 끝에 위치하며 앞선 절들(18~20절)의 지배적인 주제인 화해를 포함하여 전체 문단에 대한… 신학적 기초가 된다. 어쨌든 이 문장은 앞선 문장과 연결하는 접속사가 없으며, 인상적인 절대적인 진술로 존재한다."[210]

주석가들이 인식하고 있는 대로 "죄로 삼았다(ἁμαρτίαν ἐποίησεν)"라는 표현은 이해가 쉽지 않으며, 그 결과 많은 주석과 소논문에서 이 표현에 대한 다양한 설명들이 발견된다. 이 표현을 설명하려는 한 가지 노력은 그것을 "죄인으로 만들었다/죄인으로 취급했다"로 이해하는 것이다. 즉 "그가 처하게 된 하나님과의 관계는, 일반적으로 죄의 결과로 발생하는, 하나님으로부터 멀어진, 그 분의 진노의 대상인 그런 관계였다."[211] 본서의 앞의 장에서 보여준 대로 이것은 제2성전기 유대주의

---

[210] Paul Barnett, *The Second Epistle to the Corinthians*, NICNT, ed. Gordon D. Fee (Grand Rapids: Eerdmans, 1997), 312.

[211] C. K. Barrett, *A Commentary on the Second Epistle to the Corinthians*, HNTC, ed. Henry Chadwick (Peabody, MA: Hendrickson,

문학에서 이미 나타나기 시작했던 대체나 교환의 개념이다.212 바울은 교환이라는 분명한 개념을 통하여 이러한 개념을 발전시켰다. "그리스도께서 죄가 되셨던 것은 우리가 하나님의 의가 되기 위함이다."213 또 다른 접근은 "21절을 제사와 연관지어 '속죄제가 되도록 만들어졌다'로 번역하는 것"이다. 이것은 "하나님께서 자기 종의 생명을 속건제로 만

1973; reprint, Peabody, MA: Hendrickson, 1993), 180. 퍼니쉬는 바넷과 동의하는 가운데 그리스도가 "죄의 짐을 지게 되었으며, 이러한 개념은 바울이 갈라디아서 3:13과⋯ 로마서 8:3에서 비슷한 방식으로 표현하고 있다"고 주장한다(Victor Paul Furnish, *II Corinthians: Translated with Introduction, Notes and Commentary*, AB, ed. William Foxwell Albright and David Noel Freedman, vol. 32A [New York: Doubleday, 1984], 351). 쓰롤은 "죄가 되었다"라는 표현이 암시하는 것은 "속죄제"의 개념의 영향을 받은 것이라기보다 개인적인 것이라고 주장한다. "바울은 이 죽음을 제사의 언어로 언급하며, 이사야 53:9~11의 구절 또한 여기서 그가 염두에 두고 있을 수 있지만, '죄가 되었다'라는 표현은 '속죄제'보다 개인적인 것으로 이해되어야 하며, 이것은 죄인이 하나님과의 개인적인 관계 안에서 일어날 필요가 있는 극단적인 변화보다는 객관적으로 죄를 무력화하고 제거하는 것을 암시한다."는 것이다(Margaret E. Thrall, *II Corinthians: Volume I—Introduction and Commentary on II Corinthians I~VII*, ICC, ed. J. A. Emerton, C. E. B. Cranfield, and G. N. Stanton [Edinburgh: T & T Clark, 1994], 442).

212 바넷은 확증한다. "(적어도 상대적으로) 의로운 자의 공적이 죄인의 유익을 위해 사용될 수 있다는 것이 유대주의에서 통용되던 믿음이었다"(*Second Epistle to the Corinthians*, 180).

213 Barrett, *Second Epistle to the Corinthians*, 180. 대체의 개념이 지중해에서 유행했던 추방 의식에서 희생제물이 멸절의 위기에 있는 무리나 공동체를 대신하여 그러한 재난을 짊어지는 것으로 생각되었던 것과 잘 조화됨(참고. 갈 3:13)을 보여준 후에 매클린은 "죄와 저주가 그리스도에게로 실제로 옮겨지는 것이 중요했다⋯. 구원받은 그리스도인과 죄의 권세 사이에 실제적인 거리를 두기 위해 실제적인 죽음이 필요했다"고 결론을 내린다(B. Hudson McLean, *The Crucified Christ: Mediterranean Expulsion Rituals and Pauline Soteriology*, Journal for the Study of the New Testament Supplement Series, ed. Stanley E. Porter, vol. 126 [Sheffield: Sheffield Academic Press, 1996], 144). 그는 주장한다, "그리스도는 인간과 결속하기 위해서가 아니라 그들을 대신하고 이중적인 전가에 참여하기 위해 사람이 되었다. 그는 인간의 죄의 짐을 받았으며, 인간은 하나님의 의를 얻었다"(112쪽).

드셨다고 하는 구약의 개념(사 53:10)에서 이끌어 낸" 것이다.214 이 견해에 대한 강력한 논거 중 하나는 동등한 히브리 단어 *hatta't*가 실제로 '죄'나 '속죄제'를 의미할 수 있다는 것이다(레 4:8~35에서와 같이).215 하지만 이러한 견해는 우리가 이 구절이 교차대구법의 구조라는 것(아래의 각주에서와 같이 모두 네 행으로 구성된),216 그리고 첫째 행("죄를 알지 못하는")과 셋째 행("[죄인인] 우리")이 "속죄제"의 개념을 보여주지 않는다는 것을217 상기할 때에 설득력을 잃는다. 덧붙여 "*hamartia*라는 단어는 신약의 다른 곳에서 '속죄제'라는 의미로 사용되지 않"으며 "만일 바울이 [첫째 행의 의미와] 아주 다른, '속죄제'라는 의미로 그 명사를 사용하기 원했다면 '만들었다'보다 '드렸다'나 '바쳤다'라는 동사를 사용하는 것이 더 적합했을 것이다."218 따라서 두 번째보다 첫 번째 견해가 조금 더 선호된다. 호피우스는 예수의 죽음의 특성을 설명한다.

---

214 Linda L. Belleville, *2 Corinthians*, The IVP New Testament Commentary Series, ed. Grant R. Osborne (Downers Grove, IL: InterVarsity, 1996), 159.

215 Belleville, *2 Corinthians*, 159.

216 갈랜드는 이 구절의 교차대구법/평행의 구조를 아주 잘 분석하고 있다 (David E. Garland, *2 Corinthians*, NAC, ed. E. Ray Clendenen, vol. 29 [Nashville, TN: Broadman & Holman, 1999], 300~301).

    죄를 알지 못하는 그리스도를
        하나님께서 죄가 되게 하셨다
        [죄인인] 우리는
    하나님의 의가 된다

217 Barnett, *Second Epistle to the Corinthians*, 314의 각주 65를 보라.

218 Garland, *2 Corinthians*, 300. 많은 학자는 이 표현이 또한 이사야 53장의 영향을 받았다고 본다. 예를 들어, G. K. Beale, "The Old Testament Background of Reconciliation in 2 Corinthians 5~7 and Its Bearing on the Literary Problem of 2 Corinthians 6:14~7:1," in *The Right Doctrine from the Wrong Texts?: Essays on the Use of the Old Testament in the New*, ed. G. K. Beale (Grand Rapids: Baker, 1994), 226; Barnett, *Second Epistle to the Corinthians*, 314의 각주 63; Furnish, *II Corinthians*, 351을 보라.

그리스도는 단순히 어떤 것, 즉 죄책과 죄를 제거하기 위해 죄인의 곁으로 온 것이 아니다; 그는 자신의 목숨을 내어놓음으로써 죄인들을 하나님과의 연합으로 이끌고, 그리하여 처음으로 하나님과의 교제를 그들에게 열어주기 위해 죄인과 동일하게 되었다(고후 5:21; 갈 3:13을 보라). 그리하여 그리스도는 죄인 '대신'[anstelle] 죽을 뿐 아니라 그의 죽음이 죄인의 죽음과 같고 그의 부활이 죄인이 '하나님께 오는 것'과 같게 만드는 그런 것으로서(고후 5:14b를 보라) 죄인을 '위해' 죽는다.219

Τὸν μὴ γνόντα ἁμαρτίαν("죄를 알지 못하는")의 의미에 대하여 벨빌(Belleville)은 설명한다. "그리스도는 개인적인 경험을 통하여 오는 죄의 지식을 소유하지 않았다."220

한마디로 21절은 "고린도후서 5장 전체, 특별히 10, 11, 12절에 대한 적절한 요약"이며,221 동시에, 설명이 없는, 이사야 52:13~53:12에 대한 요약이 된다.222 벨빌의 간결한 진술은 이러한 사실을 보여준다.

---

219 Hofius, "Das vierte Gottesknechtslied in den Briefen des Neuen Testaments," 116. "Christus ist nicht bloβ neben den Sünder getreten, um ihm etwas—nämlich seine Schuld und Sünde—abzunehmen; sondern er ist mit dem Sünder identisch geworden, um ihn durch die Hingabe seines eigenen Lebens in die Verbindung mit Gott zu führen und ihm so die Gemeinschaft mit Gott allererst zu eröffnen. Christus stirbt somit nicht nur „anstelle" des Sünders, sondern er stirbt so „für" ihn, daβ sein Tod als solcher des Sünders Tod und seine Auferstehung als solche des Sünders Zu-Gott-Kommen ist"(한글로 다시 옮긴 영어 번역은 Daniel P. Bailey의 것이며, 그는 독일어 판에서 각주에 표기된 성경에 관한 참조를 본체 부분에 포함시켰다).

220 Belleville, *2 Corinthians*, 158. 모세의 제사 제도에서 죄를 속하기 위해 제물로 드려졌던 동물은 "제사장과 드리는 자가 그것 자체적인 문제로 인해 죽은 것이 아니라고 확신할 수 있도록 정확하게 결점이 없이 거룩"하고 흠이 없어야 했다"(James D. Dunn, *The Theology of Paul the Apostle* [Grand Rapids: Eerdmans, 1998], 221). 퍼니쉬는 또한 이 표현에서 이사야 53:9 언어의 영향을 본다(*II Corinthians*, 351).

221 Barnett, *Second Epistle to the Corinthians*, 313의 각주 61.

"'죄로 삼았다'의 정확한 요점이 우리에게 이해되지 않는다고 하더라도 그 취지는 분명하다. 그토록 밀접하게 그리스도가 인류의 곤경과 동일시하였기에 그들의 죄는 그의 죄가 되었다."223

고린도후서 5:21의 ὑπὲρ ἡμῶν["우리를 위해/우리를 대신하여"]는 "~을 위한 교환으로/대체"의 개념을 보여준다(BDAG, 1031). 혹은 그보다 "우리를 위해"와 "우리를 대신하여"의 개념 둘 다를 그려낸다고 할 수 있다.224 다른 의미들-"~을 위하여"(유익)/"~ 때문에"(원인)/"~을 대표하여"(대표)225-이 좀 더 일반적이었지만 "~을 대신하여(대체/교환)"라는 뜻으로 ὑπὲρ가 칠십인역에서 이미 사용되었다-신명기 24:16, 이사야 43:3~4, 유딧 8:12.226 이 전치사는 "고전 헬라어에서 드물게 사용되었지만, 칠십인역에서 좀 더 자주 사용되며… 드물지 않게 anti(~ 대신)의 의미를 가진다. 실제로 신약 시대에는 hyper가 점점 더 anti의 의미로 잠식해 들어갔다"(요 11:50; 고후 5:14; 15, 21; 갈 3:13; 아마도 고전 15:29).227

앞에서 말한 대로 많은 학자는 이 짧은 바울의 신학적인 진술에서 전

---

222 Barnett, *Second Epistle to the Corinthians*, 314의 각주 65. 또한 Belleville, *2 Corinthians*, 159, 그리고 Thrall, *II Corinthians I~VII*, 442를 보라. 퍼니쉬는 또한 고린도후서 5:21에서 이사야 53장에 대한 암시를 본다(*II Corinthians*, 351). 하지만 우리는 레위기 16장의 속죄양 구절과 같은 다른 구약 구절에 대한 암시를 제외시킬 필요가 없는데, 이는 이사야 53장에서의 대리적 고난과 죽음의 개념은 레위기 16장이나 의인의 고난을 묘사하는 여러 시들에 있는 비슷한 개념과 연속선상에 있기 때문이다. 빌 또한 이사야 53장에 덧붙여 이사야 43장에 대한 암시의 개연성을 받아들인다("OT Background of Reconciliation in 2 Cor 5~7," 226).

223 Belleville, *2 Corinthians*, 159.

224 Riesenfeld, "ὑπὲρ," 509~10.

225 "ὑπὲρ," in Verlyn D. Verbrugge, ed., *The NIV Theological Dictionary of New Testament Words* (Grand Rapids: Zondervan, 2000), 1280~81.

226 "ὑπὲρ," in *The NIV Theological Dictionary of New Testament Words*, 1281. 또한 Barnett, *Second Epistle to the Corinthians*, 289의 각주 9를 보라.

227 "ὑπὲρ," in *The NIV Theological Dictionary of New Testament Words*, 1280.

통적 형식(관용 표현)을 보고 있다. 바넷의 말이 옳아 보인다. "첫 번째 편지에서 분명히 나타나는 대로(예를 들어, 11:24의 '이것은 너희를 **위하는** 내 몸이니'; 15:3의 '그리스도께서 우리 죄를 **위하여** 죽으시고') 그것은 바울이 '받아'(예루살렘의 사도의 공동체로부터?) 교회들에 '전한' 이전의 *hyper*전통을 바울 자신이 개작한 것일… 가능성이 더 높다."228 "예수의 죽음에 대한 진술에서 ὑπὲρ ἡμῶν(ὑμῶν 등)의 개연성 있는 근원"은 예수였을 것으로 보인다.229 그러한 견해가 가능한 것은 "마지막 만찬에서의 전례의 말"이 초대 교회의 해석적 전통에서 "ὑπὲρ 진술의 출현과 관련하여 중요"하였을 것으로 보이며,230 기념적인 유월절 식사 구절에서의 표현이 역사적인 예수로부터 시작되었을 것이기 때문이다.231 그렇다면, 그것이 헬라어로 번역되기 이전의 구전(성찬식의 말)에서 이사야 53장이 암시되었을 것이 분명하다.232 여러 성찬 담화 가운데 "아마도 마가복음에 있는 잔 담화에 포함된 ὑπὲρ ἡμῶν은 예수의 죽음에 관한 진술 가운데 개인

---

228 Barnett, *Second Epistle to the Corinthians*, 312~13. Furnish는 Barnett와 의견을 같이한다(*II Corinthians*, 351). 고린도후서 5:21의 배경에서 해석적 전통의 존재와 이곳에서 이사야 53장에 대한 암시에 대해 또한 Ralph P. Martin, *2 Corinthians*, WBC, ed. David A. Hubbard and Glenn W. Barker, vol. 40 (Dallas, TX: Word, 1986), 157을 보라. 그는 구약의 증거(testimonium)로서 이사야 53장을 생각한다.

229 이 말은 Riesenfeld, "ὑπὲρ," 510에서 온 것이다.

230 Riesenfeld, "ὑπὲρ," 510.

231 마지막 만찬이라는 역사적 순간에서 예수의 행위와 말은 제자들의 마음에 새겨질 정도로 강렬했으며, 그리하여 이 사건에 근거한 해석적 전통은 아주 빨리, 아마도 그의 죽음 후 수 년 내에 나타났을 것이다. 이것에 대해 앞에서 고린도전서 11:23~26에 대한 분석을 다룬 부분을 보라. 특별히 Farmer, "Reflection on Isaiah 53 and Christian Origins," 270~74를 보라. 바울 이전의 어떤 인물이 이사야 52:13~53:12의 해석에 대한 예수나 예루살렘 사도들의 개연성 있는 영향을 숙고하는 가운데 περι와 διά를 ὑπέρ로 바꾸었다고 하는 바넷의 말은 그럴듯하다(Barnett, *Second Epistle to the Corinthians*, 289). 이러한 전통의 궁극적인 근원은 아마도 역사적 예수로 거슬러 올라갈 것이다.

232 Riesenfeld, "ὑπὲρ," 510.

적인 언급과 함께 ὑπέρ 구의 가장 이른 단계를 나타내는"것으로 보인다.233 이러한 해석적 전통을 신학적으로 사용하는 것은 후에 바울과 누가의 글에서 나타난다. 고린도전서 11:24; 갈라디아서 2:20; 로마서 8:32, 34; 디도서 2:14; 디모데전서 2:6; 누가복음 22:19, 20. 히브리서 2:9; 6:20; 베드로전서 2:21; 요한복음 11:50~52; 18:14; 10:11, 15에서와 같이 후기 신약의 책들 또한 이러한 중요한 초기 기독교 전통(그리고 신학적 묵상을 위한 자료)의 발전을 보여준다. 그리고 이러한 전통을 그리스도인들이 다른 동료 신자들을 돌보고 그들의 유익을 구하도록 권면하는 데 적용하는 것은 고린도후서 12:15, 로마서 9:3; 골로새서 1:24와 다른 구절들에서 나타난다.234 이 모든 전수의 과정을 고려하면, 결론적으로 원래의 해석적 전통과 이곳의 바울의 개작 둘 다 그 "아래에는" 이사야 52:13~53:12의 핵심 구절들을 포함한 "구약의 많은 본문"이 있다고 할 수 있다.235

원래 마지막 만찬에서 예수가 이사야 53장의 언어와 이미지를 사용했던 것은 미드라쉬적 성취(혹은 미드라쉬적 페셔)의 해석학인 것으로 보이며 이사야 본문의 기독론적인 해석으로 보인다. 종의 고난과 죽음에 대해 이사야 53장의 저자가 의도했던 원래의 의미는 분명하지 않지만, 대표/참여나 대체, 혹은 둘 다일 수 있다. 하지만 그 언어는 신약에서 속죄를 대리적 특성으로 이해하는 것으로 각색될(adapt) 수 있다.236 그것은 원래의 의미를 손상하지 않고, 후의 예수의 해석에서 내포된 의미가 유효한 의미론적인 영역 안에 있다는 점에서 미드라쉬적이라고 부를 수 있다. 그리하여 일부 무명의 개인이나 신학자 무리(아마도 사도

---

233 Riesenfeld, "ὑπέρ," 511.

234 Riesenfeld, "ὑπέρ," 511.

235 Barnett, *Second Epistle to the Corinthians*, 313.

236 이 문장의 표현은 베일리에게 빚지고 있다(참고. Daniel P. Bailey, "Concepts of Stellvertretung in the Interpretation of Isaiah 53," in *Jesus and the Suffering Servant: Isaiah 53 and Christian Origins*, ed. William H. Bellinger Jr. and William R. Farmer [Harrisburg, PA: Trinity Press International, 1998], 244).

들)는 칠십인역의 이사야 53장에서 διά 대신 ὑπέρ를 사용하였다. 후자는 διά와 같은 의미를 가질 수 있으면서도 또한 대체/대리의 의미를 내포할 수 있기 때문이다(ἀντί와 같이). 그것은 그리스도의 죽음에 대한 그의/그들의 신학(기독론)에 근거하여 조심스럽고 창의적으로 단어를 신학적으로 선택한 결과였다. 마지막으로 바울은 이러한 중요한 해석학적 전통을 자신의 논증에 활용하여, 먼저 우리와 하나님과의 화해 근거를 확정했으며(21절),237 다음으로 고린도후서 5:11~21(혹은 5:11~6:2)에서 화해시키는 사역의 중요성을 강조하였다. 그것은 해석적 전통을 윤리적으로, 선교적으로 적용한 것이며, 의역을 통한 요약으로 나타내어진다.

빌립보서 2:7~9에서 바울의 이사야 53장 사용

MT	칠십인역	신약
사 52:13 הִנֵּה יַשְׂכִּיל עַבְדִּי יָרוּם וְנִשָּׂא וְגָבַהּ מְאֹד	사 52:13 ἰδοὺ συνήσει ὁ παῖς μου καὶ ὑψωθήσεται καὶ *δοξασθήσεται σφόδρα*	빌 2:5 Τοῦτο φρονεῖτε ἐν ὑμῖν ὃ καὶ ἐν Χριστῷ Ἰησοῦ,
사 52:14 כַּאֲשֶׁר שָׁמְמוּ עָלֶיךָ רַבִּים כֵּן־מִשְׁחַת מֵאִישׁ מַרְאֵהוּ וְתֹאֲרוֹ מִבְּנֵי אָדָם	사 52:14 ὃν τρόπον ἐκστήσονται ἐπὶ σὲ πολλοί οὕτως ἀδοξήσει ἀπὸ ἀνθρώπων τὸ εἶδός σου καὶ ἡ δόξα σου ἀπὸ τῶν ἀνθρώπων	

---

237 퍼니쉬(Furnish)는 이것을 잘 표현한다. "고린도후서 5:21에서 바울은 하나님께서 우리를 위하여 그리스도 안에서 또 그를 통하여 행하셨음을 재확인하고 재강조하기 위하여 그 전통을 활용하고 있다"(*II Corinthians*, 351).

5장 신약의 이사야 53장 사용 분석

사 53:8	사 53:8 ἐν τῇ ταπεινώσει ἡ κρίσις αὐτοῦ ἤρθη τὴν γενεὰν αὐτοῦ τίς διηγήσεται ὅτι αἴρεται ἀπὸ τῆς γῆς ἡ ζωὴ αὐτοῦ ἀπὸ τῶν ἀνομιῶν τοῦ λαοῦ μου ἤχθη **εἰς θάνατον**	
מֵעֹ֤צֶר וּמִמִּשְׁפָּט֙ לֻקָּ֔ח וְאֶת־דּוֹר֖וֹ מִ֣י יְשׂוֹחֵ֑חַ כִּ֤י נִגְזַר֙ מֵאֶ֣רֶץ חַיִּ֔ים מִפֶּ֥שַׁע עַמִּ֖י נֶ֥גַע לָֽמוֹ		
사 53:10	사 53:10 καὶ κύριος βούλεται καθαρίσαι αὐτὸν τῆς πληγῆς ἐὰν δῶτε περὶ ἁμαρτίας ἡ ψυχὴ ὑμῶν ὄψεται σπέρμα μακρόβιον καὶ βούλεται κύριος ἀφελεῖν	빌 2:6 ὃς ἐν **μορφῇ** θεοῦ ὑπάρχων οὐχ ἁρπαγμὸν ἡγήσατο τὸ εἶναι ἴσα θεῷ,
חָפֵ֤ץ דַּכְּאוֹ֙ הֶֽחֱלִ֔י יְהוָ֞ה אִם־תָּשִׂ֤ים אָשָׁם֙ נַפְשׁ֔וֹ יִרְאֶ֥ה זֶ֖רַע יַאֲרִ֣יךְ יָמִ֑ים וְחֵ֥פֶץ יְהוָ֖ה בְּיָד֥וֹ יִצְלָֽח		
사 53:11	사 53:11 ἀπὸ τοῦ πόνου τῆς ψυχῆς αὐτοῦ δεῖξαι αὐτῷ φῶς καὶ πλάσαι τῇ συνέσει δικαιῶσαι δίκαιον εὖ δουλεύοντα πολλοῖς καὶ τὰς ἁμαρτίας αὐτῶν αὐτὸς ἀνοίσει	
מֵעֲמַ֤ל נַפְשׁוֹ֙ יִרְאֶ֣ה יִשְׂבָּ֔ע בְּדַעְתּ֗וֹ יַצְדִּ֥יק צַדִּ֛יק עַבְדִּ֖י לָֽרַבִּ֑ים וַעֲוֺנֹתָ֖ם ה֥וּא יִסְבֹּֽל		

사 53:12	사 53:12 διὰ τοῦτο αὐτὸς κληρονομήσει πολλοὺς καὶ τῶν ἰσχυρῶν μεριεῖ σκῦλα ἀνθ' ὧν παρεδόθη εἰς **θάνατον** ἡ ψυχὴ αὐτοῦ καὶ ἐν τοῖς ἀνόμοις ἐλογίσθη καὶ αὐτὸς ἁμαρτίας πολλῶν ἀνήνεγκεν καὶ διὰ τὰς ἁμαρτίας αὐτῶν παρεδόθη	빌 2:7 ἀλλ' **ἑαυτὸν ἐκένωσεν μορφὴν δούλου** λαβών, ἐν ὁμοιώματι ἀνθρώπων γενόμενος· καὶ σχήματι εὑρεθεὶς ὡς ἄνθρωπος
לָכֵן אֲחַלֶּק־לוֹ בָרַבִּים וְאֶת־עֲצוּמִים יְחַלֵּק שָׁלָל תַּחַת אֲשֶׁר **הֶעֱרָה לַמָּוֶת נַפְשׁוֹ** וְאֶת־פֹּשְׁעִים נִמְנָה וְהוּא חֵטְא־רַבִּים נָשָׂא וְלַפֹּשְׁעִים יַפְגִּיעַ		빌 2:8 **ἐταπείνωσεν ἑαυτὸν** γενόμενος ὑπήκοος **μέχρι θανάτου**, θανάτου δὲ σταυροῦ.
		빌 2:9 διὸ καὶ ὁ θεὸς αὐτὸν ὑπερύψωσεν καὶ ἐχαρίσατο αὐτῷ τὸ ὄνομα τὸ ὑπὲρ πᾶν ὄνομα,
	사 45:23b ἐμοὶ **κάμψει πᾶν γόνυ καὶ ἐξομολογήσεται πᾶσα γλῶσσα** τῷ θεῷ	빌 2:10 ἵνα ἐν τῷ ὀνόματι Ἰησοῦ **πᾶν γόνυ κάμψῃ** ἐπουρανίων καὶ ἐπιγείων καὶ καταχθονίων
		빌 2:11 καὶ **πᾶσα γλῶσσα ἐξομολογήσηται** ὅτι κύριος

대부분의 학자들은 빌립보서 2:6~11의 배경에 바울 이전의 문어적 전통/전승이 있으며, 그것은 성찬식의 찬송이었을 것이라고 믿고 있다.238 바울은 여기서 이 노래를 활용하여 모든 성도, 특히 빌립보 신

---

238 Peter T. O'Brien, *The Epistle to the Philippians: A Commentary on the Greek Text*, NIGTC, ed. I. Howard Marshall and W. Ward Gasque (Grand Rapids: Eerdmans, 1991), 186; Gordon D. Fee, *Paul's Letter to*

자들에게 겸손의 필요성을 말하는 자신의 요점을 강조하려고 하는 것으로 보인다. 피는 이사야 53장과 빌립보서의 기독론적 찬송 사이에 몇몇 흥미로운 언어적, 개념적 연결이 있다고 주장한다.239 그것은 εἰς θάνατον(사 53:8, 12)["죽음으로 (이끌려갔다)"]과 μέχρι θανάτου(빌 2:8)["죽기까지"]240; ἐν τῇ ταπεινώσει(사 53:8)["수욕/낮아짐 가운데"]와 ἐταπείνωσεν ἑαυτὸν(빌 2:8)["자신을 낮추시고"] 사이의 언어적 연결, 그리고 הֶעֱרָה לַמָּוֶת נַפְשׁוֹ("자기 영혼을 쏟아 사망에 이르게 하며," 사 53:12)와 ἑαυτὸν ἐκένωσεν("자신을 비워," 빌 2:7, NRSV)241; ὑψωθήσεται καὶ

---

the Philippians, NICNT, ed. Gordon D. Fee (Grand Rapids: Eerdmans, 1995), 192; Moisés Silva, *Philippians*, The Wycliffe Exegetical Commentary, ed. Kenneth Barker (Chicago: Moody, 1988), 104~33(그는 "그리스도 찬미"라는 용어를 사용한다; 예. 126쪽). 복무엘은 이것에 대해 조심스럽다. "…시적 표현과 신조의 언어가 분명 존재하지만 성찬식에서 사용되었다는 증거가 없는 가운데 그것을 '찬미'라 부르는 것은 정당하지 않으며 오해의 소지가 있다"(Markus Bockmuehl, *The Epistle to the Philippians*, BNTC, ed. Henry Chadwick [London: Black, 1998], 117). 그런데도 그는 "이 구절의 두드러진 시적 특징"을 주장한다(116~17쪽).

239 Fee, *Philippians*, 212(특별히 각주 87). 엘리스와 도드 모두 빌립보서 2:7에서 이사야 53:12에 대한 암시를 본다(Ellis, *Paul's Use of the OT*, 154; Dodd, *According to the Scriptures*, 93). 또한, 둘 다 2:9에서 이사야 52:13에 대한 암시를 본다.

240 찬미의 흐름을 생각하면 전치사 εἰς대신 μέχρι를 사용한 것은 타당성이 있다.

241 도드가 주장하듯이 두 표현 사이에 언어적인 연결 또한 존재한다. "하지만 만일 (로마이어[Lohmeyer]와 다른 이들이 주장하듯이) 빌립보서 2:5~11이 바울 이전의 찬송을 나타낸다면, 혹은 그것과 달리 바울이 이미 정착되어 있는 표현의 형식을 사용하고 있다면, 칠십인역의 세 곳에서 ערה ["벌거벗다, 비우다"]의 piel형을 ἐκκενόω["비우다"]로 번역하고 있는 것, 또 같은 동사의 hiphil이 이사야 53:12에서 사용되고 있다는 것, 따라서 이 이사야 구절은 ἐξεκένωσεν τὴν ψυχὴν αὐτοῦ εἰς θάνατον["그가 자기 영혼/목숨을 버려 사망에 이르도록 비웠다"]와 같이 적절하게 번역되었을 수 있다는 것을 생각해 볼 필요가 있다."(C. H. Dodd, review of *Theologisches Wörterbuch zum Neuen Testament (Band II and III)*, by Gerhard Kittel, *JTS* 39 [July 1938]: 292). 또한

δοξασθήσεται σφόδρα("높임을 받으며, 지극히 영화롭게 될 것이다," 사 53:13)와 αὐτὸν ὑπερύψωσεν("그를 지극히 높이셨다," 빌 2:9, NRSV)242 사이의 개념적, 언어적 연결이다. 하지만 이사야 53장의 종이 παῖς μου("나의 종"="야웨의 종")인 반면 빌립보서 2장의 종/노예는 δοῦλος이며, 나아가 "주의 종"이 아니다. 그리하여 피는 조심스러운 논조를 취한다. "따라서 만일 그러한 연결이 존재한다면, 그리고 그것이 적어도 6절에서의 아담에 대한 은밀한 언급과 같이 가능성이 있는 것이라면 그것은 일반적인 배경으로서의 연결일 가능성이 매우 높다…"243

복무엘(Bockmuehl)은 δοῦλος가 "실제로 몇몇 장소에서 종과 번갈아 사용되고 있다(예, 사 42:19; 48:20; 49:3, 5)"고 설득력 있게 주장한다.244 그는 계속해서 아주 흥미로운 사실을 지적한다. "그것은 또한 중요한 2세기 초의 Aquila의 번역에서 지속적으로 발견되는데, 또한 거기서는 52:14와 53:2의 이 '종'의 '형태'(morphē)에 대해 말한다. 바울의 언어

Dodd, *According to the Scriptures*, 93을 보라.

242 또한 Juel, *Messianic Exegesis*, 133을 보라.

243 Fee, *Philippians*, 212. 복무엘은 피의 견해를 따른다. "아마도 인간의 순종과 불순종에 대한 바울의 논의에서 아담-그리스도의 대조가 무의식적으로 존재하고 있는 것과 같이 그리스도의 의로운 고난에 대한 이야기를 말하는 방식을 결정하기 위해 종에 대한 이러한 다양하지만 통일성 있는 전통이 암시적으로 전제되고 있을 가능성이 있다"(Bockmuehl, *Philippians*, 136).

244 Bockmuehl, *Philippians*, 135. 엑블라드는 주장한다. "빌립보서 2:7~8에서의 바울의 용법은 신약의 저자가 자신의 목적에 맞게 MT와 다른 칠십인역의 이문(즉, 사 49:3, 5)을 사용하는 한 예이다"(Ekblad, *Isaiah's Servant Poems According to the Septuagint*, 288). 덧붙여, 동사 δουλεύω["종으로서 섬기다"]는 이사야 53:11에서 사용된다. 또한 O'Brien, *Philippians*, 270을 보라. 빌립보서 2:6~11의 근원이 되었던 전통적인 찬송이 그 단어를 사용하였던 또 다른 이유는 παῖς의 의미가 시간에 따라 변하고 있었으며 1세기에 그것은 또한 "아이"를 뜻하였을 수 있으며, 그것이 또한 "종"을 뜻할 수 있었지만 δοῦλος보다 덜 낮은 지위를 암시하였을 수 있기 때문일 것이다. 오브라이언(O'Brien)은 전자가 "품위와 명예를 나타내는 칭호"인 반면, 후자의 명칭은 "부끄러움과 굴종의 요소"를 강조한다고 주장한다(270쪽).

선택을 가정하면 이 후자의 단편은 특별히 이사야 53장을 둘러싼 유대 해석적 전통들과의 연결 가능성을 암시한다."245 필자의 생각에 이것은 또한 주후 1세기의 언어적 동향이 칠십인역이 만들어진 때와 약간 달랐다는 것과, 그리하여 μορφή["형체"]나 δοῦλος["종"]를 사용하는 것이 좀 더 자연스럽고 어울렸을 가능성이 있다는 것을 가리킨다(우리가 찬송의 작성에 대해 말하고 있음을 기억할 필요가 있다). 6절, 그리고 특별히 7절에서 복무엘은 계속해서 "특별히 Aquila의 번역을 가정하면 *morphé*["형체"]라는 단어가 가리키는 문자적이며… 구체적으로 시각적인 함축적인 의미는 특별히 중요하다"고 말한다.246 아마도 가장 중요한 요점은 다른 것, 즉 빌립보서 2:6~11이 기초하고 있는 전통의 양식이나 문학적 특성(상당히 긴 찬송)일 것이다. 고대나 현대의 찬송에서는 직접적인 인용이 거의 없으며, 분명한 암시도 많지 않고, 많은 경우에 용어들과 이미지가 성경의 것들에 전적으로 의존한다. 이곳의 빌립보서의 찬송도 같은 경우로 보인다. 빌립보서 2:6~11의 근원이 되는 전통적인 찬송의 간본문적인 세계에서 네 번째 종의 시의 이미지와 언어가 크게 울려 퍼지고 있다.247

예수와 초대 교회의 해석적 전통에 대해 숙고하고, 피는 빌립보서 2:6~9에서의 이사야 53장에 대한 암시와 간본문적 반향의 개연성에

---

245 Bockmuehl, *Philippians*, 135.

246 Bockmuehl, *Philippians*, 136.

247 실바(Silva)는 비슷한 방식으로 논증한다. "우리는 ἑαυτὸν ἐκένωσεν ["자신을 비워"]라는 표현이 **더 넓은 관계의 망**을 불러일으켰을 가능성이 크다는 것과 그것이 '전체' 의미의 일부였을 것이라는 것을 인식할 수 있고, 그렇게 인식해야 한다"(*Philippians*, 125; 필자 강조). 이 찬송을 처음 지은 자가 어느 본문 형식/전통을 마음에 두었는지는 분명하지 않다. 칠십인역, 후대의 아퀼라와 관련이 있는 본문/해석적 전통, MT, 다른 히브리어 본문일 수 있으며, 혹은 저자의 마음에 이것들 중 일부가 무의식적으로 혼합되었을 수 있다. 덧붙여, 그것을 작성한 자(혹은 단체)가 그것(들)의 간본문적 개념의 세계에서의 자신(들)의 생각으로부터 다른 연결 단어와 표현을 선택하면서도 이사야의 시 가운데 ערה["벌거벗기다, 비우다"]라는 단어를 생각하고서 ἑαυτὸν ἐκένωσεν이라는 표현을 사용하였을 가능성을 배제할 수 없다. 이러한 종류의 현상은 찬송을 지은 자가 실제로 그것을 작성하는 동안 일어났을 수 있다.

대해 다시 한 번 목소리를 높인다. "… 결국, 예수 자신은 이사야 53장에 비추어 자신의 죽음을 해석하였으며, 바울과 초대 교회는 재빨리 그리스도의 '종 되심'이, 다른 이들을 위하여 '죽음에 이르도록 자기 생명을 쏟는 것'(사 53:12)을 통해 궁극적으로 성취되었음을 알았다. 초대 그리스도인들이 다소 자동적으로 그러한 배경에 비추어 이 구절을 듣지 않았을 것이라고는 상상하기 어렵다―특히 그 구절(52:13)이 이 찬미가 끝나는 방식으로, 즉 종이 하나님에 의해 높임을 받는 것으로 시작하고 있으므로."248 덧붙여, 빌립보서 2:10~11에서의 이사야 45:23에 대한 분명한 암시는 "이사야 53:12에 대한 암시가 있을 개연성을 증가시킨다―비록 이러한 암시가 의식적인 것인지 무의식적인 것인지 분명하지 않지만."249 복무엘은 이러한 개념적 추세가 역사적으로, 문학적으로 사람들이 접할 수 있는 것이었다고 설명한다. "이사야 53장과의 일반적인 연결 또한, 그 순종과 고난이 변호를 통하여 보상을 받게 되는 의로운 사람에 관한 더 넓은 성경적 전통과 성경시대 이후의 유대 해석적 전통(예. 「지혜서」 2; 「마카비 2서」 6~7 등) 안에서 잘 조화된다."250 따라서 앞에서 피가 주장한 대로, 이사야의 종의 시는 이 찬송을 지은 이의 간본문적인 개념의 세계에서 예수의 "낮아짐과 높아짐에 대한 주제적 배경"을 형성했으며,251 그것이 빌립보서 2:6~11의 근

---

248 Fee, *Philippians*, 212(필자 강조). 그가 사용하는 "들었다"라는 단어는 "반향"이라는 단어를 연상시킨다.

249 Silva, *Philippians*, 125.

250 Bockmuehl, *Philippians*, 136. 이사야 53장과 연결된 이러한 해석적 전통에 대한 철저한 고찰을 위해 앞 장을 보라.

251 Silva, *Philippians*, 125의 각주 52. 데니 또한 같은 생각이다. "이 구절에서 네 번째 종의 노래의 핵심적인 요소들이 분명하다…. 이 종은 그가 자신을 낮추거나 겸손하여 죽기까지 순종하였다는 점에서 유일무이하다. 이 모든 것이 수 세기 전 선지자에 의해 설명되었다. 이사야 53:1~12에서의 종의 높아짐은 다시 사신 구세주의 부활의 영광과 평행을 이루었다"(David R. Denny, "The Significance of Isaiah in the Writings of Paul" [Th.D. diss., New Orleans Baptist Theological Seminary, 1985], 94~95). 린다스도 주장한다. "이사야 53장의 가장 지속적인 신학적 사용은 유명한 기독론적인 구절인 빌립보서 2:5~11

5장 신약의 이사야 53장 사용 분석

원이었을 것으로 보인다. 혹은 이사야 53장이 성찬식의 찬송의 내용에서 직접적인 인용이나 분명한 암시보다 미묘한 암시의 근원이었을 것이라고도 할 수 있다.252 이것은 "엄밀한 언어적인 것보다 개념적인 연관이, 바울이 구약의 구절이나 주제를 염두에 두고 있음을 암시하는" 경우로 보인다.253 도드는 훌륭한 요약을 제공한다. "빌립보서 2:8~9의 일반적인 취지는 종의 그림을 떠올린다. 그리스도는 자신을 낮추고(참고. ἐν τῇ ταπεινώσει ["그의 낮아짐/수욕 가운데서"], 사 53:8), 죽고(참고. ἤχθη εἰς θάνατον ["죽음으로 끌려갔다"], 사 53:8), 크게 높임을 받았다(참고. ὑψωθήσεται καὶ δοξασθήσεται σφόδρα ["매우 높아져 영광을 받을

에서 발견된다. 그것은 특성상 시적이며, 바울은 그것을 전례의 자료를 통해 전수받았을 것이다. 예언과의 연관성은 실제적인 암시보다 그 구절의 일반적인 생각에서 찾을 수 있다(*New Testament Apologetic*, 82).

252 또한 Silva, "Old Testament in Paul," 635를 보라. 그는 "고난 받는 종의 모티프는 그리스도 찬미의 형성에 기여하였을 가능성이 크다"고 제안한다(635쪽). 오브리엔은 빌립보서 2:7에서의 이사야 53:12에 대한 암시의 존재와 관련된 문제에 대해 확정적이지 않다. 그는 (a) 언어적 타당성(예를 들어, 히브리어 ערה ["쏟아 붓다"]에 대해 칠십인역에서 παρεδόθη ["넘겨졌다"]를 사용한 것이 빌 2장에서 적용되지 않은 것), (b) 문맥적 적합성(예를 들어, 오브라이언에 의하면 우리가 Jeremias의 논지를 따를 경우, 이야기의 흐름[성육신 전에 결과적인 죽음이 있는 순서]이 빌립보서 2:6~11에서 이해가 되지 않음), (c) μορφὴν δούλου ["종의 형체"]라는 표현의 사용의 적절성(오브라이언이 설명한 대로 이 세 번째 문제는 문제 제기 후 다른 학자들의 제안에 따라 오브라이언 자신이 설명함으로써 해결됨; O'Brien, *Philippians*, 268~71)을 언급한다. 하지만 그의 접근은 너무 단순하며 (그는 "사 53:12와 빌 2:7의 일치를 명확하게" 밝히려고 한다[271쪽]), 그것은 제 2성전기 유대 문학에서 자주 나타나는, 주제를 중심으로 하는 미묘한 암시나 간본문적 반향과 일치하지 않는다(예를 들어, 「지혜서」 2, 3, 5와 「마카비 2서」 6~7에서 이사야 53장의 언어와 모티프; 1QHodayot[12:8; 16:36; 23:14]에서의 이사야 53장과 다른 종의 시에 대한 느슨한 암시). 요점은, 만일 지금의 경우가 분명한 암시라면 오브라이언의 주장이 이해가 된다는 것이다. 하지만 이 경우는 많은 찬송이나 시에서와 같이 간본문적 반향이나 주제와 관련된 느슨한 암시이다. 파머는 지금의 경우에 대해 "반향"이라는 용어를 사용한다(Farmer, "Reflection on Isaiah 53 and Christian Origins," 262).

253 Silva, "Old Testament in Paul," 635.

것"], 사 52:13). 이사야의 고난 받는 종이 기독론적인 그 구절의 배경 어딘가에 놓여있을 가능성을 배제해서는 안 된다."254

많은 주석가가 이 시적 구절을 **그리스도-찬송시**라고 부르는 것처럼, 원래의 찬송이 이사야의 네 번째 종의 노래를 사용하는 방식은 기독론적이다. 무명의 작가(혹은 무리)는, 시편과 아담-그리스도의 예표론(typology)에 있는 "의로운 고난 받는 자"와 같은 다른 주제들과 함께 종의 주제를 전형적-예언적 성취의 개념으로 활용하여 주 예수의 성육신의 낮아짐, 고난, 죽음에 이르기까지의 순종, 영광을 노래하는 찬송 가사에 주입하였다. 이것은 이용 가능한 종의 주제를 저자의 기독론에 따라 신학적으로 사용한 것으로 볼 수 있다. 이어서 바울은 이러한 찬송의 문어적 전통/전승을 활용하여 빌립보 성도들이 하나님의 영광을 위해 좀 더 겸손하고 다른 이들을 섬기도록 권면한다. 이것은 이용 가능한 문학적 전통을 도덕적으로 사용하는 것이다. 린다스는 간결하게 요약한다. "그리하여 '너희 안에 이 마음을 가지라'라는 도입의 말을 통해 빌립보서 2:5~11의 신학적인 찬송은 설교로 바뀐다. 이 도입의 말은 이 장의 문맥에 속하며 어떤 다른 시작하는 말을 대체했을 수 있다."255

---

254 Dodd, review of *Theologisches Wörterbuch zum Neuen Testament (Band II and III)*, 292. 호프하인츠(Hofheinz)는 도드의 견해만을 설명하고 비평하는 가운데 이 경우는 분명하지 않다고 결론을 내린다. "… 이러한 제안은 가능한 것이지만 반드시 개연성이 있는 것은 아니라고 생각되어야 한다; 어떠한 경우도 그것에 기초할 수 없다"(Walter Carlton Hofheinz, "An Analysis of the Usage and Influence of Isaiah Chapters 40~66 in the New Testament" [Ph.D. diss., Columbia University, 1964], 239).

255 Lindars, *New Testament Apologetic*, 87.

히브리서 9:28에서 이사야 53:4, 6, 11, 12 사용

MT	칠십인역	신약
사 53:4 אָכֵן חֳלָיֵנוּ הוּא נָשָׂא וּמַכְאֹבֵינוּ סְבָלָם וַאֲנַחְנוּ חֲשַׁבְנֻהוּ נָגוּעַ מֻכֵּה אֱלֹהִים וּמְעֻנֶּה	사 53:4 *οὗτος τὰς ἁμαρτίας ἡμῶν φέρει* καὶ περὶ ἡμῶν ὀδυνᾶται καὶ ἡμεῖς ἐλογισάμεθα αὐτὸν εἶναι ἐν πόνῳ καὶ ἐν πληγῇ καὶ ἐν κακώσει	
사 53:6 כֻּלָּנוּ כַּצֹּאן תָּעִינוּ אִישׁ לְדַרְכּוֹ פָּנִינוּ וַיהוָה הִפְגִּיעַ בּוֹ אֵת עֲוֹן כֻּלָּנוּ	사 53:6 πάντες ὡς πρόβατα ἐπλανήθημεν ἄνθρωπος τῇ ὁδῷ αὐτοῦ ἐπλανήθη καὶ <u>κύριος παρέδωκεν αὐτὸν ταῖς ἁμαρτίαις ἡμῶν</u>	히 9:26 ἐπεὶ ἔδει αὐτὸν πολλάκις παθεῖν ἀπὸ καταβολῆς κόσμου· νυνὶ δὲ ἅπαξ ἐπὶ συντελείᾳ τῶν αἰώνων εἰς ἀθέτησιν [τῆς] ἁμαρτίας διὰ τῆς θυσίας αὐτοῦ πεφανέρωται.
사 53:11 מֵעֲמַל נַפְשׁוֹ יִרְאֶה יִשְׂבָּע בְּדַעְתּוֹ יַצְדִּיק צַדִּיק עַבְדִּי לָרַבִּים וַעֲוֹנֹתָם הוּא יִסְבֹּל	사 53:11 ἀπὸ τοῦ πόνου τῆς ψυχῆς αὐτοῦ δεῖξαι αὐτῷ φῶς καὶ πλάσαι τῇ συνέσει δικαιῶσαι δίκαιον εὖ δουλεύοντα πολλοῖς καὶ τὰς ἁμαρτίας αὐτῶν αὐτὸς ἀνοίσει	히 9:27 καὶ καθ' ὅσον ἀπόκειται τοῖς ἀνθρώποις ἅπαξ ἀποθανεῖν, μετὰ δὲ τοῦτο κρίσις,

사 53:12	사 53:12 διὰ τοῦτο αὐτὸς κληρονομήσει πολλοὺς καὶ τῶν ἰσχυρῶν μεριεῖ σκῦλα ἀνθ᾽ ὧν παρεδόθη εἰς θάνατον ἡ ψυχὴ αὐτοῦ καὶ ἐν τοῖς ἀνόμοις ἐλογίσθη καὶ αὐτὸς ἁμαρτίας πολλῶν ἀνήνεγκεν καὶ διὰ τὰς <u>ἁμαρτίας αὐτῶν παρεδόθη</u>	히 9:28 οὕτως καὶ ὁ Χριστὸς ἅπαξ <u>προσενεχθεὶς εἰς τὸ πολλῶν ἀνενεγκεῖν ἁμαρτίας</u> ἐκ δευτέρου χωρὶς ἁμαρτίας ὀφθήσεται τοῖς αὐτὸν ἀπεκδεχομένοις εἰς σωτηρίαν.
לָכֵן אֲחַלֶּק־לוֹ בָרַבִּים וְאֶת־עֲצוּמִים יְחַלֵּק שָׁלָל תַּחַת אֲשֶׁר הֶעֱרָה לַמָּוֶת נַפְשׁוֹ וְאֶת־פֹּשְׁעִים נִמְנָה וְהוּא חֵטְא־רַבִּים נָשָׂא וְלַפֹּשְׁעִים יַפְגִּיעַ		

엘링워스(Ellingworth)의 말은 우리가 초점을 맞추고 있는 구절에 대한 좋은 도입이다. "이 구절은 두 가지 기능을 성취한다. 하나는 그것이 27절에서 묘사된 인간의 상황과 비교를 완성하는 것이며, 다른 하나는 26b에서 그리스도의 사역에 대해 언급되었던 것을 다시 강조하고 앞으로 이끌어 가는 것이다. 두 번째 기능이 논증의 일반적인 전개를 위해 좀 더 중요하다."[256] 9:26(ἅπαξ ἐπὶ συντελείᾳ τῶν αἰώνων εἰς ἀθέτησιν [τῆς] ἁμαρτίας διὰ τῆς θυσίας αὐτοῦ πεφανέρωται["그러나 실상은 자기를 단번에 모두를 위한 제물로 드려 죄를 없이 하시려고 **세상 끝에 나타나셨다.**" NRSV, 필자 강조])에서와 같이 사람의 죄를 제거/담당하기 위한, 모두를 위한 단 한 번의 희생은 종말론적인 문맥에서 제시되었다―"그리스도도 많은 사람의 죄를 담당하시려고 단번에 드리신바 되셨고… 두 번째 나타나시리라"(28절, NRSV). 이러한 구속의 제사가 가진 영원한, 한 번에 모두를 위한(참고. 26~28에서의 삼중의 ἅπαξ) 효과는 그리스도의 재림 때에 **다시 죄를 다룰 필요가 없이**(χωρὶς ἁμαρτίας, 9:28), 자기를 "기다리는" 자들에게(τοῖς αὐτὸν ἀπεκδεχομένοις) 그리스

---

[256] Paul Ellingworth, *The Epistle to the Hebrews: A Commentary on the Greek Text*, NIGTC, ed. I. Howard Marshall and W. Ward Gasque (Grand Rapids: Eerdmans, 1993), 486.

도가 다시 한 번 나타나는(ἐκ δευτέρου ὀφθήσεται, 9:28) 것을 가능하게 하였다.257 28절의 "많은"이라는 단어의 의미에 대하여 엘링워스는 설득력 있게 설명한다. "'많은'에 대한 언급은 (크리소스톰이 생각했던 것처럼) 그리스도의 희생의 효과를 믿음으로 그것을 받아들이는 자들에게로 제한하는 것으로 이해되어서는 안 된다. 이사야 52:12; 히브리서 2:10; 마가복음 10:45; 14:24에서와 같이 암시된 대조는 한 번의 희생과 그것으로부터 유익을 얻는 수많은 사람 사이의 대조이다. '로마서 5:15에서와 같이 그는 **많은 사람**, 즉 모두의 죄에 대해 말하고 있다'(칼뱅)."258 따라서 28절의 의미는, 모두의 죄를 위해 죽음을 통해 드려진 그리스도의 제사는 한 번에 모두를 위한 완전한 희생이었기 때문에 영원한 효과를 가지며, 그리하여 그가 모든 것을 완성하기 위해 두 번째로 나타날 때에 죄의 문제를 다시 다룰 필요가 없을 것이라는 것이다. 그리스도의 사역과 재림의 문맥은 종말론적이다(26, 28절). 히브리서 9:28은 히브리서 9장(그리스도가 드린 제사의 "완전함"에 대해 말함)과 10장(그의 제사의 "영원성"에 대해 말함)을 연결하는 다리의 역할을 하는 구절이다. 언어는 제사와 관련된 언어이다.259

---

257 Harold W. Attridge, *The Epistle to the Hebrews: A Commentary on the Epistle to the Hebrews*, Hermenia–A Critical and Historical Commentary on the Bible, ed. Helmut Koester et al (Philadelphia: Fortress, 1989), 266.

258 Ellingworth, *Hebrews*, 487. 또한 Donald A. Hagner, *Hebrews*, NIBC, ed. W. Ward Gasque (Peabody, MA: Hendrickson, 1990), 149; Philip E. Hughes, *A Commentary on the Epistle to the Hebrews* (Grand Rapids: Eerdmans, 1977), 388을 보라. 해그너는 "'많은'은 '모두'를 뜻할 수 있는 셈어의 표현"임을 지적한다(Donald A. Hagner, *Encountering the Book of Hebrews: An Exposition*, Encountering Biblical Studies, ed. Walter Elwell [Grand Rapids: Baker Academic, 2002], 124). 그는 이 단어가 여기서 나타나는 이유가 그것이 이사야 53장에서 사용된 것의 영향이라고 제안한다(388쪽). 또한 마가복음 10:45에서의 이사야 53:10~12의 사용을 다루는 해당 섹션을 참조하라.

259 예를 들어, Attridge, *Hebrews*, 266; William L. Lane, *Hebrews 9~13*, WBC, ed. David A. Hubbard and Glenn W. Barker, vol. 47B (Dallas, TX: Word, 1991), 250을 보라.

히브리서 9:28(εἰς τὸ πολλῶν ἀνενεγκεῖν ἁμαρτίας["많은 사람의 죄를 담당하기 위하여"])와 이사야 53:12의 칠십인역(αὐτὸς ἁμαρτίας πολλῶν ἀνήνεγκεν["그가 많은 사람의 죄를 지며/담당하며"]) 사이의 밀접한 언어적 연결은 이것이 분명한 암시의 경우임을 확증한다. 해그너(Hagner)의 표현대로 그것은 "의식적인 암시"이다.260 28절의 표현 또한 같은 이사야의 종의 시에 있는 이사야 53:4(οὗτος τὰς ἁμαρτίας ἡμῶν φέρει["그가 우리의 죄를 짊어지며"])와 53:11(τὰς ἁμαρτίας αὐτῶν αὐτὸς ἀνοίσει["그가 그들의 죄를 감당하며"])의 말을 연상시킨다. 엘링워스는 이것이 이사야 53:12에 대한 미묘한 암시의 또 다른 경우일 것이라고 주장한다. 수동태 분사 προσενεχθείς["드려진 바 되다"]는 암시된 주체가 하나님이시며 메시아 그리스도의 죽음(참고. 11, 14, 24절)이 하나님의 뜻에 대한 복종과 순종 가운데 이루어졌음을 암시하고, 이것은 이사야 53장의 하나님의 종에 대한 묘사를 상기시킨다는 것이다(특별히 6절의 κύριος παρέδωκεν αὐτὸν ταῖς ἁμαρτίαις ἡμῶν["야웨께서는 우리 죄 때문에 그를 넘겨주셨다"]와 12절의 διὰ τὰς ἁμαρτίας αὐτῶν παρεδόθη["그들의 불의 때문에 넘겨진 바 되었다"]).261 "ἀναφέρω["담당하다"]가 히브리서의 다른 곳에서 구약의 제사(7:27a), 그리스도의 희생(7:27b), 독자들의 찬미의 제사(13:15)에 대해 말하는 가운데 사용되고 있기 때문에,"262 이 단어가 "προσενεχθείς["드려진 바 되다"]를 반영한다"고 하는 엘링워스의 주장이 옳다면, 여기서는 분명한 암시와 앞에서 언급된 미묘한 암시 사이의 개념적 연결이 존재하며, 이것은 전자뿐 아니라 후자에 대한 주장을 조금 더 강화한다.

히브리서의 저자는 죄를 위한 완전하고도 영원한 희생으로서의, 그리고 구속적/대리적 행위로서의 그리스도의 죽음의 개념을 진술하기 위하여 오래된 교회의 해석적 전통을263 활용하는 것으로 보인다―초

---

260 Hagner, *Hebrews*, 147. 이것은 "이 서신에서 이사야의 고난 받는 종의 개념에 대한 유일한 명백한 암시"이다(Hughes, *Hebrews*, 388).

261 Ellingworth, *Hebrews*, 486.

262 Ellingworth, *Hebrews*, 487.

대 교회의 종의 기독론(참고. 벧전 2:24의 유사한 형식).264 이것은 베드로전서 2:24(그리고 3:18)에서 이러한 전통을 사용하는 것을 통해 확정되는데, 그것은 히브리서 9:28과 매우 유사한 형식이다.265 히브리서 9:28에서 이사야 53장 사용은 "이러한 개념, 특별히 53장의 예언(사도들의 복음의 선포에서 그리스도에게 적용되고 그의 안에서 성취되는)이 가진 특별한 의미를 생각나게 하며,"266 "네 번째 종의 노래가 히브리서의 저자의 생각과 언어에 미친 영향은 무시하기 어렵다."267

호프하인츠가 주장하듯이 우리는 여기서 이사야 53장의 종의 언어를 제사장적인 틀에서 재해석하는 예를 본다. "… 이 암시가 제사의 행위의 문맥에서 발생한다는 것을 기억할 필요가 있다. 따라서 이 표현은 예수 그리스도의 제사장으로서의 기능과 직분에 종속된다. 저자는 이사야의 표현이 속하는 맥락을 가져오려고 의도하지 않았던 것으로 보일 수 있다. 그 표현은 적절했으며, 그는 이러한 이유로 그것을 사용하였다."268 호피우스는 저자의 해석학적인 관점에 대해 설명한다. "제사의

---

263 히브리서 저자가 "증거의 책"(Testimony Book)을 사용하였을 개연성에 대해 F. C. Synge, *Hebrews and the Scriptures* (London: S.P.C.K, 1959), 54를 참조하라. 또한 그가 당시에 받아들여졌던 석의적 전통을 활용하였을 개연성에 대해 Longenecker, *Biblical Exegesis*, 185를 참조하라. 이러한 전체 개념에 대해 Dodd, *According to the Scriptures*를 보라.

264 Lane, *Hebrews 9~13*, 250. 아트리지(Attridge)는 "이사야에 있는 종의 노래의 언어가… 의심의 여지없이… 초대 기독교 전례의 전통에서 그들의 목적에 맞게 사용되었다"고 생각한다(*Hebrews*, 266).

265 Hagner, *Hebrews*, 149. 또한 Hofheinz, "Isaiah Chapters 40~66 in the New Testament," 394를 보라.

266 Hughes, *Hebrews*, 388.

267 F. F. Bruce, *The Epistle to the Hebrews*, rev. ed., NICNT, ed. F. F. Bruce (Grand Rapids: Eerdmans, 1990), 232n172.

268 Hofheinz, "Isaiah Chapters 40~66 in the New Testament," 394. 레인(Lane)은 이에 동의한다. "제사장의 용어로 종의 기독론을 재해석하려는 결정은 그로 하여금 예수를 희생과 제사장 모두로 묘사하게 하였다. 히브리서에서의 원시적인, 종의 기독론에 관한 유일한 흔적은 목적을 나타내는 절 '많은 사

용어[προσφέρεσθαι에서 온 προσενεχθείς]는 이사야 53:12ca의 칠십인역의 표현이 히브리서의 큰 그림 안으로, 즉 대제사장이신 그리스도의 자기 희생에 대한 전체적인 가르침 안으로 통합되었음을 충분히 분명하게 보여준다. 저자는 이러한 자기 희생을 죄의 실체를 무효화하고 하나님께로 가는 길을 열어놓은 속죄의 사건으로 이해하고 있다."269 히브리서 9:28에서의 이사야 53장의 사용은 교리적인(기독론적인) 것이다. 저자는 "미드라쉬"라 불리는 정당한 방식으로 당시 독자들을 격려하기 위하여 이사야의 표현을 히브리서 9장의 논리와 문맥에 적용한다. 이러한 재해석은 앞에서 말한 대로 종말론적인 지평에서 이루어진다.

람의 죄를 담당하기 위하여'이다. 이러한 표현을 '그리하여 그리스도 또한 한 번 드려짐으로써'라는 말로 시작함으로써 저자는 자신의 뚜렷한 제사장의 관점을 도입하였다"(*Hebrews 9~13*, 250). 이것은 강조점이 일부 이동되는 결과를 낳았다. "종의 기독론의 재해석은 종이 구속을 위한 고난에 수동적으로 복종하는 것(예. 행 8:32~35; 벧전 2:21~24)에서 제사장의 제사로서 적극적으로 죽음을 환영하는 것으로 강조점이 이동하는 결과를 가져왔다"(250쪽).

269 Hofius, "Das vierte Gottesknechtslied in den Briefen des Neuen Testaments," 124. ("Die Opferterminologie [προσφέρεσθαι] zeigt nämlich deutlich genug an, daβ die Aussage von Jes 53,12ca LXX in die soteriologische Gesamtsicht des Hebräerbriefes hineingenommen ist: in die Lehre vom Selbstopfer des Hohenpriesters Christus, das der Verfasser als ein Sühnegeschehen begreift, durch das die Sündenwirklichkeit beseitigt und den Sündern der Zugang zu Gott eröffnet worden ist.")

요한복음 1:29에서 요한의 이사야 53:7(4, 12) 사용

MT	칠십인역	신약
사 53:4 אָכֵן חֳלָיֵנוּ הוּא נָשָׂא וּמַכְאֹבֵינוּ סְבָלָם וַאֲנַחְנוּ חֲשַׁבְנֻהוּ נָגוּעַ מֻכֵּה אֱלֹהִים וּמְעֻנֶּה	사 53:4 οὗτος τὰς **ἁμαρτίας ἡμῶν φέρει** καὶ περὶ ἡμῶν ὀδυνᾶται καὶ ἡμεῖς ἐλογισάμεθα αὐτὸν εἶναι ἐν πόνῳ καὶ ἐν πληγῇ καὶ ἐν κακώσει	요 1:29 Τῇ ἐπαύριον βλέπει τὸν Ἰησοῦν ἐρχόμενον πρὸς αὐτὸν καὶ λέγει· ἴδε ὁ **ἀμνὸς** τοῦ θεοῦ ὁ **αἴρων** τὴν **ἁμαρτίαν** τοῦ **κόσμου**.
사 53:7 נִגַּשׂ וְהוּא נַעֲנֶה וְלֹא יִפְתַּח־פִּיו כַּשֶּׂה לַטֶּבַח יוּבָל וּכְרָחֵל לִפְנֵי גֹזְזֶיהָ נֶאֱלָמָה וְלֹא יִפְתַּח פִּיו	사 53:7 καὶ αὐτὸς διὰ τὸ κεκακῶσθαι οὐκ ἀνοίγει τὸ στόμα ὡς πρόβατον ἐπὶ σφαγὴν ἤχθη καὶ ὡς **ἀμνὸς** ἐναντίον τοῦ κείροντος αὐτὸν ἄφωνος οὕτως οὐκ ἀνοίγει τὸ στόμα αὐτοῦ	
사 53:12 לָכֵן אֲחַלֶּק־לוֹ בָרַבִּים וְאֶת־עֲצוּמִים יְחַלֵּק שָׁלָל תַּחַת הֶעֱרָה לַמָּוֶת נַפְשׁוֹ אֲשֶׁר וְאֶת־פֹּשְׁעִים נִמְנָה וְהוּא חֵטְא־רַבִּים נָשָׂא וְלַפֹּשְׁעִים יַפְגִּיעַ	사 53:12 διὰ τοῦτο αὐτὸς κληρονομήσει πολλοὺς καὶ τῶν ἰσχυρῶν μεριεῖ σκῦλα ἀνθ᾽ ὧν παρεδόθη εἰς θάνατον ἡ ψυχὴ αὐτοῦ καὶ ἐν τοῖς ἀνόμοις ἐλογίσθη καὶ αὐτὸς **ἁμαρτίας πολλῶν ἀνήνεγκεν** καὶ διὰ τὰς ἁμαρτίας αὐτῶν παρεδόθη	

이곳 요한복음 1:29에서는270 유대 묵시 문학의, 승리하는 어린 양에 대

한 암시가 있는 것으로 보인다. 침례자 요한의 마음에 고난 받거나 죽기까지 하는 메시아가 아닌, (권위와 능력으로) 심판하는 승리의 메시아 개념이 있다는 것을 받아들인다면,271 우리는 이 침례자의 역사적인 말이 의도

---

270 해리스는 요한복음의 흐름에 있어서 이 구절의 중요성을 잘 설명한다. "지금의 구조대로 예수가 요한에게 침례 받은 것(32~34절에서 간접적으로 언급됨), 그리고 그가 공중 사역을 시작한 것과 연결됨으로써 그 칭호는 예수의 사역에 대해 중요한 어떤 것을 말하고 있다"(W. Hall Harris, "A Theology of John's Writings," in *A Biblical Theology of the New Testament*, ed. Roy B. Zuck [Chicago: Moody, 1994], 192).

271 마태복음 11:2~3에서 요한이 예수에게 한 질문은 그가 메시아에 대해 가졌던 생각을 드러낸다. "당신이 오실 자입니까, 아니면 우리가 다른 이를 기다려야 합니까?" 요한이 예수를 오랫동안 기다려온 메시아로 소개하였지만(마 3:11~17; 요 1:29, 36) 그가 감옥에서 들었던 예수의 가르침과 행위에 대한 보고는 그로 하여금 예수의 신원에 대해 약간의 의심을 가지게 하였다. 그리하여 그는 자기 제자들을 보내어 예수에게 그러한 질문을 하게 하였다. 요한은 예수를 복(성령으로 침례 주는 자)과 심판(불로 침례 주는 자)을 내리는 자로 소개하였다. 침례자 요한이 그리는 메시아의 그림은 능력과 권위의 심판자 그림이다(마 3:12). 하지만 지금까지 치유와 기적을 행하는 예수의 행위(그리고 가르침)는 당시 요한을 포함하여 유대 백성들이 그렸던, 승리의 통치자 및 강력한 심판자로서의 메시아의 이미지를 만족시키지 못했다. 기적을 행하는 것은 당시의 유대인들이 그렸던 그리스도에 대한 그림의 일부가 아니었다. 이러한 견해에 대해 Carson, "Matthew," 260~72; Davies and Allison, *Matthew*, 2: 241; France, *Matthew*, 192; Craig S. Keener, *Matthew*, The IVP New Testament Commentary Series, ed. Grant R. Osborne (Downers Grove, IL: InterVarsity, 1997), 213을 보라. 에반스는 예수가 자신이 메시아임을 인식하고 있었다고 주장한다. "옥에 갇힌 침례자 요한에게 준 대답에서 예수가 이사야 61:1~2를 암시적으로 사용한 것(마 11:5 = 눅 7:22; 참고. 눅 4:18~19)은 메시아로서의 자기 이해의 또 다른 강력한 표시이다. 이사야 61:1의 화자가 자신을 기름 부음 받은 자로 생각할 뿐 아니라, 이 구절의 표현이 4Q521에서 나타나고 있는데, 이것은 하나님의 메시아, '하늘과 땅이 복종할' 자가 나타날 때에 어떤 일이 일어날지 묘사하는 구절이다"(Craig A. Evans, "Messianism," in *DNTB*, 704). 4Q521에 따르면 종말론적인 메시아의 시대에 주님은 "자신의 영을 가난한 자들에게 두며"(frag. 2 ii 6), "갇힌 자들을 해방하고 눈먼 자를 보게 하며"(frag. 2 ii 8) "크게 상처 입은 자를 고치고 죽은 자를 살리며, 겸손한 자에게 복음을 선포하고, [궁핍한 자에게] 풍성하게 주며, 포로 된 자를 인도하고, 주린 자를 부하게"(frag. 2 ii 12~13) 하실 것이다.

하였던 의미는 분명 묵시론적인 어린 양의 정복자의 이미지라는 것을 충분히 이해할 수 있다. 이것은 마태복음 3:12와 누가복음 3:17에서의 요한의 심판의 메시지와 오시는 이에 대한 그의 묘사와 조화를 이룬다. 요한의 메시지는 심판과 마지막 날에 대한 것이다(종말론적인). 그는 백성들에게 그 날을 대비하고, 기대하고, 회개의 열매를 맺도록 재촉하였다. 우리는 또한 이러한 "강력한 정복자 어린 양" 개념의 전통을 제2성전기 유대주의의 유대 문학에게까지 추적할 수 있으며, 그것이 요한의 생각에 대한 배경이었을 것이다(「요셉의 유훈」 19:8~11; 「에녹 1서」 90:38).272 덧붙여 여기서 "세

---

272 *Testament of Joseph* 19:8~11은 다음과 같이 되어있다. [헬라어: c, b] "8그리고 나는 유다로부터 한 처녀가 태어난 것을 보았다, 그녀는 세마포 옷을 입었으며, 그녀에게서 **한 흠 없는 어린 양**이 태어났다. 그의 왼편에는 사자 같은 어떤 것이 있었으며, 모든 사나운 짐승들이 그에게로 달려들었지만 **어린 양은 그들을 정복하고,** 죽이고 짓밟았다. 9그리고 천사들과 사람과 온 땅이 그를 기뻐하였다. 10이러한 일들은 마지막 날에 일어날 것이다. 11따라서, 여러분, 나의 자녀들이여, 주의 명령을 지키고, 레위와 유다를 존귀하게 여기라, 그들의 씨로부터 **세상의 죄를 가져갈 하나님의 어린 양**이 일어나 이스라엘뿐 아니라 모든 민족을 구원할 것이기 때문이다"; [아람어] 8그리고 나는 뿔들 가운데 어떤 처녀가 채색 옷을 입은 것을 보았다; 그녀에게서 **한 어린 양**이 나타났다. 왼쪽에서 모든 종류의 사나운 짐승들과 기는 것들이 몰려왔으며 **어린 양은 그들을 정복했다.** 9그로 인해 황소가 즐거워하였으며, 암소와 수사슴들도 함께 기뻐했다. 10이러한 것들은 정한 때에 일어나야 한다. 11그리고 너희, 나의 자녀들아, 레위와 유다를 존귀하게 여기라, 그들로부터 이스라엘의 구원이 일어날 것이기 때문이다(Howard C. Kee, "Testaments of the Twelve Patriarchs: A New Translation and Introduction," in *The Old Testament Pseudepigrapha: Apocalyptic Literature and Testaments*, ed. James H. Charlesworth, vol. 1 [New York: Doubleday, 1983], 824). 키(Kee)에 의하면 *열두 족장의 유훈*은 주전 2세기 경 기록된 것으로 생각되지만 기독교적 가필(헬라어 부분)은 주후 2세기경 이루어진 것으로 보인다(775, 777~78쪽). 또한 John J. Collins, "Testaments," in *Jewish Writings of the Second Temple Period: Apocrypha, Pseudepigrapha, Qumran Sectarian Writings, Philo, Josephus*, ed. Michael E. Stone, CRINT—Section Two: The Literature of the Jewish People in the Period of the Second Temple and the Talmud, ed. W. J. Burgers, H. Sysling, and P. J. Tomson, vol. 2 (Assen: Gorcum, 1984), 343~44를 보라.

「에녹 1서」 90:38에는 다음과 같이 되어있다. "나는 계속해서 그들의 모든

상 죄를 지고 가다(αἴρων τὴν ἁμαρτίαν τοῦ κόσμου)"의 의미는 "제거하다, 파괴하다, 정복하다, 지우다"(BDAG, 28, 29)이며,273 "짊어지다" 혹은 "속죄하다"가 아닌 것으로 보인다－이사야 53:12의 Aquila 역본에서 보여주고 있는 대로 후자의 의미가 불가능한 것은 아니지만. 따라서 침례자 요한은 여기서 그의 시대 이전의 유대 묵시 문학에 있는 정복하고 심판하는 승리의 어린 양에 대해 암시하고 있는 것이 분명해 보인다.

이러한 견해에 대해 두 가지 반대가 제기되었다. 첫째로, 요한의 어린 양(*amnos*)과 묵시록의 어린 양(*arnion*)의 어휘가 다르다는 사실이 지적되었다. 하지만 최철광의 성공적인 논증에서 볼 수 있듯이 이 두 단어는 침례 요한 당시에 번갈아 사용될 수 있었다.274 그리고 요한의 글은 어휘의 차이를 반영하는 방향으로 나아가는 경향이 있다.275 또한, 「요셉의 유훈」 19:8에서 "어린 양"은 *amnos*이다. 두 번째 반대는, 요한복음에서 이 말이 속한 문맥과 관련하여 그러한 말이 복음서의 생각의 흐름과 일치되는 것으로 보이지 않는다는 것이다. 하지만 이 말은 침례자 요한이 한 말이며 전도자 요한의 말이 아니다. 따라서 침례자 요한이 의도하였던 원래의 의미는 앞에서 설명된 "세상 죄를 지고 가다," 혹은 "파괴하다"여야 한다. 하지만 뒤에서 보여주는 것처럼 복음

친족이 변화되기까지 목도하였다. 그들은 눈처럼 하얀 암소가 되었으며, 그들 가운데 첫째가 어떤 것이 되었고, 그 어떤 것이 머리에 큰 검은 뿔을 가진 큰 짐승이 되었다. **양의 주**는 그것과 모든 암소들을 기뻐하였다. 나 자신은 그들 가운데 만족하게 되었다. 그리고 나는 깨어나 모든 것을 보았다"(E. Isaac, "1 Enoch: A New Translation and Introduction," in *The Old Testament Pseudepigrapha: Apocalyptic Literature and Testaments*, ed. James H. Charlesworth, vol. 1 [New York: Doubleday, 1983], 71). Isaac에 따르면 「에녹 1서」의 날짜는 주전 2세기에서 주후 1세기 사이이며, 섹션마다 날짜가 다르다. 다시 한 번 아이작에 따르면, 83~90장의 날짜는 주전 2세기 중엽이다.

273 사무엘상 15:25; 25:28(칠십인역)에 나타난 대로 "용서하다"나 "지우다"의 의미 또한 가능하다.

274 Cheol K. Choi, "Interpretation of the Lamb of God in John 1:29, 36" (ThM thesis: Dallas Theological Seminary, 2001), 6~9, 14.

275 Brown, *John: I~XII*, 59.

서 기자가 침례자 요한의 말을 인용하는 가운데 그보다 더 많은 것을 암시하려고 하였을 가능성이 있다.

요한복음 1:29에서 두 번째 가능성 있는 암시는 "유월절 어린 양"이다. 요한복음에서 현저한 주제 중 하나가 "유월절(Paschal)"의 주제라는 것은 잘 알려져 있다. 해리스(Harris)의 제안은 이러한 사실을 보여준다.

> 유월절 상징은 요한복음에서, 특별히 예수의 죽음과 관련하여 분명히 존재한다. 요한복음 19:14에 따르면 예수는 유월절 전날 정오, 제사장들이 예루살렘 성전에서 유월절 양을 잡기 시작하였던 바로 그 시간에 형을 선고 받았다. 또한, 그가 십자가에 달려 있을 때에 포도주를 적신 스펀지를 예수에게 건네기 위해 우슬초가 사용되었다(요 19:29); 우슬초는 또한 유월절 양의 피를 문설주에 바르는데 사용되었다(출 12:22). 또한 요한복음 19:36은 예수의 뼈가 하나도 부러지지 않았다는 사실에서 구약 성경의 성취를 본다; 출애굽기 12:46에 따르면 유월절 양의 뼈는 하나도 부러뜨려서는 안 되었다.276

따라서 전도자 요한은 침례자 요한의 말을 인용하는 가운데 여기서 예수의 대중 사역이 시작되는 시점에 그가 유월절 어린 양으로서 죄를 위한 희생으로서 죽게 될 것을 암시하고 있을 가능성이 매우 높다.

이 견해에 대해 두 중요한 반대가 제기되었다. 하나는 유대인들의 생각에서 유월절 양은 희생 제사의 성격이 아니었다는 것이다. 하지만 후

---

276 Harris, "A Theology of John's Writings," 193. Brown은 요한계시록에서 또한 "유월절"의 모티프가 존재한다고 지적한다. "또 다른 요한의 글인 요한계시록에서 예수는 어린 양으로 묘사된다; 그리고 거기에 유월절의 모티프가 나타난다. 계시록 5:6의 어린 양은 죽임을 당한 어린 양이다. 계시록 15:3에서 모세의 노래는 어린 양의 노래이다. 계시록 7:17과 22:1에서 어린 양은 생명수의 근원으로 나타나며, 이것은 또 다른, 모세와의 연관성일 수 있다(반석에서 물을 내었던 모세). 계시록 5:9는 어린 양의 대속의 피를 언급한다. 이것은 어린 양의 피로 된 표시가 이스라엘 사람들의 집을 보존하였던 유월절 모티프에서 특별히 적합한 언급이다"(Brown, *John I~XII*, 62).

대의 유대인들 사이에서 유월절 양은 좀 더 제사와 관련된 문맥에 위치하였다(민 28:16~25; 겔 45:21~25). 그리고 "예수의 때에 이르러 제사적 측면이 유월절 양의 개념 안으로 침투해 들어오기 시작하였다. 제사장들이 양을 잡는 것을 자신들의 일로 만들었기 때문이다."277 더 중요한 일은 그리스도인들에게 "문설주에 바른, 해방을 표시하는 양의 피와 구원을 위해 제사에서 드려진 양의 피 사이의 차이가 그리 크지 않다"는 것이다.278 따라서 "예수의 때에 이르러 유월절 양에 포함된 제사의 이미지는 구원의 상징과 합쳐지기 시작하였으며"279 그리스도인들의 마음에 세상의 죄를 위한 희생으로서 자신을 드렸던 그들의 구세주를 생각하는 것은 적절하다(참고. 고전 5:7). 즉, 그리스도인들이 예수의 가르침과 백성들의 죄를 위한 희생적 죽음을 통해 유월절의 신학을 심화한 것이다. 바렛은 주장한다. "요한의 사고와 언어의 근원은 마지막 만찬과 성찬식을 유월절과 연관 지었던 해석일 수 있다."280 두 번째 반대는, 이곳 요한복음 1:29에서 "어린 양"에 대해 ἀμνός가 사용되는 반면에 칠십인역의 유월절 이야기에서 흠 없는 어린 양에 대해 πρόβατον이 사용된다는 것이다. 하지만 전자는 후기의 유월절 구절에서 유월절 양에 대해 사용되고 있다(예. 민 28:19, 칠십인역).281 그리고 상당히 흥미롭게도 칠십인역의 이사야 53:7에서 이 두 단어는 평행되게 사용되었으며, 이것은 이 두 단어가 크게 다르지 않음을 보여준다. 또한 ἀμνός는 베

---

277 Brown, *John I~XII*, 62.

278 브라운의 표현을 차용함(Brown, *John I~XII*, 62).

279 Harris, "A Theology of John's Writings," 193.

280 Barrett, *John*, 176.

281 Stanley E. Porter, "Can Traditional Exegesis Enlighten Literary Analysis of the Fourth Gospel? An Examination of the Old Testament Fulfillment Motif and the Passover Theme," in *The Gospels and Scriptures of Israel*, ed. Craig A. Evans and W. Richard Stegner, Studies in Scripture in Early Judaism and Christianity, ed. Craig A. Evans and James A. Sanders, vol. 3, Journal for the Study of the New Testament Supplement Series, ed. Stanley E. Porter, vol. 104 (Sheffield: Sheffield Academic Press, 1994), 409.

드로전서 1:18, 19에서와 같이 그리스도인들에 의해 유월절 양에 대해 사용되었으며, 이것은 명백하게 예수를 유월절 어린 양으로 묘사한다. "너희가 알거니와 너희 조상이 물려 준 헛된 행실에서 대속함을 받은 것은 은이나 금 같이 없어질 것으로 된 것이 아니요 오직 흠 없고 점 없는 어린 양 같은 그리스도의 보배로운 피로 된 것이니라"(NRSV).

요한복음 1:29에서 세 번째 암시의 가능성은 이사야 53:7이다. 침례 요한의 마음에 "하나님의 어린 양"은 정복하는 묵시적 존재였을 가능성이 있지만, 카슨(Carson)이 적절하게 주장하는 대로 사도 요한은 마음에 다른 이미지를 떠올렸을 것이다.

> 그가 부활하고 높임을 받은 구세주의 속죄의 희생을 생각하지 않고서 '하나님의 어린 양' 같은 표현을 사용할 수 있었을 것이라고는 생각하기 어렵다. 그는 이 표현의 불명료함에 대해 충분히 충실하기 때문에 *airō*의 "가져가다"라는 의미를 명확히 제사와 관련된 *anapherō*로 변환하지 않는데, 이는 그것이 아마도 후자가 의도하지 않았을 어떤 것을 명시적으로 침례자 요한의 것으로 돌릴 수 있기 때문이다. 하지만 모든 (구약) 성경이 예수를 가리킨다고 믿고 있는(5:39~40) 저자로서 요한은 이러한 명칭을, 이사야 53:7, 10의 어린 양과 희생 제사적으로 관련된 것으로 이해되는 예수에게 적용하는 일에 적절한 근거로서 보았을 것이 분명하다.[282]

이러한 해석 전통은 복음서 저자 요한에게 사용 가능한 것이었을 것으로 보인다.[283] 이사야 53:7이 사도행전 8:32에서 인용되며, 이 이사야의 종의 구절이 마태복음 8:17, 누가복음 22:37, 베드로전서 2:24, 25, 히브리서 9:28 등에서 활용되고, 신약의 책들 전체에 이사야 53장

---

282 Carson, *John*, 150. 이 경우는 이중 뜻(double entendre)으로 불릴 수 있다. 또한 Brown, *John I~XII*, 60~61, 63을 보라.

283 비슬리-머레이는 "요한의 무리" 가운데서 "공동체의 전통"에 대해 말한다(Beasley-Murray, *John*, 25).

에 대한 많은 암시가 발견되기 때문이다.284 또한 요한복음 1:29에서와 같이 53:7에서 어린 양은 ἀμνός이다.285 나아가 요한복음 1:29와 같은 부분에 속하는 1:23에서 같은 이사야의 섹션(사 40~55)에 속하는 이사야 40:3이 사용되고 있다. 덧붙여, 요한복음 1:32와 1:34에서 예수는 "하나님의 아들," 하나님의 성령이 비둘기처럼 하늘에서 내려와 머무는, 하나님의 택하신 자로 묘사된다(참고. 막 1:11). 이러한 묘사는 이사야 40~55장의 문맥 안에서 이사야 53장과 밀접하게 연결된 이사야 42:1과 62:1의 언어이다. 고난 내러티브에서 예수는 이사야 53:7의 침묵하는 어린 양처럼 자신을 고발하고 심판하는 자들 앞에서 잠잠한 것으로 묘사된다(요 19:9; 눅 23:9). 마지막으로, 요한복음 12:38에서 이사야 53:1이 인용되며, 예수의 사역은 이사야 53장의 종의 사역과 비교된다. 이러한 견해에 대한 반대가 제기되었다. 요한복음 1:29에서 하나님의 어린 양의 기능은 세상의 죄를 "가져가는"(αἴρω) 것인 반면, 이사야 53장의 주의 종은 많은 사람의 죄를 "지거나" "떠맡는다"(נשׂא)고 언급된다는 것이다.286 하지만 그 차이가 중대한 것이 아닌 것은 고대 그리스도인들이 예수의 죽음에서 그가 죄를 가져갔는지 아니면 맡았는지에 날카롭게 구분하지 않았기 때문이다. 칠십인역은 히브리어 *nāśā*'를 번역하기 위해 *airein*과 *pherein* 둘 다 사용하고 있다.287 바렛 또한 히

---

284 브라운은 이사야 53:7이 "사도행전 8:32에서 예수에 대해 적용되며, 그리하여 그러한 비교가 그리스도인들에게 알려졌다"고 지적한다(Brown, *John I~XII*, 61).

285 엑블라드는 적절하게 설명한다. "주로 이사야 53:7의 칠십인역에서 ἀμνός가 사용된 것(참고. 행 8:32~33; 요 1:29; 계 5:6, 9)을 통하여 예수는 하나님의 어린 양으로 확인된다"(Ekblad, *Isaiah's Servant Poems According to the Septuagint*, 289).

286 브루스는 이 두 개념 사이의 논리적인 연결을 지적한다. "물론, 두 개념은 서로 배타적이지 않다. 다른 사람의 죄를 짊어지는 것은 그것이 원래 있던 사람으로부터 그것이 제거되는 것을 포함한다"(F. F. Bruce, *The Gospel of John: Introduction, Exposition and Notes* [Grand Rapids: Eerdmans, 1983], 53).

287 Brown, *John I~XII*, 61. 또한 Porter, "Old Testament Fulfillment Motif and the Passover Theme," 410을 보라.

브리어 동사 נָשָׂא가 종종 구약에서(시편을 제외하고) αἴρειν의 복합 동사에 의해 번역되고 있음을 보여준다.288 나아가 포터(Porter)가 지적하는 대로 "φέρω["가져가다, 짊어지다"]와 αἴρω["들다, 옮기다, 제거하다"]는 성경 밖의 헬라어에서 의미적으로 중복되며," "죄의 제거"는 "칠십인역에서 αἴρω의 형태로 번역된다."289 결과적으로 요한복음 1:29의 "세상 죄를 가져가다"와 이사야 53:12의 "많은 사람의 죄를 지다" 사이에 개념적인 유사성이 존재한다고 결론 내릴 수 있다.290

브라운(Brown)은 요한복음 1:29에서 침례자 요한의 말을 인용하는 복음서 저자의 복잡한 의도에 대해 다음과 같이 요약한다. "복음서 저자가 하나님의 어린 양이 고난 받는 종과 유월절 양을 가리키는 것으로 의도하였다고 하는 견해에 대한 그러한 훌륭한 논증에 비추어 우리는 요한이 두 가지 의미를 모두 의도하였다고 주장하는 것에 큰 문제가 없다고 본다…. 이 두 주제 외에 요한이 침례자 요한이 원래 언급했던 묵시적인 어린 양에 대한 반향을 일부 가지고 왔을 수 있다고 하는 것은 불가능한 생각이 아니다…."291 비슬리-머레이(Beasley-Murray)는 요한복

---

288 Barrett, *John*, 176~77.

289 Porter, "Old Testament Fulfillment Motif and the Passover Theme," 410.

290 Choi, "Lamb of God in John 1:29, 36," 34.

291 Brown, *John I~XII*, 63. 또한 Harris, "A Theology of John's Writings," 193, 그리고 Beasley-Murray, *John*, 25를 보라. 도드는 요한복음 1:29에서 유대 묵시록에서의 승리하는 어린 양에 대한 암시가 있을 개연성이 가장 높다고 생각하지만, 여전히 다른 암시의 경우일 가능성을 생각한다(예를 들어, 종의 구절; C. H. Dodd, *The Interpretation of the Fourth Gospel* [Cambridge: Cambridge University Press, 1953], 238). 무는 이와 같은 다중 지칭이 "이중 의미를 추구하는 요한의 경향과 일치한다"고 주장한다(Moo, *OT in Gospel Passion Narratives*, 313). 해리스와 같이 스툴마허는 요한복음 1:29에서 유월절 어린 양에 대한 암시가 이사야 53:7에 대한 암시보다 더 강하다고 생각하지만, 여전히 이 요한의 구절의 배경에서 네 번째 종의 노래를 본다. "In John 1,29.36 wird Jesus von Johannes dem Täufer ἀμνὸς τοῦ θεοῦ ὁ αἴρων τὴν ἁμαρτίαν τοῦ κόσμου genannt. Diese Bezeichnung weist im Kontext des 4. Evangeliums auf den stellvertretenden Kreuzestod Jesu als

음 1:29에 대해 요한계시록의 한 경우를 적용한다. "[요한계시록에는] 기독교의 구속의 교리로 각색된 그리스도에 대한 묵시적인 묘사가 있다. 위대한 그리스도가 자신의 희생적인 죽음을 통하여 세상을 위한 구원을 성취한다. 요한복음 1:29에서 똑 같은 일이 일어났다."292 해리스(Harris)는 요한의 글에서 나타나는, 유월절 어린 양, 고난 받는 종, 그리고 승리하는 양이라는 세 가지 개념의 통합 과정을 설명한다.

> 이사야 53:7로부터의 고난 받는 종과 출애굽기 12:46과 다른 곳으로부터의 유월절 양이라는 두 세트의 이미지는 요한계시록에서도 어린 양의 이미지에 대한 배경을 형성한다. 하지만 여기서는 한 가지 중요한 차이점이 있다. 요한계시록 5:6의 어린 양은 이미 희생 제물로 드려졌으며 지금은 "보좌의 가운데 서 있다." 어린 양의 제사는 이전에 일어났으며, 지금 그는 높임을 받았고 그의 모든 대적들에게 승리를 거두었다. 이러한 이미지를 가지고 요한은 신약 전체의 중심 주제들 중 하나인 '희생을 통한 승리' 주제를 통합한다. 참으로, 요한계시록에서 어린 양이 나타날 때마다 그는 항상 승리를 거둔 자이다.

---

des endzeitlichen Passalammes (vgl. Joh 19,36 mit 1 Kor 5,7), in der Tiefendimension aber auch auf Jes 53,7 hin. Da sich die Wendung vom „Tragen der Sünde" der Welt nur von Jes 53,4.11~12 und nicht der Tradition vom Passalamm erklärt, steht hinter der Bezeichnung Jesu als ἀμνὸς τοῦ θεοῦ 'op allem die Überlieferung vom leidenden Gottesknecht"(Stuhlmacher, "Jes 53 in den Evangelien und in der Apostelgeschichte," 103~4)(번역: "요한복음 1:29, 36에서 침례자 요한은 예수를 ἀμνὸς τοῦ θεοῦ ὁ αἴρων τὴν ἁμαρτίαν τοῦ κόσμου["세상 죄를 지고 가는 하나님의 어린 양"]이라고 부른다. 요한복음의 문맥에서 이러한 명칭은 최우선적으로 마지막 때의 유월절 어린 양으로서의 예수의 대리적 속죄의 죽음을 가리키며[참고. 요 19:36과 고전 5:7], 단지 좀더 깊은 차원에서 이사야 53:7을 가리킨다. 하지만, '세상 죄를 지고 가는'에 관한 표현이 오직 이사야 53:4, 11~12에 의해서만 설명될 수 있으며 유월절 어린 양의 전통에 의해 설명되지 않기 때문에, 고난 받는 종의 전통 또한 분명히 하나님의 어린 양[ἀμνὸς τοῦ θεοῦ]으로서의 예수의 명칭 이면에 자리하고 있다").

292 Beasley-Murray, *John*, 25.

예를 들어, 5:6의 어린 양은 앞의 구절에서 "승리한" "유다 지파의 사자"로 묘사되었다. 이러한 이미지를 사용함으로써 얻는 주된 성취 중 하나는 요한계시록의 승리한 그리스도를 사복음서의 제물이 된 희생자와 결합하는 것이다. 그는 동일한 인물이며, 요한계시록에서 승리한 자일지라도 여전히 희생의 표시를 가지고 있다("일찍이 죽임을 당한 것 같더라," 계 5:6).293

이사야 53:7의 고난 받는 종과 출애굽기 12:3, 46의 유월절 양의 이미지들이 "요한계시록의 어린 양의 이미지에 대한 배경을 형성"하지만, 중간 단계에 대해서도 같은 것을 말할 수 있다고 하는 해리스의 지적은 옳은 것으로 보인다. 즉, 두 이미지와 구약의 다른 이미지들은 제2성전기 유대주의 문학에서의 승리한 심판자 "하나님의 어린 양"에 대한 배경을 형성하며, 이것이 계시록에 대한 배경을 형성한다는 설명이다.294 이러한 해석적 전통의 맥은, 비록 희미하며 간접적인 것이기는 해도 제2성전기 문학에서 인지 가능하다. 승리한 어린 양의 이미지가 나타나는 「열두 지파장의 유훈」에 이사야 40~55장에 있는 것과 아주 유사한 개념이 있다 - "하나님은 모든 민족들에게 드러나실 것이며(「레위의 유훈」 4:4), 그들을 위해 하나님의 백성으로서 이스라엘은 그에게서 능력을 받은 빛이 될 것이다(「레위의 유훈」 14:3, 4; 「시므온의 유훈」 7:2; 「유다의 유훈」 22:3; 25:5; 「베냐민의 유훈」 9:5)."295 바렛은 이러한 복잡한 암시들의 영향에 대해 적절하게 설명한다. "구약의 개념들을 융합함으로써 요한은 예수의 죽음이 새롭고 더 나은 희생이었다고 말한다. 유대주의의 모든 계율과 제도가 예수에 의해 완성되었다(참고.

---

293 Harris, "A Theology of John's Writings," 193~94.

294 또한 Moo, *OT in Gospel Passion Narratives*, 313~14. Cf. E. W. Burrows, "Did John the Baptist Call Jesus 'the Lamb of God'?" *ExpTim* 85 (May 1974): 245~49를 보라.

295 Howard C. Kee, "Testaments of the Twelve Patriarchs," in *Eerdmans Dictionary of the Bible*, ed. David Noel Freedman (Grand Rapids: Eerdmans, 2000), 1288.

2:19; 4:21; 5:17, 39, 47; 6:4; 10:1; 13:34)."²⁹⁶

요한복음 1:29에서 침례자 요한이 유대 묵시적인 어린 양의 이미지를 암시적으로 사용한 것은 미드라쉬적인 페셔로 볼 수 있다. 그것은 그의 기독론을 위하여 사용된다. 전도자 요한이 그러한 해석적 전통을 재사용한 것은 그가 구약(MT와 칠십인역)과 제2성전기 문학에 나타난 복잡한 어린 양의 이미지들을 통합한 것에 기초하며, 그것은 아주 창의적이고 독특한 방식이다. 그것은 미드라쉬적인 재해석으로 불릴 수 있다. 이러한 창의적인 해석은 사도들의 기독론에서 활용된다.

요한계시록 5:6, 9, 12; 13:8에서 요한의 이사야 53:6, 7 사용

MT	칠십인역	신약
		계 5:5 καὶ εἷς ἐκ τῶν πρεσβυτέρων λέγει μοι· μὴ κλαῖε, ἰδοὺ ἐνίκησεν ὁ λέων ὁ ἐκ τῆς φυλῆς Ἰούδα, ἡ ῥίζα Δαυίδ, ἀνοῖξαι τὸ βιβλίον καὶ τὰς ἑπτὰ σφραγῖδας αὐτοῦ.

---

²⁹⁶ Barrett, *John*, 177. 바렛은 다음과 같이 지적한다. "구약의 본문보다는 구약의 주제를 많이 다루는 것이 그[요한]의 방식이다"(C. K. Barrett, "The Interpretation of the Old Testament in the New Testament," in *Cambridge History of the Bible*, ed. P. R. Ackroyd and C. F. Evans, vol. 1 [Cambridge: Cambridge University Press, 1970], 406). 그는 이러한 관찰을 요한복음 1:29에 적용한다. "비슷한 예가 요한복음 1:29에서 발견된다. 여기서 예수를 하나님의 어린 양으로 묘사하는 것의 배경을 찾는 해석자는 유월절 어린 양, 매일 드리는 번제의 어린 양, 이사야 53장의 어린 양, 속죄일의 염소, 그리고 다른 구약의 동물들 사이를 너무 세심하게 결정할 필요가 없다. 죄를 지고, 죄를 제거하는 효과에서 그것들 모두가 무엇을 제안하든, 예수는 그 모두였다"(406쪽). 참고. C. K. Barrett, "The Lamb of God," *NTS* 1 (May 1955): 210~18.

5장 신약의 이사야 53장 사용 분석

사 53:6

כֻּלָּנוּ כַּצֹּאן תָּעִינוּ
אִישׁ לְדַרְכּוֹ פָּנִינוּ
וַיהוָה הִפְגִּיעַ בּוֹ
אֵת עֲוֹן כֻּלָּנוּ

사 53:6 πάντες ὡς **πρόβατα** ἐπλανήθημεν ἄνθρωπος τῇ ὁδῷ αὐτοῦ ἐπλανήθη καὶ κύριος παρέδωκεν αὐτὸν ταῖς ἁμαρτίαις ἡμῶν

계 5:6 Καὶ εἶδον ἐν μέσῳ τοῦ θρόνου καὶ τῶν τεσσάρων ζῴων καὶ ἐν μέσῳ τῶν πρεσβυτέρων **ἀρνίον** ἑστηκὸς ὡς **ἐσφαγμένον** ἔχων κέρατα ἑπτὰ καὶ ὀφθαλμοὺς ἑπτὰ οἵ εἰσιν τὰ [ἑπτὰ] πνεύματα τοῦ θεοῦ ἀπεσταλμένοι εἰς πᾶσαν τὴν γῆν.

계 5:9 καὶ ᾄδουσιν ᾠδὴν καινὴν λέγοντες· ἄξιος εἶ λαβεῖν τὸ βιβλίον καὶ ἀνοῖξαι τὰς σφραγῖδας αὐτοῦ, ὅτι **ἐσφάγης** καὶ ἠγόρασας τῷ θεῷ ἐν τῷ αἵματί σου ἐκ πάσης φυλῆς καὶ γλώσσης καὶ λαοῦ καὶ ἔθνους

계 5:12 λέγοντες φωνῇ μεγάλῃ· ἄξιόν ἐστιν **τὸ ἀρνίον τὸ ἐσφαγμένον** λαβεῖν τὴν δύναμιν καὶ πλοῦτον καὶ σοφίαν καὶ ἰσχὺν καὶ τιμὴν καὶ δόξαν καὶ εὐλογίαν.

사 53:7	사 53:7 καὶ αὐτὸς διὰ τὸ κεκακῶσθαι οὐκ ἀνοίγει τὸ στόμα ὡς **πρόβατον ἐπὶ σφαγὴν ἤχθη** καὶ ὡς ἀμνὸς ἐναντίον τοῦ κείροντος αὐτὸν ἄφωνος οὕτως οὐκ ἀνοίγει τὸ στόμα αὐτοῦ	계 13:8 καὶ προσκυνήσουσιν αὐτὸν πάντες οἱ κατοικοῦντες ἐπὶ τῆς γῆς, οὗ οὐ γέγραπται τὸ ὄνομα αὐτοῦ ἐν τῷ βιβλίῳ τῆς ζωῆς **τοῦ ἀρνίου τοῦ ἐσφαγμένου** ἀπὸ καταβολῆς κόσμου.
נִגַּשׂ וְהוּא נַעֲנֶה		
וְלֹא יִפְתַּח־פִּיו כַּשֶּׂה		
לַטֶּבַח יוּבָל וּכְרָחֵל		
לִפְנֵי גֹזְזֶיהָ נֶאֱלָמָה		
וְלֹא יִפְתַּח פִּיו		

비슬리-머레이는 이 단락(5:1~14)에 대한 훌륭한 도입을 제공한다. "만일 이 환상 섹션이 메시아의 즉위식의 첫 번째 단계, 즉 소개/등장 (presentation)을 나타낸다면, 이 계시가 보여주는 위엄이 인식될 필요가 있다. 그리스도가 그런 식으로 소개된 적이 없기 때문이다."297 요한계 시록 2~3장에서는 아시아의 일곱 교회에 주는 주 그리스도의 메시지가 전해졌다. 이어서 선견자 요한은 자신이 본 환상을 묘사하는 가운데 영광 중에 있는 하나님의 보좌에 대해 말하였다(계 4장). 이제 어떤 일이 곧 일어날 것 같은 분위기이다. 요한은 "보좌에 앉으신 이의 오른손에 있는, 안팎으로 썼고 일곱 인으로 봉한 두루마리"를 본다(계 5:1, NRSV). 하지만 그 인을 열어서 하나님의 계획이 진행되도록 할 사람이 없는 것으로 보여 그는 울게 된다. 이 시점에 하늘의 처소에 있는 장로들 중 하나가 증언한다. 그 인을 열 수 있는 한 분이 있다. 그는 승리하신 분, "유다 지파의 사자, 다윗의 뿌리"이다(계 5:5, NRSV; 또한 창 49:9~10; 사 11:10; 「에스라 4서」 11:36~12:25). 이것들은 다윗의 메시아와 연관된 용어들이다. 이어서 요한은, 하늘의 환상 중심에 "죽임을 당했던 것 같은 한 어린 양이 서 있는 것"을 본다(계 5:6, NRSV). 케어드(Caird)는 사자와 어린 양의 두 이미지의 결합에 대해 설명한다.

---

297 G. R. Beasley-Murray, *The Book of Revelation*, NCBC, ed. Ronald E. Clements and Matthew Black (Grand Rapids: Eerdmans, 1981), 127.

이어지는 장들에서 계속 구약의 이미지들이 뒤엉켜 나타나지만 거의 예외 없이 그리스도를 가리키는 유일한 호칭은 어린 양이며, 이 호칭은 다른 모든 상징들을 통제하고 해석하도록 의도되고 있다. 요한이 계속 우리에게 이렇게 말하고 있는 것과 마찬가지이다. '구약이 "사자"라고 말하고 있는 곳마다 "어린 양"이라고 읽으라.' 구약이 메시아의 승리나 하나님의 대적들의 패배에 대해 말하는 곳마다, 이러한 목적을 성취하는 데 있어서 복음이 십자가의 길 외에 다른 길을 인식하지 않는다는 것을 우리는 기억해야 한다.[298]

사자는 죽임을 당한 어린 양인 것으로 드러난다. 하나님의 전능하신 능력과 영광은 십자가에서 나타난 희생과 사랑을 통하여 드러난다. 승리는 자신을 희생하는 것에 놓여있다. 어떻게 우리는 "패배를 통한 승리"와 "고난을 통한 정복"의 아이러니와 역설을 이해할 수 있는가? 빌 (Beale)은 대답한다, "무죄한 희생자로서 그는 자기 백성들의 죄에 대해 대신 벌을 받는 대표자가 되었다. 죽음이라는 패배를 당하면서도 그는 또한 그가 다스릴, 마귀가 더 이상 주관하지 못할 구속 받은 백성들의 왕국을 만들어냄으로써 정복하고 있었다"(참고. 5:9~10).[299] 선견자 요한

---

[298] G. B. Caird, *The Revelation of Saint John*, Black's New Testament Commentary, ed. Henry Chadwick (London: Black, 1966; reprint, Peabody, MA: Hendrickson Publishers, 1993), 74~75. 오니(Aune)는 "ἀρνίον('어린 양')이라는 단어가 요한계시록에서 29번 나타나며(13:11을 제외하고 모두 예수를 가리킴) 예수를 가리키는 '가장 자주 쓰이는 명칭'이다"라고 말한다(David E. Aune, *Revelation 1~5*, WBC, ed. David A. Hubbard and Glenn W. Barker, vol. 52 [Dallas, TX: Word, 1997], 352).

[299] G. K. Beale, *The Book of Revelation*, NIGTC, ed. I. Howard Marshall and Donald A. Hagner (Grand Rapids: Eerdmans, 1999), 353. 빌은 계속해서 말한다, "부활에 더해, 죽음의 패배는 그 자체가 반어적으로 그리스도의 승리였다"(352쪽). 그는 계속해서 그리스도의 승리는 그의 부활 전에도 이미 시작된 것이 분명하다고 주장한다(참고. 계 12:11). "무엇이 이러한 '어린 양'의 주권, 그리고 다른 규율 대신에 그것이 사용된 것을 가장 잘 설명하는가? 가장 적절한 설명은 요한이 예수가 메시아의 왕국에 대한 구약의 예언

은 전능성을 재정의한다, "전능성은 제한 받지 않는 강압하는 능력이 아닌 무제한의 설득하는 능력, 자기 부정이라는 무적의 능력, 자기희생의 사랑으로 이해되어야 한다."300 ἐσφαγμένον("죽임을 당한")이라는 단어는 "폭력에 의해 죽임을 당하다"라는 일반적인 의미에 더하여 희생의 의미를 내포하며, "칠십인역에서의 사용에서는 희생의 어조가 지배적이다."301 그것이 "어린 양"(ἀρνίον)과 함께 사용된다는 것과 5:9에 구속의 개념이 포함되어 있다고 하는 것은 이러한 희생 제사에 대한 암시를 강화한다.302

어린 양이 **뿔**을 가졌다고 하는 것은(계 5:6b) 정복자 메시아인 어린 양에 관하여 말하는 「에녹 1서」 90과 「요셉의 유훈」 19에서 발견되는 유대 전통 배경에 비추어 가장 잘 설명된다.303 하지만 이 두 유대 본문도 기본적으로 다니엘로부터 영감을 얻은 것이다.304 그리하여 5:6b는 5절의 "메시아 정복자"의 개념을 이어간다.305 따라서 죽임을 당한 어린 양은 대적을 물리치는 가운데 치명적으로 상처를 입었던 정복자의 이미지를 나타낸다.306 고난과 죽음을 통한 승리라는 개념은 "유대주의와 기독교 전통의 독특한 혼합"이다.307

을 성취하기 시작했던 것은 반어적인 방식에 의한 것이었음을 강조하려고 하고 있다는 것이다. 구약 어디에서 메시아의 최종적인 승리와 통치를 예언하고 있든지 요한의 독자들은 이러한 목표가 오직 십자가의 고난에 의해서 성취되기 시작할 수 있음을 깨달아야 한다"(353쪽).

300 Caird, *Revelation*, 75.

301 Robert L. Thomas, *Revelation 1~7: An Exegetical Commentary*, The Wycliffe Exegetical Commentary, ed. Kenneth Barker (Chicago: Moody, 1992), 391.

302 Thomas, *Revelation 1~7*, 391.

303 "뿔"은 권세를 나타낸다(참고. 신 33:17; 왕상 22:11; 시 89:17; 단 7:7~8:24; 1 En. 90:6~12, 37)(Beale, *Revelation*, 351).

304 Beale, *Revelation*, 351.

305 Beale, *Revelation*, 351.

306 Beale, *Revelation*, 351.

307 Beasley-Murray, *Revelation*, 124.

선견자는 죽임을 당한 메시아를 바라본다. 왜 죽임을 당한 어린 양 대신 죽은 사자라고 하지 않는가?308 머피는 대답한다. "어린 양은 그리스도를 나타내는 묵시적 어린 양이다. 죽임을 당한 어린 양의 이미지는 유월절 양에서 온 것이거나 아마도 기독교 전통에서 종종 그리스도에 대해 적용되는 구절인 이사야 53장의 고난 받는 종의 노래에 대한 암시일 것이다."309 하지만 빌의 주장처럼 이 두 옵션 사이에서 선택할 필요는 없다.

"죽임을 당한 어린 양"의 배경에 대해 두 가지 다른 제안들이 있다. 어떤 이들은 그것이 구약의 유월절 어린 양을 가리킨다고 보는 것을 선호하며, 다른 이들은 이사야 53:7을 선호한다 - "그는 양처럼 도살장으로 끌려갔다"(참고. 사 53:8ff.). 하지만 어느 것도 배제되어서는 안 된다. 둘 다 요한계시록 5:6의 상징적인 그림과 함께 어린 양 희생의 중심적인 기능과 의미를 공통으로 가지고 있기 때문이다. 그 희생은 하나님의 백성들을 위하여 구속과 승리를 성취한다. 이사야 53장의 배경은 특별히 어린 양의 희생적 죽음의 속죄의 측면을 강조하며, "뿌리"(ῥίζα; 참고. 사 53:2; 계 5:5)와 "어린 양"(ἀμνός, 칠십인역) 모두의 비유를 희생 제물에게 적용한다. 사실 "뿌리"는 이사야 11:1, 10에서도 나타나며 요한계시록 5:5에서 암시되는데, 이것은 53:2에 있는 동일한 은유에게로 이끌리도록 영감을 주었을 것이다.

유월절/이사야 53장의 배경은 또한 ἀρνίον("어린 양")의 사용을 통해서도 암시된다. 그 단어의 뒤에는 아람어 *talia*'가 놓여있을 수 있으며 이것은 "어린 양"뿐 아니라 "종"과 "어린 아이"를 의미한다. 이것이 그런 경우라면 ἀρνίον은 유월절 어린 양을 이사야 53장의

---

308 Beasley-Murray, *Revelation*, 125.

309 Frederick J. Murphy, *Early Judaism: From the Exile to the Time of Jesus* (Peabody, MA: Hendrickson, 2002), 431. 또한 Robert H. Mounce, *The Book of Revelation*, rev. ed., NICNT, ed. Gordon D. Fee (Grand Rapids: Eerdmans, 1998), 132~33; Moyise, *The Old Testament in the New*, 125를 보라.

종 어린 양과 연합하는 가장 적당한 단어일 수 있다.310

마운스(Mounce)는 또 다른 연결을 보여준다. "헬라어 σφάζω(죽이다)는 요한계시록에서 그리스도의 죽음을 묘사하기 위해서만 사용된다. 이러한 용법은 아마도 이사야 53:7에서 유래할 것이다(ὡς πρόβατον ἐπὶ σφαγὴν ἤχθη['그는 양처럼 죽음으로 끌려갔다'])."311

케어드는 요한계시록 5:6, 9, 12와 13:8에서 예시된 요한의 구약 사용에 대해 설명한다.

> 이러한 한 번의 빛나는 예술적 필법(stroke)을 통하여 요한은 그의 모든 구약 사용에 대한 열쇠를 우리에게 제공한다. 그는 지속적으로 구약의 글들을 반영한다(실제로 그것들을 인용하지 않고서). 부분적인 이유로는 이것이 그가 가장 자연스럽게 전해들은 언어였기 때문이며, 또한 부분적으로 친밀한 관계들이 가진, 큰 감동을 주는 효과 때문이며, 또한 의심의 여지없이 부분적으로, 그가 본 이상이 내용은 아닐지라도 실제로 그 형태는 그의 풍부하게 저장된 마음의 영원한 지식으로부터 나온 것이었기 때문이다. 하지만 이 모든 것 위에 우리는 그가 구약 성경이 하나님의 신탁임을 믿었다는 것과, 선지자들을 통하여 부분적으로, 어렴풋하게 말씀하셨던 동일한 하나님께서 지금은 그의 아들을 통하여 온전하게 말씀하셨다는 것을 더할 필요가 있다.312

핸슨(Hanson)은 케어드와 동의하는 가운데 유다 지파의 사자, 다윗의 뿌리, 어린 양을 등장시키는 요한의 상징 사용에 대해 설명한다. "그리하여 요한은 예수 그리스도의 이력을 하나님의 구원 계획의 바로 그 중심에 두기 위해, 그리고 가능한 한 그를 하나님의 존재와 행위와 가깝게 연결하기 위해 이러한 선명한 상징을 사용하며, 그것의 모든 세

---

310 Beale, *Revelation*, 351.
311 Mounce, *Revelation*, 135의 각주 31.
312 Caird, *Revelation*, 74.

부적인 것들은 성경에서 취한 것이다."313 다시 한 번, 이곳 요한계시록 5장에서의 구약의 사용에 대한 핸슨의 설명은 적절하다.

> 이것은 우리가 신약 전체에서 만날 수 있는, 가장 철저하게 기독교화된 성경 해석이다. 그것은 '이것은 그것을 뜻한다'고 하는 페셔가 아니다. 그것은 훨씬 더 미묘하다. 그것은 모형론과 밀접한 연관이 있지만, 예를 들어 바울에게서 발견할 수 있는 모형론과는 좀 다르다…. 그[요한]는 성경의 언어와 이미지를 당연하게 여기고 그것들을 자신의 예언적 내러티브에 엮어내고(weaves) 있다. 그의 방식은 그러한 자료들이 그것들이 속한 성경적 문맥에서 중요한 모든 것들을 간직하게 하지만, 동시에 그는 그의 사용 가운데서 하나님께서 모든 것들을 새롭게 하였다는 것을 보여준다. 기독교 시대의 사건들을 해석하는 데 성경이 사용될 수 있지만, 사용되는 가운데 그것은 변화된다.314

같은 맥락에서 스위트(Sweet)는 선견자 요한이 "유대 성경에 대한 놀라운 이해력을 가졌으며, 그는 창의적으로 자유롭게 그것을 사용했다"고, 그리고 "요한계시록은 시작에 대한 이야기부터 종말에 대한 환상까지의 유대 성경적 유산을 기독교적으로 다시 읽는 것으로 볼 수 있다"고 주장한다.315

우리는 이러한 종류의 성경적 본문/이미지의 사용을 구약의 이미지에 대한 미드라쉬적인 통합이라고 부를 수 있다. 여러 구약 본문/이미지들이 요한계시록 5:6, 9, 12와 13:8에서 반영되고 있다. 이러한 반향은 사도 요한의 기독론 묘사를 위해 들려지게 된다.316

---

313 Hanson, *Living Utterances of God*, 161.

314 Hanson, *Living Utterances of God*, 161.

315 John P. M. Sweet, *Revelation*, Westminster Pelican Commentaries, ed. D. E. Nineham (Philadelphia: Westminster, 1979; reprint, London: SCM Press; Philadelphia: Trinity Press International, 1990, as Part of TPI New Testament Commentaries, ed. Howard Clark Kee and Dennis Nineham), 39~40.

예수와 신약 저자들의 이사야 53장의 암시적 사용에 대한 분석을 마치는 시점에서 조그보(Zogbo)와 웬드랜드(Wendland)의 말은 의미 있고 적절하다.

> 신약의 저자들은 구약 성경을 잘 알았던 것이 분명하다. (히브리 성경으로 읽든지 헬라어 성경으로 읽든지) 구약의 어휘, 이미지, 개념은 그들의 생각의 패턴과 표현 방식들에 스며들었다. 그리하여 신약의 기록들을 써내려가는 가운데 저자들은 구약에 대해 많은 것을 암시하였다. 때때로 그들은 실제로 구체적인 구절들을 인용하지 않고서 구약의 표현들을 사용하였다. … 참으로 복음서에 기록된 예수 자신의 말은 이러한 종류의 구약의 사고 패턴과 표현 방식을 보여준다.317

결론: 신약에서 이사야 53장 사용에 대한 분석 종합

지금까지의 모든 분석을 종합하고 그 결과를 요약 형태로 제시할 때가 되었다. 필자는 먼저 종합 도표를 제시하고 이어서 전체 연구를 요약적으로 설명하려고 한다. 도표에 있는 약어들을 설명할 필요가 있다:

---

316 오니의 경우에서 예시된 대로 초기 기독교 집단에서 죽임을 당한 어린 양과 그 피에 관한 전통이 있었을 수 있다. "베드로전서 1:18~20에서 요한계시록 13:8과의 놀라운 평행이 있으며 같은 모티프가 여럿 있다. '너희가 대속함을 받은 것은… 오직 흠 없고 점 없는 어린 양[ἀμνοῦ] 같은 그리스도의 보배로운 피로 된 것이니라. 그는 창세전부터[πρὸ καταβολῆς κόσμου] 미리 알린바 되신 이나'"(David E. Aune, *Revelation 6~16*, Word Biblical Commentary, ed. Ralph P. Martin, David A. Hubbard, and Glenn W. Barker, vol. 52B [Nashville, TN: Nelson, 1998], 747). Τοῦ ἀρνίου τοῦ ἐσφαγμένου ἀπὸ καταβολῆς κόσμου["창세전부터… 죽임 당한 어린 양"]이라는 표현은 요한계시록 13:8에서 나타난다. 사도행전 2:23에 의하면 예수는 "하나님께서 정하신 뜻과 미리 아신 대로 내준 바 되었다"(NRSV).

317 Lynell Zogbo, and Ernst R. Wendland, *Hebrew Poetry in the Bible: A Guide for Understanding and for Translating*, Helps for Translators: UBS Technical Help Series (New York: United Bible Societies, 2000), 166.

"Srce"는 인용되거나 암시된 본문; Q/A는 인용/암시; E는 반향(echo)(GIE는 "큰 규모의 간본문적 반향"); UTIT는 "전통의 활용으로 인해 생긴 간본문적 반향"; "Tra."는 "전통(들)"; WG는 영향사(여기서는 종의 노래가 지어진 때부터 예수, 침례자 요한, 신약의 저자들에 의해 이사야 53장[혹은 이사야의 시를 사용하는 일부 해석적 전통(들)]이 사용된 때까지의 영향사)를 뜻한다. "Sub."는 이사야 53장의 구절이나 그와 관련된 일부 해석적 전통(들)을 활용하는 주체들을 뜻한다. 몇몇 경우 복수의 주체들이 있으며 목록은 후의 사용자를 먼저 보여준다.

신약	이사야 53	Srce	Q/A	Tra.	WG	목적	해석학적 특성	Sub.
눅 22:37	사 53:12	MT	Q			기독론적 ("고난" 문맥-P)	예언적, 페셔-문자적	예수
마 8:17	사 53:4	MT	Q		Y[318]	기독론적-사역적	(전형적-)예언적 성취, 페셔 형식	마태
행 8:32~33	사53:7, 8	LXX	Q			기독론적(P)	(전형적-)예언적	누가
롬 15:21	사 52:15	LXX	Q			선교적	(전형적-)예언적, 미드라쉬적	바울
롬 10:16	사 53:1	LXX	Q			선교적	전형적, 문자적	바울
벧전 2:22	사 53:9	LXX	Q		Y[319]	윤리적	예언적-전형적	베드로
벧전 2:24	사 53:12 53:4	LXX	Q/A		Y	기독론적/P	예언적 성취	베드로
	53:5	LXX	Q		Y	교리적	(전형적-)예언적	베드로
벧전 2:25	사 53:6	LXX/MT	A (Q)		Y[320]	윤리적	전형적	베드로
요 12:38	사 53:1	LXX	Q			기독론적 (사역적)	(전형적-) 예언적, 미드라쉬적-페셔	요한
막 10:45 (마 20:28)	사 53:10, 12	LXX/MT	A		Y[321]	윤리적 기독론적/P	(전형적-) 예언적 성취, (미드라쉬적)	예수
막 9:12	사 53:3	MT	A		Y[322]	기독론적/P	전형적/미드라쉬적	예수
막 14:24 마 26:28 눅 22:20	사 53:12	MT	A	(Y)	Y[323]	기독론적/P	전형적-예언적	예수
마 27:38, 58~60	사 53:9	MT	E			확증/ 기독론적	예언적 성취, 미드라쉬	마태

---

318 가능한 해석적 영향의 역사는, 이사야 53:4(MT) → 4Q491(4QM^a) 15

롬 4:25	사 53:4~6, 11~12	(LXX)	UTIT	Y	Y324	기독론적 (교리적)/P	(전형적-) 예언적, 미드라쉬적	바울
고전 15:3	사 53:4~6, 11~12	LXX	GIE	Y	Y325	교리적 (기독론적/P)	예언적 성취, 미드라쉬적-페셔	바울
고전 11:23~26	사 53:6, 12	LXX	UTIT	Y	Y326 Y	윤리적 기독론적/P	미드라쉬적 미드라쉬적 페셔	바울 예수
고후 5:21	사 53:4~12	LXX LXX ?	UTIT	Y Y *	Y327 Y Y	윤리적 기독론적(P) 기독론적(P)	적용적 요약 신학적 번역 미드라쉬적 성취	바울 무명인 예수
빌 2:7~9	사 52:13; 53:8, 12	?	E	Y328 *		윤리적 기독론적(P)	찬양의 설의적 사용 (전형적-)예언적 주제의 신학적 사용	바울 무명인
히 9:28	사 53:4, 6, 11, 12	LXX	A	Y	Y329	교리적 기독론적/P	정당한 적용= 미드라쉬적 페셔, 예언적 성취	?
요 1:29	사 53:7 (4, 12)	LXX/ MT T. Jos	A A	Y	Y330	기독론적/P 기독론적	미드라쉬적(통합적) 재해석 미드라쉬적 페셔	전도자 요한 침례자 요한
계 5:6, 9, 12; 13:8	사 53:6, 7	LXX (MT)	A (E)	Y	Y331	기독론적/P	이미지의 해석, 미드라쉬적	사도 요한

("나처럼 모든 슬픔을 지는")/4Q540("다시 한 번 고통이 그에게 임할 것이다," *l*1) → 마태복음 8:17이다. 이러한 제안은 단지 "가능한," 혹은 더 나은 경우 "개연성 있는" 해석적 영향의 역사에 대한 것임을 알아야 한다. 후에 이사야 53장이나 그것과 연관된 해석적 전통을 사용한 자들은 이전의 본문이나 이사야 53장을 사용하는 해석적 전통의 존재를 알았을 수도 있고 몰랐을 수도 있을 것이다. 어떤 경우 후대의 사용자가 이전의 본문이나 전통을 정확하게 알지 못했더라도 많은 경우 그들은 그러한 해석적 영향의 역사의 영향 아래 있었을 것이다(일부 특정 문헌적 혹은 개념적 환경 아래에서).

319 베드로전서(2:22, 24, 25) 이전의 석의적/해석적 전통들.

320 가능한 해석적 영향의 역사는, 이사야 53:6(칠십인역/MT) → 4Q541("그의 날에 백성들은 길을 잃을 것이며 그들은 놀랄 것이다," frag. 9 col. 1 7) → 어떤 해석적 전통 → 베드로전서 2:25이다.

321 가능한 해석적 영향의 역사는, 이사야 53:10, 12/이사야 43:3~4/다니엘 7장 → 4Q541("그의 세대의 모든 자녀들을 위한 속죄," frag. 9 col. 1 2; "포로 된 자들을 위한 당신의 피," frag. 4 col. II 4~5)/다른 이들을 위한 대리적/구속적 속

죄의 개념을 외연/내포하는, 제2성전기 유대주의의 많은 다른 구절(4장 참고) → 예수의 사용 → 마가복음 10:45이다.

322 가능한 해석적 영향의 역사는, 이사야 53:12(MT)를 포함하여 많은 구약 구절과 이미지 → 4Q491("누가 비천하다고 생각되었는가?… 누가 나처럼 모든 슬픔을 짊어졌는가? 그리고 누가 나처럼 악을 견뎠는가?" l 8~9)/4Q541("매 맞은… 고통," frag. 6)/4Q540("고통이 나에게 임할 것이다," l 1) → 초대 교회의 어떤 해석적 전통 → 예수가 그 주제를 사용 → 마가복음 9:12b이다.

323 가능한 해석적 영향의 역사는, 출애굽기 24:8; 예레미야 31:34; 이사야 53:12(MT) → 예수가 다락방강화에서 이 주제를 사용 → 초대 교회의 어떤 해석적 전통 → 마가복음 14:24; 마태복음 26:28; 누가복음 22:20이다.

324 가능한 해석적 영향의 역사는, 이사야 53:5, 6, 12(칠십인역) → 초대 교회에서 신앙고백문의 전통을 개발하고 사용 → 로마서 4:25이다.

325 가능한 해석적 영향의 역사는, 이사야 53:4~6, 11, 12(칠십인역)/시편 22/신명기 18:15, 18/유월절 어린 양의 이미지/많은 다른 제사의 구절(특별히, 속죄일의 구절) → 초대 교회에서 신앙고백문의 전통을 개발하고 사용 → 고린도전서 15:3이다.

326 가능한 해석적 영향의 역사는, 이사야 53:6, 12(칠십인역)/예레미야 31장 → 예수가 다락방 강화에서 이 주제를 사용→초대 교회에서 신앙고백문의 전통을 개발하고 사용→고린도전서 11:23~26에서의 바울의 사용이다.

327 가능한 해석적 영향의 역사는, 이사야 53:4~12(칠십인역)와 다른 구약의 구절(→ 4Q541["그는 자기 세대의 모든 자녀들을 위하여 속죄할 것이다," frag. 9 col. I 2]/["당신은 무죄할 것이다 … 당신의 피 … 당신이 받은 고통스러운 고난," frag. 6과 frag. 4 col. II]) → 예수가 다락방강화에서 이 주제를 사용 → ὑπέρ 전통의 형성(무명의 신자에 의해 헬라어로 번역됨) → 고린도후서 5:21에서의 바울의 사용이다.

328 (전례의) 찬미의 전통.

329 가능한 해석적 영향의 역사는, 이사야 53:4, 6, 11, 12(칠십인역)과 다른 구약의 구절 → 4Q491("누가 비천하다고 생각되었는가 … 누가 나처럼 **모든 슬픔을 짊어졌는가?** 그리고 누가 나처럼 악을 견뎠는가?" l 8~9)/4Q541("그는 자기 세대의 모든 자녀들을 위하여 속죄할 것이다" frag. 9 col. I 2/"매 맞은… 당신은 무죄할 것이다… 당신의 피… 당신이 당한 고통의 고난," frag. 6과 frag. 4 col. II) → 초대 교회의 해석적 전통 → 히브리서 9:28에서 히브리서 저자의 사용이다.

330 가능한 해석적 영향의 역사는, T. Jos. 19:8~11과 「에녹 1서」 90:38 → 침례자 요한이 승리하는 어린 양의 이미지를 사용(그의 말이 해석적 전통을

이사야 53장은 구약의 다른 많은 구절과 함께 역사적인 예수의 마음에 있었던 것이 분명하며, 그는 분명히 네 번째 종의 구절을 자신의 신학과 사역을 위해 사용하였다. 이것은 그와 신약 저자들의 이사야 53장에 대한 직접적이며 간접적인 사용에 대한 본 논문의 연구를 통해 확증되었다. 거의 모든 신약 저자들은 네 번째 종의 노래의 구절을 인용하거나 암시하고 있다. 야고보와 유다만이 제외된다. 예수는 자신의 기독론과 사역을 위하여 이 시를 사용하는 패턴을 마련하였다. 참으로 복음서에 기록된 예수 자신의 말은 같은 종류의 "구약의 사고 패턴과 표현 방식"을 보여주며, 후에 그의 추종자들은 그의 방식을 활용하였다. 이사야 52:14와 53:2를 제외한 52:13~53:12의 거의 모든 구절들이 사용되고 있다. 히브리어 본문보다 칠십인역이 더 많이 사용된다. 인용의 경우(여덟 혹은 아홉 번)보다 암시의 경우(약 14번)가 더 많다. 본 연구에서 열거된 것 외에 다른 암시의 경우가 있을 수 있는가? 그럴 가능성이 있다. 단지, 본 연구는 어떤 결론을 이끌어 내기 위한 충분한 경우들을 포함한다고 말할 수 있다.

여러 경우에서 신약 저자들은 부분적으로 이전에 이사야 53장 본문의 영향을 받았던 해석적 전통(들)이나 혹은 이전의 전통(들)을 앞서는 해석적 전통(들)을 활용하였다. 많은 경우 예수와 신약 저자들의 이사야의 사용은 종의 노래의 영향사에 의해 영향을 받았으며, 그리하여 다시 그 영향사는 확장되었다. 이사야 53장 사용의 많은 경우는 **고난(passion)** 문맥에 속한다.332 많은 인용과 암시는 기독론을 확증하기 위

낳음) → 요한복음 1:29에서 전도자 요한에 의해 이사야의 어린 양의 이미지(사 53:7[4, 12][칠십인역/MT])와 유월절 어린 양의 이미지(출 12:22, 46; 민 28:16; 겔 45:21~25)의 추가이다.

331 가능한 해석적 영향의 역사는, 이사야 53:6, 7(칠십인역[MT]) + 유월절 어린 양의 이미지 + 많은 다른 구약의 구절과 「요셉의 유훈」 19:8~11과 「에녹 1서」 90:38 → 요한복음 1:29 등에서 해석적 전통의 근거가 됨 → 요한계시록 5장에서 이 모든 것의 사용이다.

332 이 구절들은 도표에서 "P"로 표시된다. 그리하여 필자의 견해는 후커의 견해에 반대된다(참고. Hooker, *Jesus and the Servant*, 62~63, 148~50).

해 행해졌다(신학적, 교리적 사용). 적지 않은 경우에 그것들은 실용적인 목적이었다(선교, 윤리, 목회). 많은 암시와 인용에서 해석학적 기법은 다양하다. 대부분 한 편으로 예언적 혹은 전형적-예언적이거나, 다른 한 편으로 미드라쉬적이다. 전형적 사용의 몇몇 경우가 있다. 문자적이거나 페셔 형식의 사용도 몇 가지 경우가 있다. 또 다른 점을 주목할 필요가 있다. 종합 도표가 보여주듯이 예수의 이사야서 사용이 그의 제자들을 위한 패턴이 되었다는 것이다.

우리의 결론을 요약하기 위한 가장 중요한 요점으로서 린다스의 진술을 사용할 수 있다. "이 유명한 장에 대한 실제적인 인용은 신약에서 특별히 많지 않지만 그것에 대한 암시들은 중요한 저자들 모두의 글에서 너무도 깊이 새겨져 있어 그것이 초기 교회의 오래된 사상에 속하는 것이 분명하다."333 한 가지 분명한 점은, 그것이 역사적 예수의 개념적, 신학적, 간본문적 세계에도 속한다는 것이다.

보록 두 개 추가

보록 2: 또 다른 탐색 질문

이사야 53장이 예수의 생각과 사역에서 그토록 중요했다면, 이 구절(특별히 53:10, 11과 같이 속죄의 고난과 죽음에 대해 말하는 구절)에 대한 직접적인 인용이 신약에서 그토록 적게 나타나는 이유는 무엇인가? 이것은 후커와 그녀의 생각에 공감하는 사람들이 제기하는 질문이다.

이 질문에 대한 대답은 다양한 방식으로 제시할 수 있다. 첫 번째 것은 샙(David Sapp)이 제시하는 적절한 설명이다. 그는 "예수의 희생적 죽음과 부활을 통한 죄의 속죄의 교리를 위해 이사야 53장의 헬라어 번역본이 히브리 성경보다 상대적으로 덜한 지원을 그리스도인 석의학자에게 제공한다."라고 주장한다.334 예를 들어 로마서 5:19는 이사

---

333 Lindars, *New Testament Apologetic*, 77.

야 53:11을 암시하며, 헬라어 본문보다 히브리어 본문을 암시한다. 헬라어 본문은 이 구절의 의미를 현저하게 바꾸었으며, 그리하여 "초대 그리스도인들이 10~11b절을 사용하여 그리스도의 희생적 죽음의 메시지를 말하기 원했을 때, 그들은 헬라어 본문을 인용할 수 없었다. 그들은 히브리 본문을 암시할 수 있었을 뿐이다"-그들은 헬라어를 말하는 세상을 복음화하기 위해 일반적으로 칠십인역을 사용하였으며, "이사야 53장(칠십인역)은 10~11b절을 제외하고 기독교 복음을 설명할 때에 사용될 수 있었던, 속죄를 암시하는 많은 진술을 여전히 간직하고 있었다."335 샙의 설명은 앞의 질문에 대한 대답의 하나가 될 수 있다. 그것은 부분적으로 그러한 현상을 설명할 수 있다.

두 번째 대답은 표준으로 생각되는, 전통적인 대답이다. 이사야 53장이 너무도 잘 알려져 있어서 그것을 직접적으로 인용하는 것은 진부한 생각이었다는 것이다.336 많은 경우가 이러한 경우였을 것이다. 그리고 샙의 설명은 이것과 반대되지 않는다. 그 둘은 조화될 수 있다.

---

334 David A. Sapp, "The LXX, 1QIsa, and MT Versions of Isaiah 53 and the Christian Doctrine of Atonement," in *Jesus and the Suffering Servant: Isaiah 53 and Christian Origins*, ed. William H. Bellinger Jr. and William R. Farmer (Harrisburg, PA: Trinity Press International, 1998), 186.

335 Sapp, "The LXX, 1QIsa, and MT Versions of Isaiah 53 and the Christian Doctrine of Atonement," 188.

336 William H. Bellinger Jr. and William R. Farmer, "Introduction," in *Jesus and the Suffering Servant: Isaiah 53 and Christian Origins*, 7. 또한 Moyise, *The Old Testament in the New*, 30을 보라.

예레미아스(Jeremias)는 또 다른 흥미로운 논리를 제시한다.

> 예수가 이사야 53장을 자신에게 연관 짓는 본문의 수는 많지 않으며, 그것들이 마태와 누가에게 공통적인 **어록(logia)**에서 전혀 나타나지 않는다는 사실은 오직 예수가 자신의 대중적인 설교가 아닌 비밀스러운 가르침에서 자신이 종으로 알려지기를 허락했다는 사실과 연결될 필요가 있다. 오직 자신의 제자들에게만 자신이 이사야 53장의 성취를 하나님이 자신에게 정하신 임무로 보았다는 비밀스러운 사실을 밝혔으며, 그들에게만 자신의 죽음을 하나님의 심판 아래에 있는 수많은 사람을 위한 대리적 죽음으로 해석해주었다(막 10:45; 14:24).[337]

네 번째 대답은 문화적-문헌적 배경에서 올 수 있다. 앞에서 설명한 것과 같은 암시의 관습이 일 세기 유대와 그리스-로마 세계에서 통상적인 것이었다는 것이다.[338] 스탠리(Stanley)에 따르면 원래의 본문에 대한 "의도적인 개찬/가필"(interpolation)이나 "해석적 번역"은 고대 유대와 로마 세계에서 일반적인 관습이었다.

> 악트마이어(Paul Achtemeier)는 그리스-로마 사회가 '구전이 상당히 잔류하는(high residual orality) 문화'였지만 그럼에도 불구하고 상당히 문학적인 창조를 통하여 의사를 전달했던 사회였다고 적절하게 묘사한다…. 유대 공동체에 대해서는 여기서 매 안식일과 잔치 때에 회

---

[337] Zimmerli and Jeremias, *The Servant of God*, 106. 라이트는 우리에게 흥미로운 논증을 제시한다. "그[예수]는 난감해하는 제자들을 가르칠 때에 이것[야웨의 종의 개념]을 직접적으로 말하지 않았다. 그들이 그것을 이해했다면 예루살렘까지 그를 따르지 않았을 것이다. 그는 그것을 성전과 다락방에서, 그리고 폭풍의 중심으로 들어가려는 결단 가운데, 메시아의 저주가 최고조에 달했던 곳에서… 그리고 이스라엘의 유배의 짐을 짊어지는 중에, 도성의 성벽 밖에서 이스라엘의 메시아로서 죽는 가운데, 자신의 행위를 통하여 말하였다. 예수의 말이 그의 행위 주위에 매달리고 있기 때문에, 우리는 직접적인 진술보다 이것의 메아리를 포착할 수 있다"("The Servant and Jesus," 293).

[338] 이러한 요점은 4장의 보록 부분에서 이미 명시되었다.

당에서 규칙적으로 행해졌던 공개적인 성경 읽기와 번역을 더할 수 있다…. 그러한 문맥에서 암송의 말은 실제로 기록된 본문을 앞서며, 원전의 권위 안에 숨겨져, 그것은 원래의 구성을 얼마나 가까이 따르는지 상관없이 청중을 움직이는 능력이 있었다…. 이것은 호머를 해석한 서사시만큼이나 메투르게만(meturgeman, 아람어 번역가)이 토라를 번역한 일에 대해서도 사실이다. 그리하여 해석적 번역은 기록된 본문을 공개적으로 발표하는 모든 일에 있어서 필수적인 요소였으며, 고대의 청중들이 잘 이해하고 아마도 기대하기까지 했던 현실이었다.[339]

결론적으로 아마도 여기서 다루는 문제에 대한 대답은 복합적인 것일 것이다. 앞의 네 가지 설명 모두 그러한 비평적인 질문에 대한 대답이 될 수 있다.

보록 3: 예수는 자신이 하나님의 종이라는 것을 알았는가? (혹은 그의 제자들은 어떠했는가?)

이 질문이 중요한 것은 그것이 우리의 역사비평적 접근, "역사적 예수"에 대한 우리의 견해, 성경적 자료에 대한 우리의 해석, 우리의 성경신학과 조직신학에 영향을 미칠 수 있기 때문이다. 전통적으로 지배적인 견해는 "그렇다"고 하는 대답이었다. 하지만 1959년에 후커와 바렛은 각각 독립적으로 그 대답을 "아니다"라고 하는 자신들의 견해를 발표하였으며, 그것은 당시에 인정된 입장에 대한 큰 도전이었다. 하지만 지금까지 우리가 고려해왔던 것처럼 몇몇 강화된 주장과 증거들과 함께 무게추는 전통적인 견해를 선호하는 쪽으로 기울 것 같다.

---

[339] Christopher D. Stanley, "The Social Environment of 'Free' Biblical Quotations in the New Testament," in *Early Christian Interpretation of the Scriptures of Israel: Investigation and Proposals*, ed. Craig A. Evans and James A. Sanders, Studies in Scripture in Early Judaism and Christianity, ed. Craig A. Evans and James A. Sanders, vol. 5, Journal for the Study of the New Testament Supplement Series, ed. Stanley E. Porter, vol. 148 (Sheffield: Sheffield Academic Press, 1997), 20~21.

첫째로, 예수와 그의 제자들이 이사야 53장을 암시적으로 사용한 경우를 증명할 필요가 있는데, 이것은 앞에서 몇몇 예시적인 경우들을 통하여 입증되었다. 덧붙여, 구약의 위경에 보면 단지 한 단어나 구가, 어떤 주제나 이미지를 수반하면서, 구약의 구절이나 이미지를 가리키는 많은 경우가 있다. 거기에는 구약에 대한 수많은 암시적인 사용이 있다. 최근에 어떤 학자들은 구약 자체에도 이전의 성경적 자료에 대한 암시적 사용이 있음을 강력하게 주장하였다.340 그것이 사실이라면 우리는 유대적 기독교적 상황에서 이전의 성경적 전통을 암시적으로 사용하는 것이 지속적으로 행해졌던 방식이었음을 가정할 수 있다.341 게다가, 스탠리는 고대 세계에서의 더 넓은 사회적, 문화적, 문헌적 문맥에서 행해졌던, "기록된 본문에 대한 자유로운 접근"이나 "해석적인 번역"에 대해 효과적으로 주장하고 있다.342

이것이 사실이라면 예수는 분명히 백성들의 죄를 위해 속죄의 죽음을 당하게 될, 종의 노래에 나타나는 종으로서의 자신의 역할을 알고 있었다. 그가 여러 번, 암시적이기는 하지만, 그 구절들, 특별히 이사야 53:10~12를 인용하였기 때문이다.

둘째로, 앞에서 우리가 살펴본 대로, 포로기와 포로기 이후의 시대부터 예수 당시에 이르기까지 이사야 53장의 해석적 전통(많은 경우 암시적이기는 하지만)은 예수로 하여금 이사야의 종으로서의 자신의 역할을 인식하도록 길을 열어주고 있다. 예를 들어, 앞에서 말한 대로 쿰란의 증거는 그것에 대한 흥미롭고도 강력한 논거이다.

---

340 예를 들어 피쉬베인(Fishbane), 솜머(Sommer), 와일리(Wiley)가 그런 학자에 속한다(그들의 글은 앞에서 인용되었음).

341 이것에 대한 라이트의 주장을 참조하라(N. T. Wright, *Jesus and the Victory of God*, 584).

342 Stanley, "The Social Environment of 'Free' Biblical Quotations in the New Testament," 18~27(특별히 21~22). 이러한 '해석적인 번역' 혹은 '자유로운 인용'은 성경적 자료의 암시적 사용과 밀접한 연관이 있다. 상세한 논의는 그가 쓴 책, *Paul and the Language of Scripture: Citation Technique in the Pauline Epistles and Contemporary Literature*, SNTSMS, ed. G. N. Stanton, vol. 74 (Cambridge: Cambridge University Press, 1992), 267~360을 참조하라.

프랜스의 진술을 요약으로 사용할 수 있을 것이다. "예수가 종의 역할을 성취하기 위해 왔다는 것은 예수 자신의 깨달음이었다. 그러한 종의 역할은 그로 하여금 메시아의 역할이 땅 위에서의 승리와 영광이 아닌, 거절과 고난과 죽음이라고 하는 혁명적인 새로운 생각을 가지게 한 성경적인 뒷받침이 되었다. 그리고 이러한 모델이 궁극적으로 그의 제자들로 하여금 그의 죽음을 패배가 아닌 성취로, 하나님의 백성의 구원을 위한 근거로 이해하게 하였다."343

종의 노래가, 앞선 세대들에게 지속되는 패러다임이었듯이, 예수의 종의 역할은 그와 그 이후의 많은 제자를 위한 "하나님이 정하신 패턴"이었다.344 따라서 차일즈(Childs)는 다음과 같이 말할 수 있었다. "종합하면, 나는 이사야의 글의 최종적인 형태는 종말론적인 메시아와 고난 받는 종 사이의 공명(resonance)을 머지않아 교회에 들려지게 했고, 그것은 종과 메시아를 연결하는 일에 있어서 성경에 대한 합법적인 독자 반응이었다는 것에 동의할 수 있다."345

---

343 R. T. France, "Servant of Yahweh," in *DJG*, 747.

344 William B. Nelson Jr., "Servant of the Lord," in *Eerdmans Dictionary of the Bible*, ed. David Noel Freedman (Grand Rapids: Eerdmans, 2000), 1083.

345 Brevard S. Childs, *Isaiah*, OTL, ed. James L. Mayes, Carol A. Newsom, and David L. Petersen (Louisville: KY: Westminster, 2001), 505.

6장

결론

2장에서 우리는 이사야 52:13~53:12의 의미론적인 영역이 야웨의 종의 대리적/대속적 고난과 속죄의 죽음을 포함한다는 사실을 확증했다. 종의 예상되는 신원은, 그 이미지가 어떤 알려지지 않은 무명의 역사적 인물로서의 당시의 하나님의 종에 기초하고 있는, 미래의 어떤 특별한 하나님의 대행자인 것으로 이해되었다.[1] 3장에서 보여준 대로 이 구절의 시적 특성은 신약의 문맥에서의 네 번째 종의 노래의 전형적 사용, 혹은 적용적인 전용(appropriation)의 가능성/여지를 크게 높인다.

4장에서 우리는 이사야 53장이 기록된 때부터 예수의 때까지, 그 구절에서 가장 선명하게 표현되고 있는 "고난 받는 하나님의 대행자"의 이미지나 모델의 영향을 추적하였다. 그러한 추적은 "고난 받는 종"이나 "고난 받는 메시아"의 이미지에 의해 영향을 받았던 해석적 전통이 계속해서 존재했음과 우리가 그 구절의 효과/영향의 역사를 볼 수 있음을 드러내 준다.

---

[1] 또 다른 후보자는 역사적 모세이다. 백성들의 생각에 그의 이미지는 하나님의 종의 영속하는 모델이다.

5장에서 우리는 신약에서의 이사야의 네 번째 종의 노래에 대한 인용과 암시를 조사하였다. 우리는 신약에서의 이사야 53장 사용이 과거에서 그 신약의 때까지 그 구절이 미친 '효과의 역사'에 의해 영향을 받았음을 발견하였다. 예수와 제자들은 가르침과 사역을 행하는 가운데 "고난 받는 종"의 이미지를 인식하고 있었음이 분명하다. 우리는 예수와 초대 그리스도인 저자들이 그 구절을 암시적으로 사용한 것이 정당함을 확증하였다. 그렇게 하는 동안 우리는 예수의 삶과 사역에서 그가 이사야의 종으로서의 자신의 역할을 알지 못했다고 하는 후커(Hooker)의 주장을 반박하였다. 덧붙여, 우리는 이 해석학적 과정과 방법이 당시 유대의 해석적 선입견과 방법들과 밀접하게 연관되어 있었지만 일부 독특한 기독교적 해석의 특성을 가지고 있었음을 보여주었다.

신약이 이사야의 노래를 사용하는 방식은 다양한 측면을 가진다. 예언적 성취, "패턴"을 따르는 전형적 사용, 전형적-예언적 사용의 경우, 그리고 문자적, 미드라쉬적, 혹은 페셔 등으로 불릴 수 있는 동시대적 적용(즉, 윤리적 모델로서)이 그것이다. 이사야의 시에서 신약의 저자들이 보았던 의미는 원래 본문의 의미에 기초하고 있지만, 그것의 의미 영역 내에서 새로운 외연/지시(reference)를 발전시킴으로써 그것은 신약의 문맥에서 새로운 적용, 새로운 사용, 그리고 어떤 경우에는 새로운 측면의 의미/의의(meaning/significance)를 가진다. 이 구절이 가진 시적 특성은 이 모든 것을 용이하게 만든다.[2] 그들은 자신들의 세계에서 구약의 종의 구절을 취하여 사용하였다("예수 사건"에 대한 자신들의 경험으로부터, 그리고 구속과 구원이라는 하나님의 거대한 계획 전체를 보는 관점으로부터). 이것은 정경적/신학적 접근이라고 불릴 수 있다. 예수는 이러한 해석적 접근의 모델/본을 제시하였으며, 그의 제자들과 초대 기독교 공동체가 그 뒤를 따랐다.

신약의 저자들이 이 구절을 사용한 목적은 다양하다. 중요한 교리적 가르침을 위한 신학적(주로 기독론) 목적, "예수 사건"을 변호하고 입

---

[2] 노스가 인용하는 델리치(Delitzsch)의 해석 도형(interpretational diagram)은 이러한 의미에서 유용하다(Christopher R. North, *Isaiah 40~55: Introduction and Commentary* [London: SCM, 1952], 35~36).

증하려는 목적, 선교적 목적, 윤리적 권면을 위한 목회적 사용 등이다.

성경적인 암시 관습의 정당성을 받아들인다면 우리는 예수와 그의 제자들의 생각, 신학, 사역에 이사야 52:13~53:12가 미쳤던 영향이 중대했다고 말할 수 있다. 그들은 자신들의 정체성과 임무에 대해 종의 구절들, 특별히 이사야 53장이 가지는 신학적인 중요성을 인식하는 가운데 그 구절을 활용하였다. 그들은 "예수 사건"에서 그 시/노래 언어의 취지/의미가 온전히 성취됨을 보았으며, 그리하여 그 시를 예수(그리고 자신들)의 삶과 사역에 적용하였다.3 그리고, 만일 우리가 신약의 많은 책에서 예시된 해석의 모델(예. 로마서 10:16에서 이사야 53:1 사용; 참고. 행 13:47에서 이사야 49:6 사용)을 따른다면, 우리는 다른 이들을 섬기고 빛을 온 세상에 가져가는 통로가 되는 데 있어서 이 중요한 종의 구절을 우리의 사역에 적용할 수 있으며, 또한 그리스도-종이신 예수 안에 성육신한 종의 모델을 따르는 데 있어서 그 시를 우리의 도덕적, 윤리적 삶에 적용할 수 있을 것이다.4

---

3 바울의 이사야 49:6(행 13:47에서)과 53:1(롬 10:16에서)의 사용을 보라.

4 물론 우리의 적용은 예수에게만 적용될 수 있는 종의 어떤 독특한 측면들을 제외할 필요가 있다.

참고자료

단행본, 사전, 연구논문, 정기간행물

Aageson, James W. *Written Also for Our Sake: Paul and the Art of Biblical Interpretation*. Louisville, KY: Westminster Press/John Knox Press, 1993.

Abegg, Martin, Jr., Peter Flint, and Eugene Ulrich. *The Dead Sea Scrolls Bible: The Oldest Known Bible Translated for the First Time into English*. New York: HarperSanFrancisco, 1999.

Achtemeier, Elizabeth. *The Old Testament and the Proclamation of the Gospel*. Philadelphia: Westminster Press, 1973.

―――. "The Relevance of the Old Testament for Christian Preaching." In *A Light unto My Path: The Old Testament Studies in Honor of Jacob M. Meyers*, ed. H. H. Bream, R. D. Heim, and C. A. Moore, 3~24. Philadelphia: Temple University Press, 1974.

Achtemeier, Paul J., Joel B. Green, and Marianne Meye Thompson. *Introducing the New Testament: Its Literature and Theology.* Grand Rapids: William B. Eerdmans Publishing Company, 2001.

Ådna, Jostein. "Der Gottesknecht als triumphierender und interzessorischer Messias. Die Rezeption von Jes 53 im Targum Jonathan untersucht mit besonderer Berücksichtigung des Messiasbildes." In *Der leidende Gottesknecht: Jesaja 53 und seine Wirkungsgeschichte*, ed. Bernd Janowski and Peter Stuhlmacher. Forschungen zum Alten Testament, ed. Bernd Janowski and Hermann Spieckermann, vol. 14, 129~58. Tübingen: J. C. B. Mohr (Paul Siebeck), 1996.

Ahlström, G. W. "Notes to Isaiah 53:8f." *Biblische Zeitschrift* 13 (1969): 95~98.

Aland, Barbara, Kurt Aland et al., eds. *Novum Testamentum Graece*. 27th ed. Stuttgart: Deutsche Bibelgesellschaft, 1993.

Alexander, Philip S. "Targum, Targumim." In *The Anchor Bible Dictionary*, ed. David Noel Freedman, vol. 6, 320~31. New York: Doubleday, 1992.

Allen, Leslie C. "Isaiah LIII 2 Again." *Vetus Testamentum* 21 (October 1971): 490.

_____. "Isaiah LIII. 11 and Its Echoes." *Vox evangelica* 1 (1962): 24~28.

Allen, Ronald B. "עָרָה." In *Theological Wordbook of the Old Testament*, ed. R. Laird Harris, Gleason L. Archer Jr., and Bruce K. Waltke, vol. 2, 695. Chicago: Moody Press, 1980.

Allen, Ronald J. "Moving from the Story to Our Story." In

Preaching the Story, ed. Edmund A. Steimle, Morris J. Niedenthal, and Charles L. Rice, 151~61. Philadelphia: Fortress Press, 1980.

Allison, Dale C., Jr. *The New Moses: A Matthean Typology.* Edinburgh: T. & T. Clark; Minneapolis: Fortress Press, 1993.

Alter, Robert. *The Art of Biblical Poetry.* New York: Basic Books, 1985.

Anderson, Bernhard W. *Contours of Old Testament Theology.* Minneapolis, MN: Fortress Press, 1999.

_____. *Understanding the Old Testament*, 4th ed. Englewood Cliffs, NJ: Prentice Hall, 1986.

Anderson, H. "4 Maccabees." In *The Old Testament Pseudepigrapha: Expansions of the "Old Testament" and Legends, Wisdom and Philosophical Literature, Prayers, Psalms, and Odes, Fragments of Lost Judeo-Hellenistic Works*, ed. James H. Charlesworth, vol. 2, 531~64. New York: Doubleday, 1985.

Archer, Gleason L., and Gregory C. Chirichigno. *Old Testament Quotations in the New Testament: A Complete Survey.* Chicago: Moody Press, 1983.

Attridge, Harold W. "Historiography." In *Jewish Writings of the Second Temple Period: Apocrypha, Pseudepigrapha, Qumran Sectarian Writings, Philo, Josephus*, ed. Michael E. Stone. Compendia Rerum Iudaicarum ad Novum Testamentum— Section Two: The Literature of the Jewish People in the Period of the Second Temple and the Talmud, ed. W. J. Burgers, H. Sysling, and P. J. Tomson, vol. 2, 157~84. Assen: Van Gorcum; Philadelphia: Fortress Press, 1984.

Aune, David E. "Early Christian Biblical Interpretation." *Evangelical Quarterly* 41 (1969): 79~96.

Aytoun, Robert A. "The Servant of the Lord in the Targum." *Journal of Theological Studies* 23 (January 22): 172~80.

Bailey, Daniel P. "Concepts of Stellvertretung in the Interpretation of Isaiah 53." In *Jesus and the Suffering Servant: Isaiah 53 and Christian Origins*, ed. William H. Bellinger Jr. and William R. Farmer. Harrisburg, 223~50. PA: Trinity Press International, 1998.

_____. "The Suffering Servant: *Recent Tübingen Scholarship on Isaiah 53*." In *Jesus and the Suffering Servant: Isaiah 53 and Christian Origins*, ed. William H. Bellinger Jr. and William R. Farmer. Harrisburg, PA: Trinity Press International, 1998, 251~59.

Baker, David L. "Typology and the Christian Use of the Old Testament." *Scottish Journal of Theology* 29 (1976): 137~57.

_____. *Two Testaments, One Bible*. Downers Grove, IL: InterVarsity Press, 1991.

Balentine, Samuel E. "The Interpretation of the Old Testament in the New." *Southwestern Journal of Theology* 23 (1981): 41~57.

Barr, James. *The Bible in the Modern World*. New York: Harper and Row, 1973.

_____. *Old and New in Interpretation: A Study of the Two Testaments*. London: SCM, 1966.

_____. "The Old Testament and New Crisis of Biblical

Authority." *Interpretation* 25 (1971): 24~40.

Barrett, C. K. "The Background of Mark 10:45." In *New Testament Essays: Studies in Memory of Thomas Walter Manson, 1893~1958*, ed. Angus John Brockhurst Higgins, 1~18. Manchester: Manchester University Press, 1959.

_____. "The Interpretation of the Old Testament in the New Testament." In *Cambridge History of the Bible*, ed. P. R. Ackroyd and C. F. Evans, vol. 1, 377~411. Cambridge: Cambridge University Press, 1970.

_____. "The Lamb of God." *New Testament Studies* 1 (May 1955): 210~18.

_____. "Mark 10:45: A Ransom for Many." In *New Testament Essays*, 20~26. London: S.P.C.K, 1972.

Barrick, W. Boyd. "The Rich Man from Arimathea (Matt 27:57~60) and 1QIsa^a" *Journal of Biblical Literature* 96 (June 1977): 235~39.

Barton, John. *Reading the Old Testament*. Philadelphia: Westminster Press, 1984.

Bateman, Herbert W., IV. *Early Jewish Hermeneutics and Hebrews 1:5~13: The Impact of Early Jewish Exegesis on the Interpretation of a Significant New Testament Passage*. American University Studies, Series 7, Theology and Religion, vol. 193. New York: Peter Lang, 1997.

Battenfield, James R. "Isaiah LIII 10: Taking an 'if' out of the Sacrifice of the Servant." *Vetus Testamentum* 32 (Oct. 1982): 485.

Bauer, Walter. *A Greek-English Lexicon of the New Testament and Other Early Christian Literature*. Revised and edited by Frederick William Danker, 3d ed. Chicago and London: The University of Chicago Press, 2000.

Baumgartel, Friedrich. "The Hermeneutical Problem of the Old Testament." In *Essays on Old Testament Hermeneutics*, ed. Claus Westermann, trans. James Luther Mays. Richmond, 134~159. VA: John Knox, 1964.

Beale, G. K. "The Old Testament Background of Reconciliation in 2 Corinthians 5~7 and Its Bearing on the Literary Problem of 2 Corinthians 6:14–7:1." In *The Right Doctrine from the Wrong Texts? Essays on the Use of the Old Testament in the New*, ed. G. K. Beale, 217~47. Grand Rapids: Baker Books, 1994.

_____, ed. *The Right Doctrine from the Wrong Texts? Essays on the Use of the Old Testament in the New*. Grand Rapids: Baker Books, 1994.

Beauchamp, Paul. "The Role of the Old Testament in the Process of Building Up Local Churches." In *Inculturation: Working Papers on Living Faith and Cultures*, ed. Ary A. Roest Crollius. Bible and Inculturation, vol. 3, 6~7. Rome: Pontifical Gregorian University, 1983.

Beentjes, Pancratius C. "Wisdom of Solomon 3:1–4:19 and the Book of Isaiah." In *Studies in the Book of Isaiah: Festschrift Willem A. M. Beuken*, ed. J. Van Ruiten and M. Vervenne, 413~20. Leuven: Leuven University Press, 1997.

Begrich, Joachim. *Studien zu Deuterojesaja*. Theologische Bücherei:

Neudrucke und Berichte aus dem 20. Jahrhundert, vol. 20. Munich: Chr. Kaiser Verlag, 1963.

Bellinger, William H., Jr., and William R. Farmer. "Introduction." In *Jesus and the Suffering Servant: Isaiah 53 and Christian Origins*, ed. William H. Bellinger Jr. and William R. Farmer. Harrisburg, 1~7. PA: Trinity Press International, 1998.

_____, eds. *Jesus and the Suffering Servant: Isaiah 53 and Christian Origins*. Harrisburg, PA: Trinity Press International, 1998.

Ben-Porat, Ziva. "The Poetics of Literary Allusion." *PTL: A Journal for Descriptive Poetics and Theory of Literature* 1 (January 1976): 105~28.

Bentzen, Aage. *Introduction to the Old Testament*. Vol. 1. Copenhagen: G. E. C. Gads Forlag, 1948.

Bettler, John F. "Application." In *The Preacher and Preaching*, ed. Samuel T. Logan Jr. Phillipsburg, 331~49. N.J.: Presbyterian and Reformed, 1986.

Betz, Otto. "Jesus and Isaiah 53." In *Jesus and the Suffering Servant: Isaiah 53 and Christian Origins*, ed. William H. Bellinger Jr. and William R. Farmer. Harrisburg, 70~87. PA: Trinity Press International, 1998.

Beuken, W. A. M. "The Main Theme of Trito-Isaiah 'The Servants of Yahweh.'" *Journal for the Study of the Old Testament* 47 (June 1990): 67~87.

_____. "MISPAT: The First Servant Song and It's Context." *Vetus Testamentum* 22 (January 1972): 1~30.

Beutler, Johannes. "The Use of 'Scripture' in the Gospel of John." In *Exploring the Gospel of John: In Honor of D. Moody Smith*, ed. R. Alan Culpepper and C. Clifton Black. Louisville, 147~62. KY: Westminster John Knox Press, 1996.

Birch, B. C. "Old Testament Narrative and Moral Address." In *Canon, Theology, and Old Testament Interpretation: Essays in Honor of Brevard S. Childs*, ed. Gene Tucker, D. L. Petersen, and R. R. Wilson, 75~91. Philadelphia: Fortress Press, 1988.

Black, Matthew. "The Christological Use of the Old Testament in the New Testament." *New Testament Studies* 18 (1971): 1~14.

_____. "The Messianism of the Parables of Enoch: Their Date and Contribution to Christological Origins." In *The Messiah: Developments in Earliest Jusaism and Christianity—The First Princeton Symposium on Judaism and Christian Origins*, ed. James Charlesworth, 145~68. Minneapolis, MN: Fortress Press, 1992.

Blaster, Peter. "St. Paul's Use of the Old Testament." *Theology Digest* 2 (1954): 49~52.

Blythin, Islwyn. "A Consideration of Difficulties in the Hebrew Text of Isaiah 53:11." *The Bible Translator* 17 (January 1966): 27~31.

Boadt, Lawrence. "Interntional Alliteration in Second Isaiah." *Catholic Biblical Quarterly* 45 (July 1983): 353~63.

Bock, Darrell L. "Evangelicals and the Use of the Old Testament in the New." *Bibliotheca Sacra* 142 (July~September 1985): 209~23; (October~December 1985): 306~19.

_____. *Proclamation from Prophecy and Pattern: Lucan Old Testament Christology.* Journal for the Study of the New Testament Supplement Series, ed. David Hill, vol. 12. Sheffield: JSOT, 1987.

_____. "Proclamation from Prophecy and Pattern: Luke's Use of the Old Testament for Christology and Mission." In *The Gospels and Scriptures of Israel*, ed. Craig A. Evans and W. Richard Stegner. Studies in Scripture in Early Judaism and Christianity, ed. Craig A. Evans and James A. Sanders, vol. 3, Journal for the Study of the New Testament Supplement Series, ed. Stanley E. Porter, vol. 104, 280~307. Sheffield: Sheffield Academic Press, 1994.

Boyarin, Daniel. *Intertextuality and the Reading of Midrash.* Indiana Studies in Biblical Literature, ed. Herbert Marks and Robert Polzin. Bloomington and Indianapolis, IN: Indiana University Press, 1990.

Brenton, Lancelot C. L. *The Septuagint with Apocrypha: Greek and English.* London: Samuel Bagster & Sons, 1851. Reprint, Peabody, MA: Hendrickson Publishers, 1986.

Bright, John. *The Authority of the Old Testament.* Nashville, TN: Abingdon Press, 1967.

Brown, Colin. "λύτρον." In *The New International Dictionary of New Testament Theology*, ed. Colin Brown, vol. 3, 189~200. Grand Rapids: Zondervan Publishing House, 1986.

Brown, Francis, S. R. Driver, and Charles A. Briggs. *The Brown-Driver-Briggs Hebrew and English Lexicon with an Apendix Containing the Biblical Aramaic.* Boston: Houghton,

Mifflin and Company, 1906. Reprint, Peabody, MA: Hendrickson, 1997.

Brown, Raymond E. "The Sensus Plenior in the Last Ten Years." *Catholic Biblical Quarterly* 25 (1963): 262~85.

Brownlee, W. H. "Biblical Interpretation among the Sectaries of the Dead Sea Scrolls." *Biblical Archaeologist* 14 (1951): 54~76.

Bruce, F. F. *Biblical Exegesis in the Qumran Texts*. London: Tyndale Press, 1960.

Buber, Martin. *The Prophetic Faith*. Translated by C. Witton-Davies. New York: Macmillan, 1949.

_____. *Two Types of Faith*. Translated by Norman P. Goldhawk. London: Routledge & Kegan Paul, 1951.

Büchsel, F. "λύτρον." In *Theological Dictionary of the New Testament*, ed. Gerhard Kittel, trans. Geoffrey W. Bromiley, vol. 4, 340~49. Grand Rapids: William B. Eerdmans Publishing Co., 1967.

Burrows, E. W. "Did John the Baptist Call Jesus 'the Lamb of God'?" *Expository Times* 85 (May 1974): 245~49.

Cambridge Annotated Study Apocrypha. Edited by Howard C. Kee. Cambridge: Cambridge University Press, 1994.

Carpenter, Eugene. "עבד." In *New International Dictionary of Old Testament Theology & Exegesis*, ed. Willem A. VanGemeren, vol. 3, 304~309. Grand Rapids: William B. Eerdmans Publishing Co., 1997.

Carson, D. A., and H. G. M. Williamson, ed. *It Is Written: Scripture Citing Scripture: Essays in Honour of Barnabas*

Lindars SSF. Cambridge: Cambridge University Press, 1988.

Ceresko, Anthony R. "The Rhetorical Strategy of the Fourth Servant Song (Isaiah 52:13~53:12): Poetry and the Exodus-New Exodus." *Catholic Biblical Quarterly* 56 (January 1994): 42~55.

Charlesworth, James H. *The Old Testament Pseudepigrapha and the New Testament: Prolegomena for the Study of Christian Origins.* Harrisburg, PA: Trinity Press International, 1998.

_____, ed. *The Old Testament Pseudepigrapha. Volume 1, Apocalyptic Literature and Testaments.* New York: Doubleday, 1983.

_____, ed. *The Old Testament Pseudepigrapha. Volume 2, Expansions of the "Old Testament" and Legends, Wisdom and Philosophical Literature, Prayers, Psalms, and Odes, Fragments of Lost Judeo-Hellenistic Works.* New York: Doubleday, 1985.

_____. "Pseudepigrapha, OT." In *The Anchor Bible Dictionary*, ed. David Noel Freedman, vol. 5, 537~40. New York, London, Toronto, Sydney and Auckland: Doubleday, 1992.

Charlesworth, James H., and Loren L. Johns, eds. *Hillel and Jesus: Comparative Studies of Two Major Religious Leaders.* Minneapolis, MN: Fortress Press, 1997.

Chavasse, Claude. "The Suffering Servant and Moses." *Church Quarterly Review* 165 (April~June 1964): 152~63.

Cherry, M. R. "The Servant Song of Philippians." *Review and Expositor* 59 (January 1962): 42~56.

Chilton, Bruce D. *A Galilean Rabbi and His Bible: Jesus' Use of the Interpreted Scripture of His Time.* Good News Studies, ed. Robert J. Karris, vol. 8. Wilmington, DE: Michael Glazier, 1984.

_____. *The Glory of Israel: The Theology and Provenience of the Isaiah Targum.* Journal for the Study of the Old Testament Supplement Series, ed. David J. A. Clines, Philip R. Davies, and David M. Gunn, vol. 23. Sheffield: JSOT Press, 1983.

_____. *The Isaiah Targum: Introduction, Translation, Apparatus and Notes.* The Aramaic Bible: The Targums, ed. Martin McNamara et al., vol. 11. Wilmington, DE: Michael Glazier, 1987.

_____. "Rabbinic Literature: Targumim." In *Dictionary of New Testament Background*, ed. Craig A. Evans and Stanley E. Porter. Downers Grove, IL: InterVarsity Press; Leicester, England: Inter-Varsity Press, 2000, 902~9.

Chisholm, Robert B., Jr. *From Exegesis to Exposition: A Practical Guide to Using Biblical Hebrew.* Grand Rapids: Baker Book House, 1999.

_____. "A Theology of Isaiah." In *A Biblical Theology of the Old Testament*, ed. Roy B. Zuck, 305~40. Chicago: Moody Press, 1991.

Choi, Cheol K. "Interpretation of the Lamb of God in John 1:29, 36." Th.M. thesis, Dallas Theological Seminary, 2001.

Clements, Ronald E. *A Century of Old Testament Study.* Guildford and London: Lutterworth Press, 1976.

_____. "Isaiah 53 and the Restoration of Israel." In *Jesus and* the Suffering Servant: Isaiah 53 and Christian Origins, ed. William H. Bellinger Jr. and William R. Farmer, 39~54. Harrisburg, PA: Trinity Press International, 1998.

Clifford, Richard J. "Isaiah 55: Invitation to a Feast." In *The Word of the Lord Shall Go Forth: Essays in Honor of David Noel Freedman in Celebration of His Sixtieth Birthday*, ed. Carol L. Meyers and M. O'Connor, 27~35. Winona Lake, IN: Eisenbrauns, 1983.

_____. "Isaiah, Book of (Second Isaiah)." In *The Anchor Bible Dictionary*, ed. David Noel Freedman, vol. 3, 490~501. New York: Doubleday, 1992.

Clines, David J. A. *I, He, We, and They: A Literary Approach to Isaiah 53*. Journal for the Study of the Old Testament Supplement Series, ed. David J. A. Clines, Philip R. Davies, and David M. Gunn, vol. 1. Sheffield: Sheffield Academic Press, 1976.

Cohn-Sherbok, Dan. *The Blackwell Dictionary of Judaica*. Oxford: Blackwell Publishers, 1992.

Collins, Adela Yarbro. "The Signification of Mark 10:45 among Gentile Christians." *Harvard Theological Review* 90 (October 1997): 371~82.

Collins, John J. *Jewish Wisdom in the Hellenistic Age*. Edinburgh: T & T Clark, 1997.

_____. "Testaments." In *Jewish Writings of the Second Temple Period: Apocrypha, Pseudepigrapha, Qumran Sectarian Writings, Philo, Josephus*, ed. Michael E. Stone. Compendia Rerum Iudaicarum ad Novum Testamentum—Section Two:

The Literature of the Jewish People in the Period of the Second Temple and the Talmud, ed. W. J. Burgers, H. Sysling, and P. J. Tomson, vol. 2, 325~55. Assen: Van Gorcum; Philadelphia: Fortress Press, 1984.

Collison, Frank. "The Use of Isaiah 53 by Jesus and the Early Church." *Indian Journal of Theology* 20 (January~June 1971): 117~22.

Coombs, James H. "Allusion Defined and Explained." *Poetics* 13 (1984): 475~88.

Corley, Bruce, Steve W. Lemke, and Grant I. Lovejoy. *Biblical Hermeneutics: A Comprehensive Introduction to Interpreting Scripture*, 2d ed. Nashville, TN: Broadman and Holman Publishers, 2002.

Craig, Clarence Tucker. "The Identification of Jesus with the Suffering Servant." *Journal of Religion* 24 (October 1944): 240~45.

Cullmann, Oscar. *The Christology of the New Testament*. Translated by Shirley C. Guthrie and Charles A. M. Hall, rev. ed. The New Testament Library, ed. Alan Richardson, C. F. D. Moule, and Floyd V. Filson. Philadelphia: Westminster Press, 1963.

Culver, Robert D. "שָׁפַט." In *Theological Wordbook of the Old Testament*, ed. R. Laird Harris, Gleason L. Archer Jr., and Bruce K. Waltke, vol. 2, 947~49. Chicago: Moody Press, 1980.

Daube, David. *The New Testament and Rabbinic Judaism*. London: Athlone Press, 1956. Reprint, Peabody, MA: Hendrickson Publishers, 1998.

Davies, W. D. *Paul and Rabbinic Judaism: Some Rabbinic Elements in Pauline Theology*, 2d ed. London: SPCK, 1955.

Day, John. "DA' AT 'Humiliation' in Isaiah LIII 11 in the Light of Isaiah LIII 3 and Daniel XII 4, and the Oldest Known Interpretation of the Suffering Servant." *Vetus Testamentum* 30 (January 1980): 97~103.

De Jonge, Marinus. "Messiah." In *The Anchor Bible Dictionary*, ed. David Noel Freedman, vol. 4, 777~88. New York: Doubleday and Company, 1992.

_____. "Patriarchs, Testaments of the Twelve." In *The Anchor Bible Dictionary*, ed. David Noel Freedman, vol. 5, 181~86. New York: Doubleday, 1992.

Denny, David R. "The Significance of Isaiah in the Writings of Paul." Th.D. diss., New Orleans Baptist Theological Seminary, 1985.

Derrett, J. Duncan M. "Midrash in the New Testament: The Origin of Luke XXII 67~68." *Studia Theologica* 29 (1975): 147~56.

DeSilva, David A. *Introducing the Apocrypha: Message, Context, and Significance*. Grand Rapids: Baker Academic, 2002.

_____. "Maccabees, Third and Fourth Books of." In *Eerdmans Dictionary of the Bible*, ed. David Noel Freedman, 839~41. Grand Rapids: William B. Eerdmans Publishing Co., 2000.

Dictionary of Judaism in the Biblical Period. Edited by Jacob Neusner and William Scott Green. New York: Macmillan Library Reference, 1996. Reprint, Peabody, MA: Hendrickson Publishers, 1999.

Dilthey, Wilhelm. *Poetry and Experience.* Edited, with an Introduction, by Rudolf A. Makkreel and Frithjof Rodi. *Selected Works*, ed. Rudolf A. Makkreel and Frithjof Rodi, vol. 5. Princeton: Princeton University Press, 1985.

Dimant, Devorah. "Use and Interpretation of Mikra in the Apocrypha and Pseudepigrapha." In *Mikra: Text, Translation, Reading and Interpretation of the Hebrew Bible in Ancient Judaism and Early Christianity*, ed. Martin Jan Mulder. Compendia Rerum Iudaicarum ad Novum Testamentum—Section Two: The Literature of the Jewish People in the Period of the Second Temple and the Talmud, ed. W. J. Burgers, H. Sysling, and P. J. Tomson, vol. 1, 379~419. Assen/Maastricht: Van Gorcum; Philadelphia: Fortress Press, 1988.

Dion, P.-E. "Les chants du Serviteur de Yahweh et quelques passages apparentes d'Is. 40~55. Un essai sur leurs limites precises et sur leurs origines respectives." *Biblica* 51, no. 1 (1970): 17~38.

Dodd, C. H. *According to the Scriptures: The Sub-Structure of New Testament Theology.* New York: Charles Scribner's Sons, 1953.

_____. *The Interpretation of the Fourth Gospel.* Cambridge: Cambridge University Press, 1953.

_____. "The Old Testament in the New." In *The Right Doctrine from the Wrong Texts? Essays on the Use of the Old Testament in the New*, ed. G. K. Beale, 167~81. Grand Rapids: Baker Books, 1994.

_____. Review of *Theologisches Wörterbuch zum Neuen Testament (Band II and III)*, by Gerhard Kittel. *Journal of Theological Studies* 39 (July 1938): 287~93.

Driver, G. R. "Isaiah 52:13 – 53:12: the Servant of the Lord." In *In Memoriam Paul Kahle*, ed. Matthew Black and Georg Fohrer. Beihefte zur Zeitschrift für die alttestamentliche Wissenschaft, ed. Georg Fohrer, vol. 103, 90~105. Berlin: Verlag Alfred Töpelmann, 1968.

Dumbrell, W. J. "The Role of the Servant in Isaiah 40~55." *Reformed Theological Reveiw* 48 (September~December 1989): 105~113.

Dunn, James D. *The Theology of Paul the Apostle*. Grand Rapids: William B. Eerdmans Publishing Company, 1998.

Eissfeldt, Otto. "The Ebed-Yahwe in Isaiah xl~lv in the Light of the Israelite Conception of the Community and the Individual, the Ideal and the Real." *Expository Times* 44 (March 1933): 261~68.

Ekblad, Eugene Robert, Jr. *Isaiah's Servant Poems According to the Septuagint: An Exegetical and Theological Study*. Contributions to Biblical Exegesis and Theology, ed. Tj. Baarda et al., vol. 23. Leuven: Peeters, 1999.

Elliger, K., and W. Rudolph, eds. *Biblia Hebraica Stuttgartensia*, 4th rev. ed. Stuttgart: Deutsche Bibelgesellschaft, 1990.

Elliott, David J. "4 Maccabees." In *The Oxford Bible Commentary*, ed. John Barton and John Muddiman. Oxford: Oxford University Press, 2001, 790~92.

Ellis, E. Earle. "Biblical Interpretation in the New Testament

Church." In *Mikra: Text, Translation, Reading and Interpretation of the Hebrew Bible in Ancient Judaism and Early Christianity*, ed. Martin Jan Mulder. Compendia Rerum Iudaicarum ad Novum Testamentum—Section Two: The Literature of the Jewish People in the Period of the Second Temple and the Talmud, ed. W. J. Burgers, H. Sysling, and P. J. Tomson, vol. 1, 691~725. Assen/Maastricht: Van Gorcum; Philadelphia: Fortress Press, 1988.

_____. *The Old Testament in Early Christianity: Canon and Interpretation in the Light of Modern Research*. Grand Rapids: Baker Book House, 1992.

_____. *Paul's Use of the Old Testament*. Grand Rapids: William B. Eerdmans Publishing Company, 1957.

_____. *Prophecy and Hermeneutic in Early Christianity*. Wissenschaftliche Untersuchungen zum Neuen Testament, ed. by David Hellholm, vol. 18. Tübingen: J. C. B. Mohr (Paul Siebeck), 1978. Reprint, Grand Rapids: Baker Book House, 1993.

Elwell, Walter A., and Robert W. Yarbrough, eds. *Readings from the First-Century World: Primary Sources for New Testament Study*. Encountering Biblical Studies, ed. Walter Elwell and Eugene H. Merrill. Grand Rapids: Baker Books, 1998.

Engnell, Ivan. "The 'ebed Yahweh Songs and the Suffering Messiah in 'Deutero-Isaiah.'" *Bulletin of the John Rylands University Library of Manchester* 31 (January 1948): 54~93.

Eriksson, Anders. *Traditions as Rhetorical Proof: Pauline Argumentation in 1 Corinthians*. Coniectanea Biblica: New Testament Series, ed. Birger Olsson and Kari Syreeni, vol. 29. Stockholm: Almqvist &

Wiksell International, 1998.

Eshel, E. "The Identification of the 'Speaker' of the Self-glorification Hymn." In *The Provo International Conference of the Dead Sea Scrolls: Technological Innovations, New Texts, and Reformulated Issues,* ed. David W. Parry and Eugene C. Ulrich, 619~35. Leiden and Boston: Brill, 1999.

Eslinger, Lyle. "Inner-Biblical Exegesis and Inner-Biblical Allusion: The Question of Category." *Vetus Testamentum* 42 (January 1992): 47~58.

Evans, Craig A. "Messianism." In *Dictionary of New Testament Background,* ed. Craig A. Evans and Stanley E. Porter, 698~707. Downers Grove, IL: InterVarsity Press; Leicester, England: Inter-Varsity Press, 2000.

―――. *Noncanonical Writings and New Testament Interpretation.* Peabody: MA: Hendrickson Publishers, 1992.

―――, and James A. Sanders, eds. *Paul and the Scriptures of Israel.* Studies in Scripture in Early Judaism and Christianity, ed. Craig A. Evans and James A. Sanders, vol. 1, Journal for the Study of the New Testament Supplement Series, ed. Craig A. Evans and James A. Sanders, vol. 83. Sheffield: JSOT Press, 1993.

Farmer, William R. "Reflection on Isaiah 53 and Christian Origins." In *Jesus and the Suffering Servant: Isaiah 53 and Christian Origins,* ed. William H. Bellinger Jr. and William R. Farmer, 260~80. Harrisburg, PA: Trinity Press International, 1998.

Fewell, Danna Nolan, ed. *Reading between Texts: Intertextuality and the Hebrew Bible*. Literary Currents in Biblical Interpretation, ed. Danna Nolan Fewell and David M. Gunn. Louisville: KY: Westminster/John Knox Press, 1992.

Fish, Stanley. *Is There a Text in This Class? The Authority of Interpretive Community*. Cambridge, MA: Harvard University Press, 1980.

Fishbane, Michael. *Biblical Interpretation in Ancient Israel*. Oxford: Clarendon Press, 1984.

_____. "Use, Authority and Interpretation of Mikra at Qumran." In *Mikra: Text, Translation, Reading and Interpretation of the Hebrew Bible in Ancient Judaism and Early Christianity*, ed. Martin Jan Mulder. Compendia Rerum Iudaicarum ad Novum Testamentum—Section Two: The Literature of the Jewish People in the Period of the Second Temple and the Talmud, ed. W. J. Burgers, H. Sysling, and P. J. Tomson, vol. 1, 339~77. Assen/Maastricht: Van Gorcum; Philadelphia: Fortress Press, 1988.

Fitzmyer, Joseph A. "The Use of Explicit Old Testament Quotations in Qumran Literature and in the New Testament." *New Testament Studies* 7 (July 1961): 297~333.

Fjärstodt, Biorn. "The Use of Isaiah 53 in the N.T.—Recent Scandinavian Research." *Indian Journal of Theology* 20 (January~June 1971): 109~16.

Flamming, James. "The New Testament Use of Isaiah." *Southwestern Journal of Theology* 11 (fall 1968): 89~103.

France, R. T. *Jesus and the Old Testament: His Application of*

Old Testament Passages to Himself and His Mission. London: Tyndale Press, 1971. Reprint, Vancouver: Regent College Bookstore, 1992.

_____. "Servant of the Lord." In *New Bible Dictionary*, ed. I. Howard Marshall, A. R. Millard, J. I. Packer, and D. J. Wiseman, 3rd ed, 1082~83. Downers Grove, IL: InterVarsity Press; Leicester, England: Inter-Varsity Press, 1996.

_____. "The Servant of the Lord in the Teaching of Jesus." *Tyndale Bulletin* 19 (1968): 26~52.

_____. "Servant of Yahweh." In *Dictionary of Jesus and the Gospels*, ed. Joel B. Green and Scot McKnight, 744~47. Downers Grove, IL: InterVarsity Press; Leicester, England: Inter-Varsity Press, 1992.

Freedman, David Noel. *Divine Commitment and Human Obligation: Selected Writings of David Noel Freedman—Volume 1: Ancient Israelite History and Religion*. Grand Rapids: William B. Eerdmans Publishing Company, 1997.

Fuller, Reginald H. *The Foundations of New Testament Christology*. New York: Charles Scribner's Sons, 1965.

Gadamer, Hans-Georg. *The Relevance of the Beautiful and Other Essays*. Translated by Nicholas Walker. Edited with an Introduction, by Robert Bernasconi. Cambridge: Cambridge University Press, 1986.

_____. *Truth and Method*. Translated by Joel Weinsheimer and Donald G. Marshall, 2d rev. ed. New York: Crossroad Publishing Company, 1988. Reprint, New York: Continuum, 1994.

García Martínez, Florentino, ed. *The Dead Sea Scrolls Translated: The Qumran Texts in English*. Translated by Wilfred G. E. Watson, 2d ed. Leiden: E. J. Brill; Grand Rapids: William B. Eerdmans Publishing Company, 1996.

García Martínez, Florentino, and Eibert J. C. Tigchelaar, eds. *The Dead Sea Scrolls Study Edition: Volume One 1Q1–4Q273*. Leiden: E. J. Brill; Grand Rapids: William B. Eerdmans Publishing Company, 1997.

_____. *The Dead Sea Scrolls Study Edition: Volume Two 4Q274–11Q31*. Leiden: E. J. Brill; Grand Rapids: William B. Eerdmans Publishing Company, 1998.

Geller, Stephen A. "Were the Prophets Poets?." In *The Place Is Too Small: The Israelite Prophets in Recent Scholarship*, ed. Robert P. Gordon. Sources for Biblical and Theological Study, ed. David W. Baker, vol. 5, 154~65. Winona Lake, IN: Eisenbrauns, 1995.

Gelston, A. "Some Notes on Second Isaiah." *Vetus Testamentum* 21 (December 1971): 517~27.

Gertner, M. "Midrashim in the New Testament." *Journal of Semitic Studies* 7 (1962): 267~92.

Gibson, J. C. L. *Language and Imagery in the Old Testament*. London: SPCK, 1998.

Gilbert, M. "Wisdom Literature." In *Jewish Writings of the Second Temple Period: Apocrypha, Pseudepigrapha, Qumran Sectarian Writings, Philo, Josephus*, ed. Michael E. Stone. Compendia Rerum Iudaicarum ad Novum Testamentum—Section Two: The Literature of the Jewish People in the Period of the Second Temple and the Talmud, ed. W. J. Burgers, H.

Sysling, and P. J. Tomson, vol. 2, 1984, 283~324. Assen: Van Gorcum; Philadelphia: Fortress Press.

Ginsberg, H. L. "The Oldest Interpretation of the Suffering Servant." *Vetus Testamentum* 3 (1953): 400~4.

_____. "Roots Below and Fruit Above." In *Hebrew and Semitic Studies Presented to Godfrey Rolles Driver in Celebration of His Seventieth Birthday, 20 August 1962*, ed. D. Winton Thomas and W. D. McHardy, 72~76. Oxford: Clarendon Press, 1963.

Goppelt, Leonhard H. *Typos: The Typological Interpretation of the Old Testament in the New*. Translated by Donald H. Madvig. Grand Rapids: William B. Eerdmans Publishing Company, 1982.

Gordon, R. P. "Isaiah LIII 2." *Vetus Testamentum* 20 (October 1970): 491~92.

Goshen-Gottstein, Moshe H. *The Book of Isaiah*. The Hebrew University Bible Project, ed. M. H. Goshen-Gottstein. Jerusalem: Magness Press, 1995.

Green, Joel B. "The Death of Jesus, God's Servant." In *Reimaging the Death of the Lukan Jesus*, ed. Dennis D. Sylva. Athenäums Monografien: Theologie Bonner Biblische Beiträge, ed. Frank-Lothar Hossfeld and Helmut Merklein, vol. 73, 1~28. Franfurt am Main: Anton Hain, 1990.

Gundry, Robert H. *The Use of the Old Testament in St. Matthew's Gospel*. Supplements to Novum Testamentum, ed. W. C. Van Unnik et al., vol. XVIII. Leiden: E. J. Brill, 1967.

Hadas, Moses, ed. and trans. *The Third and Fourth Books of Maccabees*. Jewish Apocryphal Literature, ed. Solomon Zeitlin. New York: Harper and Row, 1953.

Halivni, David Weiss. *Peshat and Derash: Plain and Applied Meaning in Rabbinic Exegesis*. Oxford: Oxford University Press, 1991.

Hanson, Anthony T. *The Living Utterances of God: The New Testament Exegesis of the Old*. London: Darton, Longman and Todd, 1983.

Hanson, Paul D. "The World of the Servant of the Lord in Isaiah 40~55." In *Jesus and the Suffering Servant: Isaiah 53 and Christian Origins*, ed. William H. Bellinger Jr. and William R. Farmer, 9~22. Harrisburg, PA: Trinity Press International, 1998.

Harrington, Daniel J. "Maccabees, First and Second Books of." In *Eerdmans Dictionary of the Bible*, ed. David Noel Freedman, 837~39. Grand Rapids: William B. Eerdmans Publishing Co., 2000.

Harris, M. J. "Appendix: Preposition and Theology in the Greek New Testament." In *The New International Dictionary of New Testament Theology*, ed. Colin Brown, vol. 3, 1171~1215. Grand Rapids: Zondervan Publishing House, 1986.

Harris, W. Hall. "A Theology of John's Writings." In *A Biblical Theology of the New Testament*, ed. Roy B. Zuck, 167~242. Chicago: Moody Press, 1994.

Harrison, R. K. "Servant of the Lord." In *The International Standard Bible Encyclopedia*, ed. Geoffrey W. Bromiley, vol. 4, 421~23. Grand Rapids: William B. Eerdmans Publishing

Co., 1988.

Hatina, Thomas R. "Exile." In *Dictionary of New Testament Background*, ed. Craig A. Evans and Stanley E. Porter, 348~51. Downers Grove, IL: InterVarsity Press; Leicester, England: Inter-Varsity Press, 2000.

Hays, Richard B. *Echoes of Scripture in the Letters of Paul*. New Haven and London: Yale University Press, 1989.

_____. "*Echoes of Scriptures in the Letters of Paul*: Abstract." In *Paul and the Scriptures of Israel*, ed. Craig A. Evans and James A. Sanders. Studies in Scripture in Early Judaism and Christianity, ed. Craig A. Evans and James A. Sanders, vol. 1. Journal for the Study of the New Testament Supplement Series, ed. Stanley E. Porter, vol. 83, 1993, 42~46. Sheffield: Sheffield Academic Press.

_____. "'Who Has Believed Our Message?' Paul's Reading of Isaiah." In *Society of Biblical Literature 1998 Seminar Papers: Part One*. Atlanta: Scholars Press, 1998.

Hebel, Udo J. "Toward a Descriptive Poetics of *Allusion*." In *Intertextuality*, ed. Heinrich F. Plett. Research In Text Theory, ed. János S. Petöfi, vol. 15, 135~64. Berlin and New York: Walter De Gruyter, 1991.

Helyer, Larry R. *Exploring Jewish Literature of the Second Temple Period*. Downers Grove, IL: InterVarsity Press, 2002.

Hengel, Martin. "Zur Wirkungsgeschichte von Jes 53 in vorchristlicher Zeit." In *Der leidende Gottesknecht: Jesaja 53 und seine Wirkungsgeschichte*, ed. Bernd Janowski and Peter Stuhlmacher. Forschungen zum Alten Testament, ed. Bernd Janowski and

Hermann Spieckermann, vol. 14, 49~91. Tübingen: J. C. B. Mohr (Paul Siebeck), 1996.

Hermisson, Hans-Jürgen. "Das vierte Gottesknechtslied im deuterojesajanischen Kontext." In *Der leidende Gottesknecht: Jesaja 53 und seine Wirkungsgeschichte*, ed. Bernd Janowski and Peter Stuhlmacher. Forschungen zum Alten Testament, ed. Bernd Janowski and Hermann Spieckermann, vol. 14, 1996, 1~25. Tübingen: J. C. B. Mohr (Paul Siebeck).

_____. "Der Lohn des Knechts." In *Die Botschaft und die Boten: Festschrift für H. W. Wolff zum 70. Geburtstag*, ed. J. Jeremias and L. Perlitt, 269~87. Neukrichen-Vluyn: Neukirchener Verlag, 1981.

Heschel, Abraham J. *The Prophets*. New York: Harper and Row, 1963.

Hill, David. *Greek Words and Hebrew Meanings: Studies in the Semantics of Soteriological Terms*. Society for New Testament Studies Monograph Series, ed. Matthew Black, vol. 5. Cambridge: Cambridge University Press, 1967.

Hirsch, E. D., Jr. *Validity in Interpretation*. New Haven: Yale University Press, 1967.

Hoffman, Yair. "The Technique of Quotation and Citation as an Interpretive Device." In *Creative Biblical Exegesis: Christian and Jewish Hermeneutics through the Centuries*, ed. Benjamin Uffenheimer and Henning Graf Reventlow. Journal for the Study of the Old Testament Supplement Series, ed. David J. A. Clines, Philip R. Davies, and David M. Gunn, vol. 59, 71~79. Sheffield: JSOT Press, 1988.

Hofheinz, Walter Carlton. "An Analysis of the Usage and Influence of Isaiah Chapters 40~66 in the New Testament." Ph.D. diss., Columbia University, 1964.

Hofius, Otfried. "Das vierte Gottesknechtslied in den Briefen des Neuen Testaments." In *Der leidende Gottesknecht: Jesaja 53 und seine Wirkungsgeschichte*, ed. Bernd Janowski and Peter Stuhlmacher. Forschungen zum Alten Testament, ed. Bernd Janowski and Hermann Spieckermann, vol. 14, 107~27. Tübingen: J. C. B. Mohr (Paul Siebeck), 1996.

Hooker, Morna D. "Did the Use of Isaiah 53 to Interpret His Mission Begin with Jesus?" In *Jesus and the Suffering Servant: Isaiah 53 and Christian Origins*, ed. William H. Bellinger Jr. and William R. Farmer, 88~103. Harrisburg, Pennsylvania: Trinity Press International, 1998.

_____. *Jesus and the Servant: An Influence of the Servant Concept of Deutero-Isaiah in the New Testament.* London: S.P.C.K, 1959.

_____. *The Son of Man in Mark: A Study of the Background of the Term "Son of Man" and Its Use in St Mark's Gospel.* London: S.P.C.K, 1967.

Hübner, Hans. "New Testament Interpretation of the Old Testament." In *Hebrew Bible, Old Testament: The History of Its Interpretation—I/1: Antiquity*, ed. Magne Sæbø, 332~72. Göttingen: Vandenhoeck & Ruprecht, 1996.

Hugenberger, Gordon P. "The Servant of the Lord in the 'Servant Songs' of Isaiah: A Second Moses Figure." In *The Lord's Anointed: Interpretation of Old Testament Messianic Texts*, ed. Philip E. Satterthwaite, Richard S. Hess, and Gordon J.

Wenham, 105~40. Grand Rapids: Baker Books; Carlisle, England: The Paternoster Press, 1995.

Hurtado, Larry W. "Christ." In *Dictionary of Jesus and the Gospels*, ed. Joel B. Green and Scot McKnight, 106~17. Downers Grove, IL: InterVarsity Press; Leicester, England: Inter-Varsity Press, 1992.

Hyatt, J. Philip. "The Sources of the Suffering Servant Idea." *Journal of Near Eastern Studies* 3 (April 1944): 79~86.

Instone Brewer, David. *Techniques and Assumptions in Jewish Exegesis before 70 CE*. Texte und Studien zum Antiken Judentum, ed. Martin Hengel and Peter Schäfer, vol. 30. Tübingen: J. C. B. Mohr (Paul Siebeck), 1992.

Isaac, E. "1 Enoch: A New Translation and Introduction." In *The Old Testament Pseudepigrapha: Apocalyptic Literature and Testaments*, ed. James H. Charlesworth, vol. 1, 1983, 5~89. New York: Doubleday.

Iser, Wolfgang. *The Act of Reading: A Theory of Aesthetic Response*. Baltimore, DE, and London: Johns Hopkins University Press, 1978.

Jacobs, Louis. *Oxford Concise Companion to the Jewish Religion*. Oxford: Oxford University Press, 1999.

Janowski, Bernd. "Er trug unsere Sünden. Jes 53 und die Dramatik der Stellvertretung." In *Der leidende Gottesknecht: Jesaja 53 und seine Wirkungsgeschichte*, ed. Bernd Janowski and Peter Stuhlmacher. Forschungen zum Alten Testament, ed. Bernd Janowski and Hermann Spieckermann, vol. 14, 27~48. Tübingen: J. C. B. Mohr (Paul Siebeck), 1996.

Janowski, Bernd, and Peter Stuhlmacher. *Der leidende Gottesknecht: Jesaja 53 und seine Wirkungsgeschichte*. Forschungen zum Alten Testament, ed. Bernd Janowski and Hermann Spieckermann, vol. 14. Tübingen: J. C. B. Mohr (Paul Siebeck), 1996.

Jauss, Hans Robert. *Toward an Aesthetic of Reception*. Translated by Timothy Bahti. Theory and History of Literature, ed. Wlad Godzich and Jochen Schulte-Sasse, vol. 2. Minneapolis, MN: University of Minnesota Press, 1982.

Jeremias, Joachim. "πολλοί." In *Theological Dictionary of the New Testament*, ed. Gerhard Friedrich, trans. Geoffrey W. Bromiley, vol. 6, 536~45. Grand Rapids: William B. Eerdmans Publishing Co., 1968.

_____. "'This is My Body⋯.'" *Expository Times* 83 (April 1972): 196~203.

Johnson, B. "מִשְׁפָּט." In *Theological Dictionary of the Old Testament*, ed. G. Johannes Botterweck, Helmer Ringgren and Heinz-Josef Fabry, trans. David E. Green, vol. 9, 86~98. Grand Rapids: William B. Eerdmans Publishing Co., 1998.

Juel, Donald. *Messianic Exegesis: Christological Interpretation of the Old Testament in Early Christianity*. Philadelphia: Fortress Press, 1988.

_____. "Messiah." In *Eerdmans Dictionary of the Bible*, ed. David Noel Freedman, 889~90. Grand Rapids: William B. Eerdmans Publishing Co., 2000.

Kahle, Paul E. *The Cairo Geniza*, 2d ed. New York: Frederick A. Praeger Publishers, 1959.

Kaiser, Otto. *Der königliche Knecht: Eine traditionsgeschichtliche-exegetische Studie über die Ebed-Jahwe-Lieder bei Deuterojesaja.* Göttingen: Vandenhoeck & Ruprecht, 1959.

Kaiser, Walter C., Jr. *The Messiah in the Old Testament.* Studies in Old Testament Biblical Theology. Grand Rapids: Zondervan Publishing House, 1995.

Kee, Howard C. "Christology in Mark's Gospel." In *Judaism and Their Messiahs at the Turn of the Christian Era*, ed. Jacob Neusner, William Scott Green and Ernest S. Frerichs, 187~208. Cambridge: Cambridge University Press, 1987.

_____. "Testament of the Twelve Patriarchs." In *Dictionary of New Testament Background*, ed. Craig A. Evans and Stanley E. Porter, 1200~5. Downers Grove, IL; Leicester, England: InterVarsity Press, 2000.

_____. "Testaments of the Twelve Patriarchs." In *Eerdmans Dictionary of the Bible*, ed. David Noel Freedman, 1287~88. Grand Rapids: William B. Eerdmans Publishing Co., 2000.

_____. "Testaments of the Twelve Patriarchs: A New Translation and Introduction." In *The Old Testament Pseudepigrapha: Apocalyptic Literature and Testaments*, ed. James H. Charlesworth, vol. 1, 775~828. New York: Doubleday, 1983.

Kellermann, Diether. "אָשָׁם." In *Theological Dictionary of the Old Testament*, ed. G. Johannes Botterweck and Helmer Ringgren, trans. John T. Willis, rev. ed., vol. 1, 429~37. Grand Rapids: William B. Eerdmans Publishing Co., 1977.

Kerrigan, Alexander. "Echoes of Themes from the Servant Songs in

Pauline Theology." In *Studiorum Paulinorum Congressus Internationalis Catholicus 1961: Simul Secundus Congressus Internationalis Catholicus de re Biblica: Completo Undevicesimo Saeculo Post S. Pauli in Urbem Adventum-Volumen Secundum.* Analecta Biblica: Investigationes Scientificae In Res Biblicas, vol. 18, 217~28. Rome: E. Pontificio Instituto Biblico, 1963.

King, Philip J., and Lawrence E. Stager. *Life in Biblical Israel.* Library of Ancient Israel, ed. Douglas A. Knight. Louisville, KY: Westminster/John Knox Press, 2001.

Klausner, Joseph. *The Messianic Idea in Israel.* Translated by W. F. Stinespring. New York: Macmillan Company, 1955.

Knohl, Israel. *The Messiah before Jesus: The Suffering Servant of the Dead Sea Scrolls.* Berkeley, Los Angeles and London: University of California Press, 2000.

Koehler, Ludwig, and Walter Baumgartner. *The Hebrew and Aramaic Lexicon of the Old Testament.* Translated and edited under the supervision of M. E. J. Richardson, 5 vols. Leiden: E. J. Brill, 1995.

_____. *The Hebrew and Aramaic Lexicon of the Old Testament.* Translated and edited under the supervision of M. E. J. Richardson, study edition, 2 vols. Leiden: Brill, 2001.

Kruse, Colin G. "The Servant Songs: Interpretative Trends Since C. R. North." *Studia Biblica et Theologica* 8 (April 1978): 3~27.

Kwak, Samuel C. "A Hermeneutical and Applicational Model in the Quotation of Isaiah 49:6 in Acts 13:47." Th.M. thesis, Dallas Theological Seminary, 1995.

LaSor, William Sanford, David Allan Hubbard, and Frederic Wm. Bush. *Old Testament Survey: The Message, Form, and Background of the Old Testament*, 2d ed. Grand Rapids: William B. Eerdmans Publishing Company, 1982.

Levey, Samson H. "The Date of Targum Jonathan to the Prophets." *Vetus Testamentum* 21 (April 1971): 186~96.

Liddell, Henry George, and Robert Scott, comps. *A Greek-English Lexicon*. Revised and augmented by Henry Stuart Jones. 9th ed. with a Revised Supplement 1968, ed. E. A. Barber. Oxford: Clarendon Press, 1940.

Liedke, G. "שפט." In *Theological Lexicon of the Old Testament*, ed. Ernst Jenni and Claus Westermann, trans. Mark E. Biddle, vol. 3. Peabody, MA: Hendrickson Publishers, 1997, 1392~99.

Lindars, Barnabas. *New Testament Apologetic: The Doctrinal Significance of the Old Testament Quotations*. London: SCM Press, 1961.

Lindblom, Johannes. *The Servant Songs in Deutero-Isaiah: A New Attempt to Solve an Old Problem*. Lund: C. W. K. Gleerup, 1951.

Lindhagen, Curt. *The Servant Motif in the Old Testament: A Preliminary Study to the 'Ebed-Yahweh Problem' in Deutero-Isaiah*. Uppsala: Lundequistska Bokhandeln, 1950.

Lindsey, F. Duane. "Isaiah's Songs of the Servant, Part 4: The Career of the Servant in Isaiah 52:13~53:12." *Bibliotheca Sacra* 139 (October~December 1982): 312~29.

_____. "Isaiah's Songs of the Servant, Part 5: The Career of the Servant in Isaiah 52:13-53:12 (Continued)." *Bibliotheca*

Sacra 140 (January~March 1983): 21~39.

Litwak, Kenneth D. "The Use of Quotations from Isaiah 52:13~53:12 in the New Testament." *Journal of Evangelical Theological Society* 26 (December 1983): 385~94.

Livingston, G. Herbert. "The Song of the Suffering Servant." *Asbury Seminarian* 24 (January 1970): 34~44.

Longenecker, Richard N. *Biblical Exegesis in the Apostolic Period*, 2d ed. Grand Rapids: William B. Eerdmans Publishing Company, 1999.

_____. *The Christology of Early Jewish Christianity*. London: SCM Press, 1970. Reprint, Grand Rapids: Baker Book House, 1981.

Lust, J., E. Eynikel, and K. Hauspie. *A Greek-English Lexicon of the Septuagint*, 2 vols. Stuttgart: Deutsche Bibelgesellschaft, 1992~96.

Luz, Ulrich. *Matthew in History: Interpretation, Influence, and Effects*. Minneapolis, MN: Fortress Press, 1994.

MacDonald, Dennis R, ed. *Mimesis and Intertextuality in Antiquity and Christianity*. Studies in Antiquity and Christianity, ed. Dennis R. MacDonald et al. Harrisburg, PA: Trinity Press International, 2001.

Manley, Johanna, ed. *Isaiah through the Ages*. Menlo Park, CA: Monastery Books, 1995.

Manson, T. W. "The Old Testament in the Teaching of Jesus." *Bulletin of the John Rylands University Library of Manchester* 34 (March 1952): 312~32.

Marcus, Joel. "Mark and Isaiah." In *Fortunate the Eyes That See: Essays in Honor of David Noel Freedman in Celebration of His Seventieth Birthday*, ed. Astrid B. Beck et al., 449~66 Grand Rapids: William B. Eerdmans Publishing Co., 1995.

_____. *The Way of the Lord: Christological Exegesis of the Old Testament in the Gospel of Mark.* Louisville, KY: Westminster/John Knox Press, 1992. Reprint, Studies of the New Testament and its World, ed. John Riches. Edinburgh: T. & T. Clark, 1993.

McKnight, Edgar V. *The Bible and the Reader: An Introduction to Literary Criticism.* Philadelphia: Fortress Press, 1985.

McLean, Bradley H. *Citations and Allusions to Jewish Scripture in Early Christian and Jewish Writings through 180 C.E.* Lampeter, Dyfed, Wales: Edwin Mellen Press, 1992.

McLean, B. Hudson. *The Crucified Christ: Mediterranean Expulsion Rituals and Pauline Soteriology.* Journal for the Study of the New Testament Supplement Series, ed. Stanley E. Porter, vol. 126. Sheffield: Sheffield Academic Press, 1996.

McNamara, Martin. *Intertestamental Literature.* Old Testament Message: A Biblical-Theological Commentary, ed. Carroll Stuhlmueller and Martin McNamara, vol. 23. Wilmington, DE: Michael Glazier, Inc., 1983.

Meadows, Jack I. "A History of the Jewish Interpretation of Isaiah 52:13~53:12." Th.M. thesis, Dallas Theological Seminary, 1967.

Meeks, Wayne A. *The Prophet-King: Moses Traditions and the Johannine Christology.* Supplements to Novum Testamentum, ed. W. C. Van Unnik et al., vol. 14. Leiden: E. J. Brill, 1967.

Melugin, Roy F. *The Formation of Isaiah 40~55*. Beiheft zur Zeitschrift für die alttestamentliche Wissenschaft, ed. Georg Fohrer, vol. 141. Berlin and New York: Walter de Gruyter, 1976.

Merrill, Eugene H. "The Literary Character of Isaiah 40~55, part 1: Survey of a Century of Studies on Isaiah 40~55." *Bibliotheca Sacra* 144 (January~March 1987): 24~43.

_____. "The Literary Character of Isaiah 40~55, part 2: Literary Genres in Isaiah 40~55." *Bibliotheca Sacra* 144 (April~June 1987): 144~56.

Mettinger, Tryggve N. D. *A Farewell to the Servant Songs: A Critical Examination of an Exegetical Axiom*. Scripta minora Regiae Societatis Humaniorum Litterarum Lundensis, vol. 3. Lund: C. W. K. Gleerup, 1983.

Metzger, Bruce M. "The Fourth Book of Ezra: A New Translation and Introduction." In *The Old Testament Pseudepigrapha: Apocalyptic Literature and Testaments*, ed. James H. Charlesworth, vol. 1, 517~59. New York: Doubleday, 1983.

_____. *An Introduction to the Apocrypha*. New York: Oxford University Press, 1957.

Michel, Otto. "Παῖς Θεοῦ." In *The New International Dictionary of New Testament Theology*, ed. Colin Brown, vol. 3, 607~13. Grand Rapids: Zondervan Publishing House, 1986.

"Midrash." In *Oxford Concise Companion to the Jewish Religion*, ed. Louis Jacobs, 244~45. Oxford and New York: Oxford University Press, 1999.

Millard, A. R. "Isaiah 53:2." *Tyndale Bulletin* 20 (1969): 127.

Miller, John W. "Prophetic Conflict in Second Isaiah: The Servant Songs in the Light of Their Context." In *Wort-Gebot-Glaube: Beiträge zur Theologie des Alten Testaments—Walther Eichrodt zum 80. Geburtstag*, ed. Hans Joachim Stoebe. Abhandlungen zur Theologie des Alten und Neuen Testaments, ed. O. Cullmann and H. J. Stoebe, vol. 59, 77~85. Zürich: Zwingli Verlag, 1970.

Miller, Merrill P. "Targum, Midrash and the Use of the Old Testament in the New Testament." *Journal for the Study of Judaism in the Persian, Hellenistic, and Roman Period* 2 (October 1971): 29~82.

Moo, Douglas J. *The Old Testament in the Gospel Passion Narratives*. Sheffield: Almond Press, 1983.

Morgan, Robert, and John Barton. *Biblical Interpretation*. Oxford Bible Series. Oxford; New York: Oxford University Press, 1988.

Motyer, J. Alec, and R. T. France. "Messiah." In *New Bible Dictionary*, ed. I. Howard Marshall, A. R. Millard, J. I. Packer, and D. J. Wiseman, 3rd ed, 753~61. Downers Grove, IL: InterVarsity Press; Leicester, England: Inter-Varsity Press, 1996.

Mowinckel, Sigmund. *He That Cometh*. Translated by G. W. Anderson. Oxford: B. Blackwell, 1956.

_____. *Der Knecht Jahwäs*. Giessen: A. Töpelmann, 1921.

Moyise, Steve. *The Old Testament in the New: An Introduction*. The Continuum Biblical Studies Series, ed. Steve Moyise. London and New York: Continuum, 2001.

Mulder, Martin Jan. *Mikra: Text, Translation, Reading and

Interpretation of the Hebrew Bible in Ancient Judaism and Early Christianity. Compendia Rerum Iudaicarum ad Novum Testamentum—Section Two: The Literature of the Jewish People in the Period of the Second Temple and the Talmud, ed. W. J. Burgers, H. Sysling, and P. J. Tomson, vol. 1. Assen/Maastricht: Van Gorcum; Philadelphia: Fortress Press, 1988.

Murphy, Frederick J. *Early Judaism: From the Exile to the Time of Jesus.* Peabody, MA: Hendrickson Publishers, 2002.

Murphy, Roland E. "Wisdom of Solomon." In *Eerdmans Dictionary of the Bible*, ed. David Noel Freedman, 1382~84. Grand Rapids: William B. Eerdmans Publishing Co., 2000.

Nelson, William B, Jr. "Servant of the Lord." In *Eerdmans Dictionary of the Bible*, ed. David Noel Freedman, 1189~90. Grand Rapids: William B. Eerdmans Publishing Co., 2000.

Net Bible: New English Translation. First Beta edition. [Spokane, WA]: Biblical Studies Press, 2001.

Neubauer, Ad. *The Fifty-third Chapter of Isaiah According to the Jewish Interpreters—II. Translations.* Translated by S. R. Driver and Ad. Neubauer. The Library of Biblical Studies, ed. Harry M. Orlinsky. Oxford and London: James Parker and Co., 1877. Reprint, New York: KTAV Publishing House, Inc., 1969.

Neusner, Jacob. *Introduction to Rabbinic Literature.* The Anchor Bible Reference Library, ed. David Noel Freedman. New York: Doubleday, 1994.

Neusner, Jacob, William Scott Green, and Ernest S. Frerichs, eds. *Judaism and Their Messiahs at the Turn of the Christian Era.* Cambridge: Cambridge University Press, 1987.

Nickelsburg, George W. E. *Jewish Literature Between the Bible and the Mishnah: A Historical and Literary Introduction.* Philadelphia: Fortress Press, 1981.

_____. *Resurrection, Immortality, and Eternal Life in Intertestamental Judaism.* Harvard Theological Studies, vol. 26. Cambridge: Harvard University Press; London: Oxford University Press, 1972.

_____. "Salvation without and with a Messiah: Developing Beliefs in Writings Ascribed to Enoch." In *Judaisms and Their Messiahs at the Turn of the Christian Era,* ed. Jacob Neusner, William Scott Green and Ernest S. Frerichs, 49~68. Cambridge: Cambridge University Press, 1987.

_____. "Son of Man." In *The Anchor Bible Dictionary*, ed. David Noel Freedman, vol. 6. New York: Doubleday, 1992, 137~50.

North, Christopher R. "The Suffering Servant: Current Scandinavian Discussions." *Scottish Journal of Theology* 3 (December 1950): 363~79.

_____. *The Suffering Servant in Deutero-Isaiah: An Historical and Critical Study,* 2d ed. London: Oxford University Press, 1956.

_____. "Who Was the Servant of the Lord in Isaiah 53?" *Expository Times* 52 (February 1941): 181~84; (March 1941): 219~21.

O'Donnell, Robert E. "A Possible Source for the Suffering of the Servant in Isaiah 52:13~53:12." *Dunwoodie Review* 4 (January 1964): 29~42.

Orlinsky, Harry M. "The So-called 'Servant of the Lord' and 'Suffering Servant' in Second Isaiah." In *Studies on the Second*

Part of the Book of Isaiah, ed. Harry M. Orlinsky and Norman H. Snaith. Supplements to Vetus Testamentum, ed. G. W. Anderson et al., vol. 14, 1~133. Leiden: E. J. Brill, 1967.

Oss, Douglas A. "A Note on Paul's Use of Isaiah." *Bulletin of Biblical Research* 2 (1992): 105~12.

Page, Sydney H. T. "The Suffering Servant between the Testaments." *New Testament Studies* 31 (October 1985): 481~97.

Parsons, Mikeal C. "Isaiah 53 in Acts 8: A Reply to Professor Morna Hooker." In *Jesus and the Suffering Servant: Isaiah 53 and Christian Origins*, ed. William H. Bellinger Jr. and William R. Farmer. Harrisburg, PA: Trinity Press International, 1998, 104~119.

Patte, Daniel. *Early Jewish Hermeneutic in Palestine*. Society of Biblical Literature Dissertation Series, vol. 22. Missoula, MT: Scholars Press, 1975.

Paul, Shalom M. "Polysensuous Polyvalency in Poetic Parallelism." In *"Sha'arei Talmon": Studies in the Bible, Qumran, and the Ancient Near East Presented to Shemaryahu Talmon*, ed. Michael Fishbane and Emanuel Tov, 147~63. Winona Lake, IN: Eisenbrauns, 1992.

Payne, D. F. "The Servant of the Lord: Language and Interpretation." *Evangelical Quarterly* 43 (July 1971): 131~43.

Perri, Carmela. "On Alluding." *Poetics* 7 (1978): 289~307.

Peters, Melvin K. H. "Septuagint." In *The Anchor Bible Dictionary*, ed. David Noel Freedman, vol. 5, 1093~1104. New York: Doubleday, 1992.

Porter, Stanley E. "Can Traditional Exegesis Enlighten Literary Analysis of the Fourth Gospel? An Examination of the Old Testament Fulfillment Motif and the Passover Theme." In *The Gospels and Scriptures of Israel*, ed. Craig A. Evans and W. Richard Stegner. Studies in Scripture in Early Judaism and Christianity, ed. Craig A. Evans and James A. Sanders, vol. 3, Journal for the Study of the New Testament Supplement Series, ed. Stanley E. Porter, vol. 104, 396~428. Sheffield: Sheffield Academic Press, 1994.

_____. "The Use of the Old Testament in the New Testament: A Brief Comment on Method and Terminology." In *Early Christian Interpretation of the Scriptures of Israel: Investigation and Proposals*, ed. Craig A. Evans and James A. Sanders. Studies in Scripture in Early Judaism and Christianity, ed. Craig A. Evans and James A. Sanders, vol. 5, Journal for the Study of the New Testament Supplement Series, ed. Stanley E. Porter, vol. 148, 79~96. Sheffield: Sheffield Academic Press, 1997.

Puech, Emile. "Fragments d'un apocryphe de Lévi et le personnage eschatologique 4QTestLévi$^{c\sim d}$(?) et 4QAJa." In *The Madrid Qumran Congress: Proceedings of the International Congress on the Dea Sea Scrolls*, ed. Julio Trebolle Barrera and Luis Vegas Montaner, vol. 2, 449~501. Leiden: E. J. Brill, 1992.

Quinn-Miscall, Peter D. *Reading Isaiah: Poetry and Vision*. Louisville, KY: Westminster/John Knox Press, 2001.

Raabe, Paul R. "The Effect of Repetition in the Suffering Servant Song." *Journal of Biblical Literature* 103 (March 1984): 77~81.

Rad, Gerhard von. *Old Testament Theology: The Theology of*

Israel's Prophetic Traditions. Translated by D. M. G. Stalker, vol. 2. New York and Evanston: Harper and Row, 1965.

Rahlfs, Alfred, ed. *Septuaginta: Id est Vetus Testamentum graece iuxta LXX interpretes*. Stuttgart: Deutsche Biblegesellschaft Stuttgart, 1979.

Reicke, Bo. "The Knowledge of the Suffering Servant." In *Das Ferne und nahe Wort: Festschrift—Leonhard Rost zur Vollendung seines 70. Lebensjahres am 30. November 1966 gewidmet*, ed. Fritz Maass. Berlin: Verlag Alfred Töpelmann, 1967, 186~92.

Rembaum, Joel E. "The Development of a Jewish Exegetical Tradition regarding Isaiah 53." *Harvard Theological Review* 75 (July 1982): 289~311.

Reventlow, Henning Graf. "Basic Issues in the Interpretation of Isaiah 53." In *Jesus and the Suffering Servant: Isaiah 53 and Christian Origins*, ed. William H. Bellinger Jr. and William R. Farmer, 23~38. Harrisburg, PA: Trinity Press International, 1998.

Ricoeur, Paul. *Interpretation Theory: Discourse and Surplus of Meaning*. Fort Worth, TX: Texas Christian University, 1976.

Riesenfeld, Harald "ὑπέρ." In *Theological Dictionary of the New Testament*, ed. Gerhard Friedrich, trans. Geoffrey W. Bromiley, vol. 8, 507~16. Grand Rapids: William B. Eerdmans Publishing Co., 1972.

Rignell, L. G. "Isa. LII 13–LIII 13." *Vetus Testamentum* 3 (1953): 87~92.

Rivkin, Ellis. "Messiah, Jewish." In *The Interpreter's Dictionary of the Bible: An Illustrated Encyclopedia*, ed. Keith Crim,

Supplementary Volume, 588~91. Nashville, TN: Abingdon Press, 1976.

Robinson, H. Wheeler. *Corporate Personality in Ancient Israel.* Rev. ed. Edinburgh: T. & T. Clark, 1981.

Rogerson, J. W. "The Hebrew Conception of Corporate Personality: A Re-examination." *Journal of Theological Studies* 21 (April 1970): 1~16.

Rojtman, Betty. *Black Fire on White Fire: An Essay on Jewish Hermeneutics, from Midrash to Kabbalah.* Translated by Steven Rendall. Contraversions: Critical Studies in Jewish Literature, Culture, and Society, ed. Daniel Boyarin and Chana Kronfeld. Berkeley: University of California Press, 1998.

Ropes, James Hardy. "The Influence of Second Isaiah on the Epistles." *Journal of Biblical Literature* 48 (1929): 37~39.

Rorty, Richard. *Contingency, Irony and Solidarity.* Cambridge: Cambridge University Press, 1989.

_____. *Objectivity, Relativism, and Truth.* Cambridge: Cambridge University Press, 1991.

_____. *Philosophy and the Mirror of Nature.* Princeton, NJ: Princeton University Press, 1980.

Roth, W. M. W. "The Anonymity of the Suffering Servant." *Journal of Biblical Literature* 83 (June 1964): 171~79.

Rowley, H. H. *The Servant of the Lord and Other Essays on the Old Testament.* London: Lutterworth Press, 1952.

_____. "The Servant Mission." *Interpretation* 8 (July 1954): 259~72.

Ryken, Leland. *Words of Delight: A Literary Introduction to the Bible*. 2d ed. Grand Rapids: Baker Book House, 1992.

Sabourin, Leopold. *The Psalms: Their Origin and Meaning*, new, enlarged, updated ed. New York: Alba House, 1974.

Sanders, James A. "The Dead Sea Scrolls and Biblical Studies." In *"Sha'arei Talmon": Studies in the Bible, Qumran, and the Ancient Near East Presented to Shemaryahu Talmon*, ed. Michael Fishbane and Emanuel Tov, 323~36. Winona Lake, IN: Eisenbrauns, 1992.

_____. *From Sacred Story to Sacred Text: Canon as Paradigm*. Philadelphia: Fortress Press, 1987.

_____. "Isaiah in Luke." *Interpretation* 36 (April 1982): 144~55.

Sapp, David A. "The LXX, 1QIsa, and MT Versions of Isaiah 53 and the Christian Doctrine of Atonement." In *Jesus and the Suffering Servant: Isaiah 53 and Christian Origins*, ed. William H. Bellinger Jr. and William R. Farmer, 170~92. Harrisburg, PA: Trinity Press International, 1998.

Sawyer, John F. A. "Messiah." In *The Oxford Companion to the Bible*, ed. Bruce M. Metzger and Michael D. Coogan, 513~14. New York: Oxford University Press, 1993.

Scheindlin, Raymond P. *A Short History of Jewish People*. New York: Macmillan, 1998.

Scherman, Nosson, ed. *The Stone Edition: The Tanach-Student Size Edition*. The ArtScroll Series, ed. Rabbi Nosson Scherman and

Rabbi Meir Zlotowitz. New York: Mesorah Publications, 1998.

Schleiermacher, Friedrich. *Hermeneutics: The Handwritten Manuscripts.* Translated by James Duke and Jack Forstman. Edited by Heinz Kimmerle. American Academy of Religion Texts and Translation Series, ed. Robert Ellwood Jr., vol. 1. Missoula, MT: Scholars Press, 1977.

Schneiders, Sandra M., and Raymond E. Brown. "Hermeneutics." In *The New Jerome Biblical Commentary*, ed. Raymond E. Brown, Joseph A. Fitzmyer and Roland E. Murphy, 1146~65. Englewood Cliffs, NJ: Prentice Hall, 1990.

Schniedewind, William M. *Society and the Promise to David: The Reception History of 2 Samuel 7:1~17.* Oxford: Oxford University Press, 1999.

Schökel, Luis Alonso. "Isaiah." In *The Literary Guide to the Bible*, ed. Robert Alter and Frank Kermode, 165~83. Cambridge, MA: Harvard University Press, 1987.

Schoors, Antoon. *I Am God Your Saviour: A Form-Critical Study of the Main Genres in Is. XL~LV.* Supplements to Vetus Testamentum, ed. G. W. Anderson et al., vol. 24. Leiden: E. J. Brill, 1973.

Scott, J. Julius, Jr. *Jewish Backgrounds of the New Testament.* Grand Rapids: Baker Books, 1995.

Scott, J. M. "Restoration of Israel." In *Dictionary of Paul and His Letters*, ed. Gerald F. Hawthorne and Ralph P. Martin, 796~805. Downers Grove, IL: InterVarsity Press; Leicester, England: Inter-Varsity Press, 1993.

Seccombe, David. "Luke and Isaiah." *New Testament Studies* 27 (January 1981): 252~59.

Seitz, Christopher R. "Der Lohn des Knechts," in *Die Botschaft und die Boten: Festschrift für H. W. Wolff zum 70. Geburtstag*, ed. J. Jeremias and L. Perlitt. Neukrichen-Vluyn: Neukirchener Verlag, 1981.

Sekine, Seizo. "Identity and Authorship in the Fourth Song of the Servant: A Redactional Attempt at the Second Isaianic Theology of Redemption, Part 1." *Annual of the Japanese Biblical Institute* 21 (1995): 29~56.

"Servant of the Lord." In *The Blackwell Dictionary of Judaica*, ed. Dan Cohn-Sherbok. Oxford: Blackwell Publishers, 1992, 491.

Seybold, K. "חָלָה." In *Theological Dictionary of the Old Testament*, ed. G. Johannes Botterweck and Helmer Ringgren, trans. David E. Green, vol. 4, 399~409. Grand Rapids: William B. Eerdmans Publishing Co., 1980.

Silva, Moisés. "Old Testament in Paul." In *Dictionary of Paul and His Letters*, ed. Gerald F. Hawthorne and Ralph P. Martin, 630~42. Downers Grove, IL: InterVarsity Press; Leicester, England: Inter-Varsity Press, 1993.

Simian-Yofre, H., U. Rüterswörden and H. Ringgren. "עָבַד." In *Theological Dictionary of the Old Testament*, ed. G. Johannes Botterweck, Helmer Ringgren and Heinz-Josef Fabry, trans. Douglas W. Stott, vol. 10, 376~405. Grand Rapids: William B. Eerdmans Publishing Co., 1999.

Sloan, Robert B., Jr., and Carey C. Newman. "Ancient Jewish

Hermeneutics." In *Biblical Hermeneutics: A Comprehensive Introduction to Interpreting Scripture*, ed. Bruce Corley, Steve W. Lemke, and Grant I. Lovejoy, 2d ed, 56~71. Nashville, TN: Broadman and Holman Publishers, 2002.

Snaith, N. H. "The Servant of the Lord in Deutero-Isaiah." In *Studies in Old Testament Prophecy*, ed. H. H. Rowley. Edinburgh: T. & T. Clark, 1950, 187~200.

Snodgrass, Klyne. "The Use of the Old Testament in the New." In *The Right Doctrine from the Wrong Texts? Essays on the Use of the Old Testament in the New*, ed. G. K. Beale. Grand Rapids: Baker Books, 1994, 29~51.

Sommer, Benjamin D. "Exegesis, Allusion and Intertextuality in the Hebrew Bible: A Response to Lyle Eslinger." *Vetus Testamentum* 46 (October 1996): 479~89.

_____. *A Prophet Reads Scripture: Allusion in Isaiah 40~66*. Contraversions: Jews and Other Differences, ed. Daniel Boyarin and Chana Kronfeld. Stanford: Stanford University Press, 1998.

Stanley, Christopher D. *Paul and the Language of Scripture: Citation Technique in the Pauline Epistles and Contemporary Literature*. Society for New Testament Studies Monograph Series, ed. G. N. Stanton, vol. 74. Cambridge: Cambridge University Press, 1992.

_____. "The Rhetoric of Quotations: An Essay on Method." In *Early Christian Interpretation of the Scriptures of Israel: Investigation and Proposals*, ed. Craig A. Evans and James A. Sanders. Studies in Scripture in Early Judaism and Christianity, ed. Craig A. Evans and James A. Sanders, vol. 5, Journal for the Study of the New Testament Supplement

Series, ed. Stanley E. Porter, vol. 148, 44~58. Sheffield: Sheffield Academic Press, 1997.

_____. "The Social Environment of 'Free' Biblical Quotations in the New Testament." In *Early Christian Interpretation of the Scriptures of Israel: Investigation and Proposals*, ed. Craig A. Evans and James A. Sanders. Studies in Scripture in Early Judaism and Christianity, ed. Craig A. Evans and James A. Sanders, vol. 5, Journal for the Study of the New Testament Supplement Series, ed. Stanley E. Porter, vol. 148, 18~27. Sheffield: Sheffield Academic Press, 1997.

Stanley, David M. "The Theme of the Servant of Yahweh in Primitive Christian Soteriology, and Its Transposition by St. Paul." *Catholic Biblical Quarterly* 16 (1954): 385~425.

Starcky, J. "Les quatre étapes du messianisme à Qumran." *Revue Biblique* 70 (1963): 481~505.

Stenning, J. F, ed. *The Targum of Isaiah*. Oxford: Clarendon Press, 1949.

Strack, H. L., and Günter Stemberger. *Introduction to the Talmud and Midrash*. Translated and edited by Markus Bockmuehl. Minneapolis, MN: Fortress Press, 1992.

Stuhlmacher, Peter. "Jes 53 in den Evangelien und in der Apostelgeschichte." In *Der leidende Gottesknecht: Jesaja 53 und seine Wirkungsgeschichte*, ed. Bernd Janowski and Peter Stuhlmacher. Forschungen zum Alten Testament, ed. Bernd Janowski and Hermann Spieckermann, vol. 14, 93~105. Tübingen: J. C. B. Mohr (Paul Siebeck), 1996.

"Suffering Servant." In *Dictionary of Biblical Imagery: An Encyclopedic Exploration of the Images, Symbols, Motifs,*

Metaphors, Figures of Speech and Literary Patterns of the Bible, ed. Leland Ryken, James C. Wilhoit, and Tremper Longman III, 826~27. Downers Grove, IL: InterVarsity Press; Leicester, England: Inter-Varsity Press, 1998.

"Suffering Servant." In *Oxford Concise Companion to the Jewish Religion*, ed. Louis Jacobs, 244~45. Oxford and New York: Oxford University Press, 1999.

Suggs, M. Jack. "Wisdom of Solomon 2 $_{10}$~5: A Homily Based on the Fourth Servant Song." *Journal of Biblical Literature* 76 (March 1957): 26~33.

Synge, F. C. *Hebrews and the Scriptures*. London: S.P.C.K, 1959.

Syrén, Roger. "Targum Isaiah 52:13~53:12 and Christian Interpretation." *Journal of Jewish Studies* 40 (autumn 1989): 201~12.

Thiselton, Anthony T. "'Behind' and 'In Front of' the Text: Language, Reference, and Indeterminacy." In *After Pentecost: Language and Biblical Interpretation*, ed. Craig Bartholomew, Colin Greene, and Karl Möller. Scripture and Hermeneutics Series, ed. Craig Bartholomew and Colin Greene, vol. 2, 97~120. Grand Rapids: Zondervan Publishing House, 2001.

_____. *New Horizons in Hermeneutics: The Theory and Practices of Transforming Biblical Reading*. Grand Rapids: Zondervan Publishing House, 1992.

Thomas, D. Winton. "A Consideration of Isaiah LIII in the Light of Recent Textual and Philological Study." In *De Mari à Qumrân. L'Ancien Testament. Son milieu. Ses écrits. Ses relectures juives. Hommage à Mgr J. Coppens*, ed. Henri Cazelles. Donum Natalicium Iosepho Coppens Septuagesimum Annum

Complenti D.D.D. Collegae et Amici, vol. I, Bibliotheca Ephemeridum Theologicarum Lovaniensium, vol. 24, 119~26. Gembloux: J. Duculot; Paris: P. Lethielleux, 1969.

_____. "The Root of ידע in Hebrew." *Journal of Theological Studies* 35 (July 1934): 298~306.

Todorov, Tzvetan. *Mikhail Bakhtin: The Dialogical Principle.* Translated by Wlad Godzich. Theory and History of Literature, ed. Wlad Godzich and Jochen Schulte-Sasse, vol. 13. Minneapolis, MN: University of Minnesota Press, 1984.

Tödt, H. E. *The Son of Man in the Synoptic Tradition.* Translated by Dorothea M. Barton. The New Testament Library, ed. Alan Richardson, C. F. D. Moule, and Floyd V. Filson. Philadelphia: Westminster Press, 1965.

Torrey, Charles C. "The Influence of Second Isaiah in the Gospels and Acts." *Journal of Biblical Literature* 48 (1929): 24~36.

Toy, Crawford Howell. *Quotations in the New Testament.* New York: Charles Scribner's Sons, 1884.

Trebolle Barrera, Julio. *The Jewish Bible and the Christian Bible: An Introduction to the History of the Bible.* Translated by Wilfred G. E. Watson. Leiden: Brill; Grand Rapids: William B. Eerdmans Publishing Company, 1998.

Treves, Marco. "Isaiah LIII." *Vetus Testamentum* 24 (January 1974): 98~108.

Umbreit, F. W. C. *Der Knecht Gottes: Beitrag zur Christologie des Alten Testaments.* Hamburg: F. Perthes, 1840.

Van Groningen, Gerhard. *Messianic Revelation in the Old Testament.* Grand Rapids: Baker Book House, 1990.

Vanderkam, J. C. "Righteous One, Messiah, Chosen One, and Son of Man in 1 Enoch 37~71." In *The Messiah: Developments in Earliest Jusaism and Christianity—The First Princeton Symposium on Judaism and Christian Origins*, ed. James Charlesworth, 169~91. Minneapolis, MN: Fortress Press, 1992.

Vanhoozer, Kevin J. *Is There a Meaning in This Text? The Bible, the Reader, and the Morality of Literary Knowledge.* Grand Rapids: Zondervan Publishing House, 1998.

Verbrugge, Verlyn D., ed. *The NIV Theological Dictionary of New Testament Words.* Grand Rapids: Zondervan Publishing House, 2000.

Vermes, Geza, trans. *The Complete Dead Sea Scrolls in English.* New York: Penguin Press, 1997.

_____, trans. *Scripture and Tradition in Judaism: Haggadic Studies*, 2d rev. ed. Studia Post-Biblica, ed. P. A. H. de Boer, vol. 4. Leiden: E. J. Brill, 1983.

Wall, R. W. "Intertextuality, Biblical." In *Dictionary of New Testament Background*, ed. Craig A. Evans and Stanley E. Porter, 541~51. Downers Grove, IL: InterVarsity Press; Leicester, England: Inter-Varsity Press, 2000.

Wallace, David H. "Messiah." In *Evangelical Dictionary of Theology*, ed. Walter A. Elwell, 710~11. Grand Rapids: Baker Books, 1984.

Ward, James M. "Isaiah." In *The Interpreter's Dictionary of the Bible:*

An Illustrated Encyclopedia, ed. Keith Crim, Supplementary Volume. Nashville, TN: Abingdon Press, 1976, 456~61.

_____. "The Servant Songs in Isaiah." *Review and Expositor* 65 (Fall 1968): 433~46.

Watson, Wilfred G. E. *Classical Hebrew Poetry: A Guide to Its Techniques.* Journal for the Study of the Old Testament Supplement Series, ed. David J. A. Clines and Philip R. Davies, vol. 26. Sheffield: Sheffield Academic Press, 2001.

Watts, Rikki E. *Isaiah's New Exodus in Mark.* WUNT, ed. by David Hellholm, vol. 88. Tübingen: J. C. B. Mohr (Paul Siebeck), 1997. Reprint, Grand Rapids: Baker Academic, 2000.

_____. "Jesus' Death, Isaiah 53, and Mark 10:45: *A Crux Revisited*." In *Jesus and the Suffering Servant: Isaiah 53 and Christian Origins*, ed. William H. Bellinger Jr. and William R. Farmer, 125~51. Harrisburg, PA: Trinity Press International, 1998.

_____. "The Meaning of עָלָיו יִקְפְּצוּ מְלָכִים פִּיהֶם in Isaiah LIII 15." *Vetus Testamentum* 40 (July 1990): 327~35.

Westermann, Claus. *Basic Forms of Prophetic Speech—With a New Foreword by Gene M. Tucker.* Translated by Hugh Clayton White. Louisville, KY: Westminster/John Knox Press; Cambridge: Lutterworth Press, 1991.

_____. *Praise and Lament in the Psalms.* Translated by Keith R. Crim and Richard N. Soulen. Atlanta: John Knox Press, 1981.

_____. *Prophetic Oracles of Salvation in the Old Testament.* Translated by Keith R. Crim. Louisville, KY: Westminster/

John Knox Press, 1991.

_____. "עֶבֶד." In *Theological Lexicon of the Old Testament*, ed. Ernst Jenni and Claus Westermann, trans. Mark E. Biddle, vol. 2, 819~32. Peabody, MA: Hendrickson Publishers, 1997.

Whybray, R. N. "Servant Songs." In *A Dictionary of Biblical Interpretation*, ed. R. J. Coggins and J. L. Houlden, 628~31. London: SCM Press; Philadelphia: Trinity Press International, 1990.

_____. *Thanksgiving for a Liberated Prophet: An Interpretation of Isaiah Chapter 53*. Journal for the Study of the Old Testament Supplement Series, ed. David J. A. Clines, Philip R. Davies, and David M. Gunn, vol. 4. Sheffield: Sheffield Academic Press, 1978.

Wilcox, Peter, and David Paton-Williams. "The Servant Songs in Deutero-Isaiah." *Journal for the Study of the Old Testament* 42 (October 1988): 79~102.

Williams, Prescott H. "The Poems about Incomparable Yahweh's Servant in Isaiah 40~55." *Southwestern Journal of Theology* 11 (fall 1968): 73~87.

Willey, Patricia Tull. *Remember the Former Things: The Recollection of Previous Texts in Second Isaiah*. Society of Biblical Literature Dissertation Series, ed. Michael V. Fox and E. Elizabeth Johnson, vol. 161. Atlanta: Scholars Press, 1997.

Wise, Michael, Martin Abegg Jr., and Edward Cook, trans. *The Dead Sea Scrolls: A New Translation*. New York: HarperSanFranciso, 1996.

참고자료 427

Wolf, Herbert M. *Interpreting Isaiah: The Suffering and Glory of the Messiah*. Grand Rapids: Zondervan Publishing House, 1985.

Wolff, Hans Walter. *Jesaja 53 im Urchristentum*, 4th ed. Giessen: Brunnen Verlag, 1984.

Wright, N. T. *Jesus and the Victory of God*. Vol. 2, *Christian Origins and the Question of God*. Minneapolis, MN: Fortress Press, 1996.

_____. "The Servant and Jesus: The Relevance of the Colloquy for the Current Quest for Jesus." In *Jesus and the Suffering Servant: Isaiah 53 and Christian Origins*, ed. William H. Bellinger Jr. and William R. Farmer, 281~97. Harrisburg, PA: Trinity Press International, 1998.

Young, Edward J. *Studies in Isaiah*. Grand Rapids: William B. Eerdmans Publishing Company, 1954.

Zimmerli, Walther, and Joachim Jeremias. *The Servant of God*. Translated by Harold Knight, rev. ed. Studies in Biblical Theology, ed. C. F. D. Moule et al., vol. 20. London: SCM Press, 1965.

Zogbo, Lynell., and Ernst R. Wendland. *Hebrew Poetry in the Bible: A Guide for Understanding and for Translating*. Helps for Translators: UBS Technical Help Series. New York: United Bible Societies, 2000.

"ὑπέρ." In *The NIV Theological Dictionary of New Testament Words*, ed. Verlyn D. Verbrugge, 1280~81. Grand Rapids: Zondervan Publishing House, 2000.

주석

Achtemeier, Paul J. *1 Peter: A Commentary on First Peter.* Edited by Eldon Jay Epp. Hermenia—A Critical and Historical Commentary on the Bible, ed. Frank Moore Cross et al. Minneapolis, MN: Fortress Press, 1996.

Attridge, Harold W. *The Epistle to the Hebrews: A Commentary on the Epistle to the Hebrews.* Hermenia—A Critical and Historical Commentary on the Bible, ed. Helmut Koester et al. Philadelphia: Fortress Press, 1989.

Aune, David E. *Revelation 1~5.* Word Biblical Commentary, ed. David A. Hubbard and Glenn W. Barker, vol. 52. Dallas, TX: Word Books, 1997.

_____. *Revelation 6~16.* Word Biblical Commentary, ed. Bruce M. Metzger, David A. Hubbard, and Glenn W. Barker, vol. 52B. Nashville, TN: Thomas Nelson Publishers, 1998.

Baltzer, Klaus. *Deutero-Isaiah: A Commentary on Isaiah 40~55.* Translated by Margaret Kohl. Edited by Peter Machinist. Hermenia—A Critical and Historical Commentary on the Bible, ed. Frank Moore Cross et al. Minneapolis, MN: Fortress Press, 2001.

Barnett, Paul. *The Second Epistle to the Corinthians.* The New International Commentary on the New Testament, ed. Gordon D. Fee. Grand Rapids: William B. Eerdmans Publishing Company, 1997.

Barrett, C. K. *The Gospel According to John: An Introduction*

참고자료 429

with *Commentary and Notes on the Greek Text*, 2d ed. Philadelphia: The Westminster Press, 1978.

_____. *A Commentary on the First Epistle to the Corinthians*. Harper's New Testament Commentaries, ed. Henry Chadwick. New York: Harper and Row, 1968. Reprint, Peabody, MA: Hendrickson Publishers, 1987.

_____. *A Commentary on the Second Epistle to the Corinthians*. Harper's New Testament Commentaries, ed. Henry Chadwick. Peabody, MA: Hendrickson Publishers, 1973. Reprint, Peabody, MA: Hendrickson Publishers, 1993.

_____. *A Critical and Exegetical Commentary on the Acts of the Apostles: Volume I—Preliminary Introduction and Commentary on Acts I~XIV*. International Critical Commentary, ed. J. A. Emerton, C. E. B. Cranfield, and G. N. Stanton. Edinburgh: T. & T. Clark, 1994.

_____. *A Critical and Exegetical Commentary on the Acts of the Apostles: Volume II—Introduction and Commentary on Acts XV~XXVIII*. International Critical Commentary, ed. J. A. Emerton, C. E. B. Cranfield, and G. N. Stanton. Edinburgh: T. & T. Clark, 1998.

Beale, G. K. *The Book of Revelation*. The New International Greek Testament Commentary, ed. I. Howard Marshall and Donald A. Hagner. Grand Rapids: William B. Eerdmans Publishing Company; Carlisle, England.: Paternoster Press, 1999.

Beasley-Murray, George R. *The Book of Revelation*. New Century Bible Commentary, ed. Ronald E. Clements and Matthew Black. Grand Rapids: William B. Eerdmans Publishing

Company; London: Marshall, Morgan & Scott, 1981.

―――――. *John*, 2d ed. Word Biblical Commentary, ed. Bruce M. Metzger, David A. Hubbard and Glenn W. Barker, vol. 36. Nashville, TN: Thomas Nelson Publishers, 1999.

Belleville, Linda L. *2 Corinthians*. The IVP New Testament Commentary Series, ed. Grant R. Osborne. Downers Grove, IL; Leicester, England: InterVarsity Press, 1996.

Black, Matthew. *The Book of Enoch or I Enoch: A New English Edition with Commentary and Textual Notes*. Studia in Veteris Testamenti Pseudepigrapha, ed. A. M. Denis and M. de Jonge, vol. 7. Leiden: E. J. Brill, 1985.

Blenkinsopp, Joseph. *Isaiah 40~55: A New Translation with Introduction and Commentary*. The Anchor Bible, ed. William Foxwell Albright and David Noel Freedman, vol. 19A. New York: Doubleday, 2000.

Blomberg, Craig L. *Matthew*. New American Commentary, ed. David S. Dockery, vol. 22. Nashville, TN: Broadman Press, 1992.

―――――. *1 Corinthians*. NIV Application Commentary, ed. Terry Muck. Grand Rapids: Zondervan Publishing House, 1995.

Bock, Darrell L. *Luke 1:1~9:50*. Baker Exegetical Commentary on the New Testament, ed. Moisés Silva, vol. 3A. Grand Rapids: Baker Books, 1994.

―――――. *Luke 9:51~24:53*. Baker Exegetical Commentary on the New Testament, ed. Moisés Silva, vol. 3B. Grand Rapids: Baker Books, 1996.

Bockmuehl, Markus. *The Epistle to the Philippians*. Black's New Testament Commentary, ed. Henry Chadwick. London: A & C Black; Peabody, MA: Hendrickson Publishers, 1998.

Brooks, James A. *Mark*. The New American Commentary, ed. David S. Dockery, vol. 23. Nashville, TN: Broadman Press, 1991.

Brown, Raymond E. *The Gospel According to John: I~XII*. The Anchor Bible, ed. William Foxwell Albright and David Noel Freedman, vol. 29. New York: Doubleday, 1966.

_____, Joseph A. Fitzmyer, and Roland E. Murphy. *The New Jerome Biblical Commentary*. Englewood Cliffs, NJ: Prentice Hall, 1990.

Bruce, F. F. *The Book of Acts*, rev. ed. The New International Commentary on the New Testament, ed. F. F. Bruce. Grand Rapids: William B. Eerdmans Publishing Company, 1988.

_____. *The Epistle to the Hebrews*, rev. ed. The New International Commentary on the New Testament, ed. F. F. Bruce. Grand Rapids: William B. Eerdmans Publishing Company, 1990.

_____. *The Gospel of John: Introduction, Exposition and Notes*. Grand Rapids: William B. Eerdmans Publishing Company, 1983.

Brueggemann, Walter. *Isaiah 40~66*. Westminster Bible Companion, ed. Patrick D. Miller and David L. Bartlett. Louisville, KY: Westminster/John Knox Press, 1998.

Burrows, E. W. "Did John the Baptist Call Jesus 'the Lamb of God'?" *The Expository Times* 85 (May 1974): 245~49.

Caird, G. B. *The Revelation of Saint John*. Black's New Testament

Commentary, ed. Henry Chaswick. London: A & C Black, 1966. Reprint, Peabody, MA: Hendrickson Publishers, 1993.

Carson, D. A. *The Gospel According to John.* Leicester, England: Inter-Varsity Press; Grand Rapids: William B. Eerdmans Publishing Company, 1991.

_____. "Matthew." In *The Expositor's Bible Commentary*, ed. Frank E. Gaebelein, vol. 8. Grand Rapids: Zondervan Publishing House, 1984, 1~599.

Cassuto, Umberto. *A Commentary on the Book of Exodus.* Translated by Israel Abrahams. Jerusalem: Magnes Press, 1967.

Childs, Brevard S. *The Book of Exodus: A Critical, Theological Commentary.* The Old Testament Library, ed. Peter Ackroyd et al. Louisville, KY: Westminster Press, 1974.

_____. *Isaiah.* The Old Testament Library, ed. James L. Mayes, Carol A. Newsom, and David L. Petersen. Louisville, KY: Westminster/John Knox Press, 2001.

Cole, R. Alan. *The Gospel According to Mark: An Introduction and Commentary*, rev. ed. Tyndale New Testament Commentaries, ed. Leon Morris, vol. 2. Grand Rapids: William B. Eerdmans Publishing Company, 1989.

Collins, John J. *Daniel with an Introduction to Apocalyptic Literature.* The Forms of the Old Testament Literature, ed. Rolf Knierim and Gene M. Tucker, vol. 20. Grand Rapids: William B. Eerdmans Publishing Company, 1984.

_____. *Daniel: A Commentary on the Book of Daniel.* Edited by Frank Moore Cross. Hermenia—A Critical and Historical

Commentary on the Bible, ed. Frank Moore Cross et al. Minneapolis, MN: Fortress Press, 1993.

Conrad, Edgar W. *Reading Isaiah.* Overtures to Biblical Theology, ed. Walter Brueggemann, John R. Donahue, Elizabeth S. Malbon, and Christopher R. Seitz. Minneapolis, MN: Fortress Press, 1991.

Conzelmann, Hans. *1 Corinthians: A Commentary on the First Epistle to the Corinthians.* Translated by James W. Leitch. Edited by George W. MacRae. Hermenia—A Critical and Historical Commentary on the Bible, ed. Helmut Koester et al. Philadelphia: Fortress Press, 1975.

Cranfield, C. E. B. *A Critical and Exegetical Commentary on the Epistle to the Romans: Volume I—Introduction and Commentary on Romans I~VIII.* International Critical Commentary, ed. J. A. Emerton and C. E. B. Cranfield. Edinburgh: T. & T. Clark, 1975.

_____. *A Critical and Exegetical Commentary on the Epistle to the Romans: Volume II—Commentary on Romans IX~XVI and Essays.* International Critical Commentary, ed. J. A. Emerton and C. E. B. Cranfield. Edinburgh: T. & T. Clark, 1979.

_____. *The Gospel According to St. Mark.* The Cambridge Greek Testament Commentary, ed. C. F. D. Moule. Cambridge: Cambridge University Press, 1959.

Davids, Peter H. *The First Epistle of Peter.* The New International Commentary on the New Testament, ed. F. F. Bruce. Grand Rapids: William B. Eerdmans Publishing Company, 1990.

Davies, W. D., and Dale C. Allison Jr. *A Critical and Exegetical*

Commentary on the Gospel According to Saint Matthew: Volume II—Commentary on Matthew VIII~XVIII. International Critical Commentary, ed. J. A. Emerton, C. E. B. Cranfield, and G. N. Stanton. Edinburgh: T. & T. Clark, 1991.

_____. *A Critical and Exegetical Commentary on the Gospel According to Saint Matthew: Volume III—Commentary on Matthew XIX~XXVIII.* International Critical Commentary, ed. J. A. Emerton, C. E. B. Cranfield, and G. N. Stanton. Edinburgh: T. & T. Clark, 1997.

Delitzsch, Franz. *Delitzsch on the Prophecies of Isaiah.* Clark's Foreign Theological Library: The Fourth Series, vol. 15. Edinburgh: T. & T. Clark, 1877. Reprint with the Title *Biblical Commentary on the Prophecies of Isaiah.* Translated by James Martin. 2 vols. Grand Rapids: William B. Eerdmans Publishing Company, 1949.

Doran, Robert. "The Second Book of Maccabees: Introduction, Commentary, and Reflections." In *The New Interpreter's Bible*, ed. Leander E. Keck et al., vol. 4, 179~299. Nashville, TN: Abingdon Press, 1996.

Doran, Robert. "2 Maccabees." In *The Oxford Bible Commentary*, ed. John Barton and John Muddiman, 734~50. Oxford: Oxford University Press, 2001.

Duhm, D. Bernhard. *Das Buch Jesaia: übersetzt und erklärt.* Handkommentar zum Alten Testament in Verbindung mit anderen Fachgelehrten, ed. D. W. Nowack. Göttingen: Vandenhoeck & Ruprecht, 1892.

Dunn, James D. G. *Romans 1~8.* Word Biblical Commentary, ed.

David A. Hubbard and Glenn W. Barker, vol. 38A. Dallas, TX: Word Books, 1988.

_____. *Romans 9~16*. Word Biblical Commentary, ed. David A. Hubbard and Glenn W. Barker, vol. 38B. Dallas, TX: Word Books, 1988.

Durham, John I. *Exodus*. Word Biblical Commentary, ed. David A. Hubbard and Glenn W. Barker, vol. 3. Dallas, TX: Word Books, 1987.

Edwards, James R. *The Gospel According to Mark*. The Pillar New Testament Commentary, ed. D. A. Carson. Grand Rapids: William B. Eerdmans Publishing Company; Leicester, England: Apollos, 2002.

Ellingworth, Paul. *The Epistle to the Hebrews: A Commentary on the Greek Text*. The New International Greek Testament Commentary, ed. I. Howard Marshall and W. Ward Gasque. Grand Rapids: William B. Eerdmans Publishing Company, 1993.

Evans, Craig A. *Luke*. New International Biblical Commentary, ed. W. Ward Gasque, vol. 3. Peabody, MA: Hendrickson Publishers, 1990.

Evans, Craig A. *Mark 8:27~16:20*. Word Biblical Commentary, ed. Bruce M. Metzger, David A. Hubbard and Glenn W. Barker, vol. 34B. Nashville, TN: Thomas Nelson Publishers, 2001.

Fee, Gordon D. *The First Epistle to the Corinthians*. The New International Commentary on the New Testament, ed. F. F. Bruce. Grand Rapids: William B. Eerdmans Publishing Company, 1987.

_____. *Paul's Letter to the Philippians.* The New International Commentary on the New Testament, ed. Gordon D. Fee. Grand Rapids: William B. Eerdmans Publishing Company, 1995.

Fitzmyer, Joseph A. *The Gospel According to Luke (X~XXIV): Introduction, Translation, and Notes.* The Anchor Bible, ed. William Foxwell Albright and David Noel Freedman, vol. 28A. New York: Doubleday, 1985.

_____. *Romans: A New Translation with Introduction and Commentary.* The Anchor Bible, ed. William Foxwell Albright and David Noel Freedman, vol. 33. New York: Doubleday, 1993.

Floyd, Michael H. *Minor Prophets: Part 2.* The Forms of the Old Testament Literature, ed. Rolf P. Knierim, Gene M. Tucker, and Marvin A. Sweeney, vol. XXII. Grand Rapids: William B. Eerdmans Publishing Company, 2000.

France, R. T. *The Gospel According to Matthew: An Introduction and Commentary.* The Tyndale New Testament Commentary, ed. Leon Morris. Leicester, England: Inter-Varsity Press; Grand Rapids: William B. Eerdmans Publishing Company, 1985.

_____. *The Gospel of Mark.* The New International Greek Testament Commentary, ed. I. Howard Marshall and Donald A. Hagner. Grand Rapids: William B. Eerdmans Publishing Company; Carlisle, England: Paternoster Press, 2002.

Furnish, Victor Paul. *II Corinthians: Translated with Introduction, Notes and Commentary.* The Anchor Bible, ed. William Foxwell Albright and David Noel Freedman, vol. 32A. New York: Doubleday, 1984.

Garland, David E. *2 Corinthians.* The New American Commentary, ed. E. Ray Clendenen, vol. 29. Nashville, TN: Broadman & Holman Press, 1999.

Gerstenberger, Erhard S. *Psalms Part 1, with an Introduction to Cultic Poetry*. The Forms of the Old Testament Literature, ed. Rolf Knierim and Gene M. Tucker, vol. 14. Grand Rapids: William B. Eerdmans Publishing Company, 1988.

Goldingay, John E. *Daniel*. Word Biblical Commentary, ed. David A. Hubbard and Glenn W. Barker, vol. 30. Dallas, TX: Word Books, 1989.

_____. *Isaiah*. New International Biblical Commentary, ed. Robert L. Hubbard Jr. and Robert K. Johnston. Peabody, MA: Hendrickson Publishers; Carlisle, England: Paternoster Press, 2001.

Goldstein, Jonathan A. *II Maccabees: A New Translation with Introduction and Commentary*. The Anchor Bible, ed. William Foxwell Albright and David Noel Freedman, vol. 41A. New York: Doubleday, 1983.

Green, Joel B. *The Gospel of Luke*. The New International Commentary on the New Testament, ed. Gordon D. Fee. Grand Rapids: William B. Eerdmans Publishing Company, 1997.

Grogan, Geoffrey W. "Isaiah." In *The Expositor's Bible Commentary*, ed. Frank E. Gaebelein, vol. 6. Grand Rapids: Zondervan Publishing House, 1986, 1~354.

Grudem, Wayne A. *The First Epistle of Peter: An Introduction and Commentary*. The Tyndale New Testament Commentary, ed. Leon Morris. Leicester, England: InterVarsity Press; Grand Rapids: William B. Eerdmans Publishing Company, 1988.

Gundry, Robert H. *Mark: A Commentary on His Apology for the Cross.* Grand Rapids: William B. Eerdmans Publishing Company, 1993.

Hagner, Donald A. *Encountering the Book of Hebrews: An Exposition.* Encountering Biblical Studies, ed. Walter Elwell. Grand Rapids: Baker Academic, 2002.

_____. *Hebrews.* New International Biblical Commentary, ed. W. Ward Gasque. Peabody, MA: Hendrickson Publishers, 1990.

_____. *Matthew 1~13.* Word Biblical Commentary, ed. David A. Hubbard and Glenn W. Barker, vol. 33A. Dallas, TX: Word Books, 1993.

_____. *Matthew 14~28.* Word Biblical Commentary, ed. David A. Hubbard and Glenn W. Barker, vol. 33B. Dallas, TX: Word Books, 1995.

Hawthorne, Gerald F. *Philippians.* Word Biblical Commentary, ed. David A. Hubbard and Glenn W. Barker, vol. 43. Dallas, TX: Word Books, 1983.

Hays, Richard B. *First Corinthians.* Interpretation: A Bible Commentary for Teaching and Preaching, ed. James Luther Mayes. Louisville, KY: John Knox Press, 1997.

Hillyer, Norman. *1 and 2 Peter, Jude.* New International Biblical Commentary, ed. W. Ward Gasque, vol. 16. Peabody, MA: Hendrickson Publishers; Carlisle, England: Paternoster Press, 1992.

Hooker, Morna D. *The Gospel According to Saint Mark.* Black's New Testament Commentaries, ed. Henry Chadwick. London: A & C Black, 1991. Reprint, Peabody, MA: Hendrickson Publishers, 1997.

Horbury, William. "The Wisdom of Solomon." In *The Oxford Bible Commentary*, ed. John Barton and John Muddiman, 650~67. Oxford: Oxford University Press, 2001.

Hughes, Philip E. *A Commentary on the Epistle to the Hebrews*. Grand Rapids: William B. Eerdmans Publishing Company, 1977.

Hurtado, Larry W. *Mark*. New International Biblical Commentary, ed. W. Ward Gasque, vol. 2. Peabody: MA: Hendrickson Publishers, 1989.

Keener, Craig S. *Matthew*. The IVP New Testament Commentary Series, ed. Grant R. Osborne. Downers Grove, IL: InterVarsity Press; Leicester, England: Inter-Varsity Press, 1997.

Keener, Craig S. *A Commentary on the Gospel of Matthew*. Grand Rapids: William B. Eerdmans Publishing Company, 1999.

Kelly, J. N. D. *The Epistles of Peter and of Jude*. Black's New Testament Commentary, ed. Henry Chawick. London: A & C Black, 1969. Reprint, Peabody, MA: Hendrickson Publishers, 1988.

Kidner, Derek. "Isaiah." In *The New Bible Commentary*, ed. D. Guthrie and J. A. Motyer, 588~625. Grand Rapids: William B. Eerdmans Publishing Co., 1970.

Kissane, Edward J. *The Book of Isaiah*, 2 vols. Dublin: Richview Press, 1941~43.

Knight, George A. F. *Servant Theology: A Commentary on the Book of Isaiah 40~55*. International Theological Commentary, ed. George A. F. Knight and Fredrick Carlson Holmgren. Grand Rapids: William B. Eerdmans Publishing Company; Edinburgh: Handsel Press, 1984.

Kolarcik, Michael. "The Book of Wisdom: Introduction, Commentary, and Reflections." In *The New Interpreter's Bible*, ed. Leander E. Keck et al., vol. 5, 435~600. Nashville, TN: Abingdon Press, 1997.

Lane, William L. *The Gospel According to Mark: The English Text with Introduction, Exposition and Notes*. The New International Commentary on the New Testament, ed. F. F. Bruce. Grand Rapids: William B. Eerdmans Publishing Company, 1974.

_____. *Hebrews 1~8*. Word Biblical Commentary, ed. David A. Hubbard and Glenn W. Barker, vol. 47A. Dallas, TX: Word Books, 1991.

_____. *Hebrews 9~13*. Word Biblical Commentary, ed. David A. Hubbard and Glenn W. Barker, vol. 47B. Dallas, TX: Word Books, 1991.

Leupold, H. C. *Exposition of Isaiah, Volume II: Chapters 40~66*. Grand Rapids: Baker Book House, 1971.

_____. *Exposition of Zechariah*. Columbus, Ohio: Wartburg Press, 1956. Reprint, Grand Rapids: Baker Book House, 1971.

Longenecker, Richard N. "Acts." In *The Expositor's Bible Commentary*, ed. Frank E. Gaebelein, vol. 9, 205~573. Grand Rapids: Zondervan Publishing House, 1981.

Luz, Ulrich. *Matthew 1~7: A Commentary*. Translated by Wilhelm C. Linss. Minneapolis, MN: Augsburg Publishing House, 1989.

_____. *Matthew 8~20: A Commentary*. Translated by James E. Crouch. Hermenia—A Critical and Historical Commentary on the Bible, ed. Helmut Koester et al. Minneapolis, MN:

Fortress Press, 2001.

Marshall, I. Howard. *The Acts of the Apostles: An Introduction and Commentary*. The Tyndale New Testament Commentary, ed. Leon Morris. Leicester, England: Inter-Varsity Press; Grand Rapids: William B. Eerdmans Publishing Company, 1980.

_____. *The Gospel of Luke: A Commentary on the Greek Text*. The New International Greek Testament Commentary, ed. I. Howard Marshall and W. Ward Gasque. Grand Rapids: William B. Eerdmans Publishing Company, 1978.

Martin, Ralph P. *2 Corinthians*. Word Biblical Commentary, ed. David A. Hubbard and Glenn W. Barker, vol. 40. Dallas, TX: Word Books, 1986.

McEleney, Neil J. "1~2 Maccabees." In *The New Jerome Biblical Commentary*, ed. Raymond E. Brown, Joseph A. Fitzmyer, and Roland E. Murphy, 421~46. Englewood Cliffs, NJ: Prentice Hall, 1990.

Merrill, Eugene H. *An Exegetical Commentary: Haggai, Zechariah, Malachi*. Chicago: Moody Press, 1994.

Meyers, Carol L., and Eric M. Meyers. *Haggai, Zechariah 1~8: A New Translation with Introduction and Commentary*. The Anchor Bible, ed. William Foxwell Albright and David Noel Freedman, vol. 25B. New York: Doubleday & Company, 1987.

Michaels, J. Ramsey. *1 Peter*. Word Biblical Commentary, ed. David A. Hubbard and Glenn W. Barker, vol. 49. Dallas, TX: Word Books, 1988.

Miscall, Peter D. *Isaiah*. Readings: A New Biblical Commentary.

Sheffield: JSOT Press, 1993.

Montgomery, James A. *A Critical and Exegetical Commentary on the Epistle to the Book of Daniel*. The International Critical Commentary, ed. S. R. Driver, A. Plummer, and C. A. Briggs. Edinburgh: T. & T. Clark, 1927.

Moo, Douglas J. *The Epistle to the Romans*. The New International Commentary on the New Testament, ed. Gordon D. Fee. Grand Rapids: William B. Eerdmans Publishing Company, 1996.

Morris, Leon. *The Epistle to the Romans*. Grand Rapids: William B. Eerdmans Publishing Company; Leicester, England: InterVarsity Press, 1988.

Motyer, J. Alec. *Isaiah: An Introduction and Commentary*. Tyndale Old Testament Commentaries, ed. D. J. Wiseman, vol. 18. Downers Grove, IL, and Leicester: InterVarsity Press, 1999.

_____. *The Prophecy of Isaiah: An Introduction and Commentary*. Downers Grove, IL: InterVarsity Press, 1993.

Mounce, Robert H. *The Book of Revelation*. Rev. ed. The New International Commentary on the New Testament, ed. Gordon D. Fee. Grand Rapids: William B. Eerdmans Publishing Company, 1998.

Muilenburg, James, and Henry Sloane Coffin. "The Book of Isaiah: Chapters 40~66." In *The Interpreter's Bible*, ed. George Arthur Buttrick et al., vol. 5, 381~773. Nashville, TN: Abingdon Press, 1956.

Nickelsburg, George W. E. *1 Enoch 1: A Commentary on the Book of 1 Enoch, Chapters 1~36; 81~108*. Edited by Klaus

Baltzer. Hermenia—A Critical and Historical Commentary on the Bible, ed. Frank Moore Cross et al. Minneapolis, MN: Fortress Press, 2001.

Nolland, John. *Luke 18:35~24:53.* Word Biblical Commentary, ed. David A. Hubbard and Glenn W. Barker, vol. 35c. Dallas, TX: Word Books, 1993.

North, Christopher R. *Isaiah 40~55: Introduction and Commentary.* Torch Bible Commentaries, ed. John Marsh et al. London: SCM Press, 1952.

_____. *The Second Isaiah: Introduction, Translation amd Commentary to Chapters XL~LV.* Oxford: Clarendon Press, 1964.

O'Brien, Peter T. *The Epistle to the Philippians: A Commentary on the Greek Text.* The New International Greek Testament Commentary, ed. I. Howard Marshall and W. Ward Gasque. Grand Rapids: William B. Eerdmans Publishing Company, 1991.

Oswalt, John N. *The Book of Isaiah: Chapters 1~39.* The New International Commentary on the Old Testament, ed. R. K. Harrison. Grand Rapids: William B. Eerdmans Publishing Company, 1984.

_____. *The Book of Isaiah: Chapters 40~66.* The New International Commentary on the Old Testament, ed. Robert L. Hubbard Jr. Grand Rapids: William B. Eerdmans Publishing Company, 1998.

Petersen, David L. *Haggai and Zechariah 1~8: A Commentary.* The Old Testament Library, ed. Peter Ackroyd et al. Philadelphia: Westminster Press, 1984.

Reese, James M. "Wisdom of Solomon." In *The HarperCollins Bible Commentary*, ed. James L. Mays, rev. ed, 749~63. San Francisco: HarperSanFrancisco, 2000.

Ridderbos, Herman N. *The Gospel According to John: A Theological Commentary*. Translated by John Vriend. Grand Rapids: William B. Eerdmans Publishing Company, 1997.

Schnackenburg, Rudolf. *The Gospel According to St. John: Volume Two—Commentary on Chapters 5~12*. Translated by Cecily Hastings, Francis McDonagh, David Smith, and Richard Foley. New York: Crossroad Publishing Company, 1982.

Schreiner, Thomas R. *Romans*. Baker Exegetical Commentary on the New Testament, ed. Moisés Silva, vol. 6. Grand Rapids: Baker Books, 1998.

Seitz, Christopher R. "The Book of Isaiah 40–66: Introduction, Commentary, and Reflections." In *The New Interpreter's Bible*, ed. Leander E. Keck et al., vol. 6, 309~552. Nashville, TN: Abingdon Press, 2001.

Selwyn, Edward Gordon. *The First Epistle of St. Peter: The Greek Text with Introduction, Notes, and Essays*, 2d ed. London: Macmillan and Co., 1947. Reprint, Grand Rapids: Baker Book House, 1981.

Sheppard, Gerald T. "Isaiah 1–39." In *Harper's Bible Commentary*, ed. James L. Mays, 542~70. San Francisco: Harper & Row, 1988.

Silva, Moisés. *Philippians*. The Wycliffe Exegetical Commentary, ed. Kenneth Barker. Chicago: Moody Press, 1988.

Skinner, John. *The Book of the Prophet Isaiah, Chapters XL~LXVI*.

The Cambridge Bible for Schools and Colleges, ed. A. F. Kirkpatrick. Cambridge: Cambridge University Press, 1898.

Smith, Ralph L. *Micah~Malachi*. Word Biblical Commentary, ed. David A. Hubbard and Glenn W. Barker, vol. 32. Dallas, TX: Word Books, 1984.

Stone, Michael Edward. *Fourth Ezra: A Commentary on the Book of Fourth Ezra*. Edited by Frank Moore Cross. Hermenia—A Critical and Historical Commentary on the Bible, ed. Frank Moore Cross et al. Minneapolis, MN: Fortress Press, 1990.

Stowers, Stanley K. "4 Maccabees." In *The HarperCollins Bible Commentary*, ed. James L. Mays, rev. ed., 844~55. San Francisco: HarperSanFrancisco, 2000.

Stuhlmueller, Carroll. "Deutero-Isaiah and Trito-Isaiah." In *The New Jerome Biblical Commentary*, ed. Raymond E. Brown, Joseph A. Fitzmyer and Roland E. Murphy, 329~48. Englewood Cliffs, NJ: Prentice Hall, 1990.

Sweeney, Marvin A. *Isaiah 1~39, with an Introduction to Prophetic Literature*. The Forms of the Old Testament Literature, ed. Rolf P. Knierim and Gene M. Tucker, vol. 16. Grand Rapids: William B. Eerdmans Publishing Company, 1996.

Sweet, John P. M. *Revelation*. Westminster Pelican Commentaries, ed. D. E. Nineham. Philadelphia: Westminster Press, 1979. Reprint, London: SCM Press; Philadelphia: Trinity Press International, 1990, in TPI New Testament Commentaries, ed. Howard Clark Kee and D. E. Nineham.

Thiselton, Anthony T. *The First Epistle to the Corinthians: A Commentary on the Greek Text*. The New International

Greek Testament Commentary, ed. I. Howard Marshall and Donald A. Hagner. Grand Rapids: William B. Eerdmans Publishing Company, 2000.

Thomas, Robert L. *Revelation 1~7: An Exegetical Commentary*, The Wycliffe Exegetical Commentary,ed. Kenneth Barker. Chicago: Moody Press, 1992.

Thrall, Margaret E. *II Corinthians: Volume I—Introduction and Commentary on II Corinthians I~VII*. The International Critical Commentary on the Holy Scriptures of the Old and New Testaments, ed. J. A. Emerton, C. E. B. Cranfield, and G. N. Stanton. Edinburgh: T & T Clark, 1994.

Vílchez, José. "Wisdom." In *The International Bible Commentary*, ed. William R. Farmer, 908~922. Collegeville, MN: Liturgical Press, 1998.

Walvoord, John F. *Daniel: The Key to Prophetic Revelation*. Chicago: Moody Press, 1971.

Watts, John D. W. *Isaiah 34~66*. Word Biblical Commentary, ed. David A. Hubbard and Glenn W. Barker, vol. 25. Waco, TX: Word Books, 1987.

Westermann, Claus. *Isaiah 40~66: A Commentary*. The Old Testament Library, ed. Peter Ackroyd et al. Philadelphia: Westminster Press, 1969.

Whybray, R. N. *Isaiah 40~66*. New Century Bible Commentary, ed. Ronald E. Clements and Matthew Black. London: Marshall, Morgan & Scott Publications; Grand Rapids: William B. Eerdmans Publishing Company, 1975.

Wildberger, Hans. *Isaiah 1~12: A Continental Commentary.* Translated by Thomas H. Trapp. Minneapolis, MN: Fortress Press, 1991.

_____. *Isaiah 13~27: A Continental Commentary.* Translated by Thomas H. Trapp. Minneapolis, MN: Fortress Press, 1997.

Winston, David. *The Wisdom of Solomon: A New Translation with Introduction and Commentary.* The Anchor Bible, ed. William Foxwell Albright and David Noel Freedman, vol. 43. New York: Doubleday, 1979.

Witherington, Ben, III. *The Acts of the Apostles: A Socio-Rhetorical Commentary.* Grand Rapids: William B. Eerdmans Publishing Company; Carlisle, England: Paternoster Press, 1998.

_____. *Conflict and Community in Corinth: A Socio-Rhetorical Commentary on 1 and 2 Corinthians.* Grand Rapids: William B. Eerdmans Publishing Company; Carlisle, England: Paternoster Press, 1995.

_____. *The Gospel of Mark: A Socio-Rhetorical Commentary.* Grand Rapids: William B. Eerdmans Publishing Company, 2001.

Young, Edward J. *The Book of Isaiah, Volume 3: Chapters 40~66.* Grand Rapids: William B. Eerdmans Publishing Company, 1972. Reprint, 1992.